DIREITO ADMINISTRATIVO E OS DESAFIOS DO SÉCULO XXI

Livro em homenagem aos 40 anos de docência do
Prof. Francisco de Queiroz Bezerra Cavalcanti

ANDRY MATILLA CORREA
THERESA CHRISTINE DE ALBUQUERQUE NÓBREGA
WALBER DE MOURA AGRA

Coordenadores

Prefácio
Bruno Novaes B. Cavalcanti

DIREITO ADMINISTRATIVO E OS DESAFIOS DO SÉCULO XXI

Livro em homenagem aos 40 anos de docência do Prof. Francisco de Queiroz Bezerra Cavalcanti

Belo Horizonte

2018

© 2018 Editora Fórum Ltda.

É proibida a reprodução total ou parcial desta obra, por qualquer meio eletrônico, inclusive por processos xerográficos, sem autorização expressa do Editor.

Conselho Editorial

Adilson Abreu Dallari
Alécia Paolucci Nogueira Bicalho
Alexandre Coutinho Pagliarini
André Ramos Tavares
Carlos Ayres Britto
Carlos Mário da Silva Velloso
Cármen Lúcia Antunes Rocha
Cesar Augusto Guimarães Pereira
Clovis Beznos
Cristiana Fortini
Dinorá Adelaide Musetti Grotti
Diogo de Figueiredo Moreira Neto
Egon Bockmann Moreira
Emerson Gabardo
Fabrício Motta
Fernando Rossi
Flávio Henrique Unes Pereira

Floriano de Azevedo Marques Neto
Gustavo Justino de Oliveira
Inês Virgínia Prado Soares
Jorge Ulisses Jacoby Fernandes
Juarez Freitas
Luciano Ferraz
Lúcio Delfino
Marcia Carla Pereira Ribeiro
Márcio Cammarosano
Marcos Ehrhardt Jr.
Maria Sylvia Zanella Di Pietro
Ney José de Freitas
Oswaldo Othon de Pontes Saraiva Filho
Paulo Modesto
Romeu Felipe Bacellar Filho
Sérgio Guerra
Walber de Moura Agra

Luís Cláudio Rodrigues Ferreira
Presidente e Editor

Coordenação editorial: Leonardo Eustáquio Siqueira Araújo

Imagem da capa: Francisco Cavalcanti

Av. Afonso Pena, 2770 – 15º andar – Savassi – CEP 30130-012
Belo Horizonte – Minas Gerais – Tel.: (31) 2121.4900 / 2121.4949
www.editoraforum.com.br – editoraforum@editoraforum.com.br

Dados Internacionais de Catalogação na Publicação (CIP) de acordo com ISBD

D598	Direito Administrativo e os desafios do século XXI: livro em homenagem aos 40 anos de docência do Prof. Francisco de Queiroz Bezerra Cavalcanti / Andry Matilla Correa, Theresa Christine de Albuquerque Nóbrega, Walber de Moura Agra (Coords.). Belo Horizonte : Fórum, 2018. 397p. ; 17cm x 24cm. ISBN: 978-85-450-0555-1 1. Direito Administrativo. 2. Direito Público. 3. Prof. Francisco de Queiroz Bezerra Cavalcanti. I. Matilla Correa, Andry. II. Nóbrega, Theresa Christine de Albuquerque. III. Agra, Walber de Moura. IV. Título.
2018-882	CDD 342 CDU 342

Elaborado por Vagner Rodolfo da Silva – CRB-8/9410

Informação bibliográfica deste livro, conforme a NBR 6023:2002 da Associação Brasileira de Normas Técnicas (ABNT):

MATILLA CORREA, Andry; NÓBREGA, Theresa Christine de Albuquerque; AGRA, Walber de Moura (Coord.). *Direito Administrativo e os desafios do século XXI*: livro em homenagem aos 40 anos de docência do Prof. Francisco de Queiroz Bezerra Cavalcanti. Belo Horizonte: Fórum, 2018. 397p. ISBN 978-85-450-0555-1.

SUMÁRIO

APRESENTAÇÃO
Walber de Moura Agra 13

PREFÁCIO
Bruno Novaes B. Cavalcanti 15

CONSTITUIÇÃO, DESIGUALDADE E DIREITO À INFORMAÇÃO
Ana Paula de Barcellos 17

UMA REFLEXÃO CRÍTICA SOBRE INCENTIVOS FISCAIS, CONCORRÊNCIA NO MERCADO E UMA ADEQUAÇÃO DE METODOLOGIA DO DIREITO TRIBUTÁRIO
André Elali, Evandro Zaranza 29
1   A tributação como instrumento de políticas econômicas e sociais – Uma reaproximação necessária com as finanças públicas e com a ordem econômica 29
2   Neutralidade e não discriminação em matéria tributária 32
3   A concepção da concorrência no mercado 38
4   A concessão de incentivos fiscais como mecanismo regulatório – Problemas e proposições. O problema do método. Necessidade de evolução em termos de racionalidade e eficiência. Menos retórica e mais correção das falhas de mercado .. 42
5   Considerações finais 48

LA BUENA ADMINISTRACIÓN COMO PRINCIPIO JURÍDICO: UNA APROXIMACIÓN CONCEPTUAL
Andry Matilla Correa 51
1   Ideas iniciales 51
2   La noción de *buena administración* 55
3   *La buena administración* como principio jurídico o el *principio de buena administración* 70
4   Juridicidad y *principio de buena administración* 74
5   Sobre el contenido y alcance del principio de buena administración: unas reflexiones generales 77

PRESTAÇÃO DE SERVIÇOS DE SAÚDE PÚBLICA PELO TERCEIRO SETOR: O CASO DA MICROCEFALIA
Catarina Cardoso Sousa França, Vladimir da Rocha França 81
1   Introdução 81
2   Sobre a microcefalia 82
3   Direito à saúde em face da microcefalia 83

4	A prestação de serviços de saúde pública a crianças com microcefalia pelo terceiro setor	86
5	Considerações finais	90
	Referências	90

LA CUESTIÓN DE LAS POTESTADES PÚBLICAS EN LOS CONTRATOS DE LA ADMINISTRACIÓN

Cristina Vázquez — 93

1	Introducción	93
2	El contrato como categoría jurídica. Su evolución	93
3	Posibilidad de los contratos de la Administración	97
4	Caracterización jurídica de los contratos administrativos	99
4.1	Criterios de caracterización	99
4.1.1	Criterio de la forma	99
4.1.2	Criterio de la jurisdicción competente	99
4.1.3	Criterio del objeto o fin que se persigue con el vínculo contractual	99
4.1.4	Criterio de los contratos administrativos por naturaleza	100
4.1.5	Criterio de la cláusula exorbitante	100
4.2	Críticas a los criterios de caracterización	101
5	Doctrina que niega la existencia de los denominados contratos privados de la Administración	102
6	Nuestra opinión sobre el contrato de la Administración	104
7	En particular sobre las potestades públicas en los contratos de la Administración	106
8	Nuestra opinión sobre las potestades públicas en los contratos de la Administración	107
8.1	Aproximación preliminar. Equilibrio entre potestades y garantías	107
8.2	El Estado contratante. Un sujeto muy particular	108
8.3	Reflexiones finales	109

EVOLUCIÓN Y SITUACIÓN ACTUAL DE LA TUTELA JUDICIAL FRENTE A LA INACTIVIDAD ADMINISTRATIVA EN VENEZUELA

Daniela Urosa Maggi — 113

1	Introducción	113
2	Estado de Derecho, inactividad administrativa y tutela judicial efectiva	114
3	Breve aproximación al origen y evolución de tutela judicial frente a la inactividad administrativa en Venezuela	115
3.1	Primera etapa: origen del control de las pasividades administrativas en la legislación de 1925 y 1976	115
3.2	Segunda etapa: apertura jurisprudencial a la tutela judicial frente a la inactividad a partir de 2004	116
3.3	Tercera etapa: La Ley Orgánica de la Jurisdicción Contencioso-Administrativa de 2010	116
4	Las pretensiones deducibles frente a la inactividad en la Ley Orgánica de la Jurisdicción Contencioso-Administrativa venezolana	117

4.1	Breves referencias a la noción de pretensión procesal como objeto y eje del proceso administrativo	117
4.2	Pretensiones deducibles frente a la inactividad administrativa	117
4.3	Pretensiones deducibles frente a la inactividad administrativa en la Ley Orgánica de la Jurisdicción Contencioso-Administrativa venezolana	118
4.3.1	La pretensión de condena a actuación	119
4.3.2	La pretensión de condena a la reparación de los daños y perjuicios causados por la inactividad administrativa y su inconstitucional exclusión como pretensión accesoria en la Ley Orgánica de la Jurisdicción Contencioso-Administrativa	120
4.3.3	La pretensión de ejecución de actos administrativos firmes	122
5	El procedimiento a seguir para deducir pretensiones de condena a prestación directa en la Ley Orgánica de la Jurisdicción Contencioso-Administrativa	123
5.1	El procedimiento breve establecido en la Ley Orgánica de la Jurisdicción Contencioso-Administrativa	123
5.2	Propuestas de *lege ferenda* para la mejor ordenación de los procedimientos en la justicia administrativa venezolana	124
6	La legitimación establecida en la Ley Orgánica de la Jurisdicción Contencioso-Administrativa para plantear pretensiones de condena a actuación frente a la inactividad administrativa	125
6.1	Regulación de la legitimación en la nueva Ley Orgánica de la Jurisdicción Contencioso-Administrativa venezolana. El interés jurídico actual como título legitimador común a todos los medios procesales administrativos, incluidas las condenas frente a la pasividad administrativa	125
7	La tutela cautelar frente a la inactividad administrativa en el marco de la Ley Orgánica de la Jurisdicción Contencioso-Administrativa	127
7.1	La tutela cautelar administrativa y su regulación en la Ley Orgánica de la Jurisdicción Contencioso-Administrativa	127
7.1.1	Existencia de un poder cautelar amplio y general	127
7.1.2	Existencia de un poder cautelar innominado o *numerus apertus*. Especial referencia a las medidas positivas o anticipativas	128
7.1.3	Presupuestos procedimentales para el otorgamiento de la medida cautelar. Su particularidad en el marco de la tutela cautelar frente a la inactividad	128
7.1.4	Existencia de un poder cautelar supuestamente "para proteger a la Administración Pública, a los ciudadanos o ciudadanas, a los intereses públicos y para garantizar la tutela judicial efectiva y el restablecimiento de las situaciones jurídicas infringidas mientras dure el juicio"	130
7.1.5	Procedencia de las medidas que sean pertinentes "siempre que dichas medidas no prejuzguen sobre la decisión definitiva". Su ilegítima repercusión en la tutela cautelar frente a la inactividad administrativa y su necesaria superación	131
8	Contenido y ejecución de la sentencia de condena a actuación administrativa en la Ley Orgánica de la Jurisdicción Contencioso-Administrativa	132
8.1	Del contenido de la sentencia en el marco de la tutela judicial frente a la inactividad	133
8.1.1	De la regulación del contenido de la sentencia de condena a actuación en la Ley Orgánica de la Jurisdicción Contencioso-Administrativa	133
8.1.2	Breves lineamientos respecto del contenido de la sentencia de condena a actuación administrativa	134
8.2	De la ejecución del fallo en el marco de la tutela judicial frente a la inactividad	135

8.2.1	De la regulación en la Ley venezolana respecto de la ejecución del fallo. Aspectos fundamentales y lagunas legales	135
8.2.2	Ejecución de sentencias de condena a la entrega de un bien	135
8.2.3	Ejecución de sentencias de condena al cumplimiento de obligaciones de hacer	136
9	Reflexiones finales. Tutela judicial frente a la inactividad y protección de derechos fundamentales	139
9.1	De la ilegítima limitación del derecho al acceso a la justicia como consecuencia de la exigencia de agotamiento y prueba de gestiones administrativas, previa la interposición de la demanda por abstención	140
9.2	De la ilegítima desprotección del derecho de petición como consecuencia de la desnaturalización inconstitucional del derecho a oportuna y adecuada respuesta	141

REGIME JURÍDICO DOS CONSELHOS PROFISSIONAIS

Edilson Pereira Nobre Júnior 145

1	Introdução	145
2	Uma visão do direito pátrio, a partir e com ênfase na doutrina	147
3	Uma perspectiva dos sistemas jurídicos estrangeiros	153
4	O tema no Supremo Tribunal Federal	157
5	A resposta a algumas indagações (à feição de concluir)	163
	Referências	164

NOTAS PARA A COMPREENSÃO DO DIREITO FINANCEIRO COMO UM DIREITO SOCIAL

Fernando Facury Scaff 167

DIÁLOGOS ENTRE O SISTEMA DE UNIFORMIZAÇÃO DE JURISPRUDÊNCIA DO CPC E OS LITÍGIOS ENVOLVENDO DIREITO À NOMEAÇÃO EM CONCURSOS PÚBLICOS

Francisco Glauber Pessoa Alves 175

1	Introdução	175
2	Sistema de uniformização de jurisprudência do CPC	177
3	Direito à nomeação em concursos públicos: o caso líder (RE nº 837.311/PI)	183
4	Conclusão	191
	Referências	191

CORRENTE CONTRAMAJORITÁRIA: BREVES CONSIDERAÇÕES

Ivo Dantas, Thaminne Nathalia Cabral Moraes e Silva, Janini de Araújo Lôbo Silvestre 195

	Referências	209

CUATRO IDEAS EN TORNO A LA FUNCIÓN SOCIAL DE LA ADMINISTRACIÓN PÚBLICA

Jaime Orlando Santofimio Gamboa 213

1	Introducción: el complejo surgimiento y consolidación de la función social en cuanto carga de la administración. Ruptura	213

2	Primera Idea: León Duguit y la función social como carga natural del Estado y la administración	215
3	Segunda Idea: *Hermann Heller* y la idea de función social y las cargas de la administración en la Base misma del concepto de Estado social de derecho	221
4	Tercera Idea: *Ernst Forsthoff* y la idea de función social y las cargas de la administración en el Estado asistencialista y prestacional –idea de *Daseinsvorsorge–*	227
5	Cuarta Idea: Hayek, Friedman y Von Mises y la ruptura de la idea de función social como carga y privilegio estatal y de la administración –la función social del mercado–	231
6	Conclusiones	235

COMUNICAÇÃO SOCIAL EM PORTUGAL: EM DEFESA DE UM MODELO DE REGULAÇÃO INDEPENDENTE E FORTE

João Nuno Calvão		237
1	Modelo da regulação independente: breves reflexões	237
2	Comunicação Social em Portugal: um modelo de regulação independente	238
2.1	ERC: natureza bifronte	238
2.2	ERC: autonomia administrativa, financeira e patrimonial	238
2.3	ERC: poderes	239
2.3.1	Poderes regulamentares	239
2.3.2	Poderes de supervisão	239
2.3.3	Poderes sancionatórios e de resolução de litígios	240
2.3.4	Poderes consultivos	241
2.4	ERC: independência	241
2.4.1	Independência em relação aos regulados	241
2.4.2	Independência face ao Governo	242
2.4.2.1	Independência orgânica	242
2.4.2.2	Independência funcional	243
2.5	ERC: *accountability*	243
3	Heterorregulação (pública) independente e modelos alternativos de regulação da Comunicação Social em Portugal	245

EL CONCEPTO DE ADMINISTRACIÓN PÚBLICA EN EL DERECHO VENEZOLANO

José Ignacio Hernández G.		249
	Introducción	249
1	Administración Pública, Estado y poder	250
1.1	La Administración Pública y el poder	250
1.2	El Derecho Administrativo como Derecho estatal	252
1.3	Particularidades del Derecho Administrativo venezolano como Derecho estatal	253
1.4	Los condicionantes no jurídicos de la Administración Pública y el Petro-Estado	256
2	El concepto tradicional de Administración Pública desde el principio de separación de poderes	258
2.1	El concepto de Administración Pública desde la teoría de la separación de poderes	258

2.2	La Administración Pública en sentido orgánico	259
2.2.1	Contenido y alcance del concepto orgánico de Administración Pública. Su distinción del Gobierno	260
2.2.2	La Administración en sentido orgánico y el ejercicio de las distintas funciones públicas	261
2.3	La Administración Pública en sentido funcional	263
2.3.1	Preliminar. La confusa distinción entre actividad administrativa y función administrativa	263
2.3.2	Las distintas tesis que tratan de explicar el concepto funcional de Administración Pública	264
2.3.3	El ejercicio de la función administrativa por otros órganos del Poder Público y por los particulares. Crítica desde el artículo 141 constitucional	267
2.4	A modo de recapitulación: críticas al concepto tradicional de Administración Pública en Venezuela	269
3	La redefinición del concepto de Administración Pública en Venezuela desde la administración vicarial	270
3.1	Breves consideraciones sobre el carácter vicarial de la Administración Pública en el Derecho Comparado. Sobre la buena Administración	270
3.2	El concepto institucional de Administración Pública desde el artículo 141 de la Constitución. Algunas conclusiones prácticas	271
4	La crisis del carácter estatal del derecho administrativo: la Administración Pública global	275
4.1	Breve aproximación al efecto de la globalización sobre la Administración Pública	275
4.2	El surgimiento de la Administración Global y la crisis del carácter estatal de la Administración Pública	277

AMBIENTE INSTITUCIONAL E PROTEÇÃO À CONFIANÇA: O REGIME DE GARANTIAS NAS PARCERIAS PÚBLICO-PRIVADAS

Luís Fernando Lima de Oliveira		281
1	Introdução	281
2	As regras do jogo	282
2.1	Ambiente institucional e proteção legítima à confiança	282
2.2	Os riscos das instituições brasileiras	283
2.3	Postulado da eficiência e interpretação dos contratos	284
3	Garantias das parcerias público-privadas	286
3.1	A experiência internacional das parcerias público-privadas	286
3.2	Alocação de riscos nas parcerias público-privadas brasileiras	288
3.3	Garantias das parcerias público-privadas brasileiras	290
4	Conclusão	292
	Referências	293

OS LIMITES E A APLICAÇÃO DA TAXA INTERNA DE RETORNO

Marcos Nóbrega		295
	A Taxa Interna de Retorno como instrumento de avaliação de rentabilidade	296

LAS TRANSFORMACIONES DE LAS POTESTADES DISCIPLINARIAS PERUANAS

Orlando Vignolo Cueva 303

1 El contexto general de los vigentes regímenes disciplinarios peruanos (los de alcance general) 303

2 En específico, algunos datos adicionales sobre el *tránsito* hacia el régimen disciplinario del Servicio Civil 312

3 Cuestiones finales. Notas respecto del antijurídico Acuerdo Plenario nº 01-2013-CG/TSRA 317

3.1 La garantía del *nom bis in idem* y su aplicación ante los ejercicios disciplinarios 319

3.2 El contenido de la garantía ante los ejercicios de potestades disciplinarias 325

3.3 La garantía del *non bis in idem* y la responsabilidad administrativa. Precisiones ante las distorsiones creadas por el Precedente analizado 328

3.4 Crítica final y conclusiva al Acuerdo Plenario nº 01-2013-CG/TSRA 332

3.4.1 Primer fundamento del precedente y sus argumentos en contrario: "la relación de trabajo como manifestación del poder disciplinario" 332

3.4.2 Segundo fundamento del precedente y sus argumentos en contrario: "el régimen de responsabilidad administrativa funcional no es un sistema disciplinario" 335

3.4.3 Tercer fundamento del precedente y sus argumentos en contrario: "las normas comunes del procedimiento administrativo (y en concreto del régimen sancionador) ceden ante la especialidad del régimen de responsabilidad administrativa funcional" 338

EFETIVAÇÃO DO ACESSO À SAÚDE PÚBLICA: UMA ANÁLISE DAS UNIDADES DE SAÚDE QUE FORNECEM MAMOGRAFIA NO MUNICÍPIO DO RECIFE

Rafael Lima Castelo Branco Ferreira, José Mário Wanderley Gomes Neto 341

1 Introdução 341

2 A saúde coletiva como ferramenta de efetivação do direito constitucional à saúde. 342

2.1 Saúde pública × saúde coletiva 342

2.2 O princípio da integralidade x eficiência administrativa 344

2.3 A aplicação da integralidade sistêmica como meio de estruturação organizacional dos serviços de saúde 348

2.4 A contribuição das ciências sociais ao desenvolvimento positivo da saúde coletiva 349

3 O acesso à mamografia no âmbito da saúde pública: uma análise das unidades de saúde do município de Recife 351

3.1 Breves considerações sobre o câncer de mama 351

3.2 A mamografia como meio de prevenção do câncer de mama 352

3.3 O acesso à mamografia no município do Recife: tempo de espera para realização do exame 353

3.3.1 Metodologia: fontes de dados 353

3.3.2 Resultado da análise do Sistema de Informação do Programa de Controle do Câncer de Mama – SISMAMA 354

4 Conclusões 359

Referências 360

AS AUTARQUIAS NO COMPASSO E NO DESCOMPASSO DO DIREITO
ADMINISTRATIVO BRASILEIRO

Theresa Christine de A. Nobrega... 363

1   Sobre as agências.. 370

2   Sobre as agências executivas 370

3   Das agências reguladoras... 372

      Referências... 377

OS PRINCÍPIOS DA ADMINISTRAÇÃO PÚBLICA E A PÓS-MODERNIDADE

Walber de Moura Agra... 379

1   Administração Pública 379

2   Princípios e regras.. 381

3   Princípios da Administração Pública 383

3.1   Princípio da legalidade... 384

3.2   Princípio da moralidade.. 385

3.3   Princípio da impessoalidade 386

3.4   Princípio da publicidade... 386

3.5   Princípio da eficiência... 387

4   Pós-modernidade e crise do direito legislado......................... 388

5   A vanguarda do princípio da legalidade na pós-modernidade............ 390

      Referências... 391

SOBRE OS AUTORES.. 395

APRESENTAÇÃO

A obra Estudos de Direito Público em homenagem ao Professor Francisco Queiroz Bezerra Cavalcanti marca o quadragésimo ano de docência de um dos mestres mais devotados à Universidade Federal de Pernambuco, que construiu trajetória valorosa como docente, zelando pela Faculdade de Direito do Recife como filho da casa, curador do seu patrimônio material e imaterial e protagonista de uma relação de pertencimento legítima e indissolúvel.

Trata-se de uma construção coletiva alçada por estudiosos do Direito Administrativo, que vivenciaram várias etapas desse percurso de quarenta anos de história, compartilhando diálogos cotidianos ou trocando experiências a distância. Alguns autores são contemporâneos de jornada docente, outros são laços construídos no caminho e muitos são alunos, como eu, fazendo a mais justa reverência ao seu professor.

Vinte juristas se reuniram para essa tarefa, carreados pela ideia lançada pelo professor Andry Matilla em 2016 e assim começaram as costuras do livro, cosido em silêncio para preservar Francisco do torpor da sua humildade. De fato, aqueles que conhecem bem o homenageado, sabem que sua vida não foi edificada na busca por comendas, nem tampouco pela caçada do aplauso, ou de qualquer alegoria voltada à celebração da vaidade.

Assim, cuidamos para que o Professor Francisco se mantivesse alheio aos propósitos de todos os realizadores, e apesar da discrição aludida, me sinto inquieto e suponho que, mesmo desautorizado, acabarei cuidando, com certa passionalidade dos substantivos e dos adjetivos que dão notícia da pessoa vinculada a esse tributo, com estórias que vi e também com os vários relatos que colhi a pretexto de escrever essa apresentação.

Francisco foi aluno do Ginásio Pernambucano e logo cedo já fazia jus ao ditado: "espinho que tem que picar, de pequeno traz a ponta", assim foi aprovado na primeira colocação da seleção para ingresso no curso da faculdade de Direito do Recife em 1973 e de lá sairia em 1977, como aluno laureado, e nesse mesmo ano, começou sua caminhada como professor da referida instituição.

Certa vez, ele me disse que começou a advogar logo após a conclusão da graduação, e como Dr. Britualdo, seu pai, obteve sucesso no desenvolvimento desse ofício privado, mas sua vocação de homem público acabou se impondo mais forte e assim foi aprovado no concurso de juiz de trabalho, ocupando o cargo entre 1980 e 1984.

O concurso público seguinte lhe rendeu nomeação como juiz federal ainda em 1984, e a conclusão do mestrado, no programa de pós-graduação da Universidade Federal de Pernambuco, viria em 1989, evidenciando a inquietude, marca registrada de sua personalidade, e mote da jornada acadêmica que se protrai no tempo após a conclusão do doutorado na Universidade Clássica de Lisboa em 1996.

O tempo passou e o professor de Direito Administrativo, já maduro que conheci, como Coordenador do Programa de Pós-Graduação da Universidade Federal de Pernambuco, gerava especial fascínio entre os estudantes, com o passo apertado, a cabeça inclinada em direção ao birô, desenhos rebuscados durante uma liturgia jurídica profunda, e uma recomendação de leitura, quase extravagante, com textos que remetiam às principais rupturas da reforma gerencial do Estado.

Toda aquela maturidade se refletiria em textos notáveis sobre a intervenção do Estado na economia, as agências reguladoras, o mandado de segurança, concessões de serviço público, controle da administração, ato administrativo, servidores públicos e ainda fora dos laços específicos do direito administrativo é possível contemplar obras sobre a legislação eleitoral, defesa do consumidor e sobre a reforma trabalhista, em livro esgotado antes de completar seu primeiro mensário após o lançamento.

E será que o tempo passou? Talvez... Confesso a dúvida diante da imagem de Francisco nos decalques deixados pela minha retina. E talvez tenha sido essa a sensação de Kronos, quando o desembargador federal de carreira consolidada saiu de sua zona de conforto e se despojou da cadeira confortável e honrada que ocupou dignamente no Poder Judiciário, exercitando o direito à aposentadoria voluntária.

Um estado de graça, por vezes, seja essa a grande ousadia da vida, quando é possível tomar o destino pelas mãos e conduzir a existência com base em escolhas absolutamente subjetivas, foi o que pensei quando vi o professor Francisco assumir a direção da Casa de Tobias.

A relação de pertencimento é encantadora e justifica o sonho já concretizado, razão pela qual aqui até caberia um ponto final, mas Francisco, aprovado no concurso de tabelião do Estado de Pernambuco com quarenta anos de docência e mais de trinta anos devotados à magistratura, segura, mais uma vez, a vida na palma das mãos.

Assim, o tempo parece uma farsa, ou seria apenas um subterfúgio, para um livro em homenagem ao Professor Francisco Queiroz Bezerra Cavalcanti, em um dos recortes da sua vida – um momento para assinalar o aniversário do seu magistério, e talvez para lembrar que o Direto Administrativo tem sido tão somente uma escritura formal do professor, que transita pela história do direito, pelo Direito Constitucional, Tributário, Financeiro, Processual...

E o professor tem sido apenas uma qualificação do homem, que sempre enaltece a fidelidade do cachorro; sabe plantar baobá; fazer arte com barro; se arvora como desenhista; defende a revolução socialista; leva os netos para a exposição de animais; debate Morte e Vida Severina de João Cabral de Melo Neto; e não recusa um café, principalmente se tiver biscoito ou bolo na mesa.

Em nome de todos os autores, deixo minha saudação ao professor Francisco e até me aventuro a forjar uma profecia, por saber quão libertador pode ser um aniversário de quarenta anos, sei que o homenageado pode estar vivendo o seu melhor momento e, decerto, esta passagem se converterá em privilégio para as gerações de alunos do porvir.

Walber de Moura Agra

PREFÁCIO

Walber Agra me cobra um prefácio para o livro em homenagem aos 40 anos de docência de meu pai na UFPE. Num primeiro momento, achei estranho, eu, filho, fazer a apresentação. Não me parecia lá uma grande ideia, mas, seduzido pela insistência, tracei essas poucas linhas.

Falar de pai é difícil. Ainda mais quando o relacionamento é muito próximo e cheio de admiração. Pensei na Faculdade de Direito do Recife, sem dúvida, um dos amores de meu pai. Acho que, de longa data, desde a época em que meu avô por lá lecionava.

Lembro-me de, enquanto criança, ir até lá para olhar o grande relógio da torre e depois atravessar a rua para passear no Parque 13 de Maio e dar pipoca aos patos. Hoje meu lugar de fornecedor de pipoca foi ocupado por meus filhos e minha sobrinha, são eles que acompanham meu pai ao parque.

A Faculdade sempre esteve presente em sua vida. Foi lá que meu pai conheceu a minha mãe e alguns de seus amigos. Eu, muitas vezes, ia até lá só para lanchar um misto-quente com refrigerante, no saudoso "caprichado". Gostava da Faculdade e também da Justiça do Trabalho, onde costumava acompanhar meu pai para ver os peixes que ficam no espelho d'água do prédio onde hoje fica o TRT da 6ª Região.

Era criança quando meu pai foi defender sua dissertação de Mestrado e me arrependo até hoje de não ter ido à sessão pública. Achava que aquilo não era para mim e acabei faltando, apesar da insistência da minha mãe.

Meu pai ensinava Direito Administrativo e eu não tinha a mínima ideia do que era isso. Ouvia falar muito em Hely Lopes Meirelles, Celso Antônio Bandeira de Mello, Rene Chapus e num tal mandado de segurança. As RDAS existiam às dezenas lá em casa junto de livros das mais diversas nacionalidades.

Foi meu pai, quando eu ainda era criança, que primeiro me ensinou o conceito de incapacidade. Toda vez que eu acertava alguma coisa com meu irmão – mais novo – e ele desistia de cumprir, a gente acabava brigando e quando eu pedia a meu pai que obrigasse meu irmão a cumprir o prometido, sempre ouvia que não podia obrigá-lo porque ele era incapaz. Eu ficava muito contrariado.

Do mesmo jeito, aprendi o conceito de isonomia. Eu e meu irmão costumávamos disputar o banco da frente do carro, mas meu pai sempre dizia: "um vai na frente e o outro volta, isso é isonomia".

Lembro também de outro fato, quando o amigo e Professor João Maurício Adeodato publicou sua tese de doutorado, fez a seguinte dedicatória pra meu pai: "A nova geração da UFPE junta, vai longe!".

Já por volta dos anos 2000, lembro bem do concurso para provimento do cargo de Professor Titular da UFPE. Banca formada pelos Professores José Alfredo de Oliveira Baracho, Pedro Paulo de Almeida Dutra, Alice Borges, Ivo Dantas e mais uma vez João Maurício Adeodato. Nesse momento, meu pai chegara ao máximo da carreira universitária.

A Faculdade também apresentou a meu pai – como aluna do Curso de Mestrado – a minha esposa. Acabamos nos reencontrando em seu gabinete no TRF-5 – quando ainda exercia a Magistratura –, o que resultou no meu casamento e nos nossos dois filhos.

Na Faculdade, durante vários anos, meu pai foi acompanhado de meu tio, Flávio de Queiroz Bezerra Cavalcanti, Professor de Direito Civil e precocemente falecido, mesma Faculdade onde este ano se forma Carol, filha única de Flávio e, quem sabe, futura Professora da Casa de Tobias.

Depois de mais de 35 anos como Magistrado, meu pai acaba deixando o Tribunal Regional Federal da 5ª Região para disputar a Direção da Faculdade de Direito – único cargo que meu pai sempre disse que um dia ocuparia – e onde atualmente se encontra. Ser Diretor da Faculdade, justo no momento em que completa 40 anos como professor da instituição, pode parecer coincidência, mas não é, porque meu pai viveu muito de sua vida dentro da Faculdade e a Faculdade, sem dúvida, vive nele.

Recife, 19 de janeiro de 2018.

Bruno Novaes B. Cavalcanti

CONSTITUIÇÃO, DESIGUALDADE E DIREITO À INFORMAÇÃO

Ana Paula de Barcellos

A Constituição de 1988 veiculou o compromisso do novo Estado brasileiro, reorganizado naquele momento, com a promoção dos direitos fundamentais. É certo que isso não significa que haja consenso acerca do que esse compromisso significa em todas as suas possibilidades, e mesmo a definição do sentido e alcance de muitos direitos envolve diferentes visões de mundo, concepções políticas, filosóficas, religiosas e ideológicas. Sem prejuízo dessas diversidade e complexidade próprias do pluralismo, parece correto afirmar que a Constituição de 1988 explicitou uma decisão majoritária no sentido do respeito, da garantia e da promoção dos direitos fundamentais.

Desde então, muitos esforços têm sido empreendidos – oriundos, *e.g.*, da esfera normativa, da doutrina e da jurisprudência – com fundamento nessa decisão constitucional e/ou com o propósito de desenvolvê-la.

Cerca de dois anos após a promulgação da Constituição de 1988, foi editada a Lei nº 8.080/90, que organizou a estrutura básica do Sistema Único de Saúde, previsto constitucionalmente. Várias alterações foram introduzidas nessa lei ao longo do tempo para adaptar o sistema a novas necessidades e realidades.

No plano infralegal, normas são constantemente editadas dispondo sobre os serviços prestados pelo SUS, o relacionamento entre os entes federativos e com os parceiros privados, entre muitos outros temas. Atos concretos são praticados igualmente a fim de dar execução a esse conjunto normativo.

Percurso similar é observado, por exemplo, em relação ao direito à educação, igualmente previsto pelo texto constitucional de forma bastante analítica. Em 1996, foi editada a Lei nº 9.394, a chamada Lei de Diretrizes e Bases da Educação Nacional, que também tem sido objeto de reformas e atualizações ao longo do tempo. Outras leis foram editadas sobre o tema da educação, como, *e.g.*, a que criou o Programa Universidade para Todos – PROUNI (Lei nº 11.096/05) e o Programa Nacional de Acesso ao Ensino Técnico e Emprego – PRONATEC (Lei nº 12.513/11). Do mesmo modo, atos infralegais têm sido expedidos e atos concretos praticados com o propósito de dar execução a tais normas, com maior ou menor sucesso.

Vários outros exemplos poderiam ser dados da produção normativa do Estado brasileiro em relação a direitos fundamentais desde a edição da Constituição de 1988. O Programa Bolsa Família (Lei nº 10.836/04), independentemente das controvérsias políticas que o envolvem, se ocupa, não há dúvida, de direitos fundamentais. O Estatuto da Cidade (Lei nº 10.257/01) é considerado um documento da maior importância, inclusive no plano internacional, para o direito à moradia e demais direitos relacionados com o fenômeno da cidade. A Lei nº 13.146/15 instituiu o Estatuto da Pessoa com Deficiência, atualizando a legislação sobre a matéria no país.

Paralelamente às normas, a doutrina jurídica brasileira dedicou-se nas últimas décadas a desenvolver uma dogmática voltada para a expansão da eficácia jurídica e da efetividade da Constituição como um todo e dos direitos fundamentais de forma específica. O esforço doutrinário é notável e deve ser registrado, mesmo quando seu impacto efetivo na compreensão e aplicação do direito leve algum tempo para se verificar. A jurisprudência tem seguido na mesma linha, em todos os ramos do Poder Judiciário e graus de jurisdição, e sequer há necessidade de enumerar exemplos de decisões nesse sentido. O Supremo Tribunal Federal, em múltiplas ocasiões, tem destacado a centralidade dos direitos fundamentais e da dignidade humana no sistema jurídico-constitucional brasileiro.[1]

Todos esses esforços – normativos, doutrinários e jurisprudenciais – pretendem, em última análise, garantir, proteger e promover os direitos fundamentais. E parece certo que eles são efetivamente necessários para a realização dos direitos nos Estados contemporâneos, embora não sejam suficientes. A edição de normas, a produção doutrinária e mesmo a prolação de decisões judiciais não garantem, por si, a realização de direitos.

O fato de existirem múltiplas normas disciplinando o direito à saúde, doutrina tratando de sua fundamentalidade e eficácia, e decisões judiciais impondo obrigações nesse sentido, não significa que as normas estejam sendo efetivamente executadas e, mesmo que sua execução esteja acontecendo, isso não garante, nos termos do art. 196 da Constituição, que os riscos de doença e agravos estejam sendo reduzidos ou que a promoção, proteção e recuperação da saúde estejam se verificando. Mesmo quando se trata de decisões judiciais, nem sempre seu cumprimento se dá de forma tão rápida ou equitativa. Sobretudo quando se trata de ações coletivas, como se verá mais adiante.

Paralelamente, portanto, à edição normativa e aos desenvolvimentos doutrinários e jurisprudenciais que visam à promoção dos direitos, eu gostaria de propor duas outras dimensões para o compromisso constitucional com os direitos fundamentais, que, para fins didáticos, seguem denominadas de *dimensões da realidade e da realidade desagregada*. Inicie-se pela dimensão da realidade.

A decisão majoritária constitucional em relação aos direitos fundamentais apenas faz sentido se a pretensão for compreendida no sentido de que os direitos sejam de

---

[1] Apenas para que se tenha uma ideia, a expressão "direitos fundamentais" "dignidade humana" ou "dignidade da pessoa humana" aparece 166 vezes na publicação *A Constituição e o Supremo*, disponível no site do Supremo Tribunal Federal (http://www.stf.jus.br/portal/constituicao/constituicao.asp, acesso em 2 de outubro de 2015), que apresenta uma seleção da jurisprudência da Corte organizada por artigo da Constituição a que se refere cada decisão. A expressão "direitos fundamentais" aparece 81 vezes na mesma publicação.

fato, isto é, no mundo da realidade, garantidos às pessoas. O direito em geral e o direito constitucional em particular têm como objetivo transformar o mundo real, de tal modo que ele se conforme a suas prescrições. Ocorre que entre a norma, e mesmo entre a decisão judicial, e a transformação da realidade haverá sempre um processo, por vezes longo, complexo e acidentado. Alguns exemplos ilustram o ponto.

As normas constitucionais que tratam do direito à educação, por exemplo, pretendem que o serviço educacional produza, na existência individual, "pleno desenvolvimento da pessoa, seu preparo para o exercício da cidadania e sua qualificação para o trabalho" (art. 205). Não é difícil perceber, em primeiro lugar, que essa previsão normativa em si, ou as leis e atos infralegais que tratam do assunto não produzirão esse resultado por sua simples existência. Infelizmente, não existe um efeito mágico associado à edição de uma norma – mesmo de uma norma constitucional! – pelo qual a realidade automaticamente se transforma para conformar-se a suas previsões. Muitíssimos atos terão que ser praticados ao longo do tempo para conduzir a norma constitucional a sua realização concreta.

Em primeiro lugar, será preciso que o serviço educacional exista e que suas condições de oferta (quantidade, localização, acessibilidade etc.) sejam adequadas ao público. A Constituição garante, *e.g.*, o serviço educacional em horário diferenciado para adultos que não tiveram acesso ao ensino regular na idade própria. Se esse serviço não existe no horário adequado, ou se só existe em locais distantes do público a que se destinaria (inviabilizando o acesso), a realização do direito já restará inviabilizada. O mesmo se diga para o serviço de creche e pré-escola: se não há vagas suficientes ou se a localização é inacessível, a realização do direito já encontra um óbice desde logo.

Além disso, atos terão que ser praticados quanto ao como esse serviço será prestado. Que conteúdos, habilidades, capacidades promoverão, por exemplo, a qualificação para o trabalho? Ou o preparo para o exercício da cidadania? Ou o desenvolvimento humano? Essas avaliações estão longe de ser singelas, mas serão indispensáveis. E como esses conteúdos, habilidades, capacidades etc. serão desenvolvidos junto aos alunos, dependendo da faixa etária e das diferentes características do público? São decisões que terão de ser tomadas e, provavelmente, será necessário revisá-las periodicamente.

E isso porque não basta existir o serviço educacional para o que direito seja realizado. O direito à educação não se realiza propriamente, ou apenas, pela frequência a um local chamado escola. Se os alunos frequentam a escola pelo tempo planejado, mas os fins constitucionais não se realizam minimamente – isto é: se não houve um desenvolvimento ao menos razoável da pessoa, se ela não está preparada para o exercício da cidadania e nem qualificada para o trabalho –, alguma coisa está errada: afirmar que o direito à educação dessas pessoas foi garantido simplesmente não é real. O serviço deve ser desenvolvido de tal modo que, ao menos em tese, ele seja capaz de produzir os resultados desejados pela Constituição e pela legislação para os diferentes públicos. Não sendo assim, não se terá a realização do direito na vida das pessoas.

De outra parte, será indispensável avaliar se os usuários do serviço estão efetivamente obtendo dele o que se imagina. Isto é: se os resultados esperados estão efetivamente se produzindo, até para que seja possível reavaliar e promover os ajustes capazes de reconduzir o processo para a produção dos resultados esperados. Eventualmente, a escola pode existir em local adequado, com vagas suficientes, os conteúdos e métodos foram desenvolvidos com o propósito de produzir os resultados constitucionais, mas, por razões que não puderam ser antecipadas, esses resultados não estão se verificando.

Esse é um ponto importante, pois a realidade é muito mais complexa do que se pode antecipar, e reavaliações e ajustes serão frequentemente necessários nas políticas públicas em geral, e em matéria de direitos em particular. Não se trata propriamente de erros ou incompetências (embora eles também possam existir), mas dos limites do conhecimento humano e da nossa capacidade de prognóstico. Assim, não é incomum que os meios pelos quais se imaginou promover determinado resultado se revelem, afinal, infrutíferos, seja de forma geral, seja para determinados grupos ou situações.

Imagine-se, assim, que um dos resultados esperados do sistema educacional é que o indivíduo seja capaz de ler materiais jornalísticos e compreendê-los, bem como expressar ideias por escrito, após determinado número de anos no sistema. Se, a despeito da passagem do tempo se observa que o sistema educacional não conseguiu conduzir crianças/adolescentes de determinadas comunidades a tais resultados, será preciso avaliar o que precisa ser feito para que eles sejam produzidos, sob pena de, para esse conjunto de crianças, o direito à educação não estar sendo garantido. A garantia do direito, portanto, não se verifica apenas pela existência de um serviço que, em tese, foi concebido com o objetivo de promovê-lo, mas pela fruição real desse direito pelos indivíduos.

Os exemplos apresentados estão longe de percorrer a complexidade inerente à realização do direito à educação. O ponto que se quer destacar aqui é o de que a edição de normas sobre direitos fundamentais é apenas um ponto de partida. A realização dos direitos dependerá de muitos outros atos subsequentes que não podem ser ignorados, não apenas por outros ramos do conhecimento, mas também pelo Direito Constitucional.

O mesmo pode acontecer com decisões judiciais. Nas últimas décadas, multiplicaram-se decisões judiciais, ao redor do mundo e no Brasil, com o objetivo de promover a realização de direitos fundamentais. Os exemplos envolvendo direitos sociais são provavelmente os mais emblemáticos, mas não são únicos: demandas envolvendo direito à água, à alimentação, a prestações de saúde, à habitação, a saneamento básico, etc. Mas o que aconteceu efetivamente com essas decisões? Elas foram executadas? Elas incrementaram a realização dos direitos fundamentais no mundo dos fatos? Esse é um tema que tem suscitado amplo debate entre acadêmicos e ativistas ao redor do mundo.[2]

A conclusão preliminar a que já se chegou, não apenas no Brasil, mas também em outros países, é a de que as decisões judiciais são executadas de forma razoável quando se trata de bens privados postulados em demandas individuais, como, *e.g.*, a entrega de medicamentos. Entretanto, quando se cuida de ações coletivas e/ou de demandas que envolvem bens públicos, como a alteração, correção ou implantação de uma política pública, a execução das decisões judiciais pode demorar décadas ou eventualmente nunca acontecer. O exemplo do saneamento no Brasil ilustra o ponto.[3]

---

[2] V. discutindo a questão os textos reunidos na coletânea de GAURI; BRINKS. *Courting social justice*: Judicial enforcement of social and economic rights in the developing world. Cambridge: Cambridge University Press, 2008.

[3] As informações sobre o tema do saneamento utilizadas no texto podem ser conferidas em BARCELLOS, Ana Paula de. Sanitation Rights, Public law Litigation and Inequality: a Case Study from Brazil. *Health and Human Rights*, v. 16/2, p. 35-46, 2014.

Desde o início da década de 1990 dezenas de ações foram ajuizadas pelo Ministério Público postulando a instalação ou a ampliação de sistemas de coleta e tratamento de esgoto em cidades pelo país afora, e muitas decisões judiciais atenderam tais pedidos. A execução dessas decisões, porém, têm levado um tempo considerável. E, em rigor, não é difícil imaginar as principais etapas necessárias à execução dessas decisões. Em primeiro lugar, será preciso fazer um plano de saneamento que leve em conta as características da cidade, tanto em termos hídricos quanto populacionais, entre outros aspectos. Muitas vezes o Município não terá pessoal técnico, de modo que precisará socorrer-se da cooperação da União ou do Estado para elaborar seu plano, que, de todo modo, terá que harmonizar-se com os planos dos municípios vizinhos e com o do Estado.

Definido o plano de saneamento e os sistemas que deverão ser construídos, será o momento de decidir quem executará essas obras e qual será o modelo adotado para a posterior prestação do serviço, já que as duas decisões podem repercutir uma sobre a outra. Haverá uma concessão do serviço e licitação das obras em conjunto? Ou apenas serão licitadas as obras e o Município prestará o serviço? Se houver dispêndio do Município, terá que haver previsão orçamentária, e nesse ponto o Legislativo será chamado a participar da execução da decisão judicial.

Ultrapassada essa segunda etapa, terá lugar a licitação para o que quer que tenha sido decidido pelo Município. Encerrado o certame, o vencedor iniciará as obras, e provavelmente o primeiro item de sua lista será obter as licenças ambientais necessárias, além das outras licenças eventualmente pertinentes. Vencida essa fase, as estruturas começarão a ser construídas, o que poderá levar vários anos dependendo da dimensão dos sistemas. Depois chegará a parte de testes para, enfim, a promoção do direito fundamental das pessoas efetivamente acontecer.

Pois bem. Se o compromisso constitucional com os direitos fundamentais tem essa dimensão de realidade – isto é: que as pessoas efetivamente tenham seus direitos garantidos, protegidos e promovidos no dia a dia –, e se as normas e as decisões judiciais sozinhas não têm o condão de transformar magicamente a realidade, a que ponto somos conduzidos? A consequência dessas duas premissas é a de que o compromisso constitucional com os direitos fundamentais não é um compromisso propriamente com a existência de normas sobre o assunto, de políticas públicas de direitos fundamentais ou mesmo de decisões judiciais que determinem sua execução. Todos esses mecanismos serão meios para atingir um fim: a garantia efetiva, no dia a dia das pessoas, dos direitos fundamentais.

Essa primeira dimensão, portanto, significa de forma bastante simples que a promoção dos direitos fundamentais não se esgota na elaboração, interpretação e aplicação de normas sobre direitos fundamentais. Ela precisará envolver também o que acontece no mundo real com as normas editadas e com as decisões proferidas.

Alguém poderia suscitar que essa dimensão da realidade – embora importante – estaria fora do escopo do Direito Constitucional e não seria relevante para seu estudo, formando o objeto próprio de outros ramos do conhecimento. Elaborada a norma de direito fundamental pelas autoridades competentes, definido seu sentido, alcance e eficácia pela doutrina, e aplicada pelo Poder Judiciário, o Direito Constitucional teria encerrado seu ofício. A efetiva execução das normas ou das decisões judiciais estaria a cargo do Direito Administrativo e do Direito Processual. Ouso discordar.

Não é o caso de o Direito Constitucional adotar uma autocompreensão megalomaníaca e pretender tratar de temas tradicionalmente afetos a outros ramos do Direito ou de assuntos próprios de outras espécies de conhecimento. Bem ao contrário. É o caso de o Direito Constitucional adotar uma autocompreensão mais humilde, no sentido de abrir-se para aprender com outros campos do conhecimento acerca da realidade – complexa, variada e mutável ao longo do tempo – que se pretende regular e transformar.

Para utilizar os exemplos anteriores, não é o Direito Constitucional que vai apurar ou definir onde as escolas devem ser instaladas, qual a quantidade de vagas necessárias, qual será o conteúdo do serviço educacional, como ele será prestado, como se vai apurar se o serviço está promovendo o direito à educação das pessoas, como se deve alterar o sistema caso se conclua que determinados públicos não estão tendo seu direito à educação realizado, etc. O Direito Constitucional não tem nada a dizer sobre como as diferentes pessoas, em diferentes circunstâncias, aprendem ou não, como a melhor forma de desenvolver determinadas capacidades cognitivas, entre tantos outros temas. Entretanto, esses elementos e esses dados não podem ser irrelevantes para o Direito Constitucional.

Parece realmente um equívoco lógico que o Direito Constitucional tenha a pretensão de transformar a realidade e, simultaneamente, ignore essa mesma realidade e até mesmo resista em conhecê-la. A circunstância de não caber necessariamente ao Direito Constitucional a produção de determinados conhecimentos não significa que não lhe caiba se relacionar com eles para incorporá-los e levá-los em consideração no desenvolvimento teórico de seu próprio instrumental, de modo a ser capaz de contribuir melhor para que os resultados pretendidos pela Constituição sejam efetivamente realizados.

A segunda dimensão do compromisso constitucional com os direitos fundamentais é o que se denominou aqui de *dimensão da realidade desagregada*. Trata-se de um desdobramento da dimensão da realidade discutida anteriormente, mas que, por sua importância, merece um destaque específico. E isso porque, quando se trata de direitos, a realidade do mundo, e do Brasil em particular, é profundamente desigual. A conhecida frase sobre estatística (e realisticamente cruel) ilustra o ponto: se A come um frango por dia e B passa fome, na média cada um comeu meio frango. A desagregação de dados é o mecanismo pelo qual as desigualdades podem ser explicitadas e tornadas visíveis.

Alguns dados brasileiros deixam clara a relevância de se apurar a realidade dos direitos fundamentais não apenas de forma genérica, mas também, e particularmente, de forma desagregada, considerando elementos de desigualdade tradicionalmente observados no país, como renda, cor, gênero e as diferentes regiões, entre outros.[4]

A mortalidade infantil sofreu uma redução considerável nos últimos anos: em 2000, estimavam-se 29 mortes por 1000 nascidos, e em 2013 a estimativa é de 15 mortes. Esse número, porém, não reflete as desigualdades regionais que continuam a existir. Os números das Regiões Nordeste (19,4), Norte (19,2) e Centro-Oeste (15,6) são maiores que

---

[4] Os dados expostos no texto constam de IBGE-Brasil. *Síntese de indicadores sociais:* uma análise das condições de vida da população brasileira. Rio de Janeiro: Instituto Brasileiro de Geografia e Estatística – IBGE, 2014.

os da média nacional, enquanto Sudeste (11,6) e Sul (10,4) apresentam valores inferiores. Os valores extremos na estimativa da taxa de mortalidade infantil foram observados no Maranhão (24,7 mortes por 1.000 nascidos vivos) e em Santa Catarina (10,1).

Em 2004, 53,7% das crianças com até 14 anos de idade residiam em domicílios em que o esgotamento sanitário era inadequado, ou seja, não se dava via rede geral ou fossa séptica ligada à rede coletora. Em 2013, esse indicador passou a 44,5%, o que revela, simultaneamente, uma melhora e uma necessidade alarmante. Nas Regiões Norte e Nordeste, o percentual de domicílios urbanos com acesso simultâneo a serviços de saneamento, foi de 21,2% e 51,1%, respectivamente. No Sudeste, esse mesmo indicador alcançou 91,1% dos domicílios urbanos, enquanto as Regiões Sul e Centro-Oeste (respectivamente) registraram 67,0% e 51,8% no indicador. No outro extremo, 97,6% dos domicílios urbanos no Amapá e 95,2% no Piauí não tinham saneamento adequado em 2013. Proporções menores, mas ainda significativas, ocorreram em Rondônia (86,1%), Pará (85,0%) e Maranhão (80,6%).

Quanto ao direito à educação (os dados são de 2013), o acesso à escola estava próximo da universalização (93,1%) para as crianças de 4 a 5 anos do quinto mais rico da população (os 20% com maiores rendimentos), ao passo que apenas 75,2% das crianças nessa faixa etária são escolarizadas quando se examina o quinto mais pobre (os 20% com menores rendimentos). Paralelamente às desigualdades sociais, há também desigualdades regionais e entre áreas urbanas e rurais. No mesmo ano de 2013, o Norte possuía a menor proporção de crianças de 4 e 5 anos na escola (67,9%), contra 87,0% no Nordeste e 85,0% no Sudeste. Além disso, 27,2% das crianças dessa faixa etária que viviam na área rural não frequentavam a escola.

Os dados registram um aumento da frequência escolar, mas os níveis de atraso escolar continuam altos. Mais de 25% dos jovens de 15 a 17 anos estavam no ensino fundamental em 2013, e as Regiões Norte e Nordeste apresentaram as maiores taxas de distorção idade/série (55,2% e 52,2%, respectivamente). A proporção desses estudantes com atraso no ensino fundamental era mais elevada entre aqueles da rede de ensino pública, homens, residentes em área rural e de cor preta ou parda. Além disso, os 20% mais pobres possuíam taxa de distorção idade/série 3,3 vezes maior do que aquela observada entre os estudantes pertencentes aos 20% mais ricos (5º quinto), fazendo com que o atraso escolar afetasse mais da metade desses estudantes (54,0%). O abandono escolar também é alto no Brasil e vem crescendo. Em 2013, 31,0% dos jovens de 18 a 24 anos de idade não haviam concluído o ensino médio e não estavam estudando. Pior, o abandono escolar precoce atingia cerca de metade dos jovens de 18 a 24 anos de idade pertencentes ao quinto mais pobre (50,9%) enquanto no quinto mais rico essa proporção era de apenas 9,8%.

A realização dos direitos fundamentais, mesmo quando se observa ao longo do tempo, varia muitíssimo em um país desigual como o Brasil. Ora, o compromisso da Constituição é com a efetiva realização dos direitos de todos e de cada um, e não apenas com uma média global que pode esconder, como na história do meio frango *per capita*, obesos e esfomeados. A desigualdade não pode ser ignorada quando se trata da promoção de direitos. É preciso saber não apenas *quantos* têm efetivamente determinado direito garantido no país, mas quem são de fato esses "quantos", onde vivem, sua identificação racial, gênero, renda etc., já que o que se observa é que a promoção dos direitos não se distribui de maneira uniforme pela população. Daí a importância da dimensão da realidade desagregada.

Ou seja: do ponto de vista do Direito Constitucional, a realidade desagregada é indispensável, porque ela revela os grupos que estão sendo deixados para trás no esforço de garantia dos direitos. Há mais que isso, porém. A própria Constituição previu de forma explícita que a redução das desigualdades é um dos objetivos fundamentais da República (art. 3º, III). Trata-se, portanto, de uma prioridade constitucional no contexto dos múltiplos esforços de realização dos direitos previstos pela própria Constituição. Mas se essas desigualdades sequer são explicitadas, como serão conhecidas? E se não são conhecidas, como serão discutidas? E se não forem discutidas, como se conseguirá reduzi-las?

A pergunta final que cabe fazer é a seguinte: quais as consequências que essas duas dimensões – da realidade e da realidade desagregada – têm sobre o Direito Constitucional especificamente? Aqui se tratará de apenas uma delas: o direito de acesso à informação sobre a realidade desagregada dos direitos fundamentais.

Como é corrente, a Constituição de 1988 consagrou de forma expressa o direito de acesso à informação (art. 5º, XIV e XXXIII), ao lado dos correspondentes deveres de publicidade e de prestação de contas, impostos aos agentes públicos em geral (art. 37, *caput*, §3º, II, e §8º, II; art. 49, IX; art. 84, XI e XXIV; art. 74, I e II). Nos termos da Constituição, a publicidade será sempre a regra, e o sigilo dos atos do Poder Público apenas é admitido para preservação da intimidade e quando seja necessária à segurança da sociedade e do Estado. Além disso, a Constituição faz menção expressa a planos de governo, à avaliação do cumprimento das metas previstas e à execução dos programas de governo.

O direito de acesso à informação desdobra-se em duas direções. Em primeiro lugar, cada indivíduo tem o direito de ter acesso a informações acerca de si próprio, mas que estejam sob poder do Estado. Esse primeiro aspecto do tema se vincula a interesses como a privacidade, o poder do indivíduo de controlar suas informações pessoais e, eventualmente, a proteção contra discriminações. Em segundo lugar, o acesso à informação diz respeito ao direito de todos, e de cada um, de ter acesso em caráter permanente a informações sobre os atos públicos de interesse geral: esse é o ponto que interessa de forma direta aqui. O art. 5º, XXXIII, identifica como objeto desse aspecto do direito "informação de interesse coletivo ou geral". O art. 37, §3º, II, de forma mais específica, menciona o direito de ter acesso a registros administrativos e a informações sobre atos de governo.[5]

O direito de acesso à informação de interesse geral desencadeia ao menos dois efeitos. Em primeiro lugar, caso o Poder Público não dê publicidade a informações existentes de interesse público, surge para os indivíduos a pretensão de exigi-las. É possível identificar manifestações individuais, coletivas e difusas desse direito. Com efeito, após uma solicitação administrativa infrutífera, um indivíduo poderá ingressar

---

[5] A Lei nº 12.527/11, chamada Lei de Acesso à Informação, trata desse segundo aspecto do direito à informação de forma específica, e seus arts. 7º e 8º indicam, exemplificativamente, o conteúdo do direito à informação.

com uma demanda postulando determinada informação. Também uma associação de moradores pode pretender obter informação, *e.g.*, sobre os níveis de salubridade da água distribuída no bairro e as ações estatais planejadas para garantir sua potabilidade.

Além dessa dimensão coletiva, não é difícil visualizar uma dimensão difusa desse direito. A coletividade tem o direito de exigir informações, por exemplo, sobre gastos públicos em geral, ou sobre a quantidade de mortos em decorrência da dengue, caso eles não sejam fornecidos. Em resumo, existe um direito de exigir que a informação de interesse geral existente seja fornecida.

Mas o que dizer de uma informação que não esteja disponível, seja porque não foi coletada, seja porque não foi processada? É neste ponto que se manifesta um segundo efeito do direito de acesso à informação de interesse geral: é preciso que exista a informação de interesse geral, "existir" entendido no sentido de ter sido coletada e estar disponível. É certo que não existe um direito de ter acesso a qualquer informação que se deseje. Informações astronômicas são de interesse geral, mas dificilmente se poderá sustentar que o Estado está obrigado a produzi-las e difundi-las, a não ser que haja uma conexão de alguma delas com alguma espécie de ação estatal. Coletar informação, processá-la e colocá-la à disposição do público é uma atividade complexa, por vezes demorada e custosa. Por isso mesmo, o Estado não estará obrigado a produzir e colocar à disposição informações não relacionadas com sua atividade, ainda que se possa considerar uma determinada informação desse tipo de interesse geral.

O mesmo não se pode dizer, porém, sobre informações diretamente com a realidade da garantia e da fruição dos direitos na vida das pessoas, bem como com o impacto das políticas públicas em matéria de direitos fundamentais sobre essa realidade. Respeitar, proteger e promover os direitos fundamentais é o compromisso fundamental do Estado brasileiro e há, portanto, um direito constitucional à informação sobre se e como os direitos estão sendo garantidos – a dimensão da realidade – para os diferentes grupos, nas diferentes regiões do país – a dimensão da realidade desagregada. Até porque será impossível avaliar a execução das políticas públicas e dos programas de governo em geral, como exigido pela própria Constituição, se o Poder Público não monitorar ao longo do tempo suas ações e seus resultados, a fim de coletar, processar e divulgar tais informações.

Veja-se bem, pouco sentido haveria em se garantir acesso à informação de interesse geral relacionada com a atuação estatal se o Estado pudesse negar a informação sobre o argumento de que não a possui, ainda que o argumento fosse verdadeiro. A ausência da informação, no caso, não afasta o direito difuso da coletividade de obtê-la, mas, o contrário, gera para o Poder Público o dever-meio de tomar providências, de modo a ser capaz de produzir e divulgar essa informação.

A questão é tão relevante que a Constituição comete de forma específica à União a coleta e divulgação de informações estatísticas de caráter nacional, particularmente dados geográficos, geológicos e cartográficos, dados que serão necessários para a compreensão da realidade brasileira de forma ampla e indispensáveis para a concepção de qualquer política pública por qualquer ente federativo.

O direito de acesso à informação acerca da realidade (desagregada) da promoção dos direitos fundamentais é, portanto, um tema profundamente constitucional. Em primeiro lugar, porque ele é indispensável para a promoção em si dos direitos. Em segundo lugar, por conta do tratamento que o constituinte deu ao tema da informação. E, por fim, também por seu caráter potencialmente contramajoritário, a exigir o manejo do Direito Constitucional. Coletar informação, processá-la e colocá-la à disposição do público é uma atividade complexa, por vezes demorada e custosa, e provavelmente com pouco retorno eleitoral. Além disso, não seria contrafático assumir como premissa que o Poder Público preferiria, do ponto de vista político, gerar e divulgar apenas a informação que revele seus avanços e sucessos.

Para concluir, cabe enfrentar uma crítica possível ao que se acaba de registrar sobre o direito de acesso à informação e suas consequências. Alguém poderia perguntar: faria sentido, em um país com tantas necessidades em matéria de direitos, o Poder Público investir tempo e recursos no desenvolvimento de sistemas de informação sobre a realidade (desagregada) da promoção dos direitos fundamentais? Não seria melhor concentrar os esforços diretamente na realização desses direitos, ao invés de dispersar energia nessas atividades-meio?

Há três questões a considerar muito rapidamente neste ponto. Em primeiro lugar, os esforços direcionados à realização dos direitos não são sinônimo de real promoção desses direitos. Como já referido, é frequente que as políticas necessitem de ajustes e correções ao longo do tempo; se não há informações sobre a realidade acerca da garantia dos direitos simplesmente, não será possível promover correção ou ajuste algum. Ou seja: é possível que em muitos casos esforços e recursos estejam sendo desperdiçados, ou ao menos gastos com pouca eficiência, já que a promoção real dos direitos não está acontecendo, mas sequer se sabe disso.

Além disso, e como também se observou, a desigualdade na promoção dos direitos é muitas vezes invisível ou pouco perceptível. Sem informação sobre a realidade capaz de desagregar os dados e apresentá-los considerando não apenas a população como um todo, mas os diferentes grupos dentro dela, a tendência é que tais desigualdades persistam. A informação tem o potencial de trazer o problema para a luz.

Em segundo lugar, os recursos supostamente "economizados" pela inexistência de um sistema de informações não serão necessariamente transferidos e investidos na efetiva promoção de direitos fundamentais. Em primeiro lugar, pelas razões acima e, ademais, porque o Poder Público poderá simplesmente eleger outras prioridades. Não há qualquer garantia nesse sentido.

Por fim, em terceiro lugar, não se pode perder de vista que o direito de acesso à informação é um direito fundamental em si, que além de estabelecer uma série de relações com os demais direitos, como discutido ao longo deste texto, tem um papel fundamental nas repúblicas democráticas. Se em uma república democrática todos são iguais e responsáveis como cidadãos por deliberar e levar a cabo as escolhas coletivas, o acesso à informação acerca de um tema tão fundamental quanto o da realidade desagregada de respeito ou desrespeito aos direitos fundamentais será indispensável para que essas escolhas possam ser feitas de forma minimamente consciente.

Informação bibliográfica deste texto, conforme a NBR 6023:2002 da Associação Brasileira de Normas Técnicas (ABNT):

BARCELLOS, Ana Paula de. Constituição, desigualdade e direito à informação. In: MATILLA CORREA, Andry; NÓBREGA, Theresa Christine de Albuquerque; AGRA, Walber de Moura (Coord.). *Direito Administrativo e os desafios do século XXI*: livro em homenagem aos 40 anos de docência do Prof. Francisco de Queiroz Bezerra Cavalcanti. Belo Horizonte: Fórum, 2018. p. 17-27. ISBN 978-85-450-0555-1.

UMA REFLEXÃO CRÍTICA SOBRE INCENTIVOS FISCAIS, CONCORRÊNCIA NO MERCADO E UMA ADEQUAÇÃO DE METODOLOGIA DO DIREITO TRIBUTÁRIO[1]

André Elali
Evandro Zaranza

A figura do Estado Social, tal como tradicionalmente conhecida e concebida no Brasil, desde a Carta Constitucional de 1934, acha-se fragilizada. O modelo do Welfare State, desenvolvido a partir da Primeira Guerra Mundial e que tem como grandes referenciais a Constituição Mexicana de 1917 e a Carta Alemã de Weimar, vem sendo substituído por um padrão de Estado mais reduzido, fruto de uma ideologia neoliberal, a motivar essa alteração de perfil, à qual se acresce, nos Estados periféricos, o excessivo endividamento e, por vezes, a exaustão financeira, diminuindo, pois, drasticamente, a capacidade estatal de ser efetivo agente da atividade econômica, fato esse que pode ser exemplificado com a situação brasileira, constatável a partir de simples exame do Orçamento Nacional.

(Francisco Queiroz Cavalcanti)

1   A tributação como instrumento de políticas econômicas e sociais – Uma reaproximação necessária com as finanças públicas e com a ordem econômica

O momento atual, no Brasil e em todo o mundo, é bastante complexo. De um lado, conflitos étnicos, ideológicos, religiosos e culturais. De outro, conflitos fiscais entre Estados, "blocos" e agentes econômicos. Nesse contexto, evidentemente complexo e desafiador para os sistemas do direito, torna-se pontual rediscutir o papel da tributação

---

[1] Este artigo foi elaborado em homenagem ao Professor Titular Francisco Queiroz Cavalcanti, orgulho do direito brasileiro, pela sua grande coerência científica, firmeza de caráter e dedicação ao Brasil. A ele nossas mais sinceras homenagens!

para a resolução de conflitos sociais e econômicos. Aliás, a tributação vem a se confirmar como um instrumento para a consolidação de políticas públicas, por isso devendo ser estudada e implementada de modo interdisciplinar, inclusive porque constitui forma compulsória de transferência de riqueza do mercado.[2]

Grande parte dos conflitos internacionais em matéria de arbitragens e acordos de comércio envolvem a tributação[3] e o uso de mecanismos de intervenção, independentemente das denominações adotadas (subvenções, subsídios, *state aid*, auxílios de Estado, incentivos fiscais). Tanto que, na União Europeia, chama a atenção a grande crise instaurada com a concorrência fiscal "prejudicial", abordada há anos pela OCDE e recentemente objeto do BEPS. Vários casos de incentivos fiscais a numerosas das maiores corporações globais vêm sendo objeto de debates nos parlamentos e nos órgãos de solução de controvérsia. O mesmo se observa na OMC em face dos "subsídios" vedados e que são sistematicamente outorgados.

Estão em fase de análise para julgamento os casos de empresas como Google e Apple em face de incentivos (regimes preferenciais) outorgados em desrespeito dos tratados, como se destaca na Irlanda,[4] cujas políticas de atração de investimentos e capital financeiro acabam sendo interpretadas como fraudes e mecanismos abusivos em detrimento da concorrência adequada entre países. E o efeito dessas disputas institucionais é a possibilidade de cada vez mais desintegração. O Brexit[5] é um exemplo dessa visão cada vez mais afastada das teorias de integração.

Da mesma forma, mecanismos de elisão tributária são cada vez mais questionados pelas autoridades. Vejam-se, por exemplo, as controvertidas discussões fiscais de profissionais do esporte.[6] A complexidade do tema é evidente. Não se questiona, portanto, a interferência da tributação nas escolhas privadas e no equilíbrio das políticas públicas.[7]

---

[2] Cf. *BEPS Project at half way – Entering the implementation stage*, Kluwer International Tax Blog, Novembro, 2015.

[3] "A world of tax without disputes is an illusion. It is just as much an illusion as a world without tax. Tax and disputes come together inseparably. Disputes is not something to be ashamed of – I say this in particular to authorities. Nor – and it this meant more for taxpayers – to be afraid of. As long as numbers of disputes remain within reasonable, decent limits. Between *tax war* and *tax peace* there remains a vast area to cover." Cf. Hans Mooij. *Global Tax Policy and Post-BEPS Dispute Resolution*. Disponível em: <http://kluwertaxblog.com/2017/06/19/global-tax-policy-post-beps-dispute-resolution>. Acesso em: 20 jun. 2017.

[4] Cf. <https://www.theguardian.com/business/2016/aug/30/apple-pay-back-taxes-eu-ruling-ireland-state-aid>. Acesso em: 6 out. 2017. A questão foi bem colocada por Richard Murphy: "This is a great day for the sovereignty of the EU's nations when it comes to tax. They will now be able to choose their own tax policies knowing another state should not be consciously undermining them when doing so. The Irish state has for too long been committed to tax abuse, unfair competition and secrecy, all of which are designed to undermine fair competition and increase inequality". No mesmo sentido: <https://www.theguardian.com/business/2016/nov/04/google-pays-47m-euros-tax-ireland-22bn-euros-revenue>.

[5] Cf. LEAL-ARCAS, Rafael. Three Thoughts on Brexit. Disponível em: <https://papers.ssrn.com/sol3/papers.cfm?abstract_id=2875715>. Acesso em: 11 jan. 2017.

[6] Cf., por oportuno, estudo de Hans van den Hurk. *About Professional Soccer Players, Sons of God and Friends of Devil*. Disponível em: <http://kluwertaxblog.com/2017/08/11/professional-soccer-players-sons-god-friends-devil>. Acesso em: 28 ago. 2017.

[7] "From the corporation's perspective, it thus seems that whatever our view of the nature of the corporation, it should not be permitted to engage in strategic behavior that is designed solely to minimize its taxes. From an artificial entity perspective such behavior undermines the special bond between the state and the corporations it created. From the real entity perspective such behavior is as unacceptable as it would be if all individual citizens engaged in it. And from an aggregate perspective strategic tax behavior does not leave the state adequate revenues to fulfill the increased obligations imposed on it by forbidding corporations to engage in CSR. From the state's perspective, it likewise appears legitimate under all three views of the corporations to use the corporate tax to steer corporate behavior in the direction of CSR. This is true even for CSR functions that the corporation may

No campo das finanças públicas, a tributação representa o mecanismo de financiamento do governo e, principalmente, uma das armas primárias para o governo promover a estabilidade econômica e monetária.[8] A quantidade de recursos advindos da tributação não se limita às necessidades do governo, mas varia a partir das condições econômicas,[9] devendo, nas economias modernas, garantir um alto e estável grau de emprego da população, a estabilidade de preços e uma adequada acumulação do capital.[10]

Também nesse sentido se verifica o grau das dificuldades dos países-membros da União Europeia, que continuamente criam mecanismos para evitar o planejamento tributário internacional e para a qual é pressuposto à viabilidade dos sistemas fiscais a tributação da renda e a instituição de um "corporate tax" símile nos citados países.[11]

Por isso é que políticas reguladoras diretas, no Brasil ou no exterior, são substituídas por políticas de indução, notadamente na seara tributária, através do que, como aponta Luís Eduardo Schoueri,[12] criam-se estímulos ou desestímulos para os comportamentos socialmente e economicamente desejáveis.

Dessa forma, fala-se em extrafiscalidade, uma das facetas da tributação, vinculadas à regulação do sistema por parte do Estado, e que pode ser concretizada através das chamadas normas tributárias indutoras, por meio de incentivos ou agravamentos tributários, os primeiros por intermédio de medidas como isenções e reduções tributárias, atribuição de créditos tributários, de regimes especiais e/ou preferenciais, entre

---

not undertake on its own, because the state can still try to encourage corporations to undertake such activities, even though it cannot force them to do so. The problem is that as long as any CSR activity that is not related to shareholder profit maximization is deemed illegitimate if undertaken without government incentives, it seems unlikely that the government can provide sufficient incentives to align its goals with those of the shareholders. Recent experience has shown that such incentives frequently fail: For example, the temporary amnesty for repatriating corporate profits with a minimal tax rate offered for 2005 failed to induce corporations to create more jobs. Moreover, such incentives cost the government money which it could use fulfill other social responsibilities. Overall, while regulating corporate behavior via the tax system is a legitimate government function and a major justification for taxing corporations, it seems unlikely lo lead to an ideal division of labor in addressing social problems. From the perspective of adequately addressing problems such as global warming or AIDS, it would seem that the ideal world is one in which responsibility is divided as seems best for each problem and each set of actors between the government, nonprofits, and the private sector. The government should be able to levy sufficient taxes to fulfill its share, and can also try to use both taxing and spending to induce private entities to address those problems. But for the best outcome, it seems crucial to leave corporations free like private individuals to attempt to address problems not of their own making, even if no shareholder benefit ensues. Adopting the real view of corporations, which also strikes me as the most realistic view, seems to be the best way towards this goal." Cf. AVI-YONAH, Reuven S. Corporate Social Responsabilty and Strategic Tax Behavior. In: SCHÖN, Wolfang (Ed.). *Tax and Corporate Governance*. Berlin: Springer, 2008, p. 197-198.

[8] Cf. KALDOR, Nicholas. *An Expenditure Tax*. Oxon: Routledge, 2003, p. 173, Reprinted – First Edition – 1955. No original: "The 'Keynesian revolution' has meant, in the field of public finance, that taxation is no longer looked upon as a means of 'finding the money' for expenditure of the Government, but as one of the primary weapons in the Government's armoury for ensuring general economic and monetary stability."

[9] Cf. KALDOR. *An Expenditure Tax*, p. 173.

[10] Cf. KALDOR. *An Expenditure Tax*, p. 174.

[11] Cf. SCHREIBER, Ulrich. Consolidation, Allocation and International Aspects. *In:* SCHÖN, Wolfgang; SCHREIBER, Ulrich; SPENGEL, Christoph (Ed.). *A Common Consolidated Corporate Tax Base for Europe:* Eine einheitliche Körperschaftsteuerbemessungs-grundlage für Europa. Berlin: Springer, 2008, p. 127.

[12] Cf. SCHOUERI, Luís Eduardo. *Normas tributárias indutoras e intervenção econômica*. Rio de Janeiro: Forense, 2005, p. 4.

outras.[13] Pode-se, também, empregar subvenções diretas, correntemente denominadas de subsídios.[14]

No âmbito delimitado deste ensaio, importa considerar-se que as normas tributárias indutoras, tal qual o modelo de Schoueri, se submetem cumulativamente às normas da ordem econômica e da ordem tributária, pois são, simultaneamente, normas de Direito Tributário com função de regulação econômica.

A tributação, pois, é um dos elementos que levam às escolhas dos agentes econômicos. Deve-se, nesse contexto, examiná-la sob a ótica das teorias da neutralidade e não discriminação. Afinal, existe norma tributária neutra e não discriminatória?

2   Neutralidade e não discriminação em matéria tributária

Nos primórdios do regime capitalista, sob a influência da teoria econômica clássica, tentou-se consolidar, nos países que adotaram tal modelo, a noção da máxima liberdade econômica, seja das empresas, seja dos consumidores.

Partindo dessa premissa, as finanças liberais foram dominadas por alguns princípios, como: i) a privatização da economia; ii) a redução do setor público; iii) a menor participação possível do Estado na economia; e iv) a simplicidade das finanças públicas.[15] Nessa ideologia, o tributo sempre era entendido como um mal necessário.[16]

Como consequência da teoria econômica clássica, muitos governos passaram a empregar a separação entre finanças públicas e economia, a abstenção econômica do Estado e, relacionando-se mais especificamente à tributação, a neutralidade das finanças como um todo. Como ressalta Sousa Franco, "Quer isto dizer que a actividade financeira deve ser organizada de forma a não perturbar (ou perturbar no mínimo) a actuação livre dos sujeitos econômicos",[17] derivando da neutralidade dois pontos importantes, quais sejam: "– a actividade financeira deve decorrer de forma que não cause distorsões da actividade económica privada (deve <<deixar a economia como estava antes>> de pagar o imposto ou suportar a despesa, ou o mais perto possível...); – as instituições e actividade financeira não devem propor-se qualquer finalidade de alteração ou comando da actividade económica privada (a única <<política financeira>> é que não deve haver *políticas financeiras*, no sentido intervencionista e voluntarista".[18]

A tese liberal, portanto, era a de que a tributação deveria manter inalteráveis os preços do mercado, a produção, a distribuição de riqueza e a alocação de recursos.[19]

---

[13] Cf. CAMPOS, Diogo Leite de; CAMPOS, Mônica Horta Neves. *Direito Tributário*. Belo Horizonte: Del Rey, 2001, p. 39.

[14] Disso decorre a existência de numerosos conceitos, todos vagos diante da imprecisão terminológica e da confusão que impõem (incentivos fiscais, financeiros, monetários, ajudas de Estado, auxílios de Estado, promoções indiretas – *Indirekte Förderungen*, benefícios ou vantagens fiscais etc). Impõe-se, para o exame de qualquer dessas figuras, a consideração da despesa pública/fiscal.

[15] Cf. FRANCO, António L. de Souza. *Finanças públicas e Direito Financeiro*. V. I e II. 4. ed. Coimbra: Almedina, 2007, p. 52.

[16] Cf. SANTOS, António Carlos dos. *Auxílios de Estado e fiscalidade*, p. 358.

[17] Cf. FRANCO. *Finanças públicas e Direito Financeiro*, p. 54.

[18] Cf. FRANCO. *Finanças públicas e Direito Financeiro*, p. 55.

[19] "Um imposto pode influenciar de vários modos a eficiência económica, nomeadamente quanto à oferta e procura de trabalho, à poupança e sua utilização produtiva, à afectação de recursos em geral. É que o imposto é algo que se

A neutralidade da tributação significaria para essa corrente teórica, então, que a tributação não deveria influenciar os comportamentos dos sujeitos econômicos, em nome da maior liberdade do mercado e a menor participação do Estado na condução do processo econômico.[20]

Com a crise do liberalismo clássico, porém, o papel do Estado passou a ser enfatizado, para controlar e fiscalizar os agentes econômicos e para proteger os direitos socialmente relevantes, fazendo ressurgir a discussão em torno da neutralidade da tributação, pois, com a adoção de políticas fiscais, i. e., através da concessão de auxílios fiscais, ficaria ilógico falar-se em neutralidade. Em outros dizeres, passou a ser aceitável a intervenção do Estado no mercado para evitar as chamadas falhas de seus mecanismos e para a promoção do *Social Welfare*.[21]

As políticas públicas, nesse contexto, passaram a visar a alguns fins emergenciais: i) redistribuição da renda e da riqueza; ii) estabilização da economia; iii) busca do desenvolvimento econômico, concluindo-se, com a lição de Manuel Pereira, "que a neutralidade do imposto seja agora aferida face aos objectivos visados pela política fiscal. Isto é, deixa de ser absoluta para passar a ser relativa: a não ser na exacta medida em que tal seja necessário para prosseguir os fins visados, o imposto deve ser neutro, ou seja, não deve ter influência no comportamento e nas decisões dos agentes econômicos".[22]

Na doutrina pátria, destaca-se a posição de Paulo Caliendo, que afirma:

> Torna-se claro que eqüidade e eficiência entrem geralmente em conflito em termos econômicos. O *princípio da neutralidade fiscal* representa no âmbito jurídico a tentativa de ponderar esses dois interesses distintos. [...] Desse modo, a busca da neutralidade fiscal pretende ser uma forma de manutenção do equilíbrio da economia ou, dito de outra forma, da menor afetação possível que a tributação possa realizar em uma economia imperfeita.
>
> Tendo estes pressupostos verifica-se que a política fiscal deve procurar a assunção de três objetivos: i) financiar as despesas públicas; ii) controlar a economia e iii) organizar o comportamento dos agentes econômicos. [...] O *princípio da neutralidade fiscal* irá receber

---

impõe aos agentes econômicos e pode, por isso, modificar os preços relativos das variáveis económicas directa ou indirectamente relacionadas com a sua incidência. Dessa modificação de preços relativos pode resultar ineficiência económica, que os economistas costumam analisar através da chamada 'carga excedentária'. O objectivo é, assim, minimizar esta, ou seja, assegurar que os impostos sejam o menos distorcionários possível. O que, dito de outro modo, implica a neutralidade do imposto. Importa a este propósito ter em conta que os efeitos do imposto são de dois tipos: efeito rendimento (*income effect*) e efeito substituição (*substitution effect*). O efeito rendimento resulta do facto de a criação de um imposto ou a sua subida diminuir o rendimento disponível, o poder de compra do contribuinte, na pessoa que o suporta. Em si mesmo um efeito rendimento não produz ineficiência económica. Mas a alteração fiscal acima mencionada pode levar o contribuinte a substituir uma actividade por outra, o consumo de um bem por outro e até, em última análise, se o imposto em causa onerar o rendimento que se obtém do trabalho, levar o trabalhador a preferir o ócio. É o efeito substituição. Deste pode resultar ineficiência económica se desta interferência nas escolhas individuais resultar uma perda de bem estar para o contribuinte que não se traduza em aumento de recursos para o Estado ou para o outro ente público destinatário da receita do imposto." Cf. PEREIRA, Manuel Henrique de Freitas. *Fiscalidade*. 2. ed. Coimbra: Almedina, 2007, p. 69-70.

[20] Cf. ELALI, André. Incentivos fiscais, desenvolvimento econômico e neutralidade da tributação: a questão da redução das desigualdades regionais. *In: Incentivos fiscais*: questões pontuais nas esferas federal, estadual e municipal. São Paulo: MP, 2007, p. 56.

[21] "No intervencionismo <<stricto sensu>> o funcionamento da economia continua a basear-se essencialmente no livre comportamento dos sujeitos económicos; mas, no caso de não resultar da sua actuação o progresso e o bem-estar geral, o Estado intervém correctivamente, alargando consequentemente as suas formas de actuação e assumindo objectivos próprios" Cf. FRANCO. *Finanças Públicas e Direito Financeiro*, p. 62.

[22] Cf. PEREIRA. *Fiscalidade*, p. 356.

as informações do subsistema da economia que exige uma neutralidade econômica, ou seja, a menor produção de efeitos por parte da tributação nas escolhas dos agentes; irá ler estas mensagens sob o código próprio da linguagem jurídica, especialmente considerando a exigência de eficiência econômica sob a égide da justiça.[23]

De qualquer forma, baseando-se nas argumentações de Santos,[24] questiona-se: como é possível conceber a neutralidade da tributação se por definição a fiscalidade é uma forma de intervenção do Estado? Aliás, nas economias de mercado, a fiscalidade é uma condição de existência do próprio Estado, já que se trata de algo imanente ao seu funcionamento.[25]

Partindo-se da premissa adotada por Santos, nota-se que existem dois sentidos para a neutralidade da tributação: i) o primeiro, influenciado pela ciência das finanças, que sustenta que os tributos não devem prejudicar ou favorecer grupos específicos dentro da economia – os tributos, por isso mesmo, devem ser neutros quanto a produtos de natureza similar, processos de produção, formas de empresas, evitando influenciar de forma negativa na concorrência;[26] ii) o segundo, alicerçado na ideia inversa: a tributação deve "intervir para suprimir ou atenuar as imperfeições", falando-se em "neutralidade activa".[27]

Assim sendo, existe a corrente dos que criticam a doutrina da neutralidade fiscal ou tributária, já que seria verdadeira falácia. Klaus Vogel, sobre o assunto, adverte que a neutralidade significa falta de todas (ou quase todas) as influências externas, consistindo num princípio que, em direito internacional, representaria uma proteção para os sistemas tributários dos países mais fortes.[28] Em matéria de tributação internacional, por exemplo, a neutralidade tem sido vinculada a dois métodos utilizados para se evitar a dupla tributação da renda ou para compensá-la, através de isenções e de créditos tributários,[29] visando-se a uma menor distorção da tributação sobre as decisões dos agentes econômicos.

O fato é que se, por natureza, os incentivos fiscais visam a promover mudanças no *status quo* dos sistemas econômicos, com elas não combina a tese da neutralidade.[30]

---

[23] Cf. CALIENDO, Paulo. *Direito Tributário e análise econômica do direito*: uma visão crítica. Rio de Janeiro: Elselvier, 2009, p. 101-106.

[24] Cf. SANTOS. *Auxílios de Estado e fiscalidade*, p. 354-355.

[25] Comenta António Carlos dos Santos, a propósito, o seguinte: "Neste sentido, não se pode estar mais de acordo com a afirmação de Annie VALLÉE de que, em bom rigor, a neutralidade fiscal não existe: um sistema que se limitasse a arrecadar impostos sem modificar os comportamentos dos operadores econômicos e, consequentemente, sem atingir o funcionamento da economia do mercado não seria concebível. Nem os impostos são neutros, nem a escolha dos impostos ou do sistema fiscal o é. Todas as formas de tributação provocam distorções. O mesmo acontece com as exclusões, benefícios e incentivos fiscais. Numa primeira aproximação, a questão da neutralidade será assim a da escolha dos impostos (e das técnicas tributárias) que menos distorções provoquem. A neutralidade é um conceito relativo, não um conselho absoluto." Cf. SANTOS. *Auxílios de Estado e fiscalidade,* p. 354-355.

[26] Cf. DOURADO, Ana Paula. *A tributação dos rendimentos de capitais*: a harmonização na Comunidade Europeia. Lisboa: DGCI/CEF, 1996, p. 266.

[27] Cf. SANTOS. *Auxílios de Estado e fiscalidade*, p. 356.

[28] Cf. VOGEL, Klaus. Which Method Should the European Community Adopt for the Avoidance of Doublé Taxation?. *Bulletin for International Fiscal Documentation* (2002), p. 4/10.

[29] Cf. VOGEL, Klaus. *Taxation of Cross-border Income, Harmonization, and Tax Neutrality under European Comunity Law*. The Netherlands: Kluwer Academic Publishers, 1994, p. 21.

[30] Para Raymond Luja, verifica-se mundialmente a violação à neutralidade da tributação, que não é facilmente harmonizada com o emprego de incentivos tributários. Em seus dizeres: "Neutrality of taxation – as in

Estudos, aliás, demonstram que, de fato, a ideia da neutralidade é mais uma ilusão do que uma realidade.[31] Ou seja, a neutralidade da tributação se apresenta de forma evidentemente restrita, pois ainda não se constatou, mesmo hipoteticamente, um tributo (e em especial um imposto) completamente neutro, uma vez que toda e qualquer obrigação de cunho tributário, como lembra Santos, atinge e modifica a ordem preestabelecida das coisas, exercendo efeitos sobre a produção e o consumo, a circulação e sobre o rendimento e a propriedade, resultando até mesmo em reações psicológicas.

Em outros termos, "um imposto integralmente neutro não existe. Depois da sua incidência, só por milagre a situação tributada poderia permanecer a mesma."[32] Daí por que a neutralidade é sempre relativa, pois pode influenciar mais num contexto do que em outro de escolha.[33]

Mais ainda se observa quando se encara um incentivo tributário, que, por definição, serve de mecanismo regulatório, induzindo, evidentemente, os agentes econômicos a determinados comportamentos desejáveis do ponto de vista da coletividade. Pondere-se, ainda com Santos, que a neutralidade deve ser concebida com racionalidade do sistema tributário analisado, ao mesmo tempo em que se considera a racionalidade das atividades econômicas. Devem-se levar em conta, então, todas as funções das atividades econômicas e o orçamento público na sua integralidade.[34]

Nem sempre será a neutralidade da tributação benéfica à sociedade e ao sistema econômico. Deve, antes, ser analisada para dar margem à ideia inversa em alguns

---

non-interference with normal company policy and competitive behavior – can not be easily combined with the concept of tax incentives. By definition, trade related tax expenditure is not neutral. Such incentives try to stimulate certain behaviour that would not occur under normal market conditions. In my opinion, it is impossible to bring behavioural elements of a tax system within the logic of its primary, classical purpose namely (neutral) revenue collection. Whenever the tax system is used to influence certain behavior of taxpayers, there will be tension between the instrument used and the nature of the system. One cannot neglect that the concept of neutrality has been consistently infringed during the last decades by using the tax system as an instrument to achieve other policy goals than revenue collection." Cf. Raymond H. C. Luja. *Assessment and Recovery of Tax Incentives in the EC and the WTO:* A View on State Aids, Trade Subsidies and Direct Taxation, p. 12.

[31] Nesse sentido: "Our paper has highlighted that the idea of income tax neutrality is more often an illusion than reality. It has produced results which carry a frustrating message for tax economists not to mention policy-makers. This papers has shown that a number of well-known neutral systems of taxing income from existing corporations with little expansion prospects typically distorts the economic decisions both at the start-up and at the liquidation stage. In our view, the trouble with previous tax analyses has been that they have been based on overly simplified models focusing on long-term equilibrium. Enterprises, however, typically have a life-cycle. No enterprise can be created as a mature company. Each enterprise has a beginning and may have a death. Furthermore, given the high heterogeneity of entry and exit costs among countries, we can say that the implementation of a given tax system may have an impact that dramatically differs from one country to another. It is not of secondary importance to understand in what way is the life of cycle of enterprises affected by business and labor taxation." Cf. KANNIAINEN, Vesa; PANTEGHINI, Paolo M. *Tax Neutrality*: Illusion or Reality? The Case of Entrepreneurship. Center for Economic Studies & Ifo Institute for Economic Research: CESinfo, 2008, p. 17.

[32] Cf. SANTOS. *Auxílios de Estado e fiscalidade,* p. 359.

[33] É importante, nesse ponto, a seguinte advertência: "[...] a perda de recursos/esforços representa custo social, indesejável sob qualquer perspectiva que se empregue para avaliar os efeitos. Seria impossível transpor a idéia de mercado, estrutura que define preços ou da qual resultam preços como preferem alguns, para o campo do Direito? A resposta é negativa. Exemplo é a denominada guerra fiscal. Visando a atrair agentes produtivos (indústria, comércio, serviços), alguns governos oferecem benefícios tributários (econômicos) sob a forma de renúncia fiscal. Tal renúncia representa redução do custo de produção, portanto não se deve estranhar a migração de atividades produtivas de um para outro local. Algum agente econômico perderá a oportunidade de obter a vantagem se tiver a possibilidade de optar por ela? [...]" Cf. SZTAJN, Rachel. *Direito & Economia:* análise econômica do direito e das organizações. Organização: Decio Zylbersztajn & Rachel Sztajn. Rio de Janeiro: Elsevier/Campus, 2005, p. 81.

[34] Cf. SANTOS. *Auxílios de Estado e fiscalidade,* p. 361.

momentos: a "não neutralidade". Como aduz Santos, há dois tipos de "não neutralidade" no campo da tributação: a positiva e a negativa, a primeira representando a facilitação da consecução dos objetivos econômicos, e a segunda, o inverso.[35] Um efeito da neutralidade, portanto, pode ser justamente inverso aos objetivos da ordem econômica. O tributo, em muitos momentos, deve corrigir as distorções, tratando de forma desigual algumas atividades, determinados grupos de agentes econômicos.

No caso brasileiro, pode-se dizer que a neutralidade representa a regra geral: a tributação deve tratar todos igualmente, admitindo a circulação de capital e o desenvolvimento econômico de forma imparcial, ou seja, sem beneficiar agentes econômicos especificamente. Constitui-se, então, em corolário da igualdade, do princípio da isonomia.[36] Nesse sentido, observa-se a lição de Sven-Erik Johansson, para quem um sistema de tributação neutra, em verdade, diz respeito à não discriminação, ou seja, à aplicação da igualdade da tributação.[37]

Deve-se, também, consoante registrado por Alessandra Okuma,[38] relacionar a não discriminação a dispositivos expressos da Constituição brasileira: o art. 3º, IV, parágrafo primeiro, e o art. 150, II, que estabelecem, respectivamente, o seguinte:

> Art. 3º Constituem objetivos fundamentais da República Federativa do Brasil: [...] promover o bem de todos, sem preconceitos de origem, raça, cor, idade e quaisquer outras formas de discriminação.
>
> § 1º Sempre que possível, os impostos terão caráter pessoal e serão graduados segundo a capacidade econômica do contribuinte, facultado à administração tributária, especialmente para conferir efetividade a esses objetivos, identificar, respeitados os direitos individuais e nos termos da lei, o patrimônio, os rendimentos e as atividades econômicas do contribuinte.
>
> Art. 150. Sem prejuízo de outras garantias asseguradas ao contribuinte, é vedado à União, aos Estados, ao Distrito Federal e aos Municípios: [...] II – instituir tratamento desigual entre contribuintes que se encontrem em situação equivalente, proibida qualquer distinção em razão da ocupação profissional ou função por eles exercida, independentemente da denominação jurídica dos rendimentos, títulos ou direitos.

---

[35] Cf. SANTOS. *Auxílios de Estado e fiscalidade,* p. 361.

[36] "Portanto, deve-se ver o direito material e o direito procedimental como uma unidade." *In:* TIPKE, Klaus; YAMASHITA, Douglas. *Justiça fiscal e princípio da capacidade contributiva.* São Paulo: Malheiros, 2002, p. 25.

[37] "The basic condition for neutral and hence in a basic sense equitable taxation, that equals should be treated equally, will take on another, deeper meaning, in as much as we evaluate what is equal... in terms os economic equivalents, where yield is yield, regardless of under what label it is realized… Once we arrive at this type of sophistication, if we are successful, the tax system will be neutral vis-à-vis different investments with equal yield. This sounds like Utopia. Perhaps it is." Cf. JOHANSSON, Sven-Erik. The Utopia of Neutral Taxation. *In:* LINDENCRONA, Gustaf; LODIN, Sven-Olof; WIMAN, Bertil (Ed.). *International Studies in Taxation: Law and Economics.* London: Kluwer Law International, 1999, p. 186.

[38] Afirma a autora, com razão, lembrando que os tratados firmados pelo Estado brasileiro se baseiam no modelo OCDE, que destaca, reiteradamente, a não discriminação como princípio geral, que: "Esse princípio está positivado em nosso ordenamento jurídico com feições de limite objetivo. Impede que seja dado tratamento mais gravoso, injustificadamente, aos sujeitos nacionais do outro Estado contratante do que os brasileiros que se encontrem em situação equivalente. De fato, a vedação de tratamento discriminatório ao capital estrangeiro há muito se encontra positivada em nosso ordenamento jurídico, tendo em vista que o artigo 2º. da Lei nº. 4.131/62 preconiza que: 'Ao capital estrangeiro que se investir no País, será dispensado tratamento jurídico idêntico ao concedido ao capital nacional em igualdade de condições, sendo vedadas quaisquer discriminações não previstas na presente lei.'" Cf. OKUMA, Alessandra. Princípio da não-discriminação e a tributação das rendas dos não-residentes no brasil. *In:* TÔRRES, Heleno Taveira (Coord.). *Direito Tributário Internacional aplicado.* São Paulo: Quartier Latin, 2003, p. 263.

Concorda-se, também, com a teoria de Humberto Ávila, para quem são várias as significações para a neutralidade da tributação, entre as quais: i) proibição de se influir de qualquer modo no exercício das atividades econômicas do contribuinte; ii) proibição de se influir de modo injustificado ou arbitrário no exercício das atividades econômicas do contribuinte; iii) proibição da influência excessiva no exercício das atividades econômicas do contribuinte.[39]

Segundo o autor, no entanto, a primeira e a última definições são incompatíveis com a tributação, tanto porque é incompatível com o ordenamento jurídico evitar a influência dos tributos, pois esses sempre influem no comportamento dos contribuintes, como porque "não é normativamente coerente atribuir à neutralidade o significado de proibição de o ente estatal instituir obrigações tributárias excessivas".[40] Enfatiza Ávila que a neutralidade da tributação diz respeito ao não exercício de "influência *imotivada*" na atividade dos contribuintes, já sendo os limites desse sentido normativo fornecidos pela própria igualdade da tributação no seu aspecto geral, isto é, "que impede o tratamento injustificável, assim considerado aquele decorrente de uma medida de comparação que não mantenha relação de pertinência fundada e conjugada com a finalidade que justifica sua utilização, ou o tratamento baseado em medida de comparação ou finalidade cujo uso seja vedado pela Constituição".[41]

Desse modo, consoante conclui Ávila, a neutralidade da tributação diz respeito a "uma manifestação estipulada da própria igualdade na sua conexão com o princípio da liberdade de concorrência, notadamente no aspecto negativo da atuação estatal",[42] consistindo o dever de neutralidade um elemento em favor da concorrência, que acaba garantindo a igualdade de oportunidades no mercado.[43]

Por outro lado, compreende-se a não discriminação, na ordem internacional, como o princípio que impede a irrelevância e/ou arbitrariedade na discriminação comercial e fiscal. Ou seja, a não discriminação acaba sendo uma variação da própria isonomia[44] e da neutralidade, aplicando-se através da celebração de tratados fiscais e de livre comércio.

Dessa forma, a discriminação fiscal existe quando se emprega uma discriminação pejorativa e irrelevante, isto é, desproporcional e arbitrária.[45] Caracteriza-se como uma variação da igualdade de tratamento, aplicando-se a partir dos sistemas jurídicos, como as Constituições que tutelam a igualdade, e dos tratados internacionais, que evitam as distorções no livre mercado. Ou seja, o que visa o citado princípio, principalmente em

---

[39] Cf. ÁVILA, Humberto. *Teoria da igualdade tributária*. São Paulo: Malheiros, 2008, p. 97-99. Em sentido análogo, v. ELALI, André. *Tributação e regulação econômica*: um exame da tributação como instrumento de redução das desigualdades regionais, cit., p. 166-171.

[40] Cf. ÁVILA. *Teoria da igualdade tributária*, p. 99.

[41] Cf. ÁVILA. *Teoria da igualdade tributária*, p. 98.

[42] Cf. ÁVILA. *Teoria da igualdade tributária*, p. 99.

[43] Também nesse sentido: Fernando Aurélio Zilveti. Variações sobre o princípio da neutralidade no Direito Tributário Internacional. *In:* COSTA, Alcides Jorge; SCHOUERI, Luís Eduardo; BONILHA, Paulo Celso Bergstrom (Coord.). *Direito Tributário atual – 19*. São Paulo: Dialética/Instituto Brasileiro de Direito Tributário, 2005, p. 24-25; ELALI, André. *Tributação e regulação econômica*: um exame da tributação como instrumento de redução das desigualdades regionais, p. 166-171.

[44] "Generally speaking, it means treating similar situations differently, but also treating different situations in the same manner." Cf. DAHLBERG, Mathias. *Direct Taxation in Relation to the Freedom of Establishment and the Free Market Movement of Capital*. The Netherlands: Kluwer Law International, 2005, p. 65.

[45] Cf. RAAD, Kees Van. *Nondiscrimination in International Tax Law*. The Netherlands: Kluwer Law and Taxation, 1986, p. 7-15. De acordo com o autor, "Nondiscrimination clauses pertaining to taxation of transnational cases are, as a rule, provided in treaties (tax treaties and commercial treaties)". *ibidem*, p. 15.

termos de tributação internacional, é à liberdade e igualdade econômicas, evitando-se distorções nos comportamentos e decisões dos sujeitos econômicos.

O exemplo mais visível de aplicação da não discriminação é visto no Tratado da União Europeia, que, pretendendo instituir o mercado único, veda a discriminação para a efetivação da integração e livre circulação de pessoas, bens, serviços, capital e investimentos. O referido Tratado acaba impondo a não discriminação quanto aos estabelecimentos permanentes, aos acionistas, e à nacionalidade.[46] Trata-se de imposição a todos os países-membros de concessão de mesmo tratamento nacional aos estrangeiros.

Comparadas as teorias da neutralidade e da não discriminação em matéria tributária, evidencia-se que se trata, ambas, de corolários da isonomia, que obriga o Estado a tratar igualmente agentes econômicos em situação símile. São, pois, diferentes manifestações da igualdade, que podem, caso a caso, se confundir. Neutralidade diz respeito à noção de não intervir; não discriminação equivale a tratar igualmente, sem privilégios desproporcionais. Visam a proteger um mercado marcado por liberdades.

No campo da tributação, a neutralidade serve para evitar uma interferência desmotivada no sistema econômico, mas nunca ocorrerá em sua forma plena, porquanto a tributação (em suas facetas fiscal e extrafiscal) é, *per se*, uma forma de intervenção. No âmbito da extrafiscalidade em especial, afasta-se a ideia da neutralidade, uma vez que se propõe a mudança do sistema, do *status quo*, com a concessão de incentivos ou agravamentos. O que não se permite, em uma aplicação pragmática, é a discriminação, que acabará tornando incoerente a função estatal com a ordem econômica teorizada na Constituição.

Não discriminação é tratar igualmente os iguais. É evitar ofensas à livre iniciativa e à livre-concorrência, com as suas repercussões para o sistema econômico. A base dessa ideia é a isonomia nas relações entre Estado e mercado, entre políticas públicas e os agentes econômicos.

Evidencia-se a preocupação da não discriminação com a liberdade do mercado, com a globalização das relações, como se verifica da valorização de tal elemento nos tratados de livre comércio, como o *GATT*, sucedido pela OMC. Também na União Europeia, infere-se a proteção a tal valor em face da instituição do mercado comunitário gerido pela liberdade e pelo tratamento isonômico.

3   A concepção da concorrência no mercado

Os denominados princípios da ordem econômica devem ser interpretados e aplicados conjuntamente, de forma sistemática, porque influenciam o modo de atuação do Estado regulador e dos agentes econômicos, tutelando tanto os elementos vinculados ao regime de produção capitalista, como aqueles socialmente relevantes, numa escala de conciliação que tende a permanecer. Isso se reitera no momento em que se confirma a noção de que sem Estado inexistirá mercado. E isso em função dos efeitos nocivos da concentração econômica.

Nesse sentido, o Estado vem adotando uma nova postura em relação à liberdade dos agentes econômicos no mercado, falando-se num distinto modelo de Estado, qual

---

[46] Cf. STARINGER, Claus; SCHNEEWEISS, Hermann. Tax Treaty Non-Discrimination and EC Freedoms. *In: Tax Treaty Law and EC Law*. Wien: Linde Verlag, 2007, p. 240-242.

seja, o do Estado regulador,[47] aquele que garante a liberdade através da sua própria regulação. É, pois, um meio-termo: nem só liberdade; nem só regulação, porquanto o mercado não é um estado de conflitos entre todos contra todos.[48]

Para esse modelo de Estado, é fundamental a implementação de condições estruturais que permitam a livre iniciativa e a livre concorrência dos agentes econômicos, afastando-se, pois, as chamadas falhas de mercado, que acabam gerando ineficiências econômicas e problemas sociais.

A defesa da concorrência, portanto, acaba sendo a base de uma série de medidas de política econômica e fiscal do Estado, visando-se ao bem comum e ao próprio funcionamento do mercado.

Em verdade, o conceito de concorrência vem da economia, consistindo numa adaptação do signo latino *concurrentia*, que representa a ideia de rivalidade entre várias pessoas e/ou forças, perseguindo-se um único espaço/objetivo.[49] Nesse contexto, refere-se a concorrência a uma situação em que os agentes econômicos buscam, livremente, fornecer seus produtos aos consumidores num processo regular e sem restrições. Trata-se a liberdade da concorrência de uma premissa fundamental do livre mercado.[50]

Argumenta-se, também, que a concorrência aumenta o bem-estar social, gerando comportamentos econômicos que beneficiam o sistema social, "porque o medo de ser excluído pelos concorrentes obriga o agente a alocar recursos eficientemente, assim como promover a inovação e o desenvolvimento tecnológico."[51] E num mercado competitivo aumenta-se o número de empregos e desenvolve-se a qualidade de vida social.[52]

As políticas de defesa da concorrência acabam constituindo mecanismos usados por governos para estabelecer as condições da competição regular no mercado, criando-se "pré-condições que garantam o efetivo funcionamento da concorrência, assim como com a imposição de sanções pelas suas violações".[53] E isso porque o mercado, por ele mesmo, não funciona perfeitamente, exigindo a intervenção do Estado, que deve garantir a liberdade daquele.[54]

Em consequência, as políticas de defesa da concorrência são instrumentos necessários em economias cada vez mais abertas e integradas,[55] para que se evitem as chamadas falhas de mercado, que acabam distorcendo a alocação, coordenação

---

[47] Cf. CARBAJALES, Mariano. *El Estado regulador:* hacia un nuevo modelo de Estado. Buenos Aires: Abaco, 2006, p. 21.

[48] Cf. MONCADA, Luís S. Cabral de. *Direito Econômico.* 4. ed. Coimbra: Coimbra, 2003, p. 33.

[49] Cf. Ricardo Thomazinho da Cunha. *Direito de defesa da concorrência:* Mercusol e União Européia. São Paulo: Manole, 2003, p. 17; MARQUES, Frederico do Valle Magalhães. *Direito internacional da concorrência.* Rio de Janeiro: Renovar, 2006, p. 105-108.

[50] Cf. WEINRAUCH, Roland. *Competition Law in the WTO*: the Rationale for a Framework Agreement. Wien: BWV – Berliner Wissenschafts-Verlag, 2004, p. 17.

[51] Cf. WEINRAUCH. *Competition Law in the WTO:* the Rationale for a Framework Agreement, cit., p. 17. Tradução livre.

[52] V. OECD; WORLD BANK. *A Framework for the design and implementation of competition law and policy 1.* Paris: OECD/World Bank, 1998, p. 22.

[53] Cf. HOEKMAN, Bernd; HOLMES, Peter. *Competition Policy, Developing Countries, and the World Trade Organization,* 2-3; 12. Disponível em <http::/www.worldbank.org>. Acesso em: 14 jul. 2008. Tradução livre.

[54] Cf. YOUNG, David; METCALFE, Stan. *Competition Policy in the Economics of the European Union:* Policy and Analysis. UNCTAD/World Investment Report 1997, p. 119.

[55] Cf. JENNY, Frédéric. Prefácio *in:* OLIVEIRA, Gésner; RODAS, João Grandino. *Direito e economia da concorrência.* Rio de Janeiro: Renovar, 2004.

e distribuição dos fatores de produção, manipulando-se os preços e reduzindo-se o bem-estar do consumidor. Na prática, criou-se um paradoxo, pois a liberdade do mercado acaba dependendo da sua própria regulação.[56]

Ademais, a defesa da concorrência tem como objetivos maiores proteger a competição, maximizar a riqueza econômica do consumidor, distribuir melhor a renda, estabilizar a economia e promover a ideia de justiça. Em outros termos, sem uma concorrência verdadeira, o sistema econômico fica sujeito às manipulações por parte dos agentes econômicos e às deficiências de políticas públicas inadequadas, não se limitando os danos aos consumidores e agentes prejudicados, porquanto influenciam nas estruturas do próprio Estado.

O direito concorrencial, dada a importância que alcançou, tornou-se instrumento central da política econômica tantos dos países desenvolvidos como dos em desenvolvimento. Assim, afigura-se correta a afirmação de que a concorrência se tornou uma dimensão essencial do mercado, resultando a liberalização do mercado na necessidade de serem postas em prática políticas e leis da concorrência sólidas e eficazes, já que constituem os instrumentos essenciais para se assegurar o bom funcionamento do mercado e a proteção dos consumidores.[57]

O mercado, ademais, para evitar distorções em face dos valores propostos pela ordem econômica, deve ser protegido das práticas abusivas do poder econômico, já que estas criam disfunções ao impedir que o sistema econômico seja atendido corretamente. Por tais fundamentos, tem o Estado o papel de regular – no sentido de "normalizar" – a liberdade absoluta de atuação dos agentes econômicos, evitando, pois, as concentrações, representadas por monopólios. Como ensinam Cooter e Ulen, o mercado tem estruturas diferentes quando há competitividade real e quando existem monopólios, surgindo duas estruturas diferenciadas: i) o equilíbrio do mercado, com a competição perfeita; e ii) o mercado monopolístico (*Monopolistic Market*), no qual há apenas um fornecedor, então a firma e a indústria são idênticas, porque estão no mesmo elo da cadeia.[58]

O que leva, então, o Estado a regular a economia é a existência de falhas de mercado ou, em casos específicos, a própria ausência de mercado.[59] E falha de mercado, para a doutrina jurídico-econômica, consiste na alocação ineficiente de recursos, surgindo ineficiências como: i) o controle insuficiente sobre bens e serviços; ii) custos excessivos de informação; e iii) inviabilidade de formalização de contratos.[60]

As falhas de mercado, ou dos chamados mecanismos de mercado, são assim classificadas na doutrina: i) mobilidade dos fatores; ii) acesso à informação; iii) concentração econômica; e iv) externalidades.[61]

---

[56] "As a consequence, monopolies and cartels contradict the essence of free competition and government intervention becomes necessary. Competition policy and law are designed to promote competition and to prevent monopolization and cartelization. This creates a paradox according to which free competition is promoted and limited by competition law and policy at the same time." Cf. WEINRAUCH, Roland. *Competition Law in the WTO: the Rationale for a Framework Agreement*, p. 19.

[57] Cf. ROQUE, Ana. *Regulação do Mercado:* novas tendências. Lisboa: Quid Júris, 2004, p. 33-35.

[58] Cf. COOTER, Robert; ULEN, Thomas. *Economic Analysis of Law*, p. 33 *et seq*.

[59] Cf. CARBAJALES. *El Estado regulador*: hacia um nuevo modelo de Estado, p. 112.

[60] Cf. CARBAJALES. *El Estado regulador:* hacia um nuevo modelo de Estado, p. 113.

[61] Cf. SCHOUERI. *Normas tributárias indutoras e intervenção econômica*, p. 74-78.

Na doutrina econômica clássica, entende-se que o mercado é a instituição mais eficiente para a alocação de recursos disponíveis numa comunidade. Através dele, pois, produtores e consumidores podem determinar, com liberdade, as perspectivas das atividades econômicas, com questionamentos como: i) o que produzir? ii) quem deve produzir? e iii) para quem devem ser produzidos os bens e serviços?[62].

De qualquer sorte, é necessário distinguir entre o mercado com concorrência perfeita e com concorrência imperfeita. Apesar de ser a primeira expressão uma utopia, é o objetivo da maioria dos sistemas econômicos contemporâneos, consistindo um mercado competitivo aquele em que há muitos vendedores no mercado em que atuam e o produto colocado nesse mercado é homogêneo (mesmas características essenciais, com a informação disseminada entre os consumidores e com a liberdade de entrada e saída no mercado).

Em outros termos, diz-se que há uma competição perfeita, no plano teórico, quando a atuação dos agentes econômicos visa ao atendimento dos interesses do consumidor. Ocorre, em tal situação, a produção dos bens e serviços necessários ao consumidor, pelo melhor preço possível.[63] Já a competição será imperfeita quando há o domínio dos mercados, caracterizado quando um único ou poucos agentes ocupem todo o mercado, quando o seu produto e/ou serviço é único e quando as barreiras impedem a entrada, no mercado, de outros agentes.

Tal modelo, entretanto, não obstante os benefícios à coletividade, dificilmente é verificado na realidade, já que o mercado apresenta, via de regra, características que violam as condições estruturais deste modelo. Daí por que falar-se em monopólios e em oligopólios, ambas expressões que se referem ao controle do mercado, na primeira, pelo controle por uma única empresa, e na segunda, por poucos agentes. Ambos, o monopólio e o oligopólio, consistem na ideia inversa da concorrência perfeita. A essência da concorrência, como aduz Carbajales, "no se refiere tanto a la rivalidad como a la dispersión de la capacidad de control que los agentes económicos pueden ejercer sobre la marcha del mercado",[64] servindo a noção de concorrência perfeita como um referencial a ser promovido pelos Estados reguladores.

Destarte, esse modelo de concorrência perfeita, apesar de existir apenas no campo teórico, a não ser em casos específicos de sociedades extremamente desenvolvidas e com a dura intervenção do Estado em face dos grandes grupos econômicos privados, se estrutura a partir de alguns pilares como o equilíbrio do mercado em relação à produção e ao consumo de bens e serviços.

---

[62] Cf. CARBAJALES. *El Estado regulador:* hacia um nuevo modelo de Estado, p. 113.

[63] Enumera Ernest Gellhorn, como expõe Pernomian Rodrigues, cinco condições que caracterizam a existência da denominada competição perfeita: 1) quando há um grande número de compradores e de vendedores de produtos e serviços; 2) quando a quantidade de produtos e serviços adquiridos por cada comprador e vendida por cada vendedor é tão pequena relativamente ao total que mudanças não imporão mudanças nos preços; 3) o produto é homogêneo, não havendo razão para um comprador preferir um vendedor específico ou vice-versa; 4) todos os compradores e vendedores têm perfeita informação sobre os preços de mercado e sobre a natureza das coisas vendidas; e 5) há uma efetiva liberdade para a entrada e a saída do mercado. Cf. GELLHORN, Ernerst. *Antitrust Law and Economics.* St. Paul: West Publishing Co., 1986, p. 55. *Apud* RODRIGUES, José Roberto Pernomian. *O Dumping como expressão do abuso do poder econômico.* Tese de Doutorado em Direito Econômico-Financeiro, Universidade de São Paulo, p. 92.

[64] Cf. CARBAJALES. *El Estado regulador:* hacia um nuevo modelo de Estado, p. 114.

Em sentido oposto, fala-se em concorrência imperfeita para definir um mercado no qual os agentes econômicos influenciam os preços dos produtos oferecidos, falando-se, por isso mesmo, em poder econômico de mercado. Ademais, nos mercados de concorrência imperfeita, o principal problema é a limitação de acesso de novos agentes econômicos, provocando um número reduzido de concorrentes, o que acaba impossibilitando a mobilidade dos fatores de geração (a terra, o trabalho e o capital).[65]

Por outro lado, se consideram externalidades os custos e os ganhos da atividade privada que, por uma falha do mercado, são suportados ou fruídos pela coletividade, no lugar de quem os causou. São, pois, efeitos positivos e/ou negativos que passam a ser computados por agentes diferentes dos que os geram. A importância das externalidades se dá na necessidade de intervenção estatal para corrigir as consequências de determinado fato que modifica o modo de se exercerem as atividades, muitas vezes inviabilizado determinadas atividades econômicas por fatores estranhos aos mecanismos que configuram a livre concorrência.[66]

Pelo exposto, tem-se a noção de que a concorrência é um dos fundamentos do Estado regulador, que deve empregar políticas adequadas na condução da liberdade do mercado, liberdade que, paradoxalmente, depende da regulação econômica, através da direção e da indução, esta última por meio do que se denomina, no Brasil, de normas tributárias indutoras.

A liberdade de concorrência, nessa modelagem estatal de regulação do mercado, deve ser entendida como a estruturação de condições iguais para os sujeitos econômicos, com um ambiente de lealdade entre eles, que devem exercer seus papéis em busca da maximização de riqueza, mas sem manipulações. As manipulações, entendidas como práticas desleais, constituem no ordenamento brasileiro ilícitos, infrações à ordem econômica. Já no âmbito internacional, são compreendidas como práticas contrárias à integração econômica e, em algumas situações, com a previsão em tratados e acordos de livre comércio, também podem constituir ilicitudes.

Os diferentes países, quando concedem vantagens de natureza monetária, podem estar infringindo esses tratados por manipularem em algumas situações a liberdade de concorrência, impondo distorções nos comportamentos e nas decisões do mercado. Interpretar, pois, os princípios da ordem econômica é tarefa pontual na correta análise do papel do Estado brasileiro quando da concessão de vantagens fiscais.

4 A concessão de incentivos fiscais como mecanismo regulatório – Problemas e proposições. O problema do método. Necessidade de evolução em termos de racionalidade e eficiência. Menos retórica e mais correção das falhas de mercado

É generalizada a noção de ser o Estado contemporâneo um Estado Fiscal ou Estado Financeiro, na acepção de necessitar da tributação para a sua manutenção e à efetivação

---

[65] Cf. CARBAJALES. *El Estado regulador:* hacia um nuevo modelo de Estado, p. 114. Segundo Roland Weinrauch, são várias as fontes da concorrência imperfeita, destacando-se as economias de escala, diferenciações de produtos e as barreiras de acesso ao mercado. Cf. WEINRAUCH, Roland. *Competition Law in the WTO*, p. 20.

[66] Cf. BIX, Brian H. *A Dictionary of Legal Theory*. New York: Oxford University Press, 2004, p. 65.

de suas políticas públicas. Conforme a doutrina de José Joaquim Teixeira Ribeiro, são os impostos o principal meio de financiamento do Estado.[67] Por isso, rotulou-se na doutrina a expressão Estado Fiscal ou Estado do Imposto (*Steurstaat*) para definir a dependência do Estado contemporâneo ao recebimento de tributos,[68] representando a chamada estadualidade fiscal a separação entre Estado e economia e a consequente sustentação financeira daquele através da sua participação nas receitas da economia produtiva pela via da obrigação tributária.[69]

O poder tributário, nesse contexto, designa a soberania estatal aplicada à imposição de tributos, estando o exercício daquele poder vinculado ao interesse público e às limitações do sistema jurídico.[70] Dessa forma, consistem os tributos a contribuição das pessoas à manutenção do governo e para todas as necessidades públicas, tendo-se a conformação e limitação por meio do direito.[71]

A tributação sempre dependeu da existência de bases econômicas, da disponibilidade de riqueza entre os particulares, pois é sobre essa que se impõem as obrigações em favor do Estado.[72]

A importância da tributação é, portanto, inquestionável para a manutenção dos Estados contemporâneos, sendo certo afirmar, como fazem Klaus Tipke e Joachim Lang, que "em nenhum outro setor do Direito defronta-se o cidadão com o Estado mais freqüentemente do que no Direito Tributário", isto é, "O cidadão ingressa desde o seu nascimento numa relação de direito tributário duradoura com o Estado, que se multiplica, tão logo inicia sua vida ativa, em sucessivas relações obrigacionais", influenciando o direito tributário toda e "qualquer atividade econômica".[73]

Dessa forma, é pertinente a ponderação dos citados autores de que "Quanto mais o Estado precisar de recursos, tanto mais se faz o Estado, Estado Tributário, tanto mais se encontra o Estado de Direito no Direito Tributário, expressão transcedental", tratando-se a tributação de uma forma de "participação na *propriedade privada*, na economia

---

[67] Cf. RIBEIRO, José Joaqum Teixeira. *Lições de finanças públicas*. 5. ed. Coimbra: Coimbra, 1997, p. 30.

[68] Cf. SCHOUERI. *Normas tributárias indutoras e intervenção econômica*. Rio de Janeiro: Forense, 2004, p. 1; TORRES, Ricardo Lobo. *Tratado de Direito Constitucional Financeiro e Tributário*, V. III, cit., p. 364-365. E como explica José Casalta Nabais, a expressão, não obstante muito usada ultimamente em estudos tributários, é bem antiga, devendo-se o seu conceito a Lorenz Von Stein, já em 1885, sendo depois difundida em face dos debates entre Joseph Schumpeter e Rudolf Goldscheid durante a primeira grande guerra, época na qual se discutiam as possíveis soluções para os problemas financeiros enfrentados pelos Estados por força dos conflitos armados. V. NABAIS, José Casalta. *O dever fundamental de pagar impostos*: contributo para a compreensão constitucional do estado fiscal contemporâneo. Coimbra: Almedina, 1998.

[69] Cf. NABAIS, José Casalta. *O dever fundamental de pagar impostos*: contributo para a compreensão constitucional do estado fiscal contemporâneo, cit., p. 196. Sobre a relevância da fiscalidade, v., principalmente, FAVEIRO, Vitor. *Estatuto do contribuinte*. Coimbra, 2002, p. 21.

[70] Cf. HENSEL, Albert. *Derecho tributario*. Madrid: Marcial Pons, 2005, p. 107. Traducción: Andrés Báez Moreno; María Luiza González-Cuéllar Serrano; Enrique Ortiz Calle. Traducción de la obra original *Steuerrecht*, Berlim/Heidelberg: Julius Springer, 1986.

[71] Cf. COOLEY, Thomas M. *A Treatise on the Law of Taxation*. Clark, New Jersey: The Lawbook Exchange, 2003, p. 1. Original Publication: 1876.

[72] "[...] a cobrança de impostos em moldes permanentes teve de ser precedida do conveniente desenvolvimento da produtividade econômica, por forma a permitir às sociedades mais evoluídas a libertação do indispensável excedente." Cf. SANTOS, J. Albano. *Teoria Fiscal*, cit., p. 25.

[73] Cf. TIPKE, Klaus; LANG, Joachim. *Direito Tributário (Steurrecht)*. Vol. I. Tradução: Luiz Dória Furquim. Porto Alegre: Sergio Antonio Fabris Editor, 2008, p. 51.

privada".[74] Daí a relação entre estadualidade fiscal e a atuação do Estado, porquanto se este passa a exercer as atividades econômicas no mercado, diretamente, tributos não serão cobrados. Em conclusão, Estado e economia privada são conectados, na larga maioria dos países, por dois modos de atuação: tributação e regulação econômica.[75]

Os dois mencionados modos de atuação do Estado contemporâneo, tributação e regulação econômica, acabam sendo efetivados, em alguns casos, por meio de uma das facetas da primeira, com a concessão de vantagens e/ou agravamentos fiscais com o objetivo de induzir os agentes econômicos a comportamentos considerados mais desejáveis. A tributação, pois, é um dos instrumentos de direção e controle da economia.[76] As políticas tributárias servem também para corrigir as imperfeições dos sistemas econômicos, principalmente dos países em transição.[77]

Pode-se dizer, assim, que duas são as facetas da tributação:[78] a fiscalidade, como representação da transferência de recursos da economia privada para os Estados, e a extrafiscalidade,[79] que diz respeito à utilização de mecanismos com repercussão econômico-financeira para a indução dos agentes econômicos a comportamentos mais desejáveis em face do interesse público.[80]

Ou seja, os Estados valem-se da concessão de subvenções, muitas vezes na forma de auxílios fiscais, para que os agentes econômicos, dentro da liberdade de decidirem como atuar, exerçam determinados comportamentos que acabarão auxiliando na conformação dos objetivos econômicos do sistema jurídico.[81] É pontual, acerca do

---

[74] Cf. TIPKE, Klaus; LANG, Joachim. *Direito Tributário (Steurrecht)*, cit., p. 52-53.

[75] Regular, a partir das lições do professor Ruy Barbosa Nogueira, pode ser definido como o poder de se estabelecer regras, de dirigir, de governar. Desse modo, como preceituou o professor, quem pode regular, pode impedir, restringir e/ou favorecer, lançando mão dos meios necessários, inclusive do tributo, através do qual se pode fomentar uma atividade e/ou restringi-la. Por isso mesmo, essas funções do tributo devem ser harmonizadas com o poder de regular. Cf. NOGUEIRA, Ruy Barbosa. *Curso de Direito Tributário*. 14. ed. São Paulo: Saraiva, 1995, p. 181; ELALI, André. *Tributação e regulação econômica*: um exame da tributação como instrumento de redução das desigualdades regionais. São Paulo: MP, 2006, p. 21.

[76] "The use of taxation as a policy device to modify the outflow of capital or otherwise to influence the behavior of multinational corporations is perfectly appropriate, if other regulatory measures are inferior on grounds of efficiency and effectiveness. There is, in fact, much to be said for the use of the tax instrument." Cf. MUSGRAVE, Peggy B.. Taxation and American investment abroad: the interests of workers and investors. *In: Tax Policy in the Global Economy:* Selected Essays of Peggy B. Musgrave. Northampton: USA, 2002, p. 115. Em análogo sentido, v. REICH, Norbert. *Mercado y derecho*. Traducion: Antoni Font. Barcelona: Ariel, 1985, p. 85; SCHOUERI, Luís Eduardo. *Normas tributárias indutoras e intervenção econômica*, cit., p. 3.

[77] Cf. THIEBEN, Ulrich. *The Impact of Fiscal Policy on Economic Growth*: Analyses and Options for Transition Countries. Baden-Baden: Nomos, 2007, p. 27.

[78] Cf. NABAIS, José Casalta. *Direito Fiscal*, cit., p. 3-36 e p. 401-ss.

[79] "Além da grande importância no financiamento das despesas públicas, os impostos são também muito importantes na prossecução de outras finalidades, a que a doutrina chama de finalidades extrafiscais. Referimos as seguintes: a) *Redistribuição da riqueza*; b) *Estabilização macro-económica*; c) *Influência na afectação de recursos*." Cf. CARLOS, Americo Fernando Brás. *Impostos*: teoria geral. Coimbra: Almedina, 2006, p. 21.

[80] Cf. SEIXAS FILHO, Aurélio Pintanga. *Teoria e prática das isenções tributárias*. Rio de Janeiro: Forense, 1989, p. 114.

[81] Cf. SCHOUERI. *Normas tributárias indutoras e intervenção econômica*, cit.: ROTHMANN, Gerd Willi. *Extrafiscalidade e desenvolvimento econômico*. Separata do Relatório 1966-1970, São Paulo: Câmara Teuto-Brasileira de Comércio e Indústria, p. 107 e ss.; ELALI, André. *Tributação e regulação econômica*: um exame da tributação como instrumento de regulação econômica na busca da redução das desigualdades regionais. São Paulo: MP, 2006. No mesmo diapasão, v. Andrea Amatucci: "La legge tributaria, como la legge di spesa, la legge di bilancio e le leggi ad collegate, produce inevitabilmente effetti economici e sociali. Il legislatore, per la responsabilità che sui di lui grava, deve tener conto di tali effetti ed in questa funzione gli è di irrenunciable sostegno la scienza delle finanze che gli indica come egli possa controllarli sino al punto di formar ela legge in modo da raggiungere, in certe condizioni contingenti, determinati scopi economici. [...] Il conseguimento delle entrate può costituire un fine

assunto, a lição de Schoueri: as normas tributárias indutoras atuam, também, no sentido de incentivar contribuintes que adotem comportamentos desejados pelo legislador. Vale-se o legislador da premissa de que os contribuintes buscam economizar tributos, para abrir uma válvula, pela qual a pressão tributária é aliviada, de modo dosado. Seria, como diz Bellstedt, uma espécie de elusão tributária guiada à distância, com efeitos pré-calculados.[82]

Ambas as facetas, todavia, estarão sempre imbricadas entre si, pois, como ensinam Schoueri[83] e Ollero,[84] entre outros, dificilmente haverá tributo exclusivamente relacionado à função extrafiscal, porque sempre haverá um nível, mesmo que mínimo, de fiscalidade. Por isso, como aduz Schoueri, não se deve falar em tributos meramente indutores, mas em normas tributárias indutoras.

As medidas de estímulo deferidas pelos Estados, na configuração ora apresentada, visam ao melhoramento do sistema econômico, destacando-se alguns de seus objetivos gerais: i) a redução das desigualdades regionais; ii) a promoção do emprego, "particularmente em áreas onde o desemprego é grande ou destinados a certas categorias de trabalhadores"; iii) a captação de investimentos a fim de promover "a actividade económica e empresarial do país; iv) a reestruturação de empresas de base e de determinados setores econômicos considerados prioritários; v) o fomento das exportações.[85]

O problema dos mecanismos financeiros, independentemente do rótulo utilizado, pois representam intervenções do Estado no mercado, é justamente a despesa que geram, a falta de transparência, a possível corrupção e o desvio de finalidades. É necessário o controle efetivo da despesa pública, mesmo em momentos de forte intervenção para conter ciclos econômicos específicos.[86]

---

secondario. I diritti doganali ed i diritti di compensazione all'importazione sono da considerare imposte agli effetti di questa legge. [...] Perseguita questa finalità, è consentito prendere in considerazione altre funzioni, senza che ciò comporti l'adesione alla tesi della distinzione di un fine principale (fiscale) da un altro secondario o diverso (extrafiscale) dell'imposta." Cf. AMATUCCI, Andrea. Misure Tributarie per lo Sviluppo Economico. *In:* TÔRRES, Heleno Taveira (Coord.). Comércio internacional e tributação. São Paulo: Quartier Latin, 2005, p. 560-567.

[82] Cf. SCHOUERI. *Normas tributárias indutoras e intervenção econômica*, cit., p. 206.

[83] Cf. SCHOUERI. *Normas tributárias indutoras e intervenção econômica*, cit., p. 16.

[84] Segundo Ollero, "la función fiscal y extrafiscal del tributo constituyen – en esta perspectiva – dos fenómenos inescindibles que se presentan como las dos caras de una misma realidad." Cf. CASADO OLLERO, Gabriel. *Los Fines no Fiscales de los Tributos*: comentarios a la ley general tributaria y lineas para su reforma. Libro-homenaje al profesor Sainz de Bujanda. VV.AA. vol. I Madrid: Ed. Instituto de Estudios Fiscales, 1991, p. 103-104.

[85] Cf. SANTOS. *Auxílios de Estado e fiscalidade*, cit., p. 365 et seq.

[86] Cf. PINHEIRO, Cristiane. *O controle da despesa pública em ciclos econômicos recessivos como instrumento de promoção do desenvolvimento*. UFRN (Dissertação de Mestrado em Direito), 2015. Afirma a autora: "Contudo, apesar da função de incentivo ser de fundamental importância para cumprir as diretrizes da Constituição Econômica, o estímulo promovido pelo Estado não pode ser inconsequente, de modo a desconfigurar o propósito intervencionista com a concessão de privilégios não condizentes com o interesse público, que violem a isonomia e privilegiem determinados agentes econômicos situados num mesmo setor da atividade econômica. É por meio da despesa pública que o Estado promove o desenvolvimento econômico e atenua o impacto danoso dos ciclos econômicos, como aconteceu com as medidas adotadas pelo Governo Federal para amenizar a onda recessiva provocada pela crise de 2008, que estimularam o consumo e aumentaram o volume de dinheiro que circulava na economia, mas a ação fiscal de fomento à economia deve ser dosada em rígidos parâmetros econômicos e financeiros, em atenção ao ordenamento jurídico financeiro responsável pelo controle do gasto público, sob pena de se criar um ciclo vicioso no país com a obstrução das finalidades estabelecidas na matriz constitucional. É com foco nessa ideia que a Constituição prevê três planejamentos orçamentários – o plano plurianual, a lei de diretrizes orçamentárias e a lei orçamentária anual –, que devem ser elaborados de forma harmoniosa com o objetivo de concretizar as metas da atuação do Estado, prevendo as receitas públicas e autorizando as despesas públicas que servirão aos seus fins. A obediência ao princípio da legalidade é, portanto, de cumprimento obrigatório pelo Estado no que

No Brasil, nos últimos anos, viu-se uma grande quantidade de mecanismos de incentivos outorgados de modo ilegítimo e até mesmo imoral. Parte deles foi criada para beneficiar grupos econômicos que tinham relações com governantes e que os financiavam eleitoralmente. Isso acabou gerando um grande desequilíbrio financeiro, justamente pela falta de aplicação de um adequado tratamento do regime aplicável. Deixou-se de lado o regime de controle adequado da despesa pública, que abrange *legalidade, legitimidade, economicidade, utilidade* e *oportunidade*,[87] conceitos atrelados à ciência econômica e às finanças públicas.

Em diferentes trabalhos científicos, sobretudo nos últimos dez anos, sob a influência de autores como Luís Eduardo Schoueri, Paulo Caliendo, Humberto Ávila, Heleno Tôrres, Fernando Zilveti, Ricardo Lobo Torres, Marcos André Catão, verificaram-se várias teses que visam a controlar a adequação entre as medidas de incentivos e os fins a que se pretendem. Um dos autores deste estudo, a propósito, em tese de Doutorado, defendeu a necessidade de uma combinação de elementos para controlar a concessão de incentivos fiscais ou de subsídios diretos, para evitar distorções econômicas e sociais e externalidades no mercado.[88]

Dentre os elementos possíveis para tal desiderato, destacam-se: (a) a necessidade de estudos técnicos relativos à economicidade, isto é, ao parâmetro de custo-benefício entre o meio de intervenção e o resultado pretendido; (b) a vinculação de qualquer dos mecanismos regulatórios fiscais à igualdade em termos de liberdade econômica, ou seja, a garantia de tratamentos iguais para evitar mais desequilíbrios; (c) a adoção de premissas objetivas que visem a mudar o *status quo*, entendida a medida de incentivo como despesa, daí porque sujeita à transparência, legalidade, e medidas de controle; (d) a possibilidade de uma análise econômica propriamente dita, como metodologia baseada em critérios de racionalidade, utilidade e eficiência, levando-se em conta os objetivos do Estado e as melhorias que devem ser geradas à sociedade e ao mercado. Talvez um método de Direito e Economia seja efetivamente a melhor forma de avaliar e justificar mecanismos de intervenção, afastando-se de argumentações retóricas vazias de conteúdo que acabam, ao iludir o jurista tradicional, gerando o empobrecimento do Estado Fiscal e mais falhas dos mecanismos de mercado, que acabam gerando mais distorções sociais. Ou seja, é hora de uma reflexão mais ampla do modelo de direito para o Brasil, especialmente no que se refere às formas de solução de distorções e externalidades negativas.

---

concerne às ações que compõem a despesa pública, a receita pública e o orçamento público, de modo que todo dispêndio público deve estar em consonância com os dispositivos constitucionais e legais pertinentes. É através da atividade financeira do Estado que é possível concretizar as diretrizes constitucionais da ordem econômica, através do manejo com o dispêndio público, que além de satisfazer as metas definidas na Constituição Federal, é capaz de arrefecer os efeitos danosos dos ciclos econômicos, promovendo um crescimento gradual e contínuo da economia ao longo dos anos. Se verificou, dessa forma, que a Lei de Responsabilidade Fiscal, ao disciplinar o dispêndio público, instrumentaliza a função de planejamento do Estado, determinando uma atuação responsável com o gasto público, racionalizando as metas e os fins almejados pela atuação estatal e projetando uma expressão do interesse público buscado pelo Estado ao definir as suas diretrizes políticas determinadas constitucionalmente, de modo que deve ser obedecida também, e principalmente, em períodos de crise." *Ibidem*, p. 181-182.

[87] Cf. PINHEIRO, Cristiane. *O controle da despesa pública em ciclos econômicos recessivos como instrumento de promoção do desenvolvimento*. UFRN (Dissertação de Mestrado em Direito), 2015, p. 133-142.

[88] Cf. ELALI, André. *Incentivos fiscais internacionais*. São Paulo: Quartier Latin, 2010.

No que se refere à possibilidade de uma Análise Econômica propriamente dita, ressalte-se a influência dos recentes estudos de Cristiano Rosa de Carvalho,[89] Marcos Nóbrega[90] e Luiz Felipe Monteiro Seixas,[91] com os quais concordamos em utilizar-se um método mais eficiente e pragmático de solução de problemas concretos. O direito tributário deve se reaproximar de outras disciplinas para atingir seus objetivos. Tal abordagem requer a vinculação cada vez maior entre *receita* e *despesa*, *incentivos* e *concretização de objetivos da ordem econômica*. Infelizmente, a abordagem dogmática, influenciada por estudos isolantes, acabou se tornando ineficiente e gerou um custo social e econômico alto ao país. É hora de rever o método do direito tributário, inserindo-o numa estrutura metodológica mais ampla, racional, menos retórica e eficiente.

No que se refere ao importante tema ora discutido, também há de se concordar com as preocupações, mesmo que na visão tradicional, do ilustre homenageado, que, de modo bastante científico, aponta os vícios das políticas público-fiscais que vêm gerando distorções sociais e econômicas no Brasil. O que afirma o eminente professor Francisco Queiroz Cavalcanti, há mais de dez anos, vem, infelizmente, se implementando.[92] De

---

[39] Cf. CARVALHO, Cristiano Rosa de. *Teoria da decisão tributária*. Tese (Livre-docência em Direito Tributário). Faculdade de Direito, Universidade de São Paulo, 2010.

[90] Cf. NÓBREGA, Marcos. Renúncia de receita; guerra fiscal e tax expenditure: uma abordagem do art. 14 da LRF. Disponível em: <www.cepal.org/ilpes/noticias/paginas/6/13526/marcosnobrega1.pdf>.

[91] Cf. SEIXAS, Luiz Felipe Monteiro. *Tributação indutora e análise econômica do direito*: uma investigação crítica. Tese (Doutorado). Faculdade de Direito da UFPE. Recife: UFPE, 2017. Afirma o autor, com razão: "Sob outra perspectiva, o Direito & Economia também pode ser encarado como o emprego dos métodos da Ciência Econômica para o examinar (e propor soluções) para problemas jurídicos e, inversamente, em como o Direito e as normas jurídicas influenciam o sistema socioeconômico. [...] Para tanto, a Análise Econômica do Direito adota algumas características, a exemplo da rejeição do império do Direito perante a realidade socioeconômica (tendo como consequência o fato de que as normas jurídicas devem ser criadas e estudadas tendo como pressuposto o seu reflexo no mundo do ser); o emprego de métodos de outras áreas do conhecimento, seja dentro da própria Economia (como a Microeconomia, a Teoria dos Jogos, a Estatística, a Econometria etc.), ou de áreas correlatas, como a psicologia, a política, a filosofia etc.; dá ênfase ao aspecto instrumento do Direito, isto é, as normas jurídicas também devem ser encaradas como um meio para a consecução de determinados fins, fins estes decorrentes dos valores e princípios de uma dada sociedade (os quais, inclusive, poderão estar positivados no próprio ordenamento jurídico, a exemplo dos diferentes princípios constantes na Constituição). Uma importante observação reside no fato de que a Análise Econômica do Direito não deve ser encarada como um corpo coeso de fórmulas e conceitos, unanimemente aceitos entre os estudioso do tema. Ao contrário. Assim como a própria Ciência Jurídica possui diferentes correntes teóricas, a Análise Econômica do Direito, ao acompanhar a própria evolução do pensamento econômico, também possui diversas abordagens e teorias que, não necessariamente, são unânime entre os juseconomistas. Em razão disso, existem diversas "escolas" do Direito & Economia, escolas estas que, por vezes, convergem acerca de determinados conceitos e problemas, ou então adotam critérios próprios na análise econômica que empreendem, a exemplo da Escola de Chicago, da Escola da Escolha Pública, da Escolha Institucionalista, da Escola Neoinstitucionalista, da Escola de New Haven, da Escola Austríaca, dentre outras. Para o objeto de nossa análise, interessa-nos alguns conceitos fundamentais da Análise Econômica do Direito, comumente aceitos e compartilhados pelas diferentes correntes teóricas, a exemplo da escassez, dos custos de oportunidade, da maximização e da escolha racional, do equilíbrio e a eficiência econômica. A escolha por tais pressupostos metodológicos não foi gratuita, mas coaduna-se com os pressupostos da tributação indutora enquanto instrumento de regulação econômica, correção das falhas de mercado e, no caso do direito brasileiro, de concretização dos princípios da Ordem Econômica Constitucional. Dessa maneira, tais critérios servirão de fundamento tanto para o exame dos aspectos econômicos da tributação (compreendida em sentido amplo), conforme examinaremos na segunda parte deste capítulo, bem como para a abordagem crítica da tributação indutora, que será empreendida no capítulo subsequente". *Ibidem*, p. 112 *et seq*.

[92] Com evidente brilhantismo, o homenageado, em livro coordenado por Ives Gandra Martins, André Elali e Marcelo Peixoto, em 2007, anunciava: "[...] A construção de uma sociedade livre, justa e solidária é um objetivo relevante, continente de vários outros, embora, no Brasil, se apresente como extremamente diáfano, tênue e longínquo. A distância entre o valor simbólico da Constituição brasileira e a realidade e as dificuldades de se encurtar esse hiato decorrem da inexistência das leis necessárias para dar concretude aos princípios e até à parte significativa das regras constitucionais. A pirâmide social é extremamente injusta, de base larga e cume delgado, e esse cimo estreito tem muito mais capacidade de influenciar o legislador que a base, pouco representada e sem grande

fato, como suscita o eminente Professor, "O fortalecimento no sistema de incentivos, auxílios e subsídios, desde que não canalizados para que as grandes empresas poupem seus capitais e desde que haja rigoroso sistema de fiscalização, podem ser os únicos caminhos para alteração desse preocupante quadro".[93] É exatamente isso. Deve-se promover mudanças do *status quo*, com incentivos, desde que com controle e adequação (proporcionalidade).

Impõem-se, portanto, imediatas reflexões, seja da forma de condução das políticas públicas, com o fomento do controle dos desvios de finalidade e corrupção (que geram falhas de mercado e distorções), seja com uma visão metodológica mais funcional e menos retórica, que seria a Análise Econômica do Direito, uma proposta cada vez mais próxima das necessidades de um sistema mais eficiente e corretivo.

5   Considerações finais

Procurou-se reiterar, neste trabalho, a complexidade das formas de regulação do Estado, com ênfase para os mecanismos financeiros, entre os quais os tributários. Tentou-se demonstrar que a forma é menos importante que a substância, eis que não obstante o rótulo de qualquer medida de incentivo, deve-se analisar: (a) o efeito pretendido para corrigir o *status quo ante*; (b) o custo para o Estado, porquanto se está diante de despesa pública, que há de ser adequadamente gerida; (c) os efeitos da intervenção sobre a concorrência e, por consequência, sobre o mercado.

A premissa de qualquer regulação econômica, fiscal ou não, é corrigir falhas de mecanismos de mercado. Há uma relação de *vinculação* e *proporcionalidade*. Regula-se para melhorar o sistema e criar incentivos é uma alternativa utilizada em todo o mundo. Vários exemplos demonstram a importância de incentivos e subsídios para diminuir desigualdades e problemas sociais. Incentivos não são neutros e como tais devem ser entendidos. Visam a mudar algo que exige melhoras. Por isso mesmo, devem respeito ao regime de controle sob pena de criarem mais distorções.

A concorrência é um conceito de grande importância para as políticas públicas. Regulações que geram menos concorrência são inadequadas e ilegítimas. Através de

---

capacidade de organização. Os ideais de solidariedade e justiça têm representado, muitas vezes, meras figuras de retórica, cuja evolução não tem correspondido, nem mesmo ao ritmo de crescimento da economia nacional. A erradicação da pobreza exigiria opção preferencial por investimentos nas áreas de saúde e educação. A dobra, por exemplo, dos investimentos nessas áreas (vide Orçamento Nacional) não teria grande expressão, em cotejo com as despesas com a dívida pública (juros, encargos, serviços e amortização), mas seria de extrema significação para se recuperar o norte apontado pela bússola teórica que é o art. 170 da CF/88. A noção de desenvolvimento, hoje, tem uma dimensão bem mais ampla que a de mero crescimento econômico. A erradicação da pobreza e, sobretudo, da miséria, seu nível mais baixo, é uma meta de longo prazo, cujo alcance só será ao menos viável em havendo uma alteração nas prioridades nacionais e uma conscientização das camadas melhor aquinhoadas da sociedade de que a violência de que são vítima é, sobretudo, uma consequência da violência praticada contra um enorme contingente da população miserável, sem esperanças, sem perspectivas de um futuro melhor. A redução das desigualdades, as iniciativas de interação, as ações afirmativas, em verdade, são instrumentos não só de integração, como de harmonização entre as várias camadas da sociedade. O pouco que os que mais tem podem perder em uma política solidária, mais redistributiva, pode ser um instrumento para preservação do muito com que permaneceriam. Exemplos como o da Suécia, poderiam ser lembrados. [...]" Cf. CAVALCANTI, Francisco Queiroz. Considerações sobre incentivos fiscais e globalização. In: *Incentivos fiscais*. São Paulo: MP, 2007, p. 4 *et seq.*

[93] *Ibidem.*

mecanismos adequados, incentivos e subsídios podem melhorar o ambiente institucional e gerar melhoras no domínio econômico.

Exemplos de incentivos e subsídios outorgados sem o devido controle são formas arbitrárias de *dirigismo* econômico, contrárias à concorrência que se pretende concretizar a partir da ordem econômica. Os exames da legalidade e da isonomia são fundamentais.

A concorrência fiscal internacional permanece tema atual e complexo. O BEPS e outros debates não têm sido aptos a resolver as disputas institucionais. Ainda há muita pouca eficácia nos métodos de controle, até porque o nível de desenvolvimento de certos países, como o Brasil, exigem o uso de incentivos para correção de imperfeições do sistema econômico. Também não se pode adotar políticas fechadas de países desenvolvidos em países em desenvolvimento. São realidades diferentes que exigem mecanismos regulatórios distintos.

O Direito Tributário brasileiro passa por importante reformulação teórica. Uma reaproximação com outras ciências é um movimento de grande importância. O método de solução de conflitos do sistema pode ser mais técnico e menos retórico. A possibilidade de implementação do método do (L&E) Direito e Economia em questões de políticas econômico-financeiras é uma alternativa bastante eficiente. A crise presente é exemplo da ineficácia do modelo ultrapassado do sistema do direito, que certamente se adequará a uma nova realidade de modo mais pragmático.

Informação bibliográfica deste texto, conforme a NBR 6023:2002 da Associação Brasileira de Normas Técnicas (ABNT):

ELALI, André; ZARANZA, Evandro. Uma reflexão crítica sobre incentivos fiscais, concorrência no mercado e uma adequação de metodologia do Direito Tributário. In: MATILLA CORREA, Andry; NÓBREGA, Theresa Christine de Albuquerque; AGRA, Walber de Moura (Coord.). *Direito Administrativo e os desafios do século XXI*: livro em homenagem aos 40 anos de docência do Prof. Francisco de Queiroz Bezerra Cavalcanti. Belo Horizonte: Fórum, 2018. p. 29-49. ISBN 978-85-450-0555-1.

LA BUENA ADMINISTRACIÓN COMO PRINCIPIO JURÍDICO: UNA APROXIMACIÓN CONCEPTUAL

Andry Matilla Correa

Algumas áreas mais tradicionais do direito administrativo precisam ser revisitadas e permeadas com os princípios que devem nortear a moderna e democrática Administração Pública. Poder-se-ia citar, como exemplo, a existência de inúmeros segmentos da atuação da Administração Pública ainda "blindados" em relação à procedimentalização democrática, legitimadora e capaz de propiciar um agir de melhor qualidade dos órgãos e agentes públicos e facilitadora de um necessário controle interno y externo, institucional e social.

(Francisco de Queiroz Bezerra Cavalcanti)

1 Ideas iniciales

La preocupación por la *buena administración* en el campo jurídico, no es ni por mucho, algo que nace en el siglo XX o en lo que va del XXI; sino que hunde sus raíces, como la preocupación misma para el buen ejercicio del poder público, en tiempos anteriores.

En viejo libro, entre las tempranas obras generales españolas del siglo XIX sobre Derecho Administrativo, se puede leer en las primeras líneas del mismo:

(…) Exponer la utilidad que la sociedad reporta de una buena administración, que reúne en sí los medios necesarios para dar fuerza al gobierno, proteger a los ciudadanos y fomentar los intereses generales del país, sería querer demostrar una verdad que está al alcance de todos, y de que nunca ha dudado ningún hombre sensato sea cualquiera la opinión a que pertenezca. (…).[1]

---

[1] García Goyena, Florencio y Aguirre, Joaquín, *Febrero o Librería de Jueces, Abogados y Escribanos, comprensiva de los códigos civil, criminal y administrativo, tanto en la parte teórica como en la práctica, con arreglo en todo a la legislación hoy vigente*, corregida y aumentada por don Joaquín Aguirre y don Juan Manuel Montalbán, 4ª edición reformada y considerablemente aumentada por don José de Vicente y Caravantes, Tomo IV, *Derecho Administrativo*, Imprenta y librería de Gaspar y Roig, editores, Madrid, 1852, p. 5.

Sin embargo, es en los siglos XX y XXI que la *buena administración* ha de adquirir, en lo jurídico, dimensiones superiores y definitivas, asumiendo un valor de uso que posiciona y sustenta hoy su funcionalidad trascendental para el marco de ordenación jurídica de la Administración Pública y, con esto, para un importante segmento de las relaciones entre el poder público – organizado y funcional – y los ciudadanos o administrados. Ha sido tal la relevancia que ha ido cobrando la idea de *buena administración*, que una voz autorizada en estas cuestiones llamaba, justo en las postrimeras de la centuria anterior y el nacimiento de una nueva, a hacer del siglo XXI el «siglo de la buena administración».[2]

Alumbrada y sustanciada, principalmente, en la cultura política, administrativa y jurídica de la Europa occidental, la *buena administración* ha evolucionado de una consideración jurídica como *principio* (de organización y funcionamiento de la Administración Pública) y como *deber* (en cabeza del aparato administrativo público), a una dimensión más ambiciosa como la que ha ganado con el artículo 41 de la *Carta de los Derechos Fundamentales de la Unión Europea* (proclamada en Niza en diciembre de 2000), el cual refrendó un novedoso «derecho a la buena administración» en los siguientes términos:

1. Toda persona tiene derecho a que las instituciones y órganos de la Unión traten sus asuntos imparcial y equitativamente y dentro de un plazo razonable.

2. Este derecho incluye en particular:

– el derecho de toda persona a ser oída antes de que se tome en contra suya una medida individual que le afecte desfavorablemente,

– el derecho de toda persona a acceder al expediente que le afecte, dentro del respeto de los intereses legítimos de la confidencialidad y del secreto profesional y comercial,

– la obligación que incumbe a la administración de motivar sus decisiones.

3. Toda persona tiene derecho a la reparación por la Comunidad de los daños causados por sus instituciones o sus agentes en el ejercicio de sus funciones, de conformidad con los principios generales comunes a los Derechos de los Estados miembros.

4. Toda persona podrá dirigirse a las instituciones de la Unión en una de las lenguas de los Tratados y deberá recibir una contestación en esa misma lengua.[3]

La consagración allí de ese novedoso *derecho*, etiquetado como «fundamental» por la propia Carta de Niza, de los ciudadanos frente al funcionamiento administrativo público, no ha sido fortuita, en tanto ello ha respondido a un contexto que ha venido favoreciendo y potenciando con intensidad – especialmente luego de la II Guerra Mundial – los derechos de los ciudadanos (administrados en general, más allá de las bondades de uno u otro término) frente a los mecanismos y las actuaciones del poder

---

[2] SÖDERMAN, Jacob, "Speech of the European Ombudsman –Public Hearing on the draft Charter of Fundamental Rights of the European Union, Preliminary remarks", pronunciado en Bruselas, Bélgica, el 2 de febrero de 2000, disponible en www.ombudsman.europa.eu/es/activities/speech faces.

[3] Sigue luego un artículo 42, relativo al derecho de acceso a los documentos, estrechamente vinculado con el 41, y en el que se expresa: "Todo ciudadano de la Unión o toda persona física o jurídica que resida o tenga su domicilio social en un Estado miembro tiene derecho a acceder a los documentos del Parlamento Europeo, del Consejo y de la Comisión.". Por su parte, el artículo 43 de esa misma Carta, a propósito del Defensor del Pueblo, se regula: "Todo ciudadano de la Unión o toda persona física o jurídica que resida o tenga su domicilio social en un Estado miembro tiene derecho a someter al Defensor del Pueblo de la Unión los casos de mala administración en la acción de las instituciones u órganos comunitarios, con exclusión del Tribunal de Justicia y del Tribunal de Primera Instancia en el ejercicio de sus funciones jurisdiccionales.".

público.[4] Así las cosas, la aparición del *derecho fundamental a la buena administración*, y el trazado y nominación como tal *derecho*, ha de entenderse como una consecuencia del «tiempos de los derechos» (apelando al nombre de una conocida obra de Bobbio[5]), del «lenguaje de los derechos» (en expresión que ya usaba, por ejemplo, Dworkin[6]) o de la «lengua de los derechos» (evocando el título de un conocido libro de García de Enterría[7]), tal y como se han proyectado, especialmente, en Europa occidental desde el segundo lustro de la década de 1940 hasta hoy.

Adquiridos esos ribetes jurídicos, la *buena administración* no ha quedado ahí, sino que ha trascendido las fronteras europeas para recalar en el marco latinoamericano a través de la *Carta Iberoamericana de los Derechos y Deberes del Ciudadano en Relación con la Administración Pública*, aprobada por el Consejo Directivo del Centro Latinoamericano de Administración para el Desarrollo (CLAD) en reunión presencial-virtual celebrada desde Caracas el 10 de octubre de 2013, en cumplimiento del mandato recibido por la XV Conferencia Iberoamericana de Ministras y Ministros de Administración Pública y Reforma del Estado celebrada en Ciudad de Panamá los días 27 y 28 de junio de 2013. Este documento proyecta, sintetiza y desarrolla a *la buena administración pública* y sus implicaciones, en razón de la triple funcionalidad que se le ha podido dar a la misma: como *principio*, como *deber* y como *derecho*.

Visto así el panorama, puede entenderse perfectamente cómo la idea jurídica de *buena administración*, en las últimas décadas, se ha ido consolidando y sustanciando al compás de la globalización, pero se ha globalizado o «extendido a nivel global»[8] ella misma.

En definitiva, la cuestión jurídica de la *buena administración* no involucra sino preocupación por la calidad en la organización y en el funcionamiento administrativos. Pretendiendo ser motor de impulso y medida también de la búsqueda de esos estándares de calidad en la actuación, de los procederes (de ahí la relevancia del tema para el procedimiento administrativo) de la Administración Pública, para el cumplimiento pleno y cabal de los fines administrativos.

La *buena administración* hace a la naturaleza o esencia misma de todo el fenómeno administrativo público. Por ende, no puede concebirse ese fenómeno, es decir, la Administración Pública en sus diversas aristas, si no es desde la consideración de la

---

[4] Decía el Lorenzo Martín-Retortillo Baquer que, el «derecho a la buena administración» "(…) es ya una llamada genérica a todos los responsables de la diversas Administraciones Públicas, instados a alcanzar el canon que el precepto significa.". Martín-Retortillo Baquer, Lorenzo, "De los derechos humanos al derecho a una buena administración", en Ávila Rodríguez, Carmen María y Gutiérrez Rodríguez, Francisco (coordinadores*), El derecho a una buena administración y ética pública*, Fundación General de la Universidad de Málaga, Málaga.es diputación, Defensor del ciudadano/a, Tirant lo Blanch, Valencia, 2011, p. 50.

[5] Bobbio, Norberto, *El tiempo de los derechos*, Traducción de Rafael de Asís Roig, Editorial Sistema, Fundación Sistema, Madrid, 1991.

[6] Dworkin, Ronald, *Los derechos en serio*, Traducción de Marta Gustavino, Editorial Ariel, S.A., Barcelona, 1984, p. 276.

[7] García de Enterría, Eduardo, *La lengua de los derechos. La formación del Derecho Público europeo tras la Revolución Francesa*, Alianza Editorial, S.A., Madrid, 1994.

[8] En palabras de Cassese, Sabino, "Il diritto alla buona amministrazione", p. 9, ponencia presentada a la «*Jornada sobre el derecho a la buena administración*», por el 25 aniversario de la ley del "Síndic de Greuges" de Cataluña, Barcelona, 27 de marzo de 2009, disponible en www.irpa.eu/wp-content/uploads/2011/05/Diritto-alla-buona-amministrazione-barcellona-27-marzo.pdf.,

cualidad que le imprime la idea de *buena* y desde lograr en ella – inexcusablemente – lo *bueno*, lo bien hecho, en sus proyecciones estructurales y funcionales, en su materialización y realización. Por lo tanto, no hay manera de entender a la Administración Pública (subjetiva y objetivamente considerada) si esta no es la *buena administración*, simplemente porque la *mala administración* es administración desnaturalizada y, en consecuencia, no puede decirse que es propiamente administración, en tanto no conduce al cumplimiento cabal de los fines para los cuales existen el aparato y el espacio funcional administrativos.

En esta cuerda de análisis, se ha llegado a decir que la *buena administración* significa «el intento de dotar de alma a la Administración Pública»[9] o que ella «es el alma de la nueva administración».[10]

En una clave esencial de ese tipo radica el punto de mira básico del fenómeno de la *buena administración* desde el Derecho. Claro está, esto como producto de nuevos tiempos, de búsqueda de mejores dinámicas administrativas, de mayores exigencias de los ciudadanos frente a los poderes públicos organizados. La *buena administración* conecta directamente con, y resume, los nuevos valores con los que se ha querido dotar en las últimas décadas al sistema administrativo público, y de las exigencias de ordenación jurídica de ese sistema y su funcionamiento, buscando rectamente la plena realización de los intereses generales; teniendo, además, como premisa, la reevaluación de la posición del ciudadano o administrado frente a la Administración Pública, el cual pasa ahora a tenerse como «el corazón de la relación jurídica-administrativa»[11] o, lo que es lo mismo, a considerarse su «centralidad»[12] en la vida administrativa pública.

En los tiempos que corren para el Derecho, el prisma que ofrece pensar el espacio público y sus implicaciones desde el lado que revela *la buena administración*, no pone solo sobre el tablero un deseo de vida que deriva de la existencia misma del poder público organizado y operante, sino una necesidad cada vez más impostergable para que ese poder cumpla con la condición de factor para la realización de la condición humana.

Y es que – más allá de las experiencias históricas que por miles de años pueden hacer parecer ingenuo este planteamiento –, el poder público no ha de ser un fin en sí mismo, sino medio o instrumento para proveer a la convivencia social del grupo humano y del ser humano como individuo, bajo ciertas condicionantes o aspiraciones

---

[9] TORNOS MAS, Joaquín, "El principio de buena administración o el intento de dotar de alma a la Administración Pública", en MARTÍN REBOLLO, Luis (Director), *Derechos fundamentales y otros estudios en homenaje al prof. Dr. Lorenzo Martín-Retortillo*, Volumen I, El Justicia de Aragón, Zaragoza, 2008, pp. 629 y sigs.

[10] TORNOS MAS, Joaquín, "El principio de buena administración...", ob. cit., p. 630.

[11] A comienzos de este siglo XX, Jacques CHEVALLIER advertía que: "*Depuis la dernière décennie, les choses ont évolué: la figure du citoyen es désormais présente au cœur de la relation administrative, comme l'attestent les "chartes du citoyen" adoptées dans un certain nombre de pays européens (…)*". CHEVALLIER, Jacques, "Préface", en SPANOU, Calliope, *Citoyens et administration*, L´Harmattan, Paris, 2003, p. 7.

[12] Como se ha ocupado de enseñar el español Jaime RODRÍGUEZ-ARANA MUÑOZ, en no pocos trabajos al efecto: "La buena administración, el buen gobierno, aspira a colocar en el centro del sistema a la persona y sus derechos fundamentales.". RODRÍGUEZ-ARANA MUÑOZ, Jaime, *El Buen Gobierno y la Buena Administración de Instituciones Públicas*, Thomson-Aranzadi, Editorial Aranzadi, Cizur Menor (Navarra), 2006, p. 34. En otro momento, este profesor acotaba: "La consideración central del ciudadano en las modernas construcciones del Derecho Administrativo y la Administración pública proporciona, en efecto, el argumento medular para comprender en su cabal sentido este nuevo derecho fundamental a la buena administración. (…).". RODRÍGUEZ-ARANA MUÑOZ, Jaime, "El derecho fundamental al buen gobierno y a la buena administración de instituciones públicas", en RODRÍGUEZ-ARANA MUÑOZ, Jaime y GARCÍA MEXÍA, Pablo (Directores) y MALLAINA GARCÍA, Carmela (Coordinadora), *El derecho a una buena administración pública*, Escuela de Administración Pública de Castilla y León, Junta de Castilla y León, Valladolid, 2008, p. 13.

de vida que son las que determinan su uso como medio o instrumento y permiten medir la validez y efectividad de esa utilización. De tal suerte, es el poder público un factor de garantía existencial de la sociedad humana y del hombre como individuo, que con el transitar de la marcha vital de la humanidad por los varios milenios que conforman su historia, ha ido pasando de simple medio de dominación, sin más, de unos hombres sobre otros, a hacer del desarrollo a plenitud de la condición humana el aliento vital de su planteamiento y operatividad – al menos en un plano ideal –; sin olvidar que sigue siendo también medio de dominación social.

Por lo hasta aquí dicho, es difícil no derivar entonces en la convicción de que el poder público ha de verse como un mecanismo al servicio de la sociedad y de los integrantes de ella y no como la vía para servirse de la sociedad y de sus integrantes. Un medio para servir con utilidad el hombre en su travesía social, debe ser el *animus* que anide en las esencias de ese poder y en cada una de las zonas funcionales, de las piezas estructurales y de los instrumentos en los que se exprese y manifieste. Y con esa perspectiva servicial es que deben encararse todas las acciones de transformación y perfeccionamiento de los resortes del poder público, en los diversos planos y maneras en los que este se proyecta objetivamente.

Ahora bien, la *buena administración* resulta una noción jurídica indeterminada, de contenido complejo, plural, diverso, abierto, presto a ensanchar sus límites hacia nuevos espacios que consoliden los estándares que la misma puede significar. Vista así, es ella una noción genérica, de síntesis de determinados principios, deberes y derechos en concreto, que a su vez puede ser concretada formalmente en ellos.

En la construcción que se le ha dado por la doctrina, la jurisprudencia y la normativa jurídica – la práctica en general –, la *buena administración* en su ángulo principal o el *principio de buena administración* es fórmula que engloba, a la vez que se manifiesta, en una serie de principios que se reconocen hoy como que hacen al fundamento del régimen jurídico de la Administración Pública y, en especial aunque no en exclusiva, al de sus relaciones con los ciudadanos o administrados. Estos principios, con identidad y entidad propia, resultan así *principios de buena administración* y entre ellos pueden mencionarse, entre los más recurridos y sin ánimo de agotarlos, los de: *eficacia, eficiencia, objetividad, economía o economicidad y celeridad, imparcialidad, proporcionalidad, publicidad, transparencia, participación, coherencia, racionalidad, de igualdad de trato o no discriminación, de protección de la confianza legítima, de responsabilidad patrimonial.*

2   La noción de *buena administración*

La aproximación a una noción jurídica de *buena administración* no es cuestión sencilla si nos atenemos al proceso mismo de juridificación de dicha noción, así como al universo operativo que ha rodeado a la misma, entendido este desde los planos en que ha podido operar como concepto, la configuración jurídico-formal que puede revestir para o en su concreción, las dimensiones de alcance hacía donde puede extenderse, junto a la pluralidad de contenidos que ha de abarcar.

Lo primero que no puede pasarse por alto es el hecho que la idea de *buena administración* ha sido una noción que ha recalado con definitiva visibilidad en el Derecho

Administrativo, o en el Derecho Público, procedente originariamente de la Ciencia de la Administración; esto es, desde el espacio científico que mira a la perspectiva no jurídica del fenómeno administrativo. Esto es algo que ha sido ya anotado por los estudiosos desde antiguo, por lo que baste recordar entonces lo que un viejo autor portugués comentaba:

> (...) *descobertos e conhecidos pela ciência administrativa os princípios verdadeiros para a boa administração, são postos em prática, pelo direito administrativo, vindo por conseqüência, este a constituir aqueles princípios reduzidos a obra e levados á prática.*[13]

Es, tal vez, en los predios de la *buena administración*, donde puede apreciarse con mejor claridad una suerte de diálogo fructífero entre la Ciencia de la Administración y el Derecho Administrativo.[14] Y, en el aludido recalo, la *buena administración* ha ido adquiriendo gradualmente su trascendencia jurídica hasta mostrarse tal y como va resultando hoy. Y es que la *buena administración* indica, primariamente, la referencia a una situación más objetiva que formal;[15] alude más a la materialidad de un fenómeno y no sólo a la ordenación formal del mismo.

Tal como se ha reconocido ya, la noción jurídica de *buena administración* trae causa del Derecho europeo,[16] desde donde se ha ido irradiando su uso hacia otras latitudes.

---

[13] De Freitas, Justino Antonio, *Ensaio sobre as instituições de Direito Administrativo portuguez*, por Augusto Guilherme de Sousa, Imprensa da Universidade, Coimbra, 1859, pp. 37.

[14] Nikiforos Diamandouros – quien fuera el segundo Defensor del Pueblo Europeo – consideraba que los principios de *buena administración* poseen una dimensión jurídica, pero también gozan de lo que denomina «vida más allá de la legalidad». En su sentir: "Lo que deseo transmitir con esta frase es que las fuentes de inspiración de los principios (...) – se refiere a los que enumera allí como de *buena administración* – se sitúan fuera, o de acuerdo con mi expresión, «más allá» de la ley. No deberíamos, por tanto, esperar que todo su contenido se recoja o exprese en textos jurídicos ni en la jurisprudencia de los tribunales.". Para Nikiforos Diamandouros: "En otras palabras, la buena administración consta de aspectos jurídicos y no jurídicos, por lo que cabe afirmar que, aunque la legalidad es necesaria para la existencia de la buena administración, no es suficiente. Esta noción fundamental lleva a distinguir dentro de la mala administración el *"incumpimiento de los principios de buena administración"* como una categoría aparte de la *"no actuación de acuerdo con las normas y principios jurídicos"*.". Ver al respecto, de Nikiforos Diamandouros, P., "Legality and good administration: is there a difference?", Speech by the European Ombudsman, P. Nikiforos Diamandouros, at the Sixth Seminar of National Ombudsmen of EU Member States and Candidate Countries on 'Rethinking Good Administration in the European Union', Strasbourg, France, 15 October 2007, disponible en http://www.ombudsman.europa.eu/en/activities/speech.faces/en/370/html.bookmark; y "Buena administración, Estado de Derecho y ética: aspectos esenciales de la calidad de la democracia", presentación en la Facultad de Derecho de la Universidad Autónoma de Madrid, 21 de marzo de 2013, disponible en: http://www.ombudsman.europa.eu/en/activities/speech.faces/en/50715/html.bookmark.

[15] Según consideraba González Navarro: "Para poner un poco de orden en esta materia sería bueno empezar separando los que, de manera provisional y sin compromiso mayor, podemos llamar «principios jurídicos» de aquellos otros que deberíamos llamar «principios de buena administración» [una expresión suficientemente identificadora y que, además, tiene tradición en nuestro derecho positivo, ya que viene empleándose en la legislación de contratos públicos desde la LCE de 1965 (art. 1 O), por lo menos, hasta la LCAP de 16 de julio de 2000 (art. 4)]."; agregando inmediatamente: "Cuando para dar título a mi trabajo he utilizado la rúbrica (principios del buen hacer administrativo) lo he hecho con la intención de designar con una fórmula común lo que en definitiva son dos elementos de un mismo sistema. Hay, en efecto, un quehacer jurídico y un quehacer que podríamos llamar –con bastante precisión– quehacer empresarial de las Administraciones públicas. Uno y otro han de realizarse bien, conforme a reglas determinadas, jurídicas las unas, de dirección de personas y de gestión de medios, las otras.". González Navarro, Francisco, "De los principios del buen hacer administrativo", en Rodríguez-Arana Muñoz, Jaime y del Guayo Castiella, Íñigo (Dirección), *Panorama de las Administraciones Públicas en el siglo XXI. Homenaje al Profesor Eduardo Roca Roca*, Boletín Oficial del Estado, Instituto Nacional de Administración Pública, Madrid, 2002, p. 581.

[16] Según Carrillo Donaire: "Anclado en la tradición jurídica de ciertos Estado europeos, la buena administración es, sin lugar a dudas, una noción forjada al calor del Derecho comunitario europeo. No obstante, el concepto de buena administración no ha tenido plasmación explícita en los Tratados ni en el Derecho comunitario derivado hasta hace relativamente poco tiempo. (...).". Carrillo Donaire, Juan Antonio, "Buena administración, ¿un

A lo que puede agregarse que ha sido también resultado y expresión de la cultura *iuspública* europea, especialmente.

El uso de las expresiones *mala administración* y *buena administración* (una y otra han tenido importancia para asentar lo que se ha logrado hasta hoy – en la teoría y en la práctica – en sede de *buena administración*) no constituye patrimonio exclusivo de los documentos y de los *iuspublicistas* de la segunda mitad siglo XX y lo que va del XXI. Por el contrario, en escritos de Derecho Público y Derecho Administrativo del siglo XIX y los primeros lustros del XX, ya es posible encontrar la presencia de tales locuciones; incluso, antes del período decimonónico puede hallarse traza de esa existencia.[17]

Un repaso con cierto detenimiento por la bibliografía decimonónica producida en Francia,[18] España,[19] en algún otro país europeo,[20] o hasta aquella facturada en el

---

principio, un mandato o un derecho subjetivo?", en SANTAMARÍA PASTOR, Juan Alfonso (Director), *Los principios jurídicos del Derecho Administrativo*, La Ley, Wolters Kluwer España, S.A., Madrid, 2010, p. 1139 y 1140.

[17] Muy poco antes de la irrupción de la Revolución francesa (1789) en la escena histórica, un autor, Louis-Henri DUCHESNE DE VOIRONS, daba a la luz (al parecer alrededor de 1788) un breve opúsculo titulado *Premiers Principes d'une bonne administration causes de la décadence d'un royaume*. No era esa una obra de contenido propiamente jurídico, pero bien nos puede servir para ilustrar como las preocupaciones por proyectar una *bonne administration* en el ámbito público no es algo que aparece cercan a nosotros en el tiempo, sino que, salvando las distancias y los contextos históricos, y el instrumental categorial teórico-práctico propio de cada tiempo político-jurídico, ya es posible ir viendo que tanto la denominación (*bonne administration*), como la idea de su importancia para la vida pública de una comunidad políticamente organizada, estaban presentes en las inquietudes – y en la literatura generada a partir de esas inquietudes – de quienes, de alguna manera, pensaban sobre las necesidades de esa comunidad para encausarla según los derroteros socio-políticos de momentos premodernos – al menos en el pasado inmediatamente más cercano a la modernidad –. Ciertamente, *buena administración* (*bonne administration*) no es un concepto jurídicamente trascedente en aquellos tiempos, pero tampoco una expresión genéricamente irrelevante cuando era utilizada, en tanto la "grandeza o decadencia (buena marcha) del reino" se conectaba a su "buena administración"; tal como podemos derivar del título del opúsculo de DUCHESNE DE VOIRONS mencionado como ejemplo. Es en el siglo XIX que poco a poco, de forma imperceptible quizás, van dándose mayores asociaciones de la *buena administración*, como idea, con el mundo jurídico que marca la existencia de la Administración Pública y su proyección y relaciones con la comunidad y los individuos. De tal suerte, comenzaban a darse, sin conciencia al respecto, los pasos iniciales de lo que en la centuria posterior iría emergiendo como un concepto jurídicamente relevante, y que en el siglo XXI cristalizaría como tal en el Derecho europeo.

[18] Entre todos los *iuspublisicas* franceses decimonónicos, es, quizás, Édouard LAFERRIÈRE quien menciona más veces a la *bonne administration*, en su precursor tratado sobre el contencioso-administrativo. En LAFERRIÈRE, como en otros autores de la época, está presente la idea de *bonne administration*, y así lo proyecta con el uso que hace de ella en la obra de referencia, como elemento informador, determinante, como criterio de adecuación, como medida y como finalidad de la actuación de la Administración Pública en diversas esferas y ligada también a la actuación jurisdiccional del Consejo de Estado. Incluso, en algún momento habla de *devoir de bonne administration* en materia de recursos financieros o económicos de la Administración. En un interesante fragmento, con un sabor de actualidad, LAFERRIÈRE escribió: " (…) *les formes imposées à un acte administratif ne sont pas dans l'intérêt distinct de telle ou telle partie, mais dans l'intérêt de l'acte administratif lui-même, de sa correction, de sa maturité, en un mot dans un but de bonne administration*. (…).". Ver: LAFERRIÈRE, Édouard, *Traité de la juridiction administrative et des recours contentieux*, Tome I y II, Deuxième édition, Berger-Levrault et Cie, Libraires –Éditeurs, Paris, 1896, especialmente del tomo I pp. 6, 102, 271, 441, 546 y del tomo II pp. 138, 207, 245, 280, 560, 622. El fragmento transcrito corresponde al Tom II, p. 522 y 523.

[19] Es, tal vez, en la obra de José DE POSADA DE HERRERA, *Lecciones de Administración*, otro de las primeros grandes textos del *iusadministrativismo* ibérico, donde haya mayor utilización de la expresión *buena administración*, dentro de la primera literatura española de Derecho Administrativo del período decimonónico. En verdad, la voz *buena administración* aparece empleada en numerosas ocasiones por este maestro español, a lo largo de sus clásicas *Lecciones de Administración*, v. gr.: DE POSADA HERRERA, José, *Lecciones de Administración*, del Sr. D. José de Posada de Herrera, Catedrático de esta ciencia en la Escuela especial de Madrid, trasladas por sus discípulos D. Juan Antonio DE BASCÓN, D. Francisco de Paula MADRAZO, y D. Juan PÉREZ CALBO, 2da edición, Colección clásicos de la Administración, Instituto Nacional de Administración Pública, Madrid, 1988, pp. 60, 79, 113, 117, 128, 159, 171, 172, 184, 191, 193, 330, 353, 377, 439, 459, 503, 592, 733.

[20] Por ejemplo: DE FREITAS, Justino Antonio, ob. cit., pp. 37, 43, 148 y 298; DE FOOZ, J.-H.-N., *Le droit administratif belge*, Tome I, *De l'organisation et de la compétence des autorités administratives*, H. Casterman, Éditeur, Paris, Tournai,

perímetro de la América Latina[21] – que en esto es un área del pensamiento mucho menos conocida, incluso para los propios – nos puede revelar el uso de la expresión *buena administración* por los doctrinantes de esa época; e incluso su presencia en el texto de alguna norma de carácter legal o reglamentario;[22] o en el de alguna jurisprudencia.

En ese repaso, nos podemos dar cuenta que si bien *buena administración* no es una voz que abunda en las páginas de esos textos, tampoco resulta infrecuente encontrarla diseminada o esparcida por aquellas páginas en uso ocasional, asistémico, ya con un alcance común o más llano, ya con ciertas implicaciones o sentido jurídico realmente poco explicitado y sin precisiones apreciables sobre sus consecuencias, como en las centurias posteriores se le ha ido asignando gradualmente como noción jurídica. Aún así, primitivamente configurado, la evocación de esa locución no deja de traslucir ese matiz jurídico; incluso en ocasiones utilizándose expresiones bien cercanas a nosotros hoy como *los principios de una buena administración*[23] o *principios de buena administración*,[24] o *reglas de una buena administración*,[25] o *formas de una buena administración*[26] o *deberes o deber de buena administración*.[27]

Constatado en ello el uso de una locución como *buena administración* (*mala administración*) en la etapa decimonónica, tanto en un sentido más corriente, como en otro más propio de lo jurídico, tal vez no pecamos de desatinados si asumimos que,

---

1859, p. 206; SCOLARI, Saverio, *Del Diritto Amministrativo*, Edizione corretta ed accresciuta, Presso i Fratelli Nistri, Pisa, 1856, pp. 9, 10, 13, 234 y 240.

[21] Como ilustración, pueden verse las interesantes reflexiones del argentino: FERREYRA, Ramón, *Derecho Administrativo General y Argentino*, Imprenta de Pablo E. Coni, Buenos Aires, 1856, pp. 15 a 18.

[22] Recordemos que ya en el Real Decreto disponiendo los Subdelegados y demás empleados de Fomento que había de haber en las provincias españolas, en el Capítulo VI, "Policía general", se podía leer en el artículo 34: "34. S. M. la REINA Gobernadora quiere que ninguna prevención especial se haga en esta Instrucción relativa a la alta Policía. S. M. se lisonjea de que generalizados los beneficios que una Administración paternal debe producir, no habrá maquinaciones contra el reposo de los pueblos, ni por consiguiente necesidad de otras medidas de policía que las puramente administrativas, dulces y protectoras, como deben ser siempre todas las que emanan de una buena Administración.". En la letra de ese Real Decreto mencionado, de 30 de noviembre de 1833, estaba la mano de uno de los grandes precursores de la modernización de la Administración española del siglo XIX: Javier DE BURGOS. Ver la reproducción de ese Real Decreto como apéndice en: MESA SEGURA, Antonio, *Labor administrativa de Javier de Burgos*, Publicaciones del Instituto de Estudios de Administración Local, C. Bermejo, Impresor, Madrid, 1946, p. 178.

[23] PROUDHON, *Traité du domaine public ou de la distinction des biens considérés principalement par rapport au domaine public*, Tome III, Chez Victor Lagier, Librairie–Éditeur, Dijon, 1834, p. 303; GAUDRY, *Traité du domaine. Comprenant le domaine public, le domaine de l'État, le domaine de la couronne, le domaine privé des communes, le domaine départemental suivi d'un appendice*, Tome I, Auguste Durant, Libraire, Paris, 1862, p. 269; CRUET, Jean, *Étude juridique de l'arbitraire Gouvernemental et Administratif. Des cas où l'autorité gouvernementale et administrative n'est pas tenue, sous des sanctions efficaces, de respecter les droits individuels et la légalité*, Librairie Nouvelle de Droit et de Jurisprudence, Arthur Rousseau, Editeur, Paris, 1906, p. 355.

[24] JACQUELIN, René, *Les principes dominants du contentieux administratif*, V. Giard et E. Brière, Libraires, Éditeurs, Paris, 1899, p. 257

[25] Véase, por ejemplo: FOUCART, E.-V., *Eléments* FOUCART, E.-V., *Eléments de Droit Public et Administratif, ou-exposition méthodique des principes du Droit Public positif précédés de la Constitution du 14 janvier 1832 et des senatus-consultes des 7 novembre et 25 d'décembre 1853*, Tome II, quatrième édition, A Marescq et E. Dujardin, Libraire –Éditeurs, Paris, 1855, p. 729; FOUCART, E.-V., *Eléments de Droit Public et Administratif, ou-exposition méthodique des principes du Droit Public positif précédés de la Constitution du 14 janvier 1832 et des sénatus-consultes des 7 novembre et 25 d'décembre 1853*, Tome III, quatrième édition, A Marescq et E. Dujardin, Libraire –Éditeurs, Paris, 1856, p. 311; PERRIQUET, E., *Les contrats de l'État*, Imprimerie et Librairie Générale de Jurisprudence Marchal, Billart et Cz, Imprimeurs Éditeurs, Paris, 1884, p. 252.

[26] STRAUSS, Albert, *Des autorités investies de attributions de police*, Thèses pour le doctorat, Henri Jouve, Imprimeur, Paris, 1898, p. 21

[27] GAUDRY, ob. cit., p. 367; LAFERRIÈRE, Édouard, *Traité...*, Tome II, ob. cit., p. 245.

entre los publicistas y los administrativistas del siglo XIX y los primeros momentos del XX, *buena administración* (y *mala administración*) resultaba el etiquetado de una idea establecida pero no esclarecida, una suerte de sentimiento jurídico que anidaba en el universo *iusadministrativo,* pero sin acompañarse de una construcción jurídica que la identificara y la llenara, de manera más precisa, de contenido y consecuencias en el plano de la ordenación jurídica de la Administración Pública.[28] La idea de *buena administración* en ese contexto, no debe entenderse, jurídicamente hablando, con las mismas connotaciones que ha ido adquiriendo y se le han ido precisando, a la luz de la sustanciación que se le ha dado a partir de la segunda mitad del siglo XX y lo que va del XXI, en especial en las consagraciones positivas que ha tenido.

No nos cabe dudas de que ha de encontrarse una gran riqueza y diversidad cuando se trata de indagar sobre los antecedentes de la presencia o aplicación de la noción de *buena administración* (y de *mala administración*) en el campo jurídico, especialmente en lo que hace al panorama del Derecho Público europeo del siglo XIX y principios del XX. Una riqueza y diversidad que apunta a reforzarnos el sentimiento de que, tal como se ha ido proyectando el tema de la *buena administración* dentro del contexto jurídico actual, es un tópico cuya presencia no es algo que se haya descubierto del todo ahora, ni su enarbolación e identificación como *principio* resulta de los días actuales,[29] ni siquiera la denominación de *buena administración* es nueva.[30]

Creemos que es válido sostener que en el espacio del siglo XIX está el germen primario, el estadio más primitivo, de la construcción de lo que va resultando hoy el régimen jurídico de la *buena administración*, entendida esta como *principio* de la Administración pública, como *deber* de ella, o como *derecho* atribuido a los ciudadanos o administrados, según se maneja en el actual universo jurídico-administrativo.

Lo que se ha hecho, en definitiva, en el contexto jurídico más actual, no es innovar la *buena administración*, sino dotarla de definitiva visibilidad y potenciarla, ir

---

[28] El profesor español Martín Bassols Coma, hubo de observar hace ya algún tiempo que: "Hasta el momento en que Hauriou elevó el concepto de «Bonne administration» a la categoría de estándar o directiva, aquel mantenía en el lenguaje jurídico una significación difusa y simbólica, equivalente a una descripción del buen orden de la acción administrativa en su ejercicio y oportunidad. Y en tal sentido puede equipararse perfectamente a conceptos como bien común, interés público, regularidad de las operaciones y actos administrativos. Su invocación y funcionalidad ideológica estuvo presente, no obstante, en las primeras etapas del régimen administrativo y en especial en la configuración primitiva de la jurisdicción contencioso-administrativa: la tensión entre las facultades jurisdiccionales propiamente administrativas del Juez administrativo. (…).". Bassols Coma, Martín: "El principio de buena administración y la función fiscalizadora del Tribunal de Cuentas", en AA.VV., *El Tribunal de Cuentas en España*, Volumen I, Dirección General de lo contencioso del Estado, Instituto de Estudios Fiscales, Madrid, 1982, p. 265.

[29] Joaquín Tornos Mas es de los que ha considerado que la buena administración se nos presenta como un nuevo principio rector de la actuación de las administraciones públicas; o como un principio de reciente creación. Ver: Tornos Mas, Joaquín, *El derecho a una buena administración*, Sindicatura de Greuges de Barcelona, Barcelona, 2007, pp. 14 y 17, disponible en http://www.sindicadegreugesbcn.cat/pdf/monografics/administracio_es.pdf,

[30] Desde la perspectiva actual, y a la luz del Derecho de la Unión Europea (artículo Carta de Niza de 2000), quizás la novedad está en la denominación de *derecho de buena administración* o *derecho fundamental a la buena administración*, es decir, llamarle *derecho* o articular usa formula nominativa, pero no ciertamente la expresión *buena administración*, que como iremos viendo más adelante es de vieja data como recurso nominativo con valor de uso dentro del universo *iuspúblico*. Por ejemplo, para resaltar la línea de quienes ven novedad en el uso de la fórmula buena administración, Miguel Antonio Guevara Quintanilla ha aseverado: "(…) el hablar de buen gobierno o buena administración, nos introduce a terminología novedosa y que implica una serie de compromisos no solo institucionales sino personales. (…).."; Guevara Quintanilla, Miguel Antonio, *El derecho a la buena administración*, Servicio de Publicaciones, Facultad de Derecho, Universidad Complutense, Madrid, 2010, p. 41.

confiriéndole paulatinamente configuración y contenido jurídicos; advirtiéndose mejor, delineándose, reforzándose, desplegando las posibles consecuencias que implica en diversos ámbitos de la Administración Pública. En fin, lo que se ha hecho en los últimos lustros es revitalizarla, consolidarla, potenciarla, y otorgarle una nueva dimensión como pilar del orden jurídico administrativo que se desenvuelve por estos días. Pero, todo ello, al igual que cualquier fenómeno jurídico, como resultado de un proceso evolutivo que se ha forjado al calor de la marcha y transformaciones del espacio *iuspúblico*.

El proceso evolutivo de la juridificación de la noción de *buena administración* no ha sido sencillo y como todo proceso pueden identificarse en él varios momentos. Ya hemos aludido a una etapa primaria que alcanza el siglo XIX y quizás algo de lo primero de la centuria posterior.

Es con el siglo XX y su avance hacia un nueva etapa, que la noción de *buena administración* ha de conocer un camino de franco ascenso y tecnificación, jurídicamente hablando, tanto en lo teórico como en lo práctico. Hasta poco más de la primera mitad de esa centuria, la obra escrita del francés Maurice HAURIOU[31] y la consagración positiva del *buon andamento* en la letra del artículo 97 de la Constitución de Italia de 1947,[32] junto a los análisis de algunos doctrinantes de este último país, que se produjeron antes y unos años después de la entrada en vigencia de esa norma constitucional,[33] han de tenerse como hitos esenciales e insoslayables en esta nueva etapa que comprendió la marcha de la idea de *buena administración* en pos de su necesaria juridificación.[34]

Hacia el último cuarto del siglo XX y la primera década del XXI, el tema de la *buena administración* (o la *mala administración*) va trascendiendo definitivamente de los ordenamientos jurídicos nacionales que, de un modo u otro, lo reflejaban con cierto cariz jurídico,[35] para entrar en una nueva e importantísima fase en su construcción jurídica, esta vez de la mano, en especial, de las transformaciones y exigencias que ha

---

[31] Es en, y a través de, sus memorables comentarios a la jurisprudencia administrativa donde va resaltando en el maestro de Toulouse, de manera expresa, el uso de la idea de la *buena administración* como noción con consecuencias técnico-jurídicas más precisas; un uso que numéricamente es frecuente en esos comentarios. Ver esos comentarios recogidos en: HAURIOU, Maurice, *La Jurisprudence Administrative de 1392 à 1929*, D'après les notes d'arrêts de Recueil Sirey réunies et classées par André HAURIOU, 3 tomos, Librairie du Recueil Sirey (Société Anonyme), Paris, 1929 (Nouveage tirage 1931).

[32] El artículo 97 indicado se coloca dentro de la Constitución italiana de 1947 en la Parte II: "*Ordinamento della Repubblica*"; Título II: "*Il Governo*"; Sección II: "*La Pubblica Amministrazione*". Y quedó redactado de la siguiente manera: "*Il pubblici uffici sono organizzati secondo disposizioni di legge, in modo che siano assicurati il buon andamento e l'imparzialità dell'amministrazione.*
Nell' ordinamento degli uffici sono determinate le sfere di competenza, le attribuzioni e le responsabilita proprie dei funzionari. Agli impieghi nelle pubbliche arruninistrazioni si accede mediante con corso salvo i casi stabiliti dalla legge.".

[33] V.gr., los importantes trabajos de: RESTA, Rafaelle, "L'onere di buona amministrazione", en AA.VV., *Scritti giuridici in onore di Santi Romano*, Voume II, *Dirito Amministrativo*, CEDAM, Casa Editrice Dott. Antonio Milani, Padova, 1940, pp. 105 y sigs.; y FALZONE, Guido, *Il dovere di buona amministrazione*, Dott. A. Giuffrè Editore, Milano, 1953.

[34] No puede olvidarse aquí a la Constitución uruguaya de 1952 que incluía específicamente la expresión *buena administración* (en la italiana figuraba el *buon andamento*) en la letra del artículo 311, el cual quedaba comprendido dentro del Capítulo II, Sección XVII "De lo contencioso administrativo", y tenía esta redacción en su primer párrafo: "Cuando el Tribunal de lo Contencioso Administrativo declare la nulidad del acto administrativo impugnado por causar lesión a un derecho subjetivo del demandante, la decisión tendrá efecto únicamente en el proceso en que se dicte."; mientras que en el segundo párrafo de disponía: "Cuando la decisión declare la nulidad del acto en interés de la regla de derecho o de la buena administración, producirá efectos generales y absolutos.".

[35] Además de lo que hasta aquí hemos expuesto, véase, entre otros, las referencias que aportaba PONCE SOLÉ, Juli, *Deber de buena administración y derecho al procedimiento debido. Las bases constitucionales del procedimiento administrativo y del ejercicio de la discrecionalidad*, Lex Nova, S.A., Valladolid, 2001, pp. 142 y 143.

de ir imponiendo el proceso de integración europeo. En este período mencionado, se ha de cifrar un momento importante en el redondeo, desarrollo y evolución de la *buena administración* como noción jurídica, donde han desempeñado un rol determinante ciertos instrumentos jurídicos comunitarios europeos que han consagrado jurídicamente a la *buena administración*,[36] incluso en la nueva perspectiva de un derecho (artículo 41 de la Carta de Niza de 2000), y no solo desde la percepción de una regla, principio o deber jurídicos; y la jurisprudencia europea.[37] Esto ha servido, a su vez, como influencia y exigencia de ajustes e interpretaciones para los ordenamientos nacionales que quedan comprendidos dentro del espacio de integración comunitario del «Viejo Continente» – todo eso debe interpretarse dentro de ese proceso de integración –. E, incluso, la trascendencia ha traspasado los límites espaciales de Europa, y ha generado influencia para otros ordenamientos jurídicos fuera de ese perímetro geográfico, como es el caso latinoamericano, donde se ha ido recibiendo e incorporando los resultados conceptuales de la evolución jurídica en torno a este tema de la *buena administración*.

Como puede verse, para llegar al sentido que se aprecia hoy en la noción jurídica de *buena administración*, se ha dado un viaje de ida y vuelta entre ordenamiento nacionales europeos y el Derecho Comunitario de Europa.

Cuando se trata de realizar una aproximación o determinación del concepto de *buena administración* en lo jurídico, algunos de los autores que se han ocupado del tema en estos tiempos, han advertido que un camino necesario para llegar a él ha de ser su contraposición con la noción de *mala administración*;[38] la cual ha tenido igualmente una

---

[36] Una autora como Susana Tavares da Silva considera que: "*O princípio da boa administração é originário dos Tratados que instituíram a CEE, não resultando, (...), de uma "criação jurisprudencial"*.". Tavares da Silva, Susana, *Direito Administrativo Europeu*, Imprensa da Universidade de Coimbra, Coimbra, 2010, p. 27.

[37] Ha dicho Carrillo Donaire que: "La primera vez que el TJCE aludió expresamente al principio de buena administración fue en su sentencia *Industrias Siderúrgicas asociadas c. las Alta Autoridad*, de 11 de febrero de 1955 (As. 4/54) donde se pronunció sobre la obligación de motivar las decisiones de la Alta Autoridad como un deber derivado de las reglas de la buena administración. Poco después, el 10 de mayo de 1960, el Tribunal dictó tres sentencias, también en casos relativos a ciertas actuaciones de la Alta Autoridad de la CECA (As. Acum. 3/58 a 18/58, 19/58 y 27/58 a 28/58, respectivamente), en los que se pronunció sobre la obligación de resolver en un tiempo razonable como una vertiente integrante del derecho a una buena administración.". Carrillo Donaire, Juan Antonio, ob. cit., p. 1140, nota 3. También lo apuntaba: Yeng-Seng, Wanda, "Le Médiateur européen, artisan du développement du droit à une bonne administration communautaire", en *Rev. trim. dr. h.*, 58/2004, p. 529, disponible en http://www.rtdh.eu/pdf/2004527.pdf. Tridimas apuntaba que el tribunal europeo ha puesto atención al principio del buen gobierno o buena administración desde 1976, aunque con más sistemáticamente desde la década de los noventa. En su percepción: "Su elevación a un principio general coincide con el crecimiento y el incremento de la diversidad de la Comunidad administrativa, que permite a los tribunales comunitarios elaborar estándares de buen gobierno y responsabilidad.". En su estudio, este autor aporta una perspectiva global del principio de buena administración en el contexto de la jurisprudencia europea, advirtiendo que, de inicio, la jurisprudencia más antigua aludía a que la administración debería ser "adecuada" y "buena", pero la más reciente utiliza el principio de «buena administración». Tridimas, T., *The General Principles of EU Law*, Oxford University Press, Oxford, 2006, pp. 410 y sigs.

[38] Recordaba Jacob Söderman, primer Defensor del Pueblo Europeo, que "Al principio de mi primer mandato, el Parlamento Europeo me pidió que definiera el concepto de "mala administración". (...).". Söderman, Jacob: "El derecho fundamental a la Buena administración", en *Gaceta Jurídica de la Unión Europea y de la competencia*, No. 214, 2001, pp. 8 y sigs. (disponible como "El derecho fundamental a la buena administración" – Discurso pronunciado por el Defensor del Pueblo Europeo, Jacob Söderman – Ciclo de Conferencias: El papel de los Defensores del Pueblo en un mundo en transición, Mallorca, España, 28 de mayo de 2001, en http://www.ombudsman.europa.eu/es/activities/speech.faces/es/296/html.bookmark. La definición de *maladmnistration* que se propuso por el Ombudsman europeo y que fue aceptada, acogía: "*Maladministration occurs when a public body fails to act in accordance with a rule or principle which is binding upon it.*". Söderman, Jacob, "Speech of the European Ombudsman…", ob. cit.

relevancia jurídica insoslayable (especialmente en el Derecho anglosajón[39]) para el ámbito del Derecho Público.[40]

En consideración del alemán Siegfried MAGIERA:

> Una primera definición de buena administración, se puede obtener diferenciando esta de una deficiente administración. Una administración deficiente se caracteriza por una violación de las reglas o principios que son vinculantes para la administración. Una buena administración incluye por lo tanto el cumplimiento de todos los requisitos legales y otros mandamientos, tanto en el área interna como externa, de las relaciones con los ciudadanos y otras partes interesadas.[41]

Lo mismo puede decirse para la fijación de la *mala administración*, en relación con la *buena administración*.[42] Afirmaciones de este tipo traen causa del propio desarrollo

---

[39] A tenor de la emergencia de la *maladministration* con significación técnica o en su utilización como concepto jurídico, específicamente en Gran Bretaña, donde autoridades políticas y autores desempeñaron un papel determinante en esto, un autor precisaba, poco tiempo después de haberse adoptado, en ese país la famosa *Parliamentary Commissioner Act* de 1967, por la que se creaba un *Parliamentary Comissioner for Administration* u *ombudsman* inglés): *""Nobody can define maladministration in plain terms," said Sir Edmund Compton, the first British Parliamentary Commissioner for Administration or Ombudsman. It may be difficult to define, but most of us believe that we could recognize an example of it, if we saw it. We can describe it by examples. We know what it is, but we are quite ready to admit that we might find ourselves in disagreement with other people about whether or not a particular case was an example of maladministration. (…).".* WHEARE, K. C., *Maladministration and its remedies*, Stevens & Sons, London, 1973, p. 6. Como dato al respecto, podemos señalar que en el *First Annual Report of the Northern Ireland Commissioner for Complaints, de 1970*, parágrafo 20, se decía que la *maladministration* era una: "(…) *administrative action (or inaction) based on or influenced by improper considerations or conduct. Arbitrariness, malice or bias, including discrimination, are examples of improper considerations. Neglect, unjustifiable delay, failure to observe relevant rules and procedures, failure to take relevant considerations into account, failure to establish or review procedures where there is a duty or obligation on a body to do so, are examples of improper conduct."*. Citado por: WHEARE, K. C., ob. cit., p. 11.

[40] Destacaba Marcos GÓMEZ PUENTE que "(…) el concepto de mala administración aglutina inicialmente un conjunto de conductas administrativas (acciones u omisiones) que aun soportando o eludiendo con éxito el control formal de legalidad propuesto por un sistema de garantías deficiente e inacabado resultan «injustas». Esta alusión al «injusto» que resulta de la doctrina y el derecho positivo ingleses no supone una valoración preconcebida de la Justicia, con connotación iusnaturalista, sino que viene referida al conjunto de principios formales, valores materiales y reglas de buena administración del Derecho inglés positivo y consuetudinario; lo injusto, en consecuencia, equivale aquí a lo antijurídico.". Más adelante, este autor enseñaba: "(…) La mala administración es, por tanto, un concepto que aglutina una serie de conductas administrativas variopintas, de diferente naturaleza y efectos, cuya validez formal no puede contrastarse adecuadamente a través de causes ordinarios de control de la actividad administrativa, bien porque no sea posible emplazarlas ante las instituciones de control, bien porque la actuación de éstas resulte ineficaz.". GÓMEZ PUENTE, Marcos, *La inactividad de la Administración*, 4ª edición, Thomson Reuters (Legal) Limited, Editorial Aranzadi, S.A., Cizur Menor (Navarra), 2011, pp. 64 y 65.

[41] MAGIERA, Siegfried, "El derecho a una buena administración en la Unión Europea", texto traducido por Mario KOLLING, y revisado con la colaboración de María Jesús MONTORO, contribución basada en el comentario del autor al art. 41 de la Carta de los Derechos Fundamentales de la UE, en: MEYER, Jürgen, (ed.), *Charta der Grundrechte der Europäischen Union*, NomosKommentar, Baden– Baden, 3. Edición 2011, pp. 518-528, disponible en http://eapc.gencat.cat/web/.content/home/publicacions/col_leccio_materials/26_les_administracions_en_perspectiva_europea/8_magiera/08-magiera_tradcast.pdf. Carmen María ÁVILA RODRÍGUEZ comentaba que "Hablar de buena administración conlleva preguntarse por lo que sea la mala administración. (…).", en ÁVILA RODRÍGUEZ, Carmen María, *La Tutela Parlamentaria de la buena Administración. Perspectiva Estatal y Autonómica de los Comisionados Parlamentarios*, Thomson Reuters, Editorial Aranzadi, S.A., Cizur Menor (Navarra), 2013, p. 168.

[42] CARMONA Y CHOUSSAT, por ejemplo, sostenía que en "(…) el problema del significado concreto de lo que sea *mala administración*. Valga para ello provisionalmente la interpretación (…), como concepto opuesto a la *buena administración* o administración diligente. (…).". Luego este autor diría que eran "(…) correctas las posiciones que defienden que existe un concepto de «buena administración» definido por la jurisprudencia (…), que podría *a sensu contrario* identificar un concepto de *mala administración*". CARMONA Y CHOUSSAT, Juan Francisco, *El Defensor del Pueblo Europeo*, Instituto Nacional de Administración Pública, Madrid, 2000, pp. 206 y 316. En las palabras de PONCE SOLÉ: "(…) La *mala administración* puede ser entendida, (…), como el antagónico de la buena

jurídico del universo de la Administración Pública, donde la necesidad de enfrentar, desde antiguo, la *mala administración* (*maladministration, mauvaise administration*)[43] y de proveer a la *buena administración*,[44] han sido puestas de relieve ganando en intensidad, en conciencia y en búsqueda de soluciones, ora apuntando a un sentido (enfrentar la *mala administración*), ora apuntado al otro (proveer a la *buena administración*).[45]

No les falta razón a los autores que así se han pronunciado, si nos atenemos a la conexión que existe entre *buena administración* y *mala administración*. Una de las conclusiones que podemos sacar en claro, en relación con todo lo dicho hasta aquí, es que *buena administración* y *mala administración*, señalan las dos caras que puede presentar el quehacer administrativo (público); son, por tanto, la faz positiva y la faz negativa, respectivamente, de ese fenómeno. Así las cosas, hay *buena administración* cuando la

---

administración, el negativo de este concepto, su contrapuesto, que precisamente por serlo, revela, al ponerlo al trasluz, la existencia de ese deber de buena administración (…).". Ponce Solé, Juli, ob. cit., p. 134.

[43] En importantes escritos de Alexis de Tocqueville, en pleno período decimonónico, es factible encontrar la inclusiones de la expresión *mala administración* en más de un momento; si bien en un sentido común y no propiamente jurídico. Según de Tocqueville: "*Les fonctionnaires publics, dit la constitution du Massachusetts, seront condamnés pour la conduite coupable qu'ils auront tenue et pour leur mauvaise administration'. Tous les fonctionnaires qui auront mis l'État en danger, par mauvaise administration, corruption, ou autres délits, dit la constitution de Virginie, pourront être accusés par la chambre des députés.*"; De Tocqueville, Alexis, *De la démocratie en Amérique*, Tome premier, Quatorzième édition, Michel Lévy Frères, Librairie Éditeurs, Paris, 1864, en *Ouvres complètes d'Alexis de Tocqueville*, Tomo I, publiées par Madame de Tocqueville (et Gustave de Beaumont), Tome premier, Imp. Simon Raçon et comp., Paris, 1864, p. 183. En otro momento de esta obra, de Tocqueville sostuvo: "*La mauvaise administration d'un magistrat, sous la démocratie, est d'ailleurs un fait isolé qui n'a d'influence que pendant la courte durée de cette administration. La corruption et l'incapacité ne sont pas des intérêts communs qui puissent lier entre eux les hommes d'une manière permanente.*". En otra gran obra, *El Antiguo Régimen y la Revolución*, de Tocqueville colocaba el siguiente comentario en la nota correspondiente a la referencia sobre "La decadencia de las ciudades libres en Alemania. Ciudades imperiales": "Internamente se hallan abrumadas por tantas deudas; éstas obedecen, por una parte, a que aún se les continúa imponiendo gravámenes del Imperio, de acuerdo con su antiguo esplendor, y, de la otra, a que están muy mal administradas. Pero lo que resulta más sorprendente es que esta mala administración parece depender de una enfermedad secreta, común a todas ellas, independientemente de su forma de organización, sea ésta aristocrática o democrática, da lugar a quejas si no idénticas, por lo menos igualmente enérgicas; se dice que, aristocrático, el gobierno es camarilla de un reducido número de familias: el favor y los intereses particulares lo pueden todo; democrático, la intriga y la venalidad imperan en todas partes. En ambos casos el ciudadano se queja de falta de honestidad y de desinterés por parte de los gobiernos. El emperador se ve obligado a intervenir constantemente en sus asuntos para intentar restablecer el orden. Las ciudades se van poblando y se hunden en la miseria. (…).". De Tocqueville, Alexis, *El Antiguo Régimen y la Revolución*, traducción de Jorge Ferreiro, Fondo de Cultura Económica, México D.F., 1996, p. 308.

[44] Sirvan como ilustración estas ideas de Vivien, quien reflexionaba: "(….). Es verdad, sin duda, que el interés de la sociedad domina todos los otros; pero es falso que se la sirva olvidando todas las reglas de una buena administración. La justicia, la observancia de las leyes, el estudio concienzudo y desinteresado de las necesidades públicas y de los medios de satisfacerlas, tal es la verdadera misión de una sabia política. Por su medio, los pueblos se aficionan á sus gobiernos: á los administradores imparciales, equitativos y celosos, no les faltaron jamás la confianza y la simpatía; mientras que los favores individuales se encierran en el estrecho círculo de los que los obtienen, y el gobierno, por un pequeño número de criaturas comúnmente ingratas, atrae sobre sí las quejas de las ambiciones privadas que no ha satisfecho, y el descontento general. Por una feliz combinación, la virtud no es únicamente una obligación moral, sino que lo mismo para los gobiernos que para los particulares, es también un cálculo bien entendido." Vivien, *Estudios Administrativos*, Tomo I, Traducidos de la última edición francesa por don Antonio Hernández Amores y don Juan López Somalo, Imprenta de Luis García, Madrid, 1854, p. 26.

[45] Mariano Baena del Alcázar hubo de considerar, unos años atrás, que la idea de *buena administración* proviene de un contrapunto que se daba con la de *mala administración* que provenía del Tratado de Maastricht de 1992 (artículo 195.1 del Tratado consolidado) y del enunciado negativo que de esta se hizo en el Informe Anual de 1997, del Defensor del Pueblo Europeo. Así, para este profesor y magistrado judicial "(…), a partir de este enunciado negativo se ha concretado qué se entiende por "*buena administración*", (…).". Baena del Alcázar, Mariano, "Sobre la idea europea de "buena administración", en *Noticias de la Unión Europea*, No. 247-248, Monográfico, *La Jurisprudencia del Tribunal Supremo y el Derecho Comunitario europeo*, Año XXI, Agosto-Septiembre de 2005, Madrid, p. 61.

Administración Pública se conduce ajustándose fielmente a las normas, los principios y los valores que determinan su proyección organizativa y funcional y procura sus fines existenciales de un modo pleno y cabal; mientras, estaríamos frente a una expresión de *mala administración* cuando, en su actuación, la Administración Pública se aparta, en la medida que fuere, de esas normas, principios y valores, y sus fines no son rectamente cumplidos.

Un punto interesante a hacer valer acá, es que la diversa normativa jurídica que ha consagrado la expresión *buena administración*, de ordinario, no ha contenido una definición de la misma con cierta vocación de acabado o precisión (tampoco lo ha hecho la jurisprudencia), sino que la ha proyectado más bien desde posibles implicaciones en concreto o compendiando o especificando posibles elementos en los que se concreta particularmente o parcialmente como fenómeno más general.

Un típico ejemplo de ello lo tenemos en el artículo 41 de la *Carta de los Derechos Fundamentales de la Unión Europea* (o Carta de Niza) de 2000, donde, a partir de lo dispuesto en su letra sobre el «derecho a una buena administración» y de las particularizaciones que allí se hacen de lo que este derecho incluye, la noción de *buena administración* estaría asociada en ese texto al tratamiento de los asuntos de los ciudadanos «de forma imparcial, equitativa y dentro de un plazo razonable».[46]

O en el tercer párrafo del preámbulo de la *Carta Iberoamericana de los Derechos y Deberes del Ciudadano en Relación con la Administración Pública,* aprobada en 2013, que, con clara influencia de la Carta de Niza y de cierto segmento del pensamiento europeo al efecto, destaca sobre la idea de *buena administración*, que es

> (…) aquella que se dirige a la mejora integral de las condiciones de vida de las personas. *La buena Administración Pública es, pues, una obligación inherente a los Poderes Públicos en cuya virtud el quehacer público debe promover los derechos fundamentales de las personas fomentando la dignidad humana de forma que las actuaciones administrativas armonicen criterios de objetividad, imparcialidad, justicia y equidad, y sean prestadas en plazo razonable.*

Ahora bien, más allá de la realidad práctica que ha podido rodear al tema, la doctrina jurídica – como es dable colegir –, desde pioneros trabajos que se han ocupado de este tópico, ha intentado proveer, de un modo u otro, un concepto de *buena administración* desde el plano de lo jurídico. En ello, claro está, se han sorteado debates, dados en contextos nacionales (interesante en esto son los casos italiano[47] y

---

[46] A la vista de un panorama de ese tipo, hubo de poder decir Beatriz Tomás Mallén, desde el contexto comunitario europeo del primer lustro de este siglo XXI: "Salvo en algunas materias aisladas (como la publicidad o la motivación de los actos de las instituciones comunitarias), los Tratados comunitarios no ofrecen criterios positivos sobre las pautas que han de impregnar la buena administración a escala de la Unión Europea. Antes bien, se enfoca la actuación administrativa de las instituciones y órganos comunitarios en clave negativa o, por vía deductiva, esto es: ya sea bajo la perspectiva de la supervisión por parte del Defensor del Pueblo europeo de los casos de «mala administración», ya sea bajo el ángulo de las manifestaciones de «buena administración» que se derivan del general principio del Estado de Derecho que gobierna el funcionamiento de la Unión Europea como Comunidad de Derecho." Tomás Mallén, Beatriz, *El derecho fundamental a una buena administración*, Instituto Nacional de Administración Pública, Madrid, 2004, pp. 68 y 69.

[47] A tenor de la mención expresa al *buon andamento* o *principio de buon andamento* en el artículo 97 de la Constitución de 1947, que se ha identificado – no sin polémica – con la *buena administración* o *principio de buena administración*. Para Balladore-Pallieri, por ejemplo, era aquella una regla general sin sentido jurídico; ver: Balladore-Pallieri, G., *La nuova costituzione italiana*, Dott. A. Giuffrè Editore, Milano, 1948, nota 164. En este orden ideas recordaba

uruguayo[48]) y supranacionales,[49] sobre si es o no una noción con sustancia o sentido jurídico; o sobre cuánto de jurídico hay en ella.[50] También, sin perder de vista circunstancias como que la misma entraña necesariamente cierto espacio de generalidad, imprecisión y apertura;[51] y que ha sido enfocada y hasta consagrada desde diversos ángulos formales (como *principio*, como *derecho*,[52] como *deber*[53] o desde esa triple perspectiva[54]), no sin darse recelos técnico-jurídicos en razón del resultado propuesto.[55]

Corso que: "*Nei primi anni di vita della Costituzione alla clausula di buon andamento fu negato ogni valore giuridico. Si retenne chi e padri fondadori avessero voluto esprimere un augurio o un auspicio ma non un principio giuridicamente vincolante.*". Corso, Guido, *Manuale di Diritto Amministrattivo*, G. Giappichelli Editore, Torino, 2003, p. 35.

[48] En razón de la presencia de la expresión *buena administración* en el artículo 311 de la Constitución de 1952; y donde pueden verse criterios como los de: Jiménez de Aréchaga, Justino, *La Constitución del Uruguay de 1952*, Tomo IV, Editorial Organización Medina, Montevideo, s/f, p. 957; Sayagués Laso, Enrique, *El Tribunal de lo Contencioso Administrativo*, Impreso en los talleres gráficos de la editorial Martín Bianchi Altuna, Montevideo, 1952, pp. 96 y sigs. (apartado de la *Revista de la Facultad de Derecho y Ciencias Sociales de Montevideo*, Año III, No. 1); Sayagués Laso, Enrique, *Derecho Administrativo*, Tomo II, Impreso en los talleres gráficos de la editorial Martin Bianchi Altuna, Montevideo, 1959, p. 595 y la nota 4 de esa misma página; Díaz Peluffo, Zola, *El Recurso Contencioso Administrativo. Su reestructuración básica*, Impreso en los talleres gráficos de la editorial Martin Bianchi Altuna, Distribuidor Exclusivo Librería Amalio M. Fernández, Montevideo, 1960, pp. 41 y sigs., y 327 y sigs.

[49] Según Mario P. Chiti, hasta el Tratado de la Unión Europea se discutió si las frecuentes referencias al principio de buena administración en la jurisprudencia comunitaria se referían a un verdadero y propio principio general y no sólo a una variedad del principio de legalidad; incluso no faltaban quienes ponían en discusión la juridicidad del principio; ver: Chiti, Mario P., *Derecho Administrativo Europeo*, Traducción de Luis Ortega, Civitas Ediciones, S.L., Madrid, 2002, p. 250. En este sentido pueden ser ilustrativas las siguientes referencias de Nehl, Hanns Peter, "Good administration as procedural right and/or general principle?", en Hofmann, Herwig C.H. y Türk, Alexander H. (Edited by), *Legal Challenges in EU Administrative Law. Towards an Integrated Administration*, Edward Elgar, Cheltenham, UK – Northampton, MA, USA, 2009, p. 328.

[50] Se ha dicho por una autora que la *buena administración* es un concepto de una naturaleza más moral que jurídica y que cubre un mayor número de incorrecciones que las susceptibles de ser controladas por el juez. Ver: Steenbjerg Kolze, Anna, *Le Médiateur Européen*, CEDRE, Rennes, 1995, p. 78.

[51] Según planteaba Azoulai: "(…) De hecho, el término de buena administración es constantemente ambiguo en Derecho Comunitario, indicando no solamente una fuente general de protección y un estado ideal del Derecho sino designa igualmente una forma particular de protección procedimental vinculante. Seguramente esta ambigüedad no está desprovista de virtud. Aparecida discretamente en la jurisprudencia, a la sombra de garantías más conocidas y mejor circunscritas, como los derechos de defensa y la obligación de motivación, las obligaciones de buena administración se han beneficiado de la autoridad de estos últimos para extenderse y elevarse en el seno del Ordenamiento jurídico comunitario, hasta el punto que parece difícil hoy día asignarles límites.". Azoulai, L., "Le principe de bonne administration", en Auby, Jean-Bernard y Dutheil de la Rochère, Jacqueline (sous la direction de), *Droit Administratif Européen*, Bruylant, Bruxelles, 2007, p. 495.

[52] Es el caso del el artículo 41 de la *Carta de los Derechos Fundamentales de la Unión Europea* (o Carta de Niza) de 2000. En el marco latinoamericano, el brasileño Juarez Freitas ha conceptualizado el *direito fundamental à boa administração pública* como el "(…) *direito fundamental à administração pública eficiente e eficaz, proporcional cumpridora de seus deveres, com transparência, sustentabilidade, motivação proporcional, imparcialidade e respeito à moralidade, à participação social e à plena responsabilidade por suas condutas omissivas e comissivas.* (...).". Freitas, Juarez, *Direito fundamental à administração pública*, 3ª edição, refundida e aumentada, Malheiros Editores LTDA, São Paulo, 2014, p. 21.

[53] Por ejemplo, de tantos otros que pueden convocarse, desde Portugal Rebelo de Sousa y Salgado de Matos le han referido como "(…) *dever de prosseguir os interesses públicos legalmente definidos de melhor maneira possível.*". Rebelo de Sousa, Marcelo y Salgado de Matos, André, *Direito Administrativo Geral*, Tomo I, *Introdução e princípios fundamentais*, 3.ª edição, reimpreção, Publicações Dom Quixote (Uma editora do Grupo LeYA), Alfragide, 2010, p. 209.

[54] En esto puede convocarse el sexto párrafo del preámbulo de la *Carta Iberoamericana de los Derechos y Deberes del Ciudadano en Relación con la Administración Pública,* aprobada en 2013, cuando recoge: "La buena Administración Pública adquiere una triple funcionalidad. En primer término, es un principio general de aplicación a la Administración Pública y al Derecho Administrativo. En segundo lugar, es una obligación de toda Administración Pública que se deriva de la definición del Estado Social y Democrático de Derecho, especialmente de la denominada tarea promocional de los poderes públicos en la que consiste esencialmente la denominada cláusula del Estado social: crear las condiciones para que la libertad y la igualdad de la persona y de los grupos en que se integra sean reales y efectivas, removiendo los obstáculos que impidan su cumplimiento y facilitando la participación social. En tercer lugar, desde la perspectiva de la persona, se trata de un genuino y auténtico derecho fundamental a

Colocando las perspectivas formales a un lado, no pocas definiciones de lo que es *buena administración* figuran en los postulados de la doctrina jurídica en diversos lugares. Por lo que de su noción se ha dejado constancia por los autores, ya en fórmulas más sintéticas, ya en conceptos con mayor vocación descriptiva; o ya en fórmulas más antiguas, ya en otras ajustadas más a la realidad operativa actual que rodea al fenómeno jurídico de *la buena administración*; o ya en criterios más abarcadores o en otros más estrechos o limitados en su contenido. Por supuesto, esto denota, además de la clara evolución que sufre todo fenómeno de ese tipo por la fuerza de la realidad y el tiempo, la preocupación del pensamiento *iusadministrativo*, manifestado en diferentes momentos, por sentar un punto de partida gnoseológico para este fenómeno; más allá de las claras dificultades que resulta la empresa de pretender contornearle con meridiana precisión, por la misma carga y vocación de indeterminación que trasunta un término como el de *buena administración*.[55]

Provechoso puede ser repasar algunas nociones de *buena administración* dadas por los autores.

El italiano Rafaelle RESTA es uno de los clásicos al efecto, habiendo señalado que

Buona amministrazione esprime un concetto finale: è l'attività amministrativa perfettamente adeguata, nel tempo e nei mezzi, al fine specifico da raggiungere.[56]

Dentro del Derecho Público uruguayo, y latinoamericano en general, un precursor de la cuestiones relacionadas con la *buena administración* fue Héctor GIORGI, quien desde la década de 1950 llamara la atención sobre el concepto de *buena administración* en ese contexto, desplegando además interesantes esfuerzos por fijar el sentido de la misma a la luz del texto constitucional de su país, datado en 1952 (texto pionero en contener, artículo

---

una buena Administración Pública, del que se derivan, como reconoce la presente Carta, una serie de derechos concretos, derechos componentes que definen el estatuto del ciudadano en su relación con las Administraciones Públicas y que están dirigidos a subrayar la dignidad humana.". Desde la perspectiva de los autores, el uruguayo DURÁN MARTÍNEZ resultaba enfatice al sentenciar: "(…), la buena administración es un principio, es un deber y es un derecho.". DURÁN MARTÍNEZ, Augusto, "La buena administración", en DURÁN MARTÍNEZ, Augusto, *Neoconstitucionalismo y Derecho Administrativo*, La Ley Uruguay, Montevideo, 2012, p. 393.

[55] Ver, por ejemplo: PEGORARO, Lucio, "¿Existe un derecho a una buena administración? (Algunas consideraciones sobre el ab(uso) de la palabra "derechos")", en ÁVILA RODRÍGUEZ, Carmen María y GUTIÉRREZ RODRÍGUEZ, Francisco (coordinadores), *El derecho a una buena administración y ética pública*, Fundación General de la Universidad de Málaga, Málaga.es diputación, Defensor del ciudadano/a, Tirant lo Blanch, Valencia, 2011, pp. 17 y sigs. A tenor de lo que resultara en la *Carta de los Derechos Fundamentales de la Unión Europea* (o Carta de Niza) de 2000 sobre el «derecho a una buena administración», comentaba que: "(…) El resultado final es un supuesto derecho que constituye toda una mezcolanza de derechos, de principios generales del Derecho, de principios rectores y de meros criterios de actuación. Una suerte de supraconcepto o, mejor aún, de término (por carecer de contenido propio) que englobaría derechos en cuanto principios generales.". FUENTETAJA PASTOR, Jesús Ángel, "Del «derecho a la buena administración» al derecho de la Administración europea". en *Cuadernos Europeos de Deusto*, No. 51/2014, *Buena administración en la Unión Europea*, Instituto de Estudios Europeos, Bilbao, p. 25. Puede verse también lo que sostenía este autor en FUENTETAJA PASTOR, Jesús Ángel, "El derecho a la buena administración en la Carta de Derechos Fundamentales de la Unión Europea", en *Revista de Derecho de la Unión Europea*, No. 15, 2do semestre, 2008, Madrid, p. 151.

[56] RESTA, Rafaelle, ob. cit., p. 128. En otro clásico del Derecho Admnistrativo italiano sobre este tema, se puede leer: "*Quando di «buona amministrazione» si parla, in riferimento all'esercizio di una funzione, si vuole, pertanto, desinare quell'attività che, nello svolgimento di questa, riesca a curare quanto più completamente e convenientemente gli interessi che della medesima costituiscono oggetto; si esprime altresì un concetto finale, nel senso di azione o attività finalisticamente considerata, in quanto solo attraverso una buona amministrazione, si può ottenere il soddisfacimento del fine insito nella funzione medesima, la tutela cioè di un particulare interesse. (…).*". FALZONE, Guido, ob. cit., p. 64

311, en su letra, expresamente, el término *buena administración*).[57] Giorgi, influido por los planteamientos de los italianos Resta y Falzone,[58] asumía que *buena administración*

> (…) significa perseguir los fines objeto de la función pública, del modo más idóneo y más conveniente". Esto es, la actividad debe cumplirse en la forma más oportuna y más adecuada para la obtención de aquellos fines.[59]

En un estudio más actual, Rhita Bousta concluía que

> À notre sens, la notion de bonne administration signifie l'adaptation équilibrée des moyens *dont dispose l'administration*. (…).[60]

En una formulación más extendida y descriptiva, escribía Durán Martínez que

> La *buena administración* significa elegir los instrumentos adecuados para la consecución del fin debido, obtener los resultados procurados con el menor costo posible, no efectuar trámites inútiles, hacer un buen uso del tiempo pero también actuar con transparencia, con probidad; significa asimismo que los servicios públicos funcionen correctamente, acorde a las necesidades reales del hombre de hoy, que los requerimientos de los administrados sean atendidos como corresponde y que todas las actuaciones administrativas sean seguidas cumpliendo con todas las garantías.[61]

Para un estudioso caracterizado en los temas de *buena administración*, como lo es el profesor español Jaime Rodríguez-Arana Muñoz:

> Una buena Administración pública es aquella que cumple con las funciones que le son propias en democracia. Es decir, una Administración pública que sirve objetivamente a la ciudadanía, que realiza su trabajo con racionalidad, justificando sus actuaciones y que se orienta continuamente al interés general. Un interés general que en el Estado social y

---

[57] De Giorgi son importantes en esta dirección: *El Contencioso Administrativo de Anulación*, Biblioteca de Publicaciones Oficiales de la Facultad de Derecho y Ciencias Sociales de la Universidad de La República, Impreso en los talleres gráficos de la editorial Martín Bianchi Altuna, Montevideo, 1958; "El mérito y la validez del acto administrativo. El concepto de buena administración en la Constitución uruguaya", publicado originalmente en la revista *La Justicia Uruguaya*, Tomo 43, 1961, Montevideo, pp. 145 y sigs., e incluido luego su obra recopilatorio de algunos trabajos, *Escritos jurídicos*, Fundación de Cultura Universitaria, Montevideo, 1976, pp. 77 y sigs.; y "Acatamiento del Estado a los principios y deberes jurídicos de la buena administración", en Giorgi, Héctor, *Estudios de Derecho Administrativo*, Ingranusi Ltda, Montevideo, 1998.

[58] Ver: Giorgi, Héctor, "El mérito y la validez del acto administrativo. El concepto de buena administración en la Constitución uruguaya", en Giorgi, Héctor, *Escritos jurídicos*, Fundación de Cultura Universitaria, Montevideo, 1976, pp. 91 y 92.

[59] Giorgi, Héctor, "El mérito…", ob. cit., p. 92. También puede verse: Giorgi, Héctor, *El Contencioso Administrativo…*, ob. cit., p. 47.

[60] Bousta, Rhita, *Essai sur la notion de bonne administration en Droit Public*, L'Harmattan, Paris, 2010, p. 461.

[61] Durán Martínez, Augusto, "Buena administración y debido procedimiento", en Rodríguez-Arana Muñoz, Jaime/ Sendín García, Miguel Ángel/ Pérez Hualde, Alejandro/ Vázquez Viera, Emilio/ y Farrando, Ismael (Coordinadores), *Derecho administrativo iberoamericano. Contratos administrativos. Servicios públicos. Acto administrativo y procedimiento administrativo. Derecho administrativo ambiental. Limitaciones a la libertad*, IV Congreso Internacional de Derecho Administrativo, 2010, Mendoza, Argentina, Ediciones Rap, s.a., Buenos Aires, 2011, p. 790; también en: Durán Martínez, Augusto, "La buena administración", ob. cit., p. 175.

democrático de Derecho reside en la mejora permanente e integral de las condiciones de vida de las personas.[62]

En definitiva, hablar de *buena administración*, es, ante todo, referirse a una evaluación o valoración positiva del desenvolvimiento objetivo o material del fenómeno administrativo, atendiendo a los criterios que prevén cómo debe realizarse. De ahí que, en ello, se evoca la consideración de parámetro objetivos previamente fijados o determinados en función de ciertos fines, cuyo cumplimiento ha de señalar entonces la consideración positiva de dicho fenómeno en su concreción o realización material.

Llevando ese rápido razonamiento al plano jurídico de la Administración Pública, la *buena administración pública* ha de ser el estado que resulta del buen hacer administrativo, y ese buen hacer deriva de una buena proyección y del ajuste y cumplimiento, por parte de la Administración Pública, de ciertos parámetros jurídicamente trascedentes, que son los que marcan sus modos de proceder y el alcance de sus finalidades; esto es, marcan la existencia y el uso de sus medios y el alcance de sus fines generales. Por lo tanto, ha de darse la *buena administración* cuando se han empleado bien los medios en la actuación administrativa y se ha llegado, por esa vía, al correcto cumplimiento de los fines a los que esos medios han de servir, todo ello dentro del marco jurídico existente, que ha de estar inspirado en valores y principios que garanticen y conduzcan a la plena realización del hombre social e individualmente considerado. En fin, que *buena administración*, no sugiere otra cosa que hacer las cosas bien en lo administrativo, dentro de un marco jurídico que propicie ese buen hacer.

En nuestra opinión, la *buena administración*, como noción jurídicamente relevante, ha de involucrar la idea de un accionar administrativo público que se efectúe del modo más óptimo posible y que alcance, por esa vía, también de forma óptima, el fin (general) que determina dicho accionar, todo ello dentro de un orden jurídico que sea realmente cause de determinación y garantía de esa realización.

Igualmente, hay que anotar que la *buena administración pública* no implica sino la *buena gestión de los intereses generales*, en lo que ha de estar implícito, de suyo, el respeto a los derechos de los ciudadanos o administrados – de lo contario esa gestión no podría entenderse como *buena* –. Realizar los intereses públicos, sin provocar la ruptura del equilibrio que debe guardarse en esa realización con la promoción y salvaguarda de los derechos y libertades de los ciudadanos, ha de ser un planteamiento fundamental que se coloca en la base misma de la idea de *buena administración pública*. Lo cual indica, entonces, que el contenido de esta última noción, y sus manifestaciones concretas, deba conciliar – y trasuntar – ambas esferas, y sus concreciones jurídicas han de estar perfiladas tanto hacia la realización de los intereses generales, como a la promoción, respeto y garantía de los derechos de los ciudadanos o administrados frente a la actuación pública.

Vista desde esa perspectiva la cuestión, hay que decir que la *buena administración*, como noción jurídicamente relevante, queda – quizás no puede ser de otro modo,

---

[62] Entre los varios trabajos que este profesor español ha dedicado al tema: Rodríguez-Arana Muñoz, Jaime, "El derecho fundamental a la buena administración pública", en Rodríguez-Arana Muñoz, Jaime y Béjar Rivera, Luis José (coordinadores), *El Derecho Administrativo en Iberoamérica en homenaje al profesor Mariano Brito*, Tomo I, Universidad Panamericana, Espress. Especialistas en Responsabilidades S.C., México, D.F., 20015, p. 568.

atendiendo a que conlleva en sí un juicio de valor sobre una actuación o funcionamiento –, esencialmente, en el plano de lo genérico, de lo abierto o amplio, de lo brumoso hasta cierto punto; es más bien una silueta que señala contornos externos, y que debe ir llenándose de sustancia y contenido gradualmente y en ascenso. Como la evolución al respecto ha ido dejando de manifiesto con el paso de los años y los avances en materia jurídica a favor del ciudadano y frente al ejercicio del poder público, el trazado de la *buena administración* como concepto con presencia en lo jurídico, solo puede irse esclareciendo, no desde una definición que al parecer siempre será genérica y poco precisa, sino a partir de elementos concretos e individualizados que la vayan sustanciando y especificando en su significado, en la medida que evoluciona el orden jurídico. Por ende, jurídicamente hablando, la *buena administración* se perfila como una noción con vocación genérica o englobadora, a la que puede llegarse a partir del compendio o descripción concreta de los elementos que pueden quedar comprendidos en ella.[63] Es una noción jurídica de compendio o síntesis (concepto síntesis), que agrupa en su seno una serie plural de expresiones jurídicas (principios, derechos, deberes).

De tal suerte, la *buena administración* es un concepto que, para lo jurídico, expresa un sentido unitario, pero se manifiesta en situaciones y expresiones jurídicas de diversa índole, precisamente por lo diverso que resulta el contenido del funcionamiento administrativo y todo él no debe menos que estar perfilado hacia el buen hacer. De ahí que sea forzoso reconocer que la *buena administración* trasunta un concepto complejo y multifacético,[64] y un contenido amplio, plural y en buena medida indeterminado,[65] como bien se ha dicho.

Cuando se habla abiertamente sobre *buena administración*, desde cualquiera de sus dimensiones formales más globales en que aparece configurado (*principio de buena administración, deber de buena administración, derecho a la buena administración*), no puede conducirnos sino a entender lo allí reflejado como una fórmula genérica, con especiales connotaciones, que sirve de solución englobadora, compendiadora, de compactación, integración, condensación, síntesis o resumen, desde el punto de vista formal; en tanto que en ellas no se hace sino sintetizar, integrar o resumir, expresa y genéricamente, pero sin agotar, la referencia a un grupo diverso de *principios, deberes* y *derechos*[66] que

---

[63] En este orden de cosas cabe entender también el hecho de que se haya catalogado al Defensor del Pueblo Europeo como "artesano del desarrollo del derecho a una buena administración comunitaria" (en el ámbito europeo). El entrecomillado corresponde al título de un trabajo ya citado, en el que su autora además escribe: "*Dans le silence du Traité de Maastricht et l'incomplétude de la Charte de Nice, il revenait ainsi au Médiateur européen d'esquisser par impressionnisme les contours flous du droit à une bonne administration communautaire. A l'analyse de ses décisions, l'on ne peut qu'être frappé par son interprétation évolutive du concept de bonne administration. Après des débuts hésitants et clandestins sur la scène juridique européenne, il a su transformer ses prises de position ponctuelles en une véritable œuvre de conceptualisation. De cette «jurisprudence» créative visant à la protection du droit des citoyens à une bonne administration communautaire, certains principes sectoriels se sont dégagés qu'il y a lieu de préciser d'emblée (I), avant d'évoquer l'effectivité de ce droit dont le Médiateur européen se veut le promoteur (II).*". Ver : Yeng-Seng, Wanda, ob. cit, p. 530.

[64] Mendes, Joana, "La bonne administration en Droit Communautaire et le Code Européen de Bonne Conduite Administrative", *Revue française d'administration publique*, n° 131, 2009/3, Paris, p. 560.

[65] Tornos Mas, Joaquín, "El principio de buena administración…", ob. cit., p. 629.

[66] Como se ha acotado por Siegfried Magiera, a tenor del artículo 41 de la Carta de Niza, donde se consagra por vez primera el *derecho a la buena administración*, que, "(…) el "derecho a una buena administración" no se agota en el resumen de los derechos que se enumeran en esta disposición. (…).''; Magiera, Siegfried, ob.cit., p. 520. En la autorizada voz de P. Nikiforos Diamandouros: "(…) sería un error pensar que el artículo 41 proporciona una lista exhaustiva de principios de buena administración o sobre el trato al que tienen derecho los particulares por

se han ido decantado y delineando en el desarrollo de los ordenamientos jurídicos de Europa occidental (especialmente) en los últimos dos siglos, ya sea en el plano de sus ordenamientos nacionales, ya en el del Derecho comunitario europeo.

De igual modo, piense que la idea misma de *buena administración* no se agota en todos esos principios, deberes y derechos que se han ido positivando o reconociendo expresamente de algún modo. Antes bien, ellos conforman cierto estándar mínimo, cierto núcleo duro o más visible, de manifestación y proyección de esa idea de *buena administración* aplicada a lo jurídico; mas no resumen en sí todas las implicaciones que de ahí pudieran desgajarse.

En consecuencias, la *buena administración* queda también como una noción con un contenido abierto a la dinámica y la evolución continua,[67] en tanto en la medida en que la sociedad políticamente organizada evoluciona jurídicamente, nuevos elementos se irán incorporando como exigencias a las que debe ajustarse el ejercicio del poder – y en este caso el funcionamiento administrativo – para responder adecuadamente a las necesidades de vida de los ciudadanos, según los valores y principios que rijan esa comunidad en cada momento histórico-concreto que se presente.[68]

3   La *buena administración* como principio jurídico o el *principio de buena administración*

No es este el marco propicio para adentrarnos en el debate en torno a la configuración jurídica de la buena administración; esto es, si es un *derecho* (*fundamental,* según lo entronizó la Carta de Niza en su artículo 41), un *principio jurídico* o un *deber*, o las tres cosas a la vez (tal como se acoge en el preámbulo de la *Carta Iberoamericana de los Derechos y Deberes del Ciudadano en Relación con la Administración Pública* de 2013).

Este debate trae causa del carácter trifronte con que se ha presentado la *buena administración* en su proceso de configuración jurídica, y a partir de las posiciones sostenidas por la doctrina, la jurisprudencia o acogidas en los instrumentos normativos de carácter nacional o internacional. Y es un debate que no se muestra pacífico, ni homogéneo, en sus conclusiones.

Pero, por lo pronto, quedémonos en el plano principial y ajustémonos a la perspectiva de la *buena administración* como principio jurídico.

---

parte de las instituciones de la UE."; Nikiforos Diamandouros, P., "Buena administración, Estado de Derecho y ética…", ob. cit.

[67] A la luz del artículo 97 de la Constitución italiana (y la presencia allí del *buon andamento* como principio), Aldo Sandulli concluía que era ese "(…) *un principi complessi, dai contorni cangianti e dalle molteplici sfaccettature* (…)", así como que resultaba un "(...) *concetti giuridici di carattere indeterminato*, legal standards *dinamici e flessibili, che, da un lato, contribuiscono a dotare di dinamicità il sistema giuridico e, dall'altro, consentono di svolgere la funzione di filtro tra la disciplina normativa e la realtà sociale* (...).". Sandulli, Aldo, "Il procedimento", en Cassese, Sabino (a cura di), *Trattato di Diritto Amministrativo. Diritto Amministrativo Generale*, Tomo II, Dott. A. Giuffrè Editore, Milano, 2003, p. 1065.

[68] En apreciación de Tornos Mas: "Como principio rector de la actuación de las administraciones públicas, la buena administración tiene un alcance mucho mayor en la medida en que su carácter plural y su fuerza expansiva pueden dar mucho juego para imponer una nueva cultura en la actuación de las administraciones públicas y en su relación con los ciudadanos.". Tornos Mas, Joaquín, *El derecho a una buena administración*, ob. cit., p. 16.

Evocando el tracto histórico que ha seguido la referencia a la *buena administración* dentro del Derecho Administrativo, queda claramente al descubierto que la dimensión que ha primado dentro de la configuración jurídica del mismo, en ese tracto histórico, ha sido la de tenerle como un *principio* que ha ido adquiriendo sustancia jurídica cada vez con más intensidad.

En la actualidad, realmente, la percepción más recurrente entre los autores y la jurisprudencia, y por ello la interpretación que ha aparecido como dominante y más extendida, es la de catalogar a la *buena administración* dentro de la idea de *principio* de carácter jurídico,[69] o principio general del Derecho Administrativo, lo que se traduce en el *principio de buena administración*.[70]

Recordemos que en la construcción que proponía Ronald DWORKIN, este autor, distinguiendo entre *directriz política* y *principio*, llamaba

(…) «principio» a un estándar que ha de ser observado, no porque favorezca o asegure una situación económica, política o social que se considera deseable, sino porque es una exigencia de la justicia, la equidad o alguna otra dimensión de la moralidad. (…).[71]

Mientras, para Robert ALEXY:

El punto decisivo para la distinción entre reglas y principios es que los *principios* son normas que ordenan que algo sea realizado en la mayor medida posible, dentro de las posibilidades jurídicas y reales existentes. Por lo tanto, los principios son *mandatos de optimización*, que están caracterizados por el hecho de que pueden ser cumplidos en diferente grado y que la medida debida de su cumplimiento no sólo depende de las posibilidades reales, sino también de las jurídicas. El ámbito de las posibilidades jurídicas es determinado por los principios y reglas opuestos.[72]

Según ampliaba el mismo ALEXY:

Los principios ordenan que algo debe ser realizado en la mayor medida posible, teniendo en cuenta las posibilidades jurídicas y fácticas. Por lo tanto, no contienen *mandatos*

---

[69] En una parte de la doctrina que ha tratado el tema de la *buena administración*, se ha reconocido que "(…) la verdadera fuerza e interés de la buena administración es configurarla como un principio rector de la actuación de las administraciones públicas.". TORNOS MAS, Joaquín, *El derecho a una buena administración*, ob. cit., pp. 43. Para este profesor español (pp. 630 y 633) el principio de buena administración actúa como principio rector que impone un mandato de optimización; y, a su entender "(…), la *buena administración* debe concebirse no tanto como un nuevo derecho de los ciudadanos, sino como un nuevo principio rector de las administraciones públicas modernas. Un Principio de largo alcance que actúa como mandato de optimización con el fin de marcar las pautas a seguir. En algunos casos el principio se traducirá en el reconocimiento de derechos frente a la actuación administrativa. (…).".

[70] Por ejemplo, entre los autores, y poco después de la aprobación de la Carta de Niza en diciembre de 2000, el profesor español Mariano BAENA DEL ALCÁZAR, a propósito del artículo 41 de ese cuerpo dispositivo, en el que se regulaba lo atinente al *derecho a la buena administración*, concluía, con independencia de la letra misma de la mencionada Carta: "El artículo 41 de la Carta (II.41 del Proyecto de Constitución) establece un **principio general** (número 1), intenta precisar un **contenido fundamental** (número 2), y contiene **dos principios complementarios** sobre las materias de la responsabilidad y el uso de la lengua (números 3 y 4).". BAENA DEL ALCÁZAR, Mariano, ob. cit., p. 62. (El resaltado en negritas es del original transcrito).

[71] DWORKIN, Ronald, ob. cit., p. 72.

[72] ALEXY, Robert, *Teoría de los derechos fundamentales*, Versión castellana de Ernesto GARZÓN VALDÉS, Centro de Estudios Constitucionales, Madrid, 1993, p. 86.

definitivos sino sólo *prima facie*. Del hecho de que un principio valga para un caso no se infiere que lo que el principio exige para este caso valga como resultado definitivo. Los principios presentan razones que pueden ser desplazadas por otras razones opuestas. El principio no determina como ha de resolverse la relación entre una razón y su opuesta. Por ello, los principios carecen de contenido de determinación con respecto a los principios contrapuestos y las posibilidades fácticas.[73]

En nuestra opinión, es desde la configuración técnico–jurídica de la *buena administración* como *principio*, y por tanto en su consideración como tal, desde donde se permite entender, desplegar y respaldar, con más consecuencia y coherencia las implicaciones de la misma,[74] orientándose mejor hacia los objetivos o fines que han de buscarse con ello.

En tanto *principio jurídico*, y en su rol rector e informador, el de *buena administración* ha de fundamentar y permear a toda la existencia de la Administración Pública, lo mismo en su ángulo estructural o de organización, como en el funcional o relacional con otros sujetos. Lo cual tributa a explicar que el *principio de buena administración* se encuentra en los fundamentos y en los límites del aparato y del funcionamiento administrativos; y no solo ha de operar como elemento a favor de proveer una mejor gestión pública (lo que ubica la mirada desde el lado singularizado de la Administración), sino que también lleva a enfocar a la *buena administración* en su significación para proveer y proteger al interés general, y como aspecto de promoción, garantía y protección de los derechos de los ciudadanos (administrados) en relación con el funcionamiento administrativo. Desde el encuadramiento técnico-jurídico como *principio*, la *buena administración* permite articularse coherentemente en los planos colectivos (del interés general) e individual (de los derechos e intereses de los ciudadanos o administrados), de una manera tal que no se corre el riesgo de potenciar con ese encuadramiento uno de esos planos por sobre otro, que lleve a romper el necesario equilibrio que debe existir en el marco jurídico ordenador del funcionamiento administrativo. Con un planteamiento

---

[73] ALEXY, Robert, ob. cit., p. 99.

[74] TORNOS MAS ha sostenido que: "El principio rector comporta la imposición a los poderes públicos de una conducta tendente a hacer realidad el contenido del principio. Por lo tanto, no otorga a los ciudadanos posiciones subjetivas concretas que les permitan exigir lo que el principio pretende. Como mandato se dirige al legislador y al resto de poderes públicos. El legislador puede convertir el principio en derechos subjetivos. Este mandato se califica como mandato de optimización, es decir, los poderes públicos atendiendo a las circunstancias concretas de las diversas relaciones jurídicas afectadas por el principio deben tratar de darle el mayor desarrollo posible."; TORNOS MAS, Joaquín, *El derecho a una buena administración*, ob. cit., pp. 39. Por su lado, analizaba CARRILLO DONAIRE: "Desde la perspectiva de la normatividad y de la eficacia de las situaciones de derecho o de interés en las relaciones jurídicas, los principios del Derecho actúan como un *prius* jurídico ontológico y axiológico que señalan con carácter permanente los objetivos o metas a alcanzar en las relaciones jurídicas, por lo que están necesitados, para su efectividad de un proceso de concreción. En ocasiones, dicho proceso lo inicia o lo endereza el legislador (o el constituyente) positivando un principio. Por esta vía, los principios adquieren una corporeidad y recognoscibilidad que les hace abandonar su función supletoria, potenciando su función informadora, sirviendo de contraste de legalidad de las fuentes subordinadas y propiciando que ésta regulen derechos subjetivos o deberes inspirados en ellos. En otras ocasiones, y con independencia de su positivización legal, los principios son transformados en Derecho aplicable («positivados» también, en un sentido amplio del término) por los Tribunales, como dirimentes de la legalidad o de la licitud de una acción que ha producido efectos jurídicos. En todo caso, va de suyo que si un principio (como pudiera ser el de buena administración) queda positivado como tal mediante su inclusión en un texto legal (un Estatuto de Autonomía, por ejemplo) queda convertido en un mandato a los poderes públicos, en un deber en sentido técnico-jurídico (y no una simple facultad), de modo que las normas subsiguientes podrían desarrollarlo mediante – entre otras posibilidades – el diseño de derechos subjetivos perfectos."; CARRILLO DONAIRE, Juan Antonio, ob. cit., pp. 1157 y 1158.

técnico-jurídico desde la categoría *principio*, la *buena administración* ha de cubrir tanto las implicaciones de orden objetivo, como las subjetivas, que quedan evidenciadas en las actuales regulaciones positivas de la misma, aún cuando hoy aparezca con mayor visibilidad moldeada – al menos en el contexto europeo – como *derecho* en cabeza de los ciudadanos o administrados.[75]

Junto a todo lo anterior, hay que ver también, desde nuestra interpretación, que enfocándole jurídicamente como *principio de buena administración*, se hace frente tanto a la heterogeneidad del objeto que puede abarcar la idea misma de *buena administración*, como a la pluralidad de situaciones en que ha de manifestarse;[76] quedando también el necesario margen de apertura para convocarle y aplicarle, como medio técnico-jurídico, en función de soluciones que han de darse, según lo planteen las nuevas situaciones que de seguro ha de generar, en perspectiva de futuro, la vida *iusadministrativa*, y que hoy no han de estar plenamente visualizadas en su alcance.

De tal suerte, la configuración jurídica como *principio de buena administración*, ha de llevarnos a entenderle como un *supraprincipio* o *superprincipio jurídico* (principio de amplio espectro, que abarca a su vez a otros principios de contenido más concreto o específico y a otras implicaciones jurídicas);[77] o como «*principio sombrilla o paraguas*» («*umbrella principle*», en palabras de Klara Kanska), que comprende y se proyecta en principios de alcances más concretos, en derechos (de los ciudadanos o administrados) y en deberes (de la Administración) o mandatos (para la Administración), cuya observancia o cumplimiento y realización, en última instancia, llevan a observar y realizar aquel principio mayor;[78] o como «*principio originario*» con ramificaciones de principios que derivan de él, según se proyectaba Aldo Sandulli.[79]

Y es, bajo esa perspectiva abarcadora de principios, que podamos comprender a los diversos autores cuando hablan de *principios de buena administración*.

---

[75] En la percepción de Sanz Larruga: "(…) resulta indudable que la "buena administración" constituye un verdadero "principio rector" de las Administraciones Publicas que ha calado en la legislación y la jurisprudencia como expresión aglutinante de su buen funcionamiento, no solo desde una perspectiva interna, sino también –y en particular– desde el punto de vista de sus relaciones con los ciudadanos. Pero, en todo caso, un principio rector que, (…), se ha positivizado en una serie de principios específicos, mandatos y directrices para las Administraciones Publica, e incluso verdaderos derechos de los ciudadanos con concretas garantías para su salvaguardia.". Sanz Larruga, Francisco Javier, "El ordenamiento europeo, el Derecho Administrativo español y el derecho a una buena administración", en *Anuario de la Facultad de Derecho de la Universidad Da Coruña*, No. 13, 2009, Facultad de Derecho de la Universidad Da Coruña, La Coruña, p. 741 (este artículo fue originalmente incluido en el libro homenaje al profesor chileno Eduardo Soto Kloss).

[76] En el sentir de Tornos Mas: "Tanto las referencias normativas como las jurisprudenciales configuran el principio de buena administración como un principio de contenido plural, lo que, por un lado, amplía su radio de acción, pero, por otro, puede hacerle perder fuerza imperativa. Al final, "la buena administración" podría convertirse en un mero recordatorio del deber general de la Administración para que sirva con objetividad y eficacia a los intereses generales.". Tornos Mas, Joaquín, *El derecho a una buena administración*, ob. cit., pp. 16. También debe verse: Tornos Mas, Joaquín, "El principio de buena administración…, ob. cit., p. 633.

[77] La portuguesa SusanaTavares da Silva, descataba que *"Uma nota fundamental a propósito deste princípio radica no que a doutrina designa como "auto-suficiência jurídica" do mesmo (Simonati, 2009). Com esta expressão arreda-se a ideia muito divulgada noutros sectores da doutrina de que este princípio e um "superprincípio" que alberga ou congrega em si outros princípios e regras de direto europeu, mas que não tem conteúdo autônomo. (...)."*. Tavares da Silva, Susana, ob. cit., p. 28.

[78] Kanska, Klara, "Towards Administrative Human Rights in the EU. Impact of the Charter of Fundamental Rights", en *European Law Journal*, Vol. 10. No. 3, Blackwell Publishing Ltd., 2004. p. 305.

[79] Decía Aldo Sandulli que "(…) *il principio del buon andamento può essere considerato un principio, per cosi` dire, originario, da cui si dipartono una pluralità di ramificazioni, che costituiscono principi derivati dal medesimo.*". Ver: Sandulli, Aldo, ob. cit., p. 1086.

4 Juridicidad y *principio de buena administración*

El universo de los poderes públicos y su funcionamiento tienen en el Derecho, como es pacífico considerar hoy, no solo sus límites, sino también sus determinantes o fundamentos, pues ese universo es solo posible concebirlo dentro del perímetro y el sentido que le aporta el Derecho, de lo contrario serían meros mecanismos de fuerza organizada desnaturalizados. Eso no es otra cosa, que el sentido más actual de la idea de Estado de Derecho y sus diversas expresiones evolutivas.

Para nosotros, no debe olvidarse que cuando se trata de la Administración Pública, la realización material de la misma pasa por su ordenación jurídica, en tanto dicha Administración Pública es un fenómeno que solo puede existir válidamente (como toda manifestación organizada y funcional del poder público) dentro de los marcos que le provee el Derecho, donde la garantía de consecución del interés general o común y la promoción y el respeto a los derechos de los ciudadanos, que no solo limitan, sino que además deben determinar el funcionamiento administrativo público, son dos factores que devienen inexcusables en ese proveimiento para ser verdaderamente tal.

El profesor español TORNO MAS, al indagar sobre las razones del éxito del principio de buena administración, se respondía:

> A nuestro entender, dentro de su amplio y en buena medida indeterminado contenido, se encuentra recogido todo aquello que se pretende imponer a una administración que juzgamos carece de la necesaria fuerza interna. Una administración a la que el ciudadano exige algo más que el servir de forma objetiva a los intereses generales. Por eso creemos que la buena administración trata de dotar de alma a una administración que, vinculada tan sólo al cumplimiento de la norma previa, se nos aparece fría y distante.[80]

A raíz de ello, la *buena administración*, al configurarse como *principio jurídico*, resulta elemento que se coloca dentro del *principio de juridicidad* que marca la sujeción de la Administración Pública, y de todo el fenómeno de lo administrativo público, al Derecho.

Visto así, el *principio de buena administración*, por un lado, deviene entonces en una consecuencia de las exigencias más contemporáneas[81] del Estado de Derecho.[82]

---

[80] TORNOS MAS, Joaquín, "El principio de buena administración...", ob. cit., p. 629.

[81] Para Susana GALERA RODRIGO, a propósito del ordenamiento comunitario europeo: "El principio de buena administración es una manifestación de la «Comunidad de Derecho», expresión acogida por el Tribunal de Justicia por absorción del *principio de Estado de Derecho* común a los Estados miembros, y que acaba por incorporarse – tras la aprobación del Tratado de Maastricht – en el artículo 6 del TUE, apartado primero, que dice: «La Unión se basa en los principios de libertad, democracia, respeto de los derechos humanos y de las libertades fundamentales y el Estado de Derecho, principios que son comunes a los Estados miembros».". GALERA RODRIGO, Susana, "El derecho a una buena administración", en ÁLVAREZ CONDE, Enrique y GARRIDO MAYOL, Vicente (Directores)/ GARCÍA COUSO, Susana (Coordinadora) *et al*, *Comentarios a la Constitución Europea*, Libro II, *Los derechos y libertades*, Tirant lo Blanch, Valencia, 2004, p. 1446.

[82] En comentario del francés Michel FROMONT: "*Selon nous, les principes de bonne administration les plus importants pour les particuliers peuvent être rattachés au principe de l'État de droit. Les autres principes son notamment ceux affirmés pas les lois sur la procédure administrative, tels que les principes de hiérarchie, d'efficacité et de rapidité. Les principes découlant de la notion d'État de droit sont principalement certains principes relatifs à l'élaboration d'une décision (audition préalable, impartialité et motivation) ainsi que de quelques grands principes de fond, ceux de proportionnalité, de sécurité juridique et de responsabilité. (…).*". FROMONT, Michel, *Droit administratif des États européens*, Presses Universitaires de France, Paris, 2006, pp. 100 y 101. En esta línea, puede verse también ce FROMONT, "Le renforcement des garanties de bonne administration et de bonne justice en Europe", en AA.VV., *En hommage a Francis Delpérée. Itinéraire d'un constitutionnaliste*, Bruylant, Bruxelles, 2007, pp. 547 y sigs..

Como ha dicho Nikiforos Diamandouros:

> Los principios de buena administración cobran especial importancia a la hora de garantizar que la administración pública respete el Estado de Derecho.[83]

Por otro lado, el *principio de buena administración* señala una profundización y mayor alcance, en lo material o sustancial, del *principio de juridicidad*, en su operatividad para lo administrativo público. Permeándose, a su vez, y en todas sus expresiones, del sentido y contenido del segundo, lo que se refleja desde la propia configuración de la *buena administración* como *principio jurídico*.

En ese orden de ideas, debe tenerse a la vista que la *buena administración* surge y va ganando espacios como medio para impulsar una trasformación radical, hacia mayores estándares de calidad, en la organización y el funcionamiento de la Administración Pública, desde el planteo de un marco jurídico que refleje, asuma y promueva esa transformación.[84] La idea es que la *buena administración* conduzca a superar caducas percepciones sobre el régimen jurídico de la Administración Pública (Derecho Administrativo), que no permiten la realización plena de dicho régimen en función del cumplimiento cabal de sus fines existenciales; que sirva para proyectar una necesaria cultura del buen hacer administrativo, encauzada en una ordenación jurídica que se coloque rectamente en la garantía de ese buen hacer, y donde el ciudadano y la comunidad (en fin, la promoción y garantía de la realización de la condición humana) sean el verdadero eje de vida (de preocupación y ocupación) del entramado administrativo público, a partir de un universo jurídico que tenga esa exigencia como premisa.

Según discurría Tornos Mas:

> (…) Hoy a la administración no sólo le exigimos que se sujete a la norma habilitante y que lleve a cabo de forma neutra y objetiva el mandato del Gobierno. No basta tampoco con el respeto de las reglas procedimentales que han positivizado muchos de los elementos de la buena administración. Hoy basamos la legitimación de la administración en algo más evanescente como es el ben hacer, la búsqueda de la mejor solución posible, la eficacia y eficiencia en la prestación de los servicios, el intento de conseguir la adhesión de los ciudadanos a sus propuestas, la preocupación por la calidad de los servicios que presta, el trato personal con el administrado, la comunicación, la trasparencia. En definitiva, exigimos algo más que la escrupulosa sujeción al marco legal. (…).[85]

---

[83] Nikiforos Diamandouros, P., "Buena administración, Estado de Derecho y ética…", ob. cit.

[84] El profesor y magistrado judicial español Mariano Baena del Alcázar, había comentado sobre los "criterios inspiradores de la idea europea de buena administración", que esos criterios, a la luz de los textos europeos que estudiaba, parecían ser "(….) el juridicismo y las nuevas tendencias en materia de administración relativas a la calidad. El juridicismo resulta patente. Así es de tener en cuenta que la "*buena administración*" pretende entenderse como un derecho subjetivo, y la idea se recoge en textos jurídicos declarativos de derechos y en un llamado Código de Buena Conducta. Sobre todo, y este es el dato decisivo, el derecho se refiere a aspectos prácticamente siempre procedimentales, salvo la reparación de daños. La regulación no pretende que se administre bien, sino que las instituciones y los agentes europeos guarden una buena conducta en el sentido de que se atengan a unas normas de procedimiento que supongan el respeto a los interesados."; Baena del Alcázar, Mariano, ob. cit., pp. 65 y 66.

[85] Tornos Mas, Joaquín, "El principio de buena administración…", ob. cit., p. 630.

El surgimiento y ascendencia del *principio de buena administración* se ubica dentro de lo que Cassese llamó el *"proceso di legalizzazione della pubblica amministrazione"*.[86] No caben dudas que la aparición y desenvolvimiento del *principio de buena administración* ha sido un recurso válido para remontar, hacia mayores implicaciones sustanciales o materiales, los límites estrechos de un *principio de legalidad* amarrado solo a exigencias formales (la no vulneración del marco jurídico-administrativo[87]), y de un Derecho Administrativo en cuyo trazado y funcionalidad no se habían incorporado consecuentemente todos los ejes que hacen de él un producto en función de la convivencia social y del ser humano como elemento determinante de esa convivencia.[88]

Pero, con independencia de lo anterior, se ha advertido que

> (…) el principio de buena administración es una derivación del principio de legalidad que no asume caracteres netamente diferenciados. El único rasgo peculiar consiste en el énfasis puesto en el respeto a los criterios de eficiencia y eficacia, y por lo tanto a todo parámetro de buena administración incluidas reglas técnicas e internas. A la «buena administración» se ha hecho referencia para asegurar la oportunidad de la acción administrativa y la capacidad funcional de la Administración. (…).[89]

Asimismo, desde España, enseñaba Joaquín Tornos Mas que la noción de *buena administración*

> (…) en el fondo encierra la idea de superar, sin abandonar, el principio de legalidad como punto de partida y fin de la legitimación de las Administraciones públicas. Las Administraciones deben respetar la norma, pero a su vez deben lograr las mejores

---

[86] Cassese, Sabino, ob. cit., p. 2. Según entendía este maestro italiano (p. 7): "(…) *la buona amministrazione ha un contenuto variabile. Si può dire che vi siano alcuni "core principles", quali il diritto di accesso, quello di essere sentiti, quello a ottenere una decisione motivata, quello di difesa attraverso un giudice. Questa parte della buona amministrazione si sovrappone in larga misura con la "rule of law" e con il principio di legalità inteso in senso ampio, nel campo amministrativo ("due process of law"). Fa parte dei diritti procedurali, che hanno tutti una rilevanza esterna.*".

[87] Como considerara Mário Aroso de Almeida: "Diríase que, si la Administración observa todas las reglas y principios jurídicos que se le imponen, habrán todas las condiciones para que la administración que produce sea "buena" – y, por tanto, la administración es "buena" si cumple las reglas y principios de garantías de los ciudadanos. En nuestra visión, la mera observancia de reglas y principios jurídicos no garantiza, por sí, la buena administración, en la medida en que existen problemas de mala administración que se colocan en otros planos y, por eso, sólo se resuelven mediante la intervención de consideraciones que ultrapasan, claramente, las fronteras de lo jurídico.". Aroso de Almeida, Mário, "Legalidade administrativa e boa administração: dificuldades e desafios", en Aroso de Almeida, Mário, *Teoria Geral do Direito Administrativo. O novo regime do código do procedimento administrativo*, 3ª edição, Edições Almedina, S.A., Coimbra, 2015, p. 66

[88] En palabras de Rodríguez-Arana Muñoz: "El Derecho Administrativo moderno parte de la consideración central de la persona y de su concepción abierta y complementaria del interés general. Los ciudadanos ya no son sujetos inertes que reciben, única y exclusivamente, benes y servicios públicos del poder. Ahora, por mor de su inserción en el Estado social y democrático de Derecho, se convierten en actores principales de la definición y evaluación de diferentes políticas públicas. El interés general ya no es un concepto que define unilateralmente la Administración sino que ahora, en un Estado que se define como social y democrático de Derecho, debe determinarse, (…) a través de una acción articulada entre los poderes públicos y los agentes sociales. (…).". Rodríguez-Arana Muñoz, Jaime, *El ciudadano y el poder público…*, ob. cit., pp. 113 y 114.

[89] Chiti, Mario P., ob. cit., p. 250. Al razonar en torno al artículo 97 constitucional, el italiano Aldo Sandulli, reparaba en el hecho de que la referencia allí a los principios de imparcialidad y *buon andamento* señalaba a este ultimo como exigencia de *buena administración*, significando a este último como "(…) *necessità di eficacia e di efficienza dell'azione, in modo da consentire il perseguimento di risultati adeguati* (...)"; y derivando en sus conclusiones hacia la conclusión que "(…) *dalle riflessioni della scienza giuridica, imparzialità e buon andamento non andrebbero considerati come principi distinti, ma come due facce di una stessa medaglia, come una endiadi che articola un concetto unitario di legalità*. (...)". Sandulli, Aldo, ob. cit., p. 1066.

prestaciones materiales posibles, y deben adoptar las resoluciones que mejor respondan al interés general.[90]

De lo dicho hasta aquí cabe entender que *principio de juridicidad* y *principio de buena administración* son un par indisolublemente conectados.[91] La realización del segundo sólo puede alcanzarse a través de la estricta observancia del primero, por la vía del cumplimiento pleno de las exigencias jurídicas que le vienen impuestas a la Administración Pública por el Derecho.

5   Sobre el contenido y alcance del principio de buena administración: unas reflexiones generales

El *principio de buena administración* revela un principio de connotaciones genéricas que resulta, en lo formal, una manera de englobar y de dotar de unidad de sentido a determinadas exigencias que debe observar la Administración Pública en su existencia y a ciertos requerimientos y situaciones que se dan en sus relaciones con los ciudadanos o administrados. De igual forma, resulta pacífico el punto de partida de que el contenido del *principio de buena administración* ha quedado reconocido y trazado con un carácter plural y heterogéneo, tanto en las consideraciones de la jurisprudencia y la doctrina, como en la normativa que a él se refiere. Así las cosas, el *principio de buena administración* se reverla o traduce, según ha tenido oportunidad de dejar en claro su evolución dentro del ámbito jurídico, en un conjunto o elenco de principios de alcance o proyección más particularizados que aquél, así como de derechos (de los ciudadanos o administrados) y deberes (de la Administración Pública) que lo concretan.

Junto a lo anterior, debe convocarse también la precisión de que el contenido del *principio de buena administración* ha sido un ámbito en expansión a través de todo este tiempo, ya en su funcionalidad, ya en los perímetros objetivos de alcance, ya en sus expresiones formales de manifestación jurídica. Esta circunstancia ha estado estrechamente ligada tanto a la evolución del ámbito jurídico-administrativo, como a la del propio *principio de buena administración*.

En consonancia con ello, resultan aleccionadoras las enseñanzas del profesor italiano Sabino Cassese, en tanto proveen puntos de partida para entender el ensanchamiento y manifestación del contenido de la *buena administración*. Según Cassese:

> (…) *la buona amministrazione ha avuto una importante evoluzione funzionale. Da principio in funzione della eficacia della pubblica amministrazione (ex parte principis), è divenuto principio in funzione dei diritti dei cittadini ("ex parte civis"). Prima era considerata mezzo per assicurare che il potere pubblico fosse efficace, perché gli interessi collettivi e pubblici ad esso affidati fossero pienamente tutelati. Poi è divenuta strumento per assicurare una difesa del potere pubblico, perché le situazioni giuridiche soggettive dei privati potessero essere tutelate più efficacemente. Ad esempio, la partecipazione dei privati nella prima versione serve all'amministrazione, per conoscere meglio*

---

[90] Tornos Mas, Joaquín, "Prólogo", en Ponce Solé, Juli, ob. cit., p. 21.

[91] Con motivo del marco constitucional italiano, Guido Corso afirmaba que *"il principio di buon andamento opera come temperamento del principio di legaltà"*. Corso, Guido, ob. cit., p. 36.

prima di decidere; nella seconda versione serve al privato, per far sentire la propria voce prima che l'amministrazione concluda il procedimento.[92]

El italiano indicaba además que el *principio de buena administración* ha tenido un ámbito o extensión diversos, pues se afirmó inicialmente como principio limitado a algunos sectores, como principio especial, para luego devenir de aplicación siempre más extendida, operando como principio general.[93] Finalmente, Cassese refería:

> (…) *la buona amministazione si è evoluta da principio a diritto. Nella prima veste, ha valore "programmatico", costituisce un obiettivo fissato dalla constituzione e diritto al legislatore. Ha, quindi, una valenza limitata e interna all'apparato statale. Nella seconda veste, si proietta all'esterno della cerchia dello Stato, nella comunità. Conferisce diritti ai quali fanno riscontro obblighi della pubblica amministrazione.*[94]

Si somos consecuentes con la circunstancia de que la *buena administración* se encuentra en la esencia misma de todo el fenómeno administrativo, así como con la condición de *principio general* que ha de revestir la configuración jurídica de *la buena administración*, y con el rol que, por ser tal, ha de desempeñar en el ámbito jurídico-administrativo, no podemos menos que asumir que su contenido atañe tanto a la esfera de la organización, cuando a la del funcionamiento administrativo. Lo que significa que es este un principio que ha de aparecer informando el plano estructural de la Administración Pública (como aparato), y también a su esfera funcional, quedando proyectado su contenido hacia ambos espacios objetivos.

Por otro lado, siguiendo la orientación argumental que ahora nos mueve, no debe dejarse fuera de la vista el hecho de que, como hemos sostenido en un acápite precedente, la *buena administración* evoca la consideración de parámetros objetivos previamente fijados o determinados en función de ciertos fines, cuyo cumplimiento ha de señalar entonces la consideración positiva de dicho fenómeno en su concreción o realización material. Así como que ha de darse la *buena administración* cuando se han empleado bien los medios en la actuación administrativa y se ha llegado, por esa vía, al correcto cumplimiento de los fines a los que esos medios han de servir, todo ello dentro del marco jurídico existente, que ha de estar inspirado en valores y principios que garanticen y conduzcan a la plena realización del hombre social e individualmente considerado. De tal suerte, *la buena administración* como *principio* ha de tocar directamente tanto el orden del alcance o cumplimiento de determinados resultados, como de los medios para conseguir esos resultados.

En consonancia con planteamientos de ese tipo, no puede menos que asumirse que el *principio de buena administración* ha de comportar a la vez «principios de fondo y

---

[92] Cassese, Sabino, ob. cit., p. 6.

[93] Cassese, Sabino, ob. cit., p. 7.

[94] Cassese, Sabino, ob. cit., p. 7.

garantías procedimentales»;[95] o principios y garantías que tienen que ver tanto con el plano formal o procedimental como con el plano sustantivo.[96]

Dentro de ese prisma, y relativo al contenido del *principio de buena administración*, reviste especial relevancia la relación entre la *buena administración* y el *procedimiento administrativo*, institución esta que en las últimas décadas ha cobrado un destacado valor e importancia teórico-práctica; en tanto han ido en aumento las preocupaciones sobre cómo se ejerce la función administrativa, y cómo se puede perfeccionar al *procedimiento administrativo* desde lo que es: el cauce jurídico de realización del funcionamiento administrativo, con todas las implicaciones que esa realización ha de significar para calificarse como tal. Mucho del contenido del *principio de buena administración* se vierte sobre el cauce procedimental del funcionamiento administrativo; y los principios, deberes y derechos que la *buena administración* revela, no vienen sino a convertirse en principios que rigen y conforman al *procedimiento administrativo* como institución de relevancia en el Derecho Administrativo, y en deberes y derechos concretos que encuentran su virtualidad dentro del mismo, como vía de producción de un actuación jurídico-administrativa que genera efectos sobre el o los destinatarios de dicha actuación.[97]

Como pieza de engranaje, el *principio de buena administración* se coloca como elemento de una mecánica funcional que debe conectarse a su vez, a nivel más abierto, con otros valores y principios que determinan y sustancian el actual universo jurídico-administrativo (*iuspúblico*, en general), operando como un sistema de fundamentación que aporta contenido y sentido al planteamiento y funcionalidad de dicho universo. En esa conexión debe destacarse el vínculo con valores y principios que deben estar en los cimientos mismos de la maquinaria jurídico-administrativa, como pueden ser – entre otros –: la democracia, la dignidad humana, la libertad (en sus diversos ámbitos de expresión), la solidaridad, la igualdad, la vocación social, el principio democrático, el de la división de funciones, el de juridicidad, el de solidaridad, el de la seguridad jurídica, el de la prevalencia del interés general, el de tutela judicial efectiva, el de igualdad o no discriminación, el de prohibición o interdicción de la arbitrariedad para los poderes públicos.

Como puede verse, hemos destacado aquí un nivel más abierto para apreciar la imbricación del *principio de buena administración* con otros grandes valores y principios que informan el ordenamiento jurídico-administrativo, de los que incluso la *buena administración* viene a ser una consecuencia necesaria y también una vía para realizarlos

---

[95] Delvolvé, Pierre, "Le droit à une bonne administration", p. 288, disponible en www.iias.sinica.edu.tw/cht/index.php.

[96] Carrillo Donaire, Juan Antonio, ob. cit., p. 1141.

[97] Como hace años puso de relieve Ponce Solé, a tenor del ordenamiento jurídico español: "El deber de buena administración es, pues, un aspecto de la función administrativa, que indica cómo debe ejercerse ésta. Cuando esta función administrativa se desarrolla mediante potestades, éstas implican la existencia de sujeción por parte de los administrados, como es conocido, pero también el sometimiento de quien ejerce la potestad al deber de buena administración. Deber que encuentra uno de sus mecanismos técnicos de articulación en la institución del procedimiento administrativo, que la Constitución reserva para el ejercicio del poder jurídico-administrativo, (…).". Previamente, Ponce Solé, había apuntado: "El procedimiento administrativo se configura, así, como uno de los instrumentos jurídicos posibilitadores del cumplimiento del deber de buena administración, como un factor, por tanto, de potenciación de las posibilidades de obtención de decisiones administrativas de calidad y, en definitiva, como un elemento de legitimación de las Administraciones Públicas.". Ponce Solé, Juli, ob. cit., pp. 197 y 127.

(como puede entenderse de principios como el democrático, la juridicidad, el de Estado de Derecho, etc.).

Informação bibliográfica deste texto, conforme a NBR 6023:2002 da Associação Brasileira de Normas Técnicas (ABNT):

MATILLA CORREA, Andry. La buena administración como principio jurídico: una aproximación conceptual. In: MATILLA CORREA, Andry; NÓBREGA, Theresa Christine de Albuquerque; AGRA, Walber de Moura (Coord.). *Direito Administrativo e os desafios do século XXI*: livro em homenagem aos 40 anos de docência do Prof. Francisco de Queiroz Bezerra Cavalcanti. Belo Horizonte: Fórum, 2018. p. 51-80. ISBN 978-85-450-0555-1.

PRESTAÇÃO DE SERVIÇOS DE SAÚDE PÚBLICA PELO TERCEIRO SETOR: O CASO DA MICROCEFALIA

Catarina Cardoso Sousa França,
Vladimir da Rocha França

1   Introdução

Nos anos 2015 e 2016, houve a eclosão de um número considerável de nascimento de crianças com *microcefalia* no Brasil. Tem-se atribuído esse fato à contaminação das respectivas mães, durante a gestação, com o *zika vírus*, transmitido pelo mosquito *Aedes aegypti*, cuja expansão ocorreu em razão do fracasso do Estado brasileiro em combatê-lo.[1]

Essas crianças, em razão de tal enfermidade, demandam todo um conjunto de medicamentos e procedimentos médicos cujo custo, não raras vezes, excede a renda média dos brasileiros. Ou, o que é pior, sequer são autorizados no âmbito do Sistema Único de Saúde – SUS por questões formais.

Levando-se em consideração que o direito à saúde é elevado à condição de direito fundamental,[2] e que a criança merece tutela constitucional especial,[3] o presente ensaio tem por objetivo examinar como o ordenamento jurídico brasileiro dispõe sobre a proteção dos infantes portadores de microcefalia.

Nesse sentido, emprega-se aqui a perspectiva preconizada pela teoria tridimensional do Direito, segundo a qual o ordenamento jurídico deve ser compreendido em todas as suas dimensões: (i) a dimensão fática; (ii) a dimensão valorativa; e (iii) a dimensão normativa.[4]

---

[1] Sobre o assunto, consultar: BRASIL. MINISTÉRIO DA SAÚDE. SECRETARIA DE ATENÇÃO À SAÚDE. *Protocolo de atenção à saúde e resposta à ocorrência de microcefalia relacionada à infecção pelo vírus zika [recurso eletrônico]*. Ministério da Saúde, Secretaria de Atenção à Saúde. – Brasília: Ministério da Saúde, 2016. Disponível em: <http://www.saude.go.gov.br/public/media/ZgUINSpZiwmbr3/64622069021204406934.pdf>. Acesso em: 3 ago. 2017; e ZORZETTO, Ricardo. Incertezas sobre a microcefalia. Disponível em: <http://revistapesquisa.fapesp.br/wp-content/uploads/2016/03/014-021_Zika-e-microcefalia_241.pdf>. Acesso em: 3 ago. 2017.

[2] Vide o art. 6º e o art. 196, ambos da Constituição Federal.

[3] Vide o art. 227 da Constituição Federal.

[4] Sobre a matéria, consultar: REALE, Miguel. *Filosofia do Direito*. 17. ed. São Paulo: Saraiva, 1996; REALE, Miguel. *Fontes e modelos do Direito*: para um novo paradigma hermenêutico. São Paulo: Saraiva, 1999.

2 Sobre a microcefalia

A microcefalia é uma patologia que se caracteriza pelo perímetro cefálico do recém-nascido apresentar tamanho menor do que 32 centímetros (medida do contorno da cabeça na sua parte maior), inviabilizando seu desenvolvimento mental, pois os ossos da cabeça, que ao nascer estão separados para se unirem dentro de um lapso temporal para uma criança sem a patologia, se unem muito cedo, para as crianças acometidas pela microcefalia, inviabilizando o crescimento do cérebro e o desenvolvimento de suas capacidades cognitivas.[5]

A microcefalia pode apresentar várias causas, tais como: (i) doenças genéticas ou infecciosas; (ii) exposição a substâncias tóxicas ou desnutrição; (iii) infecções como rubéola, citomegalovírus e toxoplasmose; (iv) consumo de cigarro, álcool ou drogas como cocaína e heroína durante a gravidez; (v) síndrome de Rett; (vi) envenenamento por mercúrio ou cobre; (v) meningite; (vi) HIV materno; (vii) exposição a radiação durante a gravidez; e (viii) infecções decorrentes da dengue, zika vírus ou chikungunya durante a gestação.

A contaminação com o zika vírus durante a gestação é uma situação grave, porque o vírus passa para o bebê causando-lhe a microcefalia. O vírus atravessa a barreira placentária, circula no sangue do bebê e consegue fazer com que o cérebro não se desenvolva, ficando no tamanho menor que 33 cm, característica da microcefalia, comprometendo, dessa forma, todo o desenvolvimento motor e cognitivo da criança.

Nesse campo, merece destaque as seguintes considerações de Boris Cyrulnik a respeito da importância da boa gestação para o desenvolvimento da pessoa humana:

> As respostas intra-uterinas já se adaptam ao mundo extra-uterino. Ao final da gravidez aparecem até movimentos defensivos que provam que a criança já sabe lidar com alguns problemas perceptuais: ela retira a mão ao contato da agulha de amniocentese ou, ao contrário, vem se encostar à parede uterina quando o especialista de haptonomia pressiona suavemente o ventre da mãe. Muito antes de nascer, a criança já não está dentro da mãe, está com ela. Começa a estabelecer algumas interações. Responde a suas perguntas comportamentais, a seus sobressaltos, a seus gritos ou à sua tranquilização com mudanças de posição e acelerações cardíacas.
>
> (...)
>
> Nem sabemos ainda e já começamos a nos tecer. A memória a curto prazo que aparece nesse momento permite as primeiras aprendizagens. Trata-se de uma memória sensorial, uma sabedoria do corpo, de certo modo, que registra as informações vindas do exterior e dá forma a nossas maneiras de reagir.[6]

O diagnóstico realizado nas gestantes é baseado nas suas queixas e sintomas após anamnese. Geralmente exames específicos são solicitados para confirmar a doença, principalmente a partir 16a semana de gestação. Os exames que são capazes de confirmar

---

[5] Sobre o assunto, consultar: BRASIL. MINISTÉRIO DA SAÚDE. SECRETARIA DE ATENÇÃO À SAÚDE. *Protocolo de atenção à saúde e resposta à ocorrência de microcefalia relacionada à infecção pelo vírus zika [recurso eletrônico].* Ministério da Saúde, Secretaria de Atenção à Saúde. – Brasília: Ministério da Saúde, 2016. Disponível em: <http://www.saude.go.gov.br/public/media/ZgUINSpZiwmbr3/64622069021204406934.pdf>. Acesso em: 3 ago. 2017.

[6] CYRULNIK, Boris. *Os patinhos feios*. São Paulo: Martins Fontes, 2004, p 33-34.

a doença não estão disponíveis na rede pública, aduzindo um custo elevadíssimo na rede privada de saúde, inviabilizando o acesso das mães que não têm condição financeira para arcar com essa demanda.

As crianças com microcefalia podem apresentar uma série de intercorrências em seu desenvolvimento, tais como: atraso na propagação das suas capacidades cognitivas e motoras, espasticidade, convulsões, epilepsia, paralisia e autismo.

Essas intercorrências ocorrem em virtude da ausência do desenvolvimento cerebral, que é obstaculizada pela falta da expansão da caixa craniana, comprometendo diversas funções e afetando diversas funções corporais.

A microcefalia não aduz cura, pois o fator determinante a impedir o desenvolvimento cerebral da criança é a união extemporânea dos ossos da caixa craniana.

O que podemos observar nos casos concretos é o aumento ou a diminuição das consequências inerentes da patologia, pois se a união dos ossos se realiza no início da gestação, teremos um prognóstico mais delicado, em virtude da junção precoce dos ossos da caixa craniana impedindo o desenvolvimento cerebral da criança.

Doutro giro, quando a microcefalia acomete no fim da gestação, quando a união dos ossos da caixa craniana ocorre de forma mais tardia, com o cérebro com algum desenvolvimento, as consequências são menos graves, pois a criança já aduz algum desenvolvimento cerebral, apresentando um melhor prognóstico.

Os tratamentos para minimizar as intercorrências provenientes da microcefalia podem ser desde os cirúrgicos que buscam separar os ossos cranianos nos dois primeiros meses de vida, para evitar a compressão do cérebro que impede seu crescimento, aos realizados pela equipe multidisciplinar, que vai acompanhar a criança (pediatra, neuropediatra, fonoaudiólogo, fisioterapeuta, terapeuta ocupacional e nutricionista) nas suas mais diversas demandas, buscando estimular suas funções, cognitivas, motoras e estomatognáticas, melhorando e maximizando sua qualidade de vida.

3   Direito à saúde em face da microcefalia

Os direitos fundamentais são direitos subjetivos assegurados aos indivíduos pela própria Constituição vigente e que são oponíveis contra o Estado. Recorde-se que o direito subjetivo é a possibilidade de exigir-se, de maneira garantida, aquilo que as normas jurídicas atribuem a alguém como próprio.[7]

O Direito à saúde foi inserido na Constituição Federal de 1988, dentro do arcabouço dos direitos sociais, aduzindo como objetivos o bem-estar social e a justiça social.[8] Cuida-se de direito subjetivo que assegura ao seu titular a pretensão de exigir do Estado a prestação de serviços que visem à redução do risco de doença e de outros agravos, assim como de ter acesso universal e igualitário às ações e serviços para sua promoção, proteção e recuperação.

---

[7]   Sobre matéria, consultar: REALE, Miguel. *Noções preliminares de Direito*. 27. ed. São Paulo: Saraiva, 2003, p. 257-260.

[8]   Vide o art. 6º, o art. 193 e o art. 196, todos da Constituição Federal.

Recorde-se que, enquanto titular de direitos fundamentais sociais, a pessoa tem o direito de exigir do Estado a realização de prestações destinadas à preservação ou elevação de sua dignidade, pois presume-se que tais prestações ensejem sua maior e melhor inclusão social.[9]

O direito à saúde recebeu por parte do legislador atenção especial, por aduzir íntima relação com o próprio direito à vida[10] e o princípio da dignidade da pessoa humana.[11]

O art. 196 da Constituição Federal reconheceu a saúde como direito de todos e dever do Estado, garantido por meio de políticas sociais e econômicas que visem à redução do risco de doenças e outros agravos e ao acesso universal e igualitário às ações e serviços para sua promoção, proteção e recuperação. O que, em verdade, impõe ao Estado o dever de formular e concretizar políticas públicas que deem concretização ao direito fundamental à saúde.[12]

O conceito de saúde agregou uma clara evolução valorativa mediante a evolução da vida em sociedade. A saúde não pode ser mais vislumbrada apenas pelo espectro da ausência de doença, mas sim pelo estado de homeostase física, mental e social.

Desde a vida intrauterina, a saúde do nascituro e da gestante é objeto de direitos em face do Estado.

A gestante aduz o direito de receber os cuidados do pré-natal, buscando a promoção da sua saúde e a viabilidade da vida intrauterina.

Recorde-se que o nascituro existe para o Direito com a implantação uterina efetiva, por meios naturais ou artificiais, e se encerra quando nasce com vida ou morto.[13] Embora seja desprovido de personalidade jurídica, é reconhecido como sujeito de direitos[14] e deve ter sua integridade protegida pelo Estado, ressalvadas as hipóteses de aborto legal.[15]

Nascida a criança, todas as normas constitucionais e legais que a tutelam tem incidência imediata, e devem ser fielmente observadas pelo Estado.

Dessa forma, o Estado, através de políticas profiláticas e de promoção à saúde, oferta à mãe e à criança meios para um desenvolvimento dentro dos padrões de normalidade.

---

[9]   Sobre a matéria consultar: GOTTI, Alessandra. *Direitos sociais*: fundamentos, regime jurídico, implementação e aferição de resultados. São Paulo: Saraiva, 2012; ZOCKUN, Carolina Zancaner. *Da intervenção do Estado no domínio social*. São Paulo: Malheiros Editores, 2009.

[10] Vide o art. 5º, *caput*, da Constituição Federal.

[11] Vide o art. 1º, III, da Constituição Federal.

[12] Ainda que o Estado brasileiro esteja numa encruzilhada fiscal, os compromissos socioeconômicos que a Constituição Federal lhe impõe continuam vigentes.
Sobre a matéria, consultar: CAVALCANTI, Francisco de Queiroz Bezerra. Reflexões sobre o papel do Estado frente à atividade econômica. *Revista Trimestral de Direito Público*, n. 20, p. 67-75, 1997.

[13] LÔBO, Paulo. *Direito Civil*: parte geral. 4. ed. São Paulo: Saraiva, 2013, p. 98.

[14] Sobre a matéria, consultar: LÔBO, Paulo. *Direito Civil*: parte geral. 4. ed. São Paulo: Saraiva, 2013, p. 98-102; e MELLO, Marcos Bernardes. *Teoria do fato jurídico*: plano da eficácia. 9. ed. São Paulo: Saraiva, 2014, p. 123-124 e 156-158.

[15] Vide o art. 5º, *caput*, e §§ 1º e 2º da Constituição Federal, o art. 2º do Código Civil, o art. 128 do Código Penal, e Supremo Tribunal Federal, Arguição de Descumprimento de Preceito Fundamental nº 54/DF, Tribunal Pleno, Relator Ministro Marco Aurélio, publicado no *DJe* de 30 de abril de 2013.

A Constituição Federal prescreve o seguinte em seu art. 227, *caput*:

Art. 227. É dever da família, da sociedade e do Estado assegurar à criança, ao adolescente e ao jovem, *com absoluta prioridade*, o direito à vida, à saúde, à alimentação, à educação, ao lazer, à profissionalização, à cultura, à dignidade, ao respeito, à liberdade e à convivência familiar e comunitária, além de colocá-los a salvo de toda forma de negligência, discriminação, exploração, violência, crueldade e opressão. (Grifos acrescidos)

O referido dispositivo constitucional aduz como principal fundamento à criança a proteção ao seu desenvolvimento biopsicossocial. O legislador constituinte buscou através das garantias elencadas no artigo subscrito, o mais alto e intenso grau de proteção, vislumbrando as crianças sob um novo olhar. Sob o foco central de todas as preocupações constitucionais, determina-se que as suas necessidades e a busca pelo seu pleno desenvolvimento e inserção social tenham máxima prioridade.

Corroborando esse mesmo entendimento, a Lei Federal nº 8.069, de 13 de julho de 1990,[16] em seu art. 4º, define que tal absoluta prioridade compreende, entre outras providências, a destinação de recursos públicos, a formulação e execução das políticas públicas, o atendimento nos serviços públicos ou de relevância pública e o recebimento de proteção e socorro em quaisquer circunstâncias.

Anote-se que tanto o art. 227, *caput*, da Constituição Federal, como o próprio Estatuto da Criança e do Adolescente reduzem consideravelmente o campo de discricionariedade administrativa no atendimento das demandas de crianças, tomando-se por base o direito fundamental à boa administração pública.[17]

Contudo, o dever de garantir à criança máxima proteção e prioridade absoluta não se restringe apenas à área de atuação e dos processos decisórios do Estado e seus governantes.

De acordo com o artigo supracitado, o texto constitucional busca sensibilizar a sociedade para as necessidades da criança e a absoluta prioridade pela busca do seu desenvolvimento holístico e biopsicossocial.

Desse modo, observamos com clareza a inovação do legislador ao realizar um chamamento normativo de todos os atores sociais (sociedade, família e Estado) para uma ação constante na defesa e promoção dos direitos da criança e a busca de seu pleno desenvolvimento.

Enfim, o art. 227 da Constituição Federal aduz um novo olhar a despeito das necessidades da criança e sua inserção na vida em sociedade.

Contudo, sua efetividade é duvidosa, pois, ao nos depararmos com as demandas e necessidades referentes às crianças portadoras de microcefalia, observamos que as políticas públicas adotadas pelo Estado estão longe de suprir as reais demandas.

---

[16] "Dispõe sobre o Estatuto da Criança e do Adolescente e dá outras providências".

[17] Sobre a matéria, consultar: FREITAS, Juarez. *Discricionariedade administrativa e o direito fundamental à boa administração pública:* a sindicabilidade dos atos administrativos; os vícios de arbitrariedade por excesso ou omissão; a era da motivação administrativa; a responsabilidade de Estado por ações e omissões; a releitura de institutos à luz do direito à boa administração; os princípios da prevenção e da precaução; a valorização das carreiras de Estado. São Paulo: Malheiros Editores, 2007.

Não aduzimos na rede pública a estrutura necessária para abraçar as necessidades das crianças com microcefalia e de suas famílias.

Observamos o comprometimento por parte do Estado, inclusive no tocante às próprias medidas profiláticas em relação à proteção à gestante e ao nascituro, não ofertando o Estado as medidas adequadas, como os exames que podem detectar de forma fidedigna a contaminação por zika vírus na corrente sanguínea.

Os exames que identificam o zika vírus encontram pequenas partículas desse vírus na corrente sanguínea da pessoa infectada, por isso, só são eficazes as demandas profiláticas, enquanto ainda existem os sintomas da Zika, o que dura entre cinco e dez dias para ocorrer.

Após esse lapso temporal, não é possível, muitas vezes, observar a doença, pois nem sempre são encontrados vestígios de vírus no sangue.

Os outros dois tipos de exames ofertados à população, o RT-PCR e o KIT NAT, além de tudo, não estão disponíveis para toda população. Estando o primeiro disponível apenas nos centros de referência do Ministério da Saúde, não sendo acessível à população, sendo utilizado somente em casos de investigação de complicações e mortes relacionadas ao zika vírus.

Já o segundo, capaz de diagnosticar Dengue, Zika e Chikungunya, está apenas disponível na Fundação Oswaldo Cruz – Fiocruz, inviabilizando o acesso às gestantes e impedindo as medidas profiláticas e de promoção à saúde da gestante e do nascituro.

Como foi possível observar a proteção à criança portadora de microcefalia encontra-se materialmente mitigada desde a sua vida intrauterina, apesar da vasta tutela jurídica que lhe é prometida.

Malgrado tenhamos uma nova ótica da proteção dos direitos da criança com absoluta prioridade a partir da inovação constitucional realizada pelo legislador no art. 227 da Constituição Federal, sua aplicabilidade e viabilidade encontra-se prejudicada em virtude da inoperância do Estado na efetivação do princípio constitucional.

4 A prestação de serviços de saúde pública a crianças com microcefalia pelo terceiro setor

Como já foi visto, a prestação de serviços de saúde pública constitui dever do Estado.[18] Nesse diapasão, são serviços públicos sociais e, por conseguinte, devem ser realizados sob o regime jurídico-administrativo.[19]

E, recorde-se mais uma vez, as crianças devem ser tratadas de modo prioritário no âmbito do SUS, por injunção do art. 227, *caput*, da Constituição Federal.

Nesse diapasão, convém anotar que, em face da impossibilidade material do Estado de atendê-las diretamente, por meio da própria Administração Pública,[20] o Poder Público deve recorrer à iniciativa privada para satisfazer as suas demandas.

---

[18] Vide o art. 6º e o art. 196, ambos da Constituição Federal.

[19] Sobre a matéria, consultar: BANDEIRA DE MELLO, Celso Antônio. *Curso de Direito Administrativo*. 31. ed. São Paulo: Malheiros Editores, 2014, p. 830-835.

[20] Vide o art. 37, *caput*, XIX, da Constituição Federal.

Abre-se espaço, no ordenamento jurídico vigente, para que a Administração Pública firme parcerias com entidades privadas sem fins lucrativos que desenvolvem atividades de interesse público – *entidades do terceiro setor* –,[21] no âmbito do SUS.[22] Parcerias estas formalizadas por meio de negócios jurídicos que viabilizam o repasse de recursos financeiros públicos, a cessão de servidores públicos e o uso de bens públicos, observados os princípios do regime jurídico-administrativo.

Sobre a matéria, convém transcrever a seguinte lição de Maria Sylvia Zanella Di Pietro:

> Os teóricos da Reforma do Estado incluíram essas entidades no que denominaram *terceiro setor*, assim entendido aquele que é composto por entidades da sociedade civil de fins públicos e não lucrativos; esse terceiro setor coexiste com o primeiro setor, que é o Estado, e o segundo setor, que é o mercado. Na realidade, ele caracteriza-se por prestar atividade de interesse público, por iniciativa privada, sem fins lucrativos; precisamente pelo interesse público da atividade, recebe proteção e, em muitos casos, ajuda por parte do Estado, dentro da atividade de fomento; para receber essa ajuda tem que atender a determinados requisitos impostos por lei que variam de um caso para outro; uma vez preenchidos os requisitos, a entidade recebe um título, como o de utilidade pública, o certificado de fins filantrópicos, a qualificação de organização social. Esse tipo entidade existe desde longa data, mas adquiriu feição nova, com a promulgação da Lei nº 9.790, de 22-3-99, que dispõe sobre as organizações da sociedade civil de interesse público, e da Lei nº 13.019, de 21-7-14, que dispõe sobre as parcerias voluntárias firmadas entre o poder público e as organizações da sociedade civil. Antes disso, o instrumento usual para formalização da parceria era o convênio.[23]

Também merece destaque o seguinte ensinamento de José dos Santos Carvalho Filho:

> Além da associação exclusivamente da Administração Pública, o Estado pretende modernizar-se através da possibilidade de executar os serviços públicos pelos regimes de parceria, caracterizados pela aliança entre o Poder Público e *entidades privadas*, sempre com o objetivo de fazer chegar aos mais diversos segmentos da população os serviços de que esta necessita e, que por várias razões, não lhe são prestados.[24]

Portanto, lança-se mão dos serviços prestados pelas *entidades paraestatais* para viabilizar as demandas que não podem ser atendidas diretamente pela Administração Pública.

---

[21] Sobre a matéria, consultar: CARVALHO, Cristiano; PEIXOTO, Marcelo Magalhães (Coord.). *Aspectos jurídicos do terceiro setor*. 2. ed. São Paulo: MP, 2008. DI PIETRO, Maria Sylvia Zanella. *Direito Administrativo*. 28. ed. São Paulo: Atlas, 2015, p. 598-609; FRANÇA, Vladimir da Rocha. Reflexões sobre a prestação de serviços públicos por entidades do terceiro setor. *Revista Trimestral de Direito Público*, v. 42, p. 90-104, 2003; ROCHA, Sílvio Luís Ferreira da. *Terceiro setor*. São Paulo: Editores, 2003; SOARES, José Eduardo Sabo. *Fundações e entidades de interesse social*: aspectos jurídicos, administrativos, contábeis e tributários. 5. ed. Brasília: Brasília Jurídica, 2004, p. 97-112.

[22] Vide o art. 199, § 1º, da Constituição Federal.

[23] DI PIETRO, Maria Sylvia. *Direito Administrativo*. 28 ed. São Paulo: Editora Saraiva, 2015, p. 602 (grifos no original).

[24] CARVALHO FILHO, José dos Santos. *Manual de Direito Administrativo*. 31. ed. São Paulo: Atlas, 2017, p. 369.

Hodiernamente, o termo paraestatal é empregado a entidades privadas sem fins lucrativos que não integram a Administração Pública direta ou indireta, todavia se colocam de forma contígua no desempenho de atividades de interesse coletivo.[25]

Com essas características jurídicas, as entidades paraestatais compõem um dos setores da economia nacional. Bifurcando-se em primeiro setor, que compreende o Estado e o seu anseio de realizar atividade administrativa; em segundo setor, que compreende o mercado e a livre iniciativa; e em terceiro setor, que por sua vez compreende as entidades sem fins lucrativos que aduzem fim social, que exercem atividade de interesse social e coletivo.[26]

O Estado pode celebrar *convênios* com entidades do terceiro setor classificadas como de *utilidade pública*,[27] de modo a designá-la para a realização de atendimentos e procedimentos médicos com a garantia do ressarcimento de seus custos pelo SUS.[28] Nesse caso, a aplicação dos recursos financeiros repassados ao conveniado fica sujeita ao controle da própria Administração Pública, assim como ao controle externo da atividade administrativa.[29]

Outra alternativa possível para o Estado é a celebração de *contratos de gestão* com *organizações sociais*. Trata-se de entidades do terceiro setor que recebem tal qualificação pela autoridade competente após a sua sujeição a processo administrativo específico instituído por lei. Para tanto, exige-se da entidade interessada que seja instituída e estruturada conforme os requisitos substanciais e formais previstos na Lei Federal nº 9.637, de 15 de maio de 1998.[30]

Em rigor, o contrato de gestão permite à organização social, em contrapartida da assunção de metas previamente estabelecidas pela Administração Pública, ser beneficiada com a cessão de servidores públicos e de bens públicos, sem prejuízo do repasse dos recursos financeiros cabíveis para a concretização daqueles objetivos.

Por fim, também há a possibilidade da celebração de *termos de parceria* com *organizações da sociedade civil de interesse público*.[31] Embora sujeitas a regras mais rígidas de organização e formalização, a outorga do título especial não depende da celebração de negócio jurídico, ao contrário do que ocorre com as organizações sociais.

Outra diferença relevante entre as organizações sociais e as organizações da sociedade civil de interesse público reside no fato de que aquelas não precisam ser

---

[25] Sobre a matéria, consultar: DI PIETRO, Maria Sylvia. *Direito Administrativo*. 28. ed. São Paulo: Saraiva, 2015, p. 598-609.

[26] Sobre a matéria, consultar: DI PIETRO, Maria Sylvia. *Direito Administrativo*. 28. ed. São Paulo: Saraiva, 2015, p. 598-609.

[27] Sobre a matéria, consultar: SOARES, José Eduardo Sabo. *Fundações e entidades de interesse social: aspectos jurídicos, administrativos, contábeis e tributários*. 5 ed. Brasília: Brasília Jurídica, 2004, p. 557-582.

[28] Vide o art. 199, § 1º, da Constituição Federal.
Vide o art. 4º, § 2º, da Lei Federal nº 8.080, de 19 de setembro de 1990 ("Dispõe sobre as condições para a promoção, proteção e recuperação da saúde, a organização e o funcionamento dos serviços correspondentes e dá outras providências").

[29] Vide o art. 70 da Constituição Federal.

[30] "Dispõe sobre a qualificação de entidades como organizações sociais, a criação do Programa Nacional de Publicização, a extinção dos órgãos e entidades que menciona e a absorção de suas atividades por organizações sociais, e dá outras providências".

[31] Vide a Lei Federal nº 9.790, de 23 de março de 1999 ("Dispõe sobre a qualificação de pessoas jurídicas de direito privado, sem fins lucrativos, como Organizações da Sociedade Civil de Interesse Público, institui e disciplina o Termo de Parceria, e dá outras providências").

submetidas a processo concorrencial para a celebração do contrato de gestão, o que não ocorre com estas por injunção da Lei Federal nº 13.019, de 31 de julho de 2014.[32]

De todo modo, celebrado o convênio, contrato de gestão ou termo de parceria, a entidade do terceiro setor passa a ter legitimidade para prestar o serviço público de saúde com financiamento público.

Como já foi asseverado, as crianças com microcefalia, por apresentarem um fechamento extemporâneo da caixa craniana, inviabilizando o seu desenvolvimento cerebral pleno, podem apresentar uma série de limitações motoras, cognitivas e nas funções estomatognáticas.

Dessa forma, as crianças que aduzem a patologia necessitam de uma série de estímulos para viabilizar seu desenvolvimento e proporcionar uma melhor qualidade de vida. Sendo de extrema importância um prognóstico (esboço do desenvolvimento futuro da criança após o acompanhamento médio e terapêutico) precoce, observando as principais necessidades da criança para o seu desenvolvimento e o traceio dos estímulos que serão ofertados pela equipe multidisciplinar (Neuropediatra, Pediatra, Fonoaudiólogo, Fisioterapeuta, Psicólogo, Dentista e Terapeuta Ocupacional) para proporcionar a essas crianças o desenvolvimento mais próximo possível dos padrões da normalidade e melhorar sua qualidade de vida.

Recorde-se que muitos são os serviços de saúde prestados pelas entidades do terceiro setor através das organizações sociais.

Não é desnecessário enfatizar mais uma vez que essas entidades do terceiro setor caracterizam-se por serem sem fins lucrativos e com o mesmo objetivo social do Estado recebem recursos, para prestarem serviços não exclusivos da Administração Pública e desenvolverem projetos nas áreas de saúde, como ocorre na prevenção da microcefalia e no tratamento das crianças atingida por tal doença.

Assim como, para usufruir dos recursos públicos, essas entidades precisam estar alinhadas com o controle realizado pela Administração Pública e pelos Tribunais de Contas e aduzir o mesmo objetivo social do Estado, ou seja, ofertar o serviço público.

Nesse diapasão, é necessário que o Estado oferte às crianças com a patologia centros de apoio e reabilitação que possam ofertar um acompanhamento multidisciplinar às crianças e aos pais, buscando maximizar suas funções e melhorar sua qualidade de vida. Pois, os estímulos precisam ser constantes em virtude da plasticidade neuronal (capacidade de criar novas conexões entre os neurônios). Dessa forma, o processo terapêutico precoce é de fundamental importância para o desenvolvimento a contendo da criança portadora da microcefalia, devendo ser prioridade absoluta nas políticas públicas ofertadas pelo Estado.

Contudo, observamos que em face da impossibilidade material do Estado de atender essas demandas diretamente, por meio da própria Administração Pública, vale-se da iniciativa privada para satisfazer essas demandas. O problema reside no fato

---

[32] "Estabelece o regime jurídico das parcerias entre a administração pública e as organizações da sociedade civil, em regime de mútua cooperação, para a consecução de finalidades de interesse público e recíproco, mediante a execução de atividades ou de projetos previamente estabelecidos em planos de trabalho inseridos em termos de colaboração, em termos de fomento ou em acordos de cooperação; define diretrizes para a política de fomento, de colaboração e de cooperação com organizações da sociedade civil; e altera as Leis nºs 8.429, de 2 de junho de 1992, e 9.790, de 23 de março de 1999".

de que as entidades do terceiro setor não têm o dever de prestar serviços públicos de saúde, mas sim a faculdade de fazê-los sob a regulação estatal.

5 Considerações finais

A grande crítica a esse modelo de parceria adotado pelo Estado é o fato de ele, na maioria das vezes, não ofertar o serviço, contando apenas com as entidades do terceiro setor para realizá-lo, outorgando uma responsabilidade que é sua por dever constitucional para esses entes, excluindo-se aparentemente da sua responsabilidade.

Verifica-se que nas próprias demandas referentes a microcefalia, mesmo observando-se um lapso temporal entre o início da contaminação das crianças e o período hodierno, onde é possível constatar uma estabilidade maior referente à incidência dos casos de microcefalia, poucos avanços foram observados em relação aos centros de referência ao atendimento de crianças com microcefalia que deveriam ser ofertados pelo Estado com absoluta prioridade.

Lançando mão o Estado da estrutura azafamada existente, inobservando as reais necessidades dessas crianças e a importância para o seu desenvolvimento dos estímulos precoces, a criança e sua família ficam desamparadas. Estímulos estes que são essenciais para o desenvolvimento global da criança com microcefalia e a melhora da sua qualidade de vida, não podendo serem demandados serodiamente, pois sua inobservância fora do lapso temporal hábil para o desenvolvimento da criança acarreta perdas irreparáveis para o desenvolvimento motor, cognitivo e as funções estomatognáticas dos infantis.

Nessas circunstâncias, nega-se a essas crianças a oportunidade de usufruir do mínimo existencial, e se viola o princípio constitucional erigido no art. 227, *caput*, da Constituição Federal que, de forma expressa e clara conclama todos os atores sociais (Estado, sociedade e família) para a proteção dos direitos da criança e a sua absoluta prioridade.

Referências

BANDEIRA DE MELLO, Celso Antônio. *Curso de Direito Administrativo*. 31. ed. São Paulo: Malheiros Editores, 2014.

BRASIL. MINISTÉRIO DA SAÚDE. SECRETARIA DE ATENÇÃO À SAÚDE. *Protocolo de atenção à saúde e resposta à ocorrência de microcefalia relacionada à infecção pelo vírus zika [recurso eletrônico]*. Ministério da Saúde, Secretaria de Atenção à Saúde. – Brasília: Ministério da Saúde, 2016. Disponível em: <http://www.saude.go.gov.br/public/media/ZgUINSpZiwmbr3/64622069021204406934.pdf>. Acesso em: 3 ago. 2017.

CARVALHO, Cristiano; PEIXOTO, Marcelo Magalhães (Coord.). *Aspectos jurídicos do terceiro setor*. 2. ed. São Paulo: MP, 2008.

CARVALHO FILHO, José dos Santos. *Manual de Direito Administrativo*. 31. ed. São Paulo: Atlas, 2017.

CAVALCANTI, Francisco de Queiroz Bezerra. Reflexões sobre o papel do Estado frente à atividade econômica. *Revista Trimestral de Direito Público*, Malheiros, n. 20, p. 67-75, 1997.

CYRULNIK, Boris. *Os patinhos feios*. São Paulo: Martins Fontes, 2004.

DI PIETRO, Maria Sylvia. *Direito Administrativo*. 28. ed. São Paulo: Saraiva, 2015.

FRANÇA, Vladimir da Rocha. Reflexões sobre a prestação de serviços públicos por entidades do terceiro setor. *Revista Trimestral de Direito Público*. São Paulo: Malheiros Editores, v. 42, p. 90-104, 2003.

FREITAS, Juarez. *Discricionariedade administrativa e o direito fundamental à boa administração pública:* a sindicabilidade dos atos administrativos; os vícios de arbitrariedade por excesso ou omissão; a era da motivação administrativa; a responsabilidade de Estado por ações e omissões; a releitura de institutos à luz do direito à boa administração; os princípios da prevenção e da precaução; a valorização das carreiras de Estado. São Paulo: Malheiros Editores, 2007.

GOTTI, Alessandra. *Direitos sociais*: fundamentos, regime jurídico, implementação e aferição de resultados. São Paulo: Saraiva, 2012.

LÔBO, Paulo Luiz Netto. *Direito Civil*: parte geral. 4. ed. São Paulo: Saraiva, 2013.

MELLO, Marcos Bernardes. *Teoria do fato jurídico*: plano da eficácia. 9. ed. São Paulo: Saraiva, 2014.

REALE, Miguel. *Filosofia do direito*. 17. ed. São Paulo: Saraiva, 1996.

REALE, Miguel. *Fontes e modelos do Direito*: para um novo paradigma hermenêutico. São Paulo: Saraiva, 1999.

REALE, Miguel. *Noções preliminares de Direito*. 27. ed. São Paulo: Saraiva, 2003.

ROCHA, Sílvio Luís Ferreira da. *Terceiro setor*. São Paulo: Malheiros Editores, 2003.

SOARES, José Eduardo Sabo. *Fundações e entidades de interesse social:* aspectos jurídicos, administrativos, contábeis e tributários. 5. ed. Brasília: Brasília Jurídica, 2004.

ZOCKUN, Carolina Zancaner. *Da intervenção do Estado no domínio social*. São Paulo: Malheiros Editores, 2009.

ZORZETTO, Ricardo. *Incertezas sobre a microcefalia*. Disponível em: <http://revistapesquisa.fapesp.br/wp-content/uploads/2016/03/014-021_Zika-e-microcefalia_241.pdf>. Acesso em: 3 ago. 2017.

Informação bibliográfica deste texto, conforme a NBR 6023:2002 da Associação Brasileira de Normas Técnicas (ABNT):

FRANÇA, Catarina Cardoso Sousa; FRANÇA, Vladimir da Rocha. Prestação de serviços de saúde pública pelo terceiro setor: o caso da microcefalia. In: MATILLA CORREA, Andry; NÓBREGA, Theresa Christine de Albuquerque; AGRA, Walber de Moura (Coord.). *Direito Administrativo e os desafios do século XXI*: livro em homenagem aos 40 anos de docência do Prof. Francisco de Queiroz Bezerra Cavalcanti. Belo Horizonte: Fórum, 2018. p. 81-91. ISBN 978-85-450-0555-1.

LA CUESTIÓN DE LAS POTESTADES PÚBLICAS EN LOS CONTRATOS DE LA ADMINISTRACIÓN

Cristina Vázquez

1   Introducción

A los efectos del tratamiento del tema objeto de esta exposición comenzaremos por analizar el contrato de la Administración como especie del género contrato. Este análisis supondrá traer a consideración, aunque de manera breve, la evolución de la categoría jurídica *"contrato"* así como las diferentes perspectivas acerca de la existencia o inexistencia de la especie *"contrato administrativo"*, y el llamado por alguna doctrina *"contrato de la Administración"*.

A partir de las conclusiones obtenidas en el estudio referido, ingresaremos al análisis de las diversas posturas respecto de las potestades públicas en los llamados *"contratos de la Administración"*, en lo que tiene que ver con su existencia o inexistencia, naturaleza y régimen jurídico.

2   El contrato como categoría jurídica. Su evolución[1]

La noción de contrato que adopta nuestro Código Civil en su artículo 1247 corresponde a un concepto restringido que es propio de la época de Justiniano,[2] en que el contrato tenía eficacia puramente obligacional, pero no eficacia real, requiriéndose el modo para operar el traspaso de la propiedad.[3]

Por otra parte, no toda convención se consideraba contrato, sino únicamente las que constituyen obligaciones, quedando fuera aquellas que modifican o extinguen un vínculo preexistente.

---

[1]   VÁZQUEZ, Cristina – Contratación de obra pública, Mont., 2012.

[2]   GAMARRA, Jorge – Tratado de Derecho Civil Uruguayo, Tomo VIII, Mont., 1972, p. 7.

[3]   DURÁN MARTÍNEZ destaca la esencia universal del contrato y señala que el propio Aristóteles aludía al acuerdo de voluntades como sustancia del mismo: DURÁN MARTÍNEZ, Augusto – Ejecución de los contratos administrativos, en Contratación administrativa, Mont., 1989, p. 59 y ss. En sentido similar, DELPIAZZO, Carlos – Contratación administrativa, 2ª edición, UM, Mont., 2004, p. 217 y ss.

Fiel al Derecho Romano, el Código Civil uruguayo define el contrato, diciendo que *"es una convención por la cual una parte se obliga para con la otra, o ambas partes se obligan recíprocamente a una prestación cualquiera, esto es, a dar, hacer o no hacer alguna cosa"*.

El concepto de contrato se expande por primera vez con la sanción del Código Napoleón, logrando eficacia real, y luego por obra del Código italiano de 1865, que además de dotar al contrato de eficacia real, comprende en la categoría, a los acuerdos modificativos o extintivos.[4]

Pero no han sido éstos los únicos sentidos en los cuales la noción de contrato se ha extendido. Señala Berçaitz[5] que el concepto de contrato se enriquece como consecuencia de que el individualismo del siglo XIX encuentra en él su forma de expresión más categórica y perfecta. Se produce, así, lo que Hauriou[6] denominara, *"el desborde del contrato"*, en virtud de que las voluntades individuales aparecen como soberanas para organizar en la forma que crean conveniente, sus derechos y obligaciones recíprocas (principio de autonomía de la voluntad).

Los caracteres del contrato, en esa época, son, según expresa este autor 1) la igualdad y libertad de las partes en su formación, ejecución y disolución; 2) la inmutabilidad de sus cláusulas y 3) la limitación de sus efectos a quienes lo han celebrado.

Aquella realidad se modifica como consecuencia de los grandes descubrimientos científicos y tecnológicos que posibilitan la acumulación de enormes capitales. Ello provoca una correlativa transformación en los esquemas jurídicos.

Las grandes empresas imponen sus condiciones a quienes con ellas contratan, apareciendo primero el contrato de adhesión y luego, como instrumento de defensa jurídica del trabajador, el contrato colectivo de trabajo,[7] y también las normas reguladoras de las relaciones de consumo.

La ruptura del equilibrio económico entre las partes contratantes vuelve necesario el intervencionismo estatal a los efectos de tutelar al más débil y restablecer ese equilibrio que era, de algún modo, presupuesto de afirmación del principio de la autonomía de la voluntad. Se vuelve evidente, además, que no siempre existe concordancia entre los intereses de las partes y los intereses generales de la comunidad.

Advienen así, los fenómenos que se han dado en llamar el *"dirigismo contractual"*, la *"publicización del contrato"* y con ellos, la *"crisis del contrato"*. Éste ya no aparece con los caracteres que ostentaba en el siglo XIX, sino que *"deja de ser el resultado del libre juego de dos voluntades autónomas, para convertirse en una operación dirigida por los poderes públicos, representados por el poder administrador y por el juez, a quienes el legislador entrega el control de la forma en que el contrato se concierta, se va cumpliendo y se finiquita"*.[8]

---

4 GAMARRA, Jorge – ob. cit., p. 8.

5 BERÇAITZ, Miguel A. – Teoría General de los Contratos Administrativos, Buenos Aires, 1980, p. 25 y s.

6 HAURIOU – cit. por BERÇAITZ – ob. cit., p. 25.

7 No todos los autores aceptan el carácter contractual del contrato colectivo de trabajo. Así DUGUIT entiende que no se trata de un contrato sino de una *"unión"* en que se fija la regla general según la cual deberán celebrarse en determinada profesión, los contratos individuales de trabajo (cit. por BERÇAITZ – ob. cit., p. 38).

8 BERÇAITZ – ob. cit., p. 32 y 41 y s. Cita este autor, como ejemplos del dirigismo contractual, la fijación por el Estado, de la duración de la jornada, el descanso, etc. en el contrato de trabajo, o la prórroga en los contratos de locación urbana (p. 63).

Ya en la década de los ochentas del siglo pasado, Berçaitz explica la *"publicización del contrato"* señalando que el contrato de Derecho privado deja de ser privado, particular de las partes contratantes, para interesar a todos, a la comunidad. *"La autonomía de la voluntad se esfuma como un fantasma: la reemplaza la realidad que vivimos, la idea de la utilidad pública"*.[9]

Tan tempranas y sagaces observaciones se ven confirmadas por la evolución posterior. En este sentido, vale la pena mencionar algunas relevantesconsideraciones provenientes de los más recientes análisis desde la teoría general del contrato, como el fundado y minucioso estudio publicado el pasado año por de Cores.[10] En esta obra, el autor señala tanto la crisis del fundamento de la fuerza vinculante del contrato en la teoría clásica –el principio de la autonomía de la voluntad– como la crisis de la idea del contrato en general como categoría unitaria.

De Cores destaca, en lo fundamental y en lo que aquí nos interesa, que:

a) El concepto de contrato propio de la Antigüedad y de la Edad Media –que denomina "concepción aristotélico-tomista del contrato"– mantenía en segundo plano la idea del consentimiento o autonomía de la voluntad, elevando a primer rango el requerimiento de justicia contractual o equilibrio objetivo entre las prestaciones.

b) A su vez, la idea del contrato como categoría general, como acuerdo de voluntades que genera obligaciones, es posterior a la reflexión jurídica sobre los contratos especiales.

c) Y aun la idea general del contrato que nos legó la etapa que culmina con la codificación, sufrió transformaciones producto de fenómenos tales como el proceso de socialización del contrato en la perspectiva de su función social, la cuestión del contrato de adhesión o la incorporación de estándares heterónomos respecto de las partes (v.gr. en materia de arrendamientos), entre otros.

d) Por su parte, la crisis actual de la idea de contrato es producto de diversos fenómenos, entre los que destacan la incorporación de la regulación legislativa de las relaciones de consumo y de la práctica de su aplicación analógica, así como la descodificación y la constitucionalización del Derecho privado y la denominada "fragmentación" de la teoría general del contrato a partir de la diversificación de regímenes jurídicos para tipos contractuales nuevos y diversos, con la correspondiente pérdida de centralidad del Código Civil.

e) Es así que:"La idea de contrato como acuerdo de voluntades constituiría solamente un paréntesis en la historia general del pensamiento sobre el contrato, y un paréntesis quién sabe si cerrado ya."

f) Es tan solo en la perspectiva intermedia propia del periodo de paréntesis aludido, entre la visión de la antigüedad y la de la actual crisis de la idea de

---

[9] Ob. cit. p. 54 y s.

[10] DE CORES, Carlos – Pasado, presente y futuro de la Teoría General del Contrato. Una mirada desde la tradición jesuítica, Mont., 2015.

contrato, que "no es potestad de ningún Juez o Príncipe, ni del Rey, ni del Papa poder obligar por contrato sin el consentimiento."

g) Por el contrario, en la perspectiva más reciente, se señala que el futuro del contrato, aun del de Derecho Civil, depende en buena parte de la aptitud que muestre este Derecho para asimilar los nuevos enfoques, sin negarles y sin negarse a sí mismo. "Sobre la base de la utilidad social, se prescribe un límite positivo a la autonomía privada al disponer un control estatal más incisivo sobre la congruidad del intercambio contractual. Así entendida la cuestión, se afirma que el control debe responder inequívocamente a los intereses generales de la sociedad."

h) De lo expuesto se deduce como uno de los ribetes más claros de la crisis de la visión liberal del contrato, la cuestión del equilibrio contractual y de la llamada "tendencia hacia la objetivación del contrato", derivados de la mayor importancia dada al interés general. Así, "las tendencias modernas en materia contractual serán valiosas únicamente si logran el desiderátum del bien común, armonizando lo que es bueno para cada uno con lo que es bueno para la generalidad".

i) Todo lo expresado tiene lugar en el marco del aludido fenómeno del "fraccionamiento" de la teoría general del contrato, cuya idea más clara es formulada por De Nova ya en 1988, cuando plantea la duda de si puede útilmente discutirse sobre el contrato como figura general, expresando respuesta negativa ante las diferencias entre contratos entre empresarios y contratos con consumidores, contratos entre privados, contratos colectivos y contratos con la Administración Pública.[11]

La evolución sufrida por la figura del contrato ha llevado, entonces, a que algún autor pueda sostener su decadencia en la época moderna. Por nuestra parte, coincidimos con el sector de la doctrina que estima que el contrato se ha transformado, desdibujándose algunos de sus postulados clásicos. Sin embargo, ello no obsta a su permanencia como categoría jurídica, como género comprensivo de diversas especies.El contrato que se presenta como único posible, por los autores que sostienen la crisis de la noción, es tan sólo un tipo que se ha dado en el ámbito del Derecho privado, en un lugar y tiempo determinados. Pero el contrato como categoría jurídica general, como género, existe también en el Derecho público, ostentando elementos comunes con aquél, pero también características propias y diferentes.

La doctrina predominante señala que el contrato representa la voluntaria composición de los intereses en conflicto entre las partes. Su nota esencial es, pues, el encuentro de dos voluntades arbitradas para la tutela de los intereses en conflicto. Si ella está presente habrá contrato como categoría jurídica abstracta y genérica, propia de la teoría general del Derecho. Es precisamente este elemento el que nos permite distinguir al contrato del convenio y del acto complejo, en el cual los intereses no son opuestos, sino concurrentes o paralelos. Pero ello no obsta, como se ha observado, a que

---

[11] Ob. cit., p. 605.

esa voluntaria composición de intereses reciba modulaciones, cuya magnitud dependerá de la especie de contrato de que se trate, necesarias para su adecuación al interés general.

3 Posibilidad de los contratos de la Administración

Precisamente, a continuación analizaremos los contratos con la Administración Pública.

Para asegurar su propia existencia y la satisfacción de las necesidades de la colectividad, el Estado contemporáneo solicita frecuentemente, la colaboración de los particulares, o la acepta cuando éstos la ofrecen. Esa colaboración puede ser voluntaria o forzosa. La evolución de las ideas ha determinado que la fuerza y la coacción empleadas por el Estado durante mucho tiempo cedan su lugar a la colaboración espontánea. Dentro del sector de colaboración voluntaria aparecen los contratos de la Administración. También pueden formalizarse contratos entre entes públicos.

Es mayoritaria, en doctrina, la posición que sostiene la posibilidad ontológica de los contratos de la Administración,[12] como especie del género *"contrato"*, que se caracteriza porque una de las partes intervinientes, al menos, es la Administración.

Corresponde señalar, sin embargo, que para algunos autores no existen vínculos contractuales en la actividad de la Administración, ya que ésta procedería siempre por actos unilaterales, que pueden ser de Derecho público o de Derecho privado, requiriendo, en algunos casos, el asentimiento del particular,[13] y estando siempre los de Derecho privado, regulados en algún aspecto, por el Derecho Administrativo.

En la doctrina alemana e italiana se ha presentado una actitud recelosa frente a la figura jurídica del contrato administrativo, regido por el Derecho público.

Otto Mayer y Fritz Fleiner entendieron que los llamados contratos de Derecho público no son verdaderos contratos, en virtud de la desigualdad jurídica de las partes, resultante del plano superior en que actúa el Estado. En su opinión, el Estado sólo manda unilateralmente.[14]

---

[12] Entre otros: MARIENHOFF – Miguel S. – Tratado de Derecho Administrativo, Tomo III A, Buenos Aires, 1970, p. 20 y s.; DIEZ, Manuel M. – Derecho Administrativo, Tomo II. Buenos Aires, 1965, p. 436 y s.; BERÇAITZ – ob. cit., p. 134 y s.; JÈZE, Gastón – Principios Generales del Derecho Administrativo, III y IV, Buenos Aires, 1949 y 1950 respectivamente, p. 313 y s.; SAYAGUÉS LASO, Enrique – Tratado de Derecho Administrativo, Tomo I, Mont., 1974, p. 532 y s.; VIDAL PERDOMO, Jaime – Derecho Administrativo, Bogotá, 1980., p. 357; DE OLIVEIRA FRANCO SOBRINHO, Manoel – Contratos administrativos, São Paulo, 1981, p. 3 y s.; GARCÍA DE ENTERRÍA, Eduardo y FERNÁNDEZ, Tomás Ramón – Curso de Derecho Administrativo, Madrid, 1983, Tomo I., p. 617 y s.; GARRIDO FALLA, Femando – Tratado de Derecho Administrativo, Volumen II, Madrid, 1971, p. 36 y s.; ESCOLA, Héctor Jorge – Nociones y caracterización de los contratos administrativos, en Estudios de Derecho Administrativo, publicados en homenaje al centenario de la Cátedra, Montevideo, 1979. p. 113 y s.

[13] Es la posición seguida por D'AIessio, cit. por SAYAGUÉS LASO – ob. cit., p. 531, y entre nosotros por MÉNDEZ, Aparicio – Derecho Administrativo, 1a. parte, Tomo III. Versión taquigráfica. Oficina de apuntes del CED, p. 133 y 136: *"Para nosotros no existe ningún contrato de Derecho público; ese instituto lo creó el Derecho privado y no tiene sentido aplicarlo fuera de él"* y también: *"La actividad administrativa es técnicamente múltiple, casi infinita en número. Pero siempre aparece como elemento fundamental para la gran mayoría de estos actos, la voluntad unilateral del Estado".*

[14] Cit. por BERÇAITZ – ob. cit., p. 166 y s.; GARRIDO FALLA – ob. cit., p. 32 señala que después de la última guerra la doctrina alemana aparece dividida. Continúan en la posición negativa GIESE y VONTUREGG; en cambio, admiten la noción, PETERS y FORSTHOFF, quien afirma que el contrato se ha impuesto *"contra todos los escrúpulos de la ciencia".* En posición también negadora de la categoría se ubicaría OSWALDO ARANHA BANDEIRA DE MELLO, cit. por VIDAL PERDOMO – ob. cit., p. 359.

Cammeo, Raneletti y Zanobini[15] sostienen que los llamados contratos administrativos son actos unilaterales del Estado en los que la voluntad del contratista no es elemento esencial, sino accesorio, del que depende sólo la eficacia del acto. Para Raneletti es posible un contrato en las relaciones de Derecho público, si el mismo se celebra entre dos personas de Derecho público, pero no si en él intervienen un ente público y un particular, porque sus respectivas declaraciones de voluntad no pueden fundirse en un acto único, por su diferente naturaleza jurídica.

Giannini,[16] por su parte, analiza los contratos de la Administración, como parte de la actividad administrativa regida por el Derecho privado.

Podría decirse que las principales objeciones que se oponen a la posibilidad jurídica del contrato de Derecho público, son, en síntesis, las siguientes:

a) Es postulado fundamental del contrato, la igualdad jurídica de las partes; si las relaciones entre la Administración y particulares son de igualdad puede haber contrato, pero de Derecho privado; si la Administración aparece en situación de supremacía no hay posibilidad de contrato.

b) El objeto del contrato administrativo se halla fuera del comercio.

c) El contenido del contrato administrativo está reglado en lo que a la voluntad de la Administración toca; y en lo que refiere al contratista privado, se limita a aceptar o rechazar las condiciones reglamentarias impuestas. Ello excluye la autonomía de la voluntad que caracteriza al contrato.

Pero estas objeciones no son irrefutables:

a) La desigualdad de las partes en el contrato administrativo es una peculiaridad que justifica que se trate de una categoría diferente, pero que no es suficiente para excluir la esencia contractual.

b) La prohibición de celebrar contratos cuyo objeto está fuera del comercio sólo tiene vigencia para los contratos privados. Por otra parte, muchos contratos administrativos tienen que ver con cosas que están en el comercio.

c) Por lo que refiere a la ausencia de autonomía de la voluntad, el particular no se encuentra, en el contrato administrativo, en condiciones más precarias de elección que cuando concluye un contrato de adhesión de los que conoce el Derecho privado.

La tesis que acepta la categoría del contrato administrativo parte de la comprobación de la existencia de ciertos vínculos entre la Administración y los particulares, que son el resultado de la aplicación de una técnica contractual y cuyo régimen difiere, sin embargo, del aplicable a los contratos civiles.[17]

Entre los autores que admiten la existencia de contratos administrativos, cabe distinguir: por un lado a los que entienden que la Administración puede dictar actos

---

[15] Conf. BERÇAITZ, ob. cit., p. 174 y s.

[16] GIANNINI, Massimo S. –Diritto Amministrativo, Volume Primo, Milano, 1970., p. 670.

[17] GARRIDO FALLA – ob. cit., p. 36 y s. menciona el *"arrêt"* del Consejo de Estado francés, *"Gaz de Deville-les-Rouen"*, de 10 de enero de 1902, como el que inaugura una nueva etapa en la jurisprudencia francesa que culminará con el nacimiento del régimen típico de los contratos administrativos.

unilaterales, celebrar contratos administrativos y, además, celebrar contratos regidos por el Derecho privado[18]; y por otro, a los que sostienen que siempre que la Administración actúa, la relación jurídica es pública, descartando, así, la posibilidad de contratos civiles o comerciales, aunque sin dejar de reconocer que ciertos contratos permiten la aplicación, en mayor o menor medida, de normas de Derecho privado.[19]

4   Caracterización jurídica de los contratos administrativos

4.1   Criterios de caracterización

Varios han sido los criterios utilizados para caracterizar a los contratos administrativos, pudiendo señalarse los siguientes como fundamentales:

4.1.1   Criterio de la forma

Es el criterio según el cual la especialidad de los contratos administrativos radica en las formas particulares del procedimiento empleado por la Administración para su concertación.[20]

4.1.2   Criterio de la jurisdicción competente

Habría contrato administrativo, se dice, cuando los litigios que se originan entran en la competencia de la jurisdicción administrativa, sea por así disponerlo un precepto legal,[21] por haberlo pactado las partes o por decisión jurisdiccional.[22]

4.1.3   Criterio del objeto o fin que se persigue con el vínculo contractual

Originariamente, el contrato se considera como el tipo mismo de los llamados actos de gestión, en los que la Administración actuaría despojada de *"imperium"*, regida por el Derecho privado y sometiéndose a los tribunales ordinarios. Sin embargo, por razones pragmáticas se atribuye el conocimiento de algunos contratos celebrados por la Administración, a la jurisdicción contencioso-administrativa.Señalan García de Enterría y Fernández[23] que a lo largo del siglo XIX –en Francia y en España– el legislador, la doctrina y los jueces son conscientes de que la singularidad de los contratos administrativos es a efectos puramente jurisdiccionales y no sustantivos.Esta atribución de competencia determinaría que paulatinamente se aplicaran a estos contratos las técnicas normales

---

[18] Puede decirse que es la opinión unánime en la doctrina francesa y predominante en la doctrina española y latinoamericana.

[19] Es la orientación de BARRA, Rodolfo C. – Contrato de obra pública, Buenos Aires, 1984p. 21, de algunos autores españoles y de la jurisprudencia mexicana, según SAYAGUÉS LASO – ob. cit., p. 533, nota 3.

[20] GASCON y MARÍN. I., cit. por BERÇAITZ, ob. cit., p. 192.

[21] Es lo que ocurre en Francia con el contrato de obra pública, por disposición de la ley de 28 pluvioso del año VIII.

[22] GARRIDO FALLA, ob. cit., p. 42, señala que participaron de este punto de vista, SANTAMARÍA, ABELLA, ALFARO y CABALLERO.

[23] GARCÍA DE ENTERRÍA y FERNÁNDEZ – ob. cit., p. 628.

de actuación de la Administración, iniciándose, así, el proceso de sustantivación de la figura del contrato administrativo.[24]

Surge, entonces, entrando ya el siglo XX, el criterio del servicio público, con el *"arrêt Terrier"* de 6 de febrero de 1903, según el cual *"todo lo que concierne a la organización y funcionamiento de los servicios públicos propiamente dichos, ya actúe la Administración por vía de contrato, ya lo haga por vía de autoridad, constituye una operación administrativa, que es, por su naturaleza, del dominio de la jurisdicción administrativa"*.

Existiría, pues, contrato administrativo cuando el fin es el servicio público.[25] Jèze agrega que es indispensable, además, que las partes contratantes hayan querido someterse a un régimen jurídico exorbitante del Derecho civil, al régimen del Derecho público.[26]

En un enfoque también teleológico se ubican los autores que consideran que lo determinante del contrato administrativo es una prestación de utilidad pública, sin perjuicio de otros elementos que lo integran.[27]

4.1.4   Criterio de los contratos administrativos por naturaleza

Tratando de superar las fallas del criterio de distinción basado exclusivamente en la noción de servicio público, se elabora la teoría de los contratos administrativos por naturaleza, según la cual *"es necesario que ese contrato por sí mismo y por su naturaleza propia, sea de ésos que sólo puede concluir una persona pública"*.[28]

Así, se sostuvo que si la prestación objeto del contrato tiene una vinculación directa e inmediata con el servicio público se trata de un contrato administrativo por naturaleza.[29]

En una línea similar se afirma que es preciso discriminar entre los servicios que sólo pueden ser administrados por el Estado, servicios públicos monopolizados y servicios industriales administrados sin monopolio, resultando administrativos los contratos que se vinculan con las dos primeras clases de servicios.[30]

4.1.5   Criterio de la cláusula exorbitante

La doctrina y la jurisprudencia francesas han desarrollado esta teoría, según la cual estaremos en presencia de un contrato administrativo cuando el mismo contenga cláusulas especiales exorbitantes del Derecho privado, que testimonian un régimen jurídico especial de Derecho público (v. gr. posibilidad de su modificación unilateral por la Administración, de su ejecución directa por ésta en sustitución del contratista, o de su rescisión unilateral y directa por la misma Administración, reconocimiento al contratista de derechos frente a terceros ajenos al convenio).

---

[24] Entre nosotros, sostiene la sustantividad del contrato administrativo, finalizado al interés público, BARBÉ, José – Contratos de la Administración, en Contratación administrativa, Mont., 1989, p. 11 y ss.

[25] Es la posición de DUGUIT, cit. por JÈZE. ob. cit., p 313.

[26] JÈZE – ob. cit., p. 322.

[27] FRAGA, cit. por SAYAGUÉS LASO – ob. cit., p. 534.

[28] BLUM, León, cit. por BERÇAITZ. ob. cit., p. 204.

[29] REGLADE, Marc, cit. por BERÇAITZ – ob. cit., p. 204.

[30] RIVET, cit. por BERÇAITZ – ob. cit., p. 205.

Berçaitz ha afirmado al respecto, que la cláusula exorbitante es, en realidad la exteriorización de algo que todo contrato administrativo lleva en su seno y que es lo que constituye su esencia. Ese algo estaría dado por *"el establecimiento de una relación jurídica de subordinación con respecto a la Administración Pública, mediante un acto de propia voluntad de quien se obliga con ella"*.[31]

Trátase – en su opinión – de una subordinación jurídica que se materializa en reglas jurídicas de carácter excepcional, por las cuales la Administración ejerce sobre su contratista, derechos que ningún particular podría atribuirse en ningún contrato, en cuanto presuponen el ejercicio de poder público.

El fundamento de esta subordinación es el fin público cuya satisfacción se persigue con la celebración del contrato o la necesidad pública colectiva que puede afectar su ejecución.[32]

4.2 Críticas a los criterios de caracterización

Todos estos criterios han recibido críticas. Se ha dicho que el criterio de la forma resulta insuficiente en legislaciones en que las normas no distinguen entre contratos administrativos y de Derecho privado, en lo que tiene que ver con el procedimiento para su formalización.

El criterio de la jurisdicción competente ha sido criticado por tomar como sustantivo y esencial lo adjetivo y accidental, ya que la competencia jurisdiccional no sería sino una consecuencia de la diferencia de naturaleza.

Las opiniones finalistas han suscitado objeciones, en cuanto la noción de servicio público es discutida, mudable y equívoca, así como la de utilidad pública se presenta vaga e imprecisa.

También se ha señalado la vaguedad e imprecisión de la teoría de los contratos administrativos por naturaleza.

En lo que tiene que ver con el criterio de las cláusulas exorbitantes, cabría señalar que la aplicación del mismo supone, de algún modo, incurrir en una petición de principios.[33] En efecto: la afirmación de que estamos ante un contrato regido por el Derecho público cuando en él aparecen cláusulas exorbitantes no tiene un contenido informativo, puesto que las cláusulas exorbitantes constituyen, precisamente, el régimen

---

[31] BERÇAITZ. ob. cit., p 219 y s.

[32] Otros autores han propuesto criterios que resultan de una combinación de los ya expuestos. Así, MARIENHOFF, ob. cit., Tomo III-A, p. 53, expresa que existen contratos administrativos, en primer lugar, por razón misma de su objeto, aparejando cláusulas virtuales o implícitas exorbitantes del Derecho privado y. en segundo término, cuando sin ser administrativo su objeto, contienen cláusulas expresas exorbitantes del Derecho común; RIVERO, Jean –Droit Adminístratif, París. 1977, p. 113 y 114 señala que además de los contratos administrativos por determinación de la ley, tendrán ese carácter los que reúnan los siguientes elementos: 1) que una de sus partes, al menos, sea una persona moral de Derecho público; 2) que el objeto del contrato refiera a la ejecución misma del servicio público o que contenga una cláusula exorbitante del Derecho común. El segundo elemento plantea condiciones alternativas. Si bien en una época del Derecho francés el criterio de la cláusula exorbitante se utilizó con preferencia, a partir del fallo *"EpouxBertin"* (CE.. 20/4/956) retoma importancia el criterio de la participación directa en la prestación de un servicio público. Se trató, en este caso, de un contrato verbal de la Administración, por el cual los esposos Bertin se comprometían por una suma, a asegurar la alimentación de ciudadanos soviéticos albergados en un centro de repatriación, en espera de su regreso a la Unión Soviética. Entendiéndose que la ejecución del servicio de que versaba el contrato les había sido confiada, se le calificó de contrato administrativo.

[33] Véase, también en contra de este criterio, DURÁN MARTÍNEZ – ob. cit.

de Derecho público. En realidad no serían más que una manifestación, en la esfera contractual, de los caracteres jurídicos marcados al acto administrativo por la doctrina dominante (presunción de juridicidad, estabilidad, ejecutividad, ejecutoriedad) y de las potestades de poder público que son inherentes al obrar de la Administración, cuyo fundamento radica en el interés público comprometido.

Estas críticas han llevado a algún autor a sostener la imposibilidad de librar a una fórmula única la caracterización de todos los contratos administrativos.[34]

Entre nosotros, Sayagués observa que son muy raros los contratos de la Administración que se regulan exclusivamente por el Derecho público y en consecuencia merecen la denominación de administrativos, como lo son también los que se regulan solamente por el Derecho privado, debiendo calificarse por ello de privados. *"La realidad muestra que en todos los vínculos de la Administración rige el Derecho público y el Derecho privado, en mayor o menor grado según los casos, no siendo posible establecer el límite donde dejaría de aplicarse uno y comenzaría a regir el otro"*.[35]

Esto explicaría las dificultades para hallar un criterio de distinción y hace pensar a Sayagués que quizá sería más acertado prescindir de la oposición contrato administrativo – contrato de Derecho privado, adoptando la expresión *"contratos de la Administración"*.[36] Concluye que no es posible establecer una separación neta entre ambas categorías y señala tres principales situaciones que pueden distinguirse en el ámbito de los vínculos contractuales de la Administración: 1) casos en que el vínculo jurídico es exclusivo del Derecho público por tratarse de figuras jurídicas no susceptibles de ser utilizadas entre particulares (v. gr. concesión de servicio público); 2) hipótesis en que el contrato tiene cierta analogía con alguna figura contractual del Derecho privado, pero presenta características diferenciales por la forma de celebración y ejecución, como consecuencia de circunstancias de hecho propias de la actividad de los entes públicos (v. gr. contratos de obras y suministros); 3) contratos típicos de Derecho privado celebrados por la Administración.

En el primer caso el vínculo jurídico se regula, lógicamente, por el Derecho público; en el segundo se establecen normas especiales distintas de las del Derecho privado, aplicándose éste únicamente en lo no previsto y en cuanto no se contraríen los principios generales del Derecho Administrativo; en la tercera hipótesis, el Derecho privado tiene aplicación principal aunque se observa una marcada tendencia hacia el desarrollo de un régimen especial para tales contratos, que lo separa del Derecho común.

5   Doctrina que niega la existencia de los denominados contratos privados de la Administración

El análisis de Sayagués pone en evidencia que la distinción entre contratos administrativos y de Derecho privado de la Administración aparece en ocasiones como

---

[34] ROUVIERE, cit. por BERÇAITZ – ob. cit.

[35] SAYAGUÉS LASO, Enrique – Tratado de Derecho Administrativo, Tomo II, Mont., 1974, p. 536 y ss.

[36] En el mismo sentido: DROMI, José R. – Instituciones de Derecho Administrativo, Buenos Aires, 1973, p. 362.

demasiado sutil, y que el problema se desplaza, entonces, hacia la proporción de Derecho público que se aplica a los contratos de la Administración.

Algunos autores dan todavía un paso más, negando absolutamente esa distinción y afirmando el régimen común de Derecho público de todos los contratos de la Administración.

En este sentido, el profesor venezolano Allan R. Brewer-Carías indica que existe un régimen jurídico preponderante de Derecho público en los contratos de la Administración aunque éste no es unitario en virtud de las distintas modalidades de contratación administrativa. A su entender, la clasificación en dos tipos de contratos está superada y no tiene razón de ser.[37]

En un sentido mucho más radical y categórico, el autor argentino, Rodolfo Carlos Barra afirma que la Administración Pública, *"no puede –por repugnancia de naturaleza–establecer con los administrados, relaciones que se encuentren regidas por el Derecho privado"*.[38]

En cuanto toda relación jurídica entre el Estado y sus súbditos tiene como fin la realización del bien común, la misma se encuentra regida por el Derecho público. En consecuencia, sostiene Barra, *"no existe acto privado de la Administración (como categoría distinta del acto administrativo) ni tampoco, obviamente, el contrato privado de la Administración"*.[39]

Se ubica, también, en este enfoque, el pensamiento del administrativista chileno, Eduardo Soto Kloss. Señala este autor, que toda la actuación de la Administración, inclusive su actividad jurídica bilateral, está finalizada por el Derecho, a la obtención del bien de la comunidad, a la utilidad pública, pues esa utilidad común es su razón de ser y de obrar. *"Para ello existe una regulación jurídica específica, adecuada a esa naturaleza, que no es otra que el Derecho público... Pretender aplicar, entonces, una regulación diferente es tratar a desiguales en forma igual, y ello es injusto"*.[40]

Barra demuestra de qué manera, aún en los países anglosajones, en que tradicionalmente se afirmó el carácter privado de los contratos celebrados por la Administración, se ha operado un proceso de publificación en esta área.

En Inglaterra, debido a la ausencia de legislación sobre el tema, son los propios contratos los que reglamentan extensamente sus condiciones, convirtiéndose en un cuerpo normativo de creciente influencia iuspublicista.

En Estados Unidos, por su parte, ocurrió un crecimiento muy importante de la contratación estatal a partir de la década del 40, dando lugar a regulaciones específicas homologadas por algunos pronunciamientos judiciales que han determinado un paulatino apartamiento del contrato público respecto del privado.

Menciona Barra las potestades de la Administración que –conforme al estudio de Ariño Ortiz– exhiben la práctica contractual y jurisprudencia norteamericanas: a)

---

[37] BREWER CARÍAS, Allan – La evolución del concepto de contrato administrativo. El Derecho Administrativo en Latinoamérica. Publicaciones del Colegio del Rosario, Bogotá, 1978, p. 143. cit. por VIDAL PERDOMO – El contrato de obras públicas cit., p. 17.

[38] BARRA – ob. cit., p. 37 s.

[39] BARRA cita en apoyo de su tesis a DROMI, quien afirma la existencia de un *"régimen unitario regulador de la actividad administrativa contractual"*.

[40] SOTO KLOSS. Eduardo – La contratación administrativa, un retorno a las fuentes clásicas del contrato, en R.U.E.A., Montevideo, 1979, p. 59.

empleo de la cláusula de reserva de revocación; b) principio sentado jurisprudencialmente de que las concesiones deben interpretarse en favor del público; c) reconocimiento del *"eminentdomain"* del Estado, que el autor traduce como facultad expropiatoria; d) desarrollo del poder de policía *("policepower")*.

Tanto en Inglaterra como en Estados Unidos el Gobierno tiene siempre el poder de alterar sus contratos cuando ello es necesario para el bien de la colectividad. *"Tal es en definitiva el contenido de la 'executivenecessity's doctrine' del Derecho inglés o del principio del 'governmentalefectiveness' de la jurisprudencia norteamericana"*.[41]

Las reglas de competencia, el procedimiento administrativo, las formalidades previas (intervención del Congreso, por ejemplo), las reglas de selección del contratista, la asignación de fondos, se presentan en la contratación pública norteamericana, al igual que en la de nuestros países, apartándola del régimen de la contratación privada.

Señala Ralph C. Nash Jr.,[42] que las cláusulas *"standard"* usadas en los contratos federales son obligatorias, según las reglamentaciones, para todo tipo de contrato. Las más importantes de ellas son: a) la que permite al Gobierno rescindir el contrato si el contratista no cumple en tiempo o no avanza satisfactoriamente; b) la de rescisión por conveniencia del Gobierno; c) la que permite al Gobierno ordenar cambios unilateralmente; d) la que prevé la posibilidad de que el Gobierno ordene unilateralmente la suspensión o demora de la obra.

En lo que tiene relación con los fines de utilidad pública que se persiguen al contratar, Nash expresa que las adquisiciones federales han sido usadas tradicionalmente para promover políticas públicas de importancia para la sociedad en general. Así, es una política federal que una *"regular proporción"* de contratos y subcontratos sean adjudicados a la pequeña empresa; es también, política federal que un razonable número de contratos se realice exclusivamente con personas con desventajas económicas y sociales; se requiere a los contratistas y subcontratistas seguir prácticas de empleo no discriminatorias por razones de raza, religión, sexo, origen nacional, edad, status tales como veterano de guerra, etc.; se exige que se pague a los empleados no menos que el salario prevaleciente en la localidad; se adquiere a contratistas que siguen normas éticas en la conducción de sus negocios, excluyendo a quienes conceden sobornos, pronuncian falsas declaraciones o cometen otros actos ilegales.

6   Nuestra opinión sobre el contrato de la Administración

Nos parece incuestionable la veracidad contenida en la afirmación de que la división en contratos administrativos y contratos de Derecho privado de la Administración no se ajusta a la realidad de las cosas. El análisis de esa realidad nos demuestra que todos los vínculos de la Administración se rigen por el Derecho público en aspectos como el de la competencia, del procedimiento, de la necesidad de habilitación previa

---

[41]   ARIÑO ORTIZ – Contratos del Estado y Common Law, en Doctrina del Contrato del Estado, cit. por BARRA – ob. cit., 43.

[42]   NASH, J. Ralph – en Resumen de las Primeras Jornadas Argentino-Norteamericanas sobre Contratación Pública, celebradas entre el 12 y el 14 de agosto de 1987 en Buenos Aires, en el Centro Universitario de Estudios.

(por ejemplo, para ceder), de la formación de la voluntad administrativa, de exigencia de crédito disponible, de formalización del contrato, etc.

En este sentido, parece conveniente prescindir de la expresión *"contratos administrativos"* que sugiere la oposición con los contratos privados, y referir simplemente, como lo hace Sayagués, a *"contratos de la Administración"*.[43]

Sin embargo no puede desconocerse que, para la regulación de muchos de los contratos que celebra la Administración, se acude al Derecho privado, por tratarse de tipos contractuales surgidos y desarrollados en aquel ámbito. Pero –como observa buena parte de la doctrina– aún en estas hipótesis se hace evidente el fenómeno de la publicización o publificación de la figura contractual, enmarcada incluso en la relativización de la categoría general de contrato analizada por el Derecho Civil, a que ya hemos aludido. Ello se explica por la circunstancia de que una de las partes, al menos, en la relación jurídica, es una persona de Derecho público, cuya finalidad para actuar será necesariamente la utilidad pública.

Este elemento tiende a operar una mutación en el vínculo jurídico, alejándolo del Derecho privado, en grado variable, y propiciando el desarrollo de un régimen para tales contratos, con influencia del Derecho público.

No nos parece que la dualidad de jurisdicciones que tiene lugar en algunos países determine, necesariamente, la distinción entre contrato administrativo y contrato de Derecho privado de la Administración, por cuanto las razones de esa dualidad son generalmente coyunturales y pragmáticas y no de naturaleza o sustantivas.

Nos afiliamos, así, a la tesis que afirma la sustantividad del *"contrato de la Administración"*, lo que supone reconocer la existencia de un Derecho Administrativo de la contratación con principios y normas específicos, distintos de los del Derecho privado.

En nuestro Derecho positivo, el Texto Ordenado de Contabilidad y Administración Financiera (TOCAF, aprobado por Decreto nº 150/012 de 11 de mayo de 2012) refiere en la Sección 2 del Capítulo III del Título I, a todos los contratos del Estado sin distinción alguna, estableciendo, así, su unidad de régimen jurídico.

Consecuentemente con el criterio expuesto, estimamos que los vacíos dejados por las normas que rigen los contratos del Estado deberán colmarse mediante la aplicación de los principios propios del ordenamiento jurídico administrativo, acudiéndose al Derecho privado únicamente cuando el público no ofrezca solución y exista analogía con la situación regulada por aquél.

En este sentido, nos parece acertada la observación formulada por BARRA respecto a que admitir la sustantividad del contrato administrativo significa de algún modo descartar la doctrina de las *"cláusulas exorbitantes"*, pues si se trata de regímenes distintos, es tan exorbitante el Derecho público respecto del privado como el Derecho privado respecto del público. En efecto, todos los contratos que celebra la Administración se encuentran regidos por el Derecho administrativo.Así, es posible construir un método de interpretación no solo de los contratos administrativos sino de todo el Derecho administrativo, que se basa en considerar el concepto de *"exorbitancia"* como un modelo del sistema propio y específico del Derecho administrativo. El modelo *"régimen jurídico*

---

[43] DURÁN MARTÍNEZ también apunta a lo determinante de que uno de los sujetos en el vínculo sea la Administración, en Ejecución de los contratos administrativos cit.

exorbitante" se integra con dos subsistemas complementarios: las prerrogativas de la Administración y las garantías de los administrados.[44]

Lo expresado procura dar una respuesta a la cuestión de cuál es el régimen general aplicable al contrato de la Administración, sin perjuicio de la aplicación de los marcos jurídicos especiales que puedan ser adoptados por el ordenamiento. Por razones de interés público, estos marcos especiales podrán incluir soluciones propias del Derecho privado o en él inspiradas, en cuanto resulte compatible con ese interés público y con los contralores de la actuación administrativa previstos en la Constitución de la República.[45]

7   En particular sobre las potestades públicas en los contratos de la Administración

La cuestión de la existencia o inexistencia y, en su caso, de los límites de las potestades públicas en los contratos de la Administración, ha dividido a la doctrina comparada.

En síntesis son identificables dos posturas extremas, la de quienes entienden que el ejercicio de prerrogativas de poder público desvirtúa la figura del contrato, y la de quienes opinan que esa figura constituye un género, una de cuyas especies es precisamente el contrato de la Administración. En esta especie es posible el ejercicio de tales prerrogativas sin que la categoría *"contrato"* se vea comprometida, como no lo está en tantos otros de sus variados tipos, incluso en el ámbito del Derecho privado. Ambas posturas aparecen, indudablemente, respectivamente asociadas con las dos visiones explicadas al inicio de este trabajo, acerca de las cualidades que definen al contrato y de la relevancia que se atribuya a la autonomía de la voluntad como elemento definidor del mismo.

En la segunda perspectiva, que admite la existencia de prerrogativas de poder público en los contratos de la Administración, todavía es posible distinguir el enfoque de quienes las consideran inherentes a estos contratos por la presencia de un sujeto de Derecho público en ellos, y la de quienes exigen que tengan fuente legal o siquiera reglamentaria por previsión en los pliegos.

A modo de ejemplo, cabe mencionar lasobservacionesde los ilustres Profesores Juan Carlos Cassagne y José Luis Meilán Gil, precisamente ambas recientemente expuestas en el último Congreso de Derecho Administrativo del Foro Iberoamericano de Derecho Administrativo, celebrado en 2015 en la ciudad de San Juan de Puerto Rico.

En su presentación, Meilán Gil[46] reitera su visión en el sentido de proponer la eliminación de las prerrogativas de la Administración en los contratos públicos, que se manifiestan en la utilización de un acto unilateral con efectos ejecutivos, expresando: *"En la ejecución del contrato, la modificación puede afectar el principio de igualdad de trato que debe regir el procedimiento que conduce a la adjudicación del mismo".*

---

[44] BARRA, ob. cit., p. 33 y s.

[45] Cabe mencionar como ejemplo, el contralor a cargo del Tribunal de Cuentas, en los artículos 211 y siguientes de la Carta.

[46] MEILÁN GIL, José Luis – Un meeting point de los ordenamientos jurídicos sobre contratación pública, en Libro del Congreso, versión electrónica.

Cassagne,[47] por su parte, destaca: *"El rasgo característico del contrato administrativo, prevaleciente en el sistema jurídico argentino, como en el modelo franco-español y, en general, en Iberoamérica, radica en la presencia de prerrogativas públicas"*. Y agrega que estas prerrogativas pueden provenir tanto del ordenamiento general, en cuyo caso constituyen verdaderas potestades, como del pliego de bases y condiciones o de las cláusulas del contrato. A su vez, señala que, *"frente a estas potestades se ha generalizado la tendencia a garantizar la intangibilidad de la ecuación económica financiera del contrato mediante una adecuada compensación o indemnización comprensiva del daño emergente y del lucro cesante, con el objeto de mantener el equilibrio contractual alterado o los perjuicios provocados por la ruptura anticipada del contrato administrativo por razones de interés público"*.

8 Nuestra opinión sobre las potestades públicas en los contratos de la Administración

8.1 Aproximación preliminar. Equilibrio entre potestades y garantías

Ya en nuestro libro *"Modalidades de ejecución de la obra pública"*,[48] sosteníamos que se encuentra entre las potestades de la Administración, la de modificación unilateral del contrato durante la ejecución de la obra (*"jus variandi"*). Y mencionábamos como fundamento doctrinario para admitir tal potestad, el de que la Administración tiene la representación del interés público, en tanto que el contratista tiene, en el contrato, únicamente un interés económico, que debe subordinarse al interés de la colectividad.[49] [50]

En tal sentido, ya adoptábamos como visión articuladora central de nuestra postura, la expresada por Rodolfo Carlos Barra cuando observa que la Administración no sólo goza de *"prerrogativas de poder público"*, sino que también está sometida a *"cargas de poder público"*, en orden a respetar estrictamente la regla de la proporcionalidad. *"Prerrogativas y garantías; garantías porque hay prerrogativas; prerrogativas porque está en juego el Bien Común. Es un régimen de Derecho Público, es la aplicación de la justicia distributiva"*.[51]

Con los años se ha profundizado nuestra convicción de que tal es el fundamento y *"leitmotiv"* de la perspectiva correcta en la materia.

En el mismo sentido, expresa Ariño Ortiz: *"La Administración no puede renunciar a sus potestades ni cercenar su libertad en la gestión del interés general ... La inmutabilidad*

---

[47] CASSAGNE, Juan C. – La *divisio* público-privado: Una dicotomía central de la contratación administrativa, en Libro del Congreso, versión electrónica.

[48] VÁZQUEZ, Cristina – Modalidades de ejecución de la obra pública, Mont., 1992.

[49] Conf. BERÇAITZ – ob. cit., p. 392.

[50] No dejábamos de mencionar entonces la postura doctrinaria del querido Profesor uruguayo Augusto Durán Martínez, quien en este punto adhiere a Bénoit, opinando que no puede sostenerse la existencia de una potestad de modificación unilateral del contrato administrativo, como principio, sin perjuicio de aceptar que, en algunos contratos como el de obra pública, el *"jus variandi"* se presenta estrechamente vinculado a la potestad de dirección. BÉNOIT, F. P. – Le Droit Administratif Français, Paris, p. 168, cit. por DURÁN MARTÍNEZ, Augusto – Ejecución de los contratos administrativos, en Contratación administrativa, Mont., 1989.

[51] BARRA, Rodolfo C. – La actualización por desvalorización monetaria del precio contractual en los contratos administrativos, en Contratos administrativos, regímenes de pago y actualización. Asociación Argentina de Derecho Administrativo, Buenos Aires, 1977, p. 149. 150 y 158.

del contrato (principio del "contractuslex") se ve así matizada, coloreada administrativamente, por la inmutabilidad del fin ..."[52]

Detrás del argumento del interés público, en enfoque que es aplicable no solo en lo que respecta al *"jusvariandi"*, sino a cualquiera de las potestades públicas susceptibles de ser ejercidas en materia contractual, es importante revelar la razón que deriva de la peculiaridad del sujeto contratante cuando éste es el Estado, peculiaridad que –como he podido constatar en una ya larga experiencia como asesora y decisora, primero en el sector público y luego en el privado– tienen presente todos y no toma por sorpresa a ninguno de los sujetos que con él contratan.

Cabe señalar, a efectos de dejar mejor delimitada la potestad de modificación unilateral del contrato desde el punto de vista conceptual, su distinción de la figura del *"fait du prince" ("hecho del príncipe"), "hecho de la Administración", "hecho del soberano"* o *"hecho de las autoridades públicas"*,[53] circunstancia que se desenvuelve en el alea administrativa del contrato, generando el derecho del contratista a una indemnización integral.[54] Esta figura responde a la construcción de una teoría dirigida a garantizar el equilibrio económico en los contratos de la Administración, cuando ésta incurre en hechos o actos, en ejercicio legítimo de sus potestades públicas, que introducen una modificación imprevista en la ejecución del contrato. La modificación que se introduce debe ser lícita, no constituyendo una violación del mismo.[55]

Como muy bien destaca Ariño Ortiz, la distinción radica fundamentalmente en que el *"jusviariandi"* contempla modificaciones internas o intrínsecas del objeto y contenido de las prestaciones contractuales (en su cantidad, calidad, plazo u otras circunstancias que las especifican), mientras el *"fait du prince"* refiere más bien a intervenciones administrativas de tipo general, no exclusivamente referidas al contrato, determinando un cambio en las condiciones externas (económicas, fiscales, sociales, entre otras) de su ejecución, no produciendo alteraciones en sus elementos esenciales. En este supuesto, el contrato permanece el mismo aunque se vea alterada su ecuación económico-financiera.[56]

8.2   El Estado contratante. Un sujeto muy particular

Con un criterio orgánico y funcional, la Administración pública es el conjunto de las entidades estatales actuando en función administrativa, esto es el Estado en sentido amplio, como organización jurídica de la colectividad. Las personas jurídicas públicas que contratarán por la Administración serán el Estado Persona Pública Mayor (Estado

---

[52] ARIÑO ORTIZ, Gaspar – Teoría del equivalente económico en los contratos administrativos, IEA, Madrid, 1968, pag. 225.

[53] SAYAGUÉS LASO –ob. cit., p. 69.

[54] Algunos autores distinguen según se trate de una medida de alcance individual o general, exigiendo en este caso que la misma tenga sobre uno de los elementos esenciales del contrato, una repercusión directa; y según se trate de un hecho de la persona pública contratante o de una persona pública distinta. SAYAGUÉS LASO opina que la solución debe ser, en principio, la misma (ob. cit., p. 71 del Tomo II). En el derecho francés se exige que emane del mismo órgano que suscribió el contrato. Cuando el acto o hecho proviene de un órgano distinto se estima que entra a jugar la teoría de la imprevisión.Véase BERÇAITZ, ob. cit., p. 389.

[55] Conf. BERÇAITZ – ob. cit., p. 388.

[56] ARIÑO ORTIZ, Gaspar – Teoría del equivalente económico en los contratos administrativos cit., p. 263 y ss.

en sentido estricto), un Gobierno Departamental, un Ente Autónomo o un Servicio Descentralizado.

Pero no podemos olvidar que, detrás de cada uno de esos sujetos de Derecho Público estatales, se encuentra el Estado Nación, en quien reside la soberanía, como lo declara el artículo 4º de la Constitución: *"La soberanía en toda su plenitud existe radicalmente en la Nación, ..."*; Nación ésta, a la que, de acuerdo con el mismo artículo *"compete el derecho exclusivo de establecer sus leyes ..."*, a cuyo servicio están los funcionarios (artículo 58 de la Constitución), de la que todo ciudadano es miembro y, como tal, elector y elegible (artículo 77 de la Constitución), y la que *"adopta para su Gobierno la forma democrática republicana"*. *"Su soberanía será ejercida directamente por el Cuerpo Electoral en los casos de elección, iniciativa y referéndum, e indirectamente por los Poderes representativos establecidos en la Carta, todo conforme a las reglas expresadas en la misma"* (artículo 82 de la Constitución).

Ningún otro sujeto con el que el contratista pueda enfrentarse ostentará estas cualidades y potestades. En puridad, las personas jurídicas estatales no son más que las formas institucionales empleadas por el ordenamiento para actuar como titulares de derechos y obligaciones o, en términos kelsenianos, centros de imputación normativa. Se trata de sujetos tan especiales que más nos recuerdan personajes o máscaras[57] de un mismo actor que es el titular de la soberanía y de las diversas manifestaciones del *"jusimperii"*.En este sentido denomina Ariño Ortiz a la Administración contratante como *"potentior persona"*.[58] [59]

Para dar un ejemplo, cuando el artículo 185 de la Carta nos dice que los diversos servicios del dominio industrial y comercial del Estado serán administrados por Directorios o Directores Generales y tendrán el grado de descentralización que fijen la Constitución y las leyes –viabilizando así la creación de Entes Autónomos y Servicios Descentralizados para actuar en dicho dominio– no hace más que prever los instrumentos institucionales, personas (máscaras) a través de los cuales podrá actuar ese sujeto tan especial en un ámbito determinado de actividad.

8.3 Reflexiones finales

¿Puede, entonces, sorprendernos, que un sujeto de tal naturaleza, y dotado en su virtud de la potestad de imperio, pueda –por razones de interés público debidamente fundadas– ejercer poderes de modificación, rescisión y ejecución unilateral y directa en los contratos que suscribe? Entendemos que no puede sorprendernos, máxime cuando,

---

[57] Vale recordar, en clave etimológica, que el vocablo *"persona"* viene del latín *"persona"*, que significa máscara usada por un personaje teatral, palabra tomada del etrusco *"phersu"* y a su vez del griego *"prósopon"*(*"πρόσωπον"*), con igual significado de máscara.

[58] ARIÑO ORTIZ, Gaspar – ob. cit., p. 7 y siguiente.

[59] En Uruguay, CAJARVILLE ha señalado como fundamento para la potestad de modificación unilateral de los contratos, en particular, en el reconocimiento de un poder implícito del órgano competente para contratar, CAJARVILLE, Juan Pablo – Mutabilidad de los contratos de la Administración en el Derecho uruguayo, en CASSAGNE, Juan C. y RIVERO Y SERN, Enrique – La contratación pública, Tomo 2, Buenos Aires, 2006, p. 838.

como señalan Barra, Cassagne oJèze, entre otros, el particular contratista tiene derecho a ser indemnizado plenamente en consecuencia.[60]

Estas conclusiones a las que arribamos desde la perspectiva del Derecho Público resultan hoy todavía menos controversiales a la luz de las posturas que se formulan desde el Derecho privado, antes expuestas, conforme a las cuales el principio de la autonomía de la voluntad ha dejado de constituir el eje de la figura del contrato, como lo era en la visión clásica de la teoría general sobre el mismo, para dejar lugar a una visión mucho más subordinada al interés general o colectivo. Es así que ambas visiones –desde el Derecho público tanto como desde el Derecho privado– parecen converger en un mismo sentido.

La conclusión precedente se ve todavía reforzada por la circunstancia de que el Estado expresará su voluntad al ejercer sus potestades públicas en el marco del contrato, a través del dictado de actos administrativos ejecutivos y ejecutorios.

En efecto, en el Derecho uruguayo, los actos administrativos se ejecutan aun habiendo sido impugnados, salvo en los casos en que una regla de Derecho dispone otra cosa. En especial, en materia contractual, solo tienen efecto suspensivo de la ejecución de los actos, los recursos administrativos que se interponen durante el procedimiento de selección del contratista y, aun en ese caso, la Administración puede levantarlo: *"Los recursos administrativos tendrán efecto suspensivo, salvo que la Administración actuante por resolución fundada declare que dicha suspensión afecta inaplazables necesidades del servicio o le causa graves perjuicios"* (artículo 73, inciso 4º del TOCAF).

En general, es facultad de la Administración suspender de manera transitoria, total o parcial, la ejecución de sus actos, cuando valore que la misma es *"susceptible de irrogar a la parte recurrente daños graves y que de la mencionada suspensión no se siga perturbación grave a los intereses generales o de los derechos fundamentales de un tercero"* (artículo 150 del Decreto Nº 500/991 de 27 de setiembre de 1991, de Procedimiento Administrativo).

También el Tribunal de lo Contencioso Administrativo puede disponer la suspensión transitoria, parcial o total de la ejecución de los actos administrativos impugnados, a pedido de la parte actora en la demanda, *"siempre que la misma fuere susceptible de irrogar a la parte actora daños graves, cuyo alcance y entidad superen los que la suspensión pudieren ocasionar a la organización y funcionamiento del órgano involucrado."* La suspensión también puede disponerse por el Tribunal *"cuando, a su juicio, el acto impugnado aparezca, inicialmente, como manifiestamente ilegal"* (artículo 2º de la Ley Nº 15.869 de 22 de junio de 1987). La norma aclara que la decisión del Tribunal no importará prejuzgamiento.

En definitiva, entonces, la decisión se ejecutará aun contra la voluntad del afectado, de un modo que no ocurre con las decisiones de los particulares, en virtud de lo que, con certeza iluminadora García de Enterría y Fernández[61] han denominado *"autotutela administrativa"*,[62] tanto en su manifestación de *"autotutela declarativa"* como

---

[60] JÈZE, Gastón –Les Contrats Administratifs de L'Etat, des Départements, des Communes et des Établissements Publics, Tome II, Paris, 1932, p. 242 y ss.

[61] GARCÍA DE ENTERRÍA, Eduardo y FERNÁNDEZ, Tomás R. – Curso de Derecho Administrativo cit., Tomo I, p. 472 y ss.

[62] Estaríamos ante un principio derivado del sistema, como tal regla de Derecho conforme al artículo 23, literal a) del Decreto-Ley Orgánico del Tribunal de lo Contencioso Administrativo Nº 15.524 de 9 de enero de 1984.

de *"autotutela ejecutiva"*, con fundamento en el interés público que la persona pública representa,en condiciones que no pueden ser sino manifestación de una *"presunción relativa de la juridicidad"* de sus actos, sin perjuicio de su *"impugnabilidad"*.

No cabe duda, entonces que –dados su naturaleza jurídica y régimen jurídico– el Estado puede ejercer los poderes jurídicos aludidos, en el marco de sus relaciones contractuales, dictando actos ejecutivos, ejecutorios y dotados de una presunción relativa de juridicidad. Posibilidad que, por iguales razones de naturaleza y régimen jurídicos, no le es dada al particular que con él contrata, el que, en todo caso, recibirá la compensación correlativa sin perjuicio de poder apelar a la *"tutela jurisdiccional efectiva"* para hacer valer sus objeciones a la legitimidad del acto respectivo.

En esta perspectiva, tanto los poderes públicos como las garantías que los equilibran surgen de la lógica del sistema expuesto.

Ahora bien, supongamos por un momento que tienen razón quienes entienden que el ejercicio de los poderes públicos en el marco de los contratos de la Administraciónsólo es legítimo cuando tales poderes han sido previstosen el acuerdo o establecidos expresamente por una ley.

La paradoja de esta posición radica en que, en cierta forma, resulta ser menos garantista para el contratista, ya que, en lugar de reconocerse la indemnización como garantía que resulta directamente del ejercicio de la prerrogativa, obliga al mismo a demostrar al Juez la existencia de ilegitimidad como presupuesto para dicha indemnización.

Informação bibliográfica deste texto, conforme a NBR 6023:2002 da Associação Brasileira de Normas Técnicas (ABNT):

VÁZQUEZ, Cristina. La cuestión de las potestades públicas en los contratos de la Administración. In: MATILLA CORREA, Andry; NÓBREGA, Theresa Christine de Albuquerque; AGRA, Walber de Moura (Coord.). *Direito Administrativo e os desafios do século XXI*: livro em homenagem aos 40 anos de docência do Prof. Francisco de Queiroz Bezerra Cavalcanti. Belo Horizonte: Fórum, 2018. p. 93-111. ISBN 978-85-450-0555-1.

EVOLUCIÓN Y SITUACIÓN ACTUAL DE LA TUTELA JUDICIAL FRENTE A LA INACTIVIDAD ADMINISTRATIVA EN VENEZUELA

Daniela Urosa Maggi

1   Introducción

La tutela judicial frente a la inactividad administrativa abarca, como su nombre lo indica, *todos los modos o medios judiciales que el ordenamiento jurídico otorga a los particulares para el restablecimiento de sus derechos e intereses frente a la inactividad de la Administración Pública.* Medios procesales administrativos e incluso constitucionales: la demanda de amparo constitucional, la demanda de responsabilidad patrimonial y la demanda por inactividad o abstención administrativa.

En la justicia administrativa venezolana, de todos esos medios procesales destaca uno en particular, la demanda por inactividad o abstención, pues mediante el mismo se busca el cumplimiento *en especie,* y no solo por equivalente, de la conducta que incumplió la Administración.

Respecto del alcance y evolución de la tutela judicial frente a la inactividad administrativa y de ese medio procesal administrativo en particular nos hemos pronunciado en anteriores oportunidades,[1] en las cuales hemos expuesto cómo durante décadas se desdeñó de este importante medio de la justicia administrativa venezolana, dándole un alcance restrictivo y una escasa operatividad práctica.

La indiferencia frente a este tema es parcialmente justificada en estos momentos, pues en el ordenamiento jurídico venezolano predomina hoy una Administración pública cuya actuación tiende constantemente a la actividad de policía y limitación, lo que exige reforzar los mecanismos de control judicial de esa actuación. Una vuelta, si se quiere, a los orígenes del control contencioso administrativo: el control del exceso de poder. Tal situación explica el desvío de atención de la doctrina administrativista y la poca aplicación práctica del control judicial de la inactividad administrativa, mas no la justifica, pues convive también, en nuestra realidad jurídica, una evidente situación

---

[1]   Urosa Maggi, Daniela, *Tutela judicial frente a la inactividad administrativa en el Derecho español y venezolano,* FUNEDA, Caracas, 2003.

de incumplimiento reiterado de la actuación prestacional de la Administración pública, derivada en buena medida de una prolija ordenación constitucional y legal que impone la asunción de muchos cometidos prestacionales y de garantía por parte de los Poderes públicos, sistemáticamente incumplidos y a los que no dan efectiva solución nuestros medios contencioso-administrativos. De allí la importancia de abordar este tema.

El presente estudio tiene como finalidad realizar una panorámica general de la situación actual del control de las pasividades administrativas en Venezuela, a la luz de las disposiciones de la Ley Orgánica de la Jurisdicción Contencioso-Administrativa de 2010 y el desarrollo que a sus normas han dado las decisiones de los tribunales de la justicia administrativa venezolana, pretendiendo determinar los principales escollos que en la actualidad encuentra el administrado a fin de hacer frente a las omisiones de la Administración Pública venezolana.

2 Estado de Derecho, inactividad administrativa y tutela judicial efectiva

La inactividad administrativa puede ser entendida como el *incumplimiento por omisión de la actuación administrativa jurídicamente debida,* esto es, como el *incumplimiento de cualquier deber de actuación, u obligación de hacer o dar* que el ordenamiento jurídico imponga a la Administración. Con fundamento en esa definición, la inactividad es una manifestación del actuar antijurídico de la Administración, contraria al principio de legalidad, pues el ordenamiento jurídico no sólo *habilita* sino que además *exige* que la Administración ejerza sus potestades y competencias.

Esa exigencia se agudiza en el marco de un Estado social de Derecho, tal como es el caso del Estado venezolano, lo cual implica un cambio de paradigma en los cometidos de la Administración Pública: de la Administración de policía o vigilancia se evoluciona a la *Administración prestacional*, prestadora de bienes y servicios y garante del bienestar social, con el consecuente incremento de las obligaciones administrativas, normalmente de contenido prestacional.

Esta ilegalidad por omisión que constituye la inactividad administrativa es, además, susceptible de lesionar la esfera jurídica de los particulares y de allí que los tribunales contencioso-administrativos deben dar protección a los derechos e intereses de los particulares frente a la inercia de la Administración. Por tanto, puede decirse que la tutela judicial frente a la inactividad administrativa es una *exigencia constitucional* tanto *objetivamente*, pues es una contrariedad a derecho susceptible de control, como *subjetivamente*, pues es una causa de lesión de la esfera jurídica del particular que debe ser restablecida, de conformidad con los artículos 26 y 259 de la Constitución venezolana de 1999.

Así, la tutela judicial frente a la inactividad administrativa, al igual que la tutela judicial frente a cualquier forma de actuación de la Administración Pública, encuentra justificación, en primer lugar, en el principio constitucional de universalidad de control, según el cual toda manifestación de la actuación –o ausencia de actuación– administrativa es plenamente controlable por los órganos de la jurisdicción contencioso-administrativa y, más importante aún, toda pretensión procesal frente a la Administración Pública debe ser tutelada por dichos órganos jurisdiccionales de la manera más efectiva posible. Como consecuencia directa de esa universalidad de control derivamos el *principio de integralidad de la tutela judicial,* según el cual el proceso contencioso administrativo deberá otorgar garantía a toda pretensión fundada en derecho frente a la Administración Pública.

En segundo lugar, la tutela judicial frente a la inactividad administrativa se fundamenta en el derecho constitucional a la tutela judicial efectiva, en atención al cual el orden contencioso administrativo deberá garantizar el derecho de acceso a la justicia, el derecho a un procedimiento idóneo y acorde con la tutela judicial requerida, y el derecho a la efectividad y a la plena ejecución de la sentencia definitiva, todo lo cual se sintetiza y resume en el *principio de efectividad de la tutela judicial.*

No obstante, como se señalaba anteriormente, si bien esas apreciaciones teóricas han evolucionado en el transcurso del tiempo, no han alcanzado, aún, su plenitud de desarrollo en lo que se refiere a la tutela judicial frente a la inactividad administrativa en el contencioso administrativo venezolano. Así, si bien se han verificado importantes avances legislativos tanto en lo que se refiere al principio de integralidad de la tutela judicial frente a la inactividad administrativa como en lo relativo al principio de efectividad de la misma, subyacen aún importantes vestigios de la dogmática tradicional y, sobre todo, persiste aún una constante limitación por parte de la jurisprudencia venezolana que ha impedido alcanzar una tutela judicial frente a la inercia de la Administración verdaderamente integral y efectiva.

3 Breve aproximación al origen y evolución de tutela judicial frente a la inactividad administrativa en Venezuela

3.1 Primera etapa: origen del control de las pasividades administrativas en la legislación de 1925 y 1976

Puede afirmarse que el Derecho venezolano ha sido pionero en el control judicial de las omisiones de la Administración. Así, en el año 1985, con fundamento en normas establecidas en la legislación de lo contencioso administrativo vigentes desde 1925 y 1976,[2] la jurisprudencia dio el importante paso a la creación del "recurso por abstención o carencia", medio procesal mediante el cual, aunque de manera limitada, se permitía el planteamiento directo de pretensiones de condena a actuación frente algunas formas de inactividad administrativa.[3]

Ello significó no sólo una novedad en nuestro ordenamiento procesal administrativo, sino incluso en el ámbito de la justicia administrativa iberoamericana, pues para ese momento los únicos ejemplos en el Derecho comparado en los cuales existiera un

---

[2] Nos referidos a la Ley Orgánica de la Corte Federal de 1925 y a la Ley Orgánica de la Corte Suorema de Justicia de 1976, normas que establecían como competencia de la jurisdicción contencioso-administrativa la de conocer de las abstenciones o negativas de los funcionarios a dictar determinados actos. A pesar de su vigencia, hasta mediados de los años 80 del siglo pasado no se tramitó ningún medio procesal mediante el cual pudiesen plantearse de manera directa pretensiones de condena a actuación frente a la inactividad administrativa. Sobre este asunto hemos indagado en nuestra tesis doctoral Cfr.: Urosa Maggi, Daniela, *Tutela judicial frente a la inactividad administrativa en el Derecho español y venezolano,* cit., pp. 148 y ss.

[3] Nos referimos a la sentencia de 28 de febrero de 1985 (caso Eusebio Vizcaya Paz).

medio procesal como el recurso por abstención eran el 'recours en carence' contemplado en el artículo 175 del Tratado de Roma de 1957, Constitutivo de la Comunidad Europea y la acción de condena a prestación establecida en el Derecho alemán desde 1960 (Ley de 21 de enero).

No obstante, la ausencia de desarrollo legislativo de los principales aspectos de ese medio procesal –procedimiento, legitimación, medidas cautelares, contenido y ejecución de sentencia– a la par del reducido ámbito de las inactividades consideradas "abstención" a los fines de ser demandas, trajo como consecuencia una escasísima operatividad práctica del recurso por abstención o carencia, tal como lo demuestran las estadísticas de la jurisdicción contencioso-administrativa venezolana de las décadas de los años 80 y 90 y la forzosa utilización de la acción de amparo constitucional para actuar judicialmente frente a la mayoría de las manifestaciones de inactividad administrativa.

3.2 Segunda etapa: apertura jurisprudencial a la tutela judicial frente a la inactividad a partir de 2004

A partir del año 2004 nuevas tendencias jurisprudenciales de la Sala Constitucional dieron un importante giro a la tutela judicial frente a la inactividad de la Administración venezolana, al afirmar la necesidad de ampliación del ámbito de control del recurso por abstención.

Nos referimos a las sentencias de 6 de abril de 2004 (caso Ana Beatriz Madrid) y de 1 de febrero de 2006 (caso BOCSIVICA), las cuales dispusieron nuevos hitos en esta materia al pronunciarse acerca de la ampliación del concepto de abstención o carencia y su sustitución por el de inactividad administrativa, permitiendo la tutela judicial frente a modos de omisiones administrativas hasta ahora excluidas del control, en especial la falta de oportuna y adecuada respuesta frente a peticiones administrativas. De este modo se dio al traste la clásica distinción entre inactividad formal e inactividad material, disponiéndose ahora que a los fines del control judicial cualquier ausencia de actuación administrativa es susceptible por igual de ser demandada y condenada.

Tales criterios, originalmente de la jurisdicción constitucional fueron paulatinamente asumidos por la jurisprudencia de los tribunales contencioso-administrativos venezolanos de manera pacífica y reiterada.[4]

3.3 Tercera etapa: La Ley Orgánica de la Jurisdicción Contencioso-Administrativa de 2010

La Ley Orgánica de la Jurisdicción Contencioso-Administrativa promulgada en 2010 constituye, sin duda, un importante avance en la evolución de la defensa judicial frente a las pasividades administrativas en Venezuela.

---

[4] Entre otras, mediante las sentencias de la Sala Político-Administrativa nº 00818 de 29 de marzo de 2006 y n° 1007 de 7 de julio de 2009 se ratificó el criterio sentado por la Sala Constitucional en el caso Ana Beatriz Madrid; asimismo, mediante las sentencias de la Sala Político-Administrativa n° 1684 del 29 de junio de 2006, 1306 de 24 de septiembre de 2009 y 1214 del 30 de noviembre de 2010, entre otras muchas, se ratificó el criterio de la Sala Constitucional en el caso BOCSIVICA.

Se trató, así, de la ampliación del ámbito de protección a toda forma de pasividad administrativa; además, se previó en la Ley un procedimiento judicial breve y sumario para demandarlas; se flexibilizó la legitimación procesal requerida para ello; se incluyó una completa cláusula general de tutela cautelar y la regulación –aunque discreta– de la ejecución de las sentencias de condena a actuación.

Tales mejoras permitirían concluir, a quien analizara formal y aisladamente la Ley, que ha evolucionado ese sistema de protección judicial y de allí que resultase garante de los derechos fundamentales, especialmente del derecho a la tutela judicial efectiva, en tanto se trata de una protección bastante breve, anti formalista, que da garantías de defensa y de efectividad al pleno restablecimiento de la situaciones jurídicas infringidas.

No obstante, la práctica forense del contencioso venezolano dista totalmente de esa realidad. Así, los recientes criterios de la jurisprudencia contencioso-administrativa y constitucional impiden que exista esa integral y efectiva protección de los derechos fundamentales que la Ley pretendió establecer. De ese contraste –regulación legislativa de avanzada y criterios jurisprudenciales restrictivos de las garantías procesales– daremos cuenta en las siguientes páginas.

4 Las pretensiones deducibles frente a la inactividad en la Ley Orgánica de la Jurisdicción Contencioso-Administrativa venezolana

4.1 Breves referencias a la noción de pretensión procesal como objeto y eje del proceso administrativo

Siguiendo al maestro Jesús González Pérez,[5] al sistema de justicia administrativa venezolano le son aplicables los principios que rigen la teoría general del proceso, dado su carácter judicialista, y de allí que su estudio deba emprenderse desde una óptica estrictamente procesal. Partiendo de esa premisa, debe afirmarse que el objeto del proceso administrativo es la pretensión procesal administrativa y no la actuación o ausencia de actuación lesiva que sería, en todo caso, el objeto de esa pretensión.

Tales consideraciones, brevemente enunciadas, nos llevan a afirmar que la tutela judicial frente a la inactividad administrativa no puede centrarse en el "recurso por abstención o carencia" más recientemente denominada "demanda por inactividad". El punto medular ha de ser *cuáles son las pretensiones deducibles frente a la inactividad administrativa* y luego *cuáles son los medios procesales idóneos para tramitarlas* y los aspectos adjetivos de dichos medios, de manera que esa protección jurisdiccional alcance la efectividad exigida por el Texto Constitucional en su artículo 26.

4.2 Pretensiones deducibles frente a la inactividad administrativa

La inactividad administrativa es susceptible de causar perjuicios en la esfera jurídica de los particulares y, en esa medida, éstos pueden plantear reclamaciones

---

[5] González Pérez, Jesús, *Manual de Derecho Procesal Administrativo*, Civitas, Madrid, 2001, pp. 69 y ss.

ante la jurisdicción contencioso-administrativa a fin de lograr el restablecimiento de su situación jurídica. Los distintos modos en que puede lograrse ese restablecimiento se traducen en las distintas pretensiones procesales que pueden deducirse frente a las pasividades de la Administración.

Así, de una parte puede ser necesario el planteamiento de pretensiones indemnizatorias cuando el restablecimiento de la lesión se logra mediante la reparación de los daños y perjuicios causados por la ausencia de actuación de la Administración pública. Se trata de pretensiones de condena pero en ellas la nota característica es el restablecimiento por equivalente, mediante la indemnización.

De otra parte, puede plantearse una pretensión ejecutiva, entendida como la declaración de voluntad dirigida al órgano judicial y formulada frente al ejecutado, a fin de que realice determinada actuación concreta, para satisfacer un derecho ya declarado.[6] En el marco del proceso administrativo esa pretensión se traduce en la petición de ejecución de actos administrativos firmes y creadores de derechos frente a los que la propia Administración que los dicta o bien el sujeto obligado por el acto se nieguen a cumplirlo.[7]

Pero la pretensión que por excelencia se plantea frente a la inactividad administrativa es la pretensión de condena a actuación o pretensión prestacional, entendida como "*la declaración de voluntad por la que se solicita del juez contencioso administrativo ordene a la Administración la realización de una determinada conducta de hacer o dar* a lo cual viene compelida en virtud de una obligación jurídicamente impuesta e injustificadamente incumplida.[8] Decimos que es la pretensión por excelencia frente a la inactividad pues mediante ella se logra el cumplimiento en especie de la obligación reconocida frente el demandado, cual es el modo idóneo de restablecimiento, más allá de la reparación que se consigue mediante el cumplimiento por equivalente con la indemnización patrimonial de los daños y perjuicios causados. Evidentemente, ambas pretensiones pueden ser complementarias y pueden plantearse de forma conjunta, pero siempre la condena a indemnización será accesoria a la principal de condena a actuación pues ésta, se insiste, es la que consigue el cumplimiento en especie de la conducta incumplida por la Administración.

4.3 Pretensiones deducibles frente a la inactividad administrativa en la Ley Orgánica de la Jurisdicción Contencioso-Administrativa venezolana

Ahora bien, ¿cuál es el tratamiento que da la legislación venezolana frente a tales pretensiones procesales? ¿Son todas deducibles a través del proceso administrativo?

Debemos comenzar señalando que esa Ley no reglamentó el proceso administrativo sobre el eje de la pretensión procesal, de hecho, la Ley no hace referencia alguna a las

---

[6] Definición de MORENO CATENA, VÍCTOR en CORTÉS DOMÍNGUEZ y MORENO CATENA (Coord.) *La nueva Ley de Enjuiciamiento Civil*, Tomo IV, Tecnos, Madrid, 2000, p. 57.

[7] Tales actos administrativos –firmes, creadores de derechos y aun no cumplidos– son verdaderos títulos para cuyo cumplimiento –incluso forzoso– se requiere de un proceso a través del cual se plantee una pretensión ejecutiva.

[8] Cfr.: UROSA MAGGI, DANIELA, *Tutela judicial frente a la inactividad administrativa en el Derecho español y venezolano*, cit., pp. 184 y ss.

pretensiones procesales administrativas. Solo en tres oportunidades se utiliza el término en todo su texto.[9] De manera desafortunada, la Ley mantuvo el esquema que en ese sentido tenían los anteriores textos normativos reguladores de la justicia administrativa venezolana y estructuró el sistema de medios procesales administrativos sobre la base del criterio impugnatorio, es decir, de la actuación administrativa impugnable, no de la pretensión procesal. Por eso aun distingue entre demandas contra la inactividad, demandas contra vías de hecho, demandas de prestación de servicios públicos demandas de nulidad de actos administrativos, demandas de interpretación de leyes, entre otras.

De este modo, las pretensiones frente a la inactividad –al igual que el resto de las pretensiones procesales– se encuentran dispersas en la Ley, es más, podríamos decir que tienen una regulación implícita pues dependen del medio procesal que se haya intentado. Por ejemplo, la pretensión de nulidad de actos administrativos no se regula expresamente, pero de manera implícita procederá cuando lo que se intente sea una demanda de nulidad de actos administrativos.

4.3.1 La pretensión de condena a actuación

La pretensión de condena a actuación que, según ya señalábamos, es por excelencia la que procede frente a las omisiones administrativas a fin de lograr la condena directa a la Administración a que cumpla con la obligación de hacer o dar omitida, puede plantearse como objeto *principal* del proceso administrativo regulado en la Ley Orgánica de la Jurisdicción Contencioso-Administrativa en tres casos:

(i) Como pretensión principal del medio procesal que la Ley denomina "demanda de abstención" o demanda por inactividad que se tramita a través del procedimiento breve (artículo 65, numeral 3 de la Ley). En tales casos, como se verá, se logra la condena a actuación de la mayoría de las inactividades administrativas.

(ii) Como pretensión principal de las "demandas de prestación de servicios públicos", también tramitada a través del procedimiento breve (artículo 65, numeral 1 eiusdem), cuando dicha demanda se plantea frente a una omisión o demora en la prestación del servicio, lo que es, evidentemente, una clara manifestación de inactividad administrativa. Incluso, cuando se trata de demandas por la deficiente prestación del servicio público estamos también ante un supuesto de inactividad parcial de la Administración, pues existe allí el incumplimiento por omisión del deber de buena administración en la prestación de servicios, esto es, el deber de prestar servicios de calidad cubriendo los estándares mínimos de una buena prestación. En consecuencia, no hay duda que las demandas de prestación de servicios públicos cuyo objeto sea el reclamo frente a la omisión, demora o deficiente prestación, se insertan en la tutela judicial frente a la inactividad administrativa pues su objeto es una pretensión de condena a actuación administrativa o pretensión prestacional.

(iii) Como pretensión principal de la demanda de controversias administrativas, tramitada mediante el denominado procedimiento común (artículo 76, numeral 3), cuando dicha demanda se plantee ante el incumplimiento de deberes u obligaciones de hacer o dar de un ente u órgano administrativo frente a otro, y su restablecimiento

---

[9] La Ley solo utiliza el término pretensión en los artículos 9, numeral 4; 23, numeral 23 y 35, numeral 2.

se logre precisamente condenando a ese órgano al cumplimiento en especie de la obligación incumplida.

Pero también la pretensión de condena a prestación puede ser planteada como pretensión *accesoria* en el proceso administrativo. Concretamente, en el marco del proceso de nulidad de actos administrativos, cuando la pretensión de nulidad se interponga contra un acto denegatorio expreso, la condena a prestación será el modo de restablecimiento de la situación jurídica infringida, procediendo una vez sea estimada la pretensión principal de nulidad.[10] En tales casos la presencia del acto administrativo denegatorio esconde una clara inactividad o incumplimiento administrativo que exige de control y corrección.

4.3.2 La pretensión de condena a la reparación de los daños y perjuicios causados por la inactividad administrativay su inconstitucional exclusión como pretensión accesoria en la Ley Orgánica de la Jurisdicción Contencioso-Administrativa

La segunda de las pretensiones típicamente deducibles frente a la inactividad administrativa –la condena a indemnización de daños y perjuicios– puede plantearse en el marco de las demandas de contenido patrimonial cuyo procedimiento regulan los artículos 56 y siguientes de la Ley venezolana, previo cumplimiento, claro está, de todas las condiciones de admisibilidad incluido el agotamiento de la vía administrativa mediante el antejuicio administrativo, cuando el ente demandado goce de esa prerrogativa procesal. En tales casos, la *causa petendi* de la demanda será una determinada pasividad o inactividad en la que incurrió la Administración causando daños y perjuicios morales o materiales en el particular, frente a lo cual pretende una compensación patrimonial en equivalente a esos daños.

Ahora bien, el problema surge cuando esa pretensión de condena a la reparación de daños y perjuicios se solicita de manera *accesoria* a la pretensión de condena a actuación administrativa que, como se dijo, se plantea fundamentalmente en la demanda por abstención o la demanda de prestación de servicios públicos tramitadas mediante el procedimiento breve.

En tales casos existe una prohibición expresa de la Ley venezolana de interponer pretensiones patrimoniales o de contenido indemnizatorio. Concretamente, su artículo 65 establece que se tramitarán a través del procedimiento breve las demandas de reclamos de servicios públicos, demandas de vías de hecho y demandas de abstención *"cuando no tengan contenido patrimonial o indemnizatorio"*. Asimismo, su único aparte dispone que *"La inclusión de peticiones de contenido patrimonial, no impedirá que el tribunal de curso exclusivamente a las acciones mencionadas"*.

La interpretación literal de la norma se traduce en que las pretensiones que se planteen a través de ese procedimiento breve, *no podrán tener contenido patrimonial*

---

[10] Sería el caso de que se intente una demanda de nulidad contra un acto administrativo que negó una autorización o licencia administrativa, o bien que desestimó el otorgamiento del beneficio de jubilación a un funcionario público. En tal caso la nulidad del acto denegatorio –una vez comprobado que el funcionario sí cumple los requisitos para el otorgamiento del beneficio– podrá aparejar la condena a que la Administración otorgue efectivamente la jubilación negada, lo que es precisamente una condena a actuación.

o indemnizatorio, lo cual pareciera llevar a la conclusión que *no puede plantearse una pretensión de condena frente a una abstención administrativa de forma acumulada con una pretensión indemnizatoria.*

De asumir esa postura, habría que concluir que aquel particular que se vea lesionado en su esfera jurídica a causa de una deficiente prestación de servicios públicos o de una inactividad una vez concluido el procedimiento breve, deberá intentar, ahora, una demanda de contenido patrimonial a fin de hacer valer la indemnización de los daños y servicios que le fueron causados por esa deficiente prestación de servicios o esa pasividad.

Tal interpretación surge, a todas luces, inconstitucional, pues la efectividad del derecho a la tutela judicial implica que los ciudadanos puedan hacer uso de vías procesales óptimas y breves para el restablecimiento de sus derechos, y evidentemente tener que demandar dos veces al mismo ente, por la misma causa, para plantear por separado primero la pretensión de condena a actuación y luego la pretensión indemnizatoria, no es, ni mucho menos, una vía procesal efectiva. Además, la misma Constitución venezolana en su artículo 259 establece como competencia del juez contencioso administrativo el restablecimiento de las situaciones jurídicas lesionadas por la actividad administrativa, *pretensión de restablecimiento que procede conjuntamente con cualquier pretensión procesal* (de nulidad, de condena a hacer, a no hacer o a dar, entre otras) y que no puede limitar el legislador ni supeditar a una demanda posterior, so pena de violar, como se dijo, el derecho a la tutela judicial efectiva.

Asunto muy distinto es que el legislador hubiese dispuesto que las demandas que se planteen por el procedimiento breve no pueden tener como única pretensión la de condena a indemnización de daños y perjuicios, pues la justificación de utilizar un procedimiento breve y de aplicación preferente a otros juicios en curso, es la urgencia en el restablecimiento a través del cumplimiento en especie de la conducta omitida, pero si lo que se pretende es exclusivamente una indemnización no hay ya urgencia justificada y puede acudirse a la demanda patrimonial.

No obstante, requerido el cumplimiento en especie, si existe además una necesidad de indemnización para el pleno restablecimiento de la situación jurídica infringida, lo más efectivo es acumular ambas pretensiones en la misma demanda y no tener que demandar, de nuevo, la pretensión patrimonial.

En consecuencia, esa norma legal deberá ser interpretada conforme a la Constitución, anulada a través del control concentrado de la constitucionalidad o bien desaplicada por la vía del control difuso de las leyes, a fin de que puedan acumularse pretensiones de restablecimiento en el marco de procedimientos breves.[11]

Lamentablemente, no ha sido este el criterio sostenido por los tribunales de la justicia administrativa, los cuales han incluso extendido la prohibición a cualquier pretensión pecuniaria y no solo a las de indemnización de daños y perjuicios. Entre otras, en sentencias de la Sala político-Administrativa n.º 0499 de 28 de mayo de 2013

---

[11] Similares críticas ha realizado en varias oportunidades Torrealba Sánchez, Miguel Ángel, "Algunos problemas fundamentales del Contencioso-administrativo venezolano en la actualidad. Una aproximación crítica a la Ley Orgánica de la Jurisdicción Contencioso-Administrativa", A.A.V.V. Actualidad del Contencioso Administrativo y otros mecanismos de control del Poder Público, Caracas, 2013, p. 207.

y 1013 de 6 de octubre de 2016 se declaró la improcedencia de cualquier pretensión de pago de sumas de dinero mediante la demanda por abstención, señalándose que en tales casos deberá acudirse a la vía de la demanda patrimonial, la cual se tramita mediante un medio procesal mucho más largo y engorroso que el procedimiento breve de la demanda por inactividad o abstención.

4.3.3 La pretensión de ejecución de actos administrativos firmes

Anteriormente hacíamos referencia a la pretensión ejecutiva o pretensión de ejecución de actos administrativos firmes, como aquella mediante la cual se pide al juez que ordene de inmediato al demandado la realización de determinada actuación concreta, para satisfacer un derecho ya declarado, lo cual se consigue a través de un proceso ejecutivo en el cual no hay fase cognitiva judicial, sino únicamente fase ejecutiva, que se inicia con la presentación de un título ejecutivo al momento de interponer la demanda.

La Ley Orgánica de la Jurisdicción Contencioso Administrativa de 2010 no previó, en modo alguno, un proceso ejecutivo ni reguló la posibilidad de planteamiento de pretensiones ejecutivas. No han existido nunca en el ordenamiento contencioso venezolano procesos ejecutivos ni por ende pretensiones ejecutivas, dejando a salvo, por supuesto, los juicios ejecutivos que regula el Código Orgánico Tributario y el cuestionable juicio ejecutivo establecido en la Reforma parcial del Decreto-Ley del Régimen Prestacional de Vivienda y Hábitat.[12] Se han planteado, eso sí, pretensiones de ejecución de actos administrativos firmes pero siempre a través de juicios cognitivos, como lo es el recurso por abstención o bien la demanda de amparo constitucional, es decir, siguiendo siempre un juicio que conste de fase declarativa y luego ejecutiva.[13]

Ahora bien, la falta de regulación expresa de un proceso ejecutivo mediante el cual puedan hacerse valer pretensiones ejecutivas, no es razón suficiente para negar su procedencia. Recuérdese que el artículo 259 de la Constitución establece con carácter enunciativo la posibilidad de plantear cuantas pretensiones sean necesarias para el restablecimiento de las situaciones jurídicas lesionadas por la actividad administrativa, en franca sintonía con el derecho a la tutela judicial efectiva (artículo 26 eiusdem), tramitado a través de medios procesales idóneos a la naturaleza de la pretensión.[14]

El planteamiento de pretensiones ejecutivas frente a la inactividad es posible en nuestro ordenamiento procesal administrativo, sin que sea necesaria su previsión expresa en la Ley, pues ésta no es taxativa respecto de las pretensiones deducibles. Asimismo esa pretensión debería tramitarse a través de un proceso acorde a su

---

[12] Se ha cuestionado seriamente la competencia otorgada a los tribunales contencioso-administrativos para conocer de este juicio ejecutivo cuyo objeto es el cobro de deudas a los fondos del sistema nacional de Vivienda y Hábitat. Al respecto, TORREALBA SÁNCHEZ, MIGUEL ANGEL, "Comentarios sobre el nuevo Juicio Ejecutivo establecido en la Reforma parcial del Decreto-Ley del Régimen Prestacional de Vivienda y Hábitat", *Revista de Derecho Público n° 130*, Caracas 2012, pp. 369 y ss.

[13] Entre otras, sentencia de la Sala Constitucional de 2 de agosto de 2001 (Caso Nicolás José Alcalá) y más recientemente sentencias de la Sala Político-Administrativa n.° 814 de 4 de junio de 2014, 0549 de 19 de mayo de 2015 y 0794 de 26 de julio de 2016.

[14] En este sentido es de suma relevancia la sentencia de la Sala Constitucional n.° 93 de 01 de febrero de 2006 (caso BOGSIVICA), antes comentada, mediante la cual se establece que el juez contencioso debe tutelar toda pretensión fundada en Derecho Administrativo, sin restricción, a través del medio procesal más idóneo para lograr la efectividad de esa tutela.

naturaleza, necesariamente un proceso ejecutivo. Ahora bien, aun cuando la ley no reguló expresamente procedimientos de esa índole, su procedencia sería posible –partiendo, como se dijo, del sólido fundamento constitucional que dan los artículos 26 y 259 de la Constitución– de conformidad con el artículo 31 de la Ley Orgánica de la Jurisdicción Contencioso-Administrativa, según la cual *"Cuando el ordenamiento jurídico no contemple un procedimiento especial, el Juez o Jueza podrá aplicar el que considere más conveniente para la realización de la justicia"*. En tales casos podrá el juez contencioso administrativo aplicar supletoriamente las normas del Código de Procedimiento Civil que regulan los juicios ejecutivos (artículos 630 y siguientes) realizando las modulaciones del caso para tramitar la pretensión ejecutiva en el contencioso administrativo.

En todo caso, y como propuesta de *lege ferenda*, sería conveniente contar en la legislación contencioso-administrativa con un proceso ejecutivo propio que prescinda de la fase declarativa judicial y que se dirija, sin mayor dilación, a la ejecución de los actos administrativos firmes que cumplan con los requisitos para ser considerados títulos ejecutivos. Sobre ese aspecto volveremos de seguidas.

5 El procedimiento a seguir para deducir pretensiones de condena a prestación directa en la Ley Orgánica de la Jurisdicción Contencioso-Administrativa

5.1 El procedimiento breve establecido en la Ley Orgánica de la Jurisdicción Contencioso-Administrativa

La ausencia de regulación legislativa de los distintos aspectos adjetivos del recurso por abstención durante la vigencia de la Ley Orgánica de la Corte Suprema de Justicia y la Ley Orgánica del Tribunal Supremo de Justicia, conllevó a que la jurisprudencia determinase el procedimiento aplicable a este medio procesal. En esa medida, salvo algunos primeros vaivenes, se aplicó el procedimiento relativo al recurso de anulación de actos administrativos, bajo el cuestionable argumento de que solo de esa manera se garantizaría plenamente a la Administración su derecho a la defensa y la posible participación de terceros interesados.

La utilización del procedimiento de los juicios de nulidad significó también la aplicación analógica de las causales de admisibilidad de dichos juicios, tal como expresamente se señaló en sentencia de la Sala Político-Administrativa nº 1441 de 10 de diciembre de 2002 y de la Sala Constitucional nº 1480 de 13 de julio de 2007.

La Ley de la Jurisdicción Contencioso Administrativa venezolana de 2010 trajo como innovación la regulación de tres procedimientos a fin de tramitar los distintos medios procesales administrativos: el procedimiento de demandas de contenido patrimonial; el procedimiento breve para tramitar las demandas de prestación de servicios públicos, demandas contra vías de hecho y demandas de abstención y el procedimiento común para tramitar las demandas de nulidad de actos administrativos, las demandas de controversias administrativas y los llamados recursos de interpretación de leyes.

De este modo, y siendo que toda pretensión de condena a actuación planteada como pretensión principal se tramita mediante la demanda por abstención o la demanda de prestación de servicios públicos, puede afirmarse que toda pretensión de condena actuación se tramita mediante el procedimiento breve, dejando a salvo, por supuesto, los casos de conflictos de autoridades cuya *causa petendi* sea una pasividad administrativa.

Se trata de un procedimiento sumamente corto, basado en el principio de concentración, oralidad y conciliación, dotado de una audiencia oral en la cual las partes plantean sus argumentos y presentan sus pruebas y cuya sentencia estará sujeta a apelación en un solo efecto.[15]

Analicemos brevemente la operatividad práctica y la conveniencia o no de ese tratamiento procedimental que da la Ley Orgánica de la Jurisdicción Contencioso-Administrativa.

5.2 Propuestas de *lege ferenda* para la mejor ordenación de los procedimientos en la justicia administrativa venezolana

Ya en anteriores oportunidades hemos propuesto un esquema de ordenación de los procedimientos contencioso-administrativos que permitirían, en nuestra opinión, dar más efectividad a la tutela judicial efectiva. Se trata de una ordenación que atienda a la naturaleza y contenido de la pretensión procesal, y no al de la actuación administrativa que la fundamente, la cual sería, formalmente, presupuesto procesal, y sustancialmente, el objeto de esa pretensión.[16]

Partiendo de esa premisa, la ordenación del régimen procesal administrativo venezolano exigiría, en nuestro criterio, un replanteamiento sustantivo y adjetivo del sistema de recursos contencioso-administrativos, que se ajuste a los principios constitucionales que informan la justicia administrativa y, fundamentalmente, a los principios de integralidad y efectividad de la tutela judicial. Replanteamiento que comienza por superar, en sí misma, la noción de "recursos contencioso-administrativos", y asumir la postura de un proceso administrativo único que dé cabida a múltiples pretensiones a través de procedimientos también unificados.

De esta manera, ha de partirse de dos supuestos básicos: i) la tutela judicial de *toda* pretensión procesal administrativa fundada en derecho y ii) la previsión de medios procesales distinguidos según las necesidades de esa pretensión procesal.

Partiendo de la cláusula general de procedencia de las pretensiones procesales administrativas, es posible considerar la previsión de tres vías procesales concretas en el ámbito contencioso administrativo:

En primer lugar, como medio procesal general las pretensiones procesales administrativas deben ventilarse a través del *procedimiento contencioso administrativo ordinario*, común a la generalidad de las pretensiones contencioso-administrativas:

---

[15] La jurisprudencia se ha inclinado por intensificar esa brevedad y ha establecido que en los casos de demandas de abstención, el procedimiento breve se tramitará ante la Sala, y solo se enviará al Juzgado de Sustanciación si hace falta la evacuación de alguna prueba (sentencia de la Sala Político-Administrativa nº 1177 de 24-11-2010, 0250 de 21-3-2012 y 0501 de 3-4-2014).

[16] Vid. Urosa Maggi, Daniela, "La pretensión procesal administrativa", A.A.V.V. *El Contencioso Administrativo hoy*, Funeda, Caracas, 2003, pp. 122 y ss. y en "Tutela judicial frente a la inactividad administrativa a la luz de la Ley Orgánica de la Jurisdicción Contencioso-Administrativa Venezolana", A.A.V.V. *La Justicia Constitucional y la justicia Administrativa como garantes de los derechos humanos reconocidos en la Constitución*, Universidad Monteavila, FUNEDA, Caracas, 2013, pp. 439 y ss.

declarativas, constitutivas y de condena, pues tales distintas pretensiones no ameritan diferencias sustanciales en el orden del procedimiento a seguir, pudiendo existir ciertas especialidades en lo relativo a la regulación de sus presupuestos procesales, efectividad, contenido y ejecución de la sentencia.[17]

En segundo lugar, un *procedimiento breve* frente a las pretensiones que requieran de la urgente satisfacción procesal, urgencia que impide la operatividad y eficacia del procedimiento contencioso administrativo ordinario, el cual aun contando con potentes mecanismos cautelares no lograría dar satisfacción oportuna y en especie a dicha pretensión. Esas pretensiones urgentes son, para nosotros, las de contenido prestacional que hemos definido como *aquellas cuya causa sea la negativa, ausencia o deficiencia de ejercicio de la actividad administrativa de prestación de determinado servicio público, o bien de ejercicio de la actividad administrativa de policía respecto de los servicios de carácter esencial gestionados por los particulares,* a fin de lograr el cumplimiento *en especie* de la actuación omitida.

Por último, proponemos la existencia de un *juicio ejecutivo*, a fin de tramitar la *pretensión ejecutiva,* a la que ya antes hacíamos mención, cuyo presupuesto procesal sería la existencia de actos administrativos firmes y creadores de derechos frente a los que la propia Administración que lo dicta o bien el sujeto obligado por ellos se nieguen a cumplirlos, los cuales son verdaderos títulos ejecutivos. Siendo que tal pretensión prescinde de la petición de declaración judicial del derecho reclamado, no sería necesario sustanciar un procedimiento declarativo sino un proceso que prescinda de la fase declarativa judicial y que se dirija, sin mayor dilación, a la ejecución de los actos administrativos firmes. El procedimiento propuesto ha de ser esencialmente sumario, esto es, de cognición y contradicción limitada, en el que se reduzcan considerablemente los trámites del procedimiento ordinario y se invierta la carga de la prueba a causa de las condiciones de ejecutividad y sumariedad y caracterizado por los principios de celeridad y de escritura.

6 La legitimación establecida en la Ley Orgánica de la Jurisdicción Contencioso-Administrativa para plantear pretensiones de condena a actuación frente a la inactividad administrativa

6.1 Regulación de la legitimación en la nueva Ley Orgánica de la Jurisdicción Contencioso-Administrativa venezolana. El interés jurídico actual como título legitimador común a todos los medios procesales administrativos, incluidas las condenas frente a la pasividad administrativa

El artículo 29 de la Ley de 2010 dispone que *"están legitimadas para actuar en la jurisdicción contencioso-administrativa todas las personas que tengan un interés jurídico actual".*

---

[17] La idea de un procedimiento ordinario ya ha sido ensayada exitosamente en los procesos administrativos especiales en materia de función pública (la querella administrativa) o en materia electoral (el recurso contencioso-electoral) en nuestro ordenamiento jurídico.

De esta manera, la Ley modifica el régimen existente en el Derecho venezolano bajo la vigencia de las leyes anteriores,[18] y establece ahora el interés jurídico actual como título legitimante en el marco de cualquier medio procesal y frente cualquier pretensión procesal administrativa, es decir, sin distinguir expresamente uno u otro grado de legitimación según se plantee uno u otro medio procesal. En otras palabras, cualquier pretensión en el marco de cualquier medio procesal puede plantearse alegándose –y probándose– un interés jurídico actual.[19]

En consecuencia, el análisis del tema pasa por determinar si el cambio de interés personal, legítimo y directo al de interés jurídico actual es un cambio sustancial o simplemente nominal y qué consecuencias trae en el ámbito de la tutela judicial frente a la inactividad administrativa.

Evidentemente, el interés jurídico actual sí engloba un concepto más amplio que el de interés personal legítimo y directo, puesto que permite que actúen como demandantes no solo los sujetos que ostenten un interés individual e inmediato, sino además abarca los intereses supraindividuales, esto es, los intereses colectivos y difusos y abarca también intereses tangenciales o indirectos. En definitiva, admite un mayor acceso a la justicia, al amparar no solo los derechos individuales y directos, sino además los supraindividuales (colectivos y difusos) y eventuales.

En el marco de la tutela judicial frente a la inactividad administrativa ello tiene un efecto práctico inmediato: la ampliación de la legitimación del ciudadano que tenía un derecho subjetivo o un interés personal legítimo y directo al que tiene un interés jurídico actual permite que plantee la pretensión de condena a actuación no sólo frente al incumplimiento de obligaciones a cuyo cumplimiento tiene derecho un determinado sujeto (concepto tradicional y restrictivo de abstención) sino incluso el cumplimiento de deberes administrativos que afecten al particular por estar frente a la especial situación de hecho ante la Administración que incumple.[20]

La jurisprudencia venezolana, no obstante, ha limitado esta amplitud de la Ley, al establecer que en aquellos casos en los que se demande la falta de decisión oportuna de una petición administrativa, la demanda solo podrá intentarla aquel sujeto que planteó la petición ante la Administración, es decir, únicamente el titular del derecho de petición.

De este modo se impone en la jurisprudencia una limitación que no se desprende del texto de la Ley venezolana y que implica en la práctica la vuelta a la legitimación restringida al derecho público subjetivo para demandar inactividades administrativas,

---

[18] La legislación derogada distinguía entre derecho público subjetivo, interés personal, legítimo y directo y simple interés a fin de interponer los distintos medios procesales administrativos.

[19] Antes de la entrada en vigencia de esta nueva Ley, la jurisprudencia exigía que el demandante en abstención o carencia alegara y probara un derecho público subjetivo. No obstante, a partir del año 2000 flexibilizó esa exigencia al permitir que también los titulares de intereses personales, legítimos y directos pudiesen plantear ese medio procesal, como lo demuestran las sentencias de la Sala Político-Administrativa (caso Ministerio Público) de 20 de octubre de 1999 y de 10 de abril de 2000 (caso Henry Clay).

[20] Asunto distinto y digno de análisis en otra oportunidad, es el de la procedencia del interés jurídico actual como legitimación suficiente para plantear pretensiones de condena a indemnización de daños y perjuicios, bien mediante demandas patrimoniales, bien como pretensión accesoria en otros juicios. La amplia redacción del artículo 29 de la Ley Orgánica de la Jurisdicción Contencioso-Administrativa no distingue, pero en nuestra opinión, solo quien tenga derecho a esa reparación patrimonial podrá exigirla.

imponiendo así límites al derecho de acceso a la justicia y por ende a la tutela judicial efectiva.

7 La tutela cautelar frente a la inactividad administrativa en el marco de la Ley Orgánica de la Jurisdicción Contencioso-Administrativa

Las medidas cautelares idóneas para garantizar las resultas del juicio cuando la pretensión principal de éste es la pretensión de condena a actuación administrativa, son las de *contenido positivo*, es decir, aquellas que imponen a la contraparte la obligación de realizar una conducta concreta y en principio provisional, necesaria para asegurar el objeto del litigio, y que en la mayoría de los casos será un adelanto o anticipo de la prestación o actuación que se pide mediante la pretensión principal, de allí que también se les denominen anticipativas. Tales medidas han sido generalmente desestimadas por la jurisprudencia previa a la vigente Ley, bajo el argumento de que "*vacían de contenido a la pretensión principal*" y "*prejuzgan sobre el fondo del asunto*". Analicemos qué regulación da en este sentido la vigente Ley contencioso-administrativa venezolana.

7.1 La tutela cautelar administrativa y su regulación en la Ley Orgánica de la Jurisdicción Contencioso-Administrativa

Los artículos 4 y 104 de la Ley Orgánica de la Jurisdicción Contencioso-Administrativa venezolana establecen una cláusula general y amplia de tutela cautelar, regulando su contenido, oportunidad, requisitos de procedencia y finalidad.

De dichas normas se desprenden varias consideraciones relevantes que marcan la pauta del régimen de tutela cautelar en el proceso administrativo venezolano actual:

7.1.1 Existencia de un poder cautelar amplio y general

En total sintonía con el derecho a la tutela judicial efectiva que recoge el artículo 26 de nuestra Constitución y la amplitud de poderes que al juez contencioso otorga el artículo 259 eiusdem, las normas objeto de análisis son claras y expresas al dotar al juez contencioso de amplias potestades cautelares, tanto en su *contenido*, pues puede acordar todas las medidas que sean necesarias, como en su *iniciativa*, desde que proceden de oficio o a instancia de parte,[21] en su *oportunidad*, pues tales medidas proceden en cualquier grado y estado del proceso y en su ámbito, en el sentido de que esa amplitud opera en el marco de cualquiera de los medios procesales administrativos.

Esas mismas potestades cautelares exigen del juez la utilización de poderes de oficio para determinar la procedencia o no de medidas cautelares necesarias para asegurar las resultas del juicio y en consecuencia, a falta de argumentos o pruebas

---

[21] Si bien el artículo 104 señala que las medidas podrán acordarse "a petición de parte", consideramos que el artículo 4 eiusdem es suficientemente claro al disponer que ese poder cautelar judicial procede aun de oficio, en cualquier estado y grado de la causa. En el mismo sentido y en el caso especial del procedimiento breve, el artículo 69 señala que las medidas cautelares podrán decretarse de oficio.

suficientes para justificar su adopción, deberá el juez realizar las pesquisas necesarias e indagar la información que estime pertinente para determinar si ha de acordarse o no una medida cautelar, no siendo suficiente el señalamiento de que por falta de alegatos o pruebas de las partes no procede acordar las medidas solicitadas.[22]

7.1.2 Existencia de un poder cautelar innominado o *numerus apertus*. Especial referencia a las medidas positivas o anticipativas

El régimen establecido en la nueva Ley permite el otorgamiento de las medidas que sean idóneas y pertinentes para resguardar la situación jurídica –y fáctica, según agrega el artículo 4 de la Ley– que se ha visto lesionada, sin distinguir, como sucedía en el marco de nuestra legislación derogada, entre la medida típica de suspensión de efectos del acto administrativo y las medidas innominadas que, además de ser de aplicación analógica y supletoria del proceso civil, fueron erróneamente consideradas como excepcionales por la jurisprudencia.

En consecuencia, la Ley establece una cláusula general que permite acordar la medida que sea necesaria en cualquier medio procesal administrativo que sea planteado, sin identificar ni encasillar determinada demanda –por ejemplo, recurso de nulidad– con determinada medida cautelar –por ejemplo, suspensión de efectos-.

Esa cláusula general tiene una importancia fundamental en el marco de la tutela judicial frente a la inactividad administrativa, pues permite afirmar que la Ley Orgánica de la Jurisdicción Contencioso-Administrativa avala la procedencia irrestricta de medidas cautelares anticipativas o positivas en cualquier demanda en la que se plantee la pretensión de condena a actuación administrativa. Tan es así que el artículo 4 de la Ley expresamente hace referencia a las órdenes de hacer o no hacer que pueden ser acordadas cautelarmente. De modo que el otorgamiento de cualquier anticipo, orden de hacer o dar, prestación o actuación determinada podrá ser solicitada como tutela cautelar frente a la inactividad, siempre que esa medida positiva sea *provisional* –mientras dure el juicio-, *congruente* con la pretensión principal –es decir, homogénea respecto de lo pedido en juicio– y, lo más importante, *reversible*, es decir, que puedan retrotraerse sus efectos en caso de que sea desestimada la pretensión principal en la sentencia definitiva.

7.1.3 Presupuestos procedimentales para el otorgamiento de la medida cautelar. Su particularidad en el marco de la tutela cautelar frente a la inactividad

La cláusula cautelar de la Ley dispone como presupuestos para su otorgamiento, los siguientes extremos (i) que la medida se acuerde para resguardar la apariencia de buen derecho invocado cuando exista probabilidad de que quien solicita la medida cautelar será vencedor en el juicio. *Fumus boni iurisque* en el ámbito de las demandas cuyo

---

[22] No obstante, no es ese el criterio asumido por la jurisprudencia. En sentencia nº 1289 de 9 de diciembre de 2010, la Sala Político-Administrativa estableció que no puede el juez suplir la ausencia o deficiencia de actividad probatoria de quien solicite la medida cautelar.

objeto sea la pretensión de condena a actuación, se traducirá en la aparente existencia del derecho a prestación a favor de quien lo alega y la consecuente presunción de incumplimiento administrativo en la satisfacción de ese derecho.

En segundo lugar, (ii) que la medida se acuerde cuando exista riesgo manifiesto de que pueda quedar ilusoria la ejecución del fallo –*periculum in mora*–. No es especialmente clara la redacción del artículo 104 en este sentido, pero subyace su exigencia en la medida que exige que la petición cautelar sea pertinente para garantizar las resultas del juicio; solo cuando existe peligro en la mora es que se justifican las medidas preventivas para garantizar la efectividad de la sentencia definitiva, esto es, las resultas del juicio. La tutela cautelar frente a la inactividad es especialmente sensible a este requisito, pues si se pretende el cumplimiento en especie de la obligación o conducta que la Administración no ha realizado, es muy posible que el transcurso del tiempo –aun cuando se tramite por el procedimiento breve– haga infructuosa la ejecución del fallo. Nos referimos muy especialmente a la pretensión de prestación de servicios públicos, la cual lleva implícita la urgencia en su cumplimiento y el riesgo de perjuicios irreparables por la definitiva si no se da tutela cautelar.

Por último (iii) la norma incluye un tercer presupuesto tradicionalmente exigido en las cautelares de la justicia administrativa y constitucional: la ponderación de los intereses en juego; hay aquí, también, una peculiar redacción de la Ley Orgánica de la Jurisdicción Contencioso-Administrativa, al referirse a la *ponderación los intereses públicos generales y colectivos concretizados y ciertas gravedades en juego.* Se trata de una redacción impropia, pues el equilibrio que ha de exigirse es entre el interés particular que representa la medida cautelar y el interés general, que no es otro que el interés de todos o de la mayoría, no siendo definible ni equiparable al interés colectivo que, en sentido estricto, es el que ostenta un grupo de personas con determinados intereses en común, jurídicamente organizados. Asimismo, el señalamiento de que deberán ponderarse las "gravedades en juego" se presenta como un concepto jurídico indeterminado que lejos de aportar certeza jurídica, crea inseguridad en relación con los requisitos para el otorgamiento de la cautela, y se presta a arbitrariedades del juez al momento de negarla.

En definitiva, las medidas cautelares deberán acordarse –de manera imperativa y no graciosa– cuando se dé el cumplimiento concurrente de los tres presupuestos procedimentales antes referidos, lo que en el marco de la tutela frente a la inactividad exigirá alegar y probar la presunción de éxito de la condena a actuación, mediante la determinación de que existe una obligación administrativa y que ésta no se ha cumplido y, además, que el retardo en el otorgamiento de la prestación solicitada hasta la sentencia definitiva implicará perjuicios irreparables o de difícil reparación para el particular. Por último, alegar y probar que la medida cautelar solicitada no lesiona el interés general ni perturba el orden público.

Conviene hacer breve mención, en este sentido, a la sentencia n° 22 de 12 de enero de 2011 mediante la cual la Sala Político-Administrativa estableció que cuando la República solicite el otorgamiento de medidas cautelares, no se requiere la comprobación concurrente de los requisitos del *fumus boni iuris* y del *periculum in mora,* sino que el otorgamiento de la medida procederá *con la constatación de uno cualquier de ellos.* Tal infeliz decisión, además de violar el derecho a la igualdad procesal, dando condiciones ventajosas a la Administración en sede cautelar, implica una contradicción injustificada a los principios procesales básicos en la materia, pues no se justifica la adopción de ninguna cautela si no se da el cumplimiento concurrente de ambos extremos señalados.[23] En consecuencia, se legitima en ese fallo la procedencia de medidas cautelares innecesarias o injustificadas a favor de la parte que, además, cuenta ya con algunos importantes privilegios procesales.

7.1.4 Existencia de un poder cautelar supuestamente "para proteger a la Administración Pública, a los ciudadanos o ciudadanas, a los intereses públicos y para garantizar la tutela judicial efectiva y el restablecimiento de las situaciones jurídicas infringidas mientras dure el juicio"

Llegamos en este punto al aspecto más cuestionable de la Ley Orgánica de la Jurisdicción Contencioso-Administrativa en lo que se refiere a su régimen cautelar: que el poder cautelar del juez existe para proteger a la Administración Pública, a los ciudadanos, al interés general y, finalmente, garantizar la tutela judicial efectiva y el restablecimiento de las situaciones jurídicas. En el mismo sentido, es cuestionable también la redacción del artículo 4 eiusdem, cuando dispone que el juez podrá imponer "órdenes de hacer o no hacer *a los particulares, así como a los órganos y entes de la Administración Pública, según el caso concreto, en protección y continuidad sobre la prestación de los servicios públicos y en su correcta actividad administrativa*".

En nuestra opinión, subyace tras esa redacción de la Ley una peligrosa intención de tergiversar la finalidad constitucional de la justicia administrativa, que no es otra que otorgar tutela judicial efectiva a los particulares frente a la Administración pública para restablecer las situaciones subjetivas lesionadas por la actividad administrativa a la par de controlar la contrariedad a Derecho de la actuación de la Administración como garantía del principio de legalidad, separación de poderes y, en última instancia, garantía del Estado de Derecho. Finalidad subjetiva y objetiva de la justicia administrativa, directamente derivadas de los artículos 26 y 259 de la Constitución venezolana.

Contrariando tales premisas constitucionales, la interpretación literal de la Ley respecto del orden de prelación dado a los sujetos protegidos cautelarmente llevaría a la peligrosa conclusión de que la justicia administrativa tiene una finalidad distinta a la que, como dijimos, se desprende de la propia Constitución, y que antes de otorgar tutela judicial a los ciudadanos, existe para "proteger" a la Administración o al interés público.[24]

---

[23] Mediante sentencia nº 1389 de 22 de noviembre de 2012 se extendió ese criterio al caso de las cautelares que solicite cualquier ente público que goce de los mismos privilegios procesales de la República.

[24] Tales señalamientos son consecuentes con la Exposición de motivos del que fuera Proyecto de la "Ley Orgánica de la Jurisdicción Administrativa" en Venezuela, contenido en el informe de la Comisión Permanente de Política Interior, Justicia, Derechos Humanos y Garantías Constitucionales para la segunda discusión de la Ley Orgánica de 2009, cuyo texto es prácticamente el mismo del que resultó sancionado como Ley Orgánica de la Jurisdicción Contencioso-Administrativa en 2010. En esa Exposición de Motivos se explica que esa jurisdicción se debe a los "nuevos paradigmas constitucionales", que han superado la concepción liberal burgués del Estado y que *"el proceso contencioso administrativo (...) ha evolucionado ostensiblemente para dejar de ser el árbitro que tutela exclusivamente las garantías jurídicas de los administrados individualmente considerados y de (sic) la mera legalidad de la actividad administrativa, para hacer prevalecer los intereses públicos..."* como novedad del Estado Social. Ese

Que la Administración Pública, como parte en juicio, tenga derecho también a tutela cautelar, es asunto muy distinto a que la finalidad primaria de la tutela cautelar sea la protección de la Administración y del interés público.

Por tanto, en nuestro criterio, la constitucionalidad de ambos artículos de la Ley Orgánica de la Jurisdicción Contencioso-Administrativa queda condicionada a su correcta interpretación, debiendo leérselas en el sentido de que también pueden dictarse medidas a favor de la Administración que sea parte en juicio o del interés público cuando así sea necesario, y no que la finalidad de la tutela cautelar sea proteger a la Administración y solo de modo secundario el particular o particulares afectados por la actuación administrativa.

7.1.5 Procedencia de las medidas que sean pertinentes "siempre que dichas medidas no prejuzguen sobre la decisión definitiva". Su ilegítima repercusión en la tutela cautelar frente a la inactividad administrativa y su necesaria superación

Una última coletilla del artículo 104 de la Ley Orgánica de la Jurisdicción Contencioso-Administrativa amerita ser analizado: la condición que impone a la procedencia de cuantas medidas sean necesarias y pertinentes "siempre que dichas medidas no prejuzguen sobre la decisión definitiva". Se trata de la inclusión en la Ley del razonamiento de la jurisprudencia contencioso-administrativa venezolana que por años ha servido de justificación para negar la procedencia de la mayoría de las medidas cautelares positivas o anticipativas, es decir, para negar la abrumadora mayoría de cautelares planteadas en demandas frente a la inactividad administrativa.

En efecto, mediante las sentencias nº 902 de 5 de abril de 2006, nº 01121 de 1 de octubre de 2008 y nº 00702 de 21 de mayo de 2009 de la Sala Político-Administrativa, así como las sentencias de la Corte Segunda de lo Contencioso Administrativo de 8 de marzo de 2005 y de 19 de diciembre de 2006 y de la Sala Constitucional de 6 de junio de 2003 (caso Jesús Alberto Díaz) –entre otras muchas de esa Sala-, se han negado medidas cautelares porque su otorgamiento implicaría un prejuzgamiento del fondo del asunto. En otras ocasiones se ha señalado que el otorgamiento de la medida vaciaría de contenido el fondo del asunto, dada la coincidencia de las peticiones cautelar y de fondo (sentencias de la Sala Político-Administrativa nos. 00364 de 11 de marzo de 2003, 1441 de 10 de diciembre de 2002 y 00702 de 21 de mayo de 2009 y 1188 de 3 de noviembre de 2016).

Se trata de un criterio ciertamente errado en su fundamentación jurídica y en definitiva inconstitucional, pues implica la negación de la protección cautelar frente a la inactividad administrativa. Tal como antes se señaló, la tutela cautelar tiene que ser idónea para garantizar las resultas del juicio. Luego, debe cumplir con el principio de *congruencia*: *la pretensión cautelar debe ser acorde y coherente con la pretensión principal del*

---

texto puede leerse en Brewer-Carías, Allan R. y Hernández Mendible, Víctor, *Ley Orgánica de la Jurisdicción Contencioso-Administrativa*, Editorial Jurídica Venezolana, Caracas, 2010, p. 268.

juicio. Ello no implica que haya identidad absoluta entre ambas –petición cautelar y pretensión principal– pero sí que la primera cumpla con los principios de homogeneidad, instrumentalidad y funcionalidad, puesto que no tiene un fin en sí misma sino solo en la medida de garantizar o servir a la pretensión principal y de allí que su contenido tenga correlación directa con el de la pretensión principal. Como enseña CALAMANDREI la medida cautelar nace –y existe– al servicio de la sentencia definitiva".[25]

En consecuencia, *para garantizar una sentencia que condene a la Administración a hacer o dar algo, es homogéneo y congruente que cautelarmente se ordene también a hacer o dar algo*, bien que ese "algo" coincida con la pretensión principal, bien sea parte de ella o alguna prestación diferente, y ello en modo alguno implica adelantar el fondo del asunto, o más bien, sí lo "adelanta", pero de manera legítima. Lo importante es que ese adelanto, en caso de que la sentencia definitiva sea desestimatoria, pueda revertirse, dejarse sin efecto, y de allí que en nuestra opinión la condición fundamental a toda medida positiva o anticipativa es la *reversibilidad*, entendida como la posibilidad de retrotraer los efectos del proveimiento cautelar.[26] Si la medida es reversible no pierde su provisionalidad, si no lo es entonces debe declararse improcedente, no porque "prejuzgue" ni "vacíe de contenido" sino porque no podrán eventualmente revertirse sus efectos causando un perjuicio irreparable a la contraparte.

Por tanto, cautelarmente es posible acordar el cumplimiento de toda o parte de la prestación pedida, pero siempre que ello sea de modo reversible. Si no fuese posible esa reversibilidad en caso de una eventual sentencia definitiva desfavorable, pero existe presunción de buen derecho y prueba del peligro en la mora, deberá el juez negar la medida solicitada *e intentar acordar otra distinta que sea lo más idónea posible para garantizar las resultas del juicio y además sea reversible*. No debe, en esos casos, dejar sin protección cautelar a la parte afectada.

En consecuencia, debemos señalar que lejos de prohibirse el prejuzgamiento sobre el fondo del asunto, ha de entenderse que todo pronunciamiento cautelar implica y exige, *per se,* un "prejuzgamiento" basado en apariencias o pruebas preliminares, pero que no vincula al juez en la sentencia definitiva, pues ese prejuzgamiento podrá revertirse con los argumentos y pruebas de las partes durante el transcurso del juicio.

8   Contenido y ejecución de la sentencia de condena a actuación administrativa en la Ley Orgánica de la Jurisdicción Contencioso-Administrativa

El contenido y ejecución de la sentencia de condena a actuación es, como hemos considerado en otras oportunidades, el asunto medular de la tutela judicial frente a las pasividades administrativas, pues de nada servirá otorgar amplias condiciones de acceso a la justicia e idóneas garantías procedimentales si al momento de sentenciar el juez no puede condenar suficientemente a la Administración ni ordenarle cumplir sus

---

[25] CALAMANDREI, PIERO, *Providencias Cautelares*, Traducción de Santiago Sentis Melendo, Editorial Bibliográfica Argentina, Buenos Aires, 1984, p. 44.

[26] Sobre este principio vid. BACIGALUPO, MARIANO, *La nueva tutela cautelar en el contencioso-administrativo*, Marcial Pons, Madrid, 1999, pp. 130 y ss.

obligaciones o lo que es peor, si aun habiéndola condenado no puede luego lograr la ejecución forzosa de la sentencia.[27] De allí la importancia de analizar ambos temas a la luz de su regulación en la Ley Orgánica de la Jurisdicción Contencioso-Administrativa venezolana.

8.1 Del contenido de la sentencia en el marco de la tutela judicial frente a la inactividad

8.1.1 De la regulación del contenido de la sentencia de condena a actuación en la Ley Orgánica de la Jurisdicción Contencioso-Administrativa

La vigente Ley, sin duda perfectible en muchos aspectos, supuso un importante avance en el marco de la regulación legislativa del proceso administrativo venezolano, desarrollando muchos de sus aspectos procesales fundamentales. Ahora bien, uno de los temas que requería regulación expresa y adecuada y que no se consiguió fue el del contenido de la sentencia en el proceso contencioso administrativo.

Así, no se regularon ni los aspectos formales –es decir, sus requisitos de exteriorización y motivación– ni sus aspectos materiales, esto es, los relativos al límite del juez al momento de apreciar las distintas pretensiones frente a la Administración Pública, lo que, en principio, podría pensarse que carece de relevancia: respecto del contenido formal de la sentencia, se aplican supletoriamente las normas del Código de Procedimiento Civil (artículos 243 y 244) y respecto de su contenido material, el alcance de la pretensión fija la pauta del contenido de la sentencia: frente a la pretensión anulatoria, si se determina la verificación de algún vicio de nulidad, se anulará el acto; frente a la pretensión de condena patrimonial, determinada la deuda o bien probados y cuantificados los daños y perjuicios, se ordenará su indemnización.

No obstante, cuando se trata de la pretensión de condena a actuación esa determinación no es tan sencilla: ¿hasta dónde puede condenarse a la Administración Pública a que cumpla sus obligaciones? ¿Puede el juez detallar todos y cada uno de los aspectos de cómo y cuándo cumplirá la Administración esa obligación o debe limitarse a ordenarle que actúe según el modo que ella misma determine? Por ejemplo, frente a un supuesto de inactividad reglamentaria, ¿puede el juez señalarle a la Administración qué contenido tendrá el reglamento a dictar o debe limitarse a ordenar dictarlo en un plazo determinado? Y frente a la deficiente prestación de un servicio público ¿puede simplemente condenarla a que mejore el servicio o debe decirle cómo lo mejorará señalándole las modificaciones a realizar?

La única norma de la Ley que hace referencia al contenido de la sentencia es el artículo 74 de la Ley, en el marco del procedimiento breve, en el cual se lee: "*Además de los requisitos del artículo 243 del Código de Procedimiento Civil, la sentencia deberá indicar: 1. Las medidas inmediatas necesarias para restablecer la situación jurídica infringida. 2. En el*

---

[27] Urosa Maggi, Daniela, *Tutela Judicial frente a la inactividad administrativa en el Derecho español y venezolano*, cit., pp. 378 y siguientes. En esta oportunidad nos limitaremos al análisis de esa temática en el marco de la Ley Orgánica de la Jurisdicción Contencioso-Administrativa.

caso de reclamos por la prestación de servicios públicos, las medidas que garanticen su eficiente continuidad. 3. Las sanciones a que haya lugar".

La norma transcrita señala los aspectos genéricos del contenido material del fallo de condena que se dicte frente a inactividades administrativas y a la falta o deficiente prestación de servicios públicos:

En primer lugar, dispone que contenga "las medidas inmediatas necesarias" que restablezcan la situación jurídica o bien "las medidas que garanticen" la eficiente continuidad de los servicios públicos. En realidad, poco o nada aporta la norma respecto del contenido que ha de tener la sentencia de condena a actuación administrativa, pues ya la misma Constitución en su artículo 259 establece que el juez contencioso tendrá competencia para disponer lo necesario para el restablecimiento de las situaciones jurídicas subjetivas lesionadas por la actividad administrativa. De modo que lo que a la Ley correspondía era desarrollar ese dispositivo y determinar cuál es el alcance y límite de esas medidas a ser adoptadas.

En segundo lugar, es confusa la norma al disponer que la sentencia contendrá "las sanciones a que haya lugar", sin determinar a qué sanciones se refiere y a quién se imponen. En nuestro criterio, ese señalamiento debe referirse exclusivamente a las sanciones que el juez de la causa puede imponer a las partes en ejercicio de su potestad disciplinaria. Concretamente, se trataría de la sanción de multa contenida en el artículo 67 eiusdem, según el cual cuando luego de ser citado, el demandado no presente oportunamente su informe sobre los hechos alegados en la demanda, se le podrá sancionar con multa entre cincuenta y cien unidades tributarias (U.T.).; asimismo, se trataría de las sanciones que procedieren en ejercicio de la potestad que a las Salas del TS Jotorgan los artículos 121 y siguientes de la Ley Orgánica del Tribunal Supremo de Justicia en casos de irrespeto al Poder Judicial o desacato de sus órdenes y decisiones, siempre que la sentencia definitiva sea la oportunidad para imponer esa sanción. De resto ninguna otra sanción podría imponerse, pues el juez no tiene potestad sancionatoria frente a los responsables de las inactividades administrativas en general y frente a la deficiente o ausente prestación de servicios públicos en particular.

8.1.2 Breves lineamientos respecto del contenido de la sentencia de condena a actuación administrativa

Resulta pertinente señalar brevemente los que creemos son los lineamientos fundamentales del alcance de la sentencia de condena a actuación administrativa, dado que, como se dijo, hay una la laguna legal en ese sentido. Así, esa sentencia, en caso de estimar la pretensión de condena a actuación, debe circunscribirse a declarar la existencia de un derecho a prestación frente a su correlativo incumplimiento administrativo contrario a derecho y, como consecuencia de esa declaración, deberá proceder a condenar a la parte demandada al cumplimiento de esa obligación, estableciendo la sentencia cuál es la actuación concreta que deberá realizar.

La única limitación aceptable al alcance material de la condena a actuación administrativa será la eventual discrecionalidad administrativa que disponga la Ley respecto de la oportunidad y modo de cumplimiento de la obligación incumplida, esto es, respecto del cómo y cuándo del cumplimiento. En presencia de cierto grado de discrecionalidad en el cumplimiento de la obligación –siempre que, una vez aplicadas las técnicas de control de esa discrecionalidad aun quede un reducto que ha de respetar el control judicial– o bien cuando a la Administración corresponda realizar un juicio técnico al momento de cumplir la prestación ordenada, el juez dictará una sentencia-marco, es decir, una sentencia en la que se ordena a cumplir un deber u obligación dentro de ciertos parámetros de legalidad pero sin concretizar todos y cada uno de los elementos de la actuación a realizar.

Por el contrario, cuando la prestación exigida está jurídicamente concretizada y no se previó discrecionalidad en su modo de cumplimiento, el juez dictará una sentencia de condena en sentido estricto, pudiendo determinar en ella todos y cada uno de los elementos a ser tomados en cuenta por la Administración o bien dejar a ésta cierta opcionalidad –que no discrecionalidad, en su cumplimiento.[28] Debe ser ésta la regla al momento de sentenciar, y solo excepcionalmente, cuando sea irreductible la discrecionalidad, proceder a dictar sentencias marco, pues éstas, como se verá de seguidas, tienen una ejecución forzosa más limitada.

8.2   De la ejecución del fallo en el marco de la tutela judicial frente a la inactividad

8.2.1   De la regulación en la Ley venezolana respecto de la ejecución del fallo. Aspectos fundamentales y lagunas legales

Uno de los aspectos del proceso administrativo regulados en la Ley Orgánica de la Jurisdicción Contencioso-Administrativa venezolana es el tema de la ejecución del fallo (artículos 107 y siguientes) reforzando, al respecto, el principio constitucional del carácter judicial de la potestad de ejecución de sentencias y recordando la prelación entre la fase de ejecución voluntaria y luego de ejecución forzosa de la sentencia.

La ejecución forzosa es regulada en la Ley según el contenido de la sentencia de condena a ejecutarse, esto es, sea que se trate (i) de la condena a pago de cantidades líquidas de dinero, (ii) condena a la entrega de un bien determinado, (iii) condena al cumplimiento de obligaciones de hacer o (iv) condena al cumplimiento de obligaciones de no hacer. Asimismo, distingue cuando el condenado es un ente u órgano de la Administración pública o bien un particular.

Interesa analizar lo relativo a la condena a la entrega de un bien determinado y al cumplimiento de obligaciones de hacer, recogidos en el artículo 110, numerales 2 y 3 de la Ley, pues son esas las modalidades que reflejan una condena a actuación administrativa:

8.2.2   Ejecución de sentencias de condena a la entrega de un bien

La ejecución forzosa de sentencias de condena a la entrega de un bien se refiere tanto a la puesta en posesión de bienes muebles como de bienes inmuebles determinados,

---

[28] Sobre el concepto y alcance de las sentencias condenatorias-marco y sentencias condenatorias en sentido estricto vid. Huergo Lora, Alejandro, Las pretensiones de condena en el contencioso administrativo, Aranzadi, Pamplona, 2000, pp. 284 y ss.

de modo que lo que se persigue, en principio es el cumplimiento en especie de esa obligación de entrega. Ahora bien, el artículo 110, numeral 2 regula la excepción del supuesto en el que ese bien se encontrase afectado *"al uso público, servicio público o actividad de utilidad pública"*, caso en el cual el tribunal *"acordará que el precio sea fijado mediante peritos, en la forma establecida por la Ley de Expropiación por causa de utilidad pública o Social (y) procederá como si se tratare del pago de cantidades de dinero"*.

Tal excepción implica, en nuestro criterio, que si el bien a entregar está afectado a alguno de esos supuestos, no procederá el cumplimiento en especie de la obligación y habrá que sustituir ésta por el cumplimiento en equivalente, a través del pago de una cantidad de dinero correspondiente al valor del bien. En consecuencia, y por argumento en contrario, si el bien no está afecto al uso público, servicio público o causa de utilidad pública, *procederá necesariamente el cumplimiento en especie, mediante la entrega forzosa del mismo al demandante, lo que puede implicar, incluso, el uso de la fuerza pública si fuese necesario.*

No obstante, esa interpretación de la Ley del contencioso venezolano colide con la Ley Orgánica de la Procuraduría General de la República, la cual dispone una serie de privilegios procesales a favor de la República, incluida la prohibición absoluta de medidas ejecutivas sobre bienes públicos. Privilegios que lejos de haber sido interpretados restrictivamente, a favor de los derechos a la igualdad procesal y a la tutela judicial efectiva, han sido magnificados por la Sala Constitucional de Venezuela y extendidos a prácticamente todos los entes públicos.[29]

8.2.3 Ejecución de sentencias de condena al cumplimiento de obligaciones de hacer

Dispone el numeral 3 del artículo 110 que *"Cuando en la sentencia se hubiese condenado al cumplimiento de una obligación de hacer, el tribunal fijará un lapso de treinta días consecutivos para que la parte condenada cumpla. Si no fuese cumplida, el tribunal procederá a ejecutar la sentencia. A estos fines, se trasladará a la oficina correspondiente y requerirá su cumplimiento. Si a pesar de este requerimiento la obligación no fuese cumplida, el tribunal hará que la obligación se cumpla. Cuando por la naturaleza de la obligación no fuere posible su ejecución en la misma forma como fue contraída, el tribunal podrá estimar su valor conforme a lo previsto en este artículo y proceder a su ejecución como si se tratase de cantidades de dinero"*.

Varios comentarios exige el precepto en cuestión:

En primer lugar, la impropiedad de la norma al establecer dos nuevas oportunidades de ejecución facultativa cuando el demandado no hubiese cumplido en la fase de ejecución voluntaria. Así, frente al incumplimiento del condenado en esa fase, mal puede otorgarse un nuevo plazo de treinta días consecutivos *"para que la parte condenada cumpla"* y posteriormente, si tampoco cumple en esa nueva oportunidad, señala la norma que el juez se trasladará a la oficina correspondiente *"y requerirá su cumplimiento"*, es decir, volverá a "solicitar" el cumplimiento voluntario.

---

[29] Nos referimos a la sentencia n ° 1582 de 21 de octubre de 2008 de la Sala Constitucional, que declaró sin lugar la demanda de nulidad por razones de inconstitucionalidad de varias prerrogativas de la República, incluidas la prohibición de medidas preventivas o ejecutivas de bienes públicos.

Ello lleva a que en la práctica la ejecución de la sentencia sea un trámite excesivamente largo, contrario a la efectividad requerida de la tutela judicial.[30]

O bien se trata de un error conceptual del legislador –pues ningún sentido tiene otorgar tres oportunidades de ejecución voluntaria– o bien de un privilegio procesal injustificado y contrario a la tutela judicial efectiva y a la igualdad procesal, pues si el condenado no cumplió en la fase de ejecución voluntaria lo correcto es que el juez, a petición de parte, proceda de inmediato a la ejecución forzosa de la sentencia y no que, como se dijo, disponga de nuevas oportunidades de cumplimiento facultativo.

En segundo lugar, vencidas las tres "oportunidades" de cumplimiento voluntario, procede la ejecución forzosa, caso en el cual *el tribunal hará que la obligación se cumpla*. Ahora bien, nada dice la Ley de cómo hará el tribunal para que la obligación se cumpla, cuáles son los modos en que se realizará esa sustitución del juez en el condenado para realizar la obligación de hacer que la Administración no cumplió. No es cuestión fácil, ciertamente, pues depende del contenido de la obligación –no es lo mismo la ejecución forzosa de una obligación de demolición de un edificio que la de la obligación de dictar un acto administrativo o la de prestar el servicio de energía eléctrica-, de modo que debe determinarse: ¿Qué puede hacerse en tales casos? ¿Cómo actúa el juez en estos casos?

En nuestra opinión son dos las posibilidades:

(i) *Ejecución forzosa plenamente sustitutiva*, entendiendo por tal aquella ejecución forzosa mediante la cual se otorga a la sentencia, a todos los efectos jurídicos, la eficacia propia de la conducta administrativa omitida. Esa modalidad de ejecución es aplicable cuando la actuación administrativa ordenada en el fallo consiste en la emisión de una declaración formal de voluntad, pues es ésta también la naturaleza jurídica del fallo judicial. De este modo la sentencia de condena surtirá los efectos constitutivos o declarativos que corresponderían a la actuación administrativa sustituida. Por ejemplo, si se ordena dictar un acto administrativo autorizatorio, o bien se ordena dictar una certificación urbanística, una solvencia tributaria, un documento de registro, entre otros actos administrativos declarativos o constitutivos, a falta de acto la sentencia surtirá los efectos jurídicos de aquél.

Para que proceda esa ejecución plenamente sustitutiva el acto administrativo debido debe ser mayormente reglado, producto de una sentencia condenatoria en sentido estricto a la que antes hacíamos referencia. En caso contrario, esto es, cuando el fallo de condena a la emisión de un acto cuyo contenido sea discrecional –sentencia marco– no procedería la plena sustitución judicial, pues la ejecución se excedería de lo declarado en el fallo.[31]

---

[30] Es el caso, por ejemplo, de la sentencia n° 169 del 9 de febrero de 2011 de la Sala Político-Administrativa que declaró con lugar una demanda por inactividad o abstención y ordenó a la Administración dar respuesta expresa y motivada a la petición planteada por el demandante. Ante el incumplimiento voluntario de la sentencia y la consiguiente petición del demandante proceder a la ejecución forzosa, el tribunal de la causa dictó cuatro autos, de fechas 28 de julio de 2011, 30 de noviembre de 2011, 30 de enero de 2013 y 133 de 5 de agosto de 2015 requiriendo, de nuevo, el cumplimiento administrativo voluntario, es decir, más de cuatro años sin proceder a la ejecución sustitutiva del fallo.

[31] Sería, por ejemplo, el caso en el que se ordene a la Administración dictar un Reglamento, aprobar un plan urbanístico o celebrar un acuerdo, caso en el cual la ejecución forzosa, como se dijo no será plenamente sustitutiva pues la sentencia no tiene un contenido concreto que pueda ser sustituido.

Sobre este punto conviene hacer referencia a la sentencia nº 1214 de 30 de noviembre de 2010 de la Sala Político-Administrativa. En ese caso se declaró parcialmente con lugar un recurso por abstención y se ordenó a la Administración, entre otras órdenes de hacer, *"emita un título protocolizable sobre determinadas tierras"* a favor de la etnia indígena demandante. No obstante, se desestimó la petición de la parte demandante en el sentido de que en caso de incumplimiento voluntario de la Administración respecto de esa orden de hacer contenida en la sentencia, el tribunal *"ordene se protocolice la sentencia (…) y que* (ésta) *valga como título"*. En otras palabras, se solicitó que ante la eventual falta de ejecución voluntaria se procediese a la ejecución forzosa plenamente sustitutiva y la sentencia valiese por el acto requerido.

(ii) *Ejecución forzosa subsidiaria,* que es aquella que opera cuando se ha condenado a la Administración al cumplimiento de una actuación material determinada (por ejemplo, la prestación de un servicio público, la demolición de un inmueble, la reparación de una vía pública, etc.). En tales casos, evidentemente, no podrá el fallo sustituir por sí mismo la actuación debida, sino que se requerirá la realización de esa conducta física y de allí que se trata de una *ejecución subsidiaria* pues el órgano jurisdiccional realizará la prestación ordenada a través de sus propios medios –siempre que cuente con los recursos humanos para ello– o a través de terceros –sea otro órgano administrativo o un particular– *con cargo a la Administración condenada.*[32]

Al igual que en relación con el supuesto anterior, la sustitución procederá a los fines de ejecutar sentencias condenatorias en sentido estricto, es decir, que impongan la condena a una conducta material fundamentalmente reglada, lo que no obsta para que exista cierto *margen de opcionalidad* que, sin llegar a constituir el ejercicio de discrecionalidad administrativa en tanto valoración de mérito u oportunidad en la ejecución de la Ley, se otorgue –normalmente de manera implícita– con fines operativos respecto de la *forma de cumplimiento de obligaciones regladas o de resultado.*[33]

Por último, debemos hacer una breve mención al último supuesto del numeral 3 del artículo 10 de la Ley, cuando establece la necesidad de transformar el cumplimiento en especie en cumplimiento por equivalente en el caso de que *por la naturaleza de la obligación no fuere posible su ejecución en la misma forma como fue contraída.* En tal supuesto, *"el tribunal podrá estimar su valor conforme a lo previsto en este artículo y proceder a su ejecución como si se tratase de cantidades de dinero".*

Ahora bien no determina la Ley dos aspectos fundamentales (i) cuándo "por la naturaleza de la obligación" no es posible su cumplimiento en especie y (ii) cómo estimar en dinero el "valor" de una obligación de hacer.

En nuestro criterio, en tales casos estamos ante una *ejecución indirecta no sustitutiva,* que es aquella en la cual no es posible la sustitución directa del juez, dado que se trata del

---

[32] Sobre la ejecución subsidiaria vid. Pellegrini Grinover, Ada, "Tutela jurisdiccional en las obligaciones de hacer y de no hacer", *Revista de Derecho Procesal núm.* 1, Madrid, 1997, p. 143.

[33] Por ejemplo, la condena a la retirada de un vertedero de basura municipal o bien la condena a reparación de un alcantarillado público, son actuaciones materiales no discrecionales pero en cuyo modo de cumplimiento pueden existir ciertas opciones materiales *plenamente sustituibles.* al respecto, vid. Beltrán de Felipe, Miguel, *El poder de sustitución en la ejecución de las sentencias condenatorias de la Administración,* Civitas, Madrid, 1995, pp. 286 y ss., y en Venezuela, Hernández González, José Ignacio, "El poder de sustitución del juez contencioso administrativo: contenido y ejecución de la sentencia"; A.A.V.V. El Contencioso Administrativo hoy, Funeda, Caracas, 2004, pp. 307 y ss.

cumplimiento de obligaciones administrativas de carácter personalísimo o de contenido no fungible, esto es, de obligaciones discrecionales en el modo de cumplimiento de esa obligación, pues en este caso existiría una valoración subjetiva –de oportunidad o mérito– que corresponde en concreto a la Administración y que no puede sustituir el juez y que así se determinó en la sentencia condenatoria-marco del juicio. Por ende, respondiendo la primera pregunta (i) la naturaleza discrecional de la obligación es la que imposibilita que su ejecución forzosa sustitutiva se logre en especie.

Pero creemos que queda corta la norma en su regulación, pues la imposibilidad de cumplimiento en especie no solo puede ser consecuencia de la naturaleza de la actuación ordenada; también puede ocurrir que por circunstancias fácticas o legales sobrevenidas no sea posible el cumplimiento en especie.[34] En tales casos el tratamiento debe ser el mismo y procederá una ejecución indirecta no sustitutiva.

Por último, y respecto de la valoración en dinero de obligaciones de hacer a fin de convertir el cumplimiento en especie en un pago por equivalente, es evidente que no toda obligación de hacer es susceptible de valoración económica, por ejemplo, no lo son la falta de actuación de la Administración respecto de denuncias sobre contaminación ambiental que afectan, por igual, a una colectividad, o bien la falta de ratificación de un tratado internacional en materia de derechos humanos.

En tales casos, lo que procedería es la imposición de multas coercitivas y reiteradas hasta tanto la Administración cumpla su obligación. Es el ejemplo que nos da la jurisprudencia de la Sala Político-Administrativa en varios casos recientes (exp. 2007-0887, 2009-0006, 2009-0050, 2009-0003) en cada uno de los cuales, dictada la sentencia definitiva que declaró con lugar la demanda de abstención intentada por varios oficiales de las Fuerzas Armadas ante la falta de respuesta frente a sus peticiones relativas a la procedencia de ciertos beneficios funcionariales, la Administración incurrió en desacato del fallo y por tanto esa Sala dictó varios autos a fin de exigir el cumplimiento, con la advertencia de que en caso de incumplimiento se sancionaría con multa a la Administración reticente.[35]

9 Reflexiones finales. Tutela judicial frente a la inactividad y protección de derechos fundamentales

Las consideraciones que hemos expuesto en esta oportunidad nos reflejan un importante avance legislativo de la tutela judicial frente a la inactividad administrativa en nuestro ordenamiento jurídico: la ampliación del ámbito de protección a toda forma de pasividad, la previsión de un procedimiento breve y sumario, la ampliación de la legitimación procesal requerida, la existencia de una cláusula general y amplia de tutela cautelar y la regulación –aunque discreta– de la ejecución de las sentencias de condena a actuación permitirían concluir, a quien analizara formal y aisladamente la Ley, que ha evolucionado ese sistema de protección judicial y de allí que resultase garante de

---

[34] Por ejemplo, puede ocurrir la desaparición del bien mueble que debía entregarse –circunstancia fáctica– o pueden haber sido modificadas las normas legales cuyo cumplimiento se ordenó –circunstancia legal-.

[35] Las sentencias de fondo en cada caso son de fechas 2 de febrero de 2011, 9 de diciembre de 2009, 19 de enero de 2011 y 9 de diciembre de 2010.

los derechos fundamentales, especialmente del derecho a la tutela judicial efectiva, en tanto se trata de una protección bastante breve, anti formalista, que da garantías de defensa y de efectividad al pleno restablecimiento de la situaciones jurídicas infringidas.

Asimismo, el análisis formal de la Ley venezolana permitiría concluir que esa tutela judicial frente a las pasividades administrativas es garantía de un segundo derecho fundamental, el derecho de petición, desde que se ha superado la distinción entre omisiones genéricas y omisiones específicas a los fines de procedencia de la pretensión de condena a actuación y por tanto el juez contencioso administrativo –y no ya únicamente el juez constitucional mediante el amparo– puede ordenar a la Administración decidir expresamente las solicitudes administrativas que no obtienen respuesta expresa y oportuna.

Pero además, ese análisis formal –y aislado– de la Ley Orgánica de la Jurisdicción Contencioso-Administrativa nos llevaría a afirmar la protección de otro derecho fundamental de primer orden, como es el derecho a la buena administración, pues la tutela judicial frente a las inactividades persigue que la Administración actúe *cuando* debe hacerlo, *como* debe hacerlo y *para* lo que debe hacerlo, como postulado de esa "buena administración" en el desarrollo de la función administrativa.[36] Se trata, en definitiva, de un nuevo escaño en la escala del ámbito de protección del contencioso administrativo, logrando no solo el apego de la Administración a la legalidad formal, sino además el cumplimiento de la *eficacia administrativa* a la que todos los ciudadanos tenemos derecho, como se dijo, como atributo del derecho a la buena administración.

No obstante, los recientes criterios de la jurisprudencia contencioso-administrativa y constitucional impiden que exista en la práctica esa integral y efectiva protección de los derechos fundamentales que la Ley pretendió establecer. Concretamente son dos los criterios que ameritan ser comentados:

9.1 De la ilegítima limitación del derecho al acceso a la justicia como consecuencia de la exigencia de agotamiento y prueba de gestiones administrativas, previa la interposición de la demanda por abstención

Luego de la vigencia de la Ley Orgánica de la Jurisdicción Contencioso-Administrativa, el criterio sostenido por la Sala Constitucional y reiterado sistemáticamente por la Sala Político-Administrativa[37] ha sido el de exigir como requisito de admisibilidad de la demanda por abstención o de la demanda de prestación de servicios públicos que el demandante consigne algún medio de prueba que acredite *"las gestiones que haya realizado ante la Administración para obtener respuesta…"* a la petición cuya inobservancia

---

[36] Sobre ese derecho fundamental vid., por todos, Ponce Solé, Julio, *Deber de buena Administración y derecho al procedimiento administrativo debido*, Lex Nova, Valladolid, 2001, p. 37 y en Venezuela Hernández González, José Ignacio, *Lecciones de procedimiento administrativo*, Funeda, Caracas, 2012.

[37] Sentencias de la Sala Constitucional nº 640 del 18 de mayo de 2011, 1311/2011 y 382 de 25 de abril de 2012 y de la Sala Político-Administrativa nº 1353 del 19 de octubre de 2011, nº 00348 del 24 de abril de 2012, nº 0663 del 6 de junio de 2012, nº 0667 del 6 de junio de 2012, nº 01748 de 8 de diciembre de 2012, nº 1300 de 5 de noviembre de 2015 y nº 0243 de 2 de marzo de 2016. entre otras muchas. En casos extremos, como la sentencia nº 1504 de 16 de noviembre de 2011 sostuvo el mismo criterio y consideró insuficientes "gestiones" dos solicitudes del recurrente pidiendo respuesta de la Administración.

se demanda ahora en sede judicial; a falta de prueba suficiente de esa circunstancia se declarará inadmisible la demanda.

Se trata de una grave violación al derecho al acceso a la justicia, pues implica la exigencia de un requisito de admisibilidad que no tiene asidero legal suficiente y que se traduce en un agotamiento de la vía administrativa antes del inicio del procedimiento breve. La situación es alarmante cuando las estadísticas de los últimos años demuestran cómo la gran mayoría de las demandas por abstención o por prestación de servicios públicos intentadas han sido declaradas inadmisibles, y en casi todos los casos esa inadmisibilidad se ha fundamentado en este requisito formal.

En nuestro criterio, la jurisprudencia ha incurrido en una errada interpretación del artículo 66 de la Ley Orgánica de la Jurisdicción Contencioso-Administrativa según el cual, en el marco del procedimiento breve *el demandante deberá acompañar los documentos que acrediten los trámites efectuados, en los casos de reclamo por la prestación de servicios públicos o por abstención.* La interpretación constitucionalizante y conforme al principio *pro actione* de esa norma llevaría a entender que, en caso de que se hubiesen realizado gestiones en sede administrativa frente a la inactividad que ahora se demanda –gestiones evidentemente optativas–, el particular deberá acompañar a su demanda los documentos que acrediten esos trámites, pero la norma no señala expresamente y menos aún puede hacerlo el intérprete, que *deben* haberse realizado gestiones administrativas previas a la demanda, varias además, y que de no probarlo ésta se declarará inadmisible. Con ese actuar se está exigiendo agotar la vía administrativa para admitir la demanda por abstención o prestación de servicios públicos, lo que nunca se exigió en el recurso por abstención y no se requiere en la actualidad en ningún medio procesal administrativo, salvo en el caso de las demandas patrimoniales. De allí que urge el replanteamiento de ese criterio jurisprudencial.

Asunto muy distinto sería distinguir según la naturaleza de la obligación administrativa incumplida: si se trata de obligaciones que han de cumplirse a solicitud de parte, es decir, que surge el deber de actuación una vez planteada la petición administrativa (por ejemplo, una autorización, una licencia, etc.) el particular deberá demostrar esa solicitud como prueba fundamental de su demanda en la etapa probatoria y no como prueba de agotamiento de la vía administrativa para que sea admitida la causa; además, debería ser suficiente la prueba de la solicitud o petición y no, como mal ha exigido la jurisprudencia, la demostración de diversas gestiones exigiendo respuesta del órgano competente. Por el contrario, si se trata de una obligación que debe cumplirse de oficio (por ejemplo, la prestación efectiva de un servicio público frente a usuarios del mismo; la potestad sancionatoria; la potestad reglamentaria, etc.) ninguna "gestión" debería demostrarse pues la obligación no nace de una petición, sino de la norma misma que la contenga.

9.2 De la ilegítima desprotección del derecho de petición como consecuencia de la desnaturalización inconstitucional del derecho a oportuna y adecuada respuesta

El derecho de petición y a oportuna respuesta consigue especial protección mediante la tutela judicial frente a las pasividades administrativas, pues como antes se refirió, a partir de la sentencia de la Sala Constitucional de 6 de abril de 2004 (caso Ana Beatriz Madrid) la omisión o inactividad verificada ante la falta de oportuna y adecuada respuesta puede ser atacada mediante la demanda por abstención en sede contencioso-administrativa y no solo mediante amparo constitucional, como hasta entonces se consideró. No obstante, frente a ese avance significativo la jurisprudencia de la Sala Político-Administrativa ha retrocedido, de nuevo, limitando la protección de ese derecho fundamental.

Así, en reiteradas sentencias esa Sala ha negado la procedencia del recurso por abstención bajo el argumento de que si bien es cierto y está probado que hubo una petición enmarcada en el ámbito de competencias el órgano administrativo, éste no tiene "obligación de dar respuesta". Nos referimos al desafortunado criterio de la sentencia nº 393 de 31 de marzo de 2011, en la que se señaló que las atribuciones del Presidente de la República y la "...*envergadura de éstas (...) impiden que a dicho funcionario se dé el mismo tratamiento que a otros que no den respuesta*", en consecuencia, si ese funcionario no da oportuna respuesta a las peticiones que se planteen en el marco de sus competencias, no viola –para esa Sala– el derecho fundamental de petición.

En otros casos (sentencias nº 1092 de 10 de agosto de 2011 y 249 de 21 de marzo de 2012) se dispuso que por cuanto no es exigible la obligación del Ministro de Relaciones Exteriores de cumplir el trámite de ratificación y depósito de un tratado, no está obligado a dar respuesta a una solicitud de información acerca del estado de ese trámite. Evidente y craso error de las sentencias al confundir la obligación formal de dar oportuna y adecuada respuesta a una solicitud administrativa y la obligación material de ratificar o depositar un tratado. Aunque esta última no sea exigible, aquélla –la de dar respuesta– es imperativa una vez formulada la petición, así sea para contestar que no es exigible la obligación material.

En abundancia, ha sido criterio de la misma Sala que el derecho de petición y el derecho de acceso a la información pública son limitados y por ende quien demande una oportuna y adecuada respuesta a su solicitud administrativa, deberá necesariamente señalar las razones de su solicitud y cuál es la finalidad de la información solicitada a fin de ver estimada su pretensión de condena a que la Administración responda.[38]

En consecuencia, de la grave limitación tradicional del recurso por abstención pues no se consideraba admisible frente a la omisión genérica de decidir, se "evolucionó", en la actualidad, a la grave limitación de ese mismo derecho pero por razones de fondo, negando la procedencia de la tutela como consecuencia de la negación misma de la obligación constitucionalmente irrestricta de responder.

Tales criterios inciden negativamente en la esfera jurídica de los particulares y son causa de las pocas condenas a actuación que se dan en la práctica, pues como se dijo, la mayoría son declaradas inadmisibles. De allí la poca efectividad de la tutela judicial frente a las inactividades como garantía de los derechos fundamentales, a pesar que el legislador reforzó ampliamente esa protección. De nada sirven buenas leyes si no se cuenta con buenos jueces que las apliquen correctamente.

---

[38] Sentencias de la Sala Político-Administrativa números 01636 de 3 de diciembre de 2014, 1177 de 6 de agosto de 2014, 1736 de 18 de diciembre de 2014, 1466 de 15 de diciembre de 2016 y 0816 de 27 de julio de 2016, entre otras.

Consecuencia de ello y de la falta de independencia del poder judicial venezolano, es que en los últimos años (2013-2016) casi todas las demandas por inactividad planteadas han sido declaradas inadmisibles o bien desestimadas en la sentencia definitiva, a pesar de que, como antes se mencionó, la Administración pública venezolana se caracteriza por un incumplimiento reiterado y constante de sus obligaciones administrativas, especialmente de carácter prestacional, que bien podrían ser solventadas y redimidas a través de este medio procesal teóricamente breve y sumario denominado demanda por inactividad administrativa.

Informação bibliográfica deste texto, conforme a NBR 6023:2002 da Associação Brasileira de Normas Técnicas (ABNT):

UROSA MAGGI, Daniela. Evolución y situación actual de la tutela judicial frente a la inactividad administrativa en Venezuela. In: MATILLA CORREA, Andry; NÓBREGA, Theresa Christine de Albuquerque; AGRA, Walber de Moura (Coord.). *Direito Administrativo e os desafios do século XXI*: livro em homenagem aos 40 anos de docência do Prof. Francisco de Queiroz Bezerra Cavalcanti. Belo Horizonte: Fórum, 2018. p. 113-143. ISBN 978-85-450-0555-1.

REGIME JURÍDICO DOS CONSELHOS PROFISSIONAIS

Edilson Pereira Nobre Júnior

1   Introdução

Por ocasião duma série de palestras que, em 1921, ministrou na Universidade de Yale, Benjamín Cardozo,[1] referindo-se a uma observação tributada a Holmes, a quem viria a suceder na Suprema Corte, aproximadamente quinze anos depois, aludiu que o direito não é lógico, mas sim experiência.

Pois bem. A promulgação da Constituição de 1988, como é de ciência geral, afetou, com profundeza, vários segmentos da sociedade brasileira, merecendo realce o inerente à estruturação da Administração Pública.

Muitas modificações foram introduzidas com as previsões, de alongado conteúdo, dos seus arts. 37 a 42. A exigência de prévia aprovação em concurso público, antes restrita apenas a cargos públicos – e, mesmo assim, com a possibilidade de enunciação de exceções pelo legislador (art. 97, §1º, da CF de 1967) – foi prevista tanto para cargos, ressalvados os ditos em comissão, e empregos públicos. A obrigatoriedade de licitação, para fins de compras, serviços, obras e alienações, outrora lastreada no princípio geral da igualdade (art. 153, §1º, da CF de 1967), ganhou previsão constitucional expressa. Inclui-se a possibilidade de responsabilização, na forma da lei, pela prática de improbidade administrativa, sem contar a disciplina magna, de forma detalhada, do controle da execução orçamentária pelos tribunais de contas.

Da necessidade de se definir o alcance de algumas previsões constitucionais, relacionadas com o exercício da função administrativa, é que surge o traçar destas linhas. Na realidade, tudo se origina de casos concretos, extraídos da experiência judiciária.

É que, desde algum tempo, tem-se verificado, com assiduidade, o ajuizamento, por parte do Ministério Público Federal, de ações civis públicas tendentes a obrigar os conselhos profissionais à realização de concurso público para admissão de seu pessoal, à feitura de licitações para a aquisição de bens e serviços, bem como para forçá-los a prestarem contas de suas atividades financeiras ao Tribunal de Contas da União. Mas não para por aí. Impressiona-me também a propositura, com vistas a sancionar os dirigentes

---

[1]   *La naturaleza de la función judicial.* Granada: Editorial Colmares, 2004. Versão para o espanhol de Eduardo Ponssa.

de tais entidades, de ações para responsabilizá-los, em virtude da desobediência aos deveres acima, pela suposta prática de atos de improbidade administrativa.

O fundamento para todo esse alvoroço consiste, basicamente, no fato de os conselhos profissionais serem, nos termos de suas leis de regência, conceituados como autarquias.[2]

O ponto de vista esgrimido pelo órgão ministerial parece haver merecido ratificação em julgados dos Tribunais Regionais Federais da 2ª, 3ª, 4ª e 5ª Regiões.[3]

A só condição de entidade autárquica justificaria o tratamento jurídico que se intenta impor a tais entes. Penso que a resposta merece uma maior reflexão e, para tanto, não se pode desconsiderar fenômeno pelo qual vem passando o direito brasileiro.

É fato inegável que a Constituição de 1988, pela sua extensão, seguida por uma profusão legislativa jamais vista, provocou uma escolha da população pela jurisdição, na qualidade de instrumento para resolver conflitos de interesse, de maneira que o Judiciário passou a se assoberbar de feitos numa quantidade igualmente não constatada em tempos anteriores.

Daí que o propósito de solucionar com a rapidez esperada as demandas que lhe confiaram os cidadãos implicou que a interpretação preponderante passasse a ser, em sua grande maioria, a da literalidade dos textos. Vêm sendo esquecidos – e muito – os conhecimentos doutrinários, principalmente os dos autores clássicos, substituídos, quando muito, pelo recurso a manuais que, diferentemente dos escritos por autores consagrados, justamente ao depois de uma sólida carreira de dedicação à pesquisa jurídica, enveredam por um direito sistematizado, resumido, esquematizado, entre denominações semelhantes.

Essa digressão – que, num primeiro instante, pode parecer estranha – afigura-se necessária para que se possa entender o desenvolvimento do tema, a partir dos tópicos que seguem, os quais principiam pela investigação acerca da natureza dos conselhos profissionais para, em seguida, elaborarmos nosso entendimento quanto a alguns questionamentos daí decorrentes e que envolvem a delineação de sua regência pelo ordenamento jurídico.

---

[2] Ver, dentre outros, a) art. 80 da Lei 5.194/66, relativo ao Conselho Federal e aos Conselhos Regionais de Engenharia e Agronomia; b) art. 10 da Lei 5.517/68, a disciplinar o Conselho Federal e os Conselhos Regionais de Medicina Veterinária; c) art. 6º da Lei 4.769/65, no que concerne ao Conselho Federal e aos Conselhos Regionais de Administração. Já o art. 2º da Lei 2.800/56 dispõe que o Conselho Federal e os Conselhos Regionais de Química "são dotados de personalidade jurídica de direito público, autonomia administrativa e patrimonial".

[3] "EMENTA: CONSELHO DE FISCALIZAÇÃO PROFISSIONAL ADIN Nº 1717-6. ARTIGO 58 DA LEI Nº 9649/98. ADVOGADO CONTRATADO. 1. Em que pese a natureza autárquica peculiar dos conselhos, a norma constitucional insculpida no inciso II do artigo 37 da Constituição Federal de 1988 é clara ao exigir concurso público para a investidura em cargo ou emprego público. 2. Não há na estrutura dos Conselhos vagas para procuradores autárquicos sob a forma de emprego ou cargo público, fato, este, que não impede a contratação de advogados para prestarem serviços jurídicos ao Conselho, sem burlar a Constituição. 3. Sendo autarquias, e sujeitos a um regime todo peculiar, existe a presunção *júris tantum* de que o subscritor da procuração tem poderes para outorgá-la, pois investido em suas funções por ato público. 4. Atendendo ao princípio da razoabilidade, devem ser mantidos como representantes do Conselho os advogados contratados até que, gradativamente, sejam substituídos por procuradores concursados." (TRF/4ª R. AC 200104010687304-SC, 1ª T., rel. Des. Federal Maria Lúcia Luz Leiria, julg. 09/05/2002, DJ 29/05/2002, p. 300, unânime). Outras deliberações podem ser apontadas: TRF – 2ª Região, Oitava Turma Especializada, AC 276.206, v.u., rel. Des. Fed. Raldênio Bonifácio Costa, *DJU* – II de 02-09-2009, p. 183; TRF – 3ª Região, Turma Suplementar da Primeira Seção, AMS 138.137, v.u., rel. Des. Fed. Carlos Delgado, *DJU* – II de 09-01-2009, p. 19; TRF – 5ª Região, 1ª Turma, AC 404.028, v.u., rel. Des. Fed. Frederico Azevedo, *DJU* – II de 13-06-2008, p. 629.

2   Uma visão do direito pátrio, a partir e com ênfase na doutrina

De logo, não posso deixar de enfatizar que os conselhos fiscalizadores do desempenho das profissões liberais, embora ostentem, por força de norma legal, o qualificativo de autarquias, portam, sem sombra de dúvidas, diferenças, de cunho essencial, frente à delineação abrigada no art. 5º, I, do Decreto-Lei nº 200/67.

Tanto é assim que o art. 1º, *caput*, do Decreto-Lei nº 968/69, à consideração de que as atribuições de fiscalização de profissões que lhes são impostas são mantidas mediante recursos próprios, sem subvenção do orçamento da União, constituem objeto de disciplina legislativa específica, não se lhes aplicando as normas legais sobre pessoal e demais disposições de caráter geral relativas à administração das autarquias federais.[4]

A distinção legislativa não resulta de mero ato de vontade ou da livre conformação do legislador, mas, antes, de uma diferenciação de essência entre os entes profissionais e as autarquias propriamente ditas.

É certo que tais entes cobram contribuições previstas no art. 149 da CF, cujo regime tributário parece ser inegável, utilizando-se, frente ao inadimplemento de seus créditos, da via do executivo fiscal, sem contar que ainda estão, para esse fim, jungidos à necessidade de instaurar o prévio procedimento administrativo, para constituição de seus créditos.

Contudo, não se encontram sujeitos à supervisão ministerial na integralidade do que dispõe o Decreto-Lei nº 200/67 (arts. 4º, II, parágrafo único, e 26, parágrafo único), sendo os seus dirigentes eleitos pelos próprios associados, ao invés de indicados pelo Ministro de Estado respectivo.

O raciocínio é fornecido pelo ROMS nº 20.976-3-DF,[5] assentado no qual se firmou que, a partir do Decreto-Lei n 968/69, a Administração Federal Direta, por seus ministérios, não mais exerce o controle finalístico ou teleológico, previsto no Decreto-Lei nº 200/67, sobre aqueles entes. Por isso, descabido ao Ministro de Estado da pasta afim conhecer de recurso hierárquico impróprio relativo ao desempenho das atividades de fiscalização profissional. Trata-se de prova eloquente de que não são os conselhos profissionais integrantes da Administração Pública.

Da mesma maneira, não se encontram a execução de suas despesas e arrecadação de receitas vinculadas ao orçamento da União. Nem desta recebe o numerário indispensável ao seu sustento, mas de contribuições arrecadadas de seus filiados. Não se lhes aplica, portanto, o art. 165, §5º, I, da Lei Máxima, de sorte que a Lei nº 9.289/96, ao disciplinar o pagamento de custas perante a Justiça Federal, foi explícita, no parágrafo único do seu art. 4º, em excluir as entidades fiscalizadoras do exercício profissional da isenção quanto ao pagamento de tais dispêndios.

A atividade que executam não é tipicamente estatal, como o exige o art. 5º, I, do Decreto-Lei nº 200/67.

---

[4]   Mais claro impossível o legislador: "Art. 1º As entidades criadas por lei com atribuição de fiscalização de profissões liberais que sejam mantidas com recursos próprios e não recebam subvenções ou transferências à conta do orçamento da União, regular-se-ão pela respectiva legislação específica, não se lhes aplicando as normas legais sobre pessoal e demais disposições de caráter-geral, relativas à administração interna das autarquias federais".

[5]   Pleno, v.u., rel. Min. Sepúlveda Pertence, *DJU* de 16-02-90.

Prova disso é que a organização e a disciplina das profissões, conforme denota o evolver histórico, sempre foi da alçada dos próprios interessados. Destaca-se da literatura jurídica[6] que o embrião de tais entes profissionais parece ter residido nas *hetérias*, colégios profissionais da cidade de Atenas, criadas por Teseu, bem assim nos *collegia* romanos, que congregavam pequenos produtores e artesãos livres e, durante a Idade Medieval, nas corporações de ofício dos mercadores das comunas italianas e nas *guildas* germânicas. Essas instituições, é necessário dizer, não pertenciam ao Estado, sendo, ao contrário, formadas pela aglutinação de pessoas que exerciam atividades comuns. Muito embora o caráter não estatal daqueles, chegaram a alcançar larga influência religiosa, econômica e profissional, levando Júlio César, pela *Lex Clodia*, a aboli-las por recear o seu avassalador crescimento, cuja ressurreição somente veio à tona depois da morte deste, com a *Lex Julia* de 56 a.C.

Apenas a sociedade hodierna, para dotar a organização de tais associações profissionais de critérios objetivos, destinados a legar segurança jurídica aos particulares, submeteu-as ao controle do Estado, o que guarda um considerável distanciamento com o seu suposto caráter estatal que se pretende àquelas reputar por conatural.

Para sustentar a assertiva, tome-se como exemplo a circunstância de que a massificação das relações sociais e econômicas tem carreado ao Estado o apanágio de controlar o exercício de várias atividades, tais como as de seguro e as bancárias, entre outras semelhantes, sem que isso implique, só por só, que se possa afirmar que são tipicamente estatais.

Esse modo de pensar, a despeito de obscurecido recentemente, não é novo. Em estudo que, entre nós, granjeia pioneirismo, Celso Antônio Bandeira de Mello,[7] atento ao que então denominou de características dedutíveis da intimidade estrutural das formas jurídicas, biparte as pessoas jurídicas, públicas e privadas, em duas classes, extremadas pelos polos corporativo e fundacional.

Tal decorre da circunstância de que, nalgumas pessoas, o substrato estrutural é constituído por um agrupamento de indivíduos que ostentam a qualidade de membros da entidade, enquanto que, noutras, há entes morais cuja existência não reside na agremiação de indivíduos, mas sim no propósito de uma obra ou objetivo a ser realizado, sendo este o seu conteúdo básico, de sorte que os indivíduos que as geram, assim como os destinatários, não possuem a condição de componentes da pessoa ou de fração de seu embasamento estrutural.

Por isso, frisa que, no primeiro caso, têm-se as corporações, pois os indivíduos são constitutivos, elementares, de maneira que a entidade não é juridicamente suscetível de cogitação sem os mesmo; diversamente, na segunda hipótese, qual seja, a das fundações,

---

6   O relato histórico, que acima é exposto, foi elaborado com base em Mozart Victor Russomano (*Curso de previdência social*. 2. ed. Rio de Janeiro: Forense, 1983, p. 4-5). Interessante, por igual, o relato histórico desenvolvido por Silva del Saz (*Los colegios profisionales*. Madri: Marcial Pons, 1996, p. 19-32), sendo de destacar a narrativa de que, em Roma, distinguiam-se, dentre os colégios, os públicos, os quais agrupavam profissões imprescindíveis para a subsistência do povo e, portanto, de sua segurança, e os privados. A diversidade de regime fazia com que os integrantes dos colégios públicos gozassem de importantes privilégios (isenção das funções públicas, isenção dos gravames municipais e do serviço militar, não serem submetidos a tortura caso fossem acusados da prática de crime etc.).

7   *Natureza e regime jurídico das autarquias*. 1ª ed. São Paulo: Revista dos Tribunais, 1968, p. 363-369.

a personalidade jurídica é obtida sem remissão lógica aos indivíduos, cuja existência, embora seja requisito para o seu funcionamento, não o é para a sua existência.

Com isso, prossegue o autor, afirmando que, nas corporações, os membros são personagens internos à pessoa jurídica, fazendo parte da sua intimidade orgânica. Já quanto às fundações, quer seus administradores, ou beneficiários de sua obra, permanecem à margem de sua estrutura, sendo externos à pessoa.

Disso emana uma diversidade de tais categoriais quanto à sua finalidade, ensinando o autor que: "A distinção, ora estabelecida, se traduz, afinal, em uma fórmula simples: as corporações, habitualmente, realizam sua finalidade em âmbito interno: no círculo de seu corpo de membros. As fundações, exatamente porque não possuem membros, realizam os seus fins externamente a si próprias: visam terceiros. Em face dela, administradores e beneficiários serão também terceiros, juridicamente igualados".[8]

Desse modo, considerando as pessoas públicas exclusivamente administrativas (autarquias), remata o autor que estas se apresentam, tal qual no direito privado, divididas em dois tipos quanto ao seu arquétipo estruturante, quais sejam as autarquias fundacionais e as autarquias corporativas. Estas, numa dessemelhança com a esfera privada, caracterizam-se pela compulsória filiação dos seus integrantes.

Daí que, ao modo exemplificativo, mostra-se possível se opor, "de um lado, entidades como a Ordem dos Advogados, Conselho Federal de Engenharia e Arquitetura, Instituto Nacional do Mate, etc., e de outro, tôdas as autarquias não corporativas, que se designam fundações, institutos, fundos personalizados, etc.".[9]

Do ensinamento se faz perceptível que as autarquias ditas corporativas perseguem, primordialmente, a preservação dos interesses dos integrantes da categoria de pessoas físicas que a integram, ao invés do interesse público em geral, o qual somente é objeto de proteção reflexamente.

A matéria, passados algum tempo, foi objeto de atenção de Miguel Reale,[10] dessa vez tendo em vista o exame acerca da destinação das contribuições exigidas pelos conselhos profissionais.

Ao depois de salientar que uma das mais graves anomalias de nossa experiência jurídica consiste no esquecimento dos critérios hábeis para diferenciar instituições administrativas que, na qualidade de entes autônomos, surgiram no Estado de Direito, evidencia, à luz do art. 62, §1º, da Constituição de 1967-69,[11] que, na atualidade, encontra paralelo no art. 165, §5º, I, da Lei Maior vigente – a existência de duas modalidades de autarquias.

Uma primeira categoria, assim, diz respeito àquelas entidades cujas receitas e despesas estão disciplinadas pelo orçamento anual, incumbindo-lhes a prestação de serviços públicos que, em regra, competiriam à pessoa política instituidora. A outra

---

[8] *Loc. cit.*, p. 366.

[9] *Loc. cit.*, p. 369.

[10] Autonomia especial das autarquias corporativas. *In: Teoria e prática do Direito*. São Paulo: Saraiva, 1984, p. 69-73.

[11] O preceito possuía a redação seguinte: "Art. 62. O orçamento anual compreenderá obrigatoriamente as despesas e receitas relativas a todos os Podêres, órgãos e fundos, tanto da administração direta quanto da indireta, excluídas apenas as entidades que não recebam subvenções ou transferências à conta do orçamento. §1º A inclusão, no orçamento anual, da despesa e da receita dos órgãos da administração indireta será feita em dotações globais e não lhes prejudicará a autonomia na questão legal dos seus recursos".

está nos entes que, por sua mantença, não derivarem do erário, não têm o custeio de suas atividades disciplinado pelo orçamento da União.

Eis, interessante, a transcrição que segue: "A primeira dessas formas autárquicas corresponde, em geral, *aos serviços públicos desmembrados da Administração Direta*, sendo-lhe conferida personalidade jurídica própria (e são as *autarquias burocráticas*); a segunda corresponde, de maneira prevalecente, a entidades de origem privada, às quais se atribui personalidade jurídica autárquica (e são as autarquias corporativas, como é o caso das Consulentes), que são autarquias incumbidas da fiscalização do exercício das profissões liberais".[12]

A condição de as suas despesas e receitas não se encontrarem disciplinadas no orçamento da União é uma prova incontéste de que os entes autárquicos corporativos não integram o aparato administrativo federal. A ressalva constante da parte final do art. 62, *caput*, referia-se às empresas públicas e sociedades de economia mista, cujo custeio derivasse do exercício de atividade econômica em regime de concorrência com os particulares ou em regime de monopólio.[13]

Essa compreensão resta mais cristalina com o art. 165, §5º, I e II, da Lei Maior subsequente, mencionando que a lei orçamentária anual compreenderá o orçamento fiscal dos poderes da União, de seus fundos, órgãos e entidades da Administração indireta. O inciso II vai além, reportando-se ainda ao orçamento de investimento das sociedades de economia mista e das empresas públicas, com relação às quais a União detenha, direta ou indiretamente, a maioria do capital votante.

A norma constitucional tem o préstimo de revelar ser condição para que um ente venha a integrar a Administração indireta como autarquia ou fundação a ser mantida pelo orçamento fiscal entidade política.

Outro que levou a cabo estudo sobre o tema foi Francisco Cavalcanti.[14] Ao depois de referências à doutrina estrangeira e pátria, o autor sustenta que as ordens ou conselhos profissionais não são autarquias, pelos menos no sentido de integrarem a Administração Federal indireta, conforme se tem no Decreto-Lei nº 200/67.

Na sua linha argumentativa, salienta, inicialmente, que a previsão de competência legislativa da União sobre as condições para o exercício das profissões (art. 22, XVI, CF) não implica que à União foi atribuída originariamente o serviço de fiscalização das profissões, à míngua de omissão no art. 21, I a XXV, da Norma Ápice, de modo que não se tem presente execução de atividade típica da Administração Federal direta, nos moldes reclamados pelo art. 5º, I, do Decreto-Lei nº 200/67.

Por isso, tais entidades não se encontram sujeitas às normas constantes dos arts. 37, 39, 169, parágrafo único, da Constituição, nem às regras dos arts. 18 e 19 do ADCT, observando que, se assim fossem, estariam alcançadas pelo conjunto de normas que visem à contenção de despesas na Administração Federal, entre as quais os Decretos nºs 99.188/90, 99.189/90, e a Lei nº 8.027/90.

---

[12] *Loc. cit.*, p. 73.

[13] A ressalva inerente à mantença por recursos derivados de sua atividade tem a sua razão de ser em virtude do Decreto-Lei nº 4.597/42 que, estendendo a prescrição do Decreto nº 20.910/32 às empresas públicas e sociedades de economia mista, inseriu tais entidades sob o conceito de fazenda pública, tal qual fossem autarquias, custeadas pelo erário.

[14] Conselhos Profissionais – Natureza Jurídica competência. *Revista AJUFE*, p. 39-42, novembro de 1990.

Aponta ser decisivo para a solução da questão o disposto no art. 1º do Decreto-Lei nº 968/69, ao explicitar que os conselhos profissionais, uma vez mantidos com recursos próprios, sem a percepção de subvenção ou transferências do orçamento da União, são alvo de disciplina legislativa própria, na qual não se inserem as normas legais sobre pessoal e demais disposições de caráter geral relativas às autarquias federais.[15]

Ao depois de asseverar que a inserção de tais colégios ou conselhos profissionais à estrutura da Administração Federal indireta poderia até mesmo representar ofensa à liberdade de profissão, consagrada no art. 5º, XIII, da Lei Máxima, acentua que a discussão tem reflexo na competência jurisdicional para o exame dos atos dessas entidades, frisando caber à Justiça Federal apenas as lides que gravitem em torno da fiscalização profissional, não envolvendo, de nenhuma maneira, questões de peculiar interesse, tais como a execução de multa e anuidades etc.

Exposto com objetividade, eis o remate do autor: "Nem à luz da ordem constitucional, nem à luz da melhor doutrina podem se intitular essas ordens profissionais de autarquias federais, a equiparação para fins específicos levou a equívoco que deve ser reparado".[16]

É possível notar-se, portanto, o desenvolvimento, em harmonia com a lição de Celso Antônio, de uma bipartição de espécies de pessoas administrativas, de caráter autônomo, que parece ter encontrado uma aceitação assídua na doutrina, seja explícita ou implícita.

Basta ver Américo Masset Lacombe,[17] que, antes da Constituição vigente, além de não desconhecer a classificação entre autarquias fundacionais e corporativas, já qualificava os conselhos profissionais como integrantes da segunda classe, cuja atividade é destinada à fiscalização do exercício das profissões.

Cretella Júnior[18] é esclarecedor quando diz que no direito brasileiro há, entre as autarquias, duas espécies desdobradas em fundações e corporações de direito público. No particular destas, diz que se apresentam como uma relação jurídica *ob personam*, estabelecida entre seres humanos que se reúnem para compô-la.

Numa passagem, afirma com precisão: "As corporações profissionais reúnem os membros especializados para o exercício de profissões que, pela natureza típica de que se revestem, pressupõem condições de capacidade intelectual e requisitos de ordem moral de seus componentes. Tais organizações autônomas colaboram com o Estado, integrando-se no sistema administrativo e exercendo funções públicas de índole fiscal".[19]

---

[15] Agrega o autor (*loc. cit.*, p. 42) ainda dois argumentos, a saber: a) de acordo com o vigente Texto Magno a competência para o julgamento da contravenção do art. 47 do Decreto-Lei nº 3.688/41, que tipifica o exercício ilegal de profissão, ser da alçada da Justiça dos Estados; b) com a edição da MP 168/90, transformada na Lei nº 8.024/90, a conversão dos recursos em cruzados novos para cruzeiros das autarquias federais sucedeu de imediato, por força do art. 11 do primeiro dos diplomas citados, enquanto que tais valores dos conselhos profissionais somente foram convertidos para o novo padrão monetário posteriormente pela Portaria nº 65, de 23-03-90, da lavra da então Ministra da Economia, Fazenda e Planejamento.

[16] *Loc. cit.*, p. 42.

[17] *Contribuições profissionais*. São Paulo: Revista dos Tribunais, 1987, p. 35-36.

[18] *Curso de direito administrativo*. 10. ed. Rio de Janeiro: Forense, 1989, p. 45-46. De se observar que as anteriores edições da obra precedem à Constituição de 1988, tendo sido a primeira delas do ano de 1962 e, por isso, coetânea da Constituição de 1946.

[19] *Loc. cit.*, p. 42.

Por aí já se pode, com alguma facilidade, perceber que esses entes integram o sistema administrativo, mas não orgânico do Estado e, de conseguinte, da Administração Pública, apenas com estes exercendo função de colaboração.

O mesmo raciocínio consta de Queiroz Telles,[20] ao se referir à autarquia corporação em confronto com a autarquia fundação, salientando que a primeira se distingue de sua irmã pela sua substância estrutural, uma vez que possui caráter pessoal enquanto que esta é nitidamente patrimonial.

Quanto à autarquia corporação, destaca três espécies, sendo a primeira delas a profissional.

Recentemente, o tema voltou à ribalta em análise de Almiro do Couto e Silva.[21] Sem esquecer em antes frisar que a autarquia é um pedaço do Estado, do qual esta se desprendeu por uma necessidade de descentralização dos serviços que presta, relembrou que, em se levantando a pele da autarquia, para fins de se adotar critérios conceituais do direito privado, será possível vislumbrar no substrato da entidade, ao estilo da doutrina italiana, seguida pelos nossos autores, uma coletividade de pessoas, unidas por um interesse comum, ou um patrimônio vinculado a um determinado fim, de sorte a se delinear a natureza corporativa ou fundacional da entidade.

Expõe ainda que exemplos das chamadas "autarquias corporativas" seriam os conselhos profissionais, como a OAB, o Conselho Nacional e os Conselhos Regionais de Medicina, e que o Anteprojeto da Lei de Organização da Administração Pública, no seu art. 68, optou por defini-las "corporações profissionais, com personalidade jurídica" (art. 68, I), retirando-os do universo das autarquias. Tal proposição, a meu sentir, finalidade outra não teve senão a de evitar equívocos, derivados da tentativa, verificada na práxis, ao se pretender que lhes sejam aplicáveis, inteiramente, as normas do regime das entidades autárquicas integrantes da Administração Pública indireta.

Nessa linha, o anteprojeto é claro ao dispor que as corporações profissionais, as quais, juntamente com os serviços sociais autônomos, constituem o que se denomina de entidades paraestatais, não estarão submetidas às normas da Administração Pública sobre contratação administrativa e servidores públicos, devendo, para tanto, adotar procedimentos próprios de gestão financeira, contratação e seleção de pessoal, que assegurem eficiência e probidade na aplicação de seus recursos.

Especificadamente quanto às corporações profissionais, a proposição enuncia que observarão regime de direito público no exercício de seu poder fiscalizador, regulador e sancionador, sendo-lhes aplicável, quanto ao mais, o direito privado e o do trabalho.[22]

---

[20] *Introdução ao direito administrativo*. São Paulo: Revista dos Tribunais, 1995, p. 97-98.

[21] A Administração direta e as autarquias: autarquias especiais, agências reguladoras e agentes executivas. *In: Conceitos fundamentais do Direito no Estado constitucional*. São Paulo: Malheiros, 2015, p. 277.

[22] Necessária uma transcrição do art. 72 do Anteprojeto: "Art. 72. As entidades paraestatais devem observar os princípios de legalidade, legitimidade, moralidade, eficiência, interesse público e social, razoabilidade, pessoalidade, economicidade e publicidade, e atender às normas constitucionais, legais, regulamentares, estatutárias e regimentais aplicáveis. §1º As entidades paraestatais não se submetem às normas das entidades estatais sobre contratação administrativa e servidores públicos, devendo adotar procedimentos próprios de gestão financeira, contratação e seleção de pessoal que assegurem a eficiência e a probidade na aplicação de seus recursos, publicando anualmente suas demonstrações financeiras e prestando contas nos termos do parágrafo único do art. 70 da Constituição, as quais devem ser apreciadas pelo Tribunal de Contas da União, dentro dos limites determinados pelo respeito à autonomia que lhes foi conferida por lei. §2º As corporações profissionais submetem-se ao direito público no

Interessante ainda anotar que o anteprojeto, ao enumerar os objetivos das corporações, porventura procurando acompanhar a tendência da realidade prática, vai além da previsão do exercício das funções de colorido acentuadamente público, inerentes à disciplina do exercício das profissões. Especifica, no seu art. 70, também a defesa dos direitos e interesses coletivos e individuais homogêneos de seus associados, sem contar outras atribuições especificadas constitucionalmente e nos seus estatutos legais.[23]

As lições que foram descritas evidenciam uma conclusão sólida – e que, por isso, parece vir sendo assumida pelo legislador, a fim de conjurar a repetição de erros –, mais precisamente no sentido de que os colégios ou conselhos profissionais, embora rotulados legalmente de autarquias, não podem ser considerados como as autarquias típicas, tal e qual definidas pelo art. 5º, I, do Decreto-Lei nº 200/67, por não integrarem o arcabouço estrutural. Por isso, a utilidade e a relevância de seu encaixe, numa classificação dual, no conceito de autarquia corporativa.

Os conselhos profissionais, a despeito de não integrarem organicamente a Administração Pública, exercem, mediante delegação advinda de lei, parcela de função administrativa.

Prova disso se tem pela circunstância de que a visão sugerida pelo Anteprojeto da Lei de Organização da Administração Pública, a despeito de projetar a retirada de tais entes do campo autárquico, onde constava pela nomenclatura legislativa, atribui-lhe personalidade jurídica de direito público.

A personalidade de direito público não corresponde, com exatidão, ao fato de o ente moral integrar ou não a estrutura do Estado. Absolutamente. Decorre, antes, da opção de ordenamento à consideração da relevância pública das funções que impende o ente concretizar. Um exemplo, entre nós, residia nos partidos políticos, cuja Lei nº 5.682/72 (art. 2º) enunciava o seu qualificativo de pessoa jurídica de direito público interno, por destinar a assegurar, no interesse do regime democrático, a autenticidade do sistema representativo, situação mantida até a Constituição de 1988 (art. 17, §2º).

3   Uma perspectiva dos sistemas jurídicos estrangeiros

No estrangeiro, o fenômeno não se passa de forma diferente. A Constituição espanhola vigente, cônscia da diversidade de regime jurídico entre as corporações profissionais e as pessoais administrativas, prescreveu, no seu art. 36, primeira parte,[24]

---

exercício do seu poder fiscalizador, regulador e sancionador, regendo-se, quanto ao mais, pelo direito privado e do trabalho" (Disponível em: <www.gespublica.gov.br>. Acesso em 29 mar. 2016).

[23] Eis o teor do art. 70 do Anteprojeto: "Art. 70. As corporações profissionais são entidades previstas em lei federal, de natureza associativa, que têm por objeto: I – a regulação, a fiscalização e a disciplina do exercício profissional; II – a defesa dos direitos e interesses coletivos e individuais homogêneos de seus associados; III – outras competências asseguradas pela Constituição e por seu estatuto profissional definido em lei" (Disponível em: <www.gespublica. gov.br>. Acesso em 29 mar. 2016 Disponível em: <www.gespublica.gov.br>. Acesso em 29 mar. 2016).

[24] Eis o teor do preceito: "**Artigo 36** A lei regulará as peculiaridades próprios do regime jurídico dos Colégios Profissionais e o exercício das profissões tituladas. A estrutura interna e o funcionamento dos Colégios deverão ser democráticos" (**Artículo 36** La ley regulará las peculiaridades proprias del régimen jurídicos de lós Colegios Profisionales y el ejercicio de las profesiones regulamentadas. La estructura interna y el y el funcionamiento de los Colegios deberán ser democráticos. Disponível em: <www.congreso.es>. Acesso em 23 mar. 2016).

competir à lei regular as peculiaridades próprias do regime jurídico dos colégios profissionais e o exercício das profissões regulamentadas.[25]

Diante disso, a doutrina, conforme se vê de José Bernejo Vera,[26] insere os colégios profissionais entre o conjunto dos particulares em colaboração com a Administração, embora reconheça presente a sua personalidade jurídica de direito público.

Não diferente a visão de José Luis Ruiz-Navaro,[27] ao assentar que as peculiaridades frente a outras organizações consistem na circunstância de que são pessoas de direito público que, mesmo exercendo funções de natureza jurídico-privada, desempenham algumas funções públicas como é, por exemplo, a disciplina profissional.

Essa concepção se encontra descrita, de maneira cristalina, por Silva del Saz[28] quando diz que o fato de as corporações terem personalidade de direito público supõe, é lógico, que, para determinados efeitos, estejam assimiladas às Administrações Pública, tal como sucedeu quando o Tribunal Constitucional (*Sentencias* 76/1983 e 20/1988) afirmou que participam da natureza da Administração Pública, para o efeito de assentar a competência legislativa do Estado para editar a sua legislação básica.

Contudo, prossegue a autora afirmando que, face à dualidade de funções e fins, tal personalidade de direito público não faz com que haja, necessariamente, uma coincidência com o regime jurídico idêntico ao da Administração Pública, o que foi objeto de reconhecimento, uma vez mais, pelo Tribunal Constitucional (*Sentencias* 23/1984 e 166/1992), ao excluir do conjunto dos cargos públicos, referidos no art. 23.2 da Constituição de 1978, as lotações de pessoal dos colégios profissionais, para os quais o acesso em condições igualitárias não deriva do direito fundamental à acessibilidade constante no mencionado artigo, mas sim pela exigência do art. 36, segunda parte, condizente ao funcionamento democrático de tais entidades.

Harmônicas, tais lições servem para evidenciar que o direito espanhol, por assimilar a essência dos colégios profissionais, situou-os na posição mais adequada à sua natureza. O fato de exercerem, ao lado da defesa dos interesses dos seus membros, atribuições de relevante interesse público, faz com que devam ostentar personalidade de direito público, conforme estabelecido legislativamente, antes mesmo da Constituição de 1978.[29]

---

[25] Consoante narrado por Silvia del Saz (*Los colegios profisionales*. Madri: Marcial Pons, 1996, p. 30-33), os colégios profissionais, em seu formato atual, floresceram em Espanha durante a ditadura de Rivera e, posteriormente, na época de Franco.

[26] Privatización y el nuevo ejercicio de función pública por particulares. *In*: MOREIRA NETO, Diogo de Figueiredo (Coord.). *Uma avaliação das tendências contemporâneas do direito administrativo*: obra em homenagem a Eduardo García de Enterría. Rio de Janeiro e São Paulo: Renovar, 2003, p. 415.

[27] *Constitución española*: Sinopsis. Artículo 36. Disponível em: <www.congreso.es>. Acesso em: 07 jan. 2010.

[28] *Los colegios profisionales*. Madri: Marcial Pons, 1996, p. 141-142.

[29] Ver a *Ley* 02, de 13 de fevereiro de 1974, a qual é clara ao prescrever: "**Artigo 1**. 1. Os Colégios Profissionais são corporações de direito público, amparadas por lei e reconhecida pelo Estado, com personalidade jurídica própria e plena capacidade para o cumprimento de seus fins" (**Artículo 1**. 1. Los Colegios profisionales son Corporaciones de derecho público, amparadas por la ley y reconocidas por el Estado, con personalidad jurídicapropia y plena capacidad para el cumplimiento de sus fines. Disponível em: www.boe.es. Acesso em: 28-03-2016). Chama atenção o item 3 do referido dispositivo, ao enunciar os fins dos colégios profissionais, os quais não se limitam à regulação da profissão respectiva, compreendendo, dentre outros, os interesses profissionais dos seus associados. Uma menção ao texto legal é compreensiva: "Artigo 1. (...) 3. São fins essenciais destas Corporações a ordenação do exercício das profissões, a representação institucional exclusiva das mesmas quando estejam sujeitas a órgão de funcionamento obrigatório, a defesa dos interesses profissionais dos associados e a proteção do interesses dos consumidores e usuários dos serviços destes, tudo isso sem prejuízo da competência da Administração Público em razão da relação **funcionarial**" (Son fines esenciales de estas Corporaciones la ordenación del ejercio de las

E, por esta condição, a sua atividade, desempenhada por delegação legislativa, situa-se ao lado da exercitada pela Administração Pública, razão pela qual, nesse particular, a incidência do regime jurídico administrativo é incontestável. Tal, no entanto, não faz com que integrem estrutural e organicamente a Administração Pública, daí surgindo, em parte, a sujeição a um regime especial, distinto daquele do Estado e das pessoas administrativas.

Partindo-se à experiência francesa, é de se constatar as entidades denominadas ordens profissionais (*ordres professionnels*), originalmente congregando advogados e notários, mas que, com o governo de Vichy, foram estendidas a diversas categorias profissionais liberais.

Consoante Dupuis, Guédon e Chrétien,[30] o seu funcionamento interno é regido pelo direito privado, sem embargo de que o seu estatuto tem suscitado interrogações. Asseveram que aresto do Conselho de Estado de 1943 enuncia dois pontos importantes, segundo os quais, se de um lado tais entes exercem um serviço público, por outra parte, não são pessoas jurídicas administrativas (établissements publics).

Entre as relevantes funções públicas que exercem, constam: a) controle de acesso à profissão mediante o procedimento de inscrição; b) pronúncia de sanções disciplinares por infrações no exercício profissional.

Esclarecem os autores que, ao exercerem atribuições inerentes à primeira competência, os respectivos atos são considerados como perpetrados por autoridade administrativa, ensejando o acesso do interessado à jurisdição administrativa pela via do recurso por excesso de poder (*recours pour excès de pouvoir*).

O fenômeno não é estranho à ordem jurídica brasileira, a qual admite a impetração de mandado de segurança contra ato de autoridade perpetrado no âmbito de pessoa jurídica de direito privado, em razão do exercício de competência delegada da Administração Pública. Assim consta do verbete da Súmula 510 do Supremo Tribunal Federal, cuja diretriz foi secundada pelo art. 5º, LXIX, parte final, da Constituição de 1988.

Já no particular da pronúncia de sanções administrativas, há o reconhecimento de que a ordem profissional atua como lídimo juiz administrativo, desafiando a sua decisão recurso de cassação (*recours de cassation*) para o Conselho de Estado.

Tudo isso não é suficiente para que se considerem as ordens profissionais como entidades integrantes da Administração Pública francesa. Pelo contrário, os mesmos Dupuis, Guédon e Chrétien,[31] noutra passagem da obra citada, ao se reportarem ao exercício excepcional da competência regulamentar por organismos privados, apontam justamente a atividade das ordens profissionais na edição dos códigos deontológicos e outras normas complementares.

Isso resta induvidoso quando os autores, mais adiante, à procura de traçar uma definição, ensinam: "As ordens profissionais são pessoas morais, administradas por conselhos (conselho superior a nível nacional, conselhos regionais, conselhos

---

profisiones, la representación institucional exclusiva de las mismas cuando estén sujetas a **colegiación** obligatoria, la defensa de lós intereses profesionales de los colegiados y la protección de los intereses de los consumidores y usuarios de los servicios de sus colegiados, todo ello sin perjuicio de la competencia de la Administración Pública por razón de la relación **funcionarial**). Disponível em: <www.boe.es>. Acesso em: 28 mar. 2016).

[30] *Droit Administratif*. 8. ed. Paris: Armand Colin, 2002, p. 305-306.

[31] *Op. cit.*, p. 158.

departamentais), cujos membros são eleitos, no âmbito da profissão, pelo sufrágio universal (e não designados pelo Estado). Tudo o que concerne ao seu funcionamento interno é regido pelo direito privado (pessoal, patrimônio, gestão financeira...)".[32]

Ao contrário do que possa aparentar a um primeiro olhar, aqui não se observa maior diferença quanto ao prevalecente no sistema jurídico espanhol. O que há é opção, num e noutro ordenamento, quanto ao reconhecimento de personalidade de direito público ou privado aos entes profissionais. Mas, abstraído tal aspecto, em ambos os sistemas se reconhece a competência daqueles para a execução, sob um aspecto material,[33] de atividades no interesse geral, o que ocorre sem que haja a necessidade de sua integração na estrutura orgânica da Administração Pública.

Um olhar para o ordenamento italiano mostra-se, igualmente, esclarecedor. A despeito de não mencionados pelo texto da Constituição de 1947, a exemplo do ocorrido com outros segmentos sociais (a família, as organizações religiosas, os partidos e os sindicatos), os conselhos e ordens profissionais, no dizer de Giacinto della Cananea,[34] constituem, ao mesmo tempo, centros voltados ao trato dos interesses coletivos de um grupo, ou coletividade, qual seja, o dos profissionais, além de se destinarem ao desempenho de atividade no interesse geral, mais precisamente quanto à tutela da confiança do público no exercício das profissões.

Suas funções consistem, principalmente, na elaboração de regras gerais para ordenar, no âmbito interno da categoria, o exercício profissional, na verificação da existência dos requisitos para a inscrição dos profissionais e no controle da correspondência da conduta dos seus integrantes às normas disciplinares que lhe são impostas, em função da qual podem aplicar medidas punitivas.

Por isso, no entender do autor, todas as ordens e conselhos profissionais desenvolvem atividades voltadas a incidir sobre o exercício das atribuições relacionadas aos poderes públicos, não obstante tal se verificar numa menor medida daquela constatada quanto a outros entes personificados, tais como os partidos políticos e sindicatos.

De conseguinte, sustenta o autor que as ordens e colégios profissionais possuem organização própria, a qual possui relevo publicístico, por força da obrigatória filiação do profissional, que somente assim poderá adquirir o respectivo *status*. Desse modo, encontram-se insertas no âmbito associativo, mas com personalidade de direito público. Isso mostra que, no entender do autor, tais entes não integram a estrutura orgânica da Administração.

---

[32] "Les ordres professionnels sont des personnes morales, administrées par des conseils (conseil supérieur au niveau national, conseils régionaux, conseils départementaux) dont les membres sont élus, dans le cadre de la profession, au sufrage universel (et non designes par l'État). Tout ce qui concerne leur fonctionnement interne est régi par le droit privé (personnel, patrimoine, gestion finacière...)" (*Op. cit.*, p. 305). A condição de pessoas jurídicas de direito privado das ordens profissionais também fé apontada por MARTINE LOMBARD (*Droit administratif*. 4. ed. Paris: Dalloz, 2001, p. 91).

[33] O entendimento foi possível, na França, a partir do aresto de 20 de dezembro de 1935 (Établessements Vézia), no qual o Conselho de Estado foi seduzido pela dissociação entre a significação orgânica do serviço público, compreendida como aquela inerente a um órgão administrativo, e a sua significação material, a consistir numa missão de interesse geral. A orientação prosseguiu no julgado de 13 de maio de 1938 (*Caisse Primaire <<Aide et protection>>*).

[34] L'ordinamento delle professioni. *In: Trattato di diritto amministrativo:* diritto amministrativo speciale. Milão: Dott. A. Giuffrè Editore, 2000. Tomo primeiro, p. 835-841.

Antes, o tema foi tratado por Gianinni,[35] ao se ocupar dos contornos das associações pública. Para o autor se trata daqueles entes que possuem a estrutura típica das associações, possuindo órgãos tais como assembleia dos associados, comitês, diretoria e presidente, sendo públicos por cuidarem, por força de lei, de interesses meritórios, como é o caso das associações patrióticas, ou, em face de particular qualidade de seus associados, o Estado lhes atribui tarefas públicas, o que se tem com os colégios profissionais.

Às voltas com o descortinar da natureza de tais entes, ensina o autor: "Todavia, qualificados como entes públicos, as associações públicas mantêm vínculo de emprego público com os seus dependentes, os atos que emitem são medidas administrativas; por outro lado, têm estrutura de autoadministração e aplicação as normas próprias das associações de direito comum. Desse modo, a natureza pública delas parece quase uma ficção".[36]

É, portanto, de se notar que a investigação do direito estrangeiro, sempre valiosa, é mais uma demasiada esclarecedora num ponto, qual seja, o de que tais organismos não integram a estrutura orgânica da Administração Pública, o que, em sua essência, é digno de reprodução em nossa ordem jurídica.

4 O tema no Supremo Tribunal Federal

Compulsando-se as principais decisões emitidas pelo Pretório Excelso sobre o assunto, percebe-se uma escassa atenção para o exame da natureza de tais entes, sem contar a presença de contradição – e quiçá, forte incoerência sistemática – entre seus arestos.

Um dos precedentes reputado dos mais importantes, proferido nos albores da vigência da atual Lei Básica, mas que se refere a uma discussão iniciada sob o pálio de sua antecessora, foi o ROMS nº 20.976-3-DF,[37] referido linhas atrás, o qual teve sua origem no requerimento formulado pela Associação Brasileira das Administradoras de Imóveis – ABADI ao Ministério do Trabalho, para que este definisse previamente o enquadramento de toda e qualquer empresa dedicada à administração de imóveis em favor do Conselho de Corretores de Imóveis, o que foi deferido mediante despacho do

---

[35] *Diritto amministrativo*. 3. ed. Milão: Dott. A. Giufffrè Editore, 1993. Primeiro volume, p. 207-208.

[36] "Tuttavia essendo qualificate enti pubblici, le associazioni pubbliche hanno rapporto d'impiego pubblico con i loro dipendenti, gli atti che emettono sono provvedimenti amministrativi; per altro verso hanno struttura di autoamministrazione e applicano le norme proprie delle associazioni di diritto comune. Talché la loro natura pubblica sembra essere quase una finzione" (*loc. cit.*, p. 207-208).

[37] Eis a ementa do julgado: "Mandado de segurança: recurso ordinário constitucional (CF, art. 102, II, a): devolução ao S.T.F., a exemplo da apelação (CPC, 515 e §§), do conhecimento de toda a matéria impugnada, que pode abranger todas as questões suscitadas e discutidas no processo de natureza constitucional ou não e ainda que a sentença não as tenha julgado por inteiro. 2. Autarquias de fiscalização profissional: supervisão ministerial (Dl 968/69). Enquanto se mantenha a autarquia profissional no exercício regular de suas atividades finalísticas, carece o Ministro do Trabalho de competência para tutelar, seja para decidir, em grau de recurso hierárquico, posto que impróprio, sobre as decisões concretas da entidade corporativa, seja por dar-lhe instruções normativas sobre como resolver determinada questão jurídica de sua alçada. 3. Administração de imóvel: prestação de serviço, cuja inclusão no âmbito profissional dos técnicos de administração depende do exame de circunstâncias do caso concreto".

Exmo. Sr. Ministro do Trabalho, ao aprovar o Parecer nº 35/84 da Consultoria Jurídica do órgão.

Inconformado com essa decisão, o Conselho Federal de Técnicos em Administração impetrou mandado de segurança, alegando falta de competência do Ministério do Trabalho para o fim de decidir sobre tal enquadramento, bem como não se inserir, no poder de tutela do ministério, decidir sobre conflitos de interesses entre a Administração Pública e entidades privadas. Denegada a segurança pelo Pleno do Tribunal Federal de Recursos, foi interposto recurso para o Supremo Tribunal Federal.

Em sua motivação, o relator, Min. Sepúlveda Pertence, enfatizou que o relator do acórdão recorrido partiu de uma equivocada abstração da natureza da entidade, qual seja, a de autarquia especial de caráter profissional ou corporativo, de maneira que, no particular, não se poderia afastar a incidência do Decreto-Lei nº 968/69. Dessa maneira, o controle a ser exercitado pela Administração Central, através do Ministro de Estado, está rigidamente demarcado pela verificação da efetiva realização dos seus fins de interesse público, não se identificando com o instituto da supervisão ministerial prevista no Decreto-Lei nº 200/67. Igualmente, afirmou não ser admissível a interposição de recurso hierárquico impróprio, seja para a impugnação de decisões concretas, ou para a expedição de instruções gerais e abstratas sobre como decidir determinadas questões.

De interesse em referido pronunciamento é o reconhecimento, nas razões de decidir invocas pelo relator, da existência, ao lado das autarquias em sentido estrito, de que cogita o art. 5º, I, do Decreto-Lei nº 200/67, de outra categoria, consistente em autarquia especial de caráter profissional ou corporativo. Ao não ter estacionado, quando do intento de qualificar esta última categoria, no adjetivo especial, unicamente, é possível se descortinar duas revelações: a) a de que tais entes não se confundem com as autarquias especiais, as quais são aquelas que, mesmo integrando a Administração Pública, gozam, por força da lei que as organiza, de uma maior autonomia, conforme cogitado com a Comissão de Valores Mobiliários e o CADE, bem como quanto às agências reguladoras; b) o acréscimo "de caráter profissional ou corporativo" torna cristalino que, demais de se tratarem de entidades diversas das autarquias propriamente ditas, não chegam a integrar a estrutura da Administração Pública, tanto que inaplicáveis com relação a elas os institutos da supervisão ministerial e do recurso hierárquico.

Outra decisão significativa foi a tomada no MS nº 22.643-9-SC,[38] impetrado pelo Conselho Regional de Medicina do Estado de Santa Catarina contra ato do Tribunal de Contas da União, consubstanciado no Acórdão TCU nº 179/96-Plenário.

Consta do voto do relator, Min. Moreira Alves, a argumentação de que os Conselhos de Medicina – tanto o Federal como os Regionais – são criados por lei, sendo dotados de personalidade de direito público e exercem atividade de fiscalização do exercício profissional, com lastro nos arts. 5º, XIII, 21, XXIV, e 22, XVI, da Constituição Federal, a qual é tipicamente pública. E, nessa condição. são autarquias.

Não explicitou – dada a dualidade dos entes autárquicos – se integram ou não a Administração Pública.

---

[38] Pleno, v.u., rel. Min. Moreira Alves, *DJU* de 04-12-98.

Em continuidade, complementa – e com laivos substanciais – a motivação expendida pelo relator durante o precedente firmado no julgamento do MS nº 10.272 DF.[39] Neste, igualmente se vivenciava impetração manejada por particular visando anular decisão do Tribunal de Contas da União, a qual lhe suspendeu do exercício da Presidência do Conselho Federal de Medicina, em virtude de suposta irregularidade no tocante a prestação de contas.

O relator, Min. Victor Nunes Leal, ao sustentar que o conselho profissional dirigido pelo impetrante se encontrava sujeito à prestação de contas perante o Tribunal de Contas da União, fê-lo, com maior relevo, com vassalagem ao entendimento de que a norma do art. 77, II, da Constituição de 1946, tem por escopo resguardar o interesse público envolvido no patrimônio da autarquia em causa, o qual é bem público, a despeito de formado por contribuições de natureza não tributária, mas que, por serem compulsórias, somente se justificariam em face do interesse coletivo posto sob a responsabilidade do conselho.[40]

Portanto, tem-se que, no MS nº 10.272-DF, não operou como fundamento determinante o reconhecimento de que tais entes integrariam ou não a Administração Pública, mas sim o interesse coletivo quanto à aplicação escorreita das contribuições arrecadadas dos membros da categoria, as quais devem ser aplicadas dentro das finalidades às quais competem os conselhos salvaguardar.

Esse entendimento se robustece diante do parágrafo único do art. 70 da Constituição, principalmente quando se considere, com lastro no art. 149, *caput*, também da Lei Maior, uma suposta natureza tributaria das contribuições de interesse das categorias profissionais. Explicando, o dever de prestar contas independe da condição de uma pessoa jurídica ser parte ou não da estrutura administrativa do Estado.

Uma visão aligeirada do julgamento da ADI nº 1.1717-6-DF,[41] na qual impugnava inteiramente o art. 58 da Lei nº 9.649/98, poderia levar a um resultado diverso do que até aqui sustentado.

Inicialmente, é de se atentar, quanto ao §3º do art. 58 da Lei nº 9.649/98, o qual possibilitava a contratação pelo regime da CLT, a pretensão não foi conhecida, haja vista a mudança de redação original do art. 39 do Diploma Básico, norma utilizada como parâmetro para justificar sua invalidade.

É de ver-se que a declaração de inconstitucionalidade atingiu: a) o art. 58, *caput*, bem como seu §§1º e 2º, os quais pretenderam conferir aos conselhos profissionais personalidade jurídica de direito privado, o que seria incompatível com as competências

---

[39] Pleno, v.u., rel. Min. Victor Nunes Leal, julgado em 08-05-63.

[40] Oportuno se transcrever passagem do voto do Min. Victor Nunes Leal: "Quando a Constituição manda tomar contas, pelo Tribunal competente, aos administradores das autarquias, o que visa é resguardar o interêsse público nelas envolvido. O patrimônio das autarquias – já o temos decidido numerosas vezes a propósito da imunidade tributária – é bem público, ainda que formado de contribuições de natureza não tributária. Mesmo os bens doados por particulares a pessoas jurídicas de direito público, passam a constituir patrimônio público. No caso especial do Conselho Federal de Medicina, as contribuições de seus membros, ainda que o *quantum* seja por êstes fixado, funcionando como órgão do Conselho, têm caráter compulsório, obrigatoriedade que só se justifica pelo interêsse coletivo pôsto sob a guarda do Conselho. As prerrogativas de ordem pública, que a lei lhe confere, têm sua contrapartida em obrigações igualmente de ordem pública, uma das quais é prestar contas ao órgão fiscal instituído na própria Constituição".

[41] Pleno, v.u., rel. Min. Sydney Sanches, *DJU* de 28-03-2003.

de polícia, de tributar e de punir, atribuídas pela ordem jurídica; b) o §4º, porquanto, tratando-se de tributos as contribuições que arrecadam os conselhos, não poderiam ter o seu valor fixado por estes, afastando-se, assim, a observância do princípio da legalidade; c) o §5º, que exonerava os conselhos profissionais da submissão à atividade controladora do Tribunal de Contas da União, uma vez tais entes, embora não percebendo auxílio da União, arrecadarem contribuições de seus filiados, as quais, dado seus contornos tributários,[42] constituem receita derivada, respaldando o desembocar na aplicabilidade do art. 70, II, da CF; d) o §6º, por criar imunidade tributária não contemplada pela Constituição Federal; e) o §7º, ao determinar a adaptação dos seus estatutos ao texto dos preceitos reputados inconstitucionais; f) o §8º, ao limitar a competência da Justiça Federal onde o art. 109 da Lei Fundamental não tolera distinção.

Percebe-se, portanto, que em nenhum instante a argumentação tecida em referido aresto implicou remate consoante o qual tais conselhos devessem, necessariamente, integrar a Administração Pública indireta. Apenas se acentuou a indispensabilidade de se qualificarem com personalidade jurídica de direito público, tendo em vista o colorido público das tarefas que lhes são delegadas pelo legislador.

Tanto não integram a estrutura administrativa da União que, contrariamente às demais autarquias, abrangidas no conceito de fazenda pública, os conselhos não dispõem da prerrogativa do não pagamento antecipado de custas processuais, extensiva à fazenda pública, conforme se vê do art. 4º, parágrafo único, da Lei nº 9.289/96.

Essa linha de pensar é corroborada – é bom repetir – pelo §5º do art. 58 da Lei nº 9.649/98, o qual consagrava imunidade tributária, da qual as autarquias integrantes da Administração Pública são destinatárias, por força do art. 150, §2º, da Lei Básica.

Não se para por aí. Igualmente reforça – e muito – nossa posição a singularidade do Supremo Tribunal Federal, nos autos da ADIN nº 3.026-DF,[43] haver compreendido não ser exigível concurso público à investidura nos quadros dos serviços da OAB, justamente sob a consideração de esta não integrar a Administração Pública e, por isso, não se encontrar obrigada a seguir o regime jurídico imposto àquela.[44]

---

[42] Não esquecer que, por ocasião do desate do RE 138284 – 8 – CE (Pleno, v.u., rel. Min. Carlos Velloso, *DJU* de 28.08.92), constou, de passagem, do voto do relator a menção de que as contribuições corporativas, referidas no art. 149 da Constituição, são espécimes tributários.

[43] Pleno, mv., rel. Min. Eros Grau, *DJU* de 29-09-2006.

[44] Segue a ementa do decisório: "EMENTA: AÇÃO DIRETA DE INCONSTITUCIONALIDADE. § 1º DO ARTIGO 79 DA LEI N. 8.906, 2ª PARTE. 'SERVIDORES' DA ORDEM DOS ADVOGADOS DO BRASIL. PRECEITO QUE POSSIBILITA A OPÇÃO PELO REGIME CELESTISTA. COMPENSAÇÃO PELA ESCOLHA DO REGIME JURÍDICO NO MOMENTO DA APOSENTADORIA. INDENIZAÇÃO. IMPOSIÇÃO DOS DITAMES INERENTES À ADMINISTRAÇÃO PÚBLICA DIRETA E INDIRETA. CONCURSO PÚBLICO (ART. 37, II DA CONSTITUIÇÃO DO BRASIL). INEXIGÊNCIA DE CONCURSO PÚBLICO PARA A ADMISSÃO DOS CONTRATADOS PELA OAB. AUTARQUIAS ESPECIAIS E AGÊNCIAS. CARÁTER JURÍDICO DA OAB. ENTIDADE PRESTADORA DE SERVIÇO PÚBLICO INDEPENDENTE. CATEGORIA ÍMPAR NO ELENCO DAS PERSONALIDADES JURÍDICAS EXISTENTES NO DIREITO BRASILEIRO. AUTONOMIA E INDEPENDÊNCIA DA ENTIDADE. PRINCÍPIO DA MORALIDADE. VIOLAÇÃO DO ARTIGO 37, CAPUT, DA CONSTITUIÇÃO DO BRASIL. NÃO OCORRÊNCIA. 1. A Lei n. 8.906, artigo 79, § 1º, possibilitou aos 'servidores' da OAB, cujo regime outrora era estatutário, a opção pelo regime celetista. Compensação pela escolha: indenização a ser paga à época da aposentadoria. 2. Não procede a alegação de que a OAB sujeita-se aos ditames impostos à Administração Pública Direta e Indireta. 3. A OAB não é uma entidade da Administração Indireta da União. A Ordem é um serviço público independente, categoria ímpar no elenco das personalidades jurídicas existentes no direito brasileiro. 4. A OAB não está incluída na categoria na qual se inserem essas que se tem referido como 'autarquias especiais' para pretender-se afirmar equivocada independência das hoje chamadas 'agências'. 5. Por não consubstanciar

Se assim se concebe quanto à OAB – à qual, de forma eloquente, a Constituição atribui inúmeras tarefas de nítido caráter público, estatal, que muito ultrapassam o relevo da fiscalização do exercício profissional –, inteiramente contraditório e inadmissível não se reconhecer aos demais conselhos que se ocupam das profissões regulamentadas, na condição de autarquias corporativas, a incidência de um regime de direito administrativo mais rígido e severo.

É que a OAB, diferentemente dos outros órgãos de controle das profissões, tem a seu cargo funções públicas indiscutivelmente mais acentuadas, haja vista que não se restringem à disciplina das atividades dos profissionais nela inscritos, antes possuindo o digno apanágio de defesa da ordem jurídica democrática, nos moldes preconizados pelo art. 44, I, da Lei nº 8.906/94.

Nessa condição, a OAB é o único organismo profissional que possui legitimidade para ativar a ação declaratória de inconstitucionalidade, a declaratória de constitucionalidade e a arguição de descumprimento de preceito fundamental (cf. art. 103, CF; art. 2º, I, Lei nº 9.882/99), valiosos instrumentos para o controle democrático do Poder. E não é só. Tem ainda o atributo de intervir no recrutamento dos membros de um dos poderes do Estado, qual seja, o Poder Judiciário (art. 93, I, CF), bem assim o controle da atividade deste (art. 103-B, XII, CF). Isso sem contar que um décimo dos membros dos tribunais de justiça, tribunais regionais federais e tribunais regionais do trabalho são oriundos dos seus quadros (art. 94).

Nesse diapasão, não se perder de vista que, ao votar, o Min. Carlos Britto, divergindo do relator, mas invocando raciocínio deste, reconheceu que a OAB "é uma entidade profissional corporativa, mas que extravasa os diques da própria função corporativa para ganhar uma função constitucional de defesa de toda a ordem jurídica da Constituição", acrescentando, assim, seu enfoque num mar de perplexidade que grassa na Excelsa Corte em matérias de entes profissionais.

Portanto, uma vez afastada a OAB da obrigatoriedade do concurso público, não há, sob o ponto de vista lógico, nenhum motivo para que se venha afirmar tal obrigatoriedade quanto aos demais conselhos profissionais, os quais – torno a enfatizar –, sobre não integrarem a Administração Pública Federal indireta, têm sua atividade de feição pública limitada à fiscalização das profissões regulamentadas.

---

uma entidade da Administração Indireta, a OAB não está sujeita a controle da Administração, nem a qualquer das suas partes está vinculada. Essa não-vinculação é formal e materialmente necessária. 6. A OAB ocupa-se de atividades atinentes aos advogados, que exercem função constitucionalmente privilegiada, na medida em que são indispensáveis à administração da Justiça [artigo 133 da CB/88]. É entidade cuja finalidade é afeita a atribuições, interesses e seleção de advogados. Não há ordem de relação ou dependência entre a OAB e qualquer órgão público. 7. A Ordem dos Advogados do Brasil, cujas características são autonomia e independência, não pode ser tida como congênere dos demais órgãos de fiscalização profissional. A OAB não está voltada exclusivamente a finalidades corporativas. Possui finalidade institucional. 8. Embora decorra de determinação legal, o regime estatutário imposto aos empregados da OAB não é compatível com a entidade, que é autônoma e independente. 9. Improcede o pedido do requerente no sentido de que se dê interpretação conforme o artigo 37, inciso II, da Constituição do Brasil ao caput do artigo 79 da Lei n. 8.906, que determina a aplicação do regime trabalhista aos servidores da OAB. 10. Incabível a exigência de concurso público para admissão dos contratados sob o regime trabalhista pela OAB.11. Princípio da moralidade. Ética da legalidade e moralidade. Confinamento do princípio da moralidade ao âmbito da ética da legalidade, que não pode ser ultrapassada, sob pena de dissolução do próprio sistema. Desvio de poder ou de finalidade. 12. Julgo improcedente o pedido".

É preciso enfatizar que contribuiu para a má compreensão do problema o julgamento aligeirado do MS nº 21.797-9-RJ[45] e que é um reflexo da enorme pletora de feitos nunca vista no Judiciário pátrio, para cuja composição muitas vezes a celeridade, se é um imperativo exigido para um melhor funcionamento do aparato jurisdicional, constitui, muitas vezes, uma adversária da solução mais justa e adequada. A apreensão da *ratio decidendi* desse precedente foi sacrificada pela leitura de sua ementa, na qual constou a passagem que se vê: "III – Os servidores do Conselho Federal de Odontologia deverão se submeter ao regime único da Lei 8.112, de 1990: votos vencidos do Relator e dos Ministros Francisco Rezek e Maurício Corrêa".

Tal afirmativa, com o devido respeito, não representa – nem nunca representou – o pensamento do Pretório Excelso àquele instante, não passando de um equívoco. Isso porque, quanto ao pleito, formulado pelo impetrante, no sentido da não aplicação da Lei nº 8.112/90 ao seu quadro funcional, a Corte, acolhendo voto do Min. Ilmar Galvão, não conheceu da segurança, por entender que o impugnado pronunciamento do egrégio Tribunal de Contas da União se cuidava de mera recomendação e, por isso, não configurava ato de autoridade.

O mandado de segurança somente foi conhecido e, nesta parte, denegado, no particular da pretensão de afastar a condenação dos dirigentes do impetrante na restituição do pagamento de diárias indevidamente solvidas.

Apenas nos votos que também conheceram da impetração quanto à necessidade ou não de incidência da Lei nº 8.112/90 é que houve debate sobre o assunto,[46] mas que restou prejudicado pelo desfecho do julgamento.

Daí se vê que o Supremo Tribunal Federal, no referido julgamento, não chegou a nenhuma conclusão sobre tal tema. Tudo não passou de *obter dictum*. E nada mais houve.

Não obstante, o exame posterior do tema, assinalado pela desatenção, fez com que, em julgamentos posteriores, preponderasse, mesmo que para tanto não houvesse orientação fixada em precedente, o entendimento de que os conselhos profissionais são integrantes da Administração Federal Autárquica, tal como definida pelo art. 39 da Constituição, assentando, com isso, não somente o reflexo da incidência da Lei nº 8.112/90 ao seu pessoal, mas também o inerente ao regime previdenciário do servidor titular de cargo efetivo. É o que se tem como cristalino da leitura do Agravo Regimental no RE nº 549211-MG.[47]

Ao assim laborar, o Pretório Excelso, de uma forma autista, desconsiderou a crise financeira pela qual vem passando o regime previdenciário do servidor público, assentando o direito à incidência do art. 40 da Constituição Federal a particulares que, além de não ocupantes de cargos públicos efetivos, em nenhum instante contribuíram para o sistema.

---

[45] STF, Pleno, mv, rel. Min. Carlos Velloso, *DJU* de 09.03.2000.

[46] Nas discussões sobre esse ponto, constata-se que o Min. Carlos Velloso, apegado à dicção isolada do art. 39, *caput*, da redação original da Lei Básica, entendeu pela afirmativa, no que foi seguido pelo Min. Marco Aurélio. Diversamente, o Min. Maurício Corrêa, em longo estudo, concluiu pela natureza *sui generis* de ditos conselhos, de modo que os seus empregados nem mesmos são servidores públicos, tendo em vista não serem remunerados com base em verbas integrantes do orçamento federal.

[47] STF, Primeira Turma, mv, rel. Min. Dias Toffoli, *DJe* de 10.05.2012.

Da mesma maneira, tal compreensão provoca, a título de consequência, uma ampliação não recomendável do número de cargos públicos efetivos.

5 A resposta a algumas indagações (à feição de concluir)

O raciocínio exposto nos tópicos anteriores, embora não ostente a presunção de ser infalível, conduz ao remate de que os conselhos profissionais são entidades de cunho associativo que exercem, em razão de lei, funções de interesse geral, expandindo a tendência de que também visam a defender interesses coletivos dos profissionais que a congregam. Por isso, o reconhecimento pelos ordenamentos de sua personalidade de direito público, sem que isso explicite que se trate de ente que se encontra compondo, como uma de suas partes, a Administração Pública.

Daí a funcionalidade do delineamento – presente na doutrina pátria – da figura da autarquia corporativa frente à autarquia comum.

A desconsideração da essência dessas entidades – que somente exercem função pública por delegação estatal e nada mais – fez com que, ao nível de proposição legislativa, o Anteprojeto de Lei de Organização Administrativa viesse tentar reposicionar a máquina nos seus trilhos.

Com base nessa linha de raciocínio, que foi delineada nos tópicos anteriores, é possível a afirmação de algumas conclusões.

De logo, observe-se que a injunção magna à prévia realização de concurso público, para fins de acesso a cargo ou emprego público, é imposta pelo art. 37, II, da Constituição Federal, à Administração Pública direta e indireta da União, Estados, Distrito Federal e Municípios, universo que não abrange os conselhos profissionais, vez não integrarem a estrutura orgânica da Administração Pública, não sendo contemplados pelo orçamento anual da União nem pela imunidade tributária peculiar às autarquias.

De igual maneira, não se acham os seus empregados vinculados ao regime jurídico único (Lei nº 8.112/90) nem ao modelo previdenciário cujos destinatários são os servidores titulares de cargos efetivos, vez tanto o art. 39 (redação original) quanto o art. 40 da Lei Fundamental se reportar ao pessoal de entidades integrantes da Administração Pública indireta.

O ponto de vista tem sua aplicação extensiva à licitação, pois, como se sabe, a imposição desta para a realização de obras, compras, serviços e alienações tem assento no art. 37, XXI, da Lei Magna, preceito que, conforme dito, não se aplica aos conselhos profissionais.

Isso não quer dizer que os conselhos profissionais, pelo só fato de não integrarem organicamente a Administração Pública, restam excluídos da vinculação ao regime jurídico de direito público. Absolutamente. Justamente por exercerem função administrativa, por atribuição legal, encontram-se, no particular dessa atividade, submetidos à observância do regime jurídico administrativo. Melhor explicando, quando se voltarem à prática de atos de fiscalização do exercício profissional, a função de tais entes está enquadrada na província dos princípios e normas regentes da atuação administrativa.

Prosseguindo, não se pode esquecer que, à medida da realização da cobrança de contribuições dos seus associados, de forma geral e obrigatória para todos os integrantes da profissão liberal regulamentada, cujo colorido tributário – e, portanto, público – é de ser reconhecido, não se pode afastar o controle de sua aplicação, no que tange à finalidade pública confiada pelo legislador, por parte do Tribunal de Contas da União, tal como dispõe o parágrafo único do art. 70 da Constituição.

No que tange à improbidade administrativa, forçoso observar, com base nos arts. 1º e 2º da Lei nº 8.429/92, os quais delineiam o campo de incidência do diploma legal, bem como os seus destinatários, a não inclusão dos dirigentes e do pessoal dos conselhos profissionais. É que os dispositivos referidos, em delimitando instituto de natureza punitiva, reportam-se a atos praticados contra a Administração direta e indireta, de qualquer dos poderes da União, dos Estados, do Distrito Federal e dos Municípios, ou ainda de empresa incorporada ao patrimônio público ou de entidade para cuja criação ou custeio o erário haja concorrido ou concorra com mais de cinquenta por cento do patrimônio ou da receita anual. Os conselhos, a nosso sentir, não se enquadram nessas hipóteses legais.

O controle jurisdicional dos atos dos conselhos profissionais é da Justiça Federal. Não perder de vista que o art. 109, I, da Lei Máxima, reporta-se a autarquias, sem distingui-las se integrantes ou não da Administração Pública Federal em sentido orgânico, pelo que abrange os entes autárquicos corporativos. Trata-se de uma solução que, de mais a mais, impõe-se funcionalmente, tendo em vista que, a preponderar uma jurisdição bipartida, conforme a natureza do ato praticado, muitas dúvidas assomariam para o fim de delimitação da competência, a embaraçar a celeridade da prestação jurisdicional, refletindo-se desfavoravelmente na sua eficácia.

Referências

CARDOZO, Benjamín. *La naturaleza de la función judicial*. Granada: Editorial Colmares, 2004. Versão para o espanhol de Eduardo Ponssa.

CANANEA, Giacinto della. L'ordinamento delle professioni. *In*: *Trattato di diritto amministrativo*:diritto amministrativo speciale. Milão: Dott. A. Giuffrè Editore, 2000. Tomo primeiro.

CAVALCANTI, Francisco. Conselhos profissionais: natureza Jurídica competência. *Revista AJUFE,* novembro de 1990.

CRETELLA JÚNIOR, José. *Curso de direito administrativo*. 10. ed. Rio de Janeiro: Forense, 1989.

DUPUIS, George; GUÉDON, Marie-José; CHRÉTIEN, Patrice. *Droit Administratif*. 8. ed. Paris: Armand Colin, 2002.

GIANINNI, Massimo Severo. *Diritto amministrativo*. 3. ed. Milão: Dott. A. Giufffrè Editore, 1993. Primeiro volume.

LACOMBE, Américo Masset. *Contribuições profissionais*. São Paulo: Revista dos Tribunais, 1987.

LOMBARD, Martine. *Droit administratif*. 4. ed. Paris: Dalloz, 2001.

MELLO, Celso Antonio Bandeira de. *Natureza e regime jurídico das autarquias*. São Paulo: Revista dos Tribunais, 1968.

REALE, Miguel. Autonomia especial das autarquias corporativas. *In*: *Teoria e prática do Direito*. São Paulo: Saraiva, 1984.

RUIZ-NAVARO, José Luis. *Constitución española*: Sinopsis. Artículo 36. Disponível em:<www.congreso.es>. Acesso em: 16 mar. 2016.

RUSSOMANO, Mozart Victor. *Curso de previdência social*. 2. ed. Rio de Janeiro: Forense, 1983.

SAZ, Silvia del. *Los colegios profesionales*. Madri: Marcial Pons, 1996.

TELLES, Antonio A. Queiroz. *Introdução ao direito administrativo*. São Paulo: Revista dos Tribunais, 1995.

SILVA, Almiro do Couto e. A Administração Direta e as autarquias: autarquias especiais, agências reguladoras e agentes executivas. *In*: Conceitos fundamentais do Direito no Estado constitucional. São Paulo: Malheiros, 2015.

VERA, José Bernejo. Privatización y e el nuevo ejercicio de función pública por particulares. *In*: MOREIRA NETO, Diogo de Figueiredo (Coord.). *Uma avaliação das tendências contemporâneas do direito administrativo*: obra em homenagem a Eduardo García de Enterría. Rio de Janeiro e São Paulo: Renovar, 2003.

Informação bibliográfica deste texto, conforme a NBR 6023:2002 da Associação Brasileira de Normas Técnicas (ABNT):

NOBRE JÚNIOR, Edilson Pereira. Regime jurídico dos conselhos profissionais. In: MATILLA CORREA, Andry; NÓBREGA, Theresa Christine de Albuquerque; AGRA, Walber de Moura (Coord.). *Direito Administrativo e os desafios do século XXI*: livro em homenagem aos 40 anos de docência do Prof. Francisco de Queiroz Bezerra Cavalcanti. Belo Horizonte: Fórum, 2018. p. 145-165. ISBN 978-85-450-0555-1.

NOTAS PARA A COMPREENSÃO DO DIREITO FINANCEIRO COMO UM DIREITO SOCIAL

Fernando Facury Scaff

1. Não há dúvida de que alguns ramos do direito se aproximam mais daquilo que se entende por *direito social.* O direito do trabalho, por exemplo, que rege as relações de emprego, seguramente está nesse rol, existindo até um livro de Cesarino Júnior com esse título, tratando dessa matéria. O mesmo ocorre com o direito previdenciário e o direito de família, cujos conteúdos possuem nítido alcance social. Na voz corrente, um direito social é aquele que diz *mais de perto* às relações entre os homens, em especial as coletivas.

Será que o direito financeiro é um direito social?

Sob certo prisma, o *direito financeiro estuda o modo através do qual o Estado arrecada, reparte, gasta e se endivida, e como tudo isso é organizado e controlado.* Onde entra o social nessas relações? O perfil humanístico do direito financeiro pode ser verificado desde logo, ou apenas se intermediado pelo Estado?

A *arrecadação* diz respeito à relação entre os cofres privados e o cofre público, isto é, como parte da receita privada converge para o tesouro público. Isso pode se dar de diversas formas, seja através de normas tributárias, reguladas pelo direito tributário, seja através de normas que disciplinam a venda do patrimônio público, tais como os *royalties* pela exploração de recursos naturais não renováveis, seja em razão de privatização de atividades ou bens públicos. Pode ocorrer também fruto de normas sancionatórias, como as penalidades impostas pelo descumprimento de certo comportamento, como as multas de trânsito, ou decorrentes de atividades regulatórias, como as de abuso de poder econômico ou do desrespeito às regras de *compliance*. Aqui existem pontos de contato entre o direito financeiro e a sociedade, pois é dela que serão extraídos os recursos para suprir as necessidades públicas, a cargo do Estado.

O mesmo ocorre quando o direito financeiro estuda o *gasto público*, pois ele deve ser regido pelo interesse público, e isso demonstra que seu uso deve se dar em razão do interesse da sociedade – isto é, quando o interesse social (= interesse da sociedade) equivale ao interesse público (= interesse estatal). A despesa pública é uma forma de suprir as necessidades sociais, o que aproxima tal análise das pessoas, consideradas em grupos, ou ainda, em um conjunto maior, que é a sociedade. Aqui também há proximidade entre o direito financeiro e o cunho social existente em outras disciplinas jurídicas.

Embora tenha uma conotação mais distante, também quando o direito financeiro estuda a *dívida pública* existem correlações sociais, pois tais normas possuem nítido conteúdo intergeracional, isto é, tratam como uma geração usará a arrecadação que as gerações posteriores se incumbirão de pagar. Afinal, o uso do crédito público para a contratação de dívida nada mais é do que uma antecipação de receita futura, pois é através dessa receita que ainda será arrecadada que será pago o empréstimo havido. Logo, é nítido o caráter social desses estudos, pois pode ocorrer de o endividamento ser utilizado de forma adequada, e tanto a presente, quanto a futura geração obter os benefícios sociais dessa dívida, que apenas esta terá que pagar. Usar tão somente os recursos arrecadados pela via da receita pode fazer com que os investimentos sejam implementados de forma muito paulatina, demorando muito a render os frutos sociais necessários. Basta usar o exemplo de uma linha de metrô – se fosse necessário esperar o Estado arrecadar o suficiente para sua construção, poderiam passar gerações até que a obra fosse concluída. O bom uso do sistema de endividamento público pode abreviar a conclusão desse investimento social em transporte público de qualidade.

Uma conexão social um pouco mais difícil a ser demonstrada diz respeito ao *federalismo fiscal*, isto é, a forma através da qual o Estado reparte a arrecadação entre os entes subnacionais. Porém, mesmo aqui, a noção básica é a de atribuir as receitas aos entes públicos que estejam mais próximos de atender às necessidades sociais. Pode-se ver isso no sistema de transporte urbano coletivo, que é regulado pelos Municípios, e não pela União ou pelos Estados. Ou pelo sistema sanitário, também de competência municipal. É necessário que se faça um rateio da arrecadação, de modo a permitir que tais entes subnacionais tenham fontes de receita próprias ou transferidas, para fazer frente a tais gastos que, ao fim e ao cabo, dizem respeito ao quotidiano das pessoas.

O direito financeiro também estuda como todo o sistema acima descrito é *organizado*, isto é, como se dá o *processo orçamentário* que estabelece as fontes de financiamento decorrentes da arrecadação prevista, de tal modo a suprir os gastos pretendidos. Tal organização *não se esgota* na análise orçamentária, incluindo também a forma através da qual se dá o *financiamento eleitoral*, elemento fundamental da democracia. Se existirem formas oligárquicas de financiamento, a composição dos cargos eletivos para a produção normativa – Poder Executivo e Legislativo – refletirá esse modelo. Aqui também o direito financeiro possui nítido caráter social.

Por fim, estuda-se como todo esse processo é controlado, seja através do sistema de controle interno a cada esfera de Poder, seja pelo controle externo, e, melhor ainda, pelo controle social, isto é, pela sociedade.

Observe-se que, de cada lado que se olha, o direito financeiro é permeado de normas que visam atender aos desígnios da sociedade, seja de forma imediata ou mediata. Isso nos permite afirmar que o direito financeiro também possui um alcance social em sua aplicação.

2. Um observador atento destacará que, a se pensar dessa forma, o direito como um todo é um direito social, pois visa regular a vida do homem em sociedade; logo, mesmo os ramos mais específicos da análise jurídica possuem esse alcance, tal como o direito aeronáutico, o marítimo ou o minerário.

Essa observação é bastante pertinente, pois o direito existe em função do homem e é construído pelo homem em sociedade, não sendo um produto haurido dos céus ou fruto de uma conjuração de sábios que o declara a partir da consulta a uma biblioteca cheia de livros empoeirados. Muitas vezes essa verdade singela e inconveniente é esquecida e isso traz um sem número de problemas, pois os indivíduos deixam de participar dessa construção jurídica, passando apenas a viver de acordo com as regras estabelecidas por outrem, com quem ele não possui nenhuma relação de pertinência ou de representatividade.

Isso é mais comum em sociedades socioeconomicamente fragmentadas, em que uns poucos possuem grande parte da riqueza e acesso aos bens e serviços disponíveis, enquanto a grande maioria da população congrega pequena parcela da riqueza nacional e apenas goza de forma periférica dos parcos bens e serviços disponibilizados pelo Estado.

Quanto mais fragmentada for essa sociedade, maior a distância entre aquele que é *subordinado ao direito* e aquele que é *sujeito de direitos*. A diferença é que um é *sujeito ativo* nessa sociedade, sujeito de direitos e de alguns deveres; o outro é apenas um *sujeito passivo, subordinado* ao direito, tendo um plexo de deveres a cumprir. Um exemplo pode melhor explicar essa afirmação. Quem, em sã consciência, acredita que um mendigo e o proprietário de um grande veículo de comunicação de massa possuem o mesmo voto? Nas democracias é essencial que a cada indivíduo corresponda um voto, porém, em concreto, isso ocorre de forma diferente, sendo o *peso* do voto de um muito superior ao do outro. O mendigo terá apenas o seu voto, enquanto o proprietário dos meios de comunicação de massa tem, além de seu voto pessoal, o poder de influenciar o voto de milhares de outros eleitores. E ainda, a depender das regras eleitorais, quando é permitido o autofinanciamento dos candidatos, seguramente os ricos possuirão mais *poder de fogo eleitoral* que os pobres, os quais dependerão de fundos partidários ou da coleta entre amigos para poder fazer frente a suas campanhas. Em sociedades menos fragmentadas, os indivíduos são mais iguais dentre si e têm mais *liberdades iguais* para serem gozadas. *Maior igualdade gera mais liberdade.*

Em sociedades com maior desigualdade socioeconômica o direito deve cumprir o papel de servir de *instrumento para modificação social, do status quo social*, sendo um instrumento de alteração das relações socioeconômicas existentes, ao permitir e incentivar a mobilidade ascendente dentre os estratos sociais. O direito financeiro, aqui, passa a exercer a função de busca da igualdade entre os indivíduos, visando reduzir sua desigualdade socioeconômica.

Porém, o direito também pode servir de *instrumento de dominação*, isto é, de reforço e manutenção da desigualdade existente. Neste passo, o direito não tornará a maior parte da população como sujeito de amplos direitos, mas subordinados a ele, afastando esses indivíduos dos centros de poder, que podem estar dentro ou fora do próprio Estado. Aqui entra em ação a força dos *lobbies,* dos *grupos de pressão* organizados, que visam à obtenção de normas que favoreçam seus pessoais ou grupais interesses, no mais das vezes em detrimento da maioria da população. Nessa hipótese, o direito não cumprirá uma função social, isto é, uma atuação em prol da maioria da população, mas em prol de quem tem o poder de influenciar de maneira mais intensa os centros de decisão política. Exatamente por isso é que o poder de uma federação de empresários ou de trabalhadores organizados tem mais força do que esse mesmo grupo desorganizado, fracionado ou individualmente considerado. Um pequeno grupo bem articulado pode ser mais eficaz que um enorme grupo desorganizado – a organização faz a força nesses casos. Tais grupos existem e devem ser regulados, porém sua atuação deve ser objeto de análise cuidadosa pelos centros de decisão que por eles podem ser influenciados, deliberando em prol do bem comum, e não de interesses particulares.

Nessa linha, verifica-se que o uso do direito, o financeiro incluso, pode se dar de forma contrária aos interesses da maioria da população. Podem existir normas que *privilegiem* os rentistas, aqueles que recebem juros emprestando dinheiro aos governos endividados. Como poucos são aqueles que possuem dinheiro para emprestar ao governo, através do sistema financeiro, serão poucos os que podem se beneficiar desse sistema. Podem também existir normas que *privilegiem* um estamento de servidores públicos, que, de alguma forma, conseguem obter maiores benesses junto aos centros de poder, arrancando vantagens remuneratórias à custa dos cofres públicos. Outra possibilidade é que normas permitam a empresas ou atividades se beneficiar de renúncias fiscais sem nenhum controle financeiro efetivo, e sem contrapartidas que correspondam à quantidade de dinheiro isentado, ou que concedam empréstimos a juros subsidiados e com largos prazos de carência a grupos *privilegiados*.

Enfim, todos esses procedimentos podem ocorrer de forma isolada ou concomitante, de modo a reduzir o investimento que o poder público tem que fazer em prol da maior parte da população. Neste caso, o uso do direito financeiro, em concreto, não estará sendo em prol da sociedade, mas primordialmente de algumas parcelas da sociedade, em especial daquelas que conseguem influenciar mais de perto os centros de poder que são permeáveis a tais pressões. O direito financeiro, aí, não estará sendo usado em favor da modificação do *status quo,* mas em favor de sua manutenção ou de seu reforço – será um *direito financeiro da dominação,* e não um *direito financeiro social.*

3. Quando o direito é usado como forma de dominação, e não com o escopo de redução das desigualdades sociais, haverá a necessidade do uso da linguagem como uma forma de permitir que essa função se desenvolva de forma *dissimulada,* afinal, não convém que os dominados se sintam como tal, mas como partícipes dessa sociedade, com iguais direitos e deveres, embora, em concreto, tenham poucos direitos a serem exercidos.

Surgem daí grandes declarações normativas que visam conceder direitos, mas que dependem de incontáveis condições para sua efetividade – sendo que quase nunca há dinheiro suficiente para sua concretização, pois foi utilizado para outras finalidades, algumas das quais anteriormente descritas, em prol de poucos. Declara-se, por exemplo, que constituem objetivos fundamentais a construção de uma sociedade livre, justa e solidária, que garanta o desenvolvimento nacional, erradicando a pobreza, a marginalização e reduzindo as desigualdades sociais e regionais, de modo a promover o bem de todos, sem preconceitos de origem, raça, sexo, cor, idade e quaisquer outras formas de discriminação. Porém, onde está o dinheiro para que o Estado, através de seus diferentes governos, sucessivos no tempo e no espaço federativo, concretize essa declaração? Não há; quando muito, existirá um saldo de caixa empobrecido.

Essa é a triste realidade de uma sociedade em que grupos dominam o direito em prol de seus próprios interesses. Não há como reduzir desigualdades se o dinheiro que é arrecadado de todos é usado primordialmente em favor de alguns. *Quem controla o direito, controlará o dinheiro nessa sociedade.*

4. É possível mudar esse paradigma ou trata-se de uma situação insolúvel?

Para mudar é necessário haver uma *quebra* no sistema, com a ascensão de um grupo que não esteja comprometido com a manutenção desse modelo. Isso só pode ocorrer através de eleições, uma vez que a via revolucionária possui consequências imprevisíveis e é contra as regras democráticas. A mudança terá que ser alinhada com a democracia, de modo a intensificá-la. Não basta a democracia na hora do voto, é necessário que haja uma efetiva participação democrática na *gestão* da coisa pública, em especial na sua dinâmica orçamentária. É preciso que todos paguem de acordo com sua *capacidade contributiva*, o que implica dizer que quem ganha mais, ou possui mais bens, pague mais; e que esse dinheiro arrecadado seja gasto primordialmente com quem tem maior *capacidade receptiva*, isto é, com aqueles indivíduos ou grupos sociais vulneráveis, de modo a permitir maior nivelamento socioeconômico, dentro de certos patamares mínimos. E que a arrecadação oriunda dos empréstimos públicos seja usada em investimentos sociais, e não para consolidar privilégios. É preciso, enfim, maior isonomia na arrecadação, no gasto e no uso do crédito público. Com isso, o direito financeiro será usado de forma social.

Para que isso aconteça, é preciso que as fontes de produção normativa sejam mais diretamente informadas por quem detém esse tipo de convicção isonômica, e não conservadora do *status quo* em uma sociedade com grandes fraturas socioeconômicas. O financiamento das campanhas eleitorais deve ocorrer de modo a permitir que todos os indivíduos tenham condições de ser eleitos, e não apenas aqueles vinculados a grupos econômicos ou que provenham de oligarquias político-partidárias. O financiamento das eleições é um elemento extremamente importante, porém não determinante, para o êxito eleitoral e para a governabilidade. Quando ocorre de o poder político estar subordinado ao econômico privado, este cobrará a conta, mais cedo ou tarde. Não basta, contudo, que o financiamento eleitoral seja público, é necessário que seu uso seja equânime, de modo a permitir igualdade de chances para cada indivíduo que se disponha a participar do certame eleitoral. Sem isso, o dinheiro público será jogado fora, e se consubstanciará em uma nova forma de exercício de dominação jurídica, só que através do uso de dinheiro de todos, e não do caixa privado.

As regras do financiamento eleitoral são a chave do poder de controle social, pois os eleitos comporão dois dos Poderes públicos: o Executivo e o Legislativo, dos quais advirão as leis que regerão essa sociedade. Não é necessário nem uma nova Constituição, em países que possuam normas de qualidade, embora não tenham nunca sido implementadas em sua inteireza – é necessário vontade e predominância política para isso, pois pode ser feito através do Poder Legislativo, que possui o poder constituinte derivado.

Se os cargos eleitorais vierem a ser ocupados por quem seja financiado por grupos econômicos ou por fundos públicos, que apenas repitam a relação de desigualdade socioeconômica existente, isso se reproduzirá na forma de leis que mantenham o *status quo*. Eis o ponto central da questão.

É necessário orçar e controlar os gastos eleitorais, que devem ter um limite máximo por candidato, com relação a cada vaga em disputa. É preciso estabelecer que cada voto seja computado diretamente para cada candidato, e não para uma coligação – as quais devem ser permitidas *após* as eleições, para formar maiorias governamentais, e não *antes* das eleições, o que dá ensejo a fraudes na identificação dos votos concedidos, mecanismo que permite que se vote em um candidato e se eleja outro. É preciso aproximar corpo eleitoral e candidatos, de modo que os eleitores se sintam legitimados pelas posições adotadas pelos representantes.

Sem regras que permitam uma disputa isonômica pelos cargos eletivos, não será possível quebrar o *status quo* descrito.

5. Outro caminho a percorrer, em paralelo, é aumentar as atenções com direitos básicos que tornam as pessoas mais iguais às outras. Quem tem fome, não tem o que vestir ou não possui condições de deslocamento por carência de transporte público de qualidade e a preços acessíveis, não será jamais igual aos que possuem esses bens, entre outros. É preciso que o filho do rico e o do pobre frequentem as mesmas escolas, a fim de que daí surja alguma espécie de solidariedade, e não de estranheza, como hoje. E que tais escolas possuam um nível educacional que proporcione um salto de qualidade de vida para toda uma geração, de acordo com suas habilidades, e não como existe hoje, onde tal salto só ocorre para alguns que podem pagar pelo melhor ensino.

Não tem vida quem não tem saúde. Patamares mínimos e de qualidade devem ser disponibilizados a todos, independentemente do pagamento de planos de saúde, que só deverão ser utilizados para situações excepcionais, acima dos patamares mínimos e de qualidade que forem oferecidos.

Acesso à moradia, transporte público, saneamento, lazer e vários outros direitos que igualem as oportunidades individuais, independentemente da quantidade de dinheiro no bolso de cada qual, é um direito de todos, que pode e deve ser exercido, em uma sociedade de iguais.

É para isso que o direito financeiro deve servir: para dar patamares mínimos e de qualidade para todos os indivíduos que compõem uma sociedade, sem privilégios de nenhuma espécie. Aqui teremos um uso social do direito financeiro, e não sua contrafação perniciosa, de dominação por grupos.

O uso social do direito financeiro permite arrecadar de todos, de acordo com sua capacidade contributiva, e gastar com todos, consoante sua capacidade receptiva. Quem tem mais, paga mais; quem tem menos deve receber mais prestações sociais por parte do Estado. Um orçamento verdadeiramente isonômico será republicano, igualando oportunidades de uma vida boa, de qualidade.

Quem quiser algo acima desse patamar mínimo, terá que recorrer às suas habilidades pessoais, a fim de buscar no mercado condições de ultrapassar esse *mínimo minimorum* assegurado pelo Estado. A isonomia assegurada pelo direito financeiro social acaba aqui; além disso, só o esforço competitivo, no mercado, é que poderá desigualar as condições mínimas de oportunidades.

Pode parecer que se trata de uma utopia, mas não é. Basta olhar para as sociedades onde exista menor desigualdade socioeconômica, como a dos países nórdicos. O papel desempenhado pelo direito financeiro é o de servir à sociedade de forma isonômica, buscando dar a todos um patamar mínimo de qualidade de vida; além disso, só através da iniciativa econômica, que é fortemente tributada, de modo a manter o ciclo de distribuição de riquezas.

Chega-se assim ao direito financeiro como um direito social, que é um instrumento de busca de isonomia na sociedade, dentro de certos patamares. A distribuição da riqueza não se dá em favor de uns poucos privilegiados – rentistas, estamentos de servidores públicos, empresas que gozam de benefícios fiscais e creditícios, dentre outros –, mas em favor de quem precisa dessa intervenção social do Estado em prol de qualidade de vida, e não em favor de segmentos privilegiados da sociedade na busca da manutenção de seu *status quo*. Não se trata de distribuir, mas de *redistribuir.*

A função do orçamento público, espelho desse mecanismo, será muito mais redistributiva do que conservadora, em prol de quem mais necessita de amparo socioeconômico. Essa busca deve se dar pelos canais democráticos, em favor de um orçamento que seja mais isonômico, isto é, mais republicano, em que o dinheiro público possa servir, efetivamente, para dar a cada qual um lugar ao sol – mas que não seja um lugar sob o sol escaldante de doze horas de trabalho ininterrupto no campo, sete dias por semana, para poder sobreviver.

6. Existem vários exemplos que permitem melhor compreender a distinção aqui exposta.

Por exemplo, as vinculações de recursos para financiar a educação e a saúde públicas são regras que visam garantir a aplicabilidade desses direitos sociais (art. 167, II, CF), que devem ser aplicados em prol de quem deles mais necessite, em busca da pretendida isonomia de tratamento nesses campos. Contudo, como reação oligárquica em busca do desvio de recursos para outras finalidades, surge a DRU – Desvinculação de Receitas da União, que vigora desde março de 1994 (EC nº 10, sob o título de Fundo Social de Emergência). Pela Emenda Constitucional nº 93, essa mecânica desvinculativa foi estendida para Estados (DRE) e Municípios (DRM), e com vigência até 2023 – quase trinta anos de transitoriedade de desvio de finalidade, burlando a vinculação social.

Outro exemplo é a regra do art. 168 da Constituição, que determina que os repasses orçamentários para o Poder Legislativo, Judiciário, Ministério Público e Defensoria Pública sejam transferidos até o dia 20 de cada mês, em duodécimos. Tal norma visa assegurar a independência funcional desses órgãos, que era inexistente no período constitucional precedente, do regime miliar. Essa disposição foi reforçada pela autonomia financeira, assegurada ao Poder Judiciário (art. 99, CF), mas que não foi constitucionalmente assegurada aos demais órgãos (ver, p. ex., o art. 127, CF, sobre o Ministério Público), exceto pela jurisprudência do STF. Com isso, tendo um *orçamento para chamar de seu,* como subproduto corporativo, esses órgãos passaram a adotar um regime remuneratório para seus servidores que não encontra paralelo em nenhum outro órgão público brasileiro. É verdade que a Lei de Responsabilidade Fiscal estabeleceu tetos remuneratórios para cada Poder (art. 20), porém com baixa eficácia, havendo, inclusive, o pagamento de verbas remuneratórias travestidas de indenizatórias justamente para escapar dessa limitação. Isso acarretou o surgimento da Emenda Constitucional nº 95, de dezembro de 2016, estabelecendo um teto para esses gastos públicos obrigatórios, incluindo, de cambulhada e de forma inconstitucional, os gastos sociais. Isso demonstra como uma boa norma foi deturpada ao longo do tempo sob pressões corporativas.

Essa Emenda Constitucional nº 95 apresenta outro bom exemplo, pois limita os *gastos primários* do governo federal, o que inclui a remuneração dos servidores públicos e os gastos sociais, mas não os gastos financeiros, isto é, o pagamento de juros da dívida. Com isso, e várias outras normas, como a do art. 166, §3º, II, CF, os gastos com o serviço da dívida pública ficam blindados contra o debate parlamentar, o que demonstra, neste aspecto, baixo nível democrático e republicano, pois reforça o privilegiamento dos que tem recursos para emprestar ao Estado, em detrimento da capacidade receptiva dos grupos vulneráveis de nossa sociedade.

Os exemplos poderiam se multiplicar à mancheia, sempre indicando que a dinâmica da conjuntura socioeconômica não busca cumprir os preceitos finais de nossa Constituição. Diversos grupos assumiram o protagonismo político e econômico em nosso país, e abocanharam nacos financeiros de nosso orçamento, seja através de vinculações, seja em razão de renúncias fiscais ou benefícios creditícios. Por isso que resta pouco dinheiro para cumprir as finalidades estabelecidas pelo discurso jurídico-constitucional, que não se cumpre na realidade, mesmo passados quase 30 anos de nossa redemocratização.

A função retórica da linguagem, usada sob a forma da dissimulação da realidade, cumpre papel importantíssimo para a manutenção desse *status quo*.

7. Retornando à questão inicial: o direito financeiro pode ser considerado um direito social?

A resposta é positiva, em especial quando a ele se atribui uma finalidade, que é a de cumprir os objetivos fundamentais estabelecidos na Constituição. Exatamente por isso que o conceituo como a disciplina jurídica que *estuda o modo pelo qual o Estado arrecada, reparte, gasta e se endivida, e como tudo isso é organizado e controlado, visando alcançar os objetivos fundamentais da Constituição*. Sem a análise dos objetivos, torna-se apenas uma disciplina instrumental, que pode ser usada para qualquer finalidade, inclusive as mais escusas.

Assim, pode-se afirmar que, quando os instrumentos de direito financeiro forem usados para alcançar os objetivos fundamentais da Constituição brasileira, inscritos no art. 3º, ele se configurará como um *direito social*, que deverá necessariamente ser exercido através do Estado – motivo pelo qual está no escopo da disciplina a análise do direito financeiro eleitoral.

Todavia, quando esses instrumentos forem usados apenas como instrumento de privilegiamento de grupos ou pessoas, o direito financeiro cumprirá um papel *de dominação* em prol destes e contra a sociedade.

Em razão dessa distinção é que se torna tão importante estudar não só os instrumentos financeiros, mas também o *objetivo de seu uso*. Isso gera toda a diferença analítica, pois transmuda o direito financeiro de um instrumento social para um instrumento de dominação oligárquica.

Informação bibliográfica deste texto, conforme a NBR 6023:2002 da Associação Brasileira de Normas Técnicas (ABNT):

SCAFF, Fernando Facury. Notas para a compreensão do Direito Financeiro como um direito social. In: MATILLA CORREA, Andry; NÓBREGA. Theresa Christine de Albuquerque; AGRA, Walber de Moura (Coord.). *Direito Administrativo e os desafios do século XXI*: livro em homenagem aos 40 anos de docência do Prof. Francisco de Queiroz Bezerra Cavalcanti. Belo Horizonte: Fórum, 2018. p. 167-174. ISBN 978-85-450-0555-1.

DIÁLOGOS ENTRE O SISTEMA DE UNIFORMIZAÇÃO DE JURISPRUDÊNCIA DO CPC E OS LITÍGIOS ENVOLVENDO DIREITO À NOMEAÇÃO EM CONCURSOS PÚBLICOS

Francisco Glauber Pessoa Alves

1   Introdução

Há muito tempo, os diversos ramos do direito, notadamente os de direito material e os de direito processual, traçam linhas paralelas que buscam se cruzar em momentos anteriores ao infinito. Tidos aqueles como fontes propriamente de direitos e deveres, a regerem os conflitos surgidos entre os membros de uma sociedade, aos segundos tem sido reservada ao longo da história uma (justificada) feição instrumental. Esse caráter de meio, por assim dizer, do processo, tem caminhado cada vez mais para entendê-lo a partir da perspectiva de realização do direito material, escopo este que não mais pode se desenvolver a partir exclusivamente do estudo separado de uns e outros. Não que falte às normas processuais a competência para a criação, a modificação e a extinção de direitos e deveres. Isso ocorre, porém, apenas no plano endoprocessual.[1] É ao direito material, por excelência, a quem compete reger as relações jurídicas, seus tensionamentos e suas soluções.

A formação acadêmica e a atuação profissional do século XXI demandam profissionais mais preparados,[2] com visão mais global e do direito como um todo; acima

---

[1]   "As normas processuais também proporcionam a criação, a modificação e a extinção de direitos e deveres. A diferença está em que lá, nas normas de direito material, há disciplina das relações jurídicas travadas nos mais diferentes ambientes (familiar, negocial etc.), ao passo que aqui, no que diz respeito às normas de direito processual, são disciplinados os fenômenos endoprocessuais (que ocorrem dentro do processo) e a própria relação jurídica em que consiste o processo" (WAMBIER; TALAMINI, 2016, p. 45).

[2]   E é nesta mirada que agradecemos ao gentil convite formulado para a homenagem ao Professor Francisco de Queiroz Bezerra Cavalcanti pelos seus 40 (quarenta) anos de cátedra, mediante participação nesta coletânea. Não tivemos a sorte de sermos alunos regulares do eminente lente da tradicional Faculdade de Direito da Universidade Federal de Pernambuco. Porém, a partir do momento em que assumimos a magistratura, sempre foi paradigma de julgador sério, técnico e preparado, como devem ser os juízes. Tal qual o direito em si, Francisco Queiroz foi e é homem inquieto, capaz de se reinventar e de se desafiar, imune à ação do tempo. Sua maior qualidade, porém, que falta a muitos, é a capacidade de interagir, de se socializar e de respeitar a opinião alheia (concorde ou não com ela) de todos que com ele convivem (dos mais novos aos mais velhos; dos mais simples aos mais

de tudo, com a perfeita percepção de que os diversos ramos do direito são partes de um todo que não existe, em maior ou menor intensidade, autonomamente. Esse tema não é novo e já se fala sobre ele há alguns anos na necessidade de aproximação entre o direito público e o direito processual civil.[3] O processo civil nasceu sob a intenção básica de reger relações entre particulares.[4] As razões que durante muito tempo informaram-no foram conflitos que surgiram, essencialmente, do descumprimento de obrigações da área do direito civil *strictto sensu* (obrigações, contratos, família etc.). Sua ótica sempre foi de um processo em que não havia qualquer compromisso maior do que a solução das lides individuais, servindo, assim, como instrumento de pacificação para uns poucos.

Esse modelo clássico, suficiente por muito tempo, resta ora superado. Desenvolveram-se muitas matérias sensíveis a Estados ditos democráticos e que, por sua magnitude, passaram a se constituir em molas mestras de todas as Constituições das nações que foram se modernizando. Isso propiciou o lastro para que também o direito processual civil passasse a se incrementar, aumentando o seu grau de cientificidade,[5] até mesmo pelo processo de inclusão, no corpo das Constituições, de normas de cunho processual. Traçando um paralelo com o pós-positivismo do direito constitucional (ALEXY, 2002, *passim*), seria o pós-processualismo ou mesmo neoprocessualismo, segundo outros (CAMBI, 2008, *passim*). De nada adiantaria o reconhecimento de direitos antes inusuais se a eles não fosse assegurada a forma de implementação. O processo civil ora assumiu, efetivamente, o encargo de comportar o progresso do direito material, dando-lhe vazão.

As discussões que antecederam a vigência da Lei nº 13.105, de 16 de março de 2015, que instituiu o novo Código de Processo Civil (CPC), monopolizaram a maior

---

ilustrados). De toda forma, absolutamente desnecessárias tais palavras, ante o dito popular de que o elogio ao amigo é supérfluo.

[3] "Aliás, já notou a doutrina que as grandes matrizes do direito processual cada vez mais encontram-se disciplinadas em texto constitucional" (BEDAQUE, 1997, p. 14). E não só os processualistas, mas mesmo os administrativistas já pregavam essa aproximação ainda no início da década passada: "Parte-se da constatação de que a parcela do Direito Processual que serve, tanto para o controle da Administração Pública quanto para a promoção do interesse público por meio das ações judiciais, é um Direito Processual próprio. E isso não só porque existem ações específicas, reguladas por leis próprias, para este campo, mas também porque, ainda quando utilizados os instrumentos comuns, são aplicados princípios e normas totalmente distintos daqueles empregados nos litígios comuns.

Um processo judicial não é o mesmo independente da qualidade dos sujeitos que dele fazem parte – e isso porque nele sempre se insere um direito material próprio, diferente. Nos processos em que está a Administração Pública, discute-se um direito material bem distinto daquele que nos acostumamos a chamar de Direito Civil (ou Privado). Se o processo civil foi construído em torno do Direito Privado, quer dizer, das lides de Direito Privado, deve-se questionar se ele serve também, da mesma maneira e generalizadamente, para as lides de Direito Público" (SUNDFELD, 2000, p. 16).

No mesmo sentido: "Se o direito material é diferente – e não há dúvida na importância teórica e prática da distinção entre direito público e privado –, as ações que visam tutelar estes direitos, resguardando-os e realizando-os deve, em idêntica proporção, ser diferenciado, sob pena de ser dificultado (ou inviabilizado) o atingimento dos fins sociais do processo" (BUENO, 2000, p. 42).

[4] "O Código de Processo Civil foi pensado para a tutela dos interesses individuais (direitos subjetivos), sobretudo os de caráter patrimonial. A titularidade do direito subjetivo irradiada no ordenamento processual pelo princípio dispositivo (pelo qual a sorte do processo está, em certa medida, entregue à vontade das partes), projetou o caráter eminentemente individualista do CPC. Esta compreensão está expressa, por exemplo, em regras como as dos artigos 6º (sobre a legitimação ordinária) e 472 (sobre os limites objetivos da coisa julgada material), cabendo ao titular do direito subjetivo o poder de fruir ou não dele, ou dele desistir, transacionar etc, não podendo os efeitos da decisão ultrapassar a pessoa dos litigantes" (CAMBI, 2008, p. 160).

[5] "Essas formas especiais de tutela jurisdicional, que para alguns constituem a maior novidade científica no campo do processo civil, levam em conta a natureza do direito pleiteado e os mecanismos necessários para sua efetiva satisfação" (BEDAQUE, 1997, p. 53).

parte dos conteúdos acadêmicos dos processualistas civis para este monumental e importante conjunto de normas instrumentais.[6] É tempo, porém, de aferir-se a realização concreta do que foi trazido como experimentação normativa para instituir mudança de cultura e hábitos.

O foco do nosso trabalho, aqui, será muito preciso: um caso concreto de aplicação de novos preceitos processuais de uniformização de jurisprudência ao instigante tema de nomeação em concurso público. Para tanto, trataremos sequencialmente do conteúdo dogmático de direito processual civil, resgatando parte de um anterior artigo nosso, e do desenrolar da jurisprudência superior ao interpretar o direito material. Traremos os aspectos que nos parecem mais relevantes. Embora próximo, não cabe aqui abordar o novo regime da fundamentação judicial (art. 489 e seus §§, do CPC): seria assunto e pretensão demais para um espaço pequeno e uma proposta bem mais modesta.[7]

Confrontaremos, na prática, em que medida o novo processo aplicado ao direito administrativo serviu a um duplo propósito: aplicar o direito aos conflitos em litígio e à formação do aspecto paradigmático e influenciador das decisões judiciais.

2   Sistema de uniformização de jurisprudência do CPC

Obra clássica de Taruffo, datada de 1975, divisou as funções endoprocessual e extraprocessual da motivação (2005, p. 167-168[8]). A *primeira*, enquanto requisito técnico, assegurando que a motivação é útil (a) à parte que pretenda impugná-la, porque o conhecimento da motivação da decisão facilita a individuação do erro e (b) ao juízo de impugnação (recursal, mais apropriadamente quanto ao direito brasileiro), porque viabiliza o reexame da decisão impugnada. A *segunda* dá ensejo (a) ao controle externo das razões de motivação, (b) à indução ao julgador de demonstrar a validade racional de suas razões frente ao sistema jurídico e (c) à demonstração da eficácia persuasiva do precedente invocado como razão de decidir. Daí sua importância, também, para a decisão que não mais desafia recurso, como expressão da máxima garantia de justificação, o que já há décadas era no Brasil ressaltado.[9] Ainda segundo as preciosas lições de Taruffo

---

[6]   De se salientar que a história do processo civil, contrariamente ao direito administrativo, sempre foi de profunda codificação, de referenciais normativos muito claros, sendo a exceção o regramento de institutos por leis esparsas. Geralmente, tais casos se prestam a regulações infraconstitucionais de ações ou institutos previstos pelas Constituições, seja a atual, sejam as anteriores, dos quais são exemplos emblemáticos a ação popular e o mandado de segurança. Daí porque em menor intensidade – dir-se-ia melhor quase nenhuma – está a viver o que Ascensão (2017, p. 414) denomina de recodificação: "Mas, respeitando a história, podemos dizer que a hora é atualmente a da recodificação. A dispersão tem custos. Dificulta o conhecimento das normas (mesmo entre os juristas) e o trabalho sobre elas. A complexidade da vida aspira a um sistema, fundado em grandes princípios. O código propicia o progresso científico e dá orientações gerais. A prática, hoje desnorteada pela proliferação anárquica de fontes empíricas e casuísticas, precisa daquelas para se orientar".

[7]   Buscamos enfrentar a nova técnica de fundamentação em outro momento, para o qual remetemos o leitor eventualmente interessado (2015, passim).

[8]   A obra de Taruffo foi originalmente publicada em 1975, em Pádua, Itália. Por se tratar de referência, ela continua a ser estudada e, eventualmente, republicada. Aqui, trabalhamos com republicação do ano de 2005.

[9]   "Ao ângulo em que nos colocamos, ressalta a insuficiência dessa maneira de equacionar o problema e a sua inidoneidade para atender aos postulados do Estado de Direito. Não é a circunstância de estar emitindo a última palavra acerca de determinado litígio que exime o órgão judicial de justificar-se. Muito ao contrário, é nesse instante que a necessidade da justificação se faz particularmente aguda: o pronunciamento final, exatamente por se destina a prevalecer em definitivo, e nesse sentido representa (ou deve representar) a expressão máxima

(2005, p. 169-171), importa ao magistrado demonstrar racionalmente (= justificação racional da decisão), não interessando, contudo, a formulação (= processo mental que conduziu o juiz a essa ou aquela decisão). Importa, assim, a obrigação ao juiz de "(...) una giustificazione razionale della sua decisione" (TARUFFO, 2005, p. 169).

Essa demonstração da eficácia persuasiva da decisão invocada como razão de decidir é o ponto que ora destacamos e escolhemos como importante à sistemática de precedentes. Forte nessa perspectiva, o CPC trouxe, entre outros, um claro objetivo, indicado em sua exposição de motivos: *imprimir maior grau de organicidade ao sistema, dando-lhe, assim, mais coesão*. Há uma forte inspiração do princípio da segurança jurídica,[10] seja sob uma ótica vertical, de submissão aos precedentes firmados por Cortes superiores, seja sob uma ótica horizontal, de decisões iguais a situações fático-jurídicas iguais por parte das próprias Cortes formadoras dos precedentes:

> Se as normas só existem a partir da interpretação, a ponto de se poder dizer eu o respeito ao princípio da legalidade significa na verdade respeito à interpretação conferida à lei pelos órgãos institucionalmente a tanto encarregados (ao menos do ponto de vista da administração da Justiça Civil), então quem quer que esteja preocupado em saber qual seu espaço de liberdade de ação e quais efeitos jurídicos são ligados às suas opções socioeconômicas (princípio da liberdade), preocupado em saber como deve fazer para aplicar o direito a partir da necessidade de que todos sejam efetivamente iguais perante a ordem jurídica (princípio da igualdade, que no âmbito do processo civil sempre é lembrado a partir da velha máxima "treat like cases alike") e como tornar a interpretação e a aplicação do direito algo forjado nas fundações do princípio da segurança jurídica, não pode obviamente virar as costas para o problema da interpretação judicial do direito e dos precedentes daí oriundos. Fora daí o direito brasileiro corre o risco de ser um direito irracional, um direito que não respeita a liberdade, a igualdade e a necessidade de segurança no tráfego jurídico. (MARINONI et al., 2015, p. 868)

Detalhou-se um contexto de obrigatoriedade dos tribunais uniformizarem sua jurisprudência e mantê-la estável, íntegra e coerente (art. 926). Também se definiu um padrão (art. 927) segundo o qual devem os juízes observar (I) as decisões do STF em controle concentrado de constitucionalidade, (II) os enunciados de súmulas vinculantes, (III) os acórdãos em incidente de assunção de competência ou de resolução de demandas repetitivas ou em julgamento de recursos extraordinário e especial repetitivos, (IV) os enunciados das súmulas do STF e do STJ e (V) a orientação do plenário ou do órgão especial aos quais estiverem vinculados. Aliás, para parcela da doutrina, os precedentes seriam as hipóteses dos incisos I, II e IV, pelo caráter uniformizador e por serem órgãos inclinados a dizer o direito e não a apreciação fática das Cortes Superiores (MARINONI et al., 2015, p. 870). Já Didier Jr. (2017, p. 167), ao reconhecer a jurisprudência fonte do direito, a partir mesmo do intercâmbio entre as tradições jurídicas do *civil law* e do

---

da garantia, precisa, mais do que qualquer outro, mostrar-se apto a corresponder à função delicadíssima que lhe toca. Não é admissível que a garantia se esvazie, se despoje de eficácia, no momento culminante do processo mediante o qual é chamado a atuar" (MOREIRA, 1978, p. 118).

[10] "Ressalte-se, a propósito, que, nestes últimos anos, os nossos tribunais superiores passaram a desempenhar papel relevantíssimo, por duas diferentes razões. Em primeiro lugar, pela necessidade de uniformizar a jurisprudência, diante das incertezas e divergências de julgados, que conspiram contra a segurança jurídica. São mais de 50 tribunais de segundo grau, espalhados nos diversos Estados brasileiros" (TUCCI, 2015, p. 144).

common law, esclarece que existem os precedentes vinculativos e os precedentes que teriam o condão de obstar a apreciação de recursos ou de obstar a remessa necessária, sendo que ambos sempre têm força persuasiva. Ele não divisa, assim, as hipóteses dos incisos do art. 927 aludido. De toda forma, a *estabilidade, a integridade e a coerência* das decisões dos tribunais são canais viabilizadores da igualdade e da segurança jurídica e não fins em si mesmos:

> Os precedentes das Cortes Supremas e a jurisprudência vinculante das Cortes de Justiça (oriundas do julgamento dos incidentes de resolução de demandas repetitivas e de assunção de competência) devem promover a segurança jurídica e ser coerentes. A segurança jurídica não é um fim em si mesmo: a interpretação judicial do direito deve ser regra (cognoscível, estável e confiável) a fim de que seja possível a cabal realização dos princípios da liberdade e da igualdade. Tampouco a coerência é um fim em si mesmo: a coerência – junto com a universalidade – constitui um postulado que visa a aferir a racionalidade do resultado interpretativo. E a racionalidade é um compromisso essencial do direito. O sistema jurídico deve ser seguro e as normas que o compõem devem ser coerentes (deve existir uma conexão de sentido que denote um suporte circular, complexo e gradual entre as normas: deve haver consistência e completude no plano formal e dependência recíproca e comunidade de elementos no plano substancial. (MARINONI et al., 2015, p. 871)

A disparidade de interpretação e aplicação do direito, com soluções distintas para litígios absolutamente idênticos, é situação de insegurança e desigualdade social, intranquilizando ao invés de pacificando – objetivo maior do processo. Realmente, não

> (...) se pode admitir, por exemplo, em uma demanda de massa, que servidores públicos postulem o restabelecimento de uma gratificação ´x´, obtendo êxito em determinados processos, enquanto outros, pleiteando o mesmo direito, tenham o pedido, ao final, julgado improcedente. (ALVIM et al., 2016, p. 1.061)

Dessa forma, a par dos até então existentes instrumentos de uniformização jurisprudencial do CPC de 1973, alguns deles confirmados no CPC atual, outros foram criados. Globalmente, o quadro restou assim elencado: i) o incidente de assunção de competência, quando o julgamento de recurso, de remessa necessária ou de processo de competência originária envolver relevante questão de direito, com grande repercussão social, sem repetição em múltiplos processos (art. 947); ii) o incidente de resolução de demandas repetitivas quando houver, simultaneamente, efetiva repetição de processos que contenham controvérsia sobre a mesma questão unicamente de direito e risco de ofensa à isonomia e à segurança jurídica (art. 976, I e II); iii) o julgamento sob a sistemática de recursos repetitivos para os recursos extraordinário e especial (art. 1.036).

Houve, também, o reforço da importância dos enunciados das súmulas do STF (inclusive as vinculantes), do STJ e do próprio tribunal, nos termos dos regimentos internos (§1º, art. 926). Embora deveras elogiado pela doutrina, há algum dissenso acerca da constitucionalidade da norma infraconstitucional instituir a obrigatoriedade de precedentes quanto aos incisos III, IV e V do art. 927. Diz-se isso porque já havia decisões de observância obrigatória, como aquelas proferidas em controle abstrato de constitucionalidade (art. 102, §2º da Constituição Federal – CF) e os entendimentos constantes nas súmulas vinculantes (art. 103-A da CF). De certa forma vinculante, pelo seu caráter uniformizador, já eram os recursos repetitivos (art. 543-B e 543-C do CPC de 1973). Daí por que assevera Tucci:

> Salta aos olhos o lamentável equívoco constante desse dispositivo, uma vez que impõe aos magistrados, de forma cogente – "os tribunais observarão" – os mencionados precedentes, como se todos aqueles arrolados tivessem a mesma força vinculante vertical.
>
> Daí, em princípio, a inconstitucionalidade da regra, visto que a CF, como anteriormente referido, reserva efeito vinculante apenas e tão somente às súmulas fixadas pelo Supremo, mediante devido processo e, ainda, aos julgados originados de controle direto de constitucionalidade. (2015, p. 150)

Igualmente, Nery Jr. e Nery:

> Somente no caso da súmula vinculante, o STF tem competência constitucional para estabelecer preceitos de caráter geral. Como se trata de situação excepcional – Poder Judiciário a exercer função típica do Poder Legislativo – a autorização deve estar expressa no texto constitucional e, ademais, se interpreta restritivamente, como todo preceito de exceção. (...) Portanto saber que é necessário alterar-se a Constituição para criar-se decisão vinculante todos sabem. Optou-se aqui pelo caminho mais fácil, mas inconstitucional. (2015, p. 1837)

Assim, à míngua de previsão constitucional, há uma razoável dúvida doutrinária sobre a constitucionalidade do sistema de obrigatoriedade de observância das decisões calcado apenas no CPC e sem respaldo na CF. Parece acertado dizer que o CPC, por via legislativa infraconstitucional, busca positivar de vez o modelo de *stare decisis* que, na origem, não nasceu no direito positivo como o vemos hoje, mas da própria formação jurídica dos países que o adotam desde sempre, como o caso dos Estados Unidos. Destaca Carvalho:

> Tal qual o entendimento de que aos juízes cabia a observância de eventual incompatibilidade entre a norma derivada da atividade do Parlamento e a Constituição, a regra que confere força vinculante aos precedentes judiciais nos Estados Unidos também não decorre de qualquer previsão do texto constitucional de 1787, tendo sido, igualmente, criação pretoriana reiterada pela prática institucional daquele país. (2012, p. 4)

O sistema de precedentes é originário dos países de *common law*, como Inglaterra e Estados Unidos,[11] mas o NCPC incorpora-o de forma sistematizada[12] ao nosso direito,

---

[11] "O sistema do *civil law*, hoje, é empregado nos países de tradição romano-germânica, entre os quais aqui se destacam, a título meramente de exemplo, a Alemanha, o Brasil, a Espanha, a França, a Itália e Portugal. Já o sistema do *common law*, também conhecido impropriamente como sistema inglês ou britânico, não se limita à Inglaterra, também sendo empregado nos Estados Unidos (com exceção do Estado da Lousiana, que é partidário do *civil law*), na Austrália, no Canadá (com exceção de Quebec) e na Índia, além de outros países colonizados pela Coroa Britânica" (CARPENA, 2010, p. 220).

[12] "*Stare decisis*. A necessidade de compatibilização horizontal e vertical das decisões judiciais decorre da necessidade de segurança jurídica, de liberdade e de igualdade como princípios básicos de qualquer Estado Constitucional. Normalmente, a imprescindibilidade dessa compatibilização é retratada pela máxima *stare decisis et quieta non movere*, que determina o respeito aos precedentes das Cortes Supremas e à jurisprudência vinculante produzida pelas Cortes de Justiça. O *stare decisis* pode ser horizontal (respeito aos próprios precedentes e à própria

jungido ao regime de *civil law*. Passaremos a ter, assumidamente, um modelo híbrido de *civil law* e de *common law*. Especificamente sobre o tema, trabalhou Souza:

> This scenario clearly has challenged the myth that affirms the doctrine of binding precedent or stare decisis is an exclusive common law practice. The Brazilian experience has shown that the bindingness of judicial decisions is a characteristic freely auto-attributed by any legal system in order to achieve values such as stability, legal certainty, equality and speed in judicial decisions. In other words, the adoption of a rule of stare decisis by a legal system does not request its historical association with the common law tradition. The Brazilian experience has also put aside the myth that states that civil law judges, in terms of the creativity of their decisions, perform a different role when compared with their common law counterparts. Judicial reasoning, anywhere, is a much more sophisticated process than the simple act of declaring what the law is. The rules laid down by Brazilian judges sometimes go far beyond the limits of the cases from which they are derived. In Brazil, it is becoming quite clear that judges also make the law, and it can be proved by the evidence that some areas in Brazilian law, which were not originally statute regulated, have been considerably developed by case law. (2013, p. 215-216)

De toda sorte, como experiência inovadora (no aspecto da amplitude e inclusão via norma infraconstitucional), caberá à doutrina e à jurisprudência azeitar as bases desse viés uniformizador. Há a necessidade de vencer amarras antigas, não ignoradas pela doutrina estrangeira, ainda que recente:

> Di que la possibilità di qualificare, entro certi limiti che verrano più oltre precisati, anche le pronunce (le sentenze) dei giudici come fonti del diritto. Tale possibilità si realizza, tuttavia, soltanto in presenza di determinate circostanze e cioè là dove le decisioni del giudice sono dotate di uma forza obbligatoria capace di imporsi nei confronti di tutti, ossia di quella efficacia erga omnes che contraddistingue in generale le altre fonti normative. Tale circostanza si realizza, come si è già visto, negli ordinamenti giuridici di *common law* (ad es. in Inghilterra e negli Stati Uniti d´America), dove vigi il *principio dello stare decisis*, ossia dell´obbligo per il giudice di livello inferiore di adeguarsi alla pronuncia adottata da um giudice di livello superiore nel decidere um caso analogo; essa non trova invece riscontro nell´esperienza degli ordinamenti giuridici di civil law (quelli che, come l´Italia, appartengono ad altra tradizione culturale), nei quali la sentenza del giudice produce i suoi effetti limitatamente alle fattispecie concrete sottoposte al suo giudizio ed è dunque priva (salva l´eccezione, come vedemo, rapresentata dalle sentenze della Corte costituzionale) di efficacia *erga omnes*. (CARETTI; SIERVO, 2012, p. 18)

As modificações do CPC foram muito bem resumidas por Amaral:

> - Efeito vinculante, para todos os juízes e tribunais, das decisões do STF em controle concentrado de constitucionalidade, dos enunciados de súmula vinculante, dos acórdãos em incidente de assunção de competência ou de resolução de demandas repetitivas e em julgamento de recursos extraordinário e especial repetitivos, dos enunciados das súmulas do STF em matéria constitucional e do STJ em matéria infraconstitucional.

---

jurisprudência vinculante) ou vertical (respeito aos precedentes e à jurisprudência das Cortes a que submetidos os órgãos jurisdicionais)" (MARINONI, 2015, p. 872).

- Efeito vinculante da orientação do plenário ou do órgão especial para os julgadores a eles vinculados.
- Dever de observância do dever de fundamentação na decisão com base em precedentes.
- Requisitos para a alteração de enunciado de súmula, jurisprudência pacificada ou te e jurídica firmado em casos repetitivos.
- Possibilidade de modulação dos efeitos da alteração dos precedentes.
- Publicidade dos precedentes. (2015, p. 948)

A formação de precedentes pressupõe amplo enfrentamento de questões de fato e de direito que possam influir no resultado do julgamento, a partir de uma premissa de discussão que legitime a decisão, tornando-a isenta de críticas, ao menos no que concerne à omissão em apreciar argumentos. De fato, da pena de Gálvez já se extraía

> Si el objetivo es persuadir, lo que estamos diciendo es que quin lo intente, debe usar e lenguaje común al auditorio en donde espera obter la adhesión, y a través de él argumentar es decir, elaborar proposiciones que convenzan al oyente de la contundencia de su tesis Por cierto, mientras más integrados estén el proponente y el auditorio respecto de la información que comparten, los valores de los que participan y los intereses que ambos pretendan, las posibilidades de lograr la persuasión son mayores. (2007, p. 581)

Dada linha de raciocínio *divisa fundamentação da simples motivação*: a primeira, o que se realmente quer, o enfrentamento das questões pertinentes à causa, observada a ouvida efetiva, pelo magistrado, de todos os argumentos levantados pelas partes; a segunda, que não atende o requisito constitucional, porque não se presta à dialógica e não é fruto da colaboração com as partes, muito menos propicia o convencimento destas (THEODORO JR. et al., 2015, p. 304). Essa ideia, talvez já não tão nova, mas ainda não tão popular, é sintetizada no seguinte (THEODORO JR. et al.):

> Torna-se, assim, imperativa, ao se pensar o sistema processual, a criação de mecanismos de fiscalidade ao exercício dos micropoderes exercidos ao longo do iter processual, além da criação de espaços de interação (compartipação) que viabilizem consensos procedimentais aptos a ensejar, no ambiente real do debate processual, a prolação de pronunciamentos que representem o exercício de poder participado, com atuação e influência de todos os envolvidos, inclusive criando-se contramedidas (como as decorrentes de boa-fé processual e do sistema recursal) aptas a impedir ou mitigar o aludido uso estratégico do processo. (2015, p. 303)

Há, bem verdade, posições em sentido contrário, como a de Neves, que não vislumbra diferença entre uma e outra:

> Motivar e fundamentar significam exteriorizar as razões do decidir, e nessa tarefa obviamente as opiniões pessoais do juiz são irrelevantes, devendo o magistrado aplicar ao caso concreto o Direito, e não concretizar suas aspirações pessoais. (2015, p. 5)

Para atingir tal escopo de fundamentação (e consequente legitimação), restaram previstas: a) a necessidade de ouvir a parte antes de se lhe decidir contrariamente (art. 9º); b) a vedação de decisão pelo magistrado baseado em argumento sobre o qual as partes não puderam se manifestar (art. 10, o chamado princípio da "cooperação" judicial); c) audiências públicas e participação de pessoas, órgãos ou entidades que possam contribuir para a rediscussão das teses jurídicas firmadas em súmulas ou julgamentos de casos repetitivos (§2º do art. 927); d) a incidência dos princípios da segurança jurídica, da proteção da confiança e da isonomia na modificação de enunciado de súmula, de jurisprudência pacificada ou de tese adotada em julgamento de casos repetitivos demandará fundamentação adequada e específica (§2º do art. 927).

Em compasso com princípios constitucionais expressos e, portanto, de irrenunciável magnitude (inciso LXXVIII do art. 5º: a todos, no âmbito judicial e administrativo, são assegurados a razoável duração do processo e os meios que garantam a celeridade de sua tramitação), deve o Judiciário dar vazão à demanda crescente de causas e às soluções que, racionalmente, dentro de um sistema geral de precedentes e uniformização de jurisprudência, possam ser multiplicadas a partir de uma ou mais demandas suficientemente representativas.

Não só isso, mais expressivo é que, no CPC atual, diferente do anterior, é assegurado o manejo de reclamação junto ao STF proposta para garantir a observância de acórdão de recurso extraordinário com repercussão geral reconhecida (inciso II, §5º do art. 988 do CPC).

Segundo o CNJ (2016, acesso eletrônico), o grau de descumprimento de obrigações legais ou contratuais (ou ao menos de judicialização do suposto descumprimento) resulta no incrível universo, considerado o ano de 2015, de 102 milhões de processos que passaram pelo Judiciário, dos quais 74 milhões permaneceram em tramitação (irresolvidos), o que resulta numa proporção média de 5.883,03 e 4.268,08 processos para cada magistrado, respectivamente considerando os dois quantitativos referidos. São 17.338 magistrados (75 de tribunais superiores, 2.831 de tribunais de 2º grau e 14.882 de varas, juizados especiais e turmas recursais). O Brasil tem uma média de 7,91 magistrados por 100.000 habitantes, com 5.085 cargos vagos. Os números, impressionantes, bem trazem o choque de realidade ao direito processual civil: os jurisdicionados precisam de soluções para seus conflitos, que não podem ou devem se eternizar, pensadas e trabalhadas numa perspectiva não de uma ou de outra pretensão resistida judicializada, mas de milhões de causas em tramitação.

Daí por que a observância do regime de *estabilidade, a integridade e a coerência* das decisões dos tribunais, para além de garantir igualdade e segurança jurídica, *vocaciona-se muito diretamente à resolução de percentual expressivo de causas em tramitação no judiciário brasileiro com prestígio ao menor prazo de tramitação* – consequentemente, a uma tutela jurisdicional mais célere.

3 Direito à nomeação em concursos públicos: o caso líder (RE nº 837.311/PI)

Firmadas as premissas anteriores no tangente à importância da uniformização da jurisprudência, como critério de igualdade e legalidade, a partir da estabilidade, integridade e coerência das decisões judiciais, avancemos para um caso concreto em que isso aconteceu. De longa data discute a jurisprudência diversas questões surgidas a partir do assunto *concurso público*. As situações em conflito são, essencialmente, referentes ao grau de discricionariedade da Administração quanto à nomeação ou não de candidatos aprovados.

A *primeira* e provavelmente mais antiga refere-se ao direito à nomeação pela só aprovação. As discussões iniciais quanto a esse assunto remontam ainda à década de 1940. A partir dos precedentes firmados na ACi nº 7.387-EI, rel. Min. Orosimbo Nonato, *DJ* 07.11.1944, no RMs nº 8.724, rel. Min. Cândido Motta Filho, *DJ* 08.09.1961, e no RMS nº 8.578, rel. Min. Pedro Chaves, *DJ* 12.04.1962, o STF editou a Súmula nº 15 (Dentro do prazo de validade do concurso, o candidato aprovado tem o direito à nomeação, quando o cargo for preenchido sem observância da classificação), aprovada em 13.12.1963. A posição assentada foi que a aprovação em concurso *gera mera expectativa de direito à nomeação*, ainda que dentro número de vagas. Contudo, havendo preterição de candidato (nomeação de candidato pior classificado), restaria configurado o direito adquirido à nomeação, por presente a necessidade do ente público realizador do concurso.

Uma *segunda* questão também nasceu ainda no século passado, a saber, aquela referente ao direito à nomeação sem que tenha havido preterição, *mas em virtude da criação de novas vagas e/ou da realização de novo concurso público durante o prazo de validade do anterior*. Resolveu o STF, àquele tempo, acerca da inocorrência de direito adquirido à nomeação (2ª. T., RE nº 16.398/CE, rel. Min. Orosimbo Nonato, *DJ* 28.06.1951). Na mesma linha: STF, Pleno, RE nº 52.677/SP, rel. Min. Victor Nunes, *DJ* 22.10.1964. Já em um julgado bem mais recente, após décadas daquelas primeiras decisões e já sob a vigente Constituição Federal, que a jurisprudência passou a reconhecer o direito à nomeação em tais circunstâncias, decretando:

> Exsurge configurador de desvio de poder, ato da Administração Pública que implique nomeação parcial de candidatos, indeferimento da prorrogação do prazo do concurso sem justificativa socialmente aceitável e publicação de novo edital com idêntica finalidade. (STF, 2ª. T., RE nº 192.568/PI, rel. Min. Marco Aurélio, *DJ* 13.09.1996, p. 33241)

Apenas dois anos após, porém, assentou a Corte que "(...) a abertura de novo concurso, no prazo de validade de concurso anterior, não gera direito de nomeação para os candidatos aprovados no primeiro, mas apenas prioridade sobre os novos concursados" (STF, 1ª. T., RMS nº 22.926/DF, rel. Min. Ilmar Galvão, *DJ* 27.02.1998, p. 34). Havia, pois, uma clara claudicância intestina no órgão fracionário do STF.

Por fim, ultimou-se que, calcado no RE nº 192.568/PI, avançou o STF na matéria para declarar que o "(...) anúncio de vagas no edital de concurso gera o direito subjetivo dos candidatos classificados à passagem para a fase subseqüente e, alfim, dos aprovados, à nomeação" (STF, 2ª. T., RMS nº 23657/DF, rel. Min. Marco Aurélio, *DJ* 09.11.2001, p. 60), *ainda* que outro precedente do Colegiado tenha temperado que também haveria direito à nomeação "(...) se, indeferido pedido de prorrogação do prazo do concurso, em decisão desmotivada, for reaberto, em seguida, novo concurso para preenchimento de vagas oferecida no concurso anterior cuja prorrogação fora indeferida em decisão desmotivada" (STF, 2ª. T., RE nº 419013 AgR/DF, rel. Min. Carlos Velloso, *DJ* 25.06.2004, p. 59). Sobre isso, o próprio Pleno do STF uniformizou, em Repercussão Geral, que o edital do concurso com número específico de vagas, uma vez publicado, faz exsurgir um dever de nomeação para a própria Administração e um direito à nomeação titularizado pelo candidato aprovado dentro desse número de vagas (STF, Pleno, RE nº 598.099-RG, rel. Min. Gilmar Mendes, *DJe* 03.10.2011) ou daquele aprovado fora do número de vagas prevista no edital, mas que passe a figurar dentre elas, em decorrência da desistência de candidatos em colocação superior (STF, 1ª. T., RE 916425 AgR/BA, rel. Min. Roberto Barroso, *DJe*-166 09.08.2016).

Apesar desses precedentes, só bem recentemente a miríade maior dessas questões foi de todo sepultada. Inicialmente, no RE nº 837.311/PI (Tema 784), o STF reconheceu, em decisão publicada no *DJ* de 02.12.2014, a Repercussão Geral. Levada a julgamento em Plenário, a matéria foi decidida em 09.12.2015. Portanto, já sob a vigência do atual CPC. Assim, em sede de aprovação em concurso público e acesso a cargos públicos (art. 37, II da Constituição Federal), lavrou o STF o seguinte caso líder:

> EMENTA: RECURSO EXTRAORDINÁRIO. CONSTITUCIONAL E ADMINISTRATIVO. REPERCUSSÃO GERAL RECONHECIDA. TEMA 784 DO PLENÁRIO VIRTUAL. CONTROVÉRSIA SOBRE O DIREITO SUBJETIVO À NOMEAÇÃO DE CANDIDATOS APROVADOS ALÉM DO NÚMERO DE VAGAS PREVISTAS NO EDITAL DE CONCURSO PÚBLICO NO CASO DE SURGIMENTO DE NOVAS VAGAS DURANTE O PRAZO DE VALIDADE DO CERTAME. MERA EXPECTATIVA DE DIREITO À NOMEAÇÃO. ADMINISTRAÇÃO PÚBLICA. SITUAÇÕES EXCEPCIONAIS. IN CASU, A ABERTURA DE NOVO CONCURSO PÚBLICO FOI ACOMPANHADA DA DEMONSTRAÇÃO INEQUÍVOCA DA NECESSIDADE PREMENTE E INADIÁVEL DE PROVIMENTO DOS CARGOS. INTERPRETAÇÃO DO ART. 37, IV, DA CONSTITUIÇÃO DA REPÚBLICA DE 1988. ARBÍTRIO. PRETERIÇÃO. CONVOLAÇÃO EXCEPCIONAL DA MERA EXPECTATIVA EM DIREITO SUBJETIVO À NOMEAÇÃO. PRINCÍPIOS DA EFICIÊNCIA, BOA-FÉ, MORALIDADE, IMPESSOALIDADE E DA PROTEÇÃO DA CONFIANÇA. FORÇA NORMATIVA DO CONCURSO PÚBLICO. INTERESSE DA SOCIEDADE. RESPEITO À ORDEM DE APROVAÇÃO. ACÓRDÃO RECORRIDO EM SINTONIA COM A TESE ORA DELIMITADA. RECURSO EXTRAORDINÁRIO A QUE SE NEGA PROVIMENTO.
>
> 1. O postulado do concurso público traduz-se na necessidade essencial de o Estado conferir efetividade a diversos princípios constitucionais, corolários do merit system, dentre eles o de que todos são iguais perante a lei, sem distinção de qualquer natureza (CRFB/88, art. 5º, caput).
>
> 2. O edital do concurso com número específico de vagas, uma vez publicado, faz exsurgir um dever de nomeação para a própria Administração e um direito à nomeação titularizado pelo candidato aprovado dentro desse número de vagas. Precedente do Plenário: RE 598.099 – RG, Relator Min. Gilmar Mendes, Tribunal Pleno, *DJe* 03-10-2011.
>
> 3. O Estado Democrático de Direito republicano impõe à Administração Pública que exerça sua discricionariedade entrincheirada não, apenas, pela sua avaliação unilateral a respeito da conveniência e oportunidade de um ato, mas, sobretudo, pelos direitos fundamentais e demais normas constitucionais em um ambiente de perene diálogo com a sociedade.
>
> 4. O Poder Judiciário não deve atuar como "Administrador Positivo", de modo a aniquilar o espaço decisório de titularidade do administrador para decidir sobre o que é melhor para a Administração: se a convocação dos últimos colocados de concurso público na validade ou a dos primeiros aprovados em um novo concurso. Essa escolha é legítima e, ressalvadas as hipóteses de abuso, não encontra obstáculo em qualquer preceito constitucional.
>
> 5. Consectariamente, é cediço que a Administração Pública possui discricionariedade para, observadas as normas constitucionais, prover as vagas da maneira que melhor convier para o interesse da coletividade, como verbi gratia, ocorre quando, em função de

razões orçamentárias, os cargos vagos só possam ser providos em um futuro distante, ou, até mesmo, que sejam extintos, na hipótese de restar caracterizado que não mais serão necessários.

6. A publicação de novo edital de concurso público ou o surgimento de novas vagas durante a validade de outro anteriormente realizado não caracteriza, por si só, a necessidade de provimento imediato dos cargos. É que, a despeito da vacância dos cargos e da publicação do novo edital durante a validade do concurso, podem surgir circunstâncias e legítimas razões de interesse público que justifiquem a inocorrência da nomeação no curto prazo, de modo a obstaculizar eventual pretensão de reconhecimento do direito subjetivo à nomeação dos aprovados em colocação além do número de vagas. Nesse contexto, a Administração Pública detém a prerrogativa de realizar a escolha entre a prorrogação de um concurso público que esteja na validade ou a realização de novo certame.

7. A tese objetiva assentada em sede desta repercussão geral é a de que o surgimento de novas vagas ou a abertura de novo concurso para o mesmo cargo, durante o prazo de validade do certame anterior, não gera automaticamente o direito à nomeação dos candidatos aprovados fora das vagas previstas no edital, ressalvadas as hipóteses de preterição arbitrária e imotivada por parte da administração, caracterizadas por comportamento tácito ou expresso do Poder Público capaz de revelar a inequívoca necessidade de nomeação do aprovado durante o período de validade do certame, a ser demonstrada de forma cabal pelo candidato. Assim, a discricionariedade da Administração quanto à convocação de aprovados em concurso público fica reduzida ao patamar zero (Ermessensreduzierung auf Null), fazendo exsurgir o direito subjetivo à nomeação, verbi gratia, nas seguintes hipóteses excepcionais: i) Quando a aprovação ocorrer dentro do número de vagas dentro do edital (RE 598.099); ii) Quando houver preterição na nomeação por não observância da ordem de classificação (Súmula 15 do STF); iii) Quando surgirem novas vagas, ou for aberto novo concurso durante a validade do certame anterior, e ocorrer a preterição de candidatos aprovados fora das vagas de forma arbitrária e imotivada por parte da administração nos termos acima.

8. In casu, reconhece-se, excepcionalmente, o direito subjetivo à nomeação aos candidatos devidamente aprovados no concurso público, pois houve, dentro da validade do processo seletivo e, também, logo após expirado o referido prazo, manifestações inequívocas da Administração piauiense acerca da existência de vagas e, sobretudo, da necessidade de chamamento de novos Defensores Públicos para o Estado.

9. Recurso Extraordinário a que se nega provimento. (STF, Pleno, RE nº 837.311/PI com Repercussão Geral, rel. Min. Luiz Fux, *DJe*-072 18.04.2016)

A *ratio decidendi*, claramente, avançou no concernente ao sempre delicado tema da sindicabilidade judicial da discricionariedade administrativa. Se é fato que o edital vincula a administração quanto ao concurso público, foi-se além para evidenciar *que até mesmo o que não estritamente referente ao concurso em si* – como o processo administrativo de nomeação e seus desdobramentos, muito mais afetados à conveniência e oportunidade da administração em si – é passível de adstrição vinculante ou, quando menos, de controle jurisdicional mais efetivo. Em casos que tais, a discricionariedade deixa de existir. Doutrina de peso há tempos dedica-se a isso:

> Nada há de surpreendente, então, em que o controle judicial dos atos administrativos, ainda que praticados em nome de alguma discrição, se entenda necessária e insuperavelmente à investigação dos motivos, da finalidade e da causa do ato. Nenhum empeço existe a tal

proceder, pois é meio – e, de resto, fundamental – pelo qual se pode garantir o atendimento da lei, a afirmação do direito. (MELLO, 2004, p. 860)

Sob a linha de observância horizontal dos precedentes firmados, o STF amoldou-se, nos julgados posteriores, às premissas vinculadoras por si estabelecidas (STF, 1ª. T., ARE nº 933389 AgR/RJ, rel. Min. Roberto Barroso, *DJe*-201 21.09.2016; STF, 2ª. T., RMS nº 34516 AgR/DF, rel. Min. Edson Fachin, *DJe*-101 16.05.2017). Da mesma forma e sem maior demora, tratou a jurisprudência do STJ de observar ao mesmo *leading case*:

Ementa: ADMINISTRATIVO. PROCESSUAL CIVIL. AGRAVO INTERNO NO RECURSO ORDINÁRIO EM MANDADO DE SEGURANÇA. ENUNCIADO ADMINISTRATIVO 3/ STJ. CONCURSO PÚBLICO. CANDIDATO APROVADO EM CADASTRO DE RESERVA. PRETERIÇÃO AO DIREITO DE NOMEAÇÃO. EXISTÊNCIA DE VAGAS. CONTRATAÇÃO TEMPORÁRIA DE TERCEIROS. INEXISTÊNCIA DE PRETERIÇÃO. RE 873.311/PI. REPERCUSSÃO GERAL. NECESSIDADE DE DEMONSTRAÇÃO CABAL. ARBITRA- RIEDADE. FALTA DE MOTIVAÇÃO. INEXISTÊNCIA DE PROVAS.

1. O Supremo Tribunal Federal, no julgamento, pelo regime da repercussão geral, do RE 837.311/PI, relator o Em. Ministro Luiz Fux, fixou a respeito da temática referente a direito subjetivo à nomeação por candidatos aprovados fora das vagas previstas em edital a seguinte tese: "O surgimento de novas vagas ou a abertura de novo concurso para o mesmo cargo, durante o prazo de validade do certame anterior, não gera automaticamente o direito à nomeação dos candidatos aprovados fora das vagas previstas no edital, ressalvadas as hipóteses de preterição arbitrária e imotivada por parte da administração, caracterizada por comportamento tácito ou expresso do Poder Público capaz de revelar a inequívoca necessidade de nomeação do aprovado durante o período de validade do certame, a ser demonstrada de forma cabal pelo candidato. Assim, o direito subjetivo à nomeação do candidato aprovado em concurso público exsurge nas seguintes hipóteses: 1 – Quando a aprovação ocorrer dentro do número de vagas dentro do edital; 2 – Quando houver preterição na nomeação por não observância da ordem de classificação; 3 – Quando surgirem novas vagas, ou for aberto novo concurso durante a validade do certame anterior, e ocorrer a preterição de candidatos de forma arbitrária e imotivada por parte da administração nos termos acima."

2. **Não comprovada de forma cabal, portanto, na forma do item 3 referido, a ocorrência de preterição arbitrária e imotivada, por parte da Administração Pública, caracterizada por comportamento tácito ou expresso do Poder Público, é correta a denegação da ordem mandamental**.

3. O referido julgado do Supremo Tribunal Federal não impede por completo o reconhe- cimento do direito no caso de candidatos aprovados fora do número de vagas previsto em edital, mas apenas exige em tal situação uma atuação processual mais robusta do candidato, impondo-lhe o ônus de provar de modo cabal a situação arbitrária e imotivada de preterição.

4. Agravo interno não provido. (STJ, 2ª. T. AgInt no RMS nº 50456/MG, rel. Min. Mauro Campbell Marques, *DJe* 27.10.2016)

Ementa: ADMINISTRATIVO. AGRAVO INTERNO NO RECURSO ORDINÁRIO EM MANDADO DE SEGURANÇA. CONCURSO PÚBLICO PARA O CARGO DE ANALISTA JUDICIÁRIO. APROVAÇÃO FORA DO NÚMERO DE VAGAS PREVISTAS NO EDITAL. ABERTURA DE NOVO CONCURSO DURANTE A VIGÊNCIA DO CERTAME ANTERIOR

NÃO GERA AUTOMATICAMENTE DIREITO À NOMEAÇÃO DOS APROVADOS NA CONDIÇÃO DE CADASTRO DE RESERVA. TESE FIRMADA PELO STF COM REPERCUSSÃO GERAL. NÃO COMPROVAÇÃO DE PRETERIÇÃO IMOTIVADA E ARBITRÁRIA PELA ADMINISTRAÇÃO. INEXISTÊNCIA DE DIREITO LÍQUIDO E CERTO. AGRAVO INTERNO A QUE SE NEGA PROVIMENTO.

1. A Excelsa Corte, em repercussão geral, asseverou que o surgimento de novas vagas ou a abertura de novo concurso para o mesmo cargo, durante o prazo de validade do certame anterior, não gera automaticamente o direito à nomeação dos candidatos aprovados fora das vagas previstas no edital, ressalvadas as hipóteses de preterição arbitrária e imotivada por parte da administração, caracterizadas por comportamento tácito ou expresso do Poder Público capaz de revelar a inequívoca necessidade de nomeação do aprovado durante o período de validade do certame, a ser demonstrada de forma cabal pelo candidato (RE 837.311/PI, Rel. Min. LUIZ FUX, *DJe* de 18.4.2016).

2. No caso concreto, só se demonstrou que foi aberto novo certame ainda na vigência do concurso anterior, **mas não comprovaram os impetrantes preterição ou arbitrariedade da Administração quanto ao provimento dos cargos**, requisito que seria necessário para reconhecimento do direito invocado.

3. Destaca-se que, conforme anotado no relatório que acompanha o acórdão combatido, durante a tramitação do processo, foram nomeados para o cargo almejado 11 dentre os 12 impetrantes (fls. 1.221/1.222), o que denota não haver arbitrariedade da Administração na condução do aproveitamento dos candidatos aprovados excedentes às vagas originais do certame, e, sim, uso da discricionariedade afeita aos Entes Públicos na escolha do momento mais apropriado ao provimento dos cargos.

4. Agravo Interno dos particulares a que se nega provimento. (STJ, 1ª. T., AgInt no RMS nº 38919/MA, rel. Min. Napoleão Nunes Maia Filho, *DJe* 26.10.2016)

Dessa forma, cristalino hoje que só há direito subjetivo à nomeação nas seguintes hipóteses excepcionais: i) quando a aprovação ocorrer dentro do número de vagas do edital; ii) quando houver preterição na nomeação por não observância da ordem de classificação (Súmula nº 15 do STF); iii) quando surgirem novas vagas, ou for aberto novo concurso durante a validade do certame anterior, e ocorrer a preterição de candidatos aprovados fora das vagas de forma arbitrária e imotivada por parte da administração nos termos acima. A preterição, por sua vez, há de ser cabalmente demonstrada (STJ). *A eventual jurisprudência, anterior ou atual, que divirja dessa* ratio decidendi, *encontra-se ao desamparo de conforto jurídico e deve ser imediatamente alterada.*

Da mesma maneira, a convocação de candidato aprovado fora do número de vagas ou para fins de cadastro reserva, equiparável à primeira hipótese, constitui discricionariedade da administração, possível durante o prazo de validade do concurso, que não gera direito à nomeação, não se presumindo conveniência de nomeação de todos os aprovados, que deve observar a política própria de gestão pública, inclusive orçamentária. Relevante destacar que também não gera direito à nomeação a aprovação em concurso para formação de cadastro reserva onde não tenha havido preterição.

Argumento deveras invocado para cargos da área jurídica – e que ora merece menção – é aquele atinente à configuração da necessidade de preenchimento de vaga a partir da contratação de pareceres jurídicos externos, a custos elevados, que viabilizariam a nomeação de muitos assessores jurídicos. A contratação de pareceres jurídicos mediante dispensa de licitação encontra respaldo normativo (art. 89 da Lei nº 8.666/93 – Lei das Licitações). Tanto que assim definiu-se superiormente:

> EMENTA: IMPUTAÇÃO DE CRIME DE INEXIGÊNCIA INDEVIDA DE LICITAÇÃO. SERVIÇOS ADVOCATÍCIOS. REJEIÇÃO DA DENÚNCIA POR FALTA DE JUSTA CAUSA. A contratação direta de escritório de advocacia, sem licitação, deve observar os seguintes parâmetros: a) existência de procedimento administrativo formal; b) notória especialização profissional; c) natureza singular do serviço; d) demonstração da inadequação da prestação do serviço pelos integrantes do Poder Público; e) cobrança de preço compatível com o praticado pelo mercado. Incontroversa a especialidade do escritório de advocacia, deve ser considerado singular o serviço de retomada de concessão de saneamento básico do Município de Joinville, diante das circunstâncias do caso concreto. Atendimento dos demais pressupostos para a contratação direta. Denúncia rejeitada por falta de justa causa. (STF, 1ª. T., Inq nº 3074/SC, rel. Min. Roberto Barroso, *DJe*-193 03.10.2014).

> Ementa: PROCESSUAL CIVIL. ENUNCIADO ADMINISTRATIVO 3/STJ. AGRAVO INTERNO NO RECURSO ESPECIAL. CONTRATAÇÃO DE SERVIÇOS DE ADVOCACIA. LICITAÇÃO. INEXIGIBILIDADE. ESPECIALIDADE E SINGULARIDADE. REQUISITOS NÃO CONFIGURADOS. VÍNCULO DE CONFIANÇA ENTRE CONSTITUINTE E CONSTITUÍDO. INADMISSIBILIDADE. AGRAVO INTERNO NÃO PROVIDO.
> 1. Inicialmente é necessário consignar que o presente recurso atrai a incidência do Enunciado Administrativo n. 3/STJ: "Aos recursos interpostos com fundamento no CPC/2015 (relativos a decisões publicadas a partir de 18 de março de 2016) serão exigidos os requisitos de admissibilidade recursal na forma do novo CPC".
> 2. A contratação sem licitação por inexigibilidade deve estar vinculada à notória especialização do prestador de serviço, de forma a evidenciar que o seu trabalho é o mais adequado para a satisfação do objeto contratado e, sendo assim, inviável a competição entre outros profissionais.
> 3. A existência de vínculo de confiança entre constituinte e constituído não pode ser admitida como fundamento para a contração de serviços de advocacia com inexigibilidade de licitação.
> 4. Agravo interno não provido. (STJ, 2ª. T., AgInt no REsp nº 1581626/GO, rel. Min. Mauro Campbell Marques, *DJe* 14.11.2016)

A constatação da abusividade da postura quanto à contratação de pareceristas há de ser cumpridamente provada no caso concreto. O custo elevado de tais contratações não é argumento válido, dada a autonomia gerencial administrativa, ainda que discutível a moralidade desse modelo constitucional e normativo permissivo de tangenciamento à regra do concurso público. Isso não retira, porém, o agasalho constitucional e legal que existe e é assentado jurisprudencialmente. Ora, sendo constitucional e legal, em princípio, dita conduta não pode ser considerada arbitrária ou imotivada, de modo a gerar direito à nomeação por candidato aprovado fora do número de vagas ou para cadastro reserva. Isso, aliás, já foi dito pelo STJ após o RE nº 837.311/PI com Repercussão Geral, ao enfrentar e afastar a contratação temporária válida como fundamento bastante à nomeação de cadastro reserva:

> Ementa: ADMINISTRATIVO. PROCESSUAL CIVIL. RECURSO ORDINÁRIO EM MANDADO DE SEGURANÇA. ENUNCIADO ADMINISTRATIVO 3/STJ. CONCURSO

PÚBLICO. CANDIDATO APROVADO EM CADASTRO DE RESERVA. PRETERIÇÃO AO DIREITO DE NOMEAÇÃO. EXISTÊNCIA DE VAGAS. CONTRATAÇÃO TEMPORÁRIA DE TERCEIROS. INEXISTÊNCIA DE PRETERIÇÃO. RE 873.311/PI. REPERCUSSÃO GERAL. NECESSIDADE DE DEMONSTRAÇÃO CABAL. ARBITRARIEDADE. FALTA DE MOTIVAÇÃO. INEXISTÊNCIA DE PROVAS. ILEGALIDADE DA CONTRATAÇÃO. DESCABIMENTO. HONORÁRIOS RECURSAIS. PROCESSO MANDAMENTAL.

1. O Supremo Tribunal Federal, no julgamento, pelo regime da repercussão geral, do RE 837.311/PI, relator o Em. Ministro Luiz Fux, fixou a respeito da temática referente a direito subjetivo à nomeação por candidatos aprovados fora das vagas previstas em edital a seguinte tese: "O surgimento de novas vagas ou a abertura de novo concurso para o mesmo cargo, durante o prazo de validade do certame anterior, não gera automaticamente o direito à nomeação dos candidatos aprovados fora das vagas previstas no edital, ressalvadas as hipóteses de preterição arbitrária e imotivada por parte da administração, caracterizada por comportamento tácito ou expresso do Poder Público capaz de revelar a inequívoca necessidade de nomeação do aprovado durante o período de validade do certame, a ser demonstrada de forma cabal pelo candidato. Assim, o direito subjetivo à nomeação do candidato aprovado em concurso público exsurge nas seguintes hipóteses: 1 – Quando a aprovação ocorrer dentro do número de vagas dentro do edital; 2 – Quando houver preterição na nomeação por não observância da ordem de classificação; 3 – Quando surgirem novas vagas, ou for aberto novo concurso durante a validade do certame anterior, e ocorrer a preterição de candidatos de forma arbitrária e imotivada por parte da administração nos termos acima."

2. Não comprovada de forma cabal, portanto, na forma do item 3 referido, a ocorrência de preterição arbitrária e imotivada, por parte da Administração Pública, caracterizada por comportamento tácito ou expresso do Poder Público, é correta a denegação da ordem mandamental.

3. O referido julgado do Supremo Tribunal Federal não impede por completo o reconhecimento do direito no caso de candidatos aprovados fora do número de vagas previsto em edital, mas apenas exige em tal situação uma atuação processual mais robusta do candidato, impondo-lhe o ônus de provar de modo cabal a situação arbitrária e imotivada de preterição.

4. **A contratação de pessoal sem observância da regra constitucional do concurso público tem aptidão para configurar preterição imotivada e arbitrária, mas não há falar em necessária ilegalidade nessa conduta, porque o art. 37, inciso IX, da Constituição da República, confere essa habilidade ao Administrador Público, dentro das hipóteses da respectiva lei de regência, fazendo-se necessário, contudo, a observância dos requisitos estabelecidos no RE 658.026/MG, rel. Min. Dias Toffoli, julgado pelo regime da repercussão geral, a saber, que (a) os casos excepcionais estejam previstos em lei, (b) o prazo de contratação seja predeterminado, (c) a necessidade seja temporária, (d) o interesse público seja excepcional, e (e) a necessidade de contratação seja indispensável, sendo vedada a contratação para os serviços ordinários permanentes do Estado, e que devam estar sob o espectro das contingências normais da Administração.**

5. **Esclareça-se, neste último, que a contratação temporária para o exercício de funções relacionadas a cargos de natureza permanente, a atividades corriqueiras do Estado, embora indesejável, pode ou não caracterizar ilegalidade, a depender de configuradas ou não situações emergenciais e transitórias.**

6. Nesse sentido, aliás, é a jurisprudência do Supremo Tribunal Federal, que assenta que a contratação por tempo determinado para atender a necessidade temporária de excepcional interesse público não constitui obrigatoriamente ato ilegal quando recair

sobre funções relacionados a "cargos permanentes" e a atividades corriqueiras, ordinárias, desde que justificada a emergencialidade e o propósito de evitar solução de continuidade na prestação do serviço público. Em caso análogo, mas sobre a contratação temporária de professores, confira-se a ADI 3.721/CE (Relator Min. Teori Zavascki, Tribunal Pleno, julgado em 09/06/2016, Acórdão Eletrônico *DJe*-170 Divulg 12-08-2016 Public 15-08-2016).

7. Sendo assim, cumpria ao interessado demonstrar cabalmente, como indicado no RE 837.311/PI, que a contratação temporária de terceiros, no caso concreto, para atuarem como enfermeiros fugia à autorização constitucional, segundo a compreensão sufragada pelo Supremo Tribunal Federal, e que causava a preterição ao aventado direito à nomeação, pena de denegação da ordem.

8. O art. 25 da Lei 12.016/2009 estabelece regra de descabimento de condenação em honorários advocatícios "no processo mandamental", expressão que reúne a ideia de ação e do procedimento subjacente, com a petição inicial, as informações da autoridade coatora, a intervenção do Ministério Público, a prolação de provimento judicial e, ainda, os recursos consequentes, de maneira a afastar a incidência do regime do art. 85, §11, do CPC/2015.

9. Recurso ordinário em mandado de segurança não provido. (STJ, 2ª. T., RMS nº 51721/ ES, rel. Min. Mauro Campbell Marques, *DJe* 14/10/2016)

A observância horizontal e vertical do quanto decidido no RE nº 837.311/PI, portanto, evidencia o acerto do sistema de uniformização de jurisprudência concatenado pelo CPC, constituindo-se em instrumento de igualdade e legalidade. Acima de tudo, evitando decisões contraditórias e viabilizando celeridade e racionalidade em litígios que tratem da mesma matéria.

4   Conclusão

Há muito tempo já se vem estudando a necessidade de uma aproximação entre direito material e processual, notadamente quando aquele respeita a interesses de maior magnitude ou abrangência.

O CPC vigente reforçou e implementou um sistema de uniformização de jurisprudência que visa garantir igualdade e legalidade, por meio da observância horizontal e vertical da estabilidade, da integridade e da coerência das decisões dos tribunais, imprescindíveis às decisões judiciais.

Há várias décadas persistiam demandas discutindo questões atinentes a nomeações em concurso público, com discrepâncias de entendimento nas próprias Cortes superiores.

Um sistema de uniformização de jurisprudência efetivo configura-se em instrumento de igualdade e legalidade. Acima de tudo, afasta decisões contraditórias e viabiliza celeridade e racionalidade em litígios que tratem da mesma matéria.

Com o RE nº 837.711/PI e a subsequente acomodação da jurisprudência à sua *ratio decidendi*, temos uma clara demonstração de acerto do sistema de uniformização de jurisprudência introduzido pelo CPC a partir de sua aplicação ao direito administrativo.

Referências

ALEXY, Robert. *Teoria de los derechos fundamentales*. Tradução para o castelhano por Ernesto Garzón Valdés. Madri: Centro de Estúdios Políticos Y Constitucionales, 2002.

ALVES, Francisco Glauber Pessoa. Fundamentação judicial no novo Código de Processo Civil. *Revista CEJ*. Brasília: Conselho da Justiça Federal, v. XIX, p. 58-77, 2015.

ALVIM, Angélica Arruda et al. *Comentários ao Código de Processo Civil*. São Paulo: Saraiva, 2016.

AMARAL, Guilherme Rizzo. *Comentários às alterações do novo CPC*. São Paulo: RT, 2015.

ASCENSÃO, J. Oliveira. Concorrência de fontes, "diálogo das fontes" e unidade da ordem jurídica. *In*: SILVA NETO, Francisco Antônio de et al. *Relações e influências recíprocas entre direito material e direito processual*: estudos em homenagem ao Professor Torquato Castro. Salvador: Editora Jus Podivm, 2017.

BEDAQUE, José Roberto dos Santos. *Direito e processo*. 2. ed. São Paulo: Malheiros, 1997.

BUENO, Cássio Scarpinella. A emergência do direito processual público. In: BUENO, Cassio Scarpinella (Coord.); SUNDFELD, Carlos Ari. *Direito processual público*. São Paulo: Malheiros, 2000.

CAMBI, Eduardo. Neoconstitucionalismo e neoprocessualismo. *In*: DIDIER JR., Fredie (org.). *Leituras complementares de processo civil*. Salvador: Podivm, 2008.

CARETTI, Paolo; SIERVO, Ugo De. *Diritto costituzionale e pubblico*. Turim: G. Giappichelli Editore, 2012.

CARPENA, Márcio Louzada. Os poderes do juiz no *common law*. *Revista de Processo*. São Paulo: RT, n. 180, p. 195-220, fev. 2010.

CARVALHO, Alexandre Douglas Zaidan de. Stare decisis e súmula vinculante: uma análise comparativa sobre a vinculação das decisões na jurisdição constitucional. *Lex Humana*. Petrópolis: Universidade Católica de Petrópolis, v. 4, n. 1, p. 01-19, jan./jun. 2012. Disponível em:: <http://www.academia.edu/2509535/Stare_Decisis_e_S%C3%BAmula_Vinculante_uma_an%C3%A1lise_comparativa_sobre_a_vincula%C3%A7%C3%A3o_das_decis%C3%B5es_na_jurisdi%C3%A7%C3%A3o_constitucional>. Acesso em 04 nov. 2015.

CONSELHO NACIONAL DE JUSTIÇA. *Relatório Justiça em Números 2016*. Brasília: 2016. Disponível em: <http://www.cnj.jus.br/files/conteudo/arquivo/2016/10/b8f46be3dbbff344931a933579915488.pdf>. Acesso em 13 fev. 2017.

DIDIER JR., Fredie. *Sobre a teoria geral do processo, essa desconhecida*. 4. ed. Salvador: Jus Podivm, 2017.

GÁLVEZ, Juan Monroy. *Teoria general del proceso*. Lima: Palestra Editores, 2007.

MARINONI, Luiz GUILHERME et al. *Novo Código de Processo Civil comentado*. São Paulo: RT, 2015.

MOREIRA, A motivação das decisões judiciais como garantia inerente ao Estado de Direito. *Revista brasileira de direito processual*. Rio de Janeiro: Forense, v. 16, p. 111-125, 4º. Trim. 1978.

MELLO, Celso Antônio Bandeira de. *Curso de direito administrativo*. 17. ed. São Paulo: Malheiros, 2004.

NERY JR., Nelson; NERY, Rosa Maria de Andrade. *Comentários ao Código de Processo Civil*. São Paulo: RT, 2015.

SOUZA, Marcelo Alves Dias de. *The Brazilian Model of Precedents*: a New Hybrid between Civil and Common Law? Tese (Doutorado em Filosofia) – King´s College London, Londres, 2013. Disponível em: <https://kclpure.kcl.ac.uk/portal/files/12527360/Studentthesis-Marcelo_Alves%20Dias%20De%20Souza_2013.pdf>. Acesso em 05 nov. 2015.

SUNDFELD, Carlos Ari. Introdução ao direito processual público. *In:* BUENO, Cassio Scarpinella (Coord.); SUNDFELD, Carlos Ari. *Direito Processual público*. São Paulo: Malheiros, 2000.

TARUFFO, Michele. La motivazione della sentenza. *In*: MARINONI, Luiz Guilherme (coord.). *Estudos de Direito Processual Civil*. São Paulo: RT, 2005.

THEODORO JR., Humberto et al. *Novo CPC fundamentado e sistematizado*. 2. ed. Rio de Janeiro: Forense, 2015.

TUCCI, José Rogério Cruz e. O regime do procedente judicial no Novo CPC. *Revista do Advogado*. São Paulo: AASP, v. XXXV, n. 126, p. 143-151, maio 2015.

WAMBIER, Luiz Rodrigues; TALAMINI, Eduardo. *Curso avançado de processo civil*. Teoria geral do processo. 16. ed. São Paulo: RT, 2016.

Informação bibliográfica deste texto, conforme a NBR 6023:2002 da Associação Brasileira de Normas Técnicas (ABNT):

ALVES, Francisco Glauber Pessoa. Diálogos entre o sistema de uniformização de jurisprudência do CPC e os litígios envolvendo direito à nomeação em concursos públicos. In: MATILLA CORREA, Andry; NÓBREGA, Theresa Christine de Albuquerque; AGRA, Walber de Moura (Coord.). *Direito Administrativo e os desafios do século XXI*: livro em homenagem aos 40 anos de docência do Prof. Francisco de Queiroz Bezerra Cavalcanti. Belo Horizonte: Fórum, 2018. p. 175-193. ISBN 978-85-450-0555-1.

CORRENTE CONTRAMAJORITÁRIA:
BREVES CONSIDERAÇÕES

Ivo Dantas,
Thaminne Nathalia Cabral Moraes e Silva,
Janini de Araújo Lôbo Silvestre

Uma questão chama a atenção dos estudiosos da Jurisdição Constitucional,[1] a saber: *como justificar que o controle de constitucionalidade seja exercido por pessoas que "não têm legitimidade popular"* (não são eleitas, integrantes do Poder Judiciário), *se nos fixarmos no fato de que a norma ou o ato objeto de controle foram produzidos por "representantes eleitos pelo povo"?*[2]

---

[1] Interessante é o livro de Konrad Hesse/Peter Häberle, *Estudios sobre La Jurisdicción Constitucional (con especial referencia al Tribunal Constitucional Alemán)*. Mexico: Editorial Porrua/Instituto Mexicano de Derecho Procesal Constitucional, 2005. Igualmente, TREMPS, Pablo Pérez. *Escritos sobre Justicia Constitucional*. Mexico: Porrua/Instituto Mexicano de Derecho Procesal Constitucional, 2005.

[2] Dentre os defensores dessa teoria vejam-se: GARGARELLA, Roberto (Coord.). *Teoría y crítica del derecho constitucional. Tomo I: Democracia; Tomo II: Derechos*. Buenos Aires: Abeledo Perrot, 2009; ACKERMAN, Bruce. *Transformação do direito constitucional*: nós, o povo soberano. Belo Horizonte: Del Rey, 2009; ACKERMAN, Bruce. *Nós, o povo soberano*: fundamentos do direito constitucional. Belo Horizonte: Del Rey, 2006; ACKERMAN, Bruce; ROSENKRANTZ, Carlos F.; BALBÍN, Carlos F.; BOUZAT, Gabriel; NIÑO, Carlos S.; CARRIÓ, Genaro R.; GARGARELLA, Roberto. *Fundamentos y alcances del control judicial de constitucionalidad*. Madrid: Centro de Estudios Constitucionales, 1991; AJA, Eliseo (Ed.). *Las tensiones entre el Tribunal Constitucional y el Legislador en la Europa actual*. Barcelona: Ariel, 1988; ÁNGEL MARÍN, José. *Naturaleza jurídica del Tribunal Constitucional*. Barcelona: Ariel, 1998; BACHOF, Otto. *Jueces y Constitución*. Madrid: Civitas, 1985; BARBOZA, Estefênia Maria de Queiroz. *Jurisdição constitucional*: entre constitucionalismo e democracia. Belo Horizonte: Fórum, 2007; BRANCO, Paulo Gustavo Gonet. *Juízo de ponderação na jurisdição constitucional*. São Paulo: Saraiva, 2009; ARAGÓN, Cortes de. *Parlamento y poder judicial*. MADRID: Consejo General del Poder Judicial, 2007; FERRERES COMELLA, Victor. *Justicia constitucional y democracia*. 2. ed. Madrid: Centro de Estúdios Políticos y Constitucionales, 2007; GÓMEZ FERNÁNDEZ, Itzíar. *Una aproximación al Tribunal Constitucional español desde la teoria de la democracia deliberativa. In*: ARRUDA, Paula (Coord.). *Os atuais desafios da jurisdição constitucional*. Rio de Janeiro: Lumen Juris, 2009, p. 105-159. LANDA, César. *Tribunal constitucional y Estado democrático*. Lima: Pontifícia Universidad Católica del Peru. Fondo Cultural, 1999. MONTILLA MARTOS, José A. *Minoria política e Tribunal Constitucional*. Madrid: Trotta, 2002. PEREZ ROYO, Javier. *Tribunal constitucional y división de poderes*. Madrid: Tecnos, 1988. BARBOSA PINTO, Marcos. *Constituição e democracia*. Rio de Janeiro: Renovar, 2009. STRECK, Lenio Luiz. *Constitucionalismo e concretização de direitos no estado democrático de direito. In*: GOMES CANOTILHO, J. J.; STRECK, Lenio Luiz. Entre discursos e culturas jurídicas. Coimbra: *Boletim da Faculdade de Direito Stvdia Ivridica*, 89, dezembro de 2006, p. 111-142. VIDAL, Jânio Nunes. *Elementos da teoria constitucional contemporânea*: estudos sobre as constantes tensões entre política e jurisdição. Salvador: Editora Podivm, 2009. WALDRON, J. *Derecho y desacuerdos*. Madrid: Marcial Pons, 2005.

Em torno do problema, fala-se hoje de uma *corrente contramajoritária*,[3] expressão teorizada pela primeira vez por Alexander M. Bickel (*Counter-Majoritarian Difficulty*) no livro *The Supreme Court at the Bar of Politics*.[4]

Discutir o tema não é propriamente objeto do *Processo Constitucional*, enquanto análise voltada para os aspectos jurídicos do *Controle de Constitucionalidade (Ações Constitucionais)*, e/ou estudo dos denominados *Remédios Constitucionais (Garantias Constitucionais)*, visto que tais aspectos pertencem, isto sim, à *Filosofia do Direito Constitucional (enquanto processo)* ou mesmo à *Filosofia Política*. Apesar disso, não são poucos os autores que apresentam o problema em suas obras sobre *Jurisdição Constitucional*, tal como o faz o já citado Victor Ferreres Comella, no estudo *El Tribunal Constitucional ante la objeción democrática: tres problemas*,[5] local em que, entre outras considerações, escreve:

> La institución del control judicial de la constitucionalidad de la ley se enfrenta desde sus orígenes a un conjunto de objeciones, la más importante de las cuales seguramente es la 'objeción democrática' (o la 'dificultad contra-majoritaria', si preferimos emplear la expresión acuñada por Alexander Bickel). Si uno (sic) acepta que el método democrático es el más adecuado para adotar decisiones colectivas, cómo admitir entonces que las leyes aprobadas democráticamente puedan ser luego descalificadas en un procedimiento de control de constitucionalidad? Por qué la opinión de una mayoría de jueces constitucionales debe prevalecer sobre la opinión de una mayoría de ciudadanos, o de sus representantes? Ésta es, expresada de la más forma más simple, la crítica que se eleva a menudo frente a la justicia constitucional, desde el ángulo del princípio democrático.

Logo abaixo, o mesmo autor, referindo-se à *Filosofia do Direito* e à corrente *contramajoritária*, afirma:

> La pregunta sobre la legitimidad del control judicial nos remite a los fundamentos últimos del Estado Constitucional, por lo que no debe sorpredemos que haya sido objeto de una amplíssima literatura, especialmente en los Estados Unidos, quizás por su más larga experiencia al respecto. En nuestro país, la atención prestada a esta cuestión por parte de los constitucionalistas (a diferencia de los filósofos del Derecho) ha sido hasta ahora relativamente limitada.[6]

A expressão "limitada atenção dedicada ao tema", utilizada por Ferreres Comella, entendemos que, no Brasil, não se aplica, visto o número sempre crescente de teses, dissertações, monografias, artigos em coletânea e artigos em revistas. Por tudo isso, dedicaremos breves considerações ao questionamento que busca discutir a relação entre *Constitucionalismo e Democracia*, para ao final respondermos se a existência de uma *Constituição rígida e escrita* é indispensável à caracterização de um *Estado Constitucional*

---

[3]   Veja-se SORRENTINO, Federico. *Lezioni sulla giustizia costituzionale*. 2. ed. Torino: G. Giappichelli Editore, 1998.

[4]   2. ed. New Haven: Yale University Pess, 1986. A 1ª edição foi em 1962.

[5]   *In Jurisdicción constitucional y democracia*: Actas de las XVI Jornadas de la Asociación de Letrados del Tribunal Constitucional. Madrid: Centro de Estudios Políticos y Constitucionales, 2011, p. 13.

[6]   *Op. cit.*, p. 13. No Brasil hodiernamente, há uma tendência a restringir os estudos do Direito Constitucional às questões ligadas aos *Direitos Fundamentais* e ao *Processo Constitucional*, ambos os temas tratados numa perspectiva filosófica. Assim, ao invés de tratarem, por exemplo, da eficácia dos Direitos Fundamentais, ficam discutidos sua natureza filosófica e sua existência, como se, nos dias atuais, houvesse alguma contestação séria. Enquanto isso, os demais temas do Direito Constitucional têm sido objeto de pequeno número de estudos, mesmo lembrando que a CF de 88 ainda tem problemas carentes de uma análise séria.

e Democrático, se é compatível com ele, ou se existe um choque ou contradição com a ideia de uma *sociedade democrática*.[7]

Objetivamente falando: *Constituição (constitucionalismo) e Democracia Representativa são instituições incompatíveis, que se opõem em razão dos valores que compõem cada uma destas instituições?*

Em geral, os que defendem o choque mencionam o caso inglês, no qual prevalece a **soberania do parlamento,** e não a **soberania da Constituição**. Ademais, anotam que no Canadá o Parlamento tem o poder de declarar que uma lei entrará em vigor a *despeito da Constituição* (*Notwihstanding Clause*, seção 333).[8]

Em outras palavras: para os defensores da *Corrente Contramajoritária*[9] "*o controle de constitucionalidade* fere o *princípio da Legitimidade Democrática* toda vez que aquele (o controle) é levado a efeito por órgãos não oriundos de uma *representação popular*". E indagam: como explicar que a vontade da maioria representativa da sociedade e expressa pelo exercício do mandato parlamentar e de governante que ocupam as funções executivas, depois de aprovarem um texto de lei, por exemplo, fiquem à mercê de uma apreciação pelo Tribunal Constitucional que poderá apontar sua nulidade sob o fundamento de um possível choque com a Constituição? De notar-se que a interpretação constitucional dos magistrados "não poderia utilizar-se do argumento da *legitimidade*",[10] pelo fato de não serem eleitos e, nesta condição, não podem ser considerados como legítimos 'representantes da sociedade'.

Pierre Rosanvallon em texto intitulado *Sobre la importancia de no ser elegido*,[11] especialmente tratando de *La Dificultad Contramayoritária*, leciona:

> *Government by judges*: La expresión fue forjada en 1914 por el *Chief justice* de la Carolina del Norte. Bajo esta forma inicial, o transformada en *government by judiciary*, no ha dejado de ser utilizada desde hace cerca de un siglo en Estados Unidos para designar el temor de que los princípios fundadores de la democracia sean pervertidos por el desarrollo de diversas figuras del poder judicial. Un libro francés de 1921, *Le Gouvernement des juges*,

---

[7] O tema foi exaustivamente estudado no Colóquio pelo 10º aniversário do Tribunal Constitucional português (28 e 29 de maio de 1993), do qual resultou o livro *Legitimidade e legitimação da justiça constitucional*. Coimbra: Coimbra Editora, 1995. Sobre o tema *Jurisdição constitucional e democracia* existem trabalhos de J. Sousa e Brito, Christian Starck, J. C. Vieira De Andrade, P. Cruz Vilalón, F. Lucas Pires e Vital Moreira.

[8] Consulte-se PINTO, Marcos Barbosa. *Constituição e democracia*. Rio de Janeiro: Renovar, 2009, p. 20.

[9] A fim de deixarmos mais claro o sentido da expressão *Corrente Contramajoritária* afirmamos que a sua *essência* se resume em contestar e negar um conceito absoluto e incontestável às decisões da maioria, ou seja, mesmo que a norma ou ato seja *decisão da maioria*, a "minoria tem seus direitos", que deverão sempre ser respeitados, principalmente, quando em jogo o texto constitucional.

[10] Apesar de muitos apontarem este posicionamento como uma novidade, assim não o cremos, valendo lembrar a tese de há muito defendida pelo constitucionalismo francês no sentido de que não se poderia conferir competência à *Função Judiciária* para este controle. Neste sentido, pode-se dizer que dentre os modelos contemporâneos, o sistema mais representativo de *controle da constitucionalidade por órgão de natureza política* é vigente na *França* através do *Conseil Constitutionnel*, tendo sido adotado pela Constituição de 1958 (arts. 52 e seguintes), e não atingido pelas modificações ocorridas através das Leis Constitucionais de 4.06.1960, 6.11.1962, 30.12.1963 e 25.06.1992. A atual regulamentação do Conselho é feita pela *Loi Organique nº 011-2000*. Ver COSTA, Thales Morais da. Justiça constitucional. *In*: COSTA, Thales Morais da (Coord.), *Introdução ao direito francês*. Curitiba: Juruá, 2009. v. 1, p. 139-193 (especialmente, a Seção 2, "O exercício difuso da justiça constitucional", p. 179 e segs.); ver sobre a visão contemporânea do Conselho, "Quebra de tabu – A evolução da jurisdição constitucional na França". Disponível em: <http://conjur.estadao.com.br/static/text/25013>. Acesso em: 22 abr. 2008. O texto não traz o nome do autor.

[11] In: *La legitimidad democrática*: imparcialidad, reflexividad y proximidad. Barcelona: Paidós, 2010, p. 213.

importó la expresión a Europa [12]. La misma adquirió una renovada fortuna a partir de la década de 1980, cuando se consolidaban los poderes judiciales y se desarrollaba el papel de las Cortes constitucionales en casi todas las democracias, a fortiori allí donde se desmoronaba la legitimidad de los Parlamentos y del sistema de partidos (tal vez el caso italiano haya sido el más emblemático de todos en Europa). La cuestión de las relaciones entre el constitucionalismo y la democracia dio lugar, a partir de ese período, a una avalancha de publicaciones. Una pregunta central casi basta para resumir la cuestión: es democrático que un puñado de jueces no electos popularmente pueda imponer sus pontos de vista a una Asamblea de representantes del pueblo?

E prossegue Rosanvallon em texto marcado pela objetividade:

Ese problema, suscitado por el ejercício del control de constitucionalidad, encontró su denominación en la década de 1960: 'la dificultad contramayoritaria'. Tuvo sus historiadores y sus muchos teóricos. Los enfoques críticos fueron particularmente numerosos en Estados Unidos y recientemente han sido ilustrados por los nombres de Jeremy Waldron (*Law and Disagreement*, 2ª ed., 2001[13]), Larry Kramer (*The People Themselves. Popular constitutionalism and the Case for Judicial Review*, 2004), Ran Hirschl (*Toward Juristocracy*, 2004) y también Mark Tushnet (*Takin the Constitution away from the Courts*, 1993). Todos los argumentos se relacionan con la idea simple según la cual el régimen democrático implica que los ciudadanos pueden manejarse por si mismos según sus propios juícios, y que ese derecho es severamente criticado por las intervenciones de la Corte Suprema. Esos diferentes autores consideran que la defensa de la razón constitucional en el fondo no hace más que reactualizar las viejas prevenciones liberales contra el poder de la mayoria y que las antiguas figuras de los aristócratas y de los graduados en Derecho hoy han adoptado la máscara de los jueces constitucionales. En esta querella, Jeremy Waldron ha sido quien con más vigor ha defendido la razón mayoritária y la asimilación de la democracia con el parlamentarismo, llegando a coincidir con el punto de vista de los que consideran que la adopción de la Declaración de los Derechos Humanos constituye una inaceptable limitación de los derechos del pueblo para determinar permanentemente las regras que lo rigen. Esos argumentos invitan, pues, a reflexionar sobre los cambios que acarrearía la elección de los integrantes de las Cortes constitucionales"[14].

---

[12] Há uma edição francesa mais recente, *Le gouvernement des juges*, com *Préface* de Franck Moderne (Paris: Dalloz, 2005). Indicamos ainda uma edição espanhola deste clássico, *El gobierno de los jueces y la lucha contra la legislación social en los Estados Unidos:* la experiencia americana del control judicial de la constitucionalidad de las leyes. Madrid: Tecnos, 2010. Esta edição espanhola traz um belo *estudio preliminar* de Luís Pomed.
Vale lembrar a existência da obra *Introduction a l' étude du Droit Comparé. Recueil d'études en l' honneur d' Edouard Lambert* (Paris: Librairie de la Societé Anonyme du Recueil Sirey/Librairie Générale de Droit et de Jurisprudence, 1938, tomos I, II e III) a qual representa, em última análise, uma valiosa *Enciclopédia sobre o Direito Comparado*.

[13] O referido livro está traduzido pela Marcial Pons (Madrid, 2005) com o título *Derecho y desacuerdos* e em cuja edição consta um *Estudio preliminar* assinado por Roberto Gargarella e José Luis Marti (p. XIII a XLVIII). O capítulo que mais diretamente nos interessa é o XIII, intitulado "La Concepción Constitucional de la Democracia" (p. 337-372). Nesta mesma coleção (Filosofia y Derecho) existem outros títulos que merecem ser citados por estarem relacionados ao tema: Lawrence G. Sager, *Juez y democracia. Una teoria de La práctica constitucional norteamericana* (Madrid: Marcial Pons 2007); Sebastián Linares, *La (i)legitimidad democrática del control judicial de las leyes* (Madrid: Marcial Pons 2008); Wilfrid J. Waluchow, *Una teoria del control judicial de constitucionalidad basada en el common law. Un árbol vivo* (Madrid: Marcial Pons 2009).

[14] Ob. cit. p. 214.

Um dos autores a tratar da matéria é Roberto Gargarella em texto intitulado *Constitucionalismo versus democracia* e publicado na obra coletiva *Teoría y crítica del Derecho Constitucional*, por ele próprio coordenado.[15]

Assim, escreve que

> Detrás de muchas de las discussiones que hoy se escuchan en países como el nuestro, se esconde una disputa a la cual apenas prestamos atención, y es la que enfrenta a las ideas de Constitución y democracia. En realidad, puede parecer extraño que exista un conflicto entre ambas ideas cuando es tan usual que hablemos de 'democracias constitucionales', o cuando es tan común que uno se proclame, al mismo tiempo, y por ejemplo, demócrata y defensor de los derechos humanos. Pero lo cierto es que tales ideas se llevan mal, y que dicho desacuerdo repercute finalmente en nuestras discusiones públicas. El conflicto entre ambas ideas surge, ante todo, del hecho de que ellas apelan a princípios opuestos. Nuestros compromisos democráticos apelan a un princípio que a la primera vista no reconoce limites, y según el cual no hay ninguna autoridad superior a la nuestra, actuando colectivamente. Mientras tanto, y por otro lado, ideas tales como las de Constitución o derechos humanos nos llevan a pensar, justamente, en límites infranqueables, capaces de resistir la presión de cualquier grupo y aun, y especialmente, las presiones de un grupo mayoritário.

Como se verifica, desde o início, a questão se relaciona ao conteúdo de dois termos, a saber, *Democracia (Representativa)* e *Legitimidade*.

Luigi Ferrajoli (*Poderes salvages. La crisis de la democracia*[16]) analisou a questão com palavras duras, mas verdadeiras, fazendo logo no texto *Preliminar* afirmações que bem poderiam ser aplicadas a várias outras realidades políticas contemporâneas, inclusive ao Brasil:

> Está en curso un proceso de desconstitucionalización del sistema político italiano. Este proceso se ha manifestado en la construcción de un regime antiliberal basado en el consenso e, cuando menos, en la aquiescencia pasiva de una parte relevante de la sociedad italiana a una amplia serie de violaciones de la letra y el espíritu de la Constitución. Con todo, su aspecto más grave radica en el rechazo por parte del actual grupo del gobierno, más que de la Constitución de 1948, del próprio constitucionalismo, es decir, de los limites y los vínculos constitucionales impuestos a las instituciones representativas. Ello ha dado como resultado la progresiva transformación de hecho de nuestro sistema político en una forma de democracia plebiscitária, fundada en la explícita pretensión de la omnipotencia de la mayoria y la neutralización de esse complejo sistema de reglas, separaciones y contrapesos, garantias y funciones e instituciones de garantia que constituye la sustancia de la democracia constitucional. *La idea elemental que está en la base de esta pretensión es que el consenso popular es la única fuente de legitimación del poder político y, por ello, serviria para legitimar todo abuso y para deslegitimar críticas y controles.* Así, el edifício de la democracia constitucional resulta minado de raíz en su totalidad: porque no se soporta el pluralismo constitucional; por la desvalorización de las reglas; por los ataques a la separación de poderes, a las instituciones de garantia, a la oposición parlamentaria, a la crítica y a la

---

[15] Colaboradores: Lucas Arrimada, Federico Orlando y Nadia Rzonscinsky. Buenos Aires: Abeledo Perrot, 2 volumes. A citação está no Tomo I – *Democracia*, p. 23.

[16] Madrid: Trotta, 2011.

prensa libre; en definitiva, por el rechazo del paradigma del estado constitucional de derecho como sistema de vínculos legales impuestos a cualquer poder.[17]

Adiante, desta feita estudando *El paradigma de la Democracia Constitucional,* (1.1. *Las aporias de la concepción puramente formal o política de la democracia. La rigidez constitucional),* Ferrajoli, no mesmo estilo, afirma:

> En el sentido común la democracia se concibe habitualmente, según, el significado etimológico de la palabra, como el poder del pueblo de asumir las decisiones públicas, directamente o a través de representantes. Esta noción de democracia puede llamarse *formal o procedimental,* dado que identifica la democracia atendiendo exclusivamente a las *formas* y los *procedimientos* idóneos para legitimar las decisiones como expresión, directa o indirecta, de la voluntad popular. Porque, en otras palabras, la identifica a tenor de *quién* (el pueblo o sus representantes) y el *cómo* de las decisiones (el sufrágio universal y la regla de la mayoria), con independencia de sus contenidos, es decir, del *qué* se decide.[18]

Como vem sendo observado, é, exatamente, nesse falso entendimento da relação entre **Democracia Representativa e Legitimidade**, que se apoiam aqueles que são contrários à **Justiça Constitucional,** por entenderem eles que esta (JC) "não pode ser democrática por contrariar a *vontade da maioria* expressa nos Parlamentos e da qual resulta a produção da Lei". Em outras palavras: a Lei é *"vontade da maioria"*. A ela todos devem *cega obediência.* Contemporaneamente, contudo, não é mais aceita essa compreensão, tal como analisaremos ao longo deste texto.

Vejamos o que a mais respeitável doutrina discorre sobre o tema, inicialmente, afirmando que são oportunas as palavras de Ricardo Sanín Restrepo (*Stare decisis: variaciones sobre un tema inconcluso*[19]) quando, tratando a matéria em item intitulado *Democracia y justicia constitucional,* leciona:

> Las críticas desde la academia, desde otras sedes políticas y jurisdiccionales enriquecen la labor de la Corte Constitucional, es más, son indispensables como contrapeso y contienen un efecto catártico. Sin embargo, existe en el estado actual de cosas una profunda y perturbadora confusión entre varios elementos que se deben diferenciar y separar. De un

---

[17] Destaque nosso. Do mesmo autor, veja-se *Garantismo:* uma discussão sobre direito e democracia. Rio de Janeiro: Lumen Juris, 2012. Idem SALDANHA, Nelson. *Secularização e democracia:* sobre a relação entre formas de governo e contextos culturais. Rio de Janeiro: Renovar, 2003. Carl J. Friedrich, *La democracia como forma política y como forma de vida,* chamando-se atenção para o Capítulo Primeiro, intitulado "La democracia desde el punto de vista histórico y comparativo: domínio y cooperación" (2. ed. Madrid: Tecnos, 1966, p. 13-25); TOURAINE, Alain. *O que é a democracia?.* Petrópolis: Vozes, 1996; REQUEJO COLL, Ferran. *Las democracias:* democracia antigua, democracia liberal y estado de bienestar. Barcelona: Ariel, 1990; REQUEJO COLL, Ferran. *Las democracias:* democracia antigua, democracia liberal y estado de bienestar. 2. ed. actual. Barcelona: Ariel, 2008; DAHL, Robert A. *La democracia y sus críticos.* 2. ed. Barcelona: Paidós, 1993; DAHL, Robert A. *A democracia e seus críticos.* São Paulo: Martins Fontes, 2012; MARKOFF, John. *Olas de democracia:* movimientos sociales y cambio político. Madrid: Atecnos, 1999; RODRÍGUEZ ADRADOS, Francisco. *História de la democracia:* de solón a nuestros dias. Madrid: Ediciones Temas de Hoy, 1997; KEANE, John. *Vida e morte da democracia.* Lisboa: Edições 70, 2009; CUNNINGHAM, Frank. *Teorias da democracia:* uma introdução crítica. Porto Alegre: Artmed, 2009; BARCHRACH, Peter. *Crítica de la teoria elitista de la democracia.* Buenos Aires: Amorrortu, s/d; LASKI, J. Harold. *La crisis de la democracia.* Buenos Aires: Siglo XXI, s/d; GREPPI, Andrea. *Concepciones de la democracia en el pensamiento político contemporáneo.* Madrid: Trotta, 2006.

[18] Ob. cit. p. 27.

[19] SANÍN RESTREPO, Ricardo (Coordinador Académico). *Justicia constitucional:* El rol de la Corte Constitucional en el estado constitucional. Bogotá: Universidad Javeriana, Legis Editores, 2006, p. 113-114.

lado debemos aguzar el olfato para distinguir los ataques a la Corte como realidad actuante, y con ello la crítica inteligente y edificante de sus fallos, que se confunde perversamente con los ataques ponzoñosos a la institución de la justicia constitucional en si, pero además, tenemos que estar atentos a que la mayoría de las críticas son viscerales y, se dan sin ningún peso teórico, reivindicando claustros feudales, y lo que es más preocupante, por fuera del âmbito mismo de la Constitución como núcleo original del debate y lo que es peor con concepciones primitivas del derecho y la democracia.[20]

Luis Fernando Torres (*Legitimidad de la justicia constitucional*[21]) sintetiza de forma muito feliz as questões que envolvem o tema, ao indagar:

> Cuál es el fundamento político y democrático para que jueces constitucionales no elegidos por el pueblo invaliden leyes y actos expedidos por los genuinos representantes de los ciudadanos, el Congreso y el Jefe del Ejecutivo? *A la posibilidad que los jueces impongan su voluntad sobre mayorías electorales representadas en los órganos legislativos y ejecutivos se la ha llamado la 'gand dificultad contra-mayoritária' de las democracias. No existe una explicación completamente satisfactoria que aclare por qué tales jueces pueden detentar un poder de veto de tanta magnitud.*

Noutra passagem, escreve o autor, ainda em forma de interrogação, mas em texto representativo do pensamento dos que formam a mencionada corrente:

> Los mayores cuestionamientos a la justicia constitucional se originan en su falta de legitimidad electoral y representativa, dos componentes esenciales de las democracias mínimas o formales. Si los jueces constitucionales no son el resultado directo de un proceso electoral ni tienen mandantes identificados entre los electores, cuál leyes y actos expedidos por órganos de poder revestidos de una inobjetable legitimidad democrática de origen?[22]

Todas essas questões permanecem no debate diário do tema referente à *Filosofia do Controle de Constitucionalidade*, nele se destacando Carlos Santiago Nino (*El control judicial de constitucionalidad en una democracia deliberativa*[23]), e os já citados Victor Ferreres Comella (*Justicia constitucional y democracia*[24]) Roberto Gargarella, Sebastián Linares, além de outros que serão trazidos à colação com o desenvolvimento do tema e outros citados acima, em nota de pé de página.

---

[20] Esta confusão que se estabelece entre as críticas à instituição e às suas decisões tem sido muito frequente nos últimos anos entre nós. Segundo alguns, um grande número de Ministros do STF nomeados pelo Presidente Luis Inácio Lula da Silva, alguns com forte resistência do mundo jurídico, visaria transformar aquele colegiado em um prolongamento do Executivo. Contudo, se em alguns julgamentos até se poderia pensar assim, em outros os alguns Ministros demonstraram uma 'independência inesperada'. Este aspecto, porém, é temporário. O que devia ser objeto de maiores preocupações dos críticos era uma busca pelo 'aperfeiçoamento da instituição', entendendo-se ai desde o *procedimento de escolha* dos seus integrantes, até a *consagração de mandatos temporários*, em substituição à *Vitaliciedade* atual. Igualmente, a *questão da competência* e os *procedimentos em processos de controle de constitucionalidade* também deverão constar das alterações necessárias.

[21] Quito: Librería Jurídica Cevallos, 2003, p. 9. Itálicos nossos.

[22] Ob. cit. p. 13.

[23] In *La constitución de la democracia deliberativa*. Barcelona: Gedisa, 2003, p. 258-295.

[24] 2. ed. Madrid: Centro de Estudios Políticos y Constitucionales, 2007.

O primeiro deles – Carlos Santiago Nino – ao analisar o assunto de forma direta, afirma que

> El poder de los tribunales para rever la constitucionalidad de las normas jurídicas sancionadas por órganos democráticos es una de las características centrales de las democracias constitucionales o liberales. La Idea fue introducida por la opinión del juez John Marshall en el famoso caso de la Corte Suprema de los Estados Unidos, *Marbury vs. Madison*. La doctrina se extendió en forma similar a muchos países de América Latina. A modo de ejemplo, ésta fue aceptada en Argentina por primera vez por la Corte Suprema en 1887 en el *caso Sojo*. Luego pasó a Europa después de la Primera Guerra Mundial al incorporarse a las constituciones de Austria y Weimar de 1918 y 1919 bajo la forma de un control de constitucionalildad abstracto y preventivo efectuado por un tribunal constitucional especial, creación del filófoso Hans Kelsen. Después de la Segunda Guerra Mundial, las ideal del control judicial de constitucionalidad retornaron al continente nuevamente, con fisionomías diversas, variando de país a país, en casi todas las constituciones de esa era incluyendo las de Itália, Alemania Occidental, França, Portugal y España. *A pesar del carácter fundamental de la definición de lo que significa una democracia constitucional, la justificación del control judicial de constitucionalidad sigue siendo bastante misteriosa.*

Em seguida, depois de fazer referência ao modelo americano e ao modelo do Tribunal Constitucional "de estilo europeo", escreve:

> De este modo, tanto en el sistema norteamericano como en el europeo de control judicial de constitucionalidad, surgen dudas acerca de por qué el poder judicial, siendo un órgano aristocrático, debería tener la última palabra en determinar el alcance de los derechos individuales, dirimir los conflictos que se generen entre los poderes del gobierno e interpretar las reglas referidas al procedimiento democrático. Un rol de tan significativa importancia en cabeza de los jueces desafia la visión tradicional de la división de poderes según la cual aquéllos simplemente aplican las decisiones de los órganos democráticos, sin analizar los méritos de tales decisiones. Alexander Bickel llamó a este problema 'la *dificultad contramayoritaria'*[25].

De notar-se que tanto Santiago Nino quanto os demais defensores desse posicionamento se fundam para criticar o controle judicial de constitucionalidade naquele aspecto que chamam de "*elitismo epistemológico*", sobre o qual o próprio autor se pronuncia da seguinte forma: "Cuando el origen de los jueces no es de carácter democrático, sus decisiones no gozan del valor epistemológico que sí tiene el proceso democrático".[26]

Em texto já mencionado linhas acima (*Constitucionalismo versus Democracia*[27]), Roberto Gargarella doutrina:

> Los orígenes de dicha tensión pueden encontrarse, por caso, en algunos célebres escritos anticonservadores de Thomas Paine, proclamando el 'derecho de los que están vivo' por encima de 'la autoridad de los muertos', en su idea de que 'cada generación tiene los mismos derechos que la generaciones que la precedieron, del mismo modo en que cada

---

[25] *Idem*, p. 259.

[26] *Idem*, p. 260.0

[27] In: *teoría y crítica del derecho constitucional*, ob. cit. p. 24.

indivíduo tiene los mismos derechos que cualquiera de sus contemporáneos'. A través de esta afirmación, Paine se oponía a la idea conservadora – típicamente defendida por Edmund Burke – que venia a rebelarse frente al valor de autogobierno, y en particular, frente al ideário revolucionário que los franceses habían puesto de modo. Para Burke, las tradiciones de la comunidad guardaban mayor valor que las ambiciones de cualquier generación particular. Paine, mientras tanto, y como muchos de sus contemporáneos, pensaba el contrario. (...) Un viejo conocido de Paine, Thomas Jefferson, supo retomar aquellos reclamos para incorporarlos a la historia norteamericana. Como Paine, Jefferson también sustuvo que nada era más importante que el autogobierno coletivo. De allí, por ejemplo, que en sus 'Notas para el Estado de Virgínia' se manifestara en contra de la idea de dictar una Constitución permanente. La misma debía ser, en todo caso, 'flexible': cada generación debía tener el derecho de rehacer el texto fundamental propio (de hecho, y calculando que las generaciones se recambiaban, más o menos, cada viente años, Jefferson propuso la adopción de reformas constitucionales, al menos, con esa periodicidad). De este modo, pioneramente, tanto Paine como Jefferson mostraban la hostilidad que despertaben en los democratas las ambiciones de los constitucionalistas.[28]

O que se constata nas afirmativas de Gargarella é que destaca a impropriedade de *"una Constitución permanente"*, posição que chegou a ser cogitada por alguns, mas que desde o século XIX não encontra adeptos. Em outras palavras: se no decorrer do século XVIII, alguns defenderam a ideia de uma **Constituição Eterna,** a partir do final do séc. XIX nenhum doutrinador e nenhum sistema constitucional abraçaram mais esta ideia.[29]

Hoje, o que se defende é que ao lado de uma **Supralegalidade do texto constitucional**[30] (que leva ao **controle de constitucionalidade**), aponta-se-lhe outra característica, a saber, a **Imutabilidade Relativa** (que leva ao **Poder de Reforma**) entendida como a exigência de critérios diferenciados daqueles que são cobrados para a elaboração da produção legislativa ordinária. Esta previsão de *requisitos formais* para a *modificação do texto constitucional* ao lado de matérias reservadas e não atingíveis pela Reforma não impedem que a Constituição tenha sempre a possibilidade de permanecer atualizada frente a novos *valores sociais, sempre em perfeita sintonia,* sob pena da ocorrência de **Hiatos Constitucionais.**[31]

---

[28] Ob. cit. p. 24.

[29] Leia-se o que diz Pontes de Miranda: "As Constituições que se fizessem inalteráveis, eternas, seriam ingênuas e imprudentes. Emendar-se, permitir alterar-se, nos indivíduos e nos grupos sociais, é sinal de sabedoria. A tendência é para mínimo de inalterável, de fixo, de preciso, de modo que a Ciência e a Técnica (que exigem livre disponibilidade do espírito) sirvam à Política e ao Direito" (*Comentários à Constituição de 1946.* São Paulo: Max Limonad, 1953, p. 339. O mesmo texto encontra-se na edição de 1987, *Comentários à Constituição de 1967 com a Emenda nº 1 de 1969.* Rio de Janeiro: Forense. Tomo III, p. 145 e segs.)

[30] Alguns autores preferem a expressão *supremacia constitucional.* Em nosso entender, porém, esta diz respeito à simples posição de determinada matéria na Constituição (posição de *superioridade* em razão da opção levada a efeito pelo constituinte ao elevá-la à categoria de *matéria constitucional*). Contudo, de nada adiantaria aquela supremacia, se não existissem instrumentos jurídicos que pudessem exigir do legislador, do administrador e do próprio julgador a obediência ao conteúdo e limites das matérias destacadas no texto constitucional.

[31] Sobre esta questão, confiram-se nossos trabalhos *O valor da Constituição (Do controle de constitucionalidade como garantia da supralegalidade constitucional).* Tese apresentada e aprovada com Louvor ao Concurso Público de Provas e Títulos para o cargo de *Professor Titular de Direito Constitucional* da Faculdade de Direito do Recife - UFPE, 1995; *Dos princípios constitucionais como pressuposto da interpretação constitucional.* Tese apresentada e aprovada para o cargo de *Professor Titular de Teoria Geral do Estado,* Faculdade de Direito do Recife (1992); *Do poder de reforma como garantia da supralegalidade constitucional.* Tese para obtenção do Título de *Doutor em Direito* pela Faculdade de Direito da Universidade Federal de Minas Gerais, mimeo, 1990.

Com relação à primeira das características mencionadas (*Supralegalidade do texto constitucional*), o mesmo Gargarella escreve:

> Es cierto, tal como sugiriéramos en las líneas anteriores, que no es posible resolver este dilema entre el constitucionalismo y la democracia? Por qué es que no podemos afirmar, como lo hace una mayoría de juristas, la *superioridad de la Constitución*? Por que no podemos decir, simplemente, que la Constitución está 'por encima de todo' y que, por tanto, ella se impone no solo sobre la comunidad que la diseñó, sino también sobre las generaciones que la sucedieron? Los problemas en juego aparecen, según entiendo, por la 'terquedad' del ideal de autogobierno. En efecto a la hora de justificar cualquier solución que termine afirmando la primacia de la Constitución, el argumento del autogobierno reaparece firme, imbatible: qué puede haber por encima de tal derecho?

A exigência do *controle de constitucionalidade* é *indispensável* e resulta de uma *coerência lógica*, a saber: se a Constituição consagra os *valores maiores* da sociedade, é correto exigir-se que a legislação infraconstitucional e os atos políticos, administrativos e judiciais estejam de acordo com ela (a *Super-Lei*), para a própria valorização desta. Nesse sentido, é necessário que o comando da Constituição seja obedecido, mesmo quando maiorias eventuais desejam solução em contrário, pois, como lembra Lenio Luis Streck em capítulo intitulado "Constitucionalismo e democracia: o valor da Constituição e o papel da jurisdição constitucional em países de modernidade tardia",[32]

> Com efeito, *a Constituição* nasce como um paradoxo porque, do mesmo modo que surge como exigência para conter o poder absoluto do rei, transforma-se em um indispensável mecanismo de contenção do poder das maiorias. É, pois, no encontro de caminhos contraditórios entre si que se desenha o paradoxo do constitucionalismo. E é na construção de uma fórmula abarcadora desses mecanismos contramajoritários que se engendra a própria noção de jurisdição constitucional, percorrendo diversas etapas até o advento do Estado Democrático de Direito.

Mais adiante, com apoio em Tribe, escreve o autor:

> Por que um marco constitucional, ratificado há dois séculos, deve exercer tão grande poder sobre nossas vidas atuais? Por que somente alguns de nossos concidadãos possuem a faculdade para impedir que se façam emendas à Constituição? A revisão judicial, quando está baseada em uma lealdade supersticiosa em relação a intenção de seus criadores, é compatível com a soberania popular? Se se compreendesse a democracia como a prevalência da regra da maioria, poder-se-ia afirmar que o constitucionalismo é antidemocrático, na medida em que este 'subtrai' da maioria a possibilidade de decidir determinadas matérias, reservadas e protegidas por dispositivos contramajoritários. O debate se alonga e parece interminável, a ponto de alguns teóricos demostrarem preocupação com o fato de que a democracia possa ficar paralisada pelo contramajoritarismo constitucional, e, de outro, o

---

[32] *Verdade e consenso:* Constituição, hermenêutica e teorias discursivas: da possibilidade à necessidade de respostas concretas em Direito (2ª edição revista e ampliada, 2ª tiragem, Rio de Janeiro: Lumen Juris, 2008, p. 17. Itálicos no original). Ver do mesmo autor, Constitucionalismo e concretização de direitos no estado democrático de direito. *In:* CANOTILHO, José Joaquim Gomes; STRECK, Lenio Luiz. *Entre discursos e culturas jurídicas* (Coimbra: Coimbra Editora, 2006, p. 111).

firme temor de que, em nome das maiorias, rompa-se o dique constitucional, arrastado por uma espécie de retorno a Rousseau.[33]

E prossegue:

Daí que, desde logo, considero necessário deixar claro que a contraposição entre democracia e constitucionalismo é um perigoso reducionismo. Não fosse por outras razões, não se pode perder de vista o mínimo, isto é, que *o Estado Constitucional só existe e tornou-se perene a partir e por meio de um processo político constitucionalmente regulado (Loewestein). Na verdade, a afirmação da existência de uma 'tensão' irreconciliável entre constitucionalismo e democracia é um dos mitos centrais do pensamento político moderno, que entendo deva ser desmi(s)tificado* (sic).[34] [35]

Antes de avançarmos na análise de outro aspecto do problema, leia-se o que escreve Ronald Dworkin, fazendo uma ligação entre *Constitucionalismo e democracia*[36] ao lecionar em defesa da *maioria* e da existência dos *Limites materiais ao Poder de Reforma* ("cláusulas pétreas") a ser respeitado tanto pelo *legislador* como pelo segundo (*Poder de Reforma,*[37] que

Apesar de tudo, uma forte objeção tem sido levantada contra o constitucionalismo: a de que subverte ou compromete a democracia, por que se uma Constituição proíbe o Poder Legislativo de aprovar uma lei limitando a liberdade de expressão, por exemplo, isto limita o direito democrático da maioria ter a lei que quer. Caso respeitemos o constitucionalismo, mas também a democracia, o que deveríamos fazer? Qual é o arranjo apropriado entre esses dois ideais? Acredito que o conflito há pouco descrito é ilusório, por que (*sic*) é baseado numa compreensão incorreta do que a democracia é. Devemos começar anotando ums distinção entre democracia e regra de maioria. Democracia quer dizer regra da maioria *legítima,* o que significa que o mero fator majoritário não constitui democracia a menos que condições posteriores sejam satisfeitas. É controverso o que essas condições exatamente são. Mas *algum* tipo de estrutura constitucional que uma maioria não pode mudar é exatamente um pré-requisito para a democracia. Devem ser estabelecidas normas constitucionais estipulando que uma maioria não pode abolir futuras eleições, por exemplo, ou privar uma minoria dos direitos de voto. Façamos uma distinção, então, entre normas constitucionais *possibilitadoras,* que constroem um governo da maioria estipulando quem deve votar, quando as eleições devem se realizar, como os representantes são designados

---

[33] Ob. cit. p. 18-19.

[34] *Idem*, p. 19. Itálico nosso.

[35] Consultem-se ainda dentre as publicações nacionais: MORO, Sergio Fernando. *Jurisdição constitucional como democracia*. São Paulo: RT, 2004; GOMEZ FERNÁNDEZ, Itzíar. Una aproximación al Tribunal Constitucional español desde la teoria de la democracia deliberativa. In: ARRUDA, Paula (Coord.). *Os atuais desafios da jurisdição constitucional.* Rio de Janeiro: Lumen Juris, 2009, p. 105-159; LEAL, Mônia Larissa Hennig. *Jurisdição constitucional aberta*: reflexões sobre a legitimidade e os limites da jurisdição constitucional na ordem democrática: uma abordagem a partir das teorias constitucionais alemã e norte-americana. Rio de Janeiro: Lumen Juris, 2007; MENSES, Conrado Hüber. *Controle de constitucionalidade e democracia.* Rio de Janeiro: Elsevier, 2008; CRUZ, Álvaro Ricardo de Souza. *Jurisdição constitucional democrática.* Belo Horizonte: Del Rey, 2004.

[36] *Constitucionalismo e democracia,* publicado originalmente no *European Journal of Philosophy* n. 3.1, p. 2-11, 1995. O texto foi traduzido por Emílio Peluso Neder Meyer. Capturado através do Google em 09.02.2013, que menciona o seguinte endereço, não constante no texto: *<pt.scribd.com/.../Ronald-Dworkin-Constitucionalismo-e-Democracia>.*

[37] Sobre esta questão, veja-se DANTAS, Ivo. *Teoria do estado contemporâneo* (São Paulo: RT, 2013), especialmente os capítulos V (Revolução como fonte do direito) e VI (Redução teórico-sistemática do poder constituinte e sua natureza).

para os distritos eleitorais, que poderes cada grupo de representantes tem, e assim por diante, e *normas constitucionais limitadoras*, que restrigem os poderes dos representantes que as normas possibilitadoras definiram. Não podemos dizer que apenas as normas possibilitadoras são pré-requisitos da democracia, por que (*sic*) algumas normas que possam aparentemente limitadoras quase que efetivamente retirando de uma minoria o direito de livre expressão do mesmo que se negasse voto à mesma, por exemplo.[38]

Em oportuna monografia intitulada *La democracia amenazada* e publicada na coleção *Cuadernos Democracia y Direitos Humanos*, José Luís Rey Pérez[39] aponta três ameaças à democracia, a qual, em seu entender,

en la actualidad existe el consenso sobre que la democracia es la mejor forma de gobierno posible. A comienzos de 2011 hemos vivido una serie de revueltas populares en algunos países árabes como Egipto, Túnez o Líbia, donde la ciudadania reclama la limitación del poder y el paso a una democracia. En España en mayo y junio de ese mismo año, lo que se conoce como democracia es un conceito polisémico, que no significa lo mismo en función de quién lo utilice y el contexto donde la palabra aparezca. De hecho, su uso suele venir acompañado de un adjetivo que es el que delimita su significado: democracia parlamentaria, democracia representativa, democracia directa, democracia constitucional... Y es este adjetivo el que determina la amplitud o estrechez de la propia democracia. A princípios del siglo XXI la democracia se encuentra en crisis.

Referindo-se à mesma *polissemia* do conceito de Democracia, Laurence Whitehead, em livro intitulado *Democratización – Teoria y Experiencia*,[40] depois de citar uma frase de Giovanni Satori, segundo a qual "una democracia existe sólo en tanto sus ideales y valores la hagan existir", nos coloca frente a uma série de indagações que bem demonstram a complexidade da análise da *Democracia*, como se vê:

Es correcto clasificar a la Federación Rusa de Vladimir Putin como una 'democracia'? Indonesia se encuentra en un proceso de 'democratización' despues de 32 años del gobierno autoritário bajo el mando del general Suharto? Colombia fue durante 40 años una de las democracias mejor estabelecidas en América Latina? Y qué es ahora? En realidad la Unión Europea es una entidade democrática o un medio para la promoción de la democracia dentro de su área? Los Estados Unidos eran un país democrático antes de la abolición de la esclavitud o se democratizaron despues? Si ocurrió lo segundo, como concuerdan las leyes de Jim Crow con un proceso de democratización? Y há terminado ese proceso? Fue consistente la elección presidencial de 2000 con la imagen de los Estados Unidos como la democracia política más antigua y más segura del orbe? Alrededor de todo el mundo, nuevas experiencias políticas ponen a prueba, borbardean e interrogan continuamente las etiquetas y las formas establecidas de teorizar sobre la realidade política. Este libro es una meditación sobre tales experiencias y sus implicaciones para nuestro repertorio de conceptos y teorias generales acerca de la democracia y la democratización.

---

[38] Na versão da *internet* o texto se encontra às páginas 1 e 2.

[39] Madrid: Universidad de Alcalá, 2012, p. 9.

[40] México: Fondo de Cultura Económica, 2011, p. 19.

Voltemos a José Luís Rey Pérez, para quem existem pelo menos 3 (três) ameaças à Democracia, que aqui vão citadas em longo texto, mas adiantando de logo que analisá-las fugiria – de muito – a nossos objetivos. Diz-nos:

> La questión que pretendo tratar en las páginas que se siguen es, como se puede observar, muy compleja. Porque cuando hablamos de democracia tratamos necesariamente aspectos jurídicos, filosóficos, políticos, sociológicos y hasta económicos. Este pequeño trabajo no pretende ser tan ambicioso como para agotar todas las cuestiones que la teoria de la democracia plantea. Más bien se va a limitar a ahondar en tres que he seleccionado porque considero que son las más relevantes a dia de hoy, en este mundo en continuo cambio y creciente complejidad. Em *primero lugar,* abordaré la tensión entre democracia y derechos que está en la estructura del próprio Estado constitucional. Intentaré ver si la tensión es irremediable y supone realmente una ameaza a la esencia de la democracia. Esta parte tendrá necesariamente un carácter más filosófico jurídico y político, un sentido más conceptual. El modelo constitucional atribuye un grand poder a los jueces que son los encargados de vigilar el cumplimiento de la norma constitucional. Por ello algunos autores vem en los jueces una amenaza para la democracia por ser la judicatura un poder contramayoritario. En las paginas que siguen abordo esta cuentión intentando poner de relieve que en el fondo no lo es, si logramos hacer de la justicia constitucional un órgano Independiente comprometido con los princípios, valores y derechos fijados en el momento constitucional. En *segundo lugar*, trato da tensión que se produce entre el mercado (o los mercados) y la democracia, algo de lo que estamos siendo testigos en el contexto de la crisis financiera que nos asola desde 2008. Se trata de introducir en la ecuación una variable más, la del mercado, junto a la de los derechos y la democracia, y ver como se podria conjurar esta ameaza a la decisión democrática que supone la siempre caprichosa y arbitraria voluntad de los dueños del capital. Intento defender la vigência del Estado social porque una democracia completa no puede existir sin derechos no solo de libertad, sino también sociales. La globalización financiera ha acorralado a los Estados en un contexto donde el capitalista es cada vez menos productivo y más financero. Los dueños de ese capital convierten a los Estados en rehenes de su voluntad ahogando el autogobierno que caracteriza a la democracia y vulnerando el principio de igualdad. *Por último*, el funcionamiento poco democrático de los partidos políticos es otra de las amenazas que asolan la democracia, especialmente en países como España donde el partido político es el órgano fundamental de participación.[41]

Em nosso entender, não há nenhum comprometimento ao **conceito de *Democracia*,** o fato de haver controle sobre a produção legislativa levada a efeito por órgão composto por "representantes do povo", até porque, no fundo, o *controle de constitucionalidade* visa salvaguardar a vontade expressa no documento fundante de uma sociedade, em determinado momento histórico. Dizendo melhor e como temos escrito em diversas oportunidades: a *Constituição Político-Jurídica* é um documento que resulta de um *consenso* oriundo das diversas forças políticas presentes na *Assembleia Constituinte* no ato de elaboração do texto maior. Ora, em sendo assim, este texto foi feito para balizar o exercício do poder, mesmo quando existam forças *eventualmente majoritárias* que queiram

---

[41] A transcrição foi proposital, para mostrar como existem outros fatores que ameaçam à Democracia, além da *Justiça Constitucional*. Contudo, os autores que identificam uma ameaça desta (JC) sobre aquela (Democracia) nem ao menos atentam para os dois outros perigos. grifos são nossos.

substituir a orientação ideológica da Lei Maior. A verificação dessa compatibilização há de ser feita de forma técnica, o que justifica seja o Controle exercido por *Magistrados sem vinculação político-partidária*. Sua *legitimidade* é decorrente da própria Constituição, ou seja, é *funcional*.

Max Möller, ao estudar o mesmo tema de que nos ocupamos (*Democracia e Constituição*) no livro *Teoria Geral do Neoconstitucionalismo. Bases Teóricas do Constitucionallismo Contemporâneo*,[42] observa que

> Ao tratar dos direitos fundamentais e dos problemas referentes à sua efetivação nos ordenamentos jurídicos constitucionais, é inevitável o enfrentamento da questão envolvendo o conflito entre decisões democráticas e a mudança de atuação dos juízes em relação às normas constitucionais, que determina uma limitação dos legisladores aos conteúdos materiais presentes na constituição. Esse novo perfil de atuação jurídica em relação aos direitos – característica fundamental do constitucionalismo – tem inegável repercussão no meio político, pelo que recorrentemente vem à tona a discussão sobre a tensão constitucionalismo e democracia. Tal questão também evidencia algumas mudanças substanciais relacionadas à alteração do próprio modelo de Estado – como a *transição de um Estado legislativo a um Estado constitucional de direito* [43], do papel da lei como fonte hegemônica do direito e da própria evolução do processo de formação da vontade política que, culminando com a doutrina constitucionalista, inexoravelmente irá influenciar de forma decisiva no conceito de democracia no Estado constitucional. (...) Ainda que sob certos ângulos de abordagens as diferenças entre o constitucionalismo e a democracia pareçam incontornáveis, a conciliação entre estes parece sustentável no momento em que se considera que ambos são termos que admitem certa relativização, não se apresentando como conceitos absolutos e intocáveis. Isso pode ser comprovado com as alternâncias que sofrem os próprios conceitos de democracia e constitucionalismo ao longo dos últimos séculos e que influenciam decisivamente na concepção atual de democracia para o neoconstitucionalismo. **Se considerarmos, por exemplo, que o conceito de democracia não deve ser simplificado pela noção de decisão majoritária, mas que assume um significado muito mais amplo de garantidor da participação do cidadão nas decisões coletivas; é possível justificar o constitucionalismo como mecanismo de proteção das minorias e, portanto, como valiosa ferramenta de aperfeiçoamento da democracia.**[44]

E arremata Möller:

> Nessa linha, tentaremos apresentar alguns argumentos históricos e conceituais relacionados a pontos fundamentais do processo democrático e do constitucionalismo, a fim de possibilitar uma análise atualizada sobre a compatibilidade ou incompatibilidade entre estes dois institutos.[45]

Evidentemente, que não estamos pensando que uma interpretação feita por magistrados, seja completamente *isenta de aspectos ideológicos*. Apenas queremos crer que seja isenta de *valorações político-partidárias*, o que não existiria se o controle fosse feito por um órgão composto por pessoas com tal vinculação (político-partidária).

---

[42] Porto Alegre: Livraria do Advogado, 2011, p. 135 e segs.

[43] Itálicos nossos.

[44] Negrito nosso.

[45] Ob. cit. p. 136.

Ademais, nesse emaranhado de argumentos a favor e contra ao *Controle de Constitucionalidade pelo Poder Judiciário*, surge um novo tema que vem sendo objeto de reflexões pela doutrina. Referimo-nos ao que denominamos de *mudança no caráter de Controle Jurisdicional*, que, no início, era identificado como **legislador negativo**, enquanto hoje, em inúmeros casos, e à medida que (repita-se) o Judiciário preenche *lacunas legislativas*, passa a ser visto como **legislador positivo**, a ponto de muito se falar de *judicialização da política* ou *politização do Judiciário*.

Em outras palavras, o ***Ativismo Judicial*** vem sendo objeto de ampla produção doutrinária, não só entre nós, mas na doutrina estrangeira,[46] e se assenta, em pelo menos 2 (dois) pilares, a saber, **(a)** a *nova interpretação oferecida à velha Teoria de Divisão dos Poderes*, com o modelo difundido por Montesquieu; **(b)** *o fim do Estado Legislativo e o surgimento do Estado Constitucional*, ambos integrantes do conceito de *Democracia*, que, apesar de já ter sido objeto de alguns comentários anteriores, ainda carece de algumas reflexões. Referimo-nos ao *Ativismo Judicial*, fenômeno assim batizado para significar a produção normativa por parte dos magistrados, frente à inércia legislativa.

Referências

ARANTES, Rogério Bastos. *Judiciário e política no Brasil*. São Paulo: FAPESP, 1997.

ARRUDA, Paula (Coord.). *Os atuais desafios da jurisdição constitucional*. Rio de Janeiro: Lumen Juris Editora, 2009.

ASSUMPÇÃO NEVES, Daniel Amorim. *Ações constitucionais*. São Paulo: Editora GEN / Editora Mérito, 2011.

BICKEL, Alexander M. *The Supreme Court at the Bar of Politics*. 2. ed. Yale University Press, 1986.

BRITO, José Souza e et al. *Legitimidade e legitimação da justiça constitucional*. Coimbra: Coimbra Editora, 1995.

CARVALHO, Lucas Borges de. *Jurisdição constitucional e democracia*: integridade e pragmatismo nas decisões do Supremo Tribunal Federal. Curitiba: Juruá Editora, 2007.

COMELLA, Victor Ferreres, *Jurisdicción constitucional y democracia*: Actas de las XVI Jornadas de la Asociación de Letrados del Tribunal Constitucional. Madrid: Centro de Estudios Politicos y Constitucionales, 2011.

---

[46] Sobre o tema, por todos, LIMA, Francisco Gérson Marques de. *O Supremo Tribunal Federal na crise institucional brasileira*. Fortaleza: Fortlivros/ABC Editora, 2001; TEIXEIRA, Ariosto. *Decisão liminar*: a judicialização da política no Brasil. Brasília: Plano, 2001; CARVALHO, Lucas Borges de. *Jurisdição constitucional e democracia*: integridade e pragmatismo nas decisões do Supremo Tribunal Federal. Curitiba: Juruá, 2007; ARANTES, Rogério Bastos. *Judiciário e política no Brasil*. São Paulo: FAPESP, 1997. Além destes, são muitos os artigos sobre o tema, bem como publicações sob a forma de coletâneas, devendo-se mencionar entre estas, e editadas no Brasil: OLIVEIRA, Umberto Machado de; ANJOS, Leonardo Fernandes dos (Coord.). *Ativismo judicial*. Curitiba: Juruá, 2010; LEAL, Rogério Gesta; LEAL, MÔNIA, Clarissa Hennig (Org.). *Ativismo judicial e déficits democráticos*: algumas experiências Latino-Americanas e Européias. (Rio de Janeiro: Lumen Juris, 2011) e COUTINHO, Jacinto Nelson de Miranda; FRAGALE, Filho Roberto; LOBÃO, Ronaldo (Org.). *Constituição e ativismo judicial*: limites e possibilidades da norma constitucional e da decisão judicial (Rio de Janeiro: Lumen Juris, 2011); MÖLLER, Max. *Teoria geral do neoconstitucionalismo*: bases teóricas do constitucionalismo contemporâneo. Porto Alegre: Livraria do Advogado, 2011; SILVA, Cecília de Almeida; MOURA, Francisco; BERMAN, José Guilherme; VIEIRA, José Ribas; TAVARES, Rodrigo de Souza; VALLE, Vanice Regina Lírio do. *Diálogos institucionais e ativismo*. Curitiba: Juruá, 2010; NEVES, Daniel Amorim Assumpção. *Ações constitucionais*. São Paulo: Editora GEN/Mérito, 2011; FELLET, André Luiz Fernandes; PAULA, Daniel Giotti de; NOVELINO, Marcelo. *As novas faces do ativismo judicial*. Salvador: JusPodivm, 2011; TAVARES, Marco Aurélio Romagnoli. *Ativismo judicial e políticas públicas*: direitos fundamentais. Porto Alegre: Sérgio Antonio Fabris Editor, 2011. MAUS, Ingeborg. *O Judiciário como superego da sociedade*. Rio de Janeiro: Lumen Juris, 2010; ANJOS, Leonardo Fernandes dos. *Expansão dos instrumentos de jurisdição constitucional no Supremo Tribunal Federal e o ativismo judicial processual*. In: OLIVEIRA, Umberto Machado de; ANJOS, Leonardo Fernandes dos. *Ativismo judicial*. Curitiba: Juruá, 2010, p. 137-174.

COSTA, Thales Morais da (Coord). *Introdução ao direito francês.* Curitiba: Juruá, 2009.

COUTINHO, Jacinto Nelson de Miranda; FRAGALE FILHO, Roberto; LOBÃO, Ronaldo (org.). *Constituição ativismo judicial:* limites e possibilidades da norma constitucional e da decisão judicial. Rio de Janeiro: Lumer Juris editora, 2011.

CRUZ, Álvaro Ricardo de Souza. *Jurisdição constitucional democrática.* Belo Horizonte: Del Rey, 2004.

DANTAS, Ivo. *Teoria do Estado contemporâneo.* São Paulo: RT, 2013.

DANTAS, Ivo. O valor da Constituição: Do Controle de Constitucionalidade como Garantia da Supralegalidade Constitucional. Tese apresentada e aprovada com Louvor ao Concurso Público de Provas e Títulos para o cargo de Professor Titular de Direito Constitucional da Faculdade de Direito do Recife – UFPE, 1995.

DANTAS, Ivo. *Dos princípios constitucionais como pressuposto da interpretação constitucional.* Tese apresentada e aprovada para o cargo de *Professor Titular de Teoria Geral do Estado,* Faculdade de Direito do Recife (1992).

DANTAS, Ivo. *Do poder de reforma como garantia da supralegalidade constitucional.* Tese para obtenção do Título de Doutor em Direito pela Faculdade de Direito da Universidade Federal de Minas Gerais, mimeo, 1990.

DWORKIN, Ronald. Constitucionalismo e democracia. *European Journal of Philosophy N.* 3.1, p. 2-11, 1995.

FELLET, André Luiz Fernandes; DE PAULA, Daniel Giotti; NOVELINO, Marcelo. *As Novas faces do ativismo judicial.* Salvador: Editora JusPodivm, 2011.

FERRAJOLI, Luigi. *Poderes salvages:* la crisis de la democracia. Madrid: Trotta, 2011.

GARGARELLA, Roberto. *Teoría y crítica del derecho constitucional.* Madrid: Trotta, 2011.

GARGARELLA, Roberto. *Teoria y critica del decrecho costitucional.* Buenos Aires: Abeledo Perrot, 2008.

GOMES CANOTILHO, José Joaquim; STRECK, Lenio Luiz. *Entre discursos e culturas jurídicas.* Coimbra: Coimbra Editora, 2006.

HESSE, Konrad; HÄBERLE, Peter. *Estudios sobre la jurisdicción constitucional: con especial referencia al Tribunal Constitucional Alemán.* Mexico: Editorial Porrua/Instituto Mexicano de Derecho Procesal Constitucional, 2005.

LEAL, Mônia Larissa Hennig. *Jurisdição constitucional aberta:* reflexões sobre a legitmidade e os limites da jurisdição constitucional na ordem democrática: uma abordagem a partir das teorias constitucionais alemã e norte-americana. Rio de Janeiro: Lumen Juris Editora, 2007.

LEAL, Rogério Gesta; LEAL, Mônia Clarissa Hennig (Org.). *Ativismo judicial e déficits democráticos: algumas experiências latino-americanas e européias.* Rio de Janeiro: Lumen Juris editora, 2011.

LIMA, Francisco Gérson Marques de. *O Supremo Tribunal Federal na crise institucional brasileira.* Fortaleza: Fortlivros/ABC Editora, 2001.

MAUS, Ingeborg. *O Judiciário como superego da sociedade.* Rio de Janeiro: Lumen Juris editora, 2010.

MENSES, Conrado Hüber. *Controle de constitucionalidade e democracia.* Rio de Janeiro: Elsevier, 2008.

MÖLLER, Max. *Teoria geral do neoconstitucionalismo: bases teóricas do constitucionallismo contemporâneo.* Porto Alegre: Livraria do Advogado Editora, 2011.

MORO, Sergio Fernando. *Jurisdição constitucional como democracia.* São Paulo: RT, 2004.

OLIVEIRA, Umberto Machado de; ANJOS, Leonardo Fernandes dos (Coord.). *Ativismo judicial.* Curitiba: Juruá, 2010.

PÉREZ, José Luís Rey. *La democracia amenazada.* Madrid: Universidad de Alcalá, 2012. (Coleção Cuadernos Democracia y Direitos Humanos).

PINTO, Marcos Barbosa. *Constituição e democracia.* Rio de Janeiro: Renovar, 2009.

PONTES DE MIRANDA, Francisco Cavalcanti. *Tratado de direito privado.* Parte geral. Tomo I. Rio de Janeiro: Editora Borsoi, 1954.

PONTES DE MIRANDA, Francisco Cavalcanti. *Comentários à Constituição de 1946*. São Paulo: Max Limonad, 1953.

PONTES DE MIRANDA, Francisco Cavalcanti. *Comentários à Constituição de 1967 com a Emenda nº 1 de 1969*. Rio de Janeiro: Forense. Tomo III.

RESTREPO, Ricardo Sanín. *Justicia constitucional: el rol de La Corte Constitucional en el Estado constitucional*. Bogotá: Universidad Javeriana, Legis Editores, 2006.

ROSANVALLON, Pierre. *La legitimidad democrática:* imparcialidad, reflexividad y proximidad. Barcelona, Paidós, 2010.

SANTIAGO NINO, Carlos. *La constitución de la democracia deliberativa*. Barcelona: Gedisa, 2003.

SILVA, Cecília de Almeida; MOURA, Francisco; BERMAN, José Guilherme; VIEIRA, José Ribas; TAVARES, Rodrigo de Souza; VALLE, Vanice Regina Lírio do (Coord.). *Diálogos institucionais e ativismo*. Curitiba: Juruá Editora, 2010.

SORRENTINO, Federico. *Lezioni sulla Giustizia Costituzionale*. Seconda edizione, Torino: G. Giappichelli Editore, 1998.

STRECK, Lenio Luis. *Verdade e consenso*: constituição, hermenêutica e teorias discursivas: da possibilidade à necessidade de respostas concretas em direito. 2. ed. rev. e ampl. 2. tir. Rio de Janeiro: Lumen Juris, 2008.

TAVARES, Marco Aurélio Romagnoli. *Ativismo judicial e políticas públicas*: direitos fundamentais. Porto Alegre: Sérgio Antonio Fabris Editor, 2011.

TEIXEIRA, Ariosto. *Decisão liminar*: a judicialização da política no Brasil. Brasília: Editora Plano, 2001.

TORRES, Luis Fernando. *Legitimidad de la justicia constitucional*. Quito: Librería Jurídica Cevallos, 2003.

TREMPS, Pablo Pérez. *Escritos sobre justicia constitucional*. Mexico: Editorial Porrua/Instituto Mexicano de Derecho Procesal Constitucional, 2005.

WHITEHEAD, Laurence. *Democratización:* teoria y experiencia. México: Fondo de Cultura Económica, 2011.

Informação bibliográfica deste texto, conforme a NBR 6023:2002 da Associação Brasileira de Normas Técnicas (ABNT):

DANTAS, Ivo; SILVA, Thaminne Nathalia Cabral Moraes e; SILVESTRE, Janini de Araújo Lôbo. Corrente contramajoritária: breves considerações. In: MATILLA CORREA, Andry; NÓBREGA, Theresa Christine de Albuquerque; AGRA, Walber de Moura (Coord.). *Direito Administrativo e os desafios do século XXI*: livro em homenagem aos 40 anos de docência do Prof. Francisco de Queiroz Bezerra Cavalcanti. Belo Horizonte: Fórum, 2018. p. 195-211. ISBN 978-85-450-0555-1.

CUATRO IDEAS EN TORNO A LA FUNCIÓN SOCIAL DE LA ADMINISTRACIÓN PÚBLICA[1]

Jaime Orlando Santofimio Gamboa

1 Introducción: el complejo surgimiento y consolidación de la función social en cuanto carga de la administración. Ruptura

1. El concepto de función social vinculado a las bases sustentadoras de la actividad y finalidades de la administración pública materialmente entendida tiene sus raíces profundas en las razones históricas y económicas de la evolución anormal del capitalismo individualista. Precisamente la evolución estatal hacia el modelo Estado intervencionista activo y presente en relación con el conflicto social, asumiendo responsabilidades corresponde a una respuesta institucional a la evolución anormal y crítica del capitalismo dominante en la Europa de mediados del siglo XIX, que alteró radicalmente las condiciones sociales de los pobladores del viejo continente.

2. La industrialización, el crecimiento desmedido y desordenado de los centros de producción, la ruptura de la capacidad de subsistencia autónoma de los individuos, el crecimiento demográfico aunados al rompimiento de las reglas económicas del liberalismo puro, hicieron inevitable el apresurado despertar de la intervención estatal, en procura de nivelar las profundas desigualdades generadas por el sistema respecto a sus pobladores, situación esta con incidencia directa en el alcance y contenido material de la idea de función social que rompió históricamente el individualismo exacerbado y absoluto, contrario a los intereses y derechos de la sociedad, que dominaba la idea de lo público y el ejercicio mismo de los poderes e instituciones públicas.

Aparecen entonces las primeras medidas de orden económico tendientes a solucionar los principales conflictos advertidos en la llamada –cuestión social–, en este sentido, los primeros pasos hacia el Estado mucho más presente y comprometido con los intereses del individuo y de la colectividad, lo cual resalta de las decisiones intervencionistas del Estado, que se reconduce por los senderos de lo social.

---

[1] Las ideas de este trabajo recogen apartes que sobre el tema han sido trabajados previamente en el documento de Tesis Doctoral del autor: El contrato de concesión de servicios públicos. Coherencia con los postulados del Estado Social y Democrático de Derecho en aras de su estructuración en función de los intereses públicos. Leída en la Universidad Carlos III de Madrid en febrero de 2010.

La función social se convierte en consecuencia en el motor central de multiplicidad de deberes y obligaciones de la administración pública frente a la comunidad, es decir, se justifica y es parte ahora de su naturaleza su vinculación con la sociedad y no ya sumida bajo contornos individualistas absolutos, sino asumiendo el problema social, esto es, las problemáticas económicas de la sociedad. El concepto de función social bajo esta percepción ideológica se materializa en el principio de la solidaridad que llama y proclama la ruptura a la desigualdad a partir de las acciones sociales de las cuales se responsabiliza a la administración.

Por lo tanto, la idea de solidaridad en relación con la función social constituye su columna vertebral, la piedra angular determinante de su alcance, lo que implica que comprenda entonces la cadena sistemática de facultades, deberes y obligaciones establecidas por el ordenamiento jurídico, para adecuar el ejercicio y el actuar administrativo a las necesidades comunales, al igual que a los valores, intereses y finalidades sociales del Estado.

3. Desde la perspectiva doctrinal esta situación llevó a la construcción de modelos jurídicos fundados en ideas sociológicas, postulantes de Estados intervencionistas y asistencialistas, como fue el caso de la elaboración teórica de León Duguit a través de su idea del derecho social y del servicio público como justificador y razón de ser de las finalidades del Estado, por lo tanto del accionar material de la administración pública, fundada en el concepto de función social.

4. Así mismo, de esta misma problemática de crisis del capitalismo y con posterioridad a León Duguit se observa la construcción teórica y consolidación de un modelo de respuesta mucho más profundo y sistemático: la del Estado social de derecho, que corresponde a un constitucionalismo avanzado que catapulta a la administración al centro del conflicto entregándole profundas funciones en aras de la materialización de soluciones al conflicto social.[2] El Estado social se configura, sin lugar a dudas, como función del orden constitucional de carácter jurídico y social, de naturaleza estabilizadora que pretende fundamentalmente compensar las desigualdades sociales o auto estabilizar el Estado a partir de la nivelación de la sociedad. Como función estabilizadora, el modelo es esencialmente interventor frente a los conflictos sociales. Esta posición interpretativa implica una función de progreso y reforma social en cabeza del Estado, el cual –goza de una cierta autonomía en orden a configurar su función ofensiva de constitución de la sociedad. Y ello a partir de los valores consagrados en la Constitución y de su ponderación de conjunto y relativa.

5. En esta misma línea, aunque sustentada en una interesante variante sociológica y teleológica encontramos los aportes de la concepción de la administración prestacional y abastecedora o de la procura existencial corresponde a los trabajos desarrollados por

---

[2] CARL SCHMITT. *La defensa de la Constitución*, Madrid, Tecnos, 1983, p. 136. El concepto de estado social de derecho implica romper las fronteras entre Estado y sociedad, trasladando al primero un papel protagónico en la –autoorganización de esta última: –El Estado y la sociedad deben ser fundamentalmente idénticos. Con ello todos los problemas sociales y económicos se convierten en problemas políticos y no cabe distinguir ya entre concretas político-estatales y apolítico-sociales. Todas las antítesis que resultan de la premisa del Estado neutro, como una consecuencia inmediata de la distinción entre Estado y sociedad, y que solo son casos concretos y manifestaciones metafóricas de esta distinción, cesan por completo‖. En este sentido, para este pensador el problema económico, cultural, de previsión, de la sociedad lo son también del Estado, que debe por lo tanto generar y facilitar soluciones efectivas a los mismos, por cuanto le pertenecen.

Ernest Forsthoff principalmente en su ya clásico artículo de 1938 en relación con *"La administración como prestadora"*, en cuya esencia se ubica indiscutiblemente la idea de una administración actuante con funciones que van más allá de simples concepciones individualistas y que se consolidan en el idea de asistencia al hombre como parte de una problemática social generalizada.

6. No obstante lo expuesto en los numerales anteriores, es de admitir, que el Estado incrementado en responsabilidades, en especial en la carga funcional enorme e importante de su poder administrativo, ha hecho igualmente crisis, en cuanto portador y depositario de las funciones consideradas como de natural asistencia y prestación a las necesidades de la comunidad, surgiendo como consecuencia de ello, respuestas de concepciones económicas y políticas que ubican la asistencia a la comunidad bajo conceptos del mercado, y que han puesto a dudar sobre el carácter pleno y absoluto de la función social en manos de la administración, admitiendo responsabilidades en relación con el colectivo también en los particulares en cuanto actores de la economía de mercado, no ya como responsabilidad administrativa o publica, sino en cuanto parte de la actividad económica, con sujeción a reglas y principios propios de la economía de mercado.

7. Bajo estos escenarios resulta de trascendencia para el derecho administrativo, como derecho de la administración pública, entender y comprender la influencia y aportes que estas diferentes concepciones han hecho al concepto de la función pública de la administración, entendiendo no solo su auge y crecimiento como materia privativa y comprometedora del accionar estatal, sino también, sus transformaciones dialécticas e ideológicas que la ubican sustancialmente en el ámbito de su contenido de las actividades de interés económico, en el contexto de la economía de mercado. Bajo estos presupuestos son cuatro las ideas históricas y conceptuales que se observan en torno a la función social de la administración:

2 Primera Idea: León Duguit y la función social como carga natural del Estado y la administración

8. La idea de función social fluye de manera tranquila y pacífica de las fuentes sustentadoras de la concepción del servicio público elaborada por LEÓN DUGUIT,[3] en su búsqueda incesante de consolidación sustancial y justificación del marco funcional de la administración pública y de su derecho el administrativo, quien a través de su densa

---

[3]   MONEREO PÉREZ, Luis; CALVO GONZÁLEZ, José, "León Duguit (1859-1928): jurista de una sociedad en transformación", en *Revista de Derecho Constitucional Europeo*, No.4, julio-diciembre de 2005, pp.483 a 547. LEÓN DUGUIT, uno de los más relevantes publicistas europeos, nació en Libourne (Gironda, Francia) el 4 de febrero de 1859, y murió en Bourdeaux el 18 de diciembre de 1928. Recibido como agregado de facultades de Derecho el 1.º de enero de 1882, se incorporó a la Universidad de Caen, donde permaneció hasta 1886. Toda su dilatada y fecunda carrera académica tendrá sin embargo como escenario la facultad de Derecho bordelense. En ella alcanza la categoría de profesor de Derecho público el 2 de abril de 1892, figura como asesor de su Decanato a partir de 1912 y ocupó este cargo desde el 1.º de mayo de 1919 hasta la fecha de su fallecimiento. Sobre el alcance de la obra de DUGUIT, puede consultarse MARTÍN REBOLLO. "De nuevo sobre el servicio público: planteamientos ideológicos y funcionalidad técnica", en *Revista de Administración Pública*, No.100-102, 1983, pp.2496 y ss., quien destaca, entre otras cosas, el carácter algunas veces contradictorio de tal manera que su obra no solo haya sido tachada de socialista y marxista, invocada por FIDEL CASTRO en su famosa "La Historia me absolverá", sino también de fascista, en cuanto a la influencia que ejerció en la doctrina italiana de aquella oscura época europea.

obra[4] avanzó cualitativa y cuantitativamente mucho más allá de una simple postulación del servicio público, como objeto exclusivo de atribución y gestión administrativa,[5] desarrollando toda una concepción sociológica[6] del Derecho y del Estado con amplias repercusiones en el mundo jurídico de su época; en esencia positivista,[7] frontera del individualismo y subjetivismo jurídico, la economía clásica, el orden metafísico y, principalmente, en su país, de las ideas inspiradoras de la teoría de las prerrogativas

---

[4] En diferentes textos, León Duguit mantiene su línea expositiva e ideológica sobre el concepto de poder, soberanía y servicios públicos. En diversas ediciones pueden consultarse tanto su manual de Derecho Constitucional como su tratado de Derecho Constitucional. Ahora bien: en donde se profundiza sobre las razones de sus planteamientos es en los escritos conocidos como las "transformaciones", que constituyen un conjunto de libros sobre las transformaciones del Estado, el Derecho público y el Derecho privado, obras traducidas al español por el tratadista español Adolfo Posada y públicas por la famosa librería de Francisco Beltrán de Madrid en los inicios de la centuria pasada. Las dos últimas obras fueron recogidas en un solo tomo por la editorial Heliasta de Buenos Aires en 1975 bajo el título de *Las transformaciones del derecho (público y privado)*. También se conoce la reciente compilación de estos trabajos por la editorial Comares de Granada España (2007) bajo la dirección del profesor José Luis Monereo Pérez, donde se incluye otro de los trabajos de Duguit denominado *Las transformaciones del Estado*.

[5] En relación con el contexto doctrinal y la época de Duguit, véase García de Enterría (Ob. cit.). Los servicios públicos, como construcción sociológica jurídica, en consecuencia profundamente teleológica y finalística, sus razones provienen de las elaboraciones jurisprudenciales francesas que fueron magníficamente retomadas por el profesor León Duguit, dentro de una novedosa concepción del poder político, la soberanía y el Estado. Esta etapa del Derecho público francés, indica García de Enterría, constituyó la más brillante de la historia. La época de "[...] madurez de la disciplina en que ésta no sólo supera su legalismo esterilizador y organiza definitivamente, para darle una fuerza sistemática superior, los grandes hallazgos, sobre todo jurisprudenciales del siglo xix, sino que, segura de operar desde una perspectiva virgen y especialmente fecunda de lo jurídico, se lanza arriesgadamente a proponer verdaderas teorías generales del derecho y del Estado". Duguit significa para el Derecho francés el arribo al realismo jurídico, el objetivismo jurídico, el gran giro copernicano y la gran transformación contemporánea del Derecho público que "[...] desaloja el mito tradicional del poder como pieza central del sistema para poner en su lugar la idea de servicio público [...]". En este sentido, el aporte de Duguit es amplio y se torna cabeza doctrinal del Derecho público. Tratándose del Derecho Administrativo, es el pensamiento de Gastón Jéze el que consolida la teoría del "servicio público" en cuanto a su concepto y la determinación del contenido de la administración pública.

[6] MONEREO PÉREZ, Luis; CALVO GONZÁLEZ, José, "León Duguit (1859-1928): jurista de una sociedad en transformación", ob., cit., pp.483 a 547. También de Monereo Pérez y Calvo González puede consultarse el trabajo introductorio a la edición española del libro clásico de León Duguit (2007: xi a xxxix). La obra del profesor Duguit estuvo profundamente influenciada por los trabajos de Émile Durkheim (1858-1917), de quien fue su discípulo, y del filósofo Auguste Comte (1798-1857). Del primero absorbió el pensamiento sociológico y experimental en sus relaciones con el Derecho, el rechazo a las concepciones metafísicas, la idea siempre latente de solidaridad social, esto es de la preeminencia de lo social sobre lo individual, que indudablemente identifican y demarcan con un especial tinte toda su obra. La influencia resulta significativa a partir de ideas básicas del pensamiento de este filósofo, como las del *hecho social*, que lleva a Duguit a profundizar en la preeminencia de lo social sobre lo individual, en donde resulta ostensible cómo las reglas del método sociológico de Durkheim influyen en las apreciaciones jurídicas de Duguit. El mismo concepto de solidaridad social, deviene de los trabajos doctorales de Durkheim; y con el segundo (Comte) reafirmó su profundo sentimiento social y de crítica radical no reaccionaria sumiéndose, según los autores, en el legado comteano del consenso fundamental de la organización social. La razón y la ciencia las únicas con fuerza suficiente para explicar y alcanzar el orden social por fuera del oscurantismo teológico y metafísico.

[7] GURVITCH, Georges, *La idea del derecho social*, Granada, Comares, 2005, pp.657 a 692. GURVITCH pone en duda el verdadero carácter positivista de la doctrina de Duguit, calificándola como simplemente de positivismo sensualista. Sostiene que si bien es cierto que Duguit caracterizó su doctrina como un sistema realista, socialista y objetivista, en contra de cualquier tipo de metafísica y en consecuencia de la utilización de la vía conceptual para la sustentación del Derecho, los hechos y la concreción de su pensamiento parecen tomar una dirección diversa o, por lo menos, no auténticamente positivista. Para Gurvitch, el pensamiento de Duguit está, también, basado en conceptos e ideas; es más: muchas de ellas sumidas materialmente en conceptos propios del Derecho natural. "[...] Hay un conflicto inextricable entre sus premisas filosóficas, tan simplistas como pasadas de moda, y su clarividente y profunda visión de la realidad jurídica [...]", asunto que ha debilitado sus ideas y mermado importancia a sus planteamientos y enseñanzas. Parodiando a Waline, sostiene Gurvitch que Duguit, más que un positivista puro y radical, fue ante todo un simple moralista y que ésta fue sinceramente la visión del mundo y del Derecho que realmente predicó.

públicas y del concepto "poder público" como determinantes del Estado, la administración y por lo tanto del Derecho público Administrativo por aquellos años. Para DUGUIT (2008: 116), el Derecho contenía la fuerza virtual de ser el gran constructor de la vida social, encausando, en consecuencia, su pensamiento, en lo que se dio en llamar como la doctrina realista, objetiva y positiva del Derecho,[8] profundamente poseída, sobre todo, de análisis social,[9] al igual que de elementos psicológicos[10] (PESET REIG, Ob. cit.: 169 a 208) jurídicos y políticos (DUGUIT, Ob. cit.: 93 a 141[11]).

La teoría realista pretendía una absoluta sustitución en las bases conceptuales tradicionales del poder y del Derecho, sustentando una nueva doctrina para esta fenomenológica (MONEREO PÉREZ y CALVO GONZÁLEZ, Ob. cit.: XI y ss.[12]). Proponía sustancialmente una nueva visión del mundo político y jurídico: la teoría del realismo científico y social (POSADA, Ob. cit: 7 y ss.[13]). En esencia se sustentaba y explicaba esta audaz construcción a partir de una secuencial y articulada postulación de bases doctrinales que se pueden determinar en los siguientes términos:

9. El reproche absoluto a la fundamentación y análisis metafísico del poder, el Derecho o la ciencia social en general: El desconocimiento como válida de cualquier metodología basada en criterio metafísico, criterio éste que debería ser eliminado del dominio jurídico, en cuanto desconocer absoluto de la realidad de las cosas, y sobre todo, por su carácter especulativo y conceptual, ausente en absoluto de hipótesis verificables, confrontables o constatables en el mundo de la realidad.[14] Frente a esto, propuso, en

---

[8] El alcance final de su gran construcción teórica está claramente plasmado en la totalidad de la obra de DUGUIT, en lo que se deduce gran coherencia de sus planteamientos. En palabras de su ideador, la doctrina realista tiene un valor pragmático, "[…] porque sólo ella permite fundar sobre base sólida la limitación jurídica del poder del Estado. Porque sólo ella permite garantizar y proteger situaciones legítimas, tras de las que no se percibe ningún sujeto de derecho; en fin, porque sólo ella puede explicar toda una serie de actos nuevos, por los que se realiza el comercio en la época moderna […]".

[9] A partir de la influencia de los trabajos de E. DURKHEIM y de COMTE, como se ha expuesto y detallará más adelante.

[10] PESET REIG, Mariano, "Notas para una interpretación de León Duguit", en *Revista de Estudios Políticos*, No.157, 1968, pp.169 a 208.

[11] DUGUIT, León, *Las transformaciones del derecho público*, Madrid, Francisco Beltrán, Librería Española y Extranjera, 1915, pp.93 a 141.

[12] MONEREO PÉREZ, Luis, CALVO GONZÁLEZ, José, "Objetivismo jurídico y teoría de los derechos en León Duguit", en DUGUIT, León, *Las transformaciones del derecho público y privado*, Granada, Comares, 2007, pp.XI y ss.

[13] POSADA, Adolfo, "Estudio preliminar", en DUGUIT, León, *Las transformaciones del derecho público*, ob., cit., pp.7 y ss.

[14] En este aspecto de la doctrina obsérvese la profunda influencia de los trabajos de AUGUSTE COMTE (1984: 17, 23 y ss.). En sus explicaciones en torno a la filosofía positivista, COMTE sostiene que la humanidad presenta un claro tránsito evolutivo por tres estados teóricos diferentes: el teológico, esencialmente provisional y preparatorio; el metafísico, que en la realidad de las cosas no es más que una modificación disolvente del teológico, un simple destino transitorio para llegar al positivo; y el positivo, el estado normal de las cosas, el régimen definitivo de la razón humana. En cuanto se refiere al estado metafísico antológico o abstracto, COMTE profundiza su alcance calificándolo de estado abstracto, especulativo, equívoco, no científico, inconsecuente, vago, vacío y arbitrario que busca explicar la íntima naturaleza de los seres, el origen y el destino de las cosas e incluso el origen y la forma como se producen los fenómenos pero no sobre bases reales, sino mediante la utilización de categorías abstractas que pueden dar respuestas en diferentes direcciones. La metafísica es fundamentalmente argumentativa y no científica. No observa, verifica ni confirma en la realidad: simplemente especula argumentativamente de manera sutil, acudiendo a principios confusos que no ofrecen prueba absolutamente de nada, que en muchos casos suscitan disputas sin salida. En esta dirección resalta COMTE que "[…] Se debe hacer notar, por otra parte, que su parte especulativa se encuentra primero muy exagerada, a causa de aquella pertinaz tendencia a argumentar en vez de observar que, en todos los géneros, caracteriza habitualmente al Espíritu metafísico incluso en sus órganos más eminentes […]". "[…] Se puede contemplar, finalmente, el estado metafísico como una especie de

esencia, no obstante las críticas de la doctrina (Gurvitch, Ob. cit.: 657 y ss.[15]), un método característicamente positivo de constatación fáctica cuyo objeto y propósito no era otro que el de la comprobación de los hechos sociales; método de verificación científica y no meramente conceptual, idealista, especulativo o abstracto.[16]

10. El imperativo de lo social. El hecho social. La solidaridad: De manera articulada y complementaria a los anteriores planteamientos, se destaca en la doctrina realista de Duguit el imperativo de lo social, que deviene objetivamente del hecho social y desarrolla para la tesis el postulado de la ética de la solidaridad (Comte, Ob. cit.: 94 y ss.[17]). Como anotábamos, el punto indiscutible de partida y construcción de los trabajos del profesor Duguit es el de la lucha contra la metafísica especulativa y acientífica, frente a la cual propone la constatación permanente de los hechos sociales, surgiendo en este contexto de la propuesta, en cuanto situación fáctica comprobable para la doctrina realista la de la interrelación de dos hipótesis claramente determinadas, que se convierten prácticamente en la línea de trabajo e inspiración determinante en relación con el servicio público propiamente dicho y en consecuencia con los mecanismos aceptables y objetivos para su cumplimiento y satisfacción a la comunidad; estos hechos sociales evidentes para doctrina eran: la de la existencia de necesidades comunes que era necesario satisfacer en forma común para todos por la administración, y, la necesaria actitud colectiva de los hombres ante las necesidades comunes, que implicaba para los mismos el abandono de posibles actitudes individualistas y la asunción, en conjunto de toda la problemática,

---

enfermedad crónica inherente por naturaleza a nuestra evolución mental, individual o colectiva, entre la infancia y la virilidad [...]", esto es, el paso necesario, siempre intermedio entre la teología y el positivismo.

[15] GURVITCH, Georges, *La idea del derecho social*, ob., cit., pp.657 y ss.

[16] Véase igualmente COMTE (Ob. cit.: 27 y ss.). El estado positivo o real es en COMTE el estado ideal y pleno, normal y adecuado, definitivo, racional y científico en la evolución intelectual de la humanidad. El discurso positivo parte del abandono a las investigaciones absolutas propias de una etapa infantil de la intelectualidad humana para fundarse en un método verdadero y real de observación y verificación, a la que COMTE considera la "[...] única base posible de los conocimientos accesibles en verdad, adaptados sensatamente a nuestras necesidades reales [...]". El método positivista en cuanto estado ideal del pensamiento humano destaca y exige de manera fundamental en todo proceso intelectivo resultados reales e inteligibles. En este sentido y para estos propósitos, COMTE plantea que "[...] Desde ahora reconoce, como regla fundamental, que toda proposición que no puede reducirse estrictamente al mero enunciado de un hecho, particular o general, no puede ofrecer ningún sentido real e inteligible [...]". Bajo esta estructura doctrinal, el elemento fáctico juega un papel fundamental y el modo racional y experimental de llegar a su conocimiento es el adecuado científicamente. En este sentido, se reitera a la observación como el instrumento con eficacia científica en la concepción positivista, en reproche y rechazo a los criterios subjetivos y abstractos de la metafísica. COMTE resume magníficamente el método positivista, único adecuado y óptimo dentro del estado positivo del pensamiento humano, al indicar que "[...] La pura imaginación pierde entonces irrevocablemente su antigua supremacía mental y se subordina necesariamente a la observación, de manera adecuada para construir un estado lógico plenamente normal, sin dejar de ejercer, sin embargo, en las especulaciones positivas un oficio tan principal como inagotable para crear o perfeccionar los medios de conexión, ya definitiva, ya provisional [...]".

[17] COMTE, Auguste, *Discurso sobre el espíritu positivo*, Madrid, Alianza, 1984, pp.94 y ss. El positivismo en la concepción de COMTE es esencial y directamente social como consecuencia de la misma realidad de las cosas, que involucra precisamente el concepto de solidaridad social, el mismo que irradia de manera absoluta el pensamiento de DUGUIT. En la filosofía positiva de COMTE, el hombre propiamente dicho no existe, no puede existir más que en humanidad, en sociedad, y su desarrollo depende de ésta. Resalta COMTE, y es recogido por DUGUIT, que "[...] El conjunto de la nueva filosofía tenderá siempre a hacer resaltar, tanto en la vida activa como en la vida especulativa, el vínculo de cada uno con todos, en una multitud de aspectos diversos, de manera que se haga involuntariamente familiar el sentimiento íntimo de la solidaridad social, extendida convenientemente a todos los tiempos y a todos los lugares [...]". El nuevo pensamiento, el positivista, propugna la búsqueda activa del bien público, la felicidad de los individuos bajo criterios sociales. Este estado de cosas, al que COMTE denomina sutilmente "estado social", está nutrido de sentimientos benévolos que se desarrollan libremente dentro de él, pero reprime los sentimientos propiamente individualistas, esto es, los estrictamente personales.

prestándose los servicios requeridos por el colectivo de manera solidaria (Duguit, s.f.: 73[18]) y conforme a las reglas de la división del trabajo propuestas por los estudiosos de la problemática social (Duguit, 2008: 103).

Surge de esta forma para la teoría realista el postulado comprobado, según Duguit, de la ética de la solidaridad, expresión fundamentalmente sociológica que, como él mismo lo reconoce, se hace desprender, de manera directa y para las bases del ordenamiento jurídico, el de tener que ser, necesariamente, el Derecho, el que atienda y se ocupe de la problemática generada por los hechos sociales; el Derecho, en consecuencia, no puede mirarse más bajo la óptica del individualismo jurídico, productos de la metafísica acientífica, sino bajo el sentido de lo colectivo, pasando en esta dinámica a constituirse en un Derecho en esencia social, objetivo y positivo (Gurvitch, Ob. cit.: 657 y ss.[19]), nominado por el mismo Duguit, como Derecho Social, situación que da como resultado palpable en el pensamiento de Duguit (s.f.: 7), el que el Derecho es un producto de la vida social, que surge de las necesidades evolutivas de la misma sociedad.[20]

11. La negación del individualismo: Duguit, a partir de lo anterior, niega en absoluto el paso al individualismo en la construcción válida del poder, el Estado y sobre el Derecho (Comte, Ob. cit.: 92 y ss.[21]). Postulando, como lo hizo y expuso sistemáticamente, una ética de la solidaridad y la consolidación de un método sociológico fundado en el hecho social y su constatación realista, negando, en consecuencia, bajo la dinámica de estos planteamientos, cualquier posibilidad de validez a los métodos abstractos e idealistas basados en la metafísica, esto es proponiendo un estricto Derecho objetivo y positivista para la totalidad de sus elaboraciones doctrinales.[22]

12. El servicio público como instrumento de la solidaridad e interdependencia social: La postulación del servicio público como instrumento de la solidaridad e interdependencia social, es un deber funcional que se impone a los gobernantes en relación con su creación, dirección, organización y funcionamiento interrumpido. El

---

[18] Es de advertir que, en sus diferentes obras, León Duguit invoca los conceptos de solidaridad, interdependencia social y solidaridad social como la fuente motora de las obligaciones y prestaciones de servicios públicos a cargo de los gobernantes sobre la base de un Derecho social. Ideas centrales de la obra de Duguit que se reconducen doctrinalmente bajo el concepto de interés público, es decir, en cuanto la organización y prestación de los servicios públicos constituye bajo esta construcción teórica un imperativo de solidaridad social a cargo de los gobernantes que se proyecta de manera finalística sobre la colectividad.

[19] GURVITCH, Georges, *La idea del derecho social*, ob., cit., pp.657 y ss. Me remito en estos aspectos trascendentes de la obra de Duguit a las profundas críticas que este autor les formula en esta obra.

[20] En relación con la problemática del Derecho social se expone de manera objetiva el alcance de ella, reiterándose el origen social de los contenidos del Derecho y, sobre todo, la consideración de que es a partir del hecho social como se generan las relaciones del Derecho y el individuo, en donde el Derecho objetivo, determinado por lo social, entronca las razones sustentadoras de los verdaderos derechos subjetivos. Así las cosas, para Duguit, bajo la denominación de doctrina del Derecho social se califican "[…] todas las doctrinas que parten de la sociedad para llegar al individuo, del derecho objetivo para llegar al derecho subjetivo, de la regla social para llegar al derecho individual; todas las que afirman la existencia de una regla impuesta al hombre que vive en sociedad y que hacen derivar sus derechos subjetivos de sus obligaciones sociales; todas las doctrinas que afirman que el hombre, ser naturalmente social, se haya, por eso mismo, sometido a una regla social, que le impone obligaciones respecto de los demás hombres, y que sus derechos no son otra cosa que derivados de sus obligaciones, los poderes o facultades de que dispone para cumplir libremente y plenamente sus deberes sociales […]".

[21] COMTE, Auguste, *Discurso sobre el espíritu positivo*, ob., cit., pp.92 y ss. Para un mejor entendimiento de los fundamentos de las posiciones nugatorias del individualismo en la doctrina de Duguit, puede consultarse el interesante análisis que desde la perspectiva positivista efectúa Comte en torno al desarrollo del sentimiento social en sus posiciones filosóficas, que fueron indudablemente fuente inspiradoras del discurso realista de Duguit.

[22] Véase las críticas a estas tesis en la obra de GURVITCH, Georges, *La idea del derecho social*, ob., cit., pp.659 y ss.

crecimiento incontenible de la interdependencia social, aunado a la ética de solidaridad, el hundimiento del individualismo y sus sofismas metafísicos, el desvanecimiento del subjetivismo y de la noción de soberanía, el consecuente cambio material en el contenido mismo del concepto de Estado y, por lo tanto, el sentido del poder público y su ejercicio, volcados ahora de manera cierta en torno al realismo objetivo y el contexto de lo social, comprometieron de manera decisiva a la colectividad frente al individuo; compromiso que se concretó en la atención de sus necesidades primordiales, necesidades que se deben atender ahora mediante la prestación de servicios públicos, no simplemente clásicos ligados al viejo concepto de soberanía subjetivista y metafísica, como los de guerra, policía y justicia, que bajo los designios del realismo objetivo de Duguit también merecen atención de las autoridades; técnicos, como los de correos, ferrocarriles y enseñanza; sino, básicamente de aquellos que tienen relación directa con necesidades primordiales, o sea aquellos que de llegar a fallar o a interrumpirse por un solo instante, ocasionarían una ruptura profunda en la vida social misma: los llamados servicios industriales.

13. Los efectos de la noción de servicio público y en general de la construcción jurídica de Duguit en relación con el Derecho Administrativo: Tal como se ha expuesto ampliamente, se puede afirmar que Duguit explicaba la noción de servicio público como sustituta de la soberanía y del Estado configurando de esta forma el objeto del Derecho público en consecuencia del Derecho sustantivo de la administración, esto es, del Administrativo, bajo preceptos sociológicos finalísticos, objetivos y realistas: lo primero, en cuanto pone como centro para la edificación de conceptos jurídicos a la sociedad y sus necesidades (como demandante de servicios y al Estado como prestatario de los mismos); y lo segundo, como edificante del deber de satisfacción de los servicios en cabeza del Estado, en especial mediante su aparato administrativo. Conforme a esto, el Derecho Administrativo es el producto de las necesidades sociales y de los sentimientos de justicia social, de donde se deduce que el elemento identificador del concepto de servicio público es el de la solidaridad social, correspondiéndole en consecuencia a la administración una clara e inobjetable función social (Duguit, s.f.: 180 y 181[23]) que se concreta en la prestación de servicios públicos bajo un contexto inevitable de Derecho social, lo cual implica desconocer el fundamentalismo individualista en los análisis y aproximaciones reales en relación con la sociedad (Duguit, 1975a: 31[24]).

---

[23] Esta idea, que irradia la totalidad del trabajo doctrinal de Duguit, es resumida por el profesor en los siguientes términos: "[…] ¿En qué consiste, pues, esta noción de función social? Se reduce a lo siguiente: el hombre no tiene derechos, la colectividad tampoco los tiene. Hablar de derechos del individuo, de derechos de la sociedad, decir que es preciso conciliar los derechos del individuo con los de la colectividad, es hablar de cosas que no existen. Pero todo individuo tiene en la sociedad una cierta función que llenar, una cierta tarea que ejecutar. No puede dejar de cumplir esta función, de ejecutar esta tarea, porque de su abstención resultaría un desorden o cuando menos un perjuicio social. Por otra parte, todos los actos que realizase contrarios a la función que le incumbe serán socialmente reprimidos. Pero, por el contrario, todos los actos que realice para cumplir la misión que le corresponde en razón del lugar que ocupa en la sociedad serán socialmente protegidos y garantidos […]".

[24] Complementa lo anterior exponiendo lo siguiente: "[…] Esta noción de función social que advierten los hombres políticos y los teóricos publicistas, y que sitúan en la base del derecho público, es en el fondo la noción de servicio público […]".

3 Segunda Idea: *Hermann Heller* y la idea de función social y las cargas de la administración en la Base misma del concepto de Estado social de derecho

14. El concepto de Estado social de derecho surge de los trabajos del profesor HERMANN HELLER[25] principalmente del artículo publicado en 1929 "¿Estado de derecho o dictadura?",[26] en donde plantea la necesidad, para el viejo y simple Estado

---

[25] HERMANN HELLER. "¿Estado de derecho o dictadura?", en *Escritos políticos*, Madrid, Alianza, 1985, pp. 283. Como ya se anotó, este artículo fue originalmente publicado en *Die Neue Rundschau* (*El nuevo panorama*) (Berlín, Fischer, 1929). El concepto de Estado de derecho perteneció hasta la Primera Guerra Mundial al acervo común de ideas del derecho europeo. "[…] Como reivindicación no era discutido ni aun allí donde, ya en un todo ya parcialmente, no se le había reconocido o llevado a la práctica. Hasta la revolución bolchevique, incluso los grandes partidos socialistas interpretaban la dictadura marxista del proletariado en un sentido más o menos democrático y de Estado de derecho […]". Sin embargo, sostiene HELLER, esta situación ha cambiado sustancialmente (1929): las amenazas de la dictadura ante las debilidades del Estado de derecho son ostensibles. Las amenazas fascistas y del comunismo desbocado en Rusia son en sí mismas dictaduras contrarias a la democracia y al Estado social de derecho. HELLER veía con preocupación cómo incluso el mismo modelo de los bolcheviques había resquebrajado el concepto de Estado de derecho. "[…] La dictadura bolchevique, que no ha hecho en suma sino reasumir la forma de gobierno de Pedro el Grande, no ha conocido jamás la alternativa Estado de derecho o dictadura y puede quedar fuera de nuestra consideración […]". Y en realidad las inquietudes de HELLER eran absolutamente justificadas, tanto así que la Europa de su tiempo fue campo fértil para las más odiosas dictaduras fascistas y comunistas que el mundo pudo conocer y padecer.

[26] ABENDROTH. Wolfgang, "El Estado de derecho democrático y social como proyecto político", en *El Estado social*, Madrid, Centro de Estudios Constitucionales, 1986, pp. 13 y ss. No obstante lo anterior, la literatura especializada nos brinda referencias históricas que nos ubican en la documentación jurídica y política surgida de las revueltas obreras de 1848 en París, en donde, a partir de la transacción ideológica entre burgueses democráticos y voceros del movimiento obrero, se consolidó la fórmula del "[…] Estado de derecho democrático y social […]", pretendiendo comprender en éste el derecho fundamental al trabajo y al establecimiento de una especie de economía cooperativa de producción a la que concurriría tanto el capital como la clase obrera, idea retomada luego por el movimiento obrero y los socialistas europeos. Desde la perspectiva constitucional, antecedentes importantes en el constitucionalismo moderno se observan en la Constitución de la República de Weimar, que, si bien es cierto, no definió el Estado como social de derecho, sí adoptó en su codificación toda una serie de disposiciones relativas a los que podríamos calificar como derechos de segunda generación, tendientes a regular los conflictos que alteran el orden social. De esta forma, se introdujeron por primera vez en el constitucionalismo regulaciones sobre el trabajo, relaciones entre patronos y trabajadores, y disposiciones sobre seguridad social. Luego, en el constitucionalismo de la posguerra se observa que en algunas constituciones de los *Länder*, tanto de las zonas aliadas como de la rusa, fueron expedidas constituciones que fueron amas allá del viejo constitucionalismo de Weimar e incorporaron en sus textos cláusulas contentivas de mandatos concretos a los poderes públicos en el sentido de priorizar lo social en cuanto finalidad indiscutible del Estado de derecho en ellas organizado, "[…] incluso en Baviera, con absoluta mayoría del CSU, la Constitución del *Länd* encomendó al legislador la tarea de socializar la producción básica […]". Sin embargo, la consagración definitiva del concepto se da en la Ley Fundamental de Bonn de 1949, en sus artículos 20 numeral 1 y 28 numeral 1, que respectivamente disponen: "La República Federal de Alemania es un Estado federal, democrático y social"; "El orden constitucional en los *Länder* debe responder a los principios de Estado republicano, democrático y social, en el sentido de esta Constitución". Sobre las razones de su incorporación como fórmula constitucional indica ABENDROTH que "[…] Después de 1945, con el derrumbamiento del Tercer Reich y la liberación de Alemania –no por sí misma, sino en virtud de la victoria de los aliados–, se instaló la convicción en el pueblo alemán, o al menos en aquellos sectores que habían intuido lo que sucedió, que era necesario modificar no solo la estructura política, sino también la estructura social, ya que las clases dominantes de épocas anteriores eran responsables de la toma del poder que condujo al Tercer Reich y de la participación en la guerra emprendida por éste […]". MARTÍN-RETORTILLO BAQUER, Sebastián, *Derecho económico* I, Madrid, La Ley, 1988, p. 31. Atribuye a LORENZ VON STEIN ser el precursor de la idea de Estado social. Este pensador, a partir del análisis de las revoluciones francesas de 1830 y 1848, entendió y postuló que había llegado ya el tiempo de concluir con las revoluciones políticas y habría de abrirse paso a las de significado social. "[…] son estas revoluciones las que pueden evitar las otras […]". A partir de la influencia de HEGEL, hace clara diferencia entre sociedad y Estado. El Estado debe conducir a la sociedad, de donde se concluye el carácter teleológico de su accionar.

de derecho[27] moldeado conforme los parámetros del liberalismo económico clásico, de asumir un papel central y principalísimo en la atención a los conflictos sociales, so pena de generar la ruptura total del sistema y la caída del Estado de derecho y democrático por los senderos de las dictaduras despóticas.[28] Predicaba la necesidad de que el Estado de derecho se trasformara en un Estado social de derecho, que procurara la consolidación de la igualdad en un sentido material, que abarcara la totalidad de la "cuestión social", y no se agotara en una simple igualdad formal. La igualdad material implicaba reconocer derechos y adoptar decisiones con incidencia directa en la vida social de los ciudadanos más allá del ámbito estricto del individualismo y de los simples derechos subjetivos.[29]

15. Para HELLER era absolutamente claro la necesidad del cambio cualitativo en el papel del Estado en relación con la sociedad abandonando su esencia estrictamente individualista derivada de los razonamientos propios de una revolución agotada como la francesa. Las nuevas circunstancias sociopolíticas y económicas de la sociedad, circundadas por la lucha y enfrentamiento entre las clases burguesas y trabajadora, en consecuencia, con presencia de nudos insalvables de intereses de naturaleza diversa, llamaban de manera perentoria a generar instancias de concertación política con el propósito ineludible de evitar la radicalizaran de las contradicciones permitiendo el auge y fortalecimiento de las ideas absolutistas.[30]

16. La idea de lo social interrelacionado con el derecho en la base del Estado, que llevo a HELLER a proponer precisamente el concepto de función social del Estado, no ha sido por lo tanto, en su concepción fundante un simple producto de la arbitrariedad del pensamiento político. La evolución del concepto corresponde a una respuesta doctrinal a la evolución anormal y crítica del capitalismo dominante en la Europa entre los siglos XIX y XX, que alteró radicalmente las condiciones sociales de los pobladores del viejo continente. La industrialización, el crecimiento desmedido y desordenado de los centros de producción, la ruptura de la capacidad de subsistencia autónoma de los individuos, el crecimiento demográfico aunados al rompimiento de las reglas económicas del liberalismo puro, hicieron inevitable el apresurado despertar de la intervención estatal, en procura de nivelar las profundas desigualdades generadas por el sistema en

---

[27] En relación con el alcance y significado del concepto de Estado de derecho puede consultarse entre otros los siguientes trabajos: DANILO ZOLO. "Teoria e crítica do Estado de direito", en *O Estado de direito: história, teoria, crítica*, São Paulo, Martins Fontes, 2006, pp. 3 y ss. En esta misma compilación, PIETRO COSTA. "O Estado de direito: uma introdução histórica", pp. 95 y ss.; LUIGI FERRAJOLI. "O Estado de direito entre o passado e o futuro", pp. 417 y ss.; así mismo, ELÍAS DÍAZ. *Estado de derecho y sociedad democrática*, Madrid, Taurus-Alfaguara, 1991, pp. 23 a 42.

[28] HELLER indudablemente tomaba como elemento objetivo de análisis la evolución de la Constitución de Weimar que había retomado las fórmulas del concepto en estudio, y su traumática situación a partir de la interpretaciones de los tribunales de la época que prácticamente habían vaciado de contenido los perentorios mandatos sociales establecidos en la mentada constitución. HELLER predecía que quizá con otros jueces, que habrían de llegar con el cambio social, otro sería el destino de la interpretación constitucional ("¿Estado de derecho o dictadura?", cit.). Así lo destaca el profesor ABENDROTH ("El Estado de derecho democrático y social como proyecto político", cit.): "[…] Fue mérito del constitucionalista Hermann Heller demostrar que el verdadero contenido de la Constitución de Weimar tenía que ser caracterizado precisamente desde esa fórmula de democracia social en la forma de Estado de derecho, y que era misión de la ciencia jurídica, así como de la clase trabajadora, actuar a favor de la realización de esa exigencia constitucional […]".

[29] HELLER. "Las ideas socialistas", en *Escritos políticos*, ob., cit., pp. 303 y ss.

[30] Ídem.

sus pobladores,[31] haciendo del Estado un concepto vinculado inevitablemente con una función social que debía asegurar la convivencia y la cooperación entre los hombres.[32]

Para HELLER, este conjunto de circunstancias y en consecuencia el abandono paulatino de la democracia y de la idea material de Estado de derecho, le era atribuible básicamente a la burguesía y a su posición excluyente en el manejo de los poderes públicos y al no ofrecer en consecuencia, en cuanto clase dominante, una respuesta adecuada en aras de preservar estos valores de la hecatombe dictatorial. En la realidad de las cosas, se desprende de la obra de HELLER, que la dictadura y la crisis del Estado de derecho, obedecen a los mismos intereses mezquinos del capital y de la burguesía que para subsistir preferían entregar los principios y valores inmanentes en el concepto de Estado de derecho tomando el sendero oscuro de la dictadura.[33]

El modelo de Estado social de derecho, surge entonces, como una propuesta de HELLER, en la búsqueda de un afanoso punto de encuentro de intereses, de por sí contradictorios y antagónicos, como lo eran, y lo siguen siendo hoy, los propios del capital y los de los trabajadores, en aras de consolidar la democracia y el modelo de Estado derecho pero desde una perspectiva material vinculada a lo social.

17. En esta dirección, para HELLER el concepto de Estado de derecho se ve históricamente acrecentado por la realidad de lo social, que determina que sus bases deriven de la consistencia de las relaciones de intercambio, que hacen a los actores de la vida social interdependientes entre sí, y que en consecuencia los obliga a generar reglas y normas de seguridad jurídica suficientemente adecuadas y fuertes para mantenerse en esta situación óptima. Es precisamente esta circunstancia la que hace inevitable el paso del simple Estado de derecho al de un verdadero Estado social de derecho.

El asunto resultaba absolutamente claro en el pensamiento de HELLER, al afirmar que tan solo podía entenderse el sustrato social del Estado de derecho en la medida en que se admitiese como válido el necesario reconocimiento de un punto de encuentro unitario, entre los grupos sociales antagónicos, a partir de la fuerza de las relaciones de intercambio, tanto social como económico, el resultado de este proceso no puede ser otro que el del surgimiento de un moderno Estado derecho sustentado en lo social con reglas centrales de acción social, dirigidas a estos propósitos ineludibles de la nueva organización política y jurídica.[34]

---

[31] HELLER, H, "¿Estado de derecho o dictadura?", originalmente publicado en *Die Neu Rundschau*, Berlín, Fischer, 1929. Para este trabajo se utiliza la edición española, Madrid, Alianza, 1985, pp.284 y ss (Col., Escritos Políticos).

[32] NIEMEYER. Gerhart, "Prólogo" en HELLER, H., *Teoría del Estado,* México, Fondo de Cultura Económica, 1985, p. 12.

[33] HELLER. "¿Estado de derecho o dictadura?", ob., cit., pp. 284 y ss. "[…] ¿Significa la extensión de las dictaduras por Europa que haya tocado a su fin el Estado de derecho y que vaya a ser sustituido por una forma de Estado mejor adaptada a nuestro ser social de hoy?"

[34] HELLER. "¿Estado de derecho o dictadura?", ob., cit., p. 284. El asunto resultaba sencillo en el entender de HELLER: el crecimiento de la división del trabajo, esto es la dinámica misma de la economía, llevaría a que necesariamente las clases sociales enfrentadas generaran las condiciones necesarias para su armonización unitaria y central, una especie de contrato social a partir de la definición de lo fundamental que les diera seguridad jurídica. "[…] Sólo pueden entenderse sus bases sociales cuando se advierte cómo el alza creciente de la cultura consiste en el hecho de que aumente la división del trabajo, y con ello, en que grupos sociales, localmente distantes entre sí, al verse forzados a entrar en relaciones de intercambio, lleguen a ser recíprocamente dependientes. Al crecer la división del trabajo y aumentar los intercambios se hace precisa en un grado más elevado una seguridad del tráfico consonante con ese crecimiento, idéntica en su generalidad a la que los cultivadores del derecho denominan seguridad jurídica. Seguridad del tráfico o seguridad jurídica se hacen posibles meced a una intensificación en la calculabilidad y

En este sentido el Estado material de derecho, va mucho más allá del clásico Estado de derecho sumido en el simple postulado de la división de poderes, de un imperio formal de la ley y de la igualdad, que lo justificaron originariamente bajo consideraciones individualistas burguesas y se adentra en los intereses de la sociedad misma.[35] En la era del capitalismo desarrollado y organizado la democracia social daría un giro profundo a esta situación de principios en la base del Estado derecho haciendo mucho más incluyente la organización política, y sobre todo, con reglas teleológicas sustancialmente sociales.[36]

Los anteriores análisis corresponden a los estudios de HELLER en torno al Estado europeo de su época que se debatía entre el fascismo y la democracia, polarización, que pasó a configurar una profunda preocupación que marcaría su obra, dilema al que dio respuesta sosteniendo la necesidad de la consolidación del sistema democrático, como medida de salvación de la comunidad nacional de cultura, para lo cual sugería ajustar las viejas estructuras del modelo de Estado de derecho a las de un verdadero Estado social de derecho.[37]

Es que precisamente el Estado europeo de los años treinta, atravesaba una profunda y peligrosa crisis, que llamaba con extrema urgencia a una pronta atención renovadora, crisis derivada en lo fundamental de una clara disolución de la comunidad de valores sustentada en la vieja lucha entre la burguesía y el proletariado tan solo conciliable sobre la base de la aceptación del modelo mediador del Estado social de derecho.[38] Es clara la preocupación de HELLER en torno a este asunto, precisamente se preguntaba en sus obra ¿Por cuánto tiempo soportaría la democracia burguesa la lucha de clases? ¿Hasta cuándo cabrá esperar del proletariado que se ajuste a la forma jurídica-democrática de la lucha de clases?[39]

---

en la acomodación a planes conseguida con las relaciones sociales. Porque esa calculabilidad puede alcanzarse solamente si las relaciones sociales y ante todo las económicas se someten en medida creciente a un orden unitario, esto es, a una normación desde el punto de vista central del territorio. El resultado provisional de este proceso de racionalización social es el moderno Estado de derecho, surgido en lo esencial de una voluminosa legislación, vale decir, del establecimiento consciente de reglas para la acción social, reglas que en relación con un ámbito de personas y de cosas han ido progresivamente excluyendo, en beneficio de la creación y la ejecución de normas desde un núcleo institucional central, la defensa propia [...]".

[35] HELLER. "Las ideas socialistas", ob., cit., p. 303. "[...] la democracia social reconoce sólo al pueblo, en su totalidad socialmente solidario, como fundamento justificativo del gobierno [...]. Por esta razón el orden natural al que aspira el socialismo es no solo el del pueblo jurídicamente igual y socializado, no solo de la igualdad de clases, sino el de la socialización económica [...]".

[36] HELLER. "¿Estado de derecho o dictadura?", ob., cit., p. 290. "[...] La reivindicación por el proletariado de una democracia social no significa otra cosa que la extensión al orden del trabajo y de las mercancías de la idea de Estado material de derecho [...]".

[37] López Pina, Antonio, "Fascismo o democracia, dilema de Hermann Heller", prólogo al libro *Escritos políticos*, de Hermann Heller, Madrid, Alianza, 1985, pp. 9 a 18.

[38] HELLER. "Europa y el fascismo", en *Escritos políticos*, ob., cit., p. 22. La unidad nacional en torno a lo fundamental es la idea central del Estado en la teoría de HELLER, sobre todo cuando ella se hace en torno al acuerdo social, que es en últimas el que genera la realidad del Estado de derecho volcado hacia lo social. "[...] Supuesto de toda formación del Estado es siempre la actividad de su contenido común de voluntad, capaz de integrar la pluralidad social, eternamente antagónica, en la unidad del Estado. Por que el Estado, el pueblo como unidad política, no existe, ni antes, ni sobre el pueblo como pluralidad, ni nace tampoco por un mero acuerdo racional de esa pluralidad. Por eso, la medida que en cada momento exista de esa unidad, de ese contenido común orgánico, de voluntad, y la cantidad que pueda y haya de unificarse, es siempre un problema decisivo [...]".

[39] López Pina, Antonio, "Fascismo o democracia, dilema de Hermann Heller", ob., cit., pp. 9 a 18.

Los antagonismos de clases y los demás que dividían a la sociedad como los económicos, e incluso los espirituales, requerían de una profunda revisión de los contenidos políticos del Estado, esto con el indiscutible propósito de lograr un punto óptimo de armonización de los antagonismos, para lo que se debería construir un modelo que garantizara la comunidad política de valores y voluntad, donde el Estado europeo no tenía nada que apropiarse del fascismo para estos efectos, reiteraba en esta dirección que el modelo fascista no tenía nada que decirle ni aportarle a una sociedad políticamente enferma como las de su época.[40] El fascismo buscaba ante todo la ruptura y muerte del Estado de derecho, la desaparición del principio de la división de poderes y de las garantías constitucionales de los derechos fundamentales.[41]

El fascismo, más que un simple proyecto de poder, era ante todo, según Heller, una forma de dictadura propia de una degeneración del capitalismo que nada bien le trae a la democracia y al destino de la sociedad en general. El fascismo es ante toso un modelo desequilibrado no portador de consensos, es ante todo, contrario a estos, es una manifestación de clase dominante, la burguesa precisamente que se impone y reina bajo la figura dictatorial.

18. El modelo de Estado social de derecho o Estado material de derecho, es un modelo de integración social, equilibrado, configurado básicamente a partir del consenso de clases que es en esencia el sustrato mismo de la democracia, por lo tanto, contrario al fascismo y sus bases determinantes.[42] Conforme a los postulados del modelo de Estado social de derecho, el Estado no puede de manera alguna constituirse en un simple instrumento de las clases dominantes en cuanto es el producto precisamente del consenso de burgueses y proletarios. El modelo de integración hace parte del necesario y profundo proceso de revisión política de la sociedad que propone HELLER y que se reconduce por un triple sendero, el político, el de la búsqueda de una homogeneidad social y el del salto del modelo de Estado de derecho a un verdadero Estado social de derecho. Veámoslos:

El político que implica una especie de alianza de compromisos entre las clases sociales, lo que significaba la revisión inmediata de la figura del Estado clasista burgués predestinado a ser el instrumento de las relaciones capitalistas de producción. En este aspecto la propuesta de HELLER reclama la instauración de un "[…] *Estado de integración nacional* […]" caracterizado por el equilibrio, el consenso y las concesiones mutuas entre

---

[40] HELLER, "Europa y el fascismo", ob., cit., p. 21.

[41] LÓPEZ PINA, Antonio, "Fascismo o democracia, dilema de Hermann Heller", ob., cit., pp. 9 a 18. Destaca el prologuista de HELLER cómo este autor tenía una visión siempre negativa del fascismo; en resumen, consideraba al modelo "[…] más allá de un proyecto de poder en el que la norma carente de voluntad era sustituida por la voluntad al margen de toda norma; no más de un plan de reemplazamiento de un derecho impotente, por el poder sin derecho. Tal proyecto aspiraba a operar formalmente mediante la sustitución de la democracia por el plebiscito y la aclamación […]", que derivaba en un estado corporativo.

[42] HELLER. "Socialismo y nación", en *Escritos políticos*, ob., cit., pp. 176 a 178. El obrero tan solo podrá ser realmente hombre bajo el esquema de una comunidad nacional de cultura. El socialismo no se hace en el aire sino en una comunidad concreta y en una parcela concreta de superficie terrestre. Es en la nación donde el socialismo debe consolidarse, pero entendiendo que la nación es un todo complejo. "[…] La nación debe estar dispuesta a aceptar a la clase obrera en la forma en que ha moldeado su propio destino, o se derrumbará en el dramático forcejeo con ella […]". Desde la perspectiva jurídico política, esto se logra dentro del Estado, entendiéndolo precisamente como "[…] aquella asociación que asegura el última instancia y en un determinado territorio la coordinación de todas las acciones sociales […]".

el capitalismo y la clase trabajadora. Se trataba de un modelo que partía de la necesidad de mediar compromisos de clase para su viabilidad.[43]

19. En este sentido, se ha entendido entonces, que la propuesta de HELLER, vinculada al ámbito de lo jurídico significaba que el modelo de Estado propuesto, al que llamaba social de derecho, no era más, que la forma en que las clases sociales en conflicto, llegaban a un equilibrio óptimo y adecuado por las vías pacificas, regulando de esta manera, en derecho, sus intereses.[44] El Estado social de derecho, surge por lo tanto, del acuerdo negociado de intereses entre los sectores radicalmente opuestos de la sociedad: el movimiento obrero y la burguesía, que a partir de renuncias mutuas de "[…] *lucro o compensaciones* […]" lo edifican en desarrollo de su voluntad política.[45]

20. El de la homogeneidad social[46] es el acuerdo sobre lo fundamental, es el punto de encuentro de las voluntades políticas de las clases enfrentadas que les permite determinar una base concreta y cierta sobre las cuales edificar el modelo social de derecho mediante la conformación de lo que llama como "[…] *comunidad nacional de cultura* […]". Sin embargo, HELLER visualiza un problema de fondo para el logro de este propósito y es el referido al tipo de concesiones entre las clases sociales, dificultad de la mayor entidad que invita a que los sectores progresistas de la burguesía ofrezcan, a través de las formas jurídicas, suficientes compensaciones a la clase obrera.[47]

21. El de la necesaria transición del viejo y clásico Estado liberal o simple Estado de derecho, al Estado social de derecho, este sí de profundo contenido material en cuanto emana de un compromiso de clases sociales. No obstante, en la teoría de HELLER el Estado social de derecho es ante todo una mera transición al verdadero socialismo, pero con un profundo contenido sustancial que se traduce en una clara y evidente dominación, un orden justo, de la autoridad sobre la economía, dominación que en últimas es la gran garantía, la más grande concesión de la burguesía en relación con los intereses de la clase obrera.

Esta concesión conlleva de por sí una consecuencia inevitable, la de la suspensión del elemento de crisis en el enfrentamiento de la clase obrera con la burguesía: la alienación del trabajo bajo la forma capitalista de producción, esto es, una suspensión de las condiciones burguesas, para el logro de un orden en la producción, la ruptura a la desigualdad y, sobre todo, el abandono a la dominación de la clase burguesa sobre la trabajadora,[48] todo esto enmarcado dentro de lo que HELLER denomina como una clara función social del Estado.[49]

---

[43] Ibíd., p. 193.

[44] HELLER. "Socialismo y nación", ob., cit., p. 197. "[…] La conciliación justa de los intereses económicos y con ello de los órdenes económicos es una meta socialista políticamente alcanzable […]"

[45] LÓPEZ PINA. Antonio, "Fascismo o democracia, dilema de Hermann Heller", ob., cit., pp. 9 a 18.

[46] HELLER. "Democracia política y homogeneidad social", en *Escritos políticos*, ob., cit., p. 257.

[47] LÓPEZ PINA, Antonio, Fascismo o democracia, dilema de Hermann Heller", ob., cit., pp. 9 a 18.

[48] HELLER. "Socialismo y nación", cit., p. 184. Véase igualmente: LÓPEZ PINA. "Fascismo o democracia, dilema de Hermann Heller", cit., p. 17. "[…] Con tal suspensión, ira asociada una superación de las relaciones de dominación de clase, de las contradicciones y enajenaciones de la sociedad burguesa […]".

[49] HELLER. *Teoría del Estado*, ob., cit., pp. 217 y ss. El Estado, bajo los designios de la teoría de HELLER, era ante todo un concepto teleológico, por lo tanto finalístico, asunto este planteado desde ARISTÓTELES. El Estado es un fin en sí mismo y ese fin se proyecta inevitablemente sobre lo social.

22. En últimas, la instauración del modelo de Estado social de derecho, propugna para que el Estado se dote de potencial económico propio; limite de manera considerable la propiedad privada y el capital; subordine el trabajo y la producción al derecho; considere bajo los presupuestos de un Estado material de derecho el orden laboral y la producción; intervenga jurídicamente mediante el ejercicio de la fuerza necesaria en el trabajo y la economía, imponiendo de ser el caso sanciones a los infractores[50]; declare como de interés público aquellos sectores de la economía vitales para la sociedad y hasta ahora bajo la dominación estricta de los particulares, y por lo tanto sujetos, a un estricto derecho privado, abriendo las puertas en este sentido a la socialización de la producción, la agricultura, la minería, la industria y la banca, esto en la aspiración de ver al Estado como el gran empresario nacional, proceso al que HELLER[51] veía como esencialmente democratizador.[52]

4 Tercera Idea: *Ernst Forsthoff* y la idea de función social y las cargas de la administración en el Estado asistencialista y prestacional – idea de *Daseinsvorsorge*–

23. El llamado criterio de la procuración de existencia vital, también conocido como el criterio de la administración pública servida bajo la idea de *Daseinsvorsorge*, o de la administración abastecedora, corresponde a los trabajos desarrollados por ERNEST FORSTHOFF principalmente en su ya clásico artículo de 1938 en relación con "*La administración como prestadora*", idea y concepto posteriormente reiterados, ya en vigencia de la Ley Fundamental de Bonn, en algunos de sus escritos referidos con el alcance de la cláusula del Estado social de derecho incorporada en la mencionada Ley Fundamental y que le sirvieron en 1959 para publicar "Cuestiones jurídicas de la administración prestadora", con el cual pretendía afianzar su teoría en relación con el concepto de la procura existencial y el papel estelar de la administración en torno a estos propósitos precisamente como una idea vinculada al concepto de lo social desde la perspectiva constitucional.[53]

24. La procura existencial,[54] incorpora toda una concepción sociológica y teleológica, que retoma en esencia elementos interventores y prestadores propios de

---

[50] HELLER. "Socialismo y nación", ob., cit., pp. 178 y ss. La economía vinculada a lo social no resulta entendible e inexplicable en un estado que carezca de instrumentos ordenadores, "[…] ya que el Estado no es en última instancia sino la sociedad ordenadora y ordenada definida en el territorio […]". El aparato estatal es el gran depositario de la coerción de la fuerza. "[…] Mediante su aparato de coacción, el Estado asegura la acción colectiva ordenada, en un territorio determinado, de todas las relaciones sociales […]".

[51] HELLER. "Las ideas socialistas", ob., cit., p. 303.

[52] LÓPEZ PINA, Antonio, Fascismo o democracia, dilema de Hermann Heller", ob., cit., p. 18.

[53] MAGALDI. Nuria, *Procura existencial, Estado de derecho y Estado social. Ernst Forsthoff y la crisis de Weimar*, Bogotá, Universidad Externado de Colombia, 2007, p. 65.

[54] MARTÍN-RETORTILLO BAQUER. "La administración pública y el concepto de *Daseinsvorsorge*", en *Revista de Administración Pública*, No. 38 mayo-agosto, 1962, pp.37 y 38. Con la expresión "procura existencial" se titula la tesis que sobre el carácter prestacional de la administración moderna instituye la doctrina alemana en el concepto de *Daseinsvorsorge* y cuyos efectos resumió en los términos *Leistende Verwaltung*. explica sus alcances en el idioma castellano en los siguientes términos: "Dicho término es un conglomerado de tres raíces distintas: la palabra *Sorge*, que significa cuidado, atención, dedicación; el término *Vor* es una preposición que encierra la idea de precedencia o anterioridad, ya sea en el tiempo o en el espacio: antepuesta aquí al término *Sorge* viene

la concepción francesa de los servicios públicos,[55] y que tras la expedición de la Ley Fundamental de Bonn, se reconduce como visible efecto de los postulados del Estado social de derecho, por lo menos, así se desprende de las diferentes exposiciones de FORSTHOFF, en las justificaciones a su famosa disgregación de los conceptos de Estado de derecho del propiamente social de derecho, que tantas críticas le mereció en la doctrina de su época.[56]

25. Como realidad sociológica sus fundamentos se decantan de las inevitables relaciones entre Estado y sociedad, y las responsabilidades de la administración en procura del suministro de los bienes y servicios requeridos para nivelar las condiciones de vida del hombre en sociedad. En consideración de FORSTHOFF, el principal y más importante órgano del Estado, como lo es la administración pública, tiene en este sentido

---

a expresar conjuntamente el significado de preocupación, procuración, cuidado preventivo, prevención, etc.; la palabra *Dasein*, por fin, sirve para denominar la propia existencia humana. El conjunto de los tres términos nos da, pues, como traducción de la palabra *Daseinsvorsorge*, la idea de preocupación por la existencia humana, de preocupación de los presupuestos vitales o, mejor aún, superando la traducción estrictamente literal para referir su contenido ideológico, la idea de asistencia vital o de prestaciones vitales [...]. Se quiere expresar, por tanto, una actividad que dice relación con la existencia o con la vida humana en su más pleno sentido. La otra expresión, *Leinstende Verwaltung*, es ya de más fácil traducción en cuanto que *Verwaltung* significa [...] administración, y *Leinstende* es un adjetivo derivado del verbo *leisten*, que quiere decir abastecer, proporcionar. Se trata, pues, de la administración que abastece, que proporciona, que actúa directamente para poder abastecer y proporcionar bienes a los administrados" (pp. 37 y 38).

[55] De cierta manera la doctrina encuentra puntos de encuentro entre la teoría del servicio público y la procura existencial en este sentido puede consultarse a BASSOLS COMA. "Servicio público y empresa pública: reflexiones sobre las llamadas sociedades estatales", en *Revista de Administración Pública*, No 84, 1977. Posición crítica a este acercamiento se observa en el trabajo de MARTÍN BULLINGER "El servicio público francés y la *Daseinsvorsorge* en Alemania" (en *Revista de Administración Pública*, n.º 166, 2005), para quien las dos concepciones tienen puntos de partida totalmente diferentes; sus fuentes y desarrollos corren por caminos diversos. Mientras DUGUIT en Francia deja entrever en sus trabajos la configuración de un Estado restringido a lo estrictamente necesario para la prestación de los servicios públicos, FORSTHOFF en Alemania se refería en esencia a un Estado de bienestar omnipotente o total con una competencia general en todos los órdenes. "[...] según Duguit, la concepción, en el fondo liberal, de la república burguesa como unidad suprema prestadora de servicios cuidadosamente limitados; según Forsthoff, la idea conservadora y romántica del Estado como suprema comunidad de convivencia con responsabilidad general para con el bienestar de sus miembros [...]". Mientras DUGUIT partía del concepto de fraternidad traducido en el de solidaridad social y cooperación de servicios públicos, FORSTHOFF no incursionaba para nada por estos senderos sociológicos y filosóficos: su punto de partida estuvo siempre fundado en el ideal del Estado autoritario. "[...] Debido a ello, la subordinación a la omnisciencia de los gobernantes (principio de autoridad) era el elemento decisivo de la procura existencial, no la cooperación en la solidaridad según Duguit [...]". En definitiva, las dos tesis parten de conceptos antagónicos como son los de solidaridad, en la construcción de DUGUIT, y el de subordinación, en la teoría de FORSTHOFF.

[56] FORSTHOFF. "Problemas constitucionales del Estado social", en El Estado social, Madrid, Centro de Estudios Constitucionales, 1986., pp. 43 y ss. En el mismo sentido puede consultarse de este autor: "Concepto y esencia del Estado social de derecho", en *El Estado social*, cit., pp. 69 y ss. Para FORSTHOFF, como se ha reiterado a lo largo de este trabajo, las cláusulas de Estado social y de Estado de derecho resultaban absolutamente incompatibles dentro de un mismo plano constitucional. Precisamente en la primera de las obras, al abordar el problema del alcance de la cláusula del Estado social indica FORSTHOFF lo siguiente: "[...] La cuestión que se plantea es si dos estados tan distintos, con estructuras jurídicas tan diferentes como las del Estado social de prestaciones y las del Estado de derecho de libertades pueden ser acoplados en una misma constitución [...]", inquietud a la cual brindó FORSTHOFF una respuesta negativa, no aceptando su posición simultánea en un mismo plano y sobre todo reconduciendo el concepto de lo social a un concepto abierto, sin contenido determinado y absolutamente imposible de definir. "[...] Cualquier intento de plasmar en una fórmula conceptual al Estado social corre el riesgo de sufrir interpretaciones tan contradictorias como las del término social. Adaptando una expresión humorística sobre el romanticismo está uno tentado a decir: social es un *indefinibles definiens*. Bajo estas consideraciones, estimo que las afirmaciones generales sobre Estado social son de escasa utilidad [...]". El Estado es esencialmente un fenómeno de fuerza, de poder, de dominación, y demanda obediencia. En este sentido, para FORSTHOFF el Estado no es el social: el Estado, por medio de la administración, cumple cometidos sociales, que es diferente; el Estado puede asumir funciones sociales con miras a brindar asistencia al hombre incapacitado de obtener por sí mismo los niveles vitales de vida que su existencia reclama.

importantes atribuciones para hacer presencia ante la crisis del hombre en el contexto de una sociedad que lo ahoga e impide que mediante sus esfuerzos individuales satisfaga plenamente sus necesidades vitales. De esta forma llega a sostener que el Estado, mediante la administración, debe procurar al individuo el acceso a las ventajas y beneficios de la tecnología y el desarrollo: hacerle óptima su estancia en la vida, situación que en razón de las complejidades de la vida moderna, le resulta al individuo imposible conseguir de manera aislada.[57]

26. El ser humano, sostiene FORSTHOFF, en el transcurso de los años –siglos XIX y XX– ha visto transformar de un modo decisivo su existencia individual en la dirección de un evidente deterioro de su espacio vital, tanto el individual, esto es, el que dominaba a través de sus propias fuerzas del cual era amo y señor –la casa, el taller, su pequeña huerta, el corral y sus dependencias, los animales etc.–, como el común o efectivo, aquel que lo nominaba como un ser que hacía presencia en una determinada sociedad dentro de la cual se desarrollaba y obtenía ciertas ventajas –vías, ferrocarriles, comunicaciones, servicios públicos etc. Lo que se observa desde los comienzos del siglo XIX, por lo menos en Europa, indica FORSTHOFF, en relación con el espacio vital individual, es una paulatina y sucesiva renuncia del mismo, no por voluntad propia, sino básicamente por el aumento desmesurado de la población que ha desplazado al hombre de esos beneficios que le proporcionaba la individualidad[58] y que a no dudarlo impactaron en el espacio vital efectivo en la medida en que provocaron su ampliación y adecuación a las nuevas necesidades.[59]

27. FORSTHOFF ejemplifica este nuevo contexto que debe enfrentar el Estado a través de la administración, enfatizando la incidencia de la conmoción social sobre el mismo.[60] La fuerza irresistible de los acontecimientos sociales provocada por la expansión técnico industrial; el desarrollo casi sin transición al régimen de gran ciudad; el rápido aumento de la población multiplicada en el curso de un siglo; los movimientos migratorios; la aglomeración de grandes masas de población en espacios reducidos, todos estos factores han influido consecuente y necesariamente en el Estado, llevándolo a afrontar una penosa realidad sociológica: la ostensible reducción de los niveles de

---

[57] FORSTHOFF. "Problemas constitucionales del Estado social", ob., cit., pp. 47 y ss.

[58] Ídem. En la fundamentación de su tesis FORSTHOFF es demasiado gráfico, aunque poco científico. Deduce lo que le parece adecuado y elemental en relación con el problema al cual le pretende dar una solución jurídica. Sostiene sobre las causas de esta ruptura lo siguiente: "[…] El paso de la casa y el corral a la casa de alquiler, piso, cuarto amueblado o hasta el mero lugar donde se duerme, son renuncias sucesivas al espacio vital dominado […]". Estas renuncias, por lo demás, no queridas ni deseadas por el hombre mismo, implican renuncias a garantías sustanciales de su existencia individual. "[…] El hombre sin espacio vital que domine, que no puede sacar el agua del pozo, que no puede recoger en el bosque la leña que necesita para el hogar, que no puede obtener del huerto o del establo los alimentos necesarios, vive en una situación de notoria necesidad […]". El hombre depende en consecuencia, para su supervivencia, de otros mecanismos y acciones, "[…] Depende de un puesto de trabajo con un salario que le permita obtener al menos el mínimo vital para sí y para su familia, y si no tiene trabajo necesita una ayuda en dinero […]".

[59] Ídem. En la medida del decrecimiento de la subsistencia individual crece la presencia social de servicios y de atenciones comunales al desvalido, así lo deja ver la teoría de FORSTHOFF cuando encuentra coherente el aumento del espacio vital colectivo en la medida en que se observa la reducción del vital individual: "[…] Esta reducción del espacio vital dominado tiene su contrapunto en la extraordinaria ampliación del espacio efectivo vital que el progreso de la técnicas ha hecho posibles […] Este desarrollo es para la estructura del Estado de gran repercusión […]".

[60] MAGALDI, Nuria, *Procura existencial, Estado de derecho y Estado social. Ernst Forsthoff y la crisis de Weimar*, ob., cit., p. 71.

vida y la imposibilidad de sus ciudadanos de subsistir tanto en sus espacios vitales individuales como en los comunitarios, que se degradan cada vez más.[61]

28. Este nuevo mundo trajo consigo para la administración la más radical transformación de sus responsabilidades. Del ámbito exclusivamente vigilante pasó al mucho más actuante, directo y protagonista en la prestación de servicios, en el suministro de bienes necesarios para la comunidad. De una mentalidad y formación funcional estrictamente estática se traslada el Estado, y en consecuencia su administración, a un mundo en donde sus cometidos y su objeto están determinados por el orden social, por su formación justa y adecuada. Nos encontramos, por lo tanto, sostiene Forsthoff, *"en el terreno de la justicia distributiva y conmutativa"*, para un conglomerado humano que no se enfrenta a la administración de manera independiente, *"sino en situación de dependencia. El individuo necesita para su vida diaria de los servicios de la administración"*, necesita de su *"asistencia vital"*.[62]

29. Como se observa, bajo la construcción doctrinal de FORSTHOFF, el desbalance entre las necesidades que el hombre no puede satisfacerse por sí mismo y las que requieren para conformar el mínimo vital debe provéelo el Estado a través medidas organizadas que garanticen amplios mecanismos de abastecimientos. Corresponde, por tanto, al Estado, acudir en subsidio de esas prestaciones deficientes e imposibles de consolidar individualmente por los asociados. El Estado a través de la administración suple las deficiencias de sus asociados garantizando los niveles necesarios de sus espacios vitales, mediante el abastecimiento de bienes y servicios. El Estado, por lo tanto, abandona su

---

[61] FORSTHOFF. "Problemas constitucionales del Estado social", ob., cit., pp. 47 y ss.

[62] FORSTHOFF. *Tratado de derecho administrativo*, Madrid, Instituto de Estudios Políticos, 1958, pp. 61 a 68; 96 a 119 y 473 a 480. El fenómeno del Estado comprometido con el orden social lo sitúa FORSTHOFF en una etapa posterior a la del simple Estado liberal, en el que la administración debe entrar a adoptar posiciones activas en el restablecimiento de unas condiciones de vida normales para una población necesitada de servicios básicos y requirente de la adecuación de sus espacios vitales entorpecidos o perdidos en el conflicto social del mundo técnico e industrial. En este sentido, "el orden social no es para el Estado un dato, sino cometido y objeto de formación [...]. En efecto, el presupuesto de la acción estatal es que la situación social debe de ser mejorada". Para estos efectos, FORSTHOFF maneja dos conceptos básicos en sus trabajos: el de "espacio o ámbito vital de dominio o señorío" (*der behearschte Lebensraum*) y el de "espacio o ámbito vital colectivo o efectivo" (*der effektive Lebensraum*); mediante el primero identifica al individuo en su círculo de influencia, donde manda y domina. Ostenta relaciones de señorío sobre bienes básicos e indispensables para su subsistencia personal. Este espacio le concede independencia y autosuficiencia; el segundo describe las relaciones sobre una serie de objetos respecto de los cuales no ejerce ninguna propiedad o señorío, pero que los utiliza en común con otros sujetos (véase al efecto el trabajo de MARTÍN-RETORTILLO BAQUER. "La administración pública y el concepto de *Daseinsvorsorge*", ob., cit.). La pérdida de estos ámbitos o su deterioro es la que llama urgentemente la presencia de una administración actuante. En la práctica, la imposibilidad de convivencia por la pérdida del ámbito de señorío, o la desmejora del ámbito colectivo, hace que el individuo hoy "no se enfrente con la administración independientemente, sino en situación de dependencia. El individuo necesita para su vida diaria de los servicios de la administración, su capacidad de trabajo se halla en gran medida bajo el poder de disposición del Estado, y como sujeto económico está inserto en el sistema de planificación estatal. Todo esto significa que en la utilización de los medios de protección jurídica contra la administración el individuo no posee ya la libertad que era evidente en el siglo XIX" (FORSTHOFF. Ob. cit.). El criterio de FORSTHOFF se desarrolla evidentemente en el contexto de lo socio-jurídico, en las relaciones inseparables entre la sociedad y el Estado: "La Constitución jurídico liberal empieza y acaba con la separación de Estado y sociedad. Pero esta afirmación ha sido objeto de crecientes contradicciones [...]. En nuestro tiempo, en que las funciones del Estado se han confundido inextricablemente con los procesos sociales, no podría ya hablarse en modo alguno de una separación de Estado y sociedad. Los que así argumentan no han comprendido el dualismo entre Estado y sociedad. Lo entienden como la disociación de dos campos distintos: pero no se trata de eso. Más bien significa la ordenación lógica y necesaria de dos formas de 'ser social' ". El Estado moderno no puede evadir sus responsabilidades sociales, incluso frente al mismo fracaso de la sociedad. "El bienestar de todos depende de la capacidad de funcionamiento de la economía. Por ello el Estado se halla ligado a las relaciones de poder en la sociedad y se halla mezclado en las confrontaciones políticas que versan sobre tales temas". El Estado no ha muerto. FORSTHOFF, Ernst, *El Estado en la sociedad industrial*, Madrid, IEP, 1975, pp. 27 a 39.

tradicional papel de simple garante del orden y la libertad, y asume funciones importantes en respuesta a la ruptura de los espacios vitales de los individuos, quedando, por lo tanto, el individuo, en consecuencia, literalmente en manos del Estado.

30. En este sentido, la administración, explicada desde la perspectiva de la procura existencial, va mucho más allá de las simples estructuras liberales del Estado clásico de derecho. El concepto de libertad garantizada es otro: el del hombre en comunidad, retribuido en su espacio vital. La administración y el Estado se explican mediante conceptos de participación y prestación, que superan incluso el de la mera intervención. La administración no se agota en simples intervenciones, debe procurar acciones mucho más directas y decisivas en la solución de las deficiencias sociales y en el restablecimiento de los espacios vitales rotos por la complejidad del mundo moderno. La administración es así, ante estos imperativos, sustancialmente abastecedora y de servicios,[63] esa es su función social.

En este contexto, FORSTHOFF vincula los elementos característicos del concepto de la procura existencial a las finalidades propias del Estado social. Esta modalidad de Estado, sostiene, a diferencia del estructurado a partir de ideas autoritarias, o inclusive del simple Estado de derecho, *es un Estado que garantiza la subsistencia y, por lo tanto, es Estado de prestaciones y de redistribución de riquezas […]"*, bajo condiciones sociales adecuadas, lo contrario podría llegarse a situaciones de manipulación de las necesidades públicas que generarían prácticamente la dependencia absoluta del individuo del Estado, senderos inaceptables de *servidumbre*, situaciones estas, absolutamente reprochables, y de imposible concepción bajo un esquema realmente democrático, en este sentido, el disfrute de los beneficios del Estado abastecedor dependerá ante todo de un comportamiento político adecuado y ajeno a cualquier pretensión por fuera de los marcos de lo estrictamente social.[64]

Lo anterior en cuanto que el Estado social es además un Estado prestador de servicios, sus funciones sociales, se traducen realmente en funciones de servicios que están dirigidas a materializar la actividad referida a prestaciones que requieren los asociados y buscan ante todo lograr una existencia digna para cada uno de los individuos. En este sentido de imposible confusión, bajo el esquema del estado social, los conceptos de función social con la de dominación de la sociedad propia de los sistemas absolutistas.[65]

5   Cuarta Idea: Hayek, Friedman y Von Mises y la ruptura de la idea de función social como carga y privilegio estatal y de la administración –la función social del mercado–

31. La historia económica y política de las últimas décadas, nos presenta, una ruptura profunda, cualitativa y sustancial de la función social como privilegio estatal y

---

[63] FORSTHOFF. "Concepto y esencia del Estado social de derecho", ob., cit., pp. 79 y ss. La administración moderna es de por sí compleja, no solo interviene sino que también protege y ayuda.

[64] FORSTHOFF, Ernst, "Problemas constitucionales del Estado social", ob., cit., pp. 51 y ss. "[…] Un Estado que se aproveche de las necesidades sociales de sus súbditos para aumentar su poder de dominación es en la realidad un estado total […]".

[65] Ídem. Puede consultarse asimismo MAGALDI. *Procura existencial, Estado de derecho y Estado social. Ernst Forsthoff y la crisis de Weimar*, ob., cit., p. 139.

atribución directa y natural de la administración pública y de paso, también, un grave síntoma denunciador de una profunda situación de crisis al interior del concepto de Estado social. El problema radica, en el abierto y prolongado paso que en las últimas décadas ha tenido una novedosa percepción del mundo y de las relaciones sociales, políticas y económicas que proclaman el abandono total y radical de cualquier posibilidad de que el Estado pueda comprometerse o asumir funciones sociales o prestacionales en los términos en que tradicionalmente lo venía haciendo dentro de la concepción intervencionista, existencialista, benefactora o más concretamente en desarrollo de los objetivos y finalidades propias del las modalidades de Estado social de derecho instrumentado después de la segunda contienda mundial.

32. Concepción del mundo, la economía y el derecho que llama a la destitularización de las actividades públicas, mediante figuras privatizadoras o simplemente liberalizadoras, reduciendo el espacio de actuación prestacional del Estado. Reduciendo materialmente su campo de acción directa o indirecta en la prestación y reconduciéndolo a otras esferas de actuación administrativa. Se trata sin lugar a dudas de un resurgir de las teorías individualistas clásicas, en otrora fundamentadas en los trabajos de ADAM SMITH y ahora retomadas por los modernos seguidores de sus postulados básicos, que proclaman la libertad como la base de la coexistencia y el desarrollo político y económico, en lo que se ha dado en llamar la concepción neoliberal[66] del Estado y la economía.[67]

33. El Estado social, sostienen sus ideólogos, llevó al crecimiento desmesurado de su aparato administrativo, con ostensible invasión de éste en la economía y en la libertad individual, adquiriendo títulos en actividades que por su naturaleza concurría la economía y por lo tanto sus reglas de competencia, generando en su entorno una odiosa e improductiva dependencia ciudadana, por lo tanto, convirtiéndose en fenómeno de dominación y manipulación. El hombre ahora no solo vive en un Estado, sino que también vive y subsiste de sus bondades y ventajas paternalistas, en detrimento de su autonomía personal y de sus capacidades productivas.[68]

34. Desde la perspectiva de los servicios públicos, el modelo social de derecho propició las condiciones para su consolidación como un sistema burocrático, monopolístico y corrupto a partir de una arbitraria titularidad pública de actividades, que impiden la competencia, la oferta plural, la gestión privada, la eficiencia y la libertad

---

[66] SAMUELSON y NORDHAUS. *Economía*, Madrid, Mc Graw Hill, 2002, p. 21. Destacan los autores cómo el papel del Estado interventor y benefactor entró en un serio proceso de sustracción a favor de la economía de mercado a partir de la década de los ochenta del siglo pasado. Estados Unidos, Inglaterra y Rusia constituyeron un ejemplo palpable del abandono a la presencia social del Estado, en materia pensional, sanitaria y de otros servicios a favor de los privados bajo criterios de economía de mercado. Puede consultarse SCHAMIS. Héctor, "La economía conservadora en América Latina y Europa Occidental: orígenes políticos de la privatización", en MUÑOZ. Oscar, *Después de las privatizaciones el Estado regulador*, Santiago, Cieplan, 1993, pp. 51 y ss. El proceso se inicia prácticamente en la década de los ochenta, teniendo como protagonistas países tan diferentes como Inglaterra y Chile. El fundamento esencial de este proceso económico se origina en el quiebre de los planteamientos keynesianos que recibió de inmediato la respuesta política de las fuerzas conservadoras y el capitalismo globalizador.

[67] Entre los más destacados exponentes de las nuevas concepciones individualistas se pueden destacar: FRIEDMAN y FRIEDMAN. *Libertad de elegir. Hacia un nuevo liberalismo económico*, Barcelona, Ediciones Grijalbo, 1981. De MILTON FRIEDMAN, así mismo, *Capitalismo y libertad*, Madrid, Rialp, 1966. Puede consultarse HAYEK. *Los fundamentos de la libertad*, tomos I y II, Barcelona, Biblioteca de Economía-Folio, 1996; y VON MISES. *Política económica*, El ateneo Editorial, Buenos Aires, 1993.

[68] FRIEDMAN y FRIEDMAN. *Libertad de elegir. Hacia un nuevo liberalismo económico*, ob., cit., pp. 209 y ss.

de elección por parte de los usuarios y consolida la oscura cultura de la dependencia hacia el Estado y no soluciona los niveles de pobreza y abandono de los sectores de la población menos favorecida,[69] razón por la cual el modelo debe ser revisado y remplazado por otro en donde la iniciativa privada y la competencia[70][71] cumpla sus funciones y deberes frente a la sociedad,[72][73] reconduciendo la actividad pública y sus monopolios de titularidades a condiciones mínimas.

35. Se sustenta esta nueva concepción en los trabajos del liberalismo económico, que a partir de la negación del colectivismo,[74] pretenden fortalecer la moderna concepción capitalista en la libertad y seguridad económica[75] y la prosperidad, en contraposición a la esclavitud y miseria de los sistemas intervencionistas,[76][77] y en la responsabilidad social de la iniciativa privada en relación con la comunidad, no desbordada,[78] como ha sido desarrollada en Inglaterra, Europa Occidental y los Estados Unidos principalmente, y que han propugnado el abandono radical de cualquier posibilidad de que la administración pública continúe cumpliendo con sus responsabilidades vitales frente a la comunidad y al interés general prestando servicios públicos, acumulando titularidades en actividades que por su naturaleza, son fenómenos más del mercado y de la libre competencia, lo que lleva en consecuencia a que todo sujeto que se encuentre en capacidad y condiciones para prestarlos u operarlos pueda incursionar por el tráfico jurídico, competiendo

---

[69] Las razones de los modernos individualistas para sustentar su renacer histórico frente al Estado y la economía no se apartan sustancialmente de las mismas que en su momento se reiteraron para consolidarse durante más de cien años en el periodo del reino individualista que se vivió a partir de la Revolución francesa en Europa y América. Véase para estos efectos a Keynes. "El final del *laissez-faire*", en Ensayos sobre intervención y liberalismo, Barcelona, Ediciones Orbis S.A., 1987, pp. 63 y ss.

[70] Hayek. *Camino de servidumbre*, Madrid, Editorial Revista de Derecho Privado, 1946, pp. 37 y ss. El sistema se funda en la competencia en cuanto se considera a ésta un método superior de coordinación de esfuerzos individuales que no puede ser reemplazado, es mucho más eficiente que cualquier otro, y es el único método que permite a las actividades individuales "[…] ajustarse a las de cada uno de los demás sin intervención coercitiva o arbitraria de la autoridad […]". La competencia traslada al individuo la oportunidad para decidir de si su presencia en el mercado puede ser riesgosa o no. Véase como desarrollo de los anteriores planteamientos a González Sanfiel. Andrés M., "Libre competencia en la infraestructura demanial", en *Revista del Derecho de las Telecomunicaciones e Infraestructuras en Red* (Redeti), n.º 4. 1999, p. 29.

[71] Hayek. *Camino de servidumbre*, ob., cit., pp. 106.

[72] Friedman y Friedman. *Libertad de elegir. Hacia un nuevo liberalismo económico*, ob., cit., p. 25 y ss.

[73] Ariño Ortiz, Gaspar, "El retorno a lo privado: ante una nueva encrucijada histórica", en *Privatización y Liberalización de Servicios*, Anuario de la Facultad de Derecho de la Universidad Autónoma de Madrid, No 3, 1999., p. 19.

[74] Hayek. *Camino de servidumbre*, ob., cit., pp. 33 y ss.

[75] Ibíd., p. 124.

[76] Ibíd., p. 11; "[…] El principio fundamental según el cual en la ordenación de nuestros asuntos debemos hacer todo el uso posible de las fuerzas espontáneas de la sociedad y recurrir lo menos que se pueda a la coerción, permite una infinita variedad de aplicaciones. En particular, hay una diferencia completa entre crear deliberadamente un sistema dentro del cual la competencia opere de manera más beneficiosa posible y aceptar pasivamente las instituciones tal como son […]", p. 18; "[…] La argumentación liberal defiende el mejor uso posible de las fuerzas de la competencia como medio para coordinar los esfuerzos humanos, pero no es una argumentación a favor de dejar las cosas tal como están. Se basa en la convicción de que allí donde la competencia efectiva puede crearse, esta es la mejor guía para conducir los esfuerzos individuales […]". p. 37.

[77] Ibíd., p. 91.

[78] Ibíd., p. 37. La teoría liberal no niega y más bien insiste en que si la competencia rompe determinados límites debe ser objeto de control. "[…] si la competencia ha de actuar con ventaja, requiere una estructura legal cuidadosamente pensada, ni que tanto las reglas jurídicas del pasado como las actuales estén libres de graves defectos […]".

y ofreciendo sus bienes o servicios en esta materia,[79] [80] debiendo en consecuencia plantearse una reforma sustancial del Estado y del papel de la administración pública, en búsqueda de romper la columna vertebral de este caduco sistema, liberando las actividades de contenido económico de manos del Estado y dejándolas a la libertad y las fuerzas impulsoras del mercado.[81]

Esta postura doctrinal, fundada en criterios materiales de libertad individual,[82] en especial de la empresa, y de competencia como elementos esenciales del mercado, plantea la necesidad de revaluar en cuanto obsoletas e ineficaces las bases sustentadoras de la prestación de los servicios públicos como función estatal y de los mecanismos jurídicos para su gestión, esto es, de la concesión administrativa como negocio e incluso la de la habilitación para el uso de bienes públicos. El fondo material de la concepción neoliberal expuesta, implica, palabras más, palabras menos, una ruptura profunda a la idea de la concesión administrativa, en la medida en que le sustrae la base material sobre la cual se ha edificado históricamente, como es la de la titularidad pública de actividades, bienes, obras o servicios.

36. Como alternativa, defiende la libertad contractual;[83] el papel principal de la empresa privada en la prestación de los servicios que requiera la comunidad, bajo criterios económicos de competencia, libre acceso[84] y sujetos a la regla de la libertad propia del mercado, por lo tanto, sustraídos de un estricto derecho público y del concepto mismo de servicio público, partiendo de la base de la destitularización de bienes y servicios públicos y por lo tanto, la de ampliación del espectro de bienes, servicios y obras disponibles en el mercado para su prestación o ejecución por los particulares

---

[79] Friedman y Friedman. *Libertad de elegir. Hacia un nuevo liberalismo económico*, ob., cit. La libertad es el presupuesto básico para entender los procesos políticos y económicos. "[...] La libertad económica es un requisito esencial para la libertad política [...]" (p. 17). El progreso económico en potencias como Estados Unidos se debió en gran parte a la ausencia de mecanismos coactivos estatales que impidieran el libre juego de la cooperación individual. Este ejemplo debe ser reconquistado para reducir el poder de la intervención estatal en desmedro de la iniciativa individual. Retomando a Adam Smith, se propone la reducción del papel del Estado a sus aspectos estrictamente fundamentales, tales como la seguridad, la justicia y la realización y conservación de determinadas obras públicas de interés general, pero que no implique nunca desplazar la iniciativa individual. El Estado debe en la práctica poseer un mandato estrictamente limitado. Una sociedad verdaderamente respetuosa de la libertad humana debe mantener el Estado en su sitio, "[...] haciendo que sea nuestro servidor y no dejando que se convierta en nuestro amo", p. 61. Sólo la economía de mercado puede garantizar los derechos del consumidor, como una alternativa a los mecanismos intervencionistas gubernamentales que se han sobrepuesto al mismo (p. 308). Hayek. *Los fundamentos de la libertad*, tomo II, Barcelona, Unión, 1996, pp. 277 y ss.

[80] Tomás de la Quadra-Salcedo. Tomás de la, *Derecho de las Telecomunicaciones e Infraestructuras en Red*, en *Revista de Derecho de Telecomunicaciones e Infraestructuras*, (Redeti), n.º 2. 1998, pp. 11 y ss. Posición menos crítica y proactiva del fenómeno histórico en comento desarrolla este autor. Los procesos de liberalización de algunos sectores de la economía no pueden ser vistos como la derrota de las técnicas del servicio público por cuenta de la ideología del mercado. "[...] La historia de la liberalización es, más bien, un ejemplo más de cómo los nuevos descubrimientos determinan las condiciones de producción y, a su través, las condiciones de organización de muchas actividades [...]". "[...] La idea de liberalización no debe ser vista de forma ideológica, como una especie de triunfo del mercado sobre cualquier otra técnica de organización social que busque objetivos de solidaridad o cohesión social o territorial, sino como una utilización instrumental de las potencialidades del mercado, pero bajo la supervisión de la administración y con la posibilidad de imponer condiciones y obligaciones de servicio público [...]".

[81] Ariño Ortiz, Gaspar, "La idea liberal y la reforma al Estado", *Cuenta y Razón*, n.º 6, 1982.

[82] Hayek. *Los fundamentos de la libertad*, tomo I, Barcelona, Unión, 1996, p. 25 y ss.

[83] Hayek. *Camino de servidumbre*, ob., cit., pp. 38. El sistema se funda en la libertad de intercambios. Las partes del mercado pueden comprar y vender a cualquier precio, al precio que libremente pacten. Todos son libres de producir, vender y comprar cualquier cosa. Se proscribe cualquier forma de intervención en estas materias.

[84] Hayek. *Camino de servidumbre*, ob., cit., pp. 38.

sin necesidad título habilitante o con la presencia de estos estrictamente de manera excepcional.[85] [86]

37. Frente a esta problemática política, jurídica, institucional y económica, se propone un *"Estado mínimo"*, con una función administrativa reducida a lo fundamental y con un papel protagónico de la iniciativa privada sobre la pública en aspectos tan trascendentales para la vida comunitaria como la de la prestación de los servicios públicos.[87] Para los mentores del modelo, la iniciativa privada tiene las fortalezas necesarias a través del mercado y la competencia para brindarle alternativas al interés general. "[...] *La competencia y el mercado serían el lugar donde la sociedad autoabastecería sus necesidades de cualquier orden* [...]". Bajo estos presupuestos, se hace indispensable abrirle senderos jurídicos ciertos a las realidades y bondades de la competencia económica, que garanticen un servicio básico universal dentro de una economía globalizada y abierta, lo cual implica aceptar un nuevo modelo de Estado de derecho e incluso de concepción sobre la soberanía,[88] que brinde las garantías indispensables para el libre mercado de los servicios públicos.[89]

6   Conclusiones

38. El rol sobre la función social de la administración pública, su fundamento teórico y repercusiones en cuanto al concepto de Estado encuentra fuentes jurídicas sustentadoras desde diferentes aristas ideológicas, políticas y/o económicas. Con otras palabras, tales ideas se prestan para la discusión sobre su fundamentabilidad y plausibilidad atendiendo circunstancias extrajurídicas como han sido las realidades que han rodeado los tiempos históricos desde donde las mismas han sido planteadas.

39. No ha sido en vano que cuestiones tales como los procesos de industrialización, la adopción mayoritaria de modelos económicos de corte capitalista y la constatación de situaciones de desigualdad en sectores sociales llevaran a la doctrina a interrogarse y cuestionar sobre si a la Administración le correspondía asumir algún rol misional de cara a este escenario y, de ser así tal cosa, cuales son los fundamentos teóricos que así lo justifican.

---

[85] FRIEDMAN y FRIEDMAN. *Libertad de elegir. Hacia un nuevo liberalismo económico*, ob., cit., pp. 63 y ss.

[86] HAYEK. *Camino de servidumbre*, ob., cit., p. 37.

[87] HAYEK. *Los fundamentos de la libertad*, tomo II, ob., cit., pp. 2 y ss.

[88] MUÑOZ MACHADO, Santiago, *Servicio público y mercado*, tomo I, Madrid, Civitas S.A., 1998., p. 25. Teóricamente, en una economía globalizada las grandes empresas deberán sustituir al Estado en algunas de las funciones que hasta hoy se consideran como propias y connaturales a él, como es el caso de los servicios públicos. Lo anterior deberá tener repercusiones inevitables en el papel de las instituciones públicas que tradicionalmente se han edificado en el Estado constitucional como el Congreso, los Ministerios y la misma organización territorial diseñada sobre la base de la prestación de servicios. Las grandes empresas, para operar en los mercados, diseñarán sus propias reglas, mediante concertaciones y negociaciones y con estricta sujeción al derecho privado. Ahora bien: como lo analiza este autor, por más que los ideólogos de la economía globalizada se lo propongan, no lograrán nunca reducir el Estado en todas sus funciones prestacionales. El mercado busca y pretende básicamente apoderarse de servicios de contenido económico, pero no tiene la vocación de asumir todos aquellos que implican simple ejercicio de autoridad que no generan lucro ni pueden cuantificársele a la sociedad.

[89] ARIÑO ORTIZ, Gaspar, *Principios de derecho público económico. Modelo de Estado, gestión pública, regulación económica*, ob., cit.

40. Tales preocupaciones sirvieron para que Duguit propusiera, desde el método sociológico y positivista, su idea del derecho social y del servicio público como justificación y razón de ser de las finalidades perseguidas por el Estado, herramientas estas útiles para abordar soluciones a la conflictividad social inherente a la configuración de la realidad político/económico existente.

41. A su turno HELLER contribuye a la edificación de las bases de la cláusula Social del Estado de Derecho al advertir la necesidad de superar las caducas estructuras sobre las cuales se había cimentado un Estado de derecho ajeno a los conflictos sociales y que había cedido protagonismo al liberalismo económico clásico como dogma central de la acción estatal. Su respuesta no fue otra diferente a plantear elementos conceptuales que permitieran la conciliación equilibrada de los intereses sociales contrapuestos para asegurar la consolidación democrática y el afianzamiento del Estado de derecho desde un enfoque marcadamente social.

42. Tal énfasis en la cláusula social del Estado encuentra en FORSTHOFF adecuada complementación con su conocida formulación de la procura existencial vital como criterio de acción de la administración, a partir del cual determina la adscripción a ésta de deberes funcionales que ya superan el ámbito exclusivamente vigilante abriendo paso a responsabilidades que le implican un papel protagónico en pro del suministro bienes y servicios para contribuir a la nivelación de las condiciones de vida de los individuos en la sociedad.

43. Finalmente, el cuarto enfoque teórico presenta, de la mano con las concepciones económicas neoliberales, el ingreso de actores privados a la prestación de servicios públicos que antiguamente se consideraban de exclusiva incumbencia del Estado. HAYEK, FRIEDMAN Y VON MISES dan apertura a la función social del mercado como organismo vivo alimentado a partir de la interacción surgida de la iniciativa privada que se encuentra en condiciones idóneas para procurar la satisfacción de funciones sociales. Son, entonces, la libertad individual concretada en las libertades de mercado y competencia las que se erigen como las bases sustentadoras de este modelo de función social en desmedro de los otrora sistemas estatales intervencionistas que probaron, en algunas experiencias comparadas, fracaso por generar focos de corrupción, ineficacia y no lograr solución al problema de los altos niveles de pobreza.

Bogotá, 8 de junio de 2016

Informação bibliográfica deste texto, conforme a NBR 6023:2002 da Associação Brasileira de Normas Técnicas (ABNT):

SANTOFIMIO GAMBOA, Jaime Orlando. Cuatro ideas en torno a la función social de la Administración Pública. In: MATILLA CORREA, Andry; NÓBREGA, Theresa Christine de Albuquerque; AGRA, Walber de Moura (Coord.). *Direito Administrativo e os desafios do século XXI*: livro em homenagem aos 40 anos de docência do Prof. Francisco de Queiroz Bezerra Cavalcanti. Belo Horizonte: Fórum, 2018. p. 213-236. ISBN 978-85-450-0555-1.

COMUNICAÇÃO SOCIAL EM PORTUGAL: EM DEFESA DE UM MODELO DE REGULAÇÃO INDEPENDENTE E FORTE

João Nuno Calvão

1   Modelo da regulação independente: breves reflexões

Em geral, temos revelado inequívoco *cepticismo quanto à moda do modelo da regulação (dita) independente* no seio do aparelho da administração pública (portuguesa e europeia).[1]

Compreendemos as *vantagens* apontadas pelos defensores deste arranjo institucional administrativo para o agir público, em especial as decorrentes das razões de especialização técnica, de neutralização política ou em matéria de cumprimento das obrigações de serviço público nos denominados serviços de interesse económico geral.

No contexto europeu, a causa fundamental do apelo às virtudes do modelo em análise – o incentivo à concorrência no quadro de privatizações e liberalizações que marcaram a emergência do chamado Estado Regulador no último quartel do século XX – rapidamente conduziu à expansão da denominada administração independente pelos aparelhos de Estado dos países da União Europeia, muito por impulso de directivas comunitárias.

Administração independente concebida, inicialmente, para evitar o *perigo da captura do regulador pelo regulado,* mas que, num beliscar claro do princípio da subsidiariedade, rapidamente se converteu na apologia da *despolitização da burocracia administrativa*, em nome da vantagem da imunização das decisões técnicas em face de ingerências políticas e de ciclos eleitorais.

Numa palavra: o modelo da administração independente, importado dos Estados Unidos – onde, ironicamente, surge para moderar os excessos da concorrência... –, constitui hodiernamente marca fundamental da *res publica* nos Estados membros da União.

Duas razões (principais) afastam-nos do entusiasmo geral com a independência dos aparelhos administrativos em relação aos decisores políticos:

---

[1] Exemplificativamente, *vide* as nossas dissertações (respectivamente, de Mestrado e Doutoramento), *Mercado e Estado – Serviços de Interesse Económico Geral*, Almedina, Coimbra, 2008, em especial págs. 179-209, e *Agências de Regulação da União Europeia*, Coleção Thesis, Gestlegal, Coimbra, 2017 págs. 549-578.

1. a administração independente constitui inequívoca *ruptura com o modelo clássico da Administração Pública, assente no princípio da democracia representativa, e os fundamentos legitimadores alternativos convocados – em particular, os ideais da transparência e da participação (due process) –, sob a capa de (maior) democraticidade (directa) apenas servem para sufragar a preponderância dos lobbies e do poder económico sobre o poder político* emergente de eleições... neste sentido, consideramos haver uma *crise de representatividade*, sério risco para o projecto europeu (veja-se, por exemplo, como o *referendo* do Brexit abalou a Europa...) e para a própria ideia de democracia;

2. *a concentração de poderes (de tipo legislativo, executivo e para-jurisdicional, entre outros) em entidades administrativas (independentes) colide com o tradicional princípio da separação de poderes, suscitando as maiores dúvidas do ponto de vista democrático.*

2 Comunicação Social em Portugal: um modelo de regulação independente

2.1 ERC: natureza bifronte

Com a revisão constitucional de 2004 e a extinção da Alta Autoridade para a Comunicação Social, a Entidade Reguladora da Comunicação Social[2] foi criada pela Lei nº 53/2005, de 8 de Novembro, *autoridade administrativa independente*[3] *(fundamentalmente) vocacionada para a protecção de direitos fundamentais* – daí a sua previsão constitucional,[4] mas encarregada de *relevantes funções reguladoras.*

2.2 ERC: autonomia administrativa, financeira e patrimonial

Enquanto autoridade administrativa independente, a ERC é dotada de *autonomia*. Nos termos do artigo 1º, nº 1, dos respectivos Estatutos:

A ERC – Entidade Reguladora para a Comunicação Social, abreviadamente designada por ERC, é uma pessoa colectiva de direito público, *dotada de autonomia administrativa e*

---

[2] Doravante, ERC.

[3] Cfr. artigos 1º, nº 1, e 4º dos Estatutos da ERC (abreviadamente, de ora em diante Estatutos).

[4] Sob a epígrafe de regulação da comunicação social, dispõe o artigo 39º da Constituição da República Portuguesa (CRP):
"1. Cabe a uma entidade administrativa independente assegurar nos meios de comunicação social:
a) O direito à informação e a liberdade de imprensa;
b) A não concentração da titularidade dos meios de comunicação social;
c) A independência perante o poder político e o poder económico;
d) O respeito pelos direitos, liberdades e garantias pessoais;
e) O respeito pelas normas reguladoras das actividades de comunicação social;
f) A possibilidade de expressão e confronto das diversas correntes de opinião;
g) O exercício dos direitos de antena, de resposta e de réplica política.
2. A lei define a composição, as competências, a organização e o funcionamento da entidade referida no número anterior, bem como o estatuto dos respectivos membros, designados pela Assembleia da República e por cooptação destes."

financeira e de património próprio, com natureza de entidade administrativa independente, exercendo os necessários poderes de regulação e de supervisão.[5]

Autonomia administrativa, com o Conselho Regulador a regulamentar a organização e funcionamento internos e a criar departamentos ou serviços;[6] *autonomia patrimonial e financeira*,[7] com a ERC a financiar-se através da cobrança de taxas aos operadores,[8] de coimas,[9] de multas[10] e de sanções pecuniárias compulsórias.[11] Prevê-se também a percepção de receitas do erário público, a "constar do orçamento da Assembleia da República",[12] bem como a utilização de saldos de gerência do ano anterior,[13] prerrogativa importante em termos de eficiência de gestão.

2.3   ERC: poderes

Sinteticamente, podemos afirmar que a ERC goza de poderes diversos e impressivos: poderes regulamentares, de supervisão, sancionatórios, de resolução de litígios e consultivos.

2.3.1   Poderes regulamentares

No exercício das prerrogativas normativas, a cargo do Conselho Regulador,[14] a ERC emite *regulamentos* que devem obedecer a amplas exigências de *participação* (*v.g.* consultas públicas[15]) e de *publicidade* (*v.g.* divulgação no sítio electrónico[16] e publicação em Diário da República dos regulamentos com eficácia externa[17]).

2.3.2   Poderes de supervisão

Para além da competência para emitir normas, à ERC incumbe *supervisionar*, em geral, o cumprimento das leis, regulamentos e requisitos técnicos aplicáveis no âmbito das suas atribuições[18]; em especial, destacamos, pela sua relevância prática, as prerrogativas de a ERC zelar pelo rigor das sondagens e inquéritos de opinião,[19] de *fiscalizar* as campanhas publicitárias do Estado[20] e o adimplemento das obrigações

---

[5]   Itálico nosso.
[6]   Cfr. artigos 24º, nº 2, alínea e), e e 29º, nº 3, alíneas d) e e), dos Estatutos.
[7]   Cfr. artigo 48º e ss dos Estatutos.
[8]   Cfr. artigos 50º, alíneas b) e c), e 51º e ss dos Estatutos.
[9]   Cfr. artigo 50º, alínea d), dos Estatutos.
[10] Cfr. artigo 50º, alínea f), dos Estatutos.
[11] Cfr. artigo 50º, alínea e), dos Estatutos.
[12] Cfr. artigo 48º, nº 5, dos Estatutos.
[13] Cfr. artigo 50º, alínea j), dos Estatutos.
[14] Cfr. artigos 24º, nº 2, alínea c), e 29º, nº 3, alínea b), dos Estatutos.
[15] Cfr. artigo 62º, nºs 1, 3 e 4, dos Estatutos.
[16] Cfr. artigo 62º, nº 2, dos Estatutos.
[17] Cfr. artigo 65º, nº 1, dos Estatutos.
[18] Cfr. artigo 24º, nº 3, alínea c), dos Estatutos.
[19] Cfr. artigo 24º, nº 3, alínea z), dos Estatutos.
[20] Cfr. artigo 24º, nº 3, alínea x), dos Estatutos.

de serviço público no sector da Comunicação Social,[21] bem como de realizar *auditorias* para verificação do cumprimento das obrigações fixadas nas licenças ou autorizações dos operadores de rádio e de televisão.[22]

No exercício das tarefas de fiscalização, os funcionários e agentes da ERC, os respectivos mandatários, bem como as pessoas ou entidades qualificadas devidamente credenciadas, quando se encontrem no exercício das suas funções e apresentem título comprovativo dessa qualidade, são equiparados a *agentes de autoridade*,[23] a poder suscitar, *in concretu*, problemas em sede de responsabilidade civil.

Por outro lado, a ERC dispõe de poderes de *licenciamento* – *maxime* a atribuição de títulos habilitadores de exercício de actividade de rádio e televisão,[24] de promover *registos*[25] e adoptar *decisões vinculativas* diversas em relação a entidades que prossigam actividades de comunicação social.[26]

Não obstante o *sigilo profissional* a que estão obrigados os titulares dos órgãos da ERC, os respectivos mandatários, as pessoas ou entidades devidamente credenciadas, bem como os seus trabalhadores e outras pessoas ao seu serviço, independentemente da natureza do vínculo,[27] suscitam-se amiúde delicados problemas de harmonização com os *segredos comerciais* que possam ser invocados pelas entidades, públicas e privadas, que cooperam com a ERC na sua acção fiscalizadora, a impor eventualmente ponderação judicial.[28]

2.3.3   Poderes sancionatórios e de resolução de litígios

Prolongamento natural das competências de supervisão, a ERC goza de *prerroga-tivas sancionatórias* impressivas. Pela sua relevância prática, destacamos: a *suspensão ou revogação de títulos habilitadores do exercício de actividade de rádio e televisão;*[29] a *suspensão provisória da difusão de campanhas publicitárias* do Estado, autarquias locais ou Regiões Autónomas;[30] a imposição de *coimas* e *sanções acessórias* para punir contra-ordenações várias[31] e a fixação de *sanções pecuniárias compulsórias.*[32]

Por outro lado, cumpre salientar os *poderes de tipo para-jurisdicional* da ERC, em especial, de *arbitrar* e *resolver litígios* no âmbito das actividades da Comunicação Social[33] e a competência para *apreciar e decidir queixas quanto aos direitos de resposta, de antena e de réplica política.*[34]

---

[21]   Cfr. artigo 12º, alínea c), dos Estatutos.
[22]   Cfr. artigo 24º, nº 3, alínea i), dos Estatutos.
[23]   Cfr. artigo 45º, nº 1, dos Estatutos.
[24]   Cfr. artigos 24º, nº 3, alínea e), e 29º, nº 3, alínea c), dos Estatutos.
[25]   Cfr. artigo 24º, nº 3, alínea g), dos Estatutos.
[26]   Cfr. artigo 64º dos Estatutos.
[27]   Cfr. artigo 54º dos Estatutos.
[28]   Cfr. artigo 53º, nº 4, dos Estatutos.
[29]   Cfr. artigo 24º, nº 3, alínea f), dos Estatutos.
[30]   Cfr. artigo 24º, nº 3, alínea x), dos Estatutos.
[31]   Cfr. artigos 66º a 71º dos Estatutos.
[32]   Cfr. artigo 72º dos Estatutos.
[33]   Cfr. artigo 24º, nº 3, alínea t), dos Estatutos.
[34]   Cfr. artigos 24º, nº 3, alínea j), e 55º e ss dos Estatutos.

Não somos da opinião de que as prerrogativas sancionatórias e quasi-jurisdicionais da ERC configurem uma violação do princípio constitucional da reserva de jurisdição. Entre outras razões, é de realçar a previsão de *recurso judicial*: da actividade de órgãos e agentes da ERC cabe recurso para os *tribunais administrativos*; as decisões de resolução de litígios do regulador da comunicação social podem ser impugnadas nos *tribunais judiciais*, pressupondo-se assim que elas constituem autênticas sentenças arbitrais e não meros actos administrativos de resolução de litígios.[35]

2.3.4   Poderes consultivos

Não podemos olvidar, pelo grande relevo prático, as *funções consultivas* da ERC, desde logo, em geral, a *pronúncia sobre todas as matérias das suas atribuições que sejam alvo de iniciativas legislativas*.[36]

Impõe-se realçar também a emissão de *pareceres* em assuntos de importância considerável: o parecer (prévio e vinculativo) sobre a nomeação e a destituição de directores e directores-adjuntos de órgãos de comunicação social do Estado nas áreas de programação e informação;[37] o parecer (prévio e não vinculativo) sobre contratos de concessão de serviço público de rádio e de TV, bem como as suas alterações;[38] a pronúncia sobre a aquisição de propriedade ou práticas de concentração entre entidades com actividade na área da comunicação social,[39] a suscitar o problema da adequada articulação entre os reguladores sectorial (ERC) e transversal (Autoridade da Concorrência).

Last but not least, as *directivas* e *recomendações* ("destinadas a incentivar padrões de boas práticas no sector da comunicação social"), não obstante desprovidas de vinculatividade jurídica (formal), produzem efeitos – práticos e (mesmo) de direito – não despiciendos. Trata-se do delicado problema, na terminologia da doutrina teutónica, do *hoft law*.

2.4   ERC: independência

Analisaremos a *independência* da ERC[40] sob um duplo ponto de vista: *em relação aos regulados*, para evitar o *perigo da captura do regulador*; *face ao Governo*, no contexto da denominada *desgovernamentalização da regulação*.

2.4.1   Independência em relação aos regulados

Para salvaguardar o risco de o regulador se tornar num entreposto dos interesses dos regulados, a lei fixa (*ex ante*) um conjunto de *incompatibilidades*, não podendo ser designado para membro do Conselho Regulador da ERC quem seja ou, nos últimos

---

[35] Cfr. artigo 75º dos Estatutos.
[36] Cfr. artigo 25º dos Estatutos.
[37] Cfr. artigo 24º, nº 3, alínea l), dos Estatutos.
[38] Cfr. artigo 24º, nº 3, alínea m), dos Estatutos.
[39] Cfr. artigo 24º, nº 3, alínea p), dos Estatutos.
[40] Cfr. artigos 1º e 4º dos Estatutos.

dois anos, tenha sido membro de órgãos executivos de empresas, de sindicatos, de confederações ou associações empresariais do sector da comunicação social.[41]

Por outro lado, *no cumprimento do mandato*, impede-se o exercício de qualquer outra função pública ou actividade profissional. Somente funções docentes no ensino superior, em tempo parcial, constituem excepção a este regime de *exclusividade* dos membros do Conselho Regulador da ERC.[42]

Estamos perante uma excepção legal razoável: a impossibilidade de remuneração por exercício de funções docentes ou de investigação, conforme resulta da Lei-Quadro,[43] configuraria, em nossa opinião, um "regime discriminatório face a outros cargos públicos e solução, de certa forma, lesiva para os próprios interesses da educação nacional".[44]

Findo o mandato (*ex post*), os membros do Conselho Regulador da ERC não podem exercer qualquer cargo com funções executivas em empresas, em sindicatos, em confederações ou em associações empresariais do sector da comunicação social durante um período de dois anos contados da data da sua cessação de funções.[45]

Trata-se da fixação do denominado *período de nojo*, destinado a combater os perigos derivados da existência de *revolving doors* entre o público e o privado. Esta solução, porém, na medida em que não se prevê qualquer compensação pela imposição desta inactividade, pode configurar uma inconstitucionalidade, por violação (desproporcionada) do princípio do livre exercício da profissão.[46]

2.4.2 Independência face ao Governo

2.4.2.1 Independência orgânica

Não obstante a previsão legal da percepção de receitas do erário público[47] – "constituindo receita proveniente do Orçamento do Estado *aquela que constar do orçamento da Assembleia da República,* em rubrica autónoma discriminada nos mapas de receitas e de despesas globais dos serviços e fundos autónomos, por classificação orgânica"[48] (itálico nosso) –, a ERC goza de *autonomia financeira*[49] e de *património próprio.*[50]

---

[41] Cfr. artigo 18º, nº 4, dos Estatutos.

[42] Cfr. artigo 18º, nº 7, dos Estatutos.

[43] Cfr. artigo 19º, nº 2, da Lei-Quadro das entidades administrativas independentes com funções de regulação da actividade económica dos sectores privado, público e cooperativo.

[44] *Vide* João Nuno Calvão da Silva, "Poderes e instrumentos regulatórios das entidades reguladoras ao abrigo da Lei-Quadro das entidades administrativas independentes com funções de regulação da actividade económica dos sectores privado, público e cooperativo".

[45] Cfr. artigo 18º, nº 8, dos Estatutos.

[46] Diferentemente, dispõe o artigo 19º, nº 2, da Lei-Quadro das entidades administrativas independentes com funções de regulação da actividade económica dos sectores privado, público e cooperativo: "Depois da cessação do seu mandato e durante um período de dois anos os membros do conselho de administração não podem estabelecer qualquer vínculo ou relação contratual com as empresas, grupos de empresas ou outras entidades destinatárias da atividade da respetiva entidade reguladora, *tendo direito no referido período a uma compensação equivalente a 1/2 do vencimento mensal.*" (itálico nosso).

[47] Cfr. artigo 50º, alínea a), dos Estatutos.

[48] Cfr. artigo 48º, nº 5, dos Estatutos.

[49] Cfr. artigo 50º dos Estatutos.

[50] Cfr. artigo 49º dos Estatutos.

Na perspectiva de blindagem da independência em relação ao poder político, o *mandato* dos membros do Conselho Regulador da ERC é de *cinco anos, superior à duração da legislatura parlamentar*, e acautela-se a regra da sua *irrenovabilidade.*[51] Em princípio, o mandato é *irrevogável,*[52] mas pode haver *demissão* de algum membro do Conselho Regulador da ERC – "decidida por resolução da Assembleia da República, aprovada por dois terços dos deputados presentes, desde que superior à maioria absoluta dos deputados em efectividade de funções, em caso de grave violação dos seus deveres estatutários, comprovadamente cometida no desempenho de funções ou no cumprimento de qualquer obrigação inerente ao cargo"[53] – ou *dissolução do Conselho Regulador* – efectivada "por resolução da Assembleia da República, aprovada por dois terços dos deputados presentes, desde que superior à maioria absoluta dos deputados em efectividade de funções, em caso de graves irregularidades no funcionamento do órgão".[54]

2.4.2.2 Independência funcional

Sob a epígrafe de independência, dispõe o artigo 4º dos Estatutos da ERC:

A ERC é independente no exercício das suas funções, definindo livremente a orientação das suas actividades, sem sujeição a quaisquer directrizes ou orientações por parte do poder político, em estrito respeito pela Constituição e pela lei.

Diferentemente dos demais reguladores (com a excepção do Banco de Portugal), a *vocação primordial da ERC é a protecção de direitos fundamentais* e goza, por isso, de uma verdadeira *independência* face ao poder governamental, *inexistindo traços de tutela ou superintendência ministeriais* sobre o seu Conselho Regulador.[55]

2.5 ERC: *accountability*

Em termos de prestação de contas, é de destacar, em primeiro lugar, a responsabilização parlamentar: o envio mensal da colectânea de deliberações e actividades, do relatório anual (e audição) sobre as actividades de regulação e dos relatórios de actividades e contas, bem como as audições realizadas pelas comissões parlamentares competentes quando tal for entendido como pertinente[56] demonstram a *importância da Assembleia da República em termos de controlo e de legitimação democrática da ERC.*

Para além do *controlo judicial*[57] (ínsito ao princípio do Estado de Direito) e da *fiscalização do Tribunal de Contas,*[58] a adopção de decisões pela ERC através de *procedimentos*

---

[51] Cfr. artigo 19º dos Estatutos.

[52] Cfr. artigo 22º dos Estatutos.

[53] Cfr. artigo 22º, nº 1, alínea e), dos Estatutos.

[54] Cfr. artigos 22º, nº 1, alínea f), e 23º, nº 1, dos Estatutos.

[55] Cfr. artigo 24º dos Estatutos.

[56] Cfr. artigo 73º dos Estatutos.

[57] Cfr. artigo 75º dos Estatutos.

[58] Cfr. artigo 76º dos Estatutos.

participados e transparentes (*due process of law*) é também relevante para a aceitação, *rectius* legitimidade, da sua actividade enquanto poder público.

Quanto à *participação*, salientamos a possibilidade da presença (excepcional) de interessados em reuniões do Conselho Regulador,[59] a existência de um Conselho Consultivo na sua estrutura orgânica[60] – ainda que apenas com a competência para a emissão de pareceres não vinculativos,[61] a observância do princípio da participação na elaboração de regulamentos,[62] bem como a incumbência de a ERC promover a *co-regulação*[63] e incentivar a adopção de mecanismos de *auto-regulação* pelas entidades que prosseguem actividades de comunicação social e pelos sindicatos, associações e outras entidades do sector.[64]

Em relação à *transparência* e abertura, realçamos os seguintes aspectos:

1. publicação da lista dos eleitos na 1.ª série-A do Diário da República, sob a forma de resolução da Assembleia da República, nos cinco dias seguintes ao da eleição da totalidade dos membros designados do Conselho Regulador;[65]
2. divulgação pública de relatório anual sobre a situação das actividades de comunicação social e sobre a sua actividade de regulação e supervisão;[66]
3. publicação integral de auditorias anuais às empresas concessionárias dos serviços públicos de rádio e de televisão;[67]
4. possibilidade de o Conselho Regulador optar, em cada caso concreto, por reuniões públicas;[68]
5. as deliberações do Conselho Regulador que afectem interessados são tornadas públicas, sob a forma de resumo, imediatamente após o termo da reunião, sem prejuízo da necessidade de publicação ou de notificação quando legalmente exigidas;[69]
6. os regulamentos (não destinados a regular exclusivamente a organização e o funcionamento interno dos serviços da ERC) devem observar o princípio da publicidade, com divulgação prévia (no sítio electrónico) à aprovação ou alteração dos respectivos projectos, a fim de que os interessados se possam pronunciar (parecer não vinculativo);[70]

---

[59] Cfr. artigo 28º, nº 3, dos Estatutos.
[60] Cfr. artigo 38º e ss dos Estatutos. Nos termos do artigo 38º dos Estatutos, "o Conselho Consultivo é o órgão de consulta e de participação na definição das linhas gerais de actuação da ERC, contribuindo para a articulação com as entidades públicas e privadas representativas de interesses relevantes no âmbito da comunicação social e de sectores com ela conexos."
[61] Cfr. artigo 40º, nº 1, dos Estatutos.
[62] Cfr. artigo 62º, nº 1, dos Estatutos.
[63] Em bom rigor, a antecessora da ERC – a Alta Autoridade para a Comunicação Social (AACS) –, composta por onze elementos (solução menos funcional do que a resultante do actual Conselho Regulador da ERC, com cinco membros) consubstanciava um organismo de co-regulação.
[64] Cfr. artigo 9º dos Estatutos.
[65] Cfr. artigo 16º, nº 9, dos Estatutos.
[66] Cfr. artigo 24º, nº 2, alínea d), dos Estatutos.
[67] Cfr. artigo 24º, nº 3, alínea n), dos Estatutos.
[68] Cfr. artigo 28º, nº 3, dos Estatutos.
[69] Cfr. artigo 28º, nº 4, dos Estatutos.
[70] Cfr. artigo 62º dos Estatutos.

7. os regulamentos da ERC que contêm normas de eficácia externa são publicados na 2.ª série do Diário da República, sem prejuízo da sua publicitação por outros meios considerados mais adequados à situação;[71]
8. as recomendações e decisões da ERC são obrigatória e gratuitamente divulgadas nos órgãos de comunicação social a que digam respeito;[72]
9. os regulamentos, as directivas, as recomendações e as decisões da ERC são obrigatoriamente divulgados no seu sítio electrónico;[73]
10. disponibilização pela ERC de um sítio na Internet, com dados relevantes, nomeadamente: o diploma de criação, os Estatutos, os regulamentos, as decisões e orientações, bem como a composição dos seus órgãos, os planos, os orçamentos, os relatórios e contas referentes aos dois últimos anos da sua actividade e ainda todas as deliberações que não digam respeito à sua gestão corrente; a divulgação de modelos e formulários para a apresentação de requerimentos por via electrónica, visando a satisfação dos respectivos pedidos e obtenção de informações em linha, nos termos legalmente admitidos; sentenças ou acórdãos proferidos em matéria de direito de resposta ou de crimes cometidos através dos meios de comunicação social, bem como em processos por ofensa ao direito de informar.[74]

3 Heterorregulação (pública) independente e modelos alternativos de regulação da Comunicação Social em Portugal

Diferentemente do que defendemos quanto à regulação independente em geral (cfr. acima, I), *no domínio da Comunicação Social e no caso da ERC somos favoráveis ao modelo de (hetero) regulação pública independente* consagrado no artigo 39º da Constituição da República Portuguesa e concretizado na Lei nº 53/2005, de 8 de Novembro, diploma que cria a ERC e extingue a Alta Autoridade para a Comunicação Social.

Duas razões fundamentais para sustentar a solução regulatória em vigor:

1. a ERC, não obstante assumir relevantes funções de regulação (do mercado audiovisual), constitui, primordialmente, uma *autoridade vocacionada para a protecção de direitos fundamentais*, com os *perigos da censura a desaconselharem uma regulação governamental*;
2. a íntima ligação da ERC à Assembleia da República, importante em termos de legitimação democrática (e não meramente procedimental). Exemplos desta denominada *parlamentarização* (da ERC):
   a) os mecanismos de *prestação de contas aos Deputados* (cfr. acima, II, 5.);
   b) a *designação parlamentar (por Resolução) de quatro dos cinco membros do Conselho Regulador* – após *audição* na comissão competente dos candidatos propostos para verificação dos requisitos necessários ao desempenho

---

[71] Cfr. artigo 65º, nº 1, dos Estatutos.
[72] Cfr. artigos 64º, e 65º, nºs 2 e 3, dos Estatutos.
[73] Cfr. artigo 65º, nº 6, dos Estatutos.
[74] Cfr. artigo 77º dos Estatutos.

do cargo e *eleição da lista que obtiver o voto de dois terços dos deputados presentes, desde que superior à maioria absoluta dos deputados em efectividade de funções;*[75]

c) a *demissão dos membros do Conselho Regulador decidida por Resolução da Assembleia da República, aprovada por dois terços dos deputados presentes, desde que superior à maioria absoluta dos deputados em efectividade de funções, (apenas) em caso de grave violação dos seus deveres estatutários,* comprovadamente cometida no desempenho de funções ou no cumprimento de qualquer obrigação inerente ao cargo;[76]

d) a *dissolução do Conselho Regulador por Resolução da Assembleia da República, aprovada por dois terços dos deputados presentes, desde que superior à maioria absoluta dos deputados em efectividade de funções, em caso de graves irregularidades no funcionamento do órgão.*[77]

Pelo exposto, defendemos um *modelo de regulação independente forte e devidamente respaldado, do ponto de vista democrático, na Assembleia da República;* um regulador cometido com uma missão meramente residual e dotado de prerrogativas reduzidas não acautela devidamente o interesse público no domínio da Comunicação Social (em Portugal).

Nesta linha, *recusamos propostas (liberais) assentes na ideia de bastar a ("mão invisível" da) liberdade de imprensa para assegurar os valores da independência, isenção e pluralismo, cabendo aos tribunais a aplicação do quadro legal nos casos (residuais) de lesão de direitos de personalidade. Nem cremos que a eventual ausência de regulação administrativa estadual pudesse ser (melhor) suprida pela criação de uma Ordem profissional (auto-regulação),* apresentada muitas vezes como essencial para afastar o papão da censura estatal e reforçar o comportamento ético e deontológico dos profissionais dos *media.*

É o *interesse público* (não o corporativismo) que deve guiar a Regulação (da Comunicação Social): soluções de auto-regulação (e de co-regulação) fundam-se primordial ou mesmo exclusivamente na defesa da liberdade de imprensa – projeção dos princípios fundamentais da liberdade de expressão e de informação –, pilar estruturante do regime democrático (*media* como *cão de guarda da democracia*). No entanto, o receio do *lápis azul* não esgota a dignidade da pessoa humana e é cada vez mais essencial e urgente salvaguardar relevantes direitos de personalidade, como os direitos ao bom nome, à reputação, à imagem, à reserva da intimidade da vida privada e à palavra (direito ao que é dito e no contexto em que é dito).

Porque a liberdade de imprensa tem de ser perspectivada como uma delegação do público e do seu direito à informação em jornalistas e editores – daí a *ratio essendi* da exigência constitucional de um Serviço Público (em sentido subjectivo, de titularidade estadual) de Televisão e de Rádio –, *só um regulador público independente e forte pode defender o interesse público e conciliar adequadamente a liberdade de imprensa com outros direitos de personalidade* não menos fundamentais para a sobrevivência e qualidade da democracia.

---

[75] Cfr. artigos 15º e 16º dos Estatutos. De referir que cabe aos membros designados pela Assembleia da República cooptarem o quinto membro do conselho regulador (cfr. artigos 15º, nº 3, e 17º dos Estatutos).

[76] Cfr. artigo 22º, nº 1, alínea e), dos Estatutos.

[77] Cfr. artigos 22º, nº 1, alínea f), e 23º dos Estatutos.

Informação bibliográfica deste texto, conforme a NBR 6023:2002 da Associação Brasileira de Normas Técnicas (ABNT):

CALVÃO, João Nuno. Comunicação social em Portugal: em defesa de um modelo de regulação independente e forte. In: MATILLA CORREA, Andry; NÓBREGA, Theresa Christine de Albuquerque; AGRA, Walber de Moura (Coord.). *Direito Administrativo e os desafios do século XXI*: livro em homenagem aos 40 anos de docência do Prof. Francisco de Queiroz Bezerra Cavalcanti. Belo Horizonte: Fórum, 2018. p. 237-247. ISBN 978-85-450-0555-1.

EL CONCEPTO DE ADMINISTRACIÓN PÚBLICA EN EL DERECHO VENEZOLANO[1]

José Ignacio Hernández G.

Introducción

Se ha señalado, y con razón, que la primera y más sencilla definición de Derecho Administrativo es aquella que concibe a éste como el conjunto de normas que disciplinan a la Administración Pública.[2] Esto quiere decir que el Derecho Administrativo requiere de la existencia de la Administración Pública, con lo cual, no es posible definir al Derecho Administrativo sin antes definir a aquélla.[3] De allí que, con gran acierto, Villar Palasí ha concluido que *"en el Derecho administrativo hay una verdadera crux juris* inicial constituida por la idea preliminar de la Administración pública".[4]

Ahora bien, definir a la Administración Pública, como condición previa para definir al Derecho Administrativo, exige considerar la estrecha relación que existe entre la Administración y el Estado. De esa manera, la Administración Pública es un instrumento del Estado. Más en concreto: la Administración es el instrumento del cual se vale el Estado para interactuar con los ciudadanos, al punto que el Estado –como se le conoce en la actualidad– no podría existir sin Administración. De ello resulta que *no hay Administración sin Estado ni Estado sin Administración.* Como consecuencia de todo lo

---

[1] Este trabajo forma parte de una investigación mayor sobre las instituciones del Derecho Administrativo venezolano, que adelantamos desde el Instituto de Investigaciones Jurídicas de la Universidad Católica Andrés Bello.

[2] La idea según la cual la más sencilla definición de Derecho Administrativo es la del Derecho de la Administración Pública, se toma de Eduardo García de Enterría y Tomás-Ramón Fernández, *Curso de Derecho administrativo, Tomo I,* Civitas, Madrid, 2013, pp. 49 y ss. Exponen los autores que *"la más simple y tradicional definición del Derecho administrativo lo considera como el Derecho de la Administración Pública".*

[3] La estrecha vinculación entre Derecho Administrativo y Administrativa es una conclusión aceptada en Venezuela. Entre otros, puede consultarse a Brewer-Carías, Allan, *Tratado de Derecho Administrativo. Volumen I. El Derecho Administrativo y los principios fundamentales,* Civitas-Thomson Reuters, Madrid, 2013, pp. 667 y ss; Moles Caubet, Antonio, "La progresión del Derecho administrativo", en *Estudios de Derecho público,* Instituto de Derecho público de la Universidad Central de Venezuela, Caracas, 1997, p. 26; Hernández Ron, J.M. *Tratado elemental de Derecho administrativo, Tomo I,* Las Novedades, Caracas, 1943, p. 29, y Lares Martínez, Eloy, *Manual de Derecho administrativo,* Facultad de Ciencias Jurídicas y Políticas, Caracas, 2013, p. 45 y ss.

[4] La referencia al "crux juris", puede verse en Villar Palasí, José Luis y Villar Ezcurra, José Luis, *Principios de Derecho administrativo, I,* Servicios de Publicaciones de la Facultad de Derecho de la Universidad Complutense de Madrid, Madrid, 1999, p. 19.

anterior, *la evolución del Estado se proyecta sobre la Administración, la cual, en consecuencia, está en permanente transformación.*

Esta transformación puede entenderse a través de *signos de ruptura y continuidad*: la evolución del Estado marca el abandono de algunas técnicas de la Administración y el surgimiento de nuevas técnicas; pero también, es posible apreciar cómo ciertas técnicas administrativas se mantienen pese a las transformaciones del Estado.

Ahora bien, en Venezuela, el concepto de Administración Pública, desde la segunda mitad del siglo XX, ha estado influenciado por la interpretación dada al principio de separación de poderes. De esa manera, en Venezuela –como sucede también en otros modelos de Derecho Administrativo– se acepta que la palabra "Administración" puede aludir a dos criterios: un *criterio material o funcional* y un *criterio subjetivo u orgánico*. El primero comprende al ejercicio de la *función administrativa*, sin considerar quién ejerce esa función; el segundo alude a los órganos y entes del Poder Ejecutivo, siempre y cuando su actividad sea de rango sub-legal, siendo irrelevante el tipo de función ejercida. Esto marca a las instituciones del Derecho Administrativo venezolano, que pueden ser definidas desde cualquiera de esos dos criterios.[5]

Frente a esta posición, entendemos que la Administración Pública, bajo la Constitución de 1999, no corresponde ni a una visión funcional ni a una visión orgánica. La Administración es, por el contrario, una *institución*, caracterizada por su *carácter vicarial*, esto es, por el servicio a los ciudadanos. Es bajo el concepto constitucional de Administración vicarial que proponemos una nueva aproximación al concepto de Administración Pública. Para ello, primero, debemos sin embargo explicar cuál ha sido el concepto de Administración Pública aceptado en Venezuela, siempre partiendo de su estrecha relación con el Estado y, por ende, con el poder.

1 Administración Pública, Estado y poder

1.1 La Administración Pública y el poder

Eduardo García de Enterría ha señalado que el elemento característico del Derecho Administrativo es la estrecha relación entre Administración Pública y el poder.[6] Sebastián Martín-Retortillo Baquer, resaltando esa conexión, pone en relieve la aparente contradicción que existe entre la Administración que debe obrar con objetividad y la Administración que es controlada por el Gobierno.[7] Aparente contradicción pues el Gobierno, que es poder político, debe emplear instrumentalmente a la Administración con objetividad.

---

[5] En cuanto a la dualidad de criterios (orgánico y funcional) para definir a la Administración Pública, puede verse lo que señalamos en Hernández G., José Ignacio, *Introducción al concepto constitucional de Administración Pública*, Editorial Jurídica Venezolana, Caracas, 2011, pp. 53 y ss.

[6] De acuerdo con Eduardo García de Enterría, el concepto de poder cobra realidad en el Derecho Administrativo, especialmente, en función a su oposición con la libertad general del ciudadano. Vid. García de Enterría, Eduardo, "La lucha contra las inmunidades del poder", en *Revista Electrónica de Derecho Administrativo N 8,* Caracas, 2016, pp. 25 y ss.

[7] La referencia al aparente conflicto presente en el Derecho Administrativo se toma de Sebastián Martín-Retortillo Baquer, *Instituciones de Derecho Administrativo,* Thomson-Civitas, Madrid, 2007, p. 37.

Lo anterior pone en evidencia las razones por las cuáles la Administración Pública es el poder más palpable para el ciudadano. De esa manera, el ciudadano solo se interrelaciona con el Estado, en cuanto a su específica situación jurídico-subjetiva, a través de la Administración. Así, con el Poder Legislativo el ciudadano no mantiene relaciones personales, pues ese Poder representa a todos los ciudadanos y se expresa, típicamente, por medio de actos generales y abstractos. Tampoco el ciudadano se relaciona personalmente con el Poder Judicial, en el sentido que la actuación del Poder Judicial debe limitarse a aplicar la Ley en un caso concreto más allá de la específica condición de las partes en el proceso. Con la Administración, por el contrario, el ciudadano sí mantiene relaciones jurídicas que parten de su específica esfera jurídico-subjetiva.

Este grado de incidencia de la Administración Pública sobre el ciudadano ha variado de acuerdo con la evolución del Estado. Pero, siempre el rol de la Administración –como instrumento del Estado– ha sido actuar para incidir sobre esa situación jurídica, a través de la coacción y, más modernamente, a través de la actividad prestacional no coactiva. La idea de un Estado en el cual la Administración no actúe, siquiera, a través de la coacción, carece de sentido: si existe el Estado, es por cuanto debe existir cierto grado de coacción que, típicamente, será ejercido por la Administración. De allí que como bien apuntaron Merkl y Fleiner, la Administración Pública alude siempre a la actuación concreta del Estado frente al ciudadano.[8]

Partiendo de esta conclusión, puede entonces afirmarse que la única función del Derecho Administrativo es prevenir y controlar los abusos de la Administración, como un poder que actúa e incide sobre los ciudadanos en atención a los cometidos del Estado. Como observa Wade, sería errado sostener que el Derecho Administrativo evita el abuso del poder: la Administración, en tanto poder que actúa, tiende al abuso. La función del Derecho Administrativo es, si se quiere, más modesta: controlar a la Administración Pública para reducir, al máximo posible, el abuso del poder, tal y como igualmente observó Schwartz.[9]

Pero ese objetivo del Derecho Administrativo entra en potencial contradicción con otra función de esa disciplina, esto es, atribuir a la Administración el poder que le permite incidir en la esfera jurídico-subjetiva del ciudadano. Esto permite entender por qué Prosper Weil ha considerado que en Francia la aparición del Derecho Administrativo es milagrosa: el Estado decidió controlar a su poder más intrusivo, como es la Administración Pública, a través del Derecho Administrativo.

De todo lo anterior se concluye que ciudadanos y Administración se encuentran en una suerte de relación dialéctica, que marca al Derecho Administrativo según la visión que predomine: si predomina la visión de la Administración como instrumento

---

[3] De acuerdo con Merkl, la Administración es un poder que actúa, esto es, el poder en acción. Igualmente, Fleiner ha concluido que la Administración no se limita a la ejecución automática de la Ley, pues además de ello, también la Administración actúa para alcanzar los cometidos del Estado. Cfr.: Merkl, Adolfo, *Teoría general del Derecho administrativo*, Comares, Granada, 2004, p. 56 y Fleiner, Fritz, *Les príncipes gènèraux du Droit administratif allemand*, Paris, Librairie delagrave, 1933, pp. 12 y ss.

[9] La definición de Schwartz resume el concepto de Derecho Administrativo así: "*el Derecho administrativo es la rama del Derecho que controla a las operaciones administrativas del Gobierno. Su propósito principal es mantener los poderes del Gobierno dentro de sus límites legales protegiendo derechos individuales frente al abuso de poder*. Cfr.: Schwartz, Bernard, *Administrative Law,* Little, Brown, 1991, p. 1. El concepto de Schwartz aparece influenciado por el concepto de Wade, H.W.R. y Forsyth, C.F., *Administrative Law,* Oxford University Press, Oxford, 2009, p. 4

del Estado, el Derecho Administrativo será *estatista*; si predomina la visión del Derecho Administrativo centrado en el ciudadano, el Derecho Administrativo partirá de la *centralidad del ciudadano*.

1.2 El Derecho Administrativo como Derecho estatal

En Venezuela, estas ideas han permitido a Allan R. Brewer-Carías señalar que el *Derecho Administrativo es un Derecho estatal*.[10] Con esta afirmación quieren expresarse, al menos, tres premisas básicas.

La *primera premisa* es que la *Administración presupone al Estado*. Esto es, que *para que exista Administración debe existir Estado*. La expresión "Estado", como se sabe, es de reciente data, en el sentido que el Estado es un producto derivado de la evolución social que llevó a conformar un poder *unitario y unificador*.[11] Tal poder, con esos atributos, no siempre ha existido. En Europa, por ejemplo, se observa que estos atributos se alcanzaron en el absolutismo.[12] De esa manera, uno de los factores que coadyuva a la unificación del poder es, precisamente, la Administración Pública, en tanto ésta promueve la cohesión social. Con lo cual, *la Administración Pública es condición necesaria para la existencia del Estado*.

La *segunda* premisa, que deriva de la anterior, es que la Administración Pública, al ser un instrumento del Estado, precisa de éste. Ello quiere decir que *sin Estado no hay Administración*. Entre Estado y Administración existe lo que podríamos calificar como "relación simbiótica": el Estado, como poder unitario y unificador, requiere de la Administración Pública, en tanto ésta es uno de los factores de cohesión del Estado. Pero a su vez, la Administración Pública solo puede existir si existe Estado.

La *tercera premisa* es que *la Administración es un instrumento del Estado*.[13] Esto quiere decir que la Administración es la herramienta práctica a través de la cual el Estado cumple sus cometidos. Sayagués Laso destacó la relación que existe entre las funciones del Estado, sus cometidos y la Administración Pública. Así, las funciones del Estado son inmutables, en el sentido que siempre existirán las mismas funciones, típicamente, la función ejecutiva, la función legislativa y la función judicial. Los cometidos, por el

---

[10] Brewer-Carías, Allan, *Derecho administrativo. Tomo I,* Universidad Externado de Colombia/Universidad Central de Venezuela, Caracas, 2005, p. 185.

[11] Sobre el concepto de Estado como poder unitario y unificador, de acuerdo con la idea formulada por Maquiavelo, puede verse a Jellinek, Georg, *Teoría general del Estado,* Editorial Albatros, Buenos Aires, 1981, pp. 130 y ss. Véase también, en sentido similar, a Heller, Herman, *Teoría del Estado,* Fondo de Cultura Económica, México D.F., 2002, pp. 169 y ss. Para una completa revisión del concepto de Estado, vid. Njaim, Humberto y Leu, Hans-Joachim, *Selección de textos en torno al Estado,* Universidad Central de Venezuela, Facultad de Derecho, Caracas, 1968, pp. 1 y ss. Véase igualmente a La Roche, Humberto, *Derecho Constitucional. Tomo I. Parte Genera,* Vadell Hermanos, Valencia, 1991, pp. 293 y ss. Alude La Roche al "Estado Nacional Moderno", una de cuyas características es la centralización, proceso que típicamente se alcanza a través de la Administración.

[12] En cuanto a la relación entre el absolutismo y el Estado, puede verse a García-Pelayo, Manuel, "Estado", en *Obras Competas, Tomo III,* Centro de Estudios Políticos y Constitucionales, Madrid, 1991, pp. 2951 y ss.

[13] Como la Administración Pública es un instrumento del Estado, se alude con frecuencia al carácter instrumental de la Administración, lo que denota su dependencia política al Poder que la dirige, o sea, el Gobierno, bajo el principio de rendición de cuentas frente al Parlamento. Con lo cual se afirma que la "Administración no tiene ideología", pues es neutral. Cfr.: Cosculluela Montaner, Luis, *Manual de Derecho Administrativo. Parte General,* Civitas Thomson-Reuters, Madrid, 2010, pp. 28 y ss. Germán Fernández Farreres, por su parte, ha señalado que *"el Estado se articula y manifiesta a través de la Administración".* (Fernández Farreres, Germán, *Sistema de Derecho Administrativo,* Civitas Thomson Reuters, Madrid, 2012, p. 52).

contrario, varían en el tiempo. Los cometidos estatales son, de esa manera, los objetivos que el Estado identifica y asume como propios para justificar su actuación. De manera especial, para alcanzar esos cometidos, el Estado se vale de la Administración Pública. Es por ello que según varíen los cometidos del Estado variará también la Administración Pública.[14]

Lo anterior permite explicar por qué la actividad de la Administración es tan heterogénea y cambiante: esa actividad, instrumental, está en permanente cambio, pues el Estado está en permanente evolución. Todo ello hace, del Derecho Administrativo, una "cuestión desesperante":[15] difícilmente en el Derecho Administrativo pueden formularse conclusiones sólidas, rígidas e inmutables, pues todo el Derecho Administrativo –por la impronta del Estado– está en constante mutación. No obstante, junto a esta transformación hay también signos de continuidad: la Administración Pública preserva parte de sus técnicas de actuación más allá de la evolución del Estado, pues la continuidad administrativa es condición necesaria para la efectiva existencia del Estado.

Lo antes expuesto permite comprender mejor la expresión de Otto Mayer, en cuanto a que más allá de los cambios de la Constitución, puede apreciarse en la Administración Pública un claro rasgo de continuidad. Por ello, Villar Palasí observó que la Administración es anterior al surgimiento del Derecho Administrativo en el Estado de Derecho, tal y como igualmente ha observado José Araujo-Juárez.[16]

1.3 Particularidades del Derecho Administrativo venezolano como Derecho estatal

Desarrolladas las anteriores premisas, ahora debemos tratar de indagar, en concreto, si es posible precisar el momento en el cual surge la Administración Pública y el Derecho Administrativo en Venezuela, tomando en cuenta la relación que existe entre Estado y Administración Pública.

---

[14] Los "cometidos estatales" aluden a los objetivos que, en cada momento, el Estado decide atender. Mientras que las funciones del Estado son estáticas, los cometidos estatales son dinámicos. Véase sobre ello el análisis de Sayagués Laso, Enrique, *Tratado de Derecho administrativo, I,* Montevideo, Uruguay, 1974, pp. 48 y ss. También, vid. Jordana de Pozas, Luis, "El problema de los fines de la actividad administrativa", en *Revista de Administración Pública N° 54,* Madrid, 1951, pp. 11-28. Es por ello que se ha señalado que cada época del Estado ha generado su propio Derecho Administrativo. Cfr.: Forsthoff, Ernst, *Tratado de Derecho administrativo,* Instituto de Estudios Políticos, Madrid, 1958, pp. 35 y ss.

[15] El Derecho Administrativo es una cuestión desesperante pues su extremo dinamismo dificulta precisar conclusiones más o menos sólidas. Este aspecto ha sido resaltado por Pierre Delvolvè en *Le droit administratif,* Dalloz, Paris, 2006, p. 82. Véase nuestra posición en Hernández G., José Ignacio, "Repensando al Derecho Administrativo venezolano", en *20 años de FUNEDA y el Derecho Público en Venezuela, Volumen I,* FUNEDA, Caracas, 2015, pp. 109 y ss.

[16] De acuerdo con Otto Mayer *el Derecho Constitucional pasa y el Derecho administrativo queda.* Tal frase se ha interpretado en el sentido que, más allá de los cambios constitucionales que puedan operar en el Estado, la Administración siempre mantendrá, al menos, parte de sus técnicas de intervención (Gallego Anabitarte, Alfredo y Marcos Fernández, Ana de, *Derecho administrativo I. Materiales,* séptima reimpresión corregida, Madrid, 1995, pp. 13 y ss.). Villar Palasí ha observado que hay técnicas de intervención de la Administración que son incluso anteriores al surgimiento formal del Derecho Administrativo, todo lo cual evidencia que, al margen de los cambios en la Administración, ésta preserva parte de su actuación. Cfr.: Villar Palasí, José Luis, *Técnicas remotas del Derecho Administrativo,* INAP, Madrid, 2001, pp. 13 y ss. En Venezuela, vid. Araujo-Juárez, José, *Derecho Administrativo,* primera edición, Ediciones Paredes, Caracas, 2013, p. 2.

Si partimos de la premisa de acuerdo con la cual la Administración Pública presupone al Estado, cabría indagar cuándo surge, históricamente, la Administración en Venezuela. Al respecto, pueden formularse tres hipótesis.

La *primera* hipótesis es que la Administración surgió en Venezuela cuando surgió jurídicamente el Estado venezolano, esto es, con nuestra primera Constitución de 1811. Con esa Constitución, efectivamente, las Provincias que estaban sometidas a la jurisdicción de la Real Audiencia de Caracas decidieron crear un nuevo Estado, distinto al Estado español. Por lo tanto, jurídicamente el Estado venezolano surgió con la Constitución de 1811, con lo cual, podría formularse como hipótesis que con esa Constitución surgió también la Administración Pública.[17]

Tal respuesta, sin embargo, muestra un apego excesivo al elemento jurídico, siendo que el concepto de Estado es, también, material o sustancial. Esto quiere decir que la existencia de Estado no responde a un elemento puramente formal, pues el Estado es, antes que nada, una organización social. Que exista jurídicamente un Estado no implica, necesariamente, que tal Estado tiene existencia real como una organización social que actúa bajo un poder único y unitario.

Precisamente, la *segunda hipótesis* no parte del dato puramente jurídico de la existencia del Estado venezolano. Aquí, por el contrario, se coloca el acento en el aspecto material, lo que permite indagar si antes de 1811 existía un Estado como organización social. De esa manera, hay que recordar que a partir de 1776, las Provincias disgregadas hasta entonces en el territorio que hoy ocupa Venezuela comenzaron a centralizarse bajo un poder único, lo que alcanzó un hito relevante en 1786, cuando se creó la Real Audiencia con jurisdicción sobre todas las Provincias que luego formarían Venezuela. Ya para entonces, como se ha observado, existía una especia de *nacionalidad* venezolana, o sea, de cohesión social, al margen del elemento jurídico-formal.[18]

Esta segunda hipótesis es muy útil pues permite comprender mejor la continuidad administrativa: tal y como observara en Francia Alexis de Tocqueville, en Venezuela puede igualmente afirmarse que la Administración Pública Colonial –o la Administración del Antiguo Régimen– preservó parte de sus técnicas de actuación luego de 1811. Sin embargo, hay que reconocer que no es muy sólido afirmar que antes de esa fecha existía el Estado venezolano como realidad social. Había, sin duda, una organización social en formación, pero que difícilmente podría concebirse como un poder unitario y unificador en sentido estricto.[19]

---

[17] En cuanto al origen histórico de la Administración Pública en Venezuela, el primer punto de referencia es la Constitución de 1811, con la cual jurídicamente surgió el Estado venezolano. Puede verse en general a Oropeza, Ambrosio, *La nueva constitución venezolana 1961,* serie estudios, Biblioteca de la Academia de Ciencias Políticas y Sociales, Caracas, 1986, pp. 1 y ss.

[18] Ambrosio Oropeza alude al concepto de "Nación", para diferenciar ésta del concepto jurídico de Estado. De esa manera, la Nación, como cuerpo social con valores e identidad comunes, es anterior al surgimiento del Estado venezolano. Puede consultarse además, desde una perspectiva jurídica, a Garrido Rovira, Juan, *De la monarquía de España a la República de Venezuela,* Universidad Monteávila, Caracas, 2008, pp. 206 y ss.

[19] Al estudiar la Revolución Francesa, Alexis de Tocqueville observó que la Administración surgida de esa Revolución había preservado parte de las técnicas de actuación del Antiguo Régimen (Tocqueville, Alexis, *El antiguo régimen y la revolución,* Fondo de Cultura Económica, México, 1996, pp. 119 y ss.) Por lo que aquí respecta, este dato evidencia la continuidad administrativa, presente incluso en tanto la revolución de la independencia no implicó el abandono de las técnicas de actuación de la Administración Pública Colonial. Sobre ello puede verse a Chiossone, Tulio, "Administración y Derecho administrativo en Venezuela", en *Libro homenaje al doctor*

Hay entonces una *tercera* hipótesis. Es preciso tratar de identificar en la historia de Venezuela el momento en el cual coincide el contenido jurídico del Estado con su contenido social. Esto es, el momento en el cual el Estado no solo es una realidad jurídica –lo que sabemos, comenzó en 1811– sino además una realidad social. No es nuestro propósito precisar en detalle este aspecto. Basta con señalar que, durante el siglo XIX, el Estado venezolano enfrentó diversas crisis derivadas de los conflictos no resueltos de nuestra Independencia, todo lo cual afectó la existencia efectiva del Estado como poder unitario y unificador. Hubo diversos intentos por construir jurídicamente tal realidad, especialmente, durante los regímenes de José Antonio Páez (principalmente entre 1830 y 1835) y Antonio Guzmán Blanco (entre 1870 y 1888). Pero podría decirse que, durante el siglo XIX, ese objetivo no se alcanzó a plenitud.[20]

Esta situación comenzó a cambiar a partir de 1899, cuando inició en Venezuela un proceso de centralización del Estado que incidió sobre la Administración Pública. Tal proceso comenzó con Cipriano Castro (1899-1907) y se consolidó bajo la dictadura de Juan Vicente Gómez (1907-1935). Al término de esa dictadura el proceso de centralización había permitido construir jurídicamente a las instituciones necesarias para la efectiva existencia del Estado, a saber, el Ejército Nacional, la Hacienda Pública Nacional, las infraestructuras necesarias para la cohesión territorial, traducidas típicamente en obras públicas como carreteras, y principalmente, la Administración Pública como herramienta de dominación burocrática, en términos de Weber. Aclaramos que esa cohesión –en contra de cierta afirmación recurrente– no tuvo por causa determinante el petróleo. Aun cuando la industria petrolera surgió en 1914, lo cierto es que los ingresos petroleros no resultaron determinantes hasta la década siguiente, cuando el señalado proceso de cohesión social ya había avanzado definitivamente.[21]

Esto no quiere decir, por supuesto, que el Estado venezolano y su Administración surgieron súbitamente en 1935. Más bien la conclusión que debe extraerse de lo anterior es que la formación histórica de la Administración Pública en Venezuela es consecuencia

---

Eloy Lares Martínez, Tomo I, Universidad Central de Venezuela, Caracas, 1979, pp. 79 y ss. Con mayor extensión, véase su trabajo *Formación jurídica de Venezuela en la Colonia y la República,* Universidad Central de Venezuela, Caracas, 1980, pp. 123 y ss. También, vid. Polanco, Alcántara, "La continuidad jurídica durante la independencia", *Libro homenaje a la memoria de Joaquín Sánchez Covisa,* Facultad de Ciencias Políticas y Jurídicas de la Universidad Central de Venezuela, Caracas, 1975, pp. 1055 y ss.

[20] Para una panorámica del Estado venezolano durante el siglo XIX, vid. Pino Iturrieta, Elías, *País archipiélago, Venezuela, 1830-1858,* Fundación Bigott, Caracas, 2004, pp. 210-211. Durante el siglo XIX los Gobiernos de Páez y Guzmán Blanco hicieron importantes esfuerzos por promover la centralización del Estado y, por ende, la institucionalización de la Administración Pública. En cuanto al proceso de organización institucional del Estado bajo el régimen de Páez, vid. Plaza, Elena, *El patriotismo ilustrado, o la organización del Estado en Venezuela. 1830-1847,* Universidad Central de Venezuela, 2007, pp. 1 y ss. Respecto de la organización adelantada por Guzmán Blanco, vid. Quintero, Inés, "El sistema político guzmancista (tensiones entre el caudillismo y el poder central", publicado originalmente en *Antonio Guzmán Blanco y su época* (Monteávila, Caracas, 1994), tomado de Quintero, Inés, *El ocaso de una estirpe,* Editorial Alfa, Caracas, 2006, pp. 11 y ss.

[21] Sobre el proceso de centralización del estado venezolano iniciado a partir de 1899, puede verse, desde una perspectiva jurídica, a Brewer-Carías, Allan, *El desarrollo institucional del Estado centralizado en Venezuela (1899-1935) y sus proyecciones contemporáneas,* Universidad Católica del Táchira, San Cristóbal, 1988, pp. 16 y ss. Es fundamental tomar en cuenta que el cambio operó a partir de las estructuras de poder, pues el mecanismo de dominación basado en los *caudillos,* propio del siglo XIX, se sustituyó por un mecanismo de dominación de tipo legal y burocrático, esto es, por la Administración Pública. En cuanto a la dominación burocrática, puede verse a Weber, Max, *Economía y sociedad. Esbozo de sociología comprensiva, Tomo I,* Fondo de Cultura Económica, México, 1974, pp. 170 y ss.

de la propia evolución del Estado venezolano, principalmente desde fines del siglo XVII hasta la tercera década del siglo XX. De esa evolución, resultan especialmente determinantes las tres primeras décadas del pasado siglo, pues ellas marcaron, con sus rasgos actuales, a la Administración Pública. No es casualidad, por ello, que la clase de Derecho Administrativo y la primera doctrina en esta disciplina hayan surgido en esa época: como observó Santi Romano, la sistematización del Derecho Administrativo –lo que comenzó a suceder en Venezuela a partir de 1909– es manifestación del grado de evolución de la Administración Pública.[22]

1.4 Los condicionantes no jurídicos de la Administración Pública y el Petro-Estado

Hemos venido señalando que al estudiar a la Administración Pública como objeto del Derecho Administrativo debe tenerse siempre presente la íntima relación entre la Administración y el Estado. Solo esto permite incorporar, al estudio de la Administración Pública, los condicionantes no-jurídicos que, presentes siempre en la teoría del Estado, no pueden quedar ausentes al abordar jurídicamente a la Administración Pública, visto su ya señalado carácter instrumental.[23]

Obviar estos condicionantes llevaría al estudio neutro de la Administración Pública. Sin negar los beneficios del método comparado, lo cierto es que la Administración Pública lo será siempre de un Estado determinado en un momento específico. De tal manera, estos condicionantes aluden a tres elementos principales: *(i)* el ejercicio y forma del poder político; *(ii)* la organización social y *(iii)* la economía. Ello quiere decir que la Administración Pública es resultado, en cada momento y lugar, del modelo político imperante; de la organización social y de la economía. Estos elementos ponen en evidencia la utilidad de estudios no jurídicos sobre la Administración Pública, enfocados al análisis organizacional de esa Administración como instrumento del cual se vale el Estado para la implementación de sus políticas públicas. Sin ese contexto, se insiste, el estudio jurídico de la Administración Pública solo será resultado de un ejercicio intelectual puramente abstracto y mayormente inútil.

¿Cuáles son los condicionantes no jurídicos que, de manera determinante, han incidido en la Administración Pública venezolana? Hay, en especial, dos condicionantes que interesa destacar.

El *primer condicionante* sobre Administración Pública venezolana es resultado del reciente proceso político que, para el primer tercio del siglo XX, permitió la centralización

---

[22] Sobre los orígenes de la clase de Derecho Administrativo y de la doctrina en esa disciplina, véase nuestro estudio Hernández G., José Ignacio, "Los orígenes de la doctrina de Derecho Administrativo en Venezuela", en *REDAV N° 7*, Caracas, 2015, pp. 101 y ss.

[23] En cuanto a la importancia de los condicionantes políticos de la Administración Pública, véase, desde el Derecho venezolano, a Brewer-Carías, Allan, *Tratado de Derecho Administrativo. Derecho Público en Iberoamérica. Volumen II. La Administración Pública*, Civitas Thomson-Reuters, Madrid, 2013, pp. 148 y ss. Este enfoque de la Administración Pública es común a la Ciencia de la Administración. Cfr.: Baena del Alcázar, Mariano, *Curso Ciencia de la Administración, Volumen I*, Tecnos, Madrid, 1995, pp. 25 y ss. Los condicionantes no-jurídicos de la Administración Pública ponen en evidencia que ésta, en suma, es un producto social, consistente en la organización de personas, medios y recursos para alcanzar ciertos objetivos definidos por el cuerpo social. Con lo cual se concluye que la práctica de la Administración es tan antigua como la civilización, y es además esencial al desarrollo de la civilización. Cfr.: Frederickson, George, et al, *The Public Administration Theory Primer*, Westview Press, 2011, p. 2

del Estado en el marco de regímenes no democráticos, centralistas y presidencialistas. Solo a partir de 1958 esa Administración comenzó a desarrollarse dentro del Estado democrático, con lo cual, la democratización de la Administración es un proceso de reciente dada. De allí que nuestra Administración Pública sea, principalmente, la organización administrativa central del Poder Nacional.

El *segundo* condicionante es la consolidación de nuestra Administración Pública dentro de la progresiva transformación de Venezuela en un *Petro-Estado*, esto es, la forma de organización en la que el Estado ejerce el control de las actividades extractivas y en tal condición captura la renta petrolera, que pasa a ser el ingreso público fundamental, de lo que resulta que el Estado es autónomo económicamente. Esta configuración coincidió además con el giro que la jurisprudencia dio en la década de los cuarenta, al asumir que la Administración Pública, para la gestión del servicio público, se somete al Derecho Administrativo definido como un "régimen exorbitante del Derecho Privado", que reconoce una posición de supremacía a la Administración.[24]

Esa autonomía económica convirtió al Estado venezolano en el principal actor de la economía y a la Administración Pública en su principal instrumento de dominación. Una condición que dificulta, muy mucho, el objetivo del Derecho Administrativo de controlar los abusos de la Administración Pública. En efecto, ese objetivo presupone un Gobierno sometido a control con poderes acotados, sujeto en especial al control ciudadano. Pero debido al Petro-Estado –y basado en centralismo bajo el cual se formó la Administración Pública venezolana– el Gobierno ha acumulo poder, debilitando los controles que inciden sobre su actuación, incluso, por parte de los ciudadanos, ante la tendencia de la sociedad venezolana a orientarse al reclamo sobre la renta petrolera.[25]

Consecuentemente, *la Administración Pública venezolana actual queda caracterizada por su condición de organización instrumental del Petro-Estado*. Ello marca a la Administración con tres características fundamentales: *(i)* la Administración Pública es el instrumento para el manejo de las actividades extractivas que el Estado venezolano asumió en monopolio; *(ii)* la Administración Pública es el instrumento para el reparto o distribución de la renta petrolera que el Estado captura y *(iii)* la Administración Pública es el instrumento a través del cual el Petro-Estado impone su hegemonía económica a través de diversos controles. En suma: el Petro-Estado incentiva la expansión de la Administración y, consecuentemente, la dependencia del ciudadano a ésta. Estas condiciones, insistimos,

---

[24] Hasta la década de los cuarenta del siglo pasado la actividad de la Administración Pública era valorada a través de la aplicación del Derecho Público y del Derecho Privado. Luego de esa década la jurisprudencia asumió que la Administración, cuando actúa como poder público para la gestión del servicio público, se somete a un régimen jurídico exorbitante del Derecho Privado. Tal exorbitancia se resumió en diversos "privilegios y prerrogativas" tomados del régimen administrativo francés. Cfr.: Hernández G., José Ignacio, *Introducción al concepto constitucional de Administración Pública en Venezuela,* cit., pp. 31 y ss.

[25] Sobre el concepto de Petro-Estado, por todos, vid. Karl, Terry Lynn, *The paradox of plenty: Oils Booms and Petro-States,* University of California Press, Berkley, 1997, pp. 42 y ss. (formato electrónico). En cuanto al impacto del petróleo sobre el Estado venezolano pueden consultarse las tempranas conclusiones que, desde la economía política, formuló Arturo Uslar Pietri en *Sumario de economía venezolana. Para alivio de los estudiantes,* Banco Central de Venezuela, Caracas, 2006 (reimpresión de la segunda edición de 1958), pp. 135 y ss. Sobre la autonomía económica del Estado venezolano, vid. Baptista, Asdrúbal, *Itinerario por la economía política,* Ediciones IESA, Caracas, 2012, pp. 319 y ss. Igualmente, vid. Urbaneja, Diego Bautista, *La renta y el reclamo. Ensayo sobre petróleo y economía política en Venezuela,* Editorial Alfa, 2013, pp. XV y ss.

afectan el cumplimiento del objetivo del Derecho Administrativo venezolano de controlar los abusos de la Administración Pública.

2 El concepto tradicional de Administración Pública desde el principio de separación de poderes

2.1 El concepto de Administración Pública desde la teoría de la separación de poderes

El estudio de la Administración Pública como instrumento del Estado ha estado profundamente marcado en Venezuela por la interpretación dada al principio de separación de poderes, de conformidad con la tesis defendida por Allan R. Brewer-Carías a partir del estudio de la jurisprudencia venezolana. De esa manera, Brewer-Carías, de similar manera a las conclusiones esbozadas especialmente por algunos autores de Derecho Administrativo en Latinoamérica, ha insistido que del principio de división de poderes deriva la distinción orgánica y funcional del Poder Público, acotando que tal distinción no es rígida. De esa manera, para Brewer-Carías, los órganos del Poder Público pueden actuar, formal y funcionalmente, de manera muy variada.[26]

Como resultado de ello, la expresión "Administración Pública" puede ser interpretada, ampliamente, en tres sentidos: *(i)* orgánico, *(ii)* funcional y *(iii)* formal. Desde el punto de *vista orgánico*, la Administración Pública alude a los órganos y entes del Poder Ejecutivo. Desde el punto de *vista funcional*, la Administración Pública alude a la función administrativa. Por último, la *visión formal* apunta al concepto de Administración Pública desde el rango sub-legal de su actividad.

Más en concreto, sin embargo, los dos criterios determinantes de la Administración Pública en Venezuela son el criterio orgánico y el criterio funcional. De esa manera, debido a la influencia de Brewer-Carías, el concepto de Administración Pública se basa en tres posibles combinaciones de esos dos criterios.

Así, en la primera combinación, la Administración Pública puede definirse solamente desde una perspectiva orgánica o subjetiva, en alusión a los órganos y entes del Poder Ejecutivo de cualquiera de las personas político-territoriales, con independencia de la función que éstos ejerzan.

En la segunda combinación, la Administración Pública puede definirse desde el ejercicio de la función administrativa, con independencia de quién sea el sujeto que ejerce esa función, que podrá ser otro órgano del Poder Público e incluso, según se acepta en Venezuela, un sujeto del sector privado.

---

[26] La interpretación de Brewer-Carías acerca del principio de separación de poderes ha marcado al Derecho Administrativo en Venezuela. De acuerdo con Brewer-Carías, es preciso distinguir los órganos de las funciones, en el sentido que aun cuando cada órgano tiene su función propia, es posible que ejerza otra función. Partiendo de una distinción amplia de funciones, Brewer-Carías alude a la función legislativa o normativa; la función de gobierno; la función jurisdiccional y la función administrativa. Además, Brewer-Carías diferencia entre funciones y actos estatales, en el sentido que no hay identidad entre función y acto. Cfr.: Brewer-Carías, Allan, Civitas-Thomson Reuters, Madrid, 2013, pp. 79 y ss. Para una visión comparada de este tema, véase a Vidal Perdomo, Jaime, *et al, La función administrativa y las funciones del Estado. Cuatro amigos, cuatro visiones sobre Derecho Administrativo en América Latina*, Editorial Jurídica Venezolana, Caracas, 2014.

Por último, la *tercera combinación* define a la Administración Pública como el conjunto de órganos y entes del Poder Ejecutivo que ejercen la función administrativa, esto es, mediante la aplicación conjunta de los criterios orgánico y funcional.

Como se observa, estas tres combinaciones otorgan una notable amplitud al concepto de Administración Pública, lo que afecta negativamente la precisión conceptual del Derecho Administrativo, especialmente por el empleo de categorías jurídicas que, como el servicio público, conllevan una alta carga valorativa.[27]

2.2 La Administración Pública en sentido orgánico

Es un principio general aquel que postula que la Administración Pública en sentido orgánico alude a un sujeto, referido como Poder Ejecutivo. De tal manera, el concepto orgánico de Administración Pública hace referencia a los sujetos que conforman al Poder Ejecutivo en los distintos niveles político-territoriales existentes en Venezuela.

El concepto orgánico de Administración Pública no debe confundirse con el concepto de personalidad jurídica. Históricamente, a través del Fisco, la personalidad jurídica favoreció a la conquista del Estado por el Derecho. En algunos modelos de Derecho Administrativo, como el español, la Administración es una persona jurídica, lo que permite calificar al Derecho Administrativo como un Derecho estatutario, o sea, el Derecho que rige a una persona jurídica, a saber, la Administración.[28] Pero en Venezuela, y de acuerdo con el Código Civil, la Administración no siempre tiene personalidad jurídica.

En efecto, el principio general en Venezuela es que la personalidad jurídica pertenece a las personas político-territoriales reconocidas en el Constitución, principalmente, la República, los Estados y los Municipios. Cada una de esas personas político-territoriales tiene su propia Administración Pública presente en el Poder Ejecutivo. Por lo tanto, existen tantas Administraciones como personas político-territoriales, esto es, la *Administración Pública Nacional, Estadal y Municipal*.

Ahora bien, como regla las personas político-territoriales, en el ámbito de sus competencias, pueden crear Administraciones Públicas con personalidad jurídica propia. Tal y como observó Jesús Cabello Ortiz, la personalidad jurídica propia es la que otorga rasgo distintivo a la *descentralización administrativa funcional*, esto es, el proceso mediante el cual se crean personas jurídicas para que ejerzan la actividad administrativa.[29]

---

[27] La amplitud –y como consecuencia– la indeterminación del concepto de Administración Pública en Venezuela, contrasta con la simplicidad de otras definiciones, especialmente, desde el Derecho Administrativo anglosajón. Por ejemplo, en Estados Unidos de Norteamérica se ha observado que las agencias administrativas –expresión que se prefiere al de Administración Pública– están usualmente encargadas de cometidos específicos de los detalles del día a día del Gobierno (Fox, William, *Administrative Law*, Lexis Nexis, Newark, 2008, p. 1).

[28] En cuanto a la importancia de la teoría del Fisco y de la personalidad jurídica en el Derecho Administrativo, vid. Mayer, Otto, *Derecho administrativo alemán, Tomo I. Parte General*, Editorial De Palma, Buenos Aires, 1949, pp. 59 y ss.). Se ha sostenido que la afirmación del Estado de Derecho se realizó a partir del reconocimiento de la personalidad jurídica del Estado (Martín-Retortillo, Sebastián, *Instituciones de Derecho administrativo*, cit., p. 210). En cuanto al Derecho Administrativo como Derecho estatutario, cfr.: García de Enterría, Eduardo, "Verso un concetto di Diritto Amministrativo come Diritto Statutario", en *Revista Trimestrale di DirittoPubblico*, año X, 1960, Milano, GiuffréEditore, pp. 316 y ss.

[29] En relación con la personalidad jurídica de la Administración Pública en Venezuela, vid. Brewer-Carías, Allan, Allan R. Brewer-Carías, *Tratado de Derecho Administrativo. Derecho Público en Iberoamérica. Volumen II. La Administración Pública*, cit., pp. 373 y ss. El concepto de descentralización funcional en Venezuela, que se diferencia

Es por lo anterior que en el Derecho Administrativo Venezolano, la principal clasificación de la Administración Pública en sentido orgánico es la clasificación dual entre la *Administración Pública Central* y la *Administración Pública Descentralizada*, de lo cual depende la distinción entre el órgano y el *ente*. Así, la *Administración Pública Central* carece de personalidad jurídica, en tanto actúa a través de personas político-territoriales. En este sentido, el órgano alude a esa Administración que carece de personalidad jurídica propia. Por su parte, la *Administración Pública Descentralizada* tiene personalidad jurídica propia. Esa Administración está integrada por *entes*, cuyo dato distintivo es la personalidad jurídica. En sentido amplio puede aludirse a la "figura subjetiva" para comprender a los órganos y entes de la Administración Pública.[30]

2.2.1 Contenido y alcance del concepto orgánico de Administración Pública. Su distinción del Gobierno

Tal y como señalamos, el principio general es que la Administración Pública, en sentido orgánico, reside en el Poder Ejecutivo.[31] En Venezuela esa conclusión es explícita en Estados y Municipios, no así en la República. En todo caso, se admite que la Administración como órgano reside en el Poder Ejecutivo de las distintas personas político-territoriales.[32]

---

del concepto de descentralización político-territorial, alude a la creación de personas jurídicas distintas a los entes político-territoriales, para el ejercicio especializado de la actividad administrativa. Por ello, la descentralización administrativa funcional es la técnica por la cual las personas político-territoriales crean personas jurídicas especiales. Cfr.: Caballero Ortiz, Jesús, *Los institutos autónomos*, tercera edición ampliada y actualizada, FUNEDA-Editorial Jurídica Venezolana, Caracas, 1995, pp. 16 y ss.

[30] Para Giannini, la figura subjetiva es *"cualquier entidad subjetiva reconocida en un ordenamiento jurídico", que trasciende a la figura de la persona jurídica, para ubicarse más bien en la categoría de los "centros de referencia"*. Sandulli alude, en este sentido, al "oficio", el cual cuenta con "subjetividad interna" que no es reconocida por el ordenamiento general, salvo que tenga personalidad jurídica, lo que no es un dato esencial (Giannini, M.S., *Lezioni di Diritto Amministrativo, I*, Giufrè, 1950, p. 124 y Sandulli, Aldo, *Manuale di Diritto Amministrativo*, octava edición, Nápoles, Casa Editrice Dtt. Eugenio Jovene, 1964, p. 144). Es por lo anterior que el artículo 1 de La Ley Orgánica de Procedimientos Administrativos incurre en un error, pues contrapone la Administración Pública Nacional con la Administración Pública Descentralizada. El primer concepto alude a todos los órganos y entes del Poder Nacional, mientras que el segundo comprende a los entes de cualquier persona político-territorial. La Ley quiso aludir, en realidad, a la Administración Pública Central y a la Administración Pública Descentralizada. Cfr.: Brewer-Carías, Allan, *Tratado de Derecho Administrativo. Derecho Público en Iberoamérica. Volumen V. El procedimiento administrativo*, primera edición, Civitas Thomson-Reuters, Madrid, 2013, pp. 65 y ss. La Ley Orgánica de la Administración Pública, en su artículo 15, reconoce con poco rigor la distinción entre órgano y ente.

[31] El Derecho Administrativo francés –y por derivación, los modelos influenciados en este– ha sido determinado por la explicación –o más bien, interpretación– sobre la separación de poderes de Montesquieu. De ello derivó el principio general conforme al cual la Administración Pública reside orgánicamente en el Poder Ejecutivo (Orlando, Vittorio Emanuele, *Principios de Derecho administrativo*, Instituto Nacional de Administración Pública, Madrid, 1978, p. 8). La inicial doctrina francesa administrativa (Macarel, Cormenin y De Gerardo) asumieron esta visión. Cfr.: Parejo Alfonso, Luciano, *El concepto del Derecho administrativo*, Editorial Jurídica Venezolana, Caracas, 1982, pp. 71 y ss. Moles Caubet resume esta visión tradicional en *Lecciones de Derecho administrativo (Parte general)*, Editorial Mohingo, Caracas, s/f, pp. 41 y ss. De igual manera, puede consultarse a Vedel, George, "Les bases constitutionnelles du Droit Administratif", en *Etudes et Documents*, Conseil D' État, Paris, 1954, pp. 22 y ss.

[32] De acuerdo con el artículo 136 de la Constitución, el Poder Público Nacional incluye al Poder Ejecutivo el cual se ejerce por el Presidente; Vicepresidente; Ministros y *"demás funcionarios o funcionarias que determinen esta Constitución y la Ley"*. Ninguna referencia hace la Constitución en cuanto a que la Administración –como órgano– queda inserta dentro del Poder Ejecutivo. No sucede así respecto de los Poderes estatales y municipales, pues aquí la Constitución sí reconoce que la Administración corresponde al Gobernador (artículo 160) o el Alcalde (artículo 174). Sin embargo, la doctrina reconoce, pacíficamente, que la Administración queda ubicada dentro del Poder Ejecutivo de la República, Estados y Municipios. Cfr.: Araujo Juárez, José, *Introducción al Derecho administrativo*

No obstante, en Venezuela –también sucede así en otros modelos– el criterio orgánico, en el Poder Ejecutivo Nacional, es insuficiente. En efecto, el Poder Ejecutivo, en el ámbito nacional, agrupa a dos órganos: la Administración Pública y el Gobierno. En Derecho Administrativo Comparado esta distinción se ha basado en el concepto de Gobierno definido como los órganos del Poder Ejecutivo que dictan el acto de gobierno, esto es, el acto puramente político que, consecuentemente, se encuentra exento de control judicial. En Venezuela, por el contrario, tal y como observó Eloy Lares Martínez, el concepto de Gobierno no se asocia al acto puramente político exento de control judicial, pues en Venezuela no hay actos exentos de control judicial. Por el contrario, lo que en Venezuela distingue al Gobierno es que éste es actúa en ejecución directa e inmediata de la Constitución, mientras que la actividad de la Administración es de rango sub-legal.[33] Esta regla, se advierte, solo vale para el Poder Nacional, pues solo su Poder Ejecutivo puede dictar actos en ejecución directa e inmediata de la Constitución. En el resto de las personas político-territoriales la distinción entre Administración y Gobierno carece de relevancia.

2.2.2 La Administración en sentido orgánico y el ejercicio de las distintas funciones públicas

De acuerdo la distinción aceptada en el Derecho Administrativo venezolano, *el criterio orgánico de Administración Pública no depende de la actividad ejercida, siempre y cuando sea de rango sub-legal*. Esto quiere decir que el concepto orgánico de Administración Pública comprende tres situaciones, de acuerdo con la actividad ejercida. Así, la Administración Pública en sentido orgánico puede actuar en ejercicio de *(i)* la función o actividad administrativa, *(ii)* la función jurisdiccional y *(iii)* la función normativa de rango sub-legal. En cualquiera de esos tres supuestos, rige el concepto orgánico de Administración Pública.

Por lo tanto, la función ejercida por la Administración Pública en sentido orgánico no es un dato relevante para este concepto. No obstante, el tipo de función ejercida por la Administración sí es relevante para ciertas particularidades que explicaremos de inmediato.

De esa manera, y en *primer* lugar, la Administración en sentido orgánico puede ejercer la *función o actividad administrativa*. En este caso coinciden el elemento orgánico con el funcional, y se cumple además el elemento referido al rango sub-legal, pues la función administrativa es, por definición, de rango sub-legal. Tal es el caso, por ejemplo, del Ministerio que impone una sanción: el Ministerio es un órgano de la Administración Pública que, en este caso, ejerce la función administrativa a través de la potestad sancionadora.

En *segundo* lugar, en Venezuela se admite que la Administración, en sentido orgánico, puede ejercer la *función jurisdiccional*. La función jurisdiccional es aquella

---

constitucional, Paredes, Caracas, 2009, pp. 41 y ss. y Peña Solís, José, *Manual de Derecho administrativo. Volumen Primero,* Tribunal Supremo de Justicia, Caracas, 2004, p. 36.

[33] En Venezuela, el concepto de acto de Gobierno depende, exclusivamente, del grado con el que actúe el Poder Ejecutivo: cuando actúa en ejecución directa e inmediata de la Constitución, el Poder Ejecutivo actúa como Gobierno. Cfr.: Lares Martínez, Eloy, *Manual de Derecho administrativo,* cit., pp. 221 y ss.

mediante la cual se resuelve una controversia entre dos sujetos aplicando el Derecho al caso concreto. De esa manera, en Venezuela se ha admitido que la Administración en sentido orgánico puede ejercer la función jurisdiccional cuando resuelve un conflicto entre ciudadanos. Siempre esta función es de rango sub-legal, con lo cual, el ejercicio de la función jurisdiccional por la Administración Pública forma parte del ámbito del Derecho Administrativo venezolano. El ejemplo típico es la llamada Administración Laboral que resuelve conflictos entre el patrono y el trabajador.

Incluso, cierto sector de la doctrina, como es el caso de Hildegard Rondón de Sansó, ha sostenido que cuando la Administración en sentido orgánico ejerce la función jurisdiccional, dicta el *acto cuasijurisdiccional*, que sería una especie de acto administrativo sujeto a un régimen especial. Frente a esta posición, Brewer-Carías ha sostenido que tal acto es, simplemente, un acto administrativo en sentido orgánico. Otros autores cuestionan que la Administración pueda ejercer la función jurisdiccional.[34] En nuestra opinión –que explicaremos más adelante– no puede afirmarse que la Administración ejerce la función jurisdiccional, pues de acuerdo con el artículo 141 constitucional toda la actividad de la Administración solo puede ser reconducida al servicio a los ciudadanos, como actividad distinta a la función jurisdiccional. Junto a ello, además, debe considerarse que tras el llamado acto cuasijurisdiccional suele ocultarse una ilegítima actividad de la Administración que asume la decisión de conflictos surgidos de relaciones jurídicas puramente privadas, conflictos que solo pueden ser conocidos por el Poder Judicial o por el arbitraje.

Por último, y en *tercer* lugar, se admite que la Administración puede ejercer la *función normativa*, siempre y cuando se trate de normas sub-legales. Aquí es preciso diferenciar la actividad normativa con rango legal del Poder Ejecutivo de la actividad normativa con rango sub-legal de ese Poder. En el primer caso estamos ante la actuación del Gobierno que en ejecución directa e inmediata de la Constitución dicta normas jurídicas a través del Decreto-Ley. Pero en el segundo caso, que es el único que interesa al Derecho Administrativo, la Administración ejerce la función normativa con rango sub-legal. Ello se corresponde con el concepto de *potestad reglamentaria*.[35]

---

[34] A favor de la tesis del acto cuasijurisdiccional, vid. Rondón de Sansó, Hildegard, *Los actos cuasijurisdiccionales*, Centauro Ediciones, Caracas, 1990, p. 5. Véase también a Farías Mata, Luis H. "El control Jurisdiccional de la Administración Pública", en *Jornadas para un mejor conocimiento de la Administración Pública*, Fundación Procuraduría General de la República, Caracas, 1987, p. 394. La jurisprudencia ha aceptado este concepto (sentencia de la Sala Constitucional N° 438/2001, de 4 de abril, caso *SIDOR, C.A.*). En contra de esta tesis se ha manifestado José Araujo-Juárez, *Principios Generales del Derecho Procesal Administrativo*, Vadell Hermanos, Valencia, 1996, pp. 214 y ss. y Grisanti, Rosabel, *Inexistencia de los actos cuasijurisdiccionales. La reposición administrativa*, Colección Movimiento Humberto Cuenca, número 12, Vadell Hermanos Editores, Valencia, 1993, pp. 47 y ss. Para Allan R. Brewer-Carías, cuando la Administración ejerce la función jurisdiccional dicta actos administrativos, no actos cuasijurisdiccionales (*Tratado de Derecho Administrativo. Derecho Público en Iberoamérica. Volumen III. Los actos administrativos y los contratos administrativos*, Civitas Thomson Reuters, Madrid, 2013, pp. 164 y ss.). Nuestra posición contraria al acto cuasijurisdiccional puede verse en Hernández G., José Ignacio, *Introducción al concepto constitucional de Administración Pública*, cit., pp. 143 y ss.

[35] El reglamento es la norma jurídica de rango sub-legal dictada por la Administración. Por lo tanto, el reglamento reúne la doble condición de *fuente* de Derecho Administrativo y *acto* de Derecho Administrativo. Junto al reglamento, el Poder Ejecutivo Nacional puede dictar actos normativos con rango, fuerza y valor de Ley, conocidos como "Decreto-Ley". En Venezuela ello se admite solo en dos casos: con ocasión al estado de excepción y en el marco de la Ley Habilitante que el Poder Legislativo otorga al Poder Ejecutivo, para permitir a éste dictar Leyes mediante Decreto. Véase en general a Lares Martínez, Eloy, *Manual de Derecho Administrativo*, cit., pp. 111 y ss., y 131 y ss.

2.3 La Administración Pública en sentido funcional

La Administración Pública en sentido funcional alude al ejercicio de la función o actividad administrativa. Como ya explicamos, en Venezuela se admite que el concepto funcional de Administración Pública no depende del sujeto que ejerce esa función, todo lo cual amplía los supuestos comprendidos bajo este concepto. Además, este concepto funcional tiene un obstáculo importante, ante la necesidad de aclarar la relación entre *función administrativa* y *actividad administrativa*. A su vez, existen problemas para identificar cuál es el criterio distintivo de la función administrativo. Es en este aspecto en el cual se aprecia, con mayor intensidad, la indeterminación del Derecho Administrativo venezolano.

2.3.1 Preliminar. La confusa distinción entre actividad administrativa y función administrativa

La distinción entre función administrativa y actividad administrativa no es clara en Venezuela, pudiendo distinguirse dos tesis.

La *primera* tesis sostiene que *la actividad administrativa alude restrictivamente al ejercicio de la función administrativa entendida como potestad*. En este sentido, la función administrativa –concepto equivalente a función ejecutiva– alude al ejercicio de la función pública por la Administración quien actúa como poder público sometida a Derecho Público. El concepto de función administrativa, bajo esta tesis, equivale entonces al concepto de *potestad administrativa*. De esa manera, la potestad administrativa –que es un concepto cuyas raíces provienen del Antiguo Régimen– es la facultad-deber de la Administración atribuida en la Ley, que le permite crear, extinguir y modificar, unilateralmente, situaciones jurídico-subjetivas del ciudadano. Como tal, la potestad administrativa es expresión del *poder de imperio* del Estado sometido a Derecho Público. Este concepto restringido excluye a la llamada "actividad privada de la Administración", que es una actividad de gestión o actividad prestacional, en la cual la Administración ofrece bienes y servicios bajo el Derecho Privado. Por lo tanto, bajo esta posición, la actividad administrativa solo comprende el ejercicio de la función administrativa, pero no así la "actividad privada" de la Administración, en cual ésta "actúa como un particular".[36]

La *segunda* tesis es más amplia, y considera que *la actividad administrativa comprende a toda la actividad que lleva a cabo la Administración*. Ello no solo comprende al ejercicio

---

[36] El concepto de actividad administrativa no es preciso en Venezuela. La complicación reside en la tendencia a distinguir a la Administración actuando en ejercicio de potestades, de la Administración actuando bajo Derecho Privado en actos de gestión, o sea, actuando "como un particular" (Moles Caubet, Antonio, *Lecciones de Derecho administrativo*, cit., pp. 15 y ss.). Por lo tanto, un sector define a la actividad administrativa únicamente a partir de la función administrativa, entendida como sinónimo de la potestad administrativa. Para José Peña Solís la función administrativa es "*la actividad jurídica desarrollada por autoridades administrativas en ejercicio de poderes o competencias administrativas, para el cuidado o tutela de intereses públicos específicos de la colectividad, predeterminado por la Ley*" (*Manual de Derecho administrativo. Volumen primero*, pp. 67-68). En similar sentido, vid. Araujo-Juárez, José, *Derecho administrativo. Parte General*, cit., p. 93. Como resultado de lo anterior se diferencia la llamada "actividad privada de la Administración" de la función administrativa. Cfr.: Pérez Luciani, Gonzalo, "Funciones del Estado y actividades de la Administración", en *Revista de Derecho público Nº 17*, Caracas, 1983, pp. 21 y ss., también contenido en *Escritos representativos del doctor Gonzalo Pérez Luciani*, Fundación Bancaribe, Caracas, 2013, pp. 205 y ss.

de la potestad administrativa, sino también la llamada actividad de gestión de la Administración, esto es, su actividad prestacional, considerada una "actividad privada".[37]

Tras estas dos tesis subyace una distinción aceptada mayoritariamente en Venezuela, y que responde en realidad a la trasposición de principios del Derecho Administrativo en Francia. Así, la tendencia en Venezuela consiste en considerar que la Administración Pública puede llevar a cabo su actividad de dos maneras distintas: actuando como Poder Público, a través de la potestad administrativa y sometida a Derecho Público; o actuando como un particular, a través de actos de gestión sometidos al Derecho Privado. En general, en Venezuela predomina la tesis de acuerdo con el cual el concepto funcional de la Administración alude no solo al ejercicio de la potestad administrativa (función administrativa en sentido estricto) sino también a la llamada actividad privada de la Administración.[38]

En nuestra opinión, esta conclusión parte de una conclusión que estimamos errada, pues la Administración no puede obrar nunca "como un particular". De acuerdo con el artículo 141 de la Constitución, la Administración solo puede obrar con un único fin: servir a los ciudadanos. Esto imprime una huella indeleble en la Administración, cuya actividad se configura constitucionalmente en función al servicio a los ciudadanos. Con lo cual, constitucionalmente, la actividad administrativa solo puede ser definida como aquella a través de la cual el Estado sirve a los ciudadanos con sometimiento pleno a la Ley y al Derecho. Esto abarca al ejercicio de la potestad administrativa y también a la actividad prestacional, o sea, la gestión de bienes y servicios, que no es una actividad privada sino una actividad servicial. Además, la actividad administrativa se somete a todo el ordenamiento jurídico, partiendo siempre de la aplicación del citado artículo 141 constitucional, que es norma de Derecho Público. Con lo cual no existe tal cosa como una "actividad privada de la Administración", en tanto toda la actividad de la Administración está dominada por la idea vicarial del artículo 141 de la Constitución, que es así la primera y más importante norma del Derecho Administrativo en Venezuela.

2.3.2 Las distintas tesis que tratan de explicar el concepto funcional de Administración Pública

En Venezuela, como acabamos de explicar, predomina la tesis según la cual la actividad administrativa, como elemento identificador del criterio funcional de Administración Pública, comprende no solo el ejercicio de la potestad administrativa sino también todos los actos de gestión que la Administración lleva a cabo en su actividad prestacional. Con lo cual, en Venezuela se plantea el problema de cuál criterio asumir

---

[37] Para Brewer-Carías (*Tratado de Derecho Administrativo. Derecho Público en Iberoamérica. Volumen II. La Administración Pública*, cit., p. 28) "*la actividad administrativa es toda actividad desarrollada por órganos competentes de la Administración Pública o con autorización de la misma, de carácter sublegal, realizada en ejecución de las funciones del Estado para el cumplimiento de sus cometidos*" (p. 166). En el mismo sentido encontramos a Hildegard Rondón de Sansó (*Teoría general de la actividad administrativa*, Ediciones Liber, Caracas, 2000, pp. 16-17) para quien la actividad administrativa, que equivale a la noción funcional de Administración, abarca todo lo que ésta lleva a cabo.

[38] En Francia, la Administración Pública actúa bajo una dualidad de jurisdiccionales –civil y administrativa– según el régimen jurídico al cual se someta, lo que dependerá de la finalidad con la cual actúe. Esta explicación ha permitido afirmar, en Venezuela, que la Administración puede actuar bajo un régimen de Derecho Administrativo o bajo un régimen de Derecho Privado (Araujo-Juárez, José, *Derecho Administrativo*, cit., pp. 36).

para definir, con cierta precisión, el concepto funcional de Administración Pública, o lo que es igual, el concepto de actividad administrativa.

En Derecho Comparado, la discusión en torno al criterio que permite definir funcionalmente a la Administración Pública ha dado lugar a diversas teorías. En Venezuela la discusión ha sido más acotada, pero ha estado presente. Conviene entonces resumir las principales tesis adoptadas para explicar el criterio funcional de Administración Pública, lo que haremos agrupando esas tesis en grupos más generales.

El primer grupo niega toda posibilidad de formular el concepto funcional de la Administración Pública. Así, Giannini, en Italia, ha cuestionado la posibilidad de definir a la función administrativa visto el carácter mutable que ésta tiene Una posición similar ha asumido, en España, Sebastián Martín-Retortillo Baquer.[39]

Un segundo grupo admite que es posible definir a la Administración Pública en sentido funcional a partir de un determinado criterio. Interesa mencionar en este sentido cinco criterios que han sido formulados para definir Administración Pública en sentido funcional. Así, (i) la función administrativa se ha definido como la ejecución de la Ley, lo que explica su equiparación con la función ejecutiva.[40] Otra teoría (ii) define a la función administrativa a partir del servicio público, de acuerdo con la tesis francesa defendida inicialmente por Duguit.[41] El servicio público es, desde esta visión, toda actividad que satisface necesidades de interés general cuya satisfacción es asumida por el Estado. Luego encontramos (iii) el criterio de la potestad administrativa, a veces denominada privilegio o prerrogativa. Bajo esta tesis, defendida en Francia por Hauriou, la función administrativa es el poder de imperio que permite a la Administración, de manera unilateral, crear, extinguir o modificar relaciones jurídico-subjetivas.[42] Otro sector (iv)

---

[39] La indeterminación del concepto de actividad administrativa ha llevado a un sector de la doctrina a observar que no es posible formular una rígida caracterización de esa actividad. Cfr.: Cassese, Sabino, *Las bases del Derecho administrativo,* Instituto Nacional de Administración Pública, Madrid, 1994, p. 40; Giannini, M.S., *Derecho administrativo, Tomo I,* Instituto de Administraciones Públicas, Madrid, 1991 pp. 108-109; Martín-Retortillo Baquer, Sebastián, Martín-Retortillo Baquer, Sebastián, "Presupuestos constitucionales de la función administrativa en el Derecho positivo español", en *Administración y constitución, Instituto de Estudios de Administración Local,* Madrid, 1981, pp. 11 y ss. y Villar Palasí, José Luis, *Curso de Derecho administrativo. Tomo I,* Universidad Complutense, Facultad de Derecho, Madrid, 1972, p. 46-47.

[40] El criterio de la actividad administrativa como ejecución de Ley es muy difundido, en tanto apunta al carácter sub-legal de la actividad administrativa (Vid. Berthélemy, H., *Traité élémentaire de Droit Administratif,* Libraire Arthur Rousseau, Rousseau et Cie, Paris, 1933, pp. 1 y ss.), todo lo cual parte de la influencia de Kelsen, en cuanto a la conformación del ordenamiento jurídico por grados (Merkl, Adolfo, *Teoría general del Derecho administrativo,* cit., p. 56.). Sin negar el rango sub-legal de la actividad administrativa, se ha observado que la actividad administrativa consiste en *algo más* que la simple ejecución de la Ley (Fleiner, Fritz, *Les príncipes gènèraux du Droit administratif allemand,* cit., pp. 12 y ss.). Así se ha admitido en Venezuela, en la sentencia de la Corte Federal y de Casación de 8 de agosto de 1951 (Brewer-Carías, Allan, *Jurisprudencia de la Corte Suprema 1930-1974 y estudios de Derecho administrativo. Tomo I. Ordenamiento constitucional y funcional del Estado,* Instituto de Derecho público de la Universidad Central de Venezuela, Caracas, 1975, p. 280).

[41] Al reconocerse que la función de la Administración abarca *algo más* que el ejercicio la ejecución de la Ley, se ha discutido cuál criterio identifica a esa actividad que no es solo ejecución de la Ley. Sin duda, el criterio de servicio público de Duguit ha tenido notable influencia en el Código Administrativo Iberoamericano (Duguit, León, *Las transformaciones generales del Derecho privado desde el Código de Napoleón,* segunda edición corregida y aumentada, Francisco Beltrán, Madrid, 1920, pp. 17 y ss.). El desarrollo de esta tesis en Jezè, Gastón, *Principios generales del Derecho administrativo, Tomo I,* Editorial Depalma, Buenos Aires, 1948, pp. 32 y ss. Puede verse en general, sobre esta tesis, a Santofimio Orlando, Jaime, "León Duguit y su doctrina realista, objetiva y positiva del Derecho en las bases delconcepto de servicio público", en *Revista digital de Derecho Administrativo, Nº 5,* Universidad Externado, Bogotá, 2011, pp. 43 y ss.

[42] Junto al criterio del servicio público, el otro gran criterio empleado en Francia para definir a la Administración es la potestad administrativa, pero definida como el privilegio o la prerrogativa del poder público (Hauriou,

define a la función administrativa como la gestión concreta del interés público, tesis principalmente defendida en Italia por Zanobini, y que con otro sentido más práctico, podemos encontrar también en Estados Unidos de Norteamérica.[43] Finalmente, (v) hay un criterio residual: la función administrativa es aquella que no es ni función legislativa ni función judicial.[44]

El tercer y último grupo de teorías formuladas en el Derecho Administrativo Comparado para definir a la Administración en sentido funcional, es aquella que admite que tal definición es posible, pero niega que un solo criterio sea suficiente para ese fin. Jean Rivero afirma, así, que para definir a la Administración Pública es preciso emplear diversos criterios, de acuerdo con la distinta combinación de los cinco criterios antes resumidos.[45]

En el Derecho Administrativo venezolano la definición de la función administrativa no ha generado tanta discusión. Básicamente, la doctrina se ha inclinado por una definición cercana a la de Zanobini, esto es, la gestión concreta del interés público.[46] Asimismo, se ha destacado que la definición funcional de la Administración Pública parte de la interrelación entre el servicio público y la potestad administrativa.[47] Esta última posición sigue siendo muy influyente, pues buena parte de las instituciones del

---

Maurice, *Précis de droit administratif et de droit public,* Dalloz, París, 2002 (reproducción de la edición de 1933), pp. IX y ss.). El concepto de potestad administrativa ha sido asumido en un sentido mucho más técnico y restringido, a partir del concepto de *poder establecido en la Ley.* Cfr.: Romano, Santi, *Fragmentos de un diccionario jurídico,* Comares, Granada, 2004, pp. 221 y ss.

[43] Para Guido Zanobini (*Corso di DirittoAmministrativo,* primer volumen, octava edición, Giufrré, Milano, 1958, 1 y ss.), la actividad administrativa es la *actividad práctica que el Estado despliega para atender, de modo inmediato, el interés público que asume como su propio fin* (p. 13). Entre otros, véase también a Sandulli, para quien la Administración es la actividad mediante la cual el Estado procura la tutela de intereses. Cfr.: Sandulli, Aldo, *Manuale di DirittoAmministrativo, I,* cit., pp. 6 y ss. En Estados Unidos de Norteamérica, aun cuando el interés por definir a funcionalmente a la Administración es menor, se ha adoptado un criterio similar, según ya vimos (Fox, William, *Administrative Law,* cit.).

[44] En cuanto al concepto negativo o residual, Otto Mayer concluyó que la *"administración parece ser toda actividad del Estado que no es legislación ni justicia"* (Mayer, Otto, *Derecho administrativo Alemán, Tomo I, Parte General,* cit., 1949, pp. 3 y ss.).

[45] Sobre la necesidad de emplear diversos criterios para definir a la actividad administrativa, vid. Rivero, Jean, ¿Existe un criterio de Derecho administrativo?, en *Páginas de Derecho administrativo,* Universidad del Rosario, Bogotá, 2002, pp. 33 y ss.

[46] Para Brewer-Carías, en la función administrativa el Estado obra como gestor del interés público a través de la cual las personas jurídicas estatales entran en relación con los particulares, como sujetos de derecho (*Tratado de Derecho Administrativo. Derecho Público en Iberoamérica. Volumen II. La Administración Pública,* cit., p. 34). Hildegard Rondón de Sansó ha señalado que la función administrativa es aquella *"mediante la cual se satisfacen en forma real y efectiva las necesidades colectivas"* (*Teoría general de la actividad administrativa,* cit., p. 15.). De acuerdo con José Peña Solís, la actividad administrativa es *"la actividad jurídica desarrollada por autoridades administrativas en ejercicio de poderes o competencias administrativas, para el cuidado o tutela de intereses públicos específicos de la colectividad, predeterminados por la Ley"* (*Manual de Derecho Administrativo. Volumen Primero,* cit., pp. 67-68). Véase en general el análisis crítico de Torrealba, Miguel Ángel, "Sobre los conceptos de Derecho administrativo y de Administración Pública en Venezuela", en *100 años de la enseñanza del Derecho Administrativo en Venezuela 1909-2009, Tomo I,* Universidad Central de Venezuela-FUNEDA-Centro de Estudios de Derecho Público de la Universidad Monteávila, Caracas, 2011, pp. 367 y ss. En todo caso, Brewer-Carías se ha encargado de advertir que no existe *El Dorado* en la definición del Derecho Administrativo, esto es, que no existe un criterio único que permita definir a la Administración Pública. Esta opinión se planteó antes de la Constitución de 1999. En nuestra opinión, luego de esta Constitución sí es posible definir a la Administración Pública –y a su actividad– a partir de un único criterio, de conformidad con el citado artículo 141 de esa Constitución. Resta por señalar que la amplitud de este concepto se ha relacionado con el carácter residual que define a la actividad de la Administración, la cual es así la actividad que no encuadra en las otras funciones del Estado. Cfr.: Polanco, Tomás, *La Administración Pública,* Caracas, 1952, pp. 141 y ss.

[47] En resumen, servicio público y potestad siguen siendo, hoy día, elementos definitorios del Derecho Administrativo en Venezuela (Araujo-Juárez, José, *Manual de Derecho Administrativo,* cit., pp. 10 y ss.).

Derecho Administrativo venezolano se basan en la interacción entre el concepto de potestad administrativa y el concepto de servicio público, tal y como sucede con los conceptos de acto administrativo y potestad administrativa.[48]

Ninguna de estas definiciones de actividad administrativa toma en cuenta al artículo 141 de la Constitución. El concepto que más se aproxima a esa norma es aquel conforme al cual la actividad administrativa atiende a la gestión del interés general, del interés colectivo o de las necesidades colectivas. Sin embargo, ese concepto, a fin de adecuarlo al citado artículo 141 constitucional, debe aclarar que el concepto de "interés general" solo puede definirse desde la primacía de los derechos humanos del ciudadano, pues el servicio a los ciudadanos al cual alude esa norma constitucional es servicio a los derechos humanos del ciudadano.[49]

Es especialmente criticable sostener el concepto funcional de la Administración Pública a partir del servicio público. Tal concepto resultó útil y original en Francia, principalmente, para resolver la "cuestión desesperante" de la dualidad de jurisdicción a la cual se somete la Administración Pública. Pero en Venezuela es innecesario resolver ese problema, simplemente, pues la Administración Pública no se somete a dos jurisdicciones. Por el contrario, de acuerdo con los artículos 141 y 259 de la Constitución de 1999, la Administración se somete a todo el ordenamiento jurídico –incluyendo al Derecho Público y al Derecho Privado– y además, se somete al control de la jurisdicción del Poder Judicial, a través de la llamada jurisdicción contencioso-administrativa, la cual es –aclaramos– una "jurisdicción" judicial. Junto a esa crítica debe recordarse que el concepto de servicio público, de por sí impreciso y ambiguo, remite a una noción estatista del Derecho Administrativo, en el cual el centro lo ocupa el Estado y no el ciudadano. Tal riesgo es mayor en Venezuela, debido a que su Derecho Administrativo regula la actividad administrativa de un Petro-Estado.

2.3.3 El ejercicio de la función administrativa por otros órganos del Poder Público y por los particulares. Crítica desde el artículo 141 constitucional

Ahora bien, en Venezuela, el concepto funcional de Administración Pública aplica con independencia de quién sea el sujeto que ejerce esa función. Esto ha permitido aplicar el concepto funcional de Administración Pública a *tres supuestos* distintos.

En el *primer* supuesto *la función administrativa es ejercida por un órgano o ente del Poder Ejecutivo.* Aquí el criterio funcional coincide con el criterio orgánico, como sucede con el ejemplo indicado de la sanción impuesta por el Ministro.

---

[48] Los criterios de servicio público y potestad administrativa suelen emplearse para definir las instituciones del Derecho Administrativo en Venezuela, como el acto administrativo y el contrato administrativo. Pero no siempre se emplean de manera uniforme. Véase lo que, con mayor extensión, hemos expuesto en Hernández G., José Ignacio, *Introducción al concepto constitucional de Administración Pública,* cit., pp. 100 y ss.

[49] La definición de actividad administrativa de la doctrina venezolana, según la cual ésta es la gestión o satisfacción de intereses colectivos, coincide con la posición que en su momento defendió en España José Luis Meilán Gil. Habría que recordar que hoy día Meilán Gil concluye que la definición de los intereses colectivos debe definirse desde la centralidad de la persona, y por ende, desde los derechos humanos. Cfr.: *Derecho Administrativo Revisado,* Andavira Editora, Santiago de Compostela, 20016, pp. 33 y ss.

En el *segundo* supuesto *la función administrativa es ejercida por otro órgano del Poder Público distinto al Poder Ejecutivo*. En Venezuela, esto abarca a cuatro supuestos, según la función administrativa sea ejercida por el *(i)* Poder Judicial; *(ii)*el Poder Legislativo; *(iii)*el Poder Ciudadano y *(iv)* el Poder Electoral. Así, el Poder Judicial puede actuar en ejercicio de la función administrativa, por ejemplo, cuando el Juez impone una multa o cuando el Tribunal Supremo de Justicia contrata la adquisición de bienes. De manera especial, el Poder Judicial ejerce la función administrativa a través de la Dirección Ejecutiva de la Magistratura, que es el órgano del Tribunal Supremo de Justicia a cargo de la disciplina de los jueces. También el Poder Legislativo puede actuar en ejercicio de la función administrativa, por ejemplo, a través de la remoción de un funcionario o la adquisición de bienes. Por su parte, en el caso del Poder Ciudadano y del Poder Electoral, la actividad propia de estos órganos siempre coincide con la función administrativa. En efecto, los órganos que integran al Poder Ciudadano (la Contraloría General de la República, la Defensoría del Pueblo y el Ministerio Público) actúan típicamente a través de la función administrativa, no solo para la gestión de esos órganos –en temas de patrimonio público– sino para el cumplimiento de sus fines, como es el ejemplo de las investigaciones adelantadas por la Contraloría. Finalmente, el Poder Electoral, para cumplir con sus atribuciones, lleva a cabo la función administrativa, por ejemplo, mediante la convocatoria de elecciones.[50]

Como consecuencia de esto, las Leyes administrativas que regulan la gestión del patrimonio público, como sucede por ejemplo en materia presupuestaria y de contratación pública, aplican en general a todos los órganos del Poder Público y no solo al Poder Ejecutivo. Esto ha sido tomado en cuenta para reforzar la tesis según la cual el concepto funcional de Administración Pública es extensible a otros órganos distintos al Poder Ejecutivo, esto es, a todo el sector público.[51]

Por último, el *tercer* supuesto comprende *el ejercicio de la función administrativa por los ciudadanos*, esto es, por el sector privado, definido por contraposición al sector público. Esta alternativa ha dado lugar al concepto de *acto de autoridad*, esto es, el acto dictado por un sujeto del sector privado que se equipara al acto administrativo en tanto es consecuencia del ejercicio de la función administrativa. A tal fin, y como muestra de la impronta del régimen administrativo francés, se ha asumido que el acto de autoridad existe cada vez que el sector privado ejerce el servicio público o la potestad administrativa. Como ejemplo típico se cita la "sanción" impuesta por un centro educativo privado, la

---

[50] En el Derecho Administrativo venezolano se acepta que los otros órganos del Poder Público distintos al Poder Ejecutivo pueden ejercer la función administrativa y obrar como Administración Pública en sentido funcional. En el caso del Poder Ciudadano y del Poder Electoral, además, la función propia de esos órganos es la función administrativa, pese a que ellos no están insertos dentro del Poder Ejecutivo. Cfr.: Brewer-Carías, Allan, *Tratado de Derecho Administrativo. Derecho Público en Iberoamérica. Volumen I. El Derecho Administrativo y sus principios fundamentales,* cit., pp. 303 y ss., y Peña Solís, José, *Manual de Derecho administrativo. Volumen Primero,* cit., pp. 72 y ss.

[51] Allan R. Brewer-Carías ha insistido especialmente en que el concepto funcional de Administración Pública abarca a órganos distintos al Poder Ejecutivo. *Tratado de Derecho Administrativo. Derecho Público en Iberoamérica. Volumen II. La Administración Pública,* cit., pp. 19 y ss. Ello contrasta con la opinión mantenida en otros modelos de Derecho Administrativo, en los cuales se afirma que la actividad administrativa de los otros órganos del Poder Público es accidental o residual. Por ejemplo, vid. Eduardo García de Enterría y Tomás-Ramón Fernández, *Curso de Derecho administrativo, Tomo I,*cit., pp. 58 y ss.

cual se considera un "acto de autoridad" equiparable al acto administrativo, asumiendo para ello el concepto funcional de Administración Pública.[52]

Este último supuesto implica equiparar el sector privado a la Administración. Como sea que esa equiparación, en buena parte, se basa en un concepto impreciso como el servicio público, el resultado final de la tesis del "acto de autoridad" es la propensión de someter el sector privado al régimen propio del Derecho Administrativo bajo la interpretación expansiva del servicio público. De allí que la tesis del acto de autoridad supone un claro riesgo de violación de la libertad general del ciudadano, en tanto éste es equiparado a la Administración y sometido a su "tutela". Un riesgo que es mucho mayor en el Derecho Administrativo Venezolano, observamos, en tanto éste regula la actividad administrativa del Petro-Estado.

2.4 A modo de recapitulación: críticas al concepto tradicional de Administración Pública en Venezuela

De acuerdo con lo que hemos visto, el concepto tradicional de la Administración Pública en Venezuela, debido a las posibles combinaciones entre el criterio orgánico y funcional, es bastante amplio, al punto de comprender a cinco situaciones, a saber: (i) el ejercicio de la función Administrativa por los órganos y entes del Poder Ejecutivo; (ii) el ejercicio de la función administrativa por el Poder Judicial, Legislativo, Ciudadano y Electoral; (iii) el ejercicio de la función administrativa por particulares, o sea, el sector privado; (iv) el ejercicio de la función jurisdiccional por los órganos y entes del Poder Ejecutivo y (v) el ejercicio de la función normativa, de rango sub-legal, por los órganos y entes del Poder Ejecutivo. A su vez, las tres primeras alternativas comprenden a su vez tres posibles criterios para calificar a la función administrativa: (a) el ejercicio del servicio público; (ii) el ejercicio de la potestad administrativa y (iii) la gestión concreta del interés general.

En nuestra opinión, esta conclusión debe ser criticada, básicamente, por tres razones.

La primera razón es que la amplitud de esa definición desborda el concepto de Administración Pública y, con ello, el propio concepto de Derecho Administrativo. Este desbordamiento es especialmente relevante si se considera la impronta que el servicio público tiene el Venezuela como elemento definitorio de Administración Pública, pese a la indeterminación del propio concepto de servicio público.

La segunda razón es que esta amplitud, en Venezuela, resulta especialmente cuestionable habida cuenta del efecto expansivo que sobre la Administración Pública

---

[52] Para elaborar el concepto del *acto de autoridad* se ha acudido indistintamente a la tesis del servicio público y de la potestad administrativa. Así, toda decisión unilateral dictada por el sector privado en ejercicio del servicio público o de la potestad administrativa, implica el ejercicio de la función administrativa, razón por la cual esa decisión –calificada como acto de autoridad– se equipara al acto administrativo. Cfr.: Chavero Gazdik, Rafael, *Los actos de autoridad,* Editorial Jurídica Venezolana, Caracas, 1995, pp. 120 y ss. y Pérez Gómez, Augusto J., *Los actos administrativos de origen privado.* Editorial Jurídica Venezolana, Caracas, 2005, pp. 247 y ss. Véase entre muchas otras, la sentencia de la Sala Político-Administrativa de 30 de noviembre de 2006, caso *Unidad Educativa Colegio Academia Merici de Venezuela (RDP N° 108,* pp. 160 y ss). Esta tesis está influenciada en el Derecho Administrativo francés, en tanto el Consejo de Estado ha aceptado que sujetos privados pueden ejercer la función administrativa. Cfr.: Waline, Jean, *Droit administratif,* Dalloz, París, 2008, pp. 382 y ss. La tesis del acto de autoridad, al equiparar al ciudadano con la Administración Pública, niega la libertad de aquél, lo que se opone a la centralidad del ciudadano y afirma la centralidad del Estado.

ha tenido la configuración de Venezuela como Petro-Estado. Especialmente desde la década de los setenta del pasado siglo, el Petro-Estado ha implicado la expansión de la Administración Pública, tanto en su organización como en su actividad. Si a esa expansión material derivada del petróleo se le agrega la expansión conceptual de Administración Pública, entonces, el resultado es desolador: la Administración Pública pasa a englobar no solo a todo al Estado sino también a la propia sociedad civil.

Por último, y en tercer lugar, este concepto de Administración Pública no considera la influencia del artículo 141 de la Constitución, que asume el concepto vicarial de Administración Pública. Es a partir de ese concepto constitucional que, en nuestra opinión, debe redefinirse el concepto de Administración Pública en Venezuela, como pasamos a exponer de seguidas.

3 La redefinición del concepto de Administración Pública en Venezuela desde la administración vicarial

3.1 Breves consideraciones sobre el carácter vicarial de la Administración Pública en el Derecho Comparado. Sobre la buena Administración

El punto de arranque del concepto vicarial de Administración Público lo encontramos en uno de los conceptos de función administrativa: la gestión concreta del interés público. Además de la referencia antes hecha a la doctrina italiana, este concepto ha sido especialmente trabajado en Alemania. Así, Wolff/Bachof/Stober enfatizan que la Administración es, ante todo, un actuar orientado a un fin *que resulta útil para terceros*.[53] Asimismo, la doctrina española, sobre la base del artículo 103.1 de su Constitución, observa que sólo la Administración sirve a los ciudadanos; ni los representa ni, tampoco, dirime controversias entre ellos (García de Enterría/Fernández).[54] Se trata, en palabras de Sebastián Martín-Retortillo Baquer, de una Administración "típicamente servicial".[55]

El concepto vicarial de la Administración Pública, también denominado concepto servicial, se relaciona con el carácter instrumental de la Administración. Antes hemos señalado que la Administración es un instrumento del Estado para la realización práctica de sus cometidos. Ahora debemos agregar que como instrumento del Estado, la Administración únicamente puede ser utilizada para el servicio a los ciudadanos,

---

[53] En Alemania, la Administración es estudiada como el actuar orientado a un fin *que resulta útil para terceros*. En el ámbito de la *Administración Pública*, por ello, el servicio a la colectividad, a la comunidad, surge como nota esencial (Wolff, Hans *et al, Direito Administrativo, Vol. 1*, Fundação Calouste Gulbenkian, Porto, 2006, pp. 41 y ss.) La Administración, en fin, establece y conserva el orden, sirve a la comunidad y auxilia a los particulares, de lo cual emerge la concepción según la cual la *Administración es auxiliar*: la Administración pública "es una empresa de prestación de servicios para la satisfacción de cualquier necesidad social"; la Administración pública "sirve al bien común y a los intereses públicos".

[54] El concepto vicarial de Administración Pública es muy difundido en España debido a la impronta del artículo 103.1 de su Constitución, de acuerdo con el cual "*la Administración Pública sirve con objetividad los intereses generales y actúa de acuerdo con los principios de eficacia, jerarquía, descentralización, desconcentración y coordinación, con sometimiento pleno a la ley y al Derecho*". Cfr.: García de Enterría, Eduardo y Fernández, Tomás-Ramón, *Curso de Derecho administrativo, I*, cit., pp. 49 y ss. y Parada, Ramón, *Concepto y fuentes del Derecho administrativo*, Marcial Pons, Madrid, 2008, pp. 10 y ss., entre otros.

[55] Sobre el carácter servicial de la Administración Pública, y las tensiones derivadas de su conducción por el Gobierno y la objetividad con la cual debe desplegar su actividad, son aspectos ampliamente tratados por Martín-Retortillo Baquer, Sebastián, *Instituciones de Derecho administrativo*, cit., pp. 88 y ss.

que debe ser un servicio objetivo. Por ello, el concepto vicarial de la Administración refuerza su carácter instrumental y, con ello, su objetividad y neutralidad política.

Por último, el concepto vicarial de Administración Pública se relaciona con la *buena Administración*. El concepto actual de buena Administración surgió en el Derecho de la Unión Europea, primero, como un principio aplicable a la Administración Comunitaria pero luego trasladado al Derecho Administrativo Europeo. Posteriormente fue reconocido como un derecho del ciudadano, que ampara en realidad diversos derechos, todos ellos orientados a asegurar que la Administración oriente su actividad al servicio efectivo y objetivo a los ciudadanos, adoptando decisiones de calidad en el marco de la Ley. La influencia de este concepto ha sido determinante, al punto que ha sido recibido en Iberoamérica, como lo pone en evidencia la *Carta Iberoamericana de los derechos y deberes de los ciudadanos frente a la Administración,* de 2013.[56]

3.2 El concepto institucional de Administración Pública desde el artículo 141 de la Constitución. Algunas conclusiones prácticas

El concepto de Administración Pública, en el Derecho Administrativo venezolano, debe reorientarse de conformidad con el artículo 141 de la Constitución. Ese artículo contiene una definición, bastante precisa por lo demás, de Administración Pública, que parte –primero– de su concepción institucional y, después, de su concepción vicarial.

En Derecho Administrativo Comparado se ha destacado la importancia de la *teoría institucional* para el Derecho Administrativo (Hauriou), a fin de realzar la relevancia de la Administración como organización subjetiva. De otro lado, en Italia, Santi Romano perfiló el concepto de Administración como institución, conformada por un conjunto de sujetos que actúan organizadamente entre sí para la consecución de un fin, bajo determinadas normas.[57] En Venezuela, la relevancia de la tesis institucional fue ya destacada por Antonio Moles Caubet.[58]

---

[56] Sobre la buena Administración, por todos, vid. Ponce Solé, Juli, *Deber de buena administración y derecho al procedimiento administrativo debido,* Editorial Lex Nova, Valladolid, 2001, pp. 108 y ss. Santiago Muñoz Machado había ya perfilado esta idea básica: "lo que se busca fundamentalmente con la participación ciudadana en las funciones administrativas es ofrecer un cauce a la expresión de las demandas sociales que sea también útil para controlar las decisiones que las autoridades administrativas adoptan en el marco de sus poderes discrecionales" ("Las concepciones del Derecho administrativo y la idea de participación en la Administración", en *Revista de Administración Pública N° 84,* Madrid, 1977. cit., p. 531). Véase lo expuesto por Rodríguez-Arana, Jaime, "El derecho fundamental al buen gobierno y a la buena administración de instituciones públicas", en *RDP N° 113,* Caracas, 2008, pp. 31 y ss. La *Carta Iberoamericana de los derechos y deberes de los ciudadanos frente a la Administración* puede ser consultada en *REDAV N° 3,* Caracas, 2014, pp. 175 y ss. En Venezuela, vid. Belandria, José Rafael, "Acerca del derecho a una buena Administración: ¿existe en el orden constitucional venezolano?", en *Revista Venezolana de Legislación y Jurisprudencia N° 1,* Caracas, 2012, pp. 13 y ss.

[57] Sobre la tesis institucional en el Derecho Administrativo Comparado, vid. Hauriou, André, "Préface", en Hauriou, Maurice, *Précis de droit administratif et de droit public,* cit., pp. v y ss. Véase igualmente a Santi Romano, *El ordenamiento jurídico,* Instituto de Estudios Políticos, Madrid, 1963, pp. 122 y ss., así como Romano, Santi y Feroci, Virgilio, *Diritto Amministrativo,* A. Mondadori, Milano, 1928, p. 3. Sobre la concepción, en el Derecho español, de la Administración como institución, vid. Alli Aranguren, Juan-Cruz, *La construcción del concepto de Derecho administrativo español,* Civitas, Madrid, 2006, pp. 345 y ss. De manera especial, vid. Ariño Ortiz, Gaspar, *La administración institucional: sus fuentes normativas,* Publicaciones del Centro de Formación y Perfeccionamiento de Funcionarios, Madrid, 1970, pp. 15 y ss. Partiendo de la imposibilidad de definir el criterio material de Administración, S. Martín-Retortillo Baquer asume como criterio válido el de la Administración como institución y como ordenamiento jurídico. Cfr.: "La doctrina del ordenamiento jurídico de Santi Romano y algunas de sus aplicaciones en el campo del Derecho administrativo", en *El ordenamiento jurídico,* cit., p. 69.

[58] Desde el Derecho venezolano, en cuanto a la tesis institucional de la Administración Pública, vid. Moles, Antonio, *Lecciones de Derecho administrativo,* cit., pp. 50 y ss.

Esta perspectiva de Derecho Comparado nos permite afirmar que, desde el artículo 144 de la Constitución, *la Administración Pública es una institución*. Esto quiere decir que se trata de un conjunto de figuras subjetivas, organizadas entre sí y sujetas a normas jurídicas, que se orientan a un objetivo, cual es el servicio a los ciudadanos. Bajo esta visión institucional, la Administración Pública no es definida en la Constitución como los órganos y entes del Poder Ejecutivo: el artículo 141 no es, así, una disposición de Poder Ejecutivo, sino una disposición de todos los Poderes Públicos. En pocas palabras: *la Administración Pública es la institución de la cual se vale el Estado para servir a los ciudadanos*

Junto a este carácter institucional resalta, en la citada norma del artículo 141, el *carácter vicarial* de la Administración. La Administración Pública es vicarial pues su actividad solo puede orientarse al "servicio a los ciudadanos". Desde la Constitución, por ello, el "servicio al interés general" debe ser sustituido por el "servicio a los ciudadanos". No hay entre estas dos expresiones, advertimos, contradicción alguna, siempre y cuando se considere que el "interés general" no es otra cosa que el servicio a los ciudadanos. Además, el servicio a los ciudadanos debe ser definido desde la primacía de los derechos humanos y la dignidad de la persona humana.

Esto quiere decir que en Venezuela la Administración Pública, de acuerdo con el artículo 141 de la Constitución, se define a partir de tres elementos *(i)* está al servicio de los derechos humanos del ciudadanos; *(ii)* se fundamenta en los principios de honestidad, participación, celeridad, eficacia, eficiencia, transparencia, rendición de cuentas y responsabilidad en el ejercicio de la función pública, y *(iii)* actúa con sometimiento pleno a la Ley y al Derecho.[59] En pocas palabras: *la actividad de la Administración Pública debe orientarse al servicio concreto, objetivo y eficiente de los derechos humanos del ciudadano.*

Ahora bien, este cambio de concepto tiene consecuencias prácticas relevantes, pues permite atender a algunas de las críticas que derivan del concepto tradicional de Administración Pública en Venezuela. En concreto, hay tres conclusiones fundamentales que derivan del artículo 141 constitucional

De esa manera, y en *primer* lugar, el concepto vicarial de Administración no se basa en el principio de separación de poderes. Así, el artículo 141 de la Constitución es una disposición común a todos los Poderes Públicos, con lo cual, no se trata de una norma ubicada dentro de las disposiciones del Poder Ejecutivo, sino dentro de las disposiciones generales de todos los Poderes Públicos. No es posible, desde el artículo 141 constitucional, aludir al concepto orgánico de la Administración Pública, pues este concepto parte de considerar que como regla, la Administración Pública se ubica en el

---

[59] Sobre el artículo 141 de la Constitución de 1999, véanse las reflexiones de García Soto, Carlos, "El carácter servicial de la administración pública: el artículo 141 de la constitución", en *Revista Derecho y Sociedad N° 10*, Universidad Monteávila, Caracas, 2011, pp. 69 y ss. Un sector de la doctrina ha interpretado ese artículo desde el tradicional criterio orgánico o subjetivo de la Administración Pública (Peña Solís, José, *Manual de Derecho administrativo. Volumen Primero*, cit., p. 38.). Otro sector destaca la importancia de esa norma desde el concepto funcional de Administración Pública (Araujo-Juárez, José, *Introducción al Derecho administrativo constitucional*, cit., pp. 56). Se ha considerado, asimismo, que el artículo 141 constitucional perfila a la Administración como "aparato del Poder Ejecutivo" (Rondón de Sansó, Hildegard, "El concepto de Derecho administrativo en Venezuela y las Administraciones Públicas" en *100 años de la enseñanza del Derecho Administrativo en Venezuela 1909-2009, Tomo I*, cit., pp. 331 y ss.). Nuestra posición sobre este punto en Hernández G., José Ignacio, *Introducción al concepto constitucional de Administración Pública en Venezuela*, cit., pp. 125 y ss. El concepto vicarial de Administración ha sido reconocido en diversas Leyes venezolanas, como la Ley Orgánica de la Administración Pública y la Ley de Simplificación de Trámites Administrativos.

Poder Ejecutivo. Sin embargo, de acuerdo con el citado artículo 141 constitucional, la Administración Pública no se ubica dentro del Poder Ejecutivo al ser una institución del Estado.[60] Al no ser útil ya el concepto orgánico de Administración Pública, tampoco es útil su *alter ego,* cual es el concepto funcional. Insistimos: el concepto de Administración Pública en Venezuela no depende de los criterios orgánico y funcional, sino del único criterio empleado por el artículo 141 de la Constitución.

En *segundo* lugar, el concepto de actividad administrativa debe aludir al servicio a los derechos humanos del ciudadano. Con lo cual, no puede afirmarse que la Administración Pública pueda actuar "como un particular", pues toda su actividad queda signada por la marca del servicio a los derechos humanos del ciudadano. Desde los derechos humanos, por ello, la actividad administrativa puede asumir dos contenidos: la restricción de esos derechos (a través de la *actividad administrativa de limitación*) y la promoción de esos derechos (a través de la *actividad administrativa prestacional*).

En *tercer* lugar, desde el artículo 141 constitucional, el centro de la Administración Pública lo ocupa el ciudadano. Esto es lo que se ha llamado la "centralidad del ciudadano" (Jaime Rodríguez-Arana Muñoz), concepto que realza la relevancia de la dignidad humana en el Derecho Administrativo (Jesús González Pérez). La centralidad del ciudadano parte de reconocer un principio republicano básico del Derecho Público venezolano que se extravió en la formación histórica de nuestro Derecho Administrativo, especialmente bajo la impronta del Petro-Estado: la sociedad, libre y organizada, es anterior al Gobierno, con lo cual a éste le toca servir (Francisco Javier Yanes).[61]

Asimismo, el concepto vicarial de la Administración Pública pasa por reconocer *la primacía de la acción humana,* a la cual se han referido Von Mises y Rorthbard, entre otros. Así, el individuo debe ser valorado como un ser racional y titular del derecho de libertad. Tal es la importancia de sustituir el concepto de "administrado" –común en la literatura de Derecho Administrativo– por "ciudadano". Aquí, se advierte, el concepto de "ciudadano" se toma desde su perspectiva constitucional de *individuo racional titular del derecho de libertad,* más allá de la casuística jurídica del régimen legal de ciudadanía. De igual manera, interesa advertir que desde el artículo 141 constitucional la primacía de la acción humana no se opone a la actividad administrativa prestacional, pero sí

---

[60] El artículo 141 de la Constitución de 1999 no fue incluido dentro del Capítulo que regula al Poder Ejecutivo, sino que fue incluido en el Capítulo I del Título de IV de la Constitución, esto es, dentro de las disposiciones generales comunes a todo el Poder Público. Ello fue consecuencia de la propuesta del entonces constituyente Allan R. Brewer-Carías. Con esta acertada decisión, quedó claro que la Administración Pública no es una institución exclusiva del Poder Ejecutivo, sino que es una institución común a todo el Poder Público. En relación con la ubicación del artículo 141 constitucional, véase las reflexiones de Allan R. Brewer-Carías en el Prólogo de nuestro libro *Introducción al concepto constitucional de Administración Pública,* cit., pp. 9 y ss.

[61] El concepto vicarial de la Administración Pública se basa en la centralidad del ciudadano, tal y como ha puesto en evidencia Jaime Rodríguez-Arana Muñoz (*Derecho Administrativo y Administración Pública en tiempos de crisis,* Editorial Jurídica Venezolana, Caracas, 2014, pp. 329 y ss.). A ello alude también Jesús González Pérez, quien destaca la importancia de la dignidad humana (*La dignidad de la persona,* Civitas Thomson Reuters, Madrid, 2011, pp. 198 y ss.). La centralidad del ciudadano remite a los fundamentos republicanos del Derecho Público venezolanos, de acuerdo con los cuales el Gobierno debe servir a los ciudadanos y a sus "derechos inalienables": la vida, la libertad, la propiedad y la seguridad. Sobre ello puede consultarse el trabajo fundamental de Francisco Javier Yanes *Manual Político del Venezolano,* de 1836. Hemos manejado la edición de la Academia Nacional de la Historia, Caracas, 1959. La primera doctrina de Derecho Administrativo venezolano (antes de la "contaminación" del Petro-Estado) destacó esta idea. Cfr.: Urbano, Federico, "Exposición del Derecho Administrativo venezolano", en *Textos fundamentales del Derecho Administrativo,* Academia de Ciencias Políticas y Sociales, Caracas, 2010, pp. 11 y ss.

condiciona esa actividad desde los principios de subsidiariedad y menor intervención, de muy difícil realización en el marco del Petro-Estado.[62]

Estas tres conclusiones llevan a la redefinición de la Administración Pública, desde la *categoría conceptual del poder a la categoría conceptual del ciudadano*. Un cambio particularmente útil en Venezuela, debido a que nuestra Administración Pública es el instrumento del Petro-Estado, el cual propende a crear vínculos de dependencia que aniquilan la acción humana.

Con todo, este concepto no está exento de riesgos. Afirmar la primacía del ciudadano deja a abierta la gran cuestión de quién decide cómo la Administración sirve a los ciudadanos. Esta respuesta no responde estrictamente al campo del Derecho Administrativo, sino más bien a las Ciencias de la Administración, a la Economía Política ya las formas bajo las cuales el Gobierno diseña y ejecuta sus decisiones de políticas públicas. La teoría de la elección pública resalta, así, que las políticas públicas se ven contaminadas por factores de influencia sobre el Gobierno, todo lo cual crea condiciones propicias para la "captura" de la Administración, en los términos planteados por Stigler, como recuerda desde el Derecho Administrativo Juan de la Cruz Ferrer. Una captura –Nieto– que es muchas veces realizada por el propio Gobierno.[63] En el Petro-Estado, advertimos, hay notables incentivos para la captura de la Administración Pública por el Gobierno, a los fines del manejo político –no objetivo– de la renta petrolera.

El rol del Derecho Administrativo es, por ende, prevenir, en lo posible, el abuso de poder derivado de la captura de la Administración. Plantear que el objetivo del Derecho Administrativo es eliminar ese abuso sería utópico: el abuso es inevitable, pues el Gobierno es conducido por funcionarios que, como seres humanos, responden a intereses. Sin embargo, debe evitarse caer en simplificaciones que apunten a que la Administración Pública es un mal. Creemos, con Von Mises, que la Administración Pública es un *costo* para la acción humana. Con lo cual el rol del Derecho Administrativo es controlar ese

---

[62] El concepto vicarial de Administración Pública, al colocar el énfasis en el ciudadano, parte de reconocer al individuo como un ser libre y racional, lo que pasa por afirmar la centralidad de la acción humana. Esta visión es particularmente útil para comprender los riesgos de la actividad administrativa sobre la acción humana, especialmente con el carácter expansivo que tal actividad tiene en el Petro-Estado. En cuanto al concepto de acción humana, vid. Von Mises, Ludwig, *La acción humana. Tratado de economía*, Unión Editorial, 2007, especialmente pp. 845 y ss., y Rorthbard, Murray N., *Man, Economy, and State. A treatise on economic principles, with Power and market. Government and the economy*, Ludwig von Mises Institute, Alabama, 2009, pp. 1 y ss. Cabe advertir que, desde el Derecho Administrativo venezolano, la discusión no puede centrarse en cuestionar si la Administración *puede* incidir sobre la acción humana. El rol del Derecho Administrativo es más bien otro: establecer las garantías jurídicas de la acción humana frente a la actividad e inactividad de la Administración.

[63] El servicio a los ciudadanos no es, en la práctica, un servicio puramente neutral, en el sentido que se verá incidido por la acción política del Gobierno. Hace ya algún tiempo Alejandro Nieto advirtió que *"diga lo que diga la Constitución, la Administración Pública servirá a quien tenga fuerzas para dominarla en cada momento concreto: el Gobierno, un grupo político, social y económico, y hasta un puñado de funcionarios. Servidumbre propia de todas las instituciones sociales y que en la Administración Pública es singularmente relevante dado el carácter instrumental de la misma"* ("La Administración sirve con objetividad los intereses generales", en *Estudios sobre la Constitución española. Homenaje al Profesor Eduardo García de Enterría. Tomo III*, Civitas, Madrid, 1991, p. 2229). Precisamente, el principio de objetividad como cometido del Derecho Administrativo, según es definido específicamente en el artículo 145 constitucional, reduce los riesgos del abuso de poder derivado de la dominación política de la Administración sobre el Gobierno, como observa Juan-Cruz Alli Aranguren (*La construcción del concepto de Derecho administrativo español*, Civitas, Madrid, 2006, pp. 337 y ss.). Desde el análisis económico, esto pone en evidencia que la elección pública es influenciada por grupos de presión, lo que facilita la captura de la Administración. Véase sobre ello a Cruz Ferrer, Juan de la, *Principios de regulación económica en la Unión Europea*, Instituto de Estudios Económicos, Madrid, 2002, pp. 171 y ss.

costo, a fin de asegurar que la interferencia de la Administración Pública sobre tal acción sea eficiente. Todo lo cual nos dice que el carácter vicarial de la Administración Pública no debe conducir a soluciones que por simplistas son erradas, tal y como proponer la progresiva reducción de la Administración y sus funciones.

4 La crisis del carácter estatal del derecho administrativo: la Administración Pública global

4.1 Breve aproximación al efecto de la globalización sobre la Administración Pública

El análisis efectuado hasta ahora parte de una premisa central: la Administración Pública requiere de la existencia del Estado, de lo cual resulta que el Derecho Administrativo siempre es un Derecho estatal. Ello vale incluso desde la perspectiva de la Administración vicarial, pues ésta es una institución del Estado.

Pero esta premisa central puede decirse que ha entrado en crisis como consecuencia de la globalización. Tal y como explicamos en esta sección, *(i)* la globalización, al incidir en el Estado, incide también en la Administración Pública. En tal sentido *(ii)* esa incidencia puede apreciarse en el concepto de Administración Global, que es una Administración sin Estado.

Así, para comprender el efecto de la globalización sobre la Administración Pública, es importante recordar que durante el siglo XX, y especialmente, luego de la Segunda Guerra Mundial, comenzaron a proliferar organismos internacionales que llevaron a cabo una actividad similar a la que, en el orden doméstico, gestiona la Administración. Por ello, en el Derecho Administrativo Comparado se aludió a la Administración Pública Internacional, tal y como en Venezuela estudió J. M. Hernández Ron.[64]

La globalización modificó sensiblemente esa realidad, en el sentido que la hizo más compleja. Como es sabido, la globalización es un fenómeno económico que produce consecuencias jurídicas. Así, la globalización implica la progresiva ampliación territorial de actividades económicas. Esta ampliación va acompañada de la expansión de la norma jurídica, que deja de tener un ámbito estrictamente territorial. De allí que en Francia, con acierto, se hable de mundialización del Derecho.

De esa manera, la globalización impactó en el Derecho Internacional de cuatro maneras:(i) produjo el acelerado incremento de las organizaciones internacionales; (ii) permitió crear formas híbridas de organizaciones internacionales, resultado de alianzas público-privadas, e incluso, organizaciones creadas únicamente desde el sector privado, y (iii) esas organizaciones generaron su propio ordenamiento jurídico, en cierta forma, independiente del Estado. Junto a ello (iv) y más allá de la globalización jurídica influenciada por el comercio internacional, destaca también la globalización de los derechos humanos, lo que igualmente ha impactado en el concepto de soberanía,

---

[64] Sobre el concepto de Administración Pública Internacional, véase en Venezuela a Hernández-Ron, J.M., *Tratado elemental de Derecho administrativo, Tomo I*, cit., pp. 45 y ss. En general, vid. Fernández Lamela, Pablo, *Introducción al Derecho administrativo internacional*, Editorial Novum, México D.F., 2012, pp. 30 y ss.

en tanto ésta pasa a estar limitada y controlada por el Derecho Internacional de los Derechos Humanos.

Aquí es importante recordar, como hace Sabino Cassese, que el concepto de ordenamiento jurídico de Santi Romano no se limitó al Estado, al punto que el autor estudió el ordenamiento jurídico internacional. Por lo tanto, debido a la globalización, ese ordenamiento jurídico internacional se volvió más complejo, adquiriendo cierta autonomía frente al Tratado, con lo cual pasó a ser un ordenamiento jurídico global.[65]

Ahora bien, dentro de este complejo panorama, se observó que los organismos internacionales que proliferaron en el marco de la globalización comenzaron a asumir decisiones que incidían en políticas públicas del Estado. Uno de los casos que más llamó la atención fue el asunto decidido por el Panel de Apelaciones de la Organización Mundial de Comercio, que revisó las medidas adoptadas por la Administración de Estados Unidos de Norteamérica relacionadas con la producción del camarón asiático. Ello evidenció que la actividad administrativa del Estado no era ya un asunto estricto de la soberanía doméstica. Por el contrario, la globalización evidenció dos aspectos, a saber: (i) que organismos internacionales llevaban a cabo una actividad similar a la actividad administrativa del Estado, y que (ii) la actividad administrativa del Estado quedaba sometida a controles internacionales. En el primero caso la doctrina ha aludido a la existencia de la Administración Global, mientras que en el segundo caso se habla del sistema judicial global.[66]

Es por lo anterior que hoy día no puede afirmarse que la Administración Pública es una institución exclusivamente estatal. Sigue siendo, por supuesto, una institución del Estado. Pero el concepto tradicional de Estado sobre el cual se estructuró el Derecho Administrativo Comparado –que es el concepto derivado de Westfalia– ha cambiado. Frente al Estado, ese cambio implica la disminución de su soberanía para utilizar instrumentalmente a la Administración Pública a fin de alcanzar sus cometidos. La disminución o modificación de la soberanía estatal está presente en el Derecho Comunitario Supranacional –como es el caso de la Comunidad Andina de Naciones y la Unión Europea– y también en la proliferación de organismos internacionales.[67]

---

[65] Para el concepto de globalización hemos considerado, entre otros, lo expuesto por Stiglitz, Joseph E., *El malestar en la globalización,* Taurus, México, 2002, pp. 269 y ss. En Venezuela, vid. Rodner, James-Otis, *La globalización (globalización de la norma jurídica),* Academia de Ciencias Políticas y Sociales, Caracas, 2012, pp. 211 y ss. Sobre la mundialización del Derecho, Vid. Paillusseau, Jean, "La influencia que ejerce la mundialización sobre el Derecho de las actividades económicas", en *La mundialización del Derecho,* Academia de Ciencias Jurídicas y Políticas, Caracas, 2009, pp. 1 y ss. En cuanto al impacto de la globalización en el Derecho Administrativo, por todos, Mir Puigpelat, Oriol, *Globalización, Estado y Derecho. Las transformaciones recientes del Derecho Administrativo,* Civitas, Madrid, 2004, pp. 34 y ss. Sobre la evolución de las organizaciones internacionales en el Derecho Internacional, vid. Van Harten, Gus, *Investment Treaty Arbitration and Public Law,* Oxford University Press, 2008, pp. 97 y ss. En cuanto al ordenamiento jurídico global, vid. Cassese, Sabino, *La globalización jurídica,* Marcial Pons, Madrid, 2006, p. 17 y ss.

[66] El caso que llamó la atención de la doctrina en torno al impacto de la globalización sobre el Derecho Administrativo, fue *United States-Import Prohibition of Certain Shrimp and Shrimp Products, WT/DS58/AB/R,* Doc. No. 98-3899 (12 de octubre de 1998). El análisis en Sabino Cassese, "Global Standards For National Administrative Procedure", en *Law And Contemporary Problems N° 68,* 2005, pp. 109 y ss.

[67] El impacto de la globalización sobre el Derecho Administrativo, en definitiva, refleja el cambio operado en el concepto de Estado derivado de Westfalia. Sobre ello véase a Kissinger, Henry, *World Order,* Penguin, Nueva York, 2014, p. 26. Desde el punto de vista jurídico, vid. Cassese, Sabino, *The global polity,* Global Law Press, Sevilla, 2012, p. 15.

El Derecho Administrativo Venezolano, como ha estudiado José Antonio Muci, no ha estado exento de estos cambios. Así, la propia Constitución introdujo importantes modificaciones al concepto doméstico de soberanía, al reconocer la existencia de ordenamientos jurídicos supranacionales, y también, al reconocer la aplicación inmediata –y preferente incluso al ordenamiento constitucional– de Tratados y demás acuerdos en materia de Derechos Humanos. Además, es común que decisiones dictadas por la Administración Pública venezolana incorporen o adopten decisiones dictadas por organismos internacionales, como ha sucedido en materia de la regulación de los alimentos. Finalmente, la actividad administrativa del Estado es controlada por organismos internacionales, como es el caso de los Tribunales de Arbitraje que conocen de reclamos presentados por inversores en contra del Estado venezolano, con ocasión al ejercicio de la actividad administrativa.[68] Precisamente esta experiencia reciente ha generado cierta reacción en contra de la influencia del Derecho Internacional sobre la Administración Pública venezolana, todo lo cual realza el carácter estatista de ese Derecho.[69]

4.2 El surgimiento de la Administración Global y la crisis del carácter estatal de la Administración Pública

Fue la doctrina de Estados Unidos de Norteamérica la que prestó inicial atención al fenómeno que acaba de describirse (Aman). Ese interés fue consecuencia de una preocupación: los organismos internacionales que adoptan decisiones similares a las de la Administración Pública, o que controlaban las decisiones de ésta, tienen un "déficit democrático". No se trata, así, de organismos electos democráticamente. Por lo tanto no están sometidos a controles que garanticen la racionalidad y razonabilidad de sus decisiones, la participación de los interesados o la rendición de cuentas. Para tratar de paliar ese déficit se propuso construir un conjunto de principios generales de Derecho Administrativo aplicables a esos organismos. Para ello, se afirmó que esos organismos

---

[68] El Derecho Venezolano ha mostrado una tradicional resistencia a la aplicación del Derecho Internacional. En tal sentido, ha imperado el principio según el cual las normas de Derecho Internacional deben ser incorporadas por un acto del Poder Público, lo que incluso llegó a afirmarse con ocasión al Derecho derivado de la Comunidad Andina de Naciones. La Constitución de 1999, formalmente, supuso un avance en este sentido, al reconocer la aplicación directa de normas de Derecho Internacional. Sobre ello, por todos, vid. Suárez, Jorge Luis, *El Derecho administrativo en los procesos de integración: la Comunidad Andina,* FUNEDA, Caracas, 2005, pp. 55 y ss. Es por lo anterior que la Administración Pública venezolana ha reconocido la aplicación de normas de Derecho Internacional, aun cuando en sentido estricto no sean vinculantes. El ejemplo señalado en el texto principal alude a las decisiones o recomendaciones del *Codex Alimentarius* de acuerdo con el Decreto Nº 1.343, *mediante el cual se crea un Comité Técnico de carácter permanente denominado Comité Nacional del Codex Alimentarius* (Gaceta Oficial N° 37.237 de 11 de julio de 2001). Desde Venezuela, vid. Muci Borjas, José Antonio, *El Derecho administrativo global y los Tratados Bilaterales de Inversión,* Editorial Jurídica Venezolana, Caracas, 2007, pp. 53 y ss.

[69] Diversas decisiones del Tribunal Supremo de Justicia han limitado la incidencia del Derecho Internacional sobre el Estado y su actividad administrativa, especialmente, en lo que respecta a las sentencias de la Corte Interamericana de Derechos Humanos y los Tribunales de Arbitraje Internacional. Además, el Estado venezolano ha denunciado diversos Tratados, con el deliberado propósito de reducir los controles internacionales. Es el caso de la denuncia de la Convención Interamericana de Derechos Humanos, a pesar de que su vigencia es ratificada en la Constitución (Ayala Corao, Carlos, *Del diálogo jurisprudencial al control de convencionalidad*, primera edición, Editorial Jurídica Venezolana, Caracas, 2012, pp. 252 y ss.). Otro ejemplo es la denuncia de la Convención del Centro Internacional para el Arreglo de Disputas relativas a Inversiones (CIADI). Cfr.: Hernández G., José Ignacio, *Derecho Administrativo y arbitraje internacional de inversiones,* CIDEP-Editorial Jurídica Venezolana, Caracas, 2016, pp. 139 y ss.

podían ser calificados como "Administración Global", en tanto llevaban a cabo una actividad similar a la que asume la Administración del Estado (Kingsbury/Stewart/Nico).[70]

Esta conclusión ha sido aceptada en el Derecho Europeo (Cassese, Meilán Gil y Rodriguez-Arana, entre otros), así como en el Derecho Administrativo en Latinoamérica (como Delpiazzo). En Venezuela, José Antonio Muci ha estudiado cómo la globalización ha permitido no solo el surgimiento de Administraciones Globales sino además, el desarrollo de controles globales sobre la Administración, como sucede con el arbitraje internacional de inversiones.[71]

La existencia de una Administración Global no deja de ser un planteamiento problemático. Así, como reconoce Cassese, se trata de una Administración sin Estado, lo que vendría a chocar con la concepción estatal de Derecho Administrativo. Además, no queda claro cuál es el modelo que ha de servir de base para construir el Derecho Administrativo Global. En todo caso, coincidimos con la doctrina italiana que asume que la expresión "Administración Global" es meramente descriptiva, y solo pretenden facilitar la comprensión de un fenómeno ciertamente complejo.[72]

En la base de ese fenómeno está la transformación del concepto tradicional de Estado, como el poder unitario y unificador. Esa cualidad se ha difuminado, al menos en parte, en el presente siglo. Pero debe evitarse formular conclusiones que, por enfáticas, terminen siendo precipitadas. Ya señalamos cómo en el Derecho Venezolano se ha generado una clara reacción en contra de este fenómeno. Algo similar sucede en otros sistemas, como lo pone en evidencia el referendo sobre la salida del Reino Unido de la Unión Europea (2016) o las medidas de protección que ha adoptado la Administración Trump en Estados Unidos de Norteamérica (2017). De igual manera, el consenso internacional actual se orienta a limitar el control del arbitraje internacional de inversiones sobre el Estado, a fin de proteger el "derecho a regular" del Estado, o sea, la soberanía doméstica para intervenir en la economía, típicamente a través de la Administración Pública. Con lo cual, el estudio de la Administración Global alude a un campo dinámico en extremo, lo que desaconseja formular conclusiones en exceso categóricas.

---

[70] En cuando a la justificación del concepto de Administración Global, vid. Aman, Alfred, *Administrative Law in a Global Era*, Cornell University Press, 1992, especialmente pp. 131 y ss. Más recientemente, vid. Kingsbury, Benedict, Krisch, Nico y Stewart, Richard B., "The emergence of Global Administrative Law", *Law & Contempary. Problems N° 68, 2005, Duke University, pp. 15 y ss.* Véase especialmente a Kingsbury, Benedict y Stewart, Richard, "Introducción: ¿hacia el Derecho Administrativo Global? Trayectorias y Desafíos", en Kingsbury, Benedict y Stewart, Richard, *Hacia el Derecho Administrativo Global: fundamentos, principios y ámbito de aplicación*, Global Law Press, Sevilla, 2015, editado por Javier Barnes, pp. 57 y ss.

[71] El estudio de la Administración Global se ha difundido notablemente. Entre otros, puede verse a Ballbé, Manuel, "El futuro del Derecho Administrativo en la globalización: entre la americanización y la europeización", en *Revista de Administración Pública N° 175*, Madrid, 2007, pp. 215 y ss.; Cassese, Sabino, "What is Global Administrative Law and why study it?", en *Global administrative law: an Italian perspective, RSCAS PP 2012/04. Robert Schuman Centre For Advanced Studies Global Governance Programme*, 2012, pp. 1 y ss.; Delpiazzo, Carlos E., "Hacia un Derecho administrativo global", en *Etudos sobre Regulação e crises dos mercados financeiros*, Lumen, Rio de Janeiro, 2011, pp. 289 y ss.; Meilán Gil, José Luis, *Una aproximación al Derecho administrativo global*, Global Law Press-Editorial Derecho Global, Madrid, 2011, p. 15 y Rodríguez-Arana Muñoz, Jaime, "El Derecho administrativo global: un derecho principal", en *RDP N° 120*, Caracas, 2009, pp. 7 y ss.

[72] La doctrina italiana ha advertido que más allá de las críticas al concepto de "Administración Global", con él se pretende describir un cambio importante en el Derecho Administrativo. Vid. Battini, Stefano, "Le due anime del Diritto Amministrativo Globale", en *Omaggio degli allievi a Sabino Cassese*, 2008, pp. 1 y ss.

Informação bibliográfica deste texto, conforme a NBR 6023:2002 da Associação Brasileira de Normas Técnicas (ABNT):

HERNÁNDEZ G., José Ignacio. El concepto de Administración Pública en el derecho venezolano. In: MATILLA CORREA, Andry; NÓBREGA, Theresa Christine de Albuquerque; AGRA, Walber de Moura (Coord.). *Direito Administrativo e os desafios do século XXI*: livro em homenagem aos 40 anos de docência do Prof. Francisco de Queiroz Bezerra Cavalcanti. Belo Horizonte: Fórum, 2018. p. 249-279. ISBN 978-85-450-0555-1.

AMBIENTE INSTITUCIONAL E PROTEÇÃO À CONFIANÇA: O REGIME DE GARANTIAS NAS PARCERIAS PÚBLICO-PRIVADAS

Luís Fernando Lima de Oliveira

1 Introdução

Contratos de concessão, nas modalidades previstas pela Lei das Parcerias Público-Privadas (PPPs), exigem investimentos de elevada monta a serem amortizados no longo prazo. Para que esses arranjos sejam celebrados de forma eficiente, com adequação na entrega das obras e na prestação de serviços aos usuários, de modo atrativo para os concessionários e financiadores, e com menor ônus à Administração Pública, é necessário que ocorram em um ambiente institucional no qual prepondere a segurança jurídica.

Essa segurança jurídica requer que as partes envolvidas confiem na previsibilidade e estabilidade das regras, inclusive nas hipóteses de descumprimento contratual. A confiança apresenta-se, assim, no dizer de Alain Peyrefitte,[1] como "a mola do desenvolvimento", ou seja, "a quinta-essência das condutas culturais, religiosas, sociais e políticas que exercem influência decisiva no desenvolvimento".

No plano jurídico, a confiança é considerada objeto de proteção porquanto corolário do Estado de Direito, necessária à estabilidade das relações e previsibilidade de suas consequências. Ciente da necessidade de prever um instrumental à disposição dos parceiros público e privado que melhor alocassem os riscos envolvidos, para resguardar a confiança nas avenças celebradas entre eles, o legislador dispôs um conjunto de medidas que podem ser indicadas como garantias nas PPPs brasileiras.

O presente artigo tem por objetivo classificar o regime de garantias nas PPPs e averiguar os fundamentos para a sua previsão e aplicação, sem ingressar no debate a respeito da constitucionalidade de dispositivos específicos, por se tratar de tema que exigiria maior fôlego. Em um primeiro momento, definem-se os conceitos de ambiente institucional, proteção legítima da confiança e alocação de riscos que tornam os contratos eficientes. Na segunda parte, analisa-se o tratamento prescrito no direito

---

[1] PEYREFITTE, Alain. *A sociedade da confiança*: ensaio sobre as origens e a natureza do desenvolvimento. Tradução: Cylene Bittecourt. Rio de Janeiro: Topbooks, 1999, p. 32.

comparado, para, na sequência, conferir como o direito brasileiro formulou meios de alocar riscos entre as partes. Busca-se estabelecer um quadro completo do regime de garantias constantes em concessões sob a forma de PPP. Assim, tendo por suporte a teoria econômica dos contratos, pretende-se demonstrar o estado da arte em que se encontram esses mecanismos.

2   As regras do jogo

Essa primeira parte evoca contribuições da ciência econômica como suporte para se analisar o significado amplo do conceito de instituições, a importância do ambiente institucional para medir a eficiência dos arranjos constituídos entre os agentes. Do conceito geral, parte-se para o exame do caso brasileiro, no qual, segundo a teoria econômica dos contratos, o sucesso dos contratos, como os de concessão, exige uma partilha eficiente dos riscos envolvidos.

2.1   Ambiente institucional e proteção legítima à confiança

A vida em sociedade requer que os indivíduos se agrupem em organizações, que podem ser de ordem econômica (firmas, sindicatos, cooperativas), política (partidos políticos, parlamentos, conselhos sociais, órgãos reguladores), educacional (escolas, universidades, centros de treinamento), entre outras. Tanto indivíduos como organizações são jogadores que atuam sob um conjunto de regras. Para Douglass North, as instituições são essas regras do jogo, ou seja, a estrutura de normas que molda a forma como as pessoas se comportam e interagem.[2]

Essas regras podem ser formais (Constituição, leis ordinárias, atos administrativos, contratos, jurisprudência) ou informais (baseadas na tradição, na religião, nos costumes) e por meio delas é que se estabelece a base para as relações de produção, troca e distribuição. Williamson estabelece uma distinção entre *ambiente institucional*, que são estas regras do jogo e sua eficácia, e *arranjos institucionais*, os quais seriam observados no comportamento dos agentes econômicos com vistas a reduzir os custos de transação.[3]

O principal papel das instituições é reduzir as incertezas, ao estabelecer uma ordem estável, ainda que não necessariamente eficiente, para as relações sociais.[4] O Direito exerce influência sobre o ambiente institucional, pois são as leis, os regulamentos e a posição jurisprudencial que estabelecem normas de conduta para os agentes. Se essas normas não apresentam credibilidade, isto é, se falta segurança jurídica no cumprimento da obrigação assumida ou na aplicação de sanções adequadas por um eventual descumprimento, o ambiente institucional mostra debilidade.

A fraqueza do ambiente institucional reflete nos contratos e, consequentemente, no desenvolvimento econômico. Na ordem inversa, uma sociedade que nutre a confiança

---

[2]   *"Institutions are the rule of the game in a society or, more formally, are the humanly devised constraints that shape human interaction"* (NORTH, Douglass C. *Institutions, Institutional Change and Economic Performance*. New York, NY: Cambridge University Press, 1990. p. 3).

[3]   WILLIAMSON, Oliver E. *The Mechanisms of Governance*. New York, NY: Oxford University Press, 1996. p. 4.

[4]   NORTH, *Institutions...*, 1990, p. 6.

em suas relações diminui os custos de transação e os comportamentos oportunistas dos agentes.

O reflexo econômico dessa relação socialmente construída possui nítido amparo jurídico. Almiro do Couto e Silva ensina-nos que a segurança jurídica e a proteção da confiança que os administrados têm na ação do Estado constituem alicerces do Estado de Direito.[5] Segundo o mestre gaúcho, os dois princípios são:

> [...] elementos conservadores inseridos na ordem jurídica, destinados à manutenção do *status quo* e a evitar que as pessoas sejam surpreendidas por modificações do direito positivo ou na conduta do Estado, mesmo quando manifestadas em atos ilegais, que possa ferir os interesses dos administrados ou frustrar-lhes as expectativas.[6]

A responsabilidade do Estado pelas promessas de seus agentes, notadamente em atos relacionados com o planejamento econômico e a atos de natureza pré-negocial, está entre os elementos protegidos pela segurança jurídica, pois fundamentam uma legítima confiança a ser protegida.[7] O Estado de Direito é, por conclusão, alicerçado na manutenção da fortaleza do ambiente institucional.

2.2   Os riscos das instituições brasileiras

O ambiente institucional brasileiro não favorece uma relação de confiança entre os agentes. Com efeito, as regras que regem os direitos de propriedade e o direito contratual não se mostram sedimentadas na cultura nacional e se submetem a circunstâncias variáveis em curto espaço de tempo, que não permitem o estabelecimento da segurança no longo prazo.

Essa constatação é reforçada quando o contrato envolve a Administração como parte. Entre os riscos de se negociar com o Estado brasileiro, Borges enumera: risco político, risco de construção e risco cambial, dentro dos riscos financeiros; risco comercial, pela percepção do mercado; e risco operacional, o que inclui o risco de fornecimento de insumos.[8]

A tradição de mau pagador do Estado brasileiro, revelada na fila interminável de precatórios judiciais não pagos por décadas, comprova que executar a Fazenda Pública é uma tarefa árdua. A par disso, as transições de governos, naturais em democracias, são invariavelmente acompanhadas de mudanças profundas na orientação política e gerencial. Assim, não é raro que os concessionários convivam com inadimplementos de prestações devidas pelo Estado, mora na tomada de decisões imprescindíveis para o início de empreendimentos (a exemplo das desapropriações), desequilíbrios

---

[5]   COUTO E SILVA, Almiro do. Princípios da legalidade da administração pública e da segurança jurídica no estado de direito contemporâneo. *Revista de Direito Público*, São Paulo, n. 84, p. 46-63, 1987. p. 46.

[6]   COUTO E SILVA, Almiro do. O princípio da segurança jurídica (proteção da confiança) no direito público brasileiro e o direito da Administração Pública de anular seus próprios atos administrativos: o prazo decadencial do art. 54 da Lei do Processo Administrativo da União (Lei nº 9.784/99). *Revista de Direito Administrativo*, Rio de Janeiro, n. 237, p. 275-276, 2004.

[7]   COUTO E SILVA, O princípio da segurança..., 2004, p. 277-278.

[8]   BORGES, Luiz Ferreira Xavier. Parceria público-privada (PPP): riscos e mitigações em operações estruturadas de investimentos de infraestrutura. *Revista da Procuradoria Geral do Estado de São Paulo*, São Paulo, n. 61/62, p. 31-76, 2005.

econômico-financeiros, provocados por fato do príncipe ou situações alheias à vontade das partes, mas que não são recuperados a contento, a modificação das regras e, por fim, o encampamento.

Pode-se acrescentar o risco judiciário, provocado pela baixa capacidade de as Cortes de responderem de forma célere e adequada a problemas complexos, que exigem uma leitura especializada. Problema agravado pela falta de coerência dos julgados, que se traduz na divergência de posicionamentos sobre casos idênticos no âmbito do mesmo Sodalício, por vezes até na mesma Câmara ou Turma, e também na frequência com que se processa a alteração de jurisprudência até mesmo nos Tribunais Superiores.[9]

Em relação às concessões públicas, a falha do ambiente institucional em oferecer segurança aos concessionários é evidenciada na falta de cumprimento de itens contratuais, como as cláusulas de reajuste. Um caso considerado arquetípico por observadores do Banco Mundial ocorreu no município de Limeira, Estado de São Paulo, onde a concessionária de saneamento teve o seu pedido de reajuste anual, previsto no contrato, negado pelo prefeito, sob o argumento de que os termos contratuais seriam injustos para a municipalidade. Algumas das críticas poderiam ser razoáveis, mas uma renegociação contínua em contratos de longa duração desfavorece alocação de recursos nestes investimentos. No caso em análise, o Poder Judiciário manteve a posição do Poder concedente, negando o reajuste pretendido. O arranjo institucional adotado pela concessionária Águas de Limeira foi suspender novos empreendimentos, dando continuidade somente àqueles que garantissem retorno imediato.[10]

Por outro lado, não se pode imaginar que, neste jogo, exista uma dicotomia entre anjos e demônios, como se, de outra parte, os fornecedores privados fossem um primor de eficiência e confiabilidade. Observa-se também com frequência vencedores de licitações que não entregam o prometido, quando não simplesmente abandonam o contrato, que não possuem condições técnicas ou econômicas para cumpri-lo ou que formalizam propostas de difícil exequibilidade somente para se sagrarem vencedores de licitações, na expectativa nem sempre legítima de futuros aditivos contratuais.

2.3 Postulado da eficiência e interpretação dos contratos

A eficiência ingressa de forma explícita em nosso ordenamento pela aprovação da Emenda Constitucional nº 19/1998, no bojo do processo de reformulação do aparelho

---

[9] O Conselho Nacional de Justiça promoveu, em 2010, uma pesquisa para identificar causas do progressivo aumento de demandas judicias cíveis no Brasil, em especial de demandas repetitivas, bem como da morosidade do aparelho judiciário para lidar com estas ações. Os pesquisadores, ligados à PUC/RS, puderam constatar que o sistema não favorece a uniformidade de decisões; estimula o litígio e a utilização de recursos, pois não oferece incentivos à conciliação e tampouco pune a parte pelo uso de instrumentos protelatórios; possibilita o ingresso sem ônus no Judiciário, pela profusão dos Juizados Especiais e pela falta de aplicação de critérios na concessão da gratuidade da Justiça. Nas entrevistas, os juízes consultados comparam o Poder Judiciário a uma "loteria" (PONTIFÍCIA UNIVERSIDADE CATÓLICA DO RIO GRANDE DO SUL. *Demandas judiciais e morosidade da justiça civil*: Relatório Final. Porto Alegre: PUCRS, 2010).

[10] GUASCH, J. Luis. *Granting and Renegotiating Infrastructure Concessions*: Doing It Right. Washington, DC: The World Bank, 2004. p. 61. E conclui o autor, na mesma página: "alguns analistas argumentam que o Direito brasileiro oferece rigorosa proteção para as concessionárias, por força doa regra da manutenção econômico-financeira dos contratos. Em princípio, esta posição pode ser verdadeira, mas, na realidade, a interpretação do conceito deixa a disputa tão aberta que leva mais tempo para resolver as pendências judiciais do que a maioria das empresas privadas pode lidar".

estatal conhecido por Reforma Administrativa. O termo foi escolhido como forma de promover a adoção de um modelo gerencial de Administração Pública (influência direta do *new public management*), com ênfase nos resultados, razão pela qual obteve o *status* de princípio reconhecido no *caput* do art. 37 da Constituição Federal.[11]

A introdução da eficiência não passou incólume a críticas doutrinárias. Celso Antônio Bandeira de Mello já a qualificou como "mero adorno", haja vista que nunca se admitiria uma Administração ineficiente. Maria Sylvia Zanella Di Pietro apontou que sua aplicação não poderia se sobrepor à legalidade. A dificuldade justifica-se por se tratar de um conceito de natureza econômica transplantado para o mundo jurídico. A eficiência estrutura os meios pelos quais se obtém um determinado fim previamente escolhido. Cuida-se de um conceito econômico, de aplicação condicionada e variável.

Sua formulação parte do pressuposto econômico de que as necessidades são ilimitadas e os recursos limitados. Considerando esta escassez, a eficiência se apresenta quando se produz mais bens com a mesma quantidade de insumos ou produz o mesmo número de bens com menos insumos.

A eficiência é sempre condicionada, pois só pode ser conferida mediante escala comparativa. Não se fala que um medicamento é eficiente por si só. Se eficiência houver nessa hipótese, é porque em relação a outra droga, ele recupera mais rápido o paciente utilizando o mesmo princípio ativo ou oferece cura no mesmo fluxo de tempo, mas com custo reduzido. É também variável,[12] pois o progresso tecnológico influencia sua formação. Há alguns anos, a forma mais eficiente de se escrever uma carta seria pelo bico de pena, depois pela caneta esferográfica, substituída pela máquina de escrever, já aposentada pelo computador.

Por estruturar os meios e não delimitar os fins, a eficiência se afasta do conceito de princípio, para se enquadrar como postulado normativo aplicativo.[13] De fato, dirige-se ao formulador, ao intérprete e ao aplicador do Direito, orientando-os em suas tarefas, ao apontar qual o meio mais eficaz para atingir um determinado fim, sem entrar em colisão com outras regras e princípios.

No que cinge às PPPs, que igualmente ingressaram em nosso ordenamento no contexto de novas fórmulas do Direito Administrativo, cabe aos parceiros estipular arranjos contratuais que favoreçam a eficiência desses acordos. E ao Judiciário cabe aplicar o Direito levando em conta a satisfação desse postulado quando confrontado com demandas relativas à validade das cláusulas dessas parcerias, assegurando confiança ao ambiente institucional.

---

[11] MORAES, Antonio Carlos Flores de. *Legalidade, eficiência e controle da administração pública*. Belo Horizonte: Fórum, 2007, p. 137-138.

[12] A Mensagem Presidencial nº 886/1995 compreendia o processo de Reforma do Estado como fruto da necessidade "contínua superação de metas desempenhadas".

[13] No sentido atribuído por Humberto Ávila de que "os postulados normativos aplicativos são normas imediatamente metódicas que instituem os critérios de aplicação de outras normas situadas no plano do objeto da aplicação". Ou seja, seriam autênticas "normas sobre a aplicação de outras normas, isto é, metanormas" (ÁVILA, Humberto. *Teoria dos Princípios*: da definição à aplicação dos princípios jurídicos. 7. ed. São Paulo: Malheiros, 2007. p. 122).

3 Garantias das parcerias público-privadas

Estabelecidas as premissas conceituais e a importância do ambiente institucional para o sucesso contratual, de acordo com a teoria econômica adaptada aos postulados da ciência jurídica, a segunda parte reflete sobre os modelos internacionais de parcerias público-privadas. Extraem-se, desse comparativo, mecanismos que foram adaptados à experiência brasileira, a qual também precisou conceber um aparato próprio para atender às peculiaridades de seu ambiente.

3.1 A experiência internacional das parcerias público-privadas

A história é rica em exemplos que demonstram a aproximação entre a Administração Pública e entidades privadas para construção e gerenciamento de obras de infraestrutura. Há registro desde a Antiguidade clássica de estradas do Império Romano administradas por particulares, remunerados mediante recebimento de pedágios para sua manutenção. Na Idade Média, a construção da ponte de Londres, em 1286, foi também apoiada pela cobrança de pedágios. Ainda na Inglaterra, a partir do ano de 1663, anota-se a primeira operação de construção, operação e transferência para a iniciativa privada de estradas integralmente geridas pelo pagamento de pedágios (*British Turnpikes*[14]).

Este modelo se popularizou nos anos seguintes, atravessando o Atlântico para encontrar terreno fértil de desenvolvimento nos Estados Unidos do pós-Guerra da Revolução. Em 1785, um ato do governo do Estado da Virgínia autorizou a cessão a uma corporação privada para construção e operação da estrada Philadelphia-Lancaster, dando início a um movimento acentuado de parcerias. Em meados do século XIX, cerca de 1.600 companhias voltadas para *US Turnpikes* estavam em funcionamento. A marcha para o Oeste, que representa o auge da construção de estradas de ferro no território norte-americano, foi fortemente custeada pelo capital de investidores privados.

No mesmo período, a França dinamizava seu sistema de parcerias, por meio de delegação de serviços públicos sob a forma da criação de sociedades de economia mista ou pela instituição de concessões públicas, em obras como estradas, transportes públicos e fornecimento de água e saneamento. Foi esse o modelo consagrado e adotado, com as devidas adaptações, por países de tradição jurídica romano-germânica, como a Itália, Espanha, Portugal e o Brasil.

A partir da primeira metade do século XX, contudo, este modelo geral de parcerias inicia um declínio, abrindo espaço para a intervenção direta do Estado na economia, por meio de empresas públicas. O seu retorno só é observado nas décadas finais do século, em movimento iniciado novamente no Reino Unido e nos Estados Unidos.

Duas razões principais apoiam esta revalorização das parcerias. Por um lado, do ponto de vista financeiro, os orçamentos públicos apresentam-se deficitários, com baixa capacidade de investimento para dinamizar novas obras ou renovar as já existentes.

---

[14] *Turnpikes* são estradas com barreiras ou portagens, precursoras das rodovias pedagiadas. O nome deriva das barreiras em sistema de dobradiça (*pikes*) colocadas nas rotas para obstar a passagem, somente liberadas com o pagamento de tarifa.

Cogita-se, assim, de um sistema de apropriação de capital privado para viabilizar aquilo para que a Administração se mostra impossibilitada.

De outro lado, sob o aspecto ideológico, assiste-se à vitória nas urnas de governos de tendência liberalizante, nos quais predominava o entendimento de que a iniciativa privada carregaria maior eficiência gerencial e poderia explorar determinados serviços de forma mais transparente e com melhor relação de custo-benefício. Esse ideário, caracterizado pelos princípios do *new public management*, compõe um conjunto mais amplo de medidas, visando a abstrair a atividade estatal não somente da economia, como até mesmo da prestação de serviços, por meio de privatizações, da adoção de novas práticas de gestão e, enfim, da formulação de parcerias entre o Poder Público e os particulares por meio de programas desenvolvidos especificamente para tanto.

Essas novas parcerias público-privadas passaram a ser aplicadas nos mais variados objetos, para planejamento, construção e operação de projetos em áreas de transporte, energia, água e saneamento, serviço penitenciário, saúde, educação, assistência social e reaproveitamento urbano.

A concepção de parcerias entre a Administração Pública e os particulares recebe, originalmente, uma maior amplitude em seu significado e corresponde a todo acordo formulado entre essas partes visando a benefícios em comum. Neste sentido, engloba tanto a delegação de serviço público, a delegação de execução de obra pública, com ou sem exploração, a prestação de serviços diretos à Administração, como também a utilização de bem público por particulares, com ou sem exploração econômica.

Numa modalidade estrita, as PPPs são aqueles ajustes mais específicos, baseados num programa previamente determinado, estipulados em longo prazo e com custo relevante, tendo como celebrantes o setor público e o privado.[15]

Os contratos de PPP em sentido estrito podem assumir diferentes formas, de acordo com o papel desempenhado pelas partes, sobretudo no que tange às obrigações assumidas pelo parceiro privado. Os principais tipos respondem pela sigla *BOT/BOO*. O primeiro, *BOT* (*Build Operate Transfer*) ou ainda *DBOT* (*Design Build Operate Transfer*), diz respeito aos contratos em que o parceiro privado responsabiliza-se pelo financiamento, projeto, construção e posterior operação do bem público, cujo controle e titularidade permanecem nas mãos estatais. No segundo, *BOO* (*Build Own Operate*), o ente particular financia, constrói e opera o bem. Além disso, o controle e a titularidade seguem sob seu domínio, no curso e também ao cabo do contrato.[16]

No *leasing* (ou *affermage*, no direito francês), apenas parte do risco é transferida para o setor privado, que em geral responde pela formulação do projeto, construção e operação, mas não trata do financiamento ou da elaboração do *project finance*.

Joint ventures (*JV*) ocorrem quando os setores público e privado atuam em conjunto no financiamento, formulação do projeto e operação de um empreendimento, sendo que ambos detêm o domínio do bem utilizado.

---

[15] YESCOMBE, E. R. *Public-Private Partnerships*: Principles of Policy and Finance. Oxford: Elsevier, 2007. p. 3.

[16] Além das abordadas, registram-se outros exemplos que designam operações efetuadas em forma de parceria público-privada, numa verdadeira sopa de letrinhas, identificadas pela sigla em Inglês: *BLT* (*Build, Lease, Transfer*), *BLTM* (*Build, Lease, Transfer, Maintain*), *BTO* (*Build, Transfer, Operate*), *BOOR* (*Build, Own, Operate, Remove*), *BOOT* (*Build, Own, Operate, Transfer*), *LROT* (*Lease, Renovate, Operate, Transfer*), *DBFO* (*Design, Build, Finance, Operate*), *DCMF* (*Design, Construct, Manage, Finance*) e *DBFOM* (*Design, Build, Finance, Operate, Magage*).

Contratos de gerenciamento ou operação (*operations or managements contracts*) são aqueles em que o agente privado é apenas parcialmente envolvido, em geral, na gerência de uma atividade específica da operação ou de um setor específico de um dado serviço público por um determinado período de tempo.

Um último exemplo são os Acordos de Cooperação (*cooperative arrangements*) celebrados sem a formalidade de um acordo de parceria e que funciona por meio de garantias ou incentivos, em geral de natureza tributária, para que um particular atue conforme uma necessidade pública. É o caso dos produtores independentes de energia, que alienam sua produção para um operador ou distribuidor estatal, na Coreia do Sul. Esta é uma hipótese bem desenvolvida na Austrália, onde a venda inclui até mesmo o excedente da produção de energia solar obtida em painéis residenciais. Na Costa Rica, o governo central cria e mantém parques ambientais, cabendo aos parceiros privados atrair e organizar turistas para esses destinos ecológicos.

3.2 Alocação de riscos nas parcerias público-privadas brasileiras

O risco é inerente a uma atividade econômica de mercado. Em uma relação de trocas de bens e serviços, sobretudo as que envolvem um longo prazo de duração, o empreendedor deve conviver com a sombra do risco de que eventos, previsíveis ou imprevisíveis, podem ocasionar perdas ou gerar ainda mais lucros para seu negócio. Esta é a noção econômica de risco, que no plano jurídico ainda absorve a questão da impossibilidade de se calcular e atribuir responsabilidade a alguém pelos prejuízos e danos causados.

Em outras palavras, o risco mede-se pela possibilidade de haver, em igualdade de condições e com o cumprimento de determinadas regras, tanto um ganho como uma perda.[17] Esta definição, tecnicamente mais precisa, contraria o senso comum, que iguala risco e incerteza. Eles são, no entanto, institutos distintos, porquanto a incerteza significa o desconhecimento do que pode acontecer e importa na ausência de parâmetros sobre a ocorrência ou não de um evento futuro; ao passo que o risco permite uma avaliação prévia, que pode ser medida por dados estatísticos e probabilísticos.

Os riscos não se encontram apenas em eventos da natureza, como uma seca ou uma geada, que destroem toda a plantação cuja safra futura já estava vendida, mas versa sobre o estado geral das coisas, das instituições e dos agentes envolvidos. Se o desenho institucional não for preciso o suficiente, há a possibilidade de ocorrência do já mencionado risco moral (*moral hazard*), situação na qual as partes tendem a atuar fora do acordado, mesmo assumindo a possibilidade de punição pelas sanções contratuais, se o descumprimento do acordado for a conduta que melhor lhes favoreça e se não houver punição adequada para esta conduta.

A duração dos contratos e a continuidade das tratativas entre os mesmos agentes formam um ponto que incrementa a noção de risco. Com efeito, quanto maior for a duração contratual, mais provável que surja alguma condição que seja mais favorável para um dos agentes abandonar seu cumprimento. Mas o tempo também pode apresentar um lado benéfico. Em uma relação contratual baseada num só momento de

---

[17] PINHEIRO, Armando Castelar; SADDI, Jairo. *Direito, economia e mercados*. Rio de Janeiro: Elsevier, 2005, p. 124.

negociação, a Teoria dos Jogos demonstra que os agentes tendem a considerar que a outra parte procurará sempre preservar seus próprios interesses e não necessariamente o melhor para todos os envolvidos, ainda que não lhes seja favorável.[18] Por sua vez, relações contínuas, em que as partes estão periodicamente transigindo, como é o caso das concessões públicas, em especial os contratos de PPP, exigem a formação de uma aliança de lealdade, que reduz o risco do descumprimento.

Percebe-se que, embora inevitável, o risco é um fator indesejável para a segurança dos negócios. A estabilidade de regras e a previsibilidade de condutas geram um ambiente de confiança, que reduz os custos de transação e se mostra, portanto, mais favorável ao desenvolvimento de negócios. Daí a função proeminente dos contratos, a qual "permite alocar o risco à parte mais capaz de lidar com ele – ou porque exerce alguma influência sobre ele, ou porque assumiu um risco que oferece ganhos ou perdas compensatórias".[19] Esta função é observada com bastante propriedade nos contratos firmados com a Administração Pública, nos quais esta tende a concentrar mais informações e, na outra face e também por consequência, detém maior capacidade de gerenciamento de riscos.

Considerando a inevitabilidade dos riscos, a função econômica do contrato é percebê-los e mensurá-los para então reduzi-los, por meio da alocação e da distribuição entre as partes. E este procedimento deve ser também observado na modelagem jurídica dos contratos, sendo essencial nos contratos de PPPs, nos quais os riscos, por dever legal, devem ser compartilhados entre os contratantes.

A Lei das Empresas Públicas (Lei nº 13.303, de 30 de junho de 2016) dispõe sobre mecanismos obrigatórios de governança, entre os quais a gestão de riscos, que deve ocorrer pela instituição de uma *matriz de risco*, a ser estabelecida previamente a qualquer avença. No tocante aos contratos de PPPs, Iggor Gomes Rocha assim descreve esse instrumento:

> Entende-se, portanto, a gestão do risco como um ciclo, dentro do qual os mecanismos de identificação e distribuição dos riscos têm papel fundamental. E cabe aos gestores públicos, antes de qualquer contrato de concessão (comum, administrativa ou patrocinada), a realização de um planejamento que envolva necessariamente a gestão dos riscos que tal contrato envolve, um estudo mais sistemático visando identificar, avaliar, distribuir, minimizar, monitorar tais riscos. Ademais, o controle estratégico dos riscos e do seu gerenciamento levaria o Poder Público a possuir, certamente, um instrumento fundamental para o processo decisório eficiente.[20]

Conquanto seja inviável estabelecer, na matriz de risco, a integralidade de eventos passíveis de ocorrência e que interfiram no cumprimento do contrato, é desejável que os contratos sejam estabelecidos com esta premissa de alocar o risco em quem melhor o suporte, tornando-os mais eficientes do ponto vista econômico e também jurídico.

---

[18] O que pode provocar a *tragédia dos comuns*, armadilha em que o uso desordenado e competitivo de um bem posto à disposição de todos acaba por inutilizar este mesmo bem.

[19] PINHEIRO; SADDI, *Direito...*, 2005, p. 125.

[20] ROCHA, Iggor Gomes. Concessão de serviço público e parceria público-privada: da garantia ao equilíbrio econômico-financeiro à partilha contratual de riscos. In: GONÇALVES, Guilherme de Salles; GABARDO, Emerson (Coord.). *Direito da infraestrutura*: temas de organização do Estado, serviços públicos e intervenção administrativa. Belo Horizonte: Fórum, 2012, p. 118.

3.3 Garantias das parcerias público-privadas brasileiras

A partir desse conceito unitário de garantia, de cobertura de um interesse em risco, é que se sistematizam as diversas modalidades de proteção. Nos contratos administrativos na forma de PPP, a previsão de garantias aparece em três ocasiões:

a) garantias de execução suficientes e compatíveis com os ônus e riscos envolvidos, prestadas ao Poder Público pelo concessionário privado;

b) garantias prestadas aos financiadores do empreendimento pelo concessionário privado;

c) garantias prestadas pelo Poder Público concedente, que, por sua vez, subdividem-se em:

    c1) aquelas prestadas aos financiadores, como a possibilidade de assumir a concessão (*step in rights*) e indicar substituto do concessionário inadimplente, possibilidade de empenho das contraprestações estatais em seu nome, legitimidade para receber indenização por extinção antecipada do contrato e para recepcionar pagamentos dos fundos e das empresas estatais garantidores. Algumas dessas hipóteses podem ser negociadas por meio de um acordo tripartite (*direct agreement*) celebrado entre concedente, concessionário e agentes financiadores;

    c2) aquelas prestadas aos parceiros privados, sendo:

        c2.1) *gerais*, que versam sobre a manutenção institucional das condições celebradas no contrato, como a proteção quanto ao fato do príncipe ou a garantia de solução arbitral;

        c2.2) *específicas*, que são as garantias econômico-financeiras em forma de subsídio, de receita mínima e de pagamento das contraprestações obrigatórias.

A prestação, pelo parceiro privado, de garantias de execução suficientes e compatíveis com os ônus e riscos envolvidos na contratação é cláusula obrigatória dos contratos. Os financiadores também devem receber garantias equivalentes ao risco envolvido, que podem ser os direitos emergentes da concessão ou parcelas de seus créditos operacionais futuros.[21] Essas garantias estão também presentes nas concessões públicas comuns.[22]

No que diz respeito ao acordo tripartite, ou *direct agreement*, trata-se de um meio de garantir aos financiadores a possibilidade de intervirem no projeto, antes que haja descontinuidade dos serviços por falha da concessionária ou em hipóteses em que a concessionária descumpra suas obrigações firmadas perante estes financiadores. O concedente oferece um período de cura para que a concessionária e/ou os financiadores

---

[21] Em relação aos financiadores, José Virgílio Lopes Enei aponta que as garantias seriam um dos pilares de sustentação do próprio projeto financiado, o que demandaria não apenas uma, mas um verdadeiro "pacote de garantias" (*security package*). Cf. ENEI, José Virgílio Lopes. *Project finance*: financiamento com foco em empreendimentos: (parcerias público-privadas, *leveraged buy-outs* e outras figuras afins). São Paulo: Saraiva, 2007, p. 353-393.

[22] Vide arts. 18, XV; 23, parágrafo único, II; 28 e 28-A, da Lei nº 8.987/1995 e arts. 5º, VIII, e 11, I, da Lei nº 11.079/2005. A Lei Geral das Concessões ainda traz menção de garantia real como meio de pagamento de indenização por concessão finda sem que o investimento privado tenha sido todo amortizado, nos termos do seu art. 42, §5º.

voltem a adimplir as obrigações contratuais. Durante esse interregno, fica suspensa a aplicação de penalidades e se confere autorização para que os financiadores adotem medidas previamente aprovadas para a recuperação da concessionária.[23]

Na experiência internacional, as garantias econômico-financeiras prestadas pelo Poder Público ao parceiro privado, nos contratos de PPPs, cingem-se unicamente ao mecanismo de subsídio ou ao que assegura receita mínima nos contratos. O subsídio é um suporte financeiro concedido pelo ente governamental como forma de preservar o equilíbrio econômico-financeiro e assegurar a modicidade das tarifas, ou mesmo sua gratuidade. O objetivo é mais amplo e, em geral, é previsto antes da formação do contrato, tendo o desembolso obrigatório.

As garantias de receita mínima distinguem-se das demais, pois visam a proteger o numerário que deveria ser arrecadado dos usuários do serviço, preservando os ganhos do concessionário se a taxa de uso não atingir o equivalente ao planejado. O saldo é variável e pode não ser sequer utilizado, funcionando como uma carta na manga do investidor.

No momento de elaboração do projeto executivo, contabiliza-se o fluxo de usuários para se definir o valor das tarifas e da contrapartida estatal. É com base nessa expectativa que o parceiro privado define a sua proposta de construção da obra e operação do serviço. Se o público-alvo não atinge a quantidade planejada, essa diferença a menor é paga pelo poder concedente, com base na cláusula de receita mínima garantida.

Esse segundo instrumento permitiu o sucesso do modelo de parcerias no Chile.[24] De fato, trata-se de uma cláusula empregada preferencialmente em países de ambiente institucional que não transmitem a confiança necessária aos parceiros privados, sendo aplicada também na concessão de aeroportos na Colômbia e das autoestradas na República Dominicana. Dada a sua eficácia, porém, pode ser aplicada em outros ordenamentos, sendo prevista, por exemplo, no contrato de operação do trem-bala italiano.

Em relação à terceira modalidade de garantia específica prestada pelo Poder Público ao concessionário, como uma jabuticaba, só é previsto, por ora, nas PPPs brasileiras. Trata-se das garantias de pagamento das contraprestações outorgadas ao parceiro privado pela Administração Pública concedente, não por acaso também denominadas de "blindagem", por Juarez Freitas.[25] Estão previstas tanto na Lei nº 11.079/2004 como nas demais legislações estaduais, distrital e municipais sobre a matéria. Na norma federal, constam de capítulo próprio, composto do dispositivo a seguir transcrito:

---

[23] O acordo tripartite foi previsto pela primeira vez no Brasil nos editais de licitação de PPPs publicados em 2017 pelo Estado de São Paulo, como forma de mitigar os riscos envolvidos nas operações, dificuldade de atrair capital para financiamento de operações de crédito, na medida em que se aponta pela maior liquidez do ativo, que pode ser negociado diretamente pelo financiador, transferindo-o a outro concessionário que não deve herdar os débitos contraídos pelo anterior e sem interferir na continuidade do serviço. Disponível em: <https://jota.info/artigos/infra-novas-concessoes-e-ppps-em-sp-devem-ter-impacto-positivo-de-r-46-bi-na-economia-25092016>. Acesso em: 15 set 2017.

[24] GÓMEZ-LOBO, Andres; HINOJOSA, Sergio. *Broad Roads in a Thin Country*: Infrastructure Concessions in Chile. Washington, DC: The World Bank, 2000. (Policy Research Working Paper, 2279). p. 29.

[25] FREITAS. Parcerias público-privadas (PPPs) e desafios regulatórios. *Revista da AJURIS*: Associação dos Juízes do Rio Grande do Sul, Porto Alegre, v. 32, n. 100, p. 213.

Art. 8º As obrigações pecuniárias contraídas pela Administração Pública em contrato de parceria público-privada poderão ser garantidas mediante:

I – vinculação de receitas, observado o disposto no inciso IV do art. 167 da Constituição Federal;

II – instituição ou utilização de fundos especiais previstos em lei;

III – contratação de seguro-garantia com as companhias seguradoras que não sejam controladas pelo Poder Público;

IV – garantia prestada por organismos internacionais ou instituições financeiras que não sejam controladas pelo Poder Público;

V – garantias prestadas por fundo garantidor ou empresa estatal criada para essa finalidade;

VI – outros mecanismos admitidos em lei.

Cuida-se de um trunfo nas mãos do parceiro privado, pois reduz os riscos presentes no nosso ambiente institucional. Para o Poder Público, também é uma ferramenta útil, pois, na maioria das hipóteses, caso honre os termos contratuais, não será preciso ocorrer seu desembolso, e sua previsão contribui para o aumento da concorrência na prestação de serviços, ao atrair novos interessados que não acudiriam se não houvesse garantias suficientes. Acrescente-se a possibilidade de diminuição do sobrepreço, porquanto os licitantes tendem a quantificar concretamente na proposta o risco de tratar com um Estado mau pagador.

4 Conclusão

A existência de um ambiente institucional em que prepondera a previsibilidade e a estabilidade de regras favorece a confiança necessária para as partes celebrarem acordos mais eficientes e com menor custo de transação. No caso das concessões sob o regime de PPPs, em que o risco é compartilhado entre diversos agentes – o Poder concedente, o concessionário, os financiadores e também os usuários –, torna-se necessário estabelecer regras que estimulem o cumprimento da avença e que, ao alocar adequadamente os riscos, protejam-nas de um descumprimento.

O regime geral de garantias encara, assim, um dilema principal-agente, em que o principal é o responsável pela contratação de um ou vários agentes para lhe prestar uma obrigação. O dilema surge pelas dificuldades que podem surgir em face da assimetria de informações, pela possibilidade de conflitos de interesse e risco moral. Nas PPPs, as partes podem ser, a depender da obrigação, agente e principal, em situação mais complexa que a usualmente observada nas concessões comuns, em que o concedente figura na posição de *principal* e o concessionário atua por sua conta e risco, como *agente*.

O ponto-chave é como estabelecer incentivos para que os parceiros, agindo de forma racional, calculem ser-lhes mais proveitoso cumprir sua parte em contratos dessa natureza, que envolvem custos elevados no longo prazo. Este sistema de incentivos foi estabelecido por meio de uma rede de garantias, que devem ser oferecidas entre parceiros público, privado, financiadores e usuários.

Esse conjunto de garantias deve ser considerado pelo formulador dos contratos de PPPs no momento de sua propositura, para que as partes possam internalizar sua previsão, reduzindo os custos de transação e ampliando a margem de segurança e confiança na operação. Por sua vez, cabe aos intérpretes, o que abrange os Tribunais de Contas, Poder Judiciário e Câmaras de arbitragem, a tarefa de fundamentar suas decisões, no exame dos editais, dos contratos ou nas hipóteses de conflitos de interesses, sustentando-se, entre as opções constitucionais e legais admissíveis ao caso, com interpretação que assegure maior grau de eficiência ao cumprimento dos objetivos da concessão.

Referências

ÁVILA, Humberto. *Teoria dos princípios*: da definição à aplicação dos princípios jurídicos. 7. ed. São Paulo: Malheiros, 2007.

BANDEIRA DE MELLO, Celso Antônio. *Curso de direito administrativo*. 27. ed. São Paulo: Malheiros, 2010.

BORGES, Luiz Ferreira Xavier. Parceria público-privada (PPP): riscos e mitigações em operações estruturadas de investimentos de infraestrutura. *Revista da Procuradoria Geral do Estado de São Paulo*, São Paulo, n. 61/62, p. 31-76, 2005.

COUTO E SILVA, Almiro do. O princípio da segurança jurídica (proteção da confiança) no direito público brasileiro e o direito da administração pública de anular seus próprios atos administrativos: o prazo decadencial do art. 54 da Lei do Processo Administrativo da União (Lei nº 9.784/99). *Revista de Direito Administrativo*, Rio de Janeiro, n. 237, p. 275-276, 2004.

COUTO E SILVA, Almiro do. Princípios da legalidade da administração pública e da segurança jurídica no estado de direito contemporâneo. *Revista de Direito Público*, São Paulo, n. 84, p. 46-63, 1987.

DI PIETRO, Maria Sylvia Zanella. *Parcerias na administração pública*: concessão, permissão, franquia, terceirização, parceria público-privada e outras formas. 5. ed. São Paulo: Malheiros, 2006.

ENEI, José Virgílio Lopes. *Project finance*: financiamento com foco em empreendimentos: (parcerias público-privadas, *leveraged buy-outs* e outras figuras afins). São Paulo: Saraiva, 2007.

FREITAS, Juarez. Parcerias público-privadas (PPPs) e desafios regulatórios. *Revista da AJURIS*: *Associação dos Juízes do Rio Grande do Sul*, Porto Alegre, v. 32, n. 100, p. 201-227, 2005.

GÓMEZ-LOBO, Andres; HINOJOSA, Sergio. *Broad Roads in a Thin Country*: Infrastructure Concessions in Chile. Washington, DC: The World Bank, 2000. (Policy Research Working Paper, 2279).

GUASCH, J. Luis. *Granting and Renegotiating Infrastructure Concessions*: Doing It Right. Washington, DC: The World Bank, 2004.

MORAES, Antonio Carlos Flores de. *Legalidade, eficiência e controle da Administração Pública*. Belo Horizonte: Fórum, 2007.

NORTH, Douglass C. *Institutions, Institutional Change and Economic Performance*. New York, NY: Cambridge University Press, 1990.

PEYREFITTE, Alain. *A sociedade da confiança*: ensaio sobre as origens e a natureza do desenvolvimento. Tradução: Cylene Bittecourt. Rio de Janeiro: Topbooks, 1999.

PINHEIRO, Armando Castelar; SADDI, Jairo. *Direito, economia e mercados*. Rio de Janeiro: Elsevier, 2005.

PONTIFÍCIA UNIVERSIDADE CATÓLICA DO RIO GRANDE DO SUL. *Demandas judiciais e morosidade da justiça civil*: relatório final. Porto Alegre: PUCRS, 2010.

ROCHA, Iggor Gomes. Concessão de serviço público e parceria público-privada: da garantia ao equilíbrio econômico-financeiro à partilha contratual de riscos. *In*: GONÇALVES, Guilherme de Salles; GABARDO, Emerson (Coord.). *Direito da infraestrutura*: temas de organização do Estado, serviços públicos e intervenção administrativa. Belo Horizonte: Fórum, 2012, p. 97-133.

WILLIAMSON, Oliver E. *The Mechanisms of Governance*. New York, NY: Oxford University Press, 1996.

YESCOMBE, E. R. *Public-Private Partnerships*: Principles of Policy and Finance. Oxford: Elsevier, 2007.

Informação bibliográfica deste texto, conforme a NBR 6023:2002 da Associação Brasileira de Normas Técnicas (ABNT):

OLIVEIRA, Luís Fernando Lima de. Ambiente institucional e proteção à confiança: o regime de garantias nas parcerias público-privadas. In: MATILLA CORREA, Andry; NÓBREGA, Theresa Christine de Albuquerque; AGRA, Walber de Moura (Coord.). *Direito Administrativo e os desafios do século XXI*: livro em homenagem aos 40 anos de docência do Prof. Francisco de Queiroz Bezerra Cavalcanti. Belo Horizonte: Fórum, 2018. p. 281-294. ISBN 978-85-450-0555-1.

OS LIMITES E A APLICAÇÃO DA
TAXA INTERNA DE RETORNO

Marcos Nóbrega

A regulação e o controle das concessões de serviço público apresentam limites teóricos e práticos. Temos visto nos últimos anos uma politização do debate e decisões importantes promovidas pelos órgãos de controle e sobretudo pelo Judiciário que causam imenso impacto na rentabilidade dessas concessões e têm como eixo balizador a adequação (ou inadequação) do uso da Taxa Interna de Retorno nesses contratos.

O *leit motiv* de decidir dos Tribunais traça um link entre o uso da TIR e o princípio do Reequilíbrio Econômico-Financeiro – REF do contrato. Significa dizer que, muitas vezes, o desbalanceamento contratual teria como remédio consequente a manutenção e/ou redefinição da TIR de forma a colocá-la em patamares capazes de reequilibrar a avença. Assim tem sido feito.

É bem verdade, como iremos ver, que lastrear a decisão sobre o REF na manutenção da TIR muitas vezes tem base econômica frágil. O Judiciário e os órgãos de controle, ao detectarem a "fumaça do desequilíbrio" (desculpem o neologismo!), apontam imediatamente para o recálculo da taxa. Isso invariavelmente trás imensos problemas para as concessões, os usuários e o próprio Governo.

Há medidas, no entanto, que podem ser utilizadas para minorar essas deficiências e algumas delas são úteis como o fluxo de caixa marginal e a Taxa Interna de Retorno Modificada.

Assim, é comum que as decisões de investimento (ou mesmo as decisões judiciais) sejam tomadas sem o claro entendimento dos limites e das consequências da aplicação da TIR. De tal sorte que o problema já surge na origem quando da elaboração dos editais e definição da referida taxa de retorno. Dessa forma, as autoridades deveriam entender claramente a definição, metodologia de cálculo e alternativas ao uso da TIR nos contratos. Assim, utiliza-se a TIR apenas como um dado do contrato, como número cabalístico e dai desenvolvem-se teses para justificar o Reequilíbrio Econômico-Financeiro.

Pegue-se o bem documentado Acórdão do TCU (TC nº 026.335/2007-4) que, provocado pela Secretaria de Fiscalização de Desestatização – Sefid – do próprio Tribunal de Contas, analisou a ocorrência de desequilíbrios econômico-financeiros em contratos de concessão de rodovias federais, decorrentes de tarifas superavaliadas, pretensamente operando em desfavor dos usuários. Nesse caso havia uma TIR originalmente definida quando da outorga da concessão nos anos 90 no montante de 17% a 24%. Anos depois, com o *boom* econômico brasileiro e a diminuição do "risco Brasil", o Estado alegou que o contrato estava desequilibrado em favor do concessionário, o que demandava uma readequação, para menos, do montante da TIR, sob pena de permitir que o contratado auferisse ganhos extraordinários.

Da mesma forma, as concessões que foram celebradas nos últimos anos apresentaram Taxas Internas de Retorno mais baixas, refletindo o ambiente econômico positivo. Com profunda crise econômica de 2015-16, a rentabilidade dessas concessionárias sofrerá abalos e certamente a readequação dos contratos via TIR será cobrada administrativamente e judicialmente.

As perguntas que se fazem é se a Taxa Interna de Retorno é o melhor instrumento para auferir a rentabilidade desses investimentos e se a TIR pode servir de parâmetro para esse reequilíbrio. Cabe também indagar se caberia ao Poder Público definir *ex ante* quando do lançamento do edital da licitação, o valor da TIR. Por fim, inovações (ou invenções) como a TIR modificada (MIRR) e o fluxo de caixa marginal seriam capazes de dirimir essas imperfeições.

Como vemos, são muitas dúvidas, muitos questionamentos ainda sem investigação adequada na doutrina. Nas hostes da engenharia econômica e da análise de investimentos alguma coisa tem sido discutida, mas na seara do direito, nada além do que reproduzir velhos manuais.

A Taxa Interna de Retorno como instrumento de avaliação de rentabilidade

O mais popular indicador de rentabilidade de um projeto é, sem dúvida, a Taxa Interna de Retorno. No entanto, há décadas, como lembra Kelleher and MacCormack,[1] os livros de finanças têm emitido alertas quanto ao uso da TIR e a hipótese de reinvestimento do fluxo de caixa por essa taxa, apontando que sua utilização pode fazer um projeto ruim aparentar ser bom e um projeto bom se passar por ótimo.

Os autores reportam que pesquisa realizada nos Estados Unidos em 1999 aponta que ¾ dos CFOs costumam usar a TIR quando avaliam projetos. Kelleher e MacCormack fizeram também uma pesquisa informal com 30 executivos de corporações, fundos Hedge e firmas de Venture capital que mostrou que apenas 6 executivos estavam conscientes das deficiências e problemas de definir rentabilidade de projetos usando a TIR. Por que, então, os responsáveis pelos investimentos das empresas continuam a usar indiscriminadamente a TIR quando se sabe de suas deficiências?

É sabido que algumas deficiências da TIR são muito técnicas, mas a utilização indiscriminada dessa taxa pode trazer sérias implicações para a empresa. Quando os diretores financeiros resolvem executar um contrato com base na TIR é possível que

---

[1] KELLEHER, John; MAcCORMACK, Justin. Internal Rate of Return: a Cautionary Tale. The McKinsey Quarterly. Ouctober 20, 2004. Disponível no endereço eletrônico: <http://ww2.cfo.com/strategy/2004/10/internal-rate-of-return-a-cautionary-tale/>.

estejam fazendo isso alicerçados em cálculos bastante distorcidos. Um efeito claro é a diminuição da riqueza dos acionistas porque o projeto, ao fim e ao cabo, não apresentará o rendimento esperado. A maior explicação para isso é que a hipótese contida na TIR de que os fluxos de caixas intermediários serão reinvestidos a essa mesma taxa é irreal.

Ainda segundo os autores, quanto a TIR calculada é maior do que a taxa efetiva de reinvestimento dos fluxos de caixa intermediários, pode surgir uma expectativa irreal quanto ao retorno anual do investimento. A regra implícita é que a empresa tenha projetos adicionais, igualmente atraentes e que poderia investir os fluxos de caixa intermediários. Vê-se que o pressuposto por trás do uso da TIR é a ideia de custo de oportunidade. Ocorre, no entanto, que na maioria das vezes os projetos de concessão são tão únicos e específicos que não há de se falar de projetos alternativos. Sendo assim, o uso da TIR simplesmente não faz sentido.

É sabido, embora vá além do escopo desse trabalho, que também está por trás da adoção da TIR como elemento balizador do controle da rentabilidade da concessão a avaliação do investimento com base no modelo WACC, que embute a possibilidade de a empresa, diante da mudança do custo de oportunidade do capital, realinhar sua carteira de investimentos para atingir a sua rentabilidade adequada. Fazer[2] essa correlação não faz sentido porque não há uso alternativo ao projeto que, via de regra, é específico. Daí porque estabelecer uma regulação pela TIR e torná-la estática poderá permitir ganhos monopolistas do concessionário.

Os autores concluem que a melhor maneira de evitar o problema é simplesmente não utilizar a TIR como forma de tomada de decisão, substituindo talvez pela TIR modificada.

De toda forma, os dois métodos mais utilizados para avaliação de investimentos são o Valor Presente Líquido – VPL (NPV em inglês) e a Taxa Interna de Retorno – TIR, que são métodos que têm um caráter universal.

O grau de confiabilidade dos dois métodos é igual, no entanto, em geral, apenas um deles é utilizado para avaliar um determinado investimento. Normalmente, o método da TIR, porque parece ser mais compreensível e óbvio para investidores como um indicador que mostra o limite de lucratividade do projeto. Em muitos casos, como lembra Mackevicius e Tomasevic,[3] o resultado tanto pelo VPL como pela TIR converge para o mesmo resultado. No entanto, os resultados podem diferir significantemente no caso de investimentos não típicos, gerando resultados opostos.

Ambos os métodos estão baseados no fluxo de caixa de um projeto, sendo importante determinar as saídas e entradas dos recursos. O VPL é baseado no conceito de valor presente líquido e mostra a quantidade de renda que é agregada ao projeto em relação aos pagamentos. Assim, o VPL é igual ao fluxo de caixa agregado para um determinado período, descontado a uma determinada taxa.

---

[2] BELLUZO, Luiz Gonzaga. Decisão de investimentos, CMPC e revisão tarifária no setor de transportes rodoviários. *In* CARVALHO, André Castro (Org.*). Teoria e prática do equilíbrio econômico-financeiro dos contratos de concessão de rodovias*: o caso do Anel de Integração do Paraná. São Paulo: Quartier Latin, 2010, p. 17.

[3] MACKEVICIUS, Jonas; TOMASEVIC, Vladislav. Evaluation of Investment Projects in Case of Conflict Between the Internal Rate of Return and the Net Present Value Methods. *Ekonomika* 2010, vol. 89(4).

Vejamos o gráfico, copiado de Mackevicius e Tomasevic:

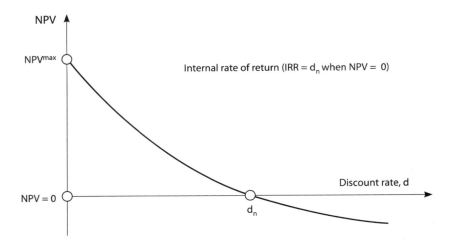

Nesse caso, as seguintes regras são aplicáveis:

a) VPL > 0, nesse caso, o investimento é considerado efetivo, ou seja, o valor do projeto aumentará durante sua implementação.
b) VPL < 0, o investimento não será efetivo, e o investidor terá perdas no montante igual ao VPL.
c) VPL = 0, nessa hipótese o projeto não gera lucro nem prejuízo ao investidor.

Essas hipóteses são apresentadas no gráfico acima que mostra o VPL para diversas taxas de desconto. Essa curva tem tipicamente o formato de curva descendente. Dois pontos da curva merecem atenção: o ponto dn e o ponto VPL^{max} (NPV^{max} no gráfico). No ponto d_n, a curva intercepta o eixo x e o VPL^{max} se dá quando o eixo y é cruzado.

O ponto dn é o que mais no interessa e significa a taxa pela qual o investidor não terá ganhos ou perdas. Após esse ponto, o VPL líquido será negativo e o investidor não deverá aceitar esse projeto. Esse ponto de intersecção é chamado Taxa Interna de Retorno.

A ideia intuitiva é a seguinte: se um determinado investidor colocar o dinheiro destinado para um investimento em um banco que o remunerara a uma taxa maior do que aquela do empreendimento, não haveria nenhuma razão para fazer o investimento. Quanto à taxa de juros coincide com a TIR do projeto, investir no projeto ou deixar o dinheiro no banco são equivalentes, ou seja, gerariam o mesmo lucro.

É importante observar que a TIR depende apenas de fatores intrínsecos ao projeto, não fazendo sentido utilizá-la além dos limites do projeto.

Para calcular o TIR, deve-se igualar a equação do VPL a zero e encontrar o seu valor. É claro que a maneira mais simples é utilizar a calculadora eletrônica ou uma planilha Excel. Fazer isso mecanicamente representa elaborar um exercício de interpolação matemática até encontrar um número adequado

Do ponto de vista matemático é importante perceber que a fórmula que calcula o VPL é uma transformação linear. Isso significa que adicionando um ou mais períodos para análise dos investimentos, isso aumenta ou diminui o resultado final do VPL sem alterar os resultados dos períodos anteriores. No caso da TIR, acrescentar outros períodos poderia levar a mudanças na direção da curva e comprometer o resultado final.

No caso da TIR, há a hipótese intrínseca de que as receitas do fluxo de caixa poderão ser reinvestidas pelo valor da TIR. Essa condição, no entanto, é infrequente e a taxa de reinvestimento varia.

De qualquer forma, há vantagens e desvantagens do uso da Taxa Interna de Retorno para avaliação de investimentos.

A primeira grande vantagem é que a TIR é informativa, objetiva e independente do tamanho de qualquer investimento alternativo. Além de mostrar o limite de lucratividade de um determinado projeto. Assim, o disseminado uso da TIR se dá pelo fato de que ela pode comunicar com apenas um número as básicas características de lucratividade de um determinado projeto. A TIR representa o mais próximo que se pode chegar do VPL, sem que na verdade tenhamos um critério como o VPL.

Da mesma forma, quando o Governo lança um edital de concessão definindo uma determinada TIR, as empresas interessadas, a imprensa, os órgãos de controle, a sociedade podem (sobremodo comparando com outros projetos similares) ter uma ampla ideia da atratividade do projeto.

A TIR permite a comparação de projetos com diferentes níveis de risco, de forma que um projeto mais arriscado deverá ter uma maior Taxa Interna de Retorno para que possa ser aceito. A TIR também permite elencar e escalonar projetos de acordo com sua viabilidade econômica, bem como mostra o custo-limite de tomar emprestados recursos e ainda manter o projeto viável.

Apesar das vantagens da TIR, há várias desvantagens que acabam por determinar sua adoção difícil e, em muitos casos, não desejável.

Em primeiro lugar, não é um critério de lucratividade absoluta, porquanto apenas observa os aspectos internos do projeto. Além disso, é altamente sensível à confiabilidade das previsões sobre o inteiro fluxo de caixa do projeto. E aqui abro um parêntese: como aquiescer com as previsões de fluxo de caixa feitas para concessões no Brasil com prazo de vigência de duas ou três décadas. Parece desarrazoado ancorar qualquer decisão de equilíbrio econômico-financeiro na TIR quando sabe-se que as premissas sobre as quais é alicerçada são frágeis. Não há como garantir uma fluxo de caixa estável em uma concessão no país, pelo que regular e controlar pela TIR perde qualquer sentido.

A Taxa Interna de Retorno somente poderá ser utilizada quando estivermos diante de um fluxo de caixa convencional, o que significa que haverá apenas uma saída de recursos seguida de somente entradas. Dizendo de outra forma, não haverá mudança no sinal do fluxo de caixa durante a execução do projeto. Isso é fácil entender dando uma olhada novamente na expressão que calcula a TIR:

$$TIR = \sum_{T=0}^{n} \frac{Fn}{(1 + i)^n} = 0$$

Em que:

i = Taxa de desconto (TIR)
Fn = Fluxos de caixa no período n
n = Número de períodos

Um fluxo de caixa convencional[4] seria aquele que contemplasse esses dois aspectos:

I) os desembolsos (saídas líquidas de caixa) ocorreram nos primeiros anos e os recebimentos (entradas líquidas de caixa) se darão nos anos subsequentes, caracterizando apenas uma inversão do fluxo de caixa.

II) o somatório dos recebimentos supera o dos desembolsos.

No caso de um fluxo convencional, e conforme o Teorema de Descartes, existe apenas uma raiz positiva ($x^* = 1 + i^*$) para a equação da TIR, atendendo a condição I. A condição II demonstra que X^* é superior à unidade, ou seja, $i^* > 0$, logo, existirá apenas uma Taxa Interna de Retorno.

Por fim, o uso da TIR pressupõe que o fluxo de caixa será sempre reinvestido por essa mesma taxa. Isso não acontece, o que torna desarrazoado utilizar a TIR nessas circunstâncias. O modelo da TIR como foi concebido e é interpretado permite inferir que os fluxos de caixa intermediários, quando positivos (recebimentos), sejam remunerados a uma taxa de juros igual à TIR, ao passo que os fluxos de caixa negativos (desembolsos) sejam financiados por essa mesma taxa. Como essa premissa é inverídica, a TIR pode diferir substancialmente da taxa de mercado e comprometer toda a análise da viabilidade do projeto.

No mais das vezes, no entanto, estamos diante de fluxos de caixa não convencionais, aqueles nos quais as entradas e saídas se alternam durante o tempo, descaracterizando a linearidade do fluxo. Como sabemos, o cálculo da TIR traduz-se na resolução de uma equação polinomial de grau n. Assim, quanto mais vezes o fluxo de caixa mudar de sinal, mais raízes teremos na equação.

Barbieri coloca um interessante exemplo, formulado nos seguintes termos: "Uma empresa de eventos investiu $1.000 mil num grande centro de convenções temporário, para celebrar a passagem do milênio. Apura como resultado líquido, um ano após, $2.400 mil. Porém, no final do ano seguinte, sofre uma condenação que a obriga ressarcir o Município em $430 mil, referentes ao custo da desmontagem das instalações, além de multa de 1.000 mil. A taxa mínima de atratividade definida pela empresa é 20% a.a".

O cálculo do VPL em função da taxa de juros é dado pela seguinte fórmula:

$$VPL = -1.000 + \frac{2.400}{(1 + i)} - \frac{1.430}{(1 + i)^2}$$

Se igualarmos a equação a zero, encontraremos a Taxa Interna de Retorno do Investimento. Percebe-se facilmente se tratar da resolução de uma equação de 2º grau que terá duas respostas: 10% e 30%. Se adotarmos uma taxa de juros de, digamos, 20%, teríamos um VPL de 6,94%. Assim, se a TIR for de 30%, deveríamos aceitar o projeto, porque a TIR > VPL. Já se escolhermos a TIR de 10%, o projeto não poderia ser viável porque a TIR < VPL, no caso, 20%. Como resolver isso? *O gráfico a seguir representa essa função:*

---

[4] BARBIERI, José Carlos; ÁLVARES, Antonio Carlos Teixeira; MACHINE, Claude. Taxa interna de retorno: controvérsias e interpretações. GEPROS. Gestão da produção, operações e sistemas. Ano 2, v. 5, p. 131-142, out./dez. 2007.

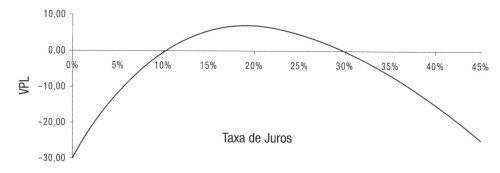

Fonte: BARBIERI et al.

O VPL será negativo para um Taxa Mínima de Atratividade (TMA) menor do que 10% ou superior a 30%, o que determina que o investimento não deverá ser realizado nessas circunstâncias. O investimento apenas seria viável se a TMA estiver entre 10% e 30%. Isso parece estranho. Se para uma TMA de 20% o projeto seria viável, não o seria para uma TMA de 5%. Isso faz BARBIERI concluir que: " A TIR definida com a taxa de juros que torna nulo o valor presente líquido do fluxo de caixa, não representa a medida do retorno do investimento".

Do ponto de vista financeiro e de acordo com o modelo matemático da TIR, os fluxos intermediários, se positivos, deverão ser a aplicados pela TIR e, se negativos, deverão ser financiados também por essa mesma taxa. Se ocorrer uma abrupta inversão de sinal durante o fluxo de caixa, todo o investimento (saída de caixa) poderia ser resgatado pela TIR, em qualquer momento durante a execução do fluxo de caixa. Nesse caso, o investidor estaria recebendo todo investimento remunerado pela TIR e estaria tomando emprestado, do mesmo projeto, os recursos excedentes a esse mesmo valor da TIR. Isso não faz sentido, porque, do ponto de vista da empresa, a lógica é inversa, ou seja, no caso de um empréstimo, o ideal é ter a menor taxa de juros. No caso da lógica do investimento, ocorre exatamente o contrário.

Nessas hipóteses, não há como utilizar a TIR como método de aferição da rentabilidade do projeto. Além disso, se não houver uma clara ideia de como o fluxo de caixa do empreendimento se comportou ao longo do tempo, como propor (e chancelar) um Reequilíbrio Econômico-Financeiro com base na TIR? Simplesmente não faz sentido e acaba por aumentar as distorções.

A hipótese adequada nesse caso é não utilizar a TIR para regular e controlar as concessões. No caso de juridicização de um contrato de concessão, alegando desequilíbrio da TIR e necessidade de reequilibrar o contrato, o mais adequado é, antes de tudo, realizar meticulosa perícia para descobrir o real comportamento do fluxo de caixa durante o período analisado.

Em razão disso, podemos observar que a TIR não pode ter um caráter estático, porque é influenciada por fatores exógenos e endógenos. Se for feito o Reequilíbrio Econômico-Financeiro considerando a imutabilidade da TIR, o concessionário ou terá grandes perdas (no caso de piora do cenário econômico) ou auferirá ganhos monopolistas e lucros acima dos pactuados no mercado.

As decisões dos órgãos de controle e, principalmente do Poder Judiciário, muitas vezes são tomadas – repito – em bases equivocadas porque a TIR, quando tratada de maneira estática, não poderia sobremaneira refletir a real rentabilidade do projeto.

Nesse sentido, métodos alternativos são possíveis, como a TIR modificada tendo como corolário o fluxo de caixa marginal. O problema maior, no entanto, persiste: a incompreensão dos limites e alcances da TIR e os métodos alternativos para avaliar a rentabilidade dos investimentos. Decisões tanto do TCU quanto do Judiciário baseadas na TIR apresentam forte distorção em relação à realidade, o que acaba determinado decisões erradas. Na maioria das vezes, não faz sentido regular pela TIR, nem mesmo julgar com base nela. Também é absurdo politizar a questão.

Por tudo isso, surge uma análise mais profunda do instituto do Reequilíbrio Econômico-Financeiro no contrato administrativo, colocando o debate em bases reais, cientificamente sólidas e não simplesmente repetir institutos que apenas tangenciam os reais problemas propostos. Tal entendimento é urgente, sobremodo porque uma das saídas para a retomada do desenvolvimento econômico é a retomada dos projetos de infraestrutura no país.

Informação bibliográfica deste texto, conforme a NBR 6023:2002 da Associação Brasileira de Normas Técnicas (ABNT):

NÓBREGA, Marcos. Os limites e a aplicação da taxa interna de retorno. In: MATILLA CORREA, Andry; NÓBREGA, Theresa Christine de Albuquerque; AGRA, Walber de Moura (Coord.). *Direito Administrativo e os desafios do século XXI*: livro em homenagem aos 40 anos de docência do Prof. Francisco de Queiroz Bezerra Cavalcanti. Belo Horizonte: Fórum, 2018. p. 295-302. ISBN 978-85-450-0555-1.

LAS TRANSFORMACIONES DE LAS POTESTADES DISCIPLINARIAS PERUANAS

Orlando Vignolo Cueva

1 El contexto general de los vigentes regímenes disciplinarios peruanos (los de alcance general)

A razón de la renovación de nuestra democracia representativa, el 28 de julio del 2016 se cierra un periodo de casi cuatro años de muchas modificaciones e innovaciones jurídicas recaídas sobre el conjunto de la función pública peruana. En todas sus modalidades, nuestro empleo público se ha visto impactado por reformas normativas y una serie de resoluciones del Tribunal Constitucional referidas-principalmente– al todavía por implantarse régimen del Servicio Civil, sin perjuicio de que se ha venido enraizando una cierta *institucionalidad* de la propia Autoridad Nacional del Servicio Civil de cara a cumplir su papel como "rector[1] del Sistema Administrativo de Gestión de Recursos Humanos del Estado" (ver el artículo 1 del Decreto Legislativo No. 1023), y del propio Tribunal del Servicio Civil, el cual –en la vía administrativa– revisa y tiene la principal función decisoria en la "resolución de controversias individuales que se susciten al interior del Sistema" (ver el artículo 17 Decreto Legislativo No. 1023).[2]

---

[1] El concepto de *rectoría* que aparece reconocido en varias normas de organización administrativas peruanas debe ser entendido como una competencia de dirección y ordenación muy extensa recaída sobre un determinado sector de actuación, la cual debe respetar la división territorial del poder instrumentalizada mediante la descentralización administrativa preceptuada por nuestra Constitución. Ahora bien, la rectoría incluiría principalmente en cabeza de una específica administración pública las siguientes funciones: (i) la capacidad de reglamentar con alcance nacional, (ii) de colocar bases de actuación y de práctica de potestades parajudiciales para eliminar controversias y presentar criterios uniformes sobre materias controvertidas (a partir de un órgano decisor, pero que siempre quedaría sometido a la presunción *iuris tamtun de legalidad* aplicable a sus respectivos actos administrativos), (iv) El ejercicio de ciertas potestades ejecutivas (para formular políticas públicas únicas pero con un cierto margen de adaptabilidad y adecuadas a la citada autonomía de determinas entidades que comparten roles en la materia) y (v) Finalmente, de preparación y formulación de los correspondientes procedimientos que instrumentalizarán las potestades de todos las administraciones públicas intervinientes en la materia correspondiente. Como se notará es un concepto macro, muy de origen peruano, aunque tiene algunos rasgos cercano en la Constitución Mexicana pero entendido en otra perspectiva organizativa, económica y adaptable al federalismo imperante en ese país (ver el artículo 25 de la Constitución Mexicana).

[2] Desde julio del presente año, este Tribunal Administrativo ha empezado a ejercitar sus competencias decisorias y resolutivas aplicables sobre recursos de apelación en materias disciplinarias producidas desde las distintas relaciones de empleo público practicadas en Municipalidades y Gobiernos Regionales. Esta ampliación implica

Ahora bien, en lo que nos interesa, nuestro Tribunal Constitucional mediante una reciente sentencia que no necesariamente tiene por objeto exclusivo los aspectos disciplinarios del Servicio Civil,[3] ha terminado por ampliar la cantidad de empleados públicos que deben someterse a esta ordenación. Así, el Alto Tribunal declaró que *parte* de la Primera Disposición Complementaria Final de la LSC es *inconstitucional*, en el extremo que establece una lista de empleados públicos excluidos del citado sistema, no existiendo razones para este apartamiento y especialidad. Por tanto, desde la eliminación de este listado, quedaron incluidos en el Servicio Civil los empleados públicos que trabajan en el "Banco Central de Reserva del Perú, el Congreso de la República, la Superintendencia Nacional de Aduanas y de Administración Tributaria, la Superintendencia de Banca, Seguros y AFP, y la Contraloría General de la República"; además del grupo de obreros "de los gobiernos regionales y gobiernos locales.[4]

A continuación, como se habrá notado de lo explicado, esta declaratoria de inconstitucionalidad produjo una ampliación *subjetiva* instantánea de los alcances de la LSC (al derogarse la exclusión injustificada) y, con ella, se ha abierto una profundización del derecho disciplinario del Servicio Civil que impacta directamente sobre la casi totalidad de los empleados públicos existentes en los tres niveles de gobierno del país; salvo en aquellos que pertenecen a las poquísimas *carreras especiales* que aún siguen en pie en nuestro ordenamiento.[5] Estas últimas tendrían una perspectiva *supletoria* sobre el régimen contenido en la LSC. Sin perjuicio de esto, vale recordar que el concepto de carrera especial subsiste desde una i*dea tripartita* conformada por:(i) Un orden distinto de potestades administrativas, (ii) Un grupo de intereses públicos cualificados que son protegidos por las anteriores competencias, y, por último,(iii) Por una carrera pública pre-establecida y cualificada por el Legislador en virtud de las dos anteriores nociones, siempre desde un "tratamiento especial"[6] que incide en los derechos, deberes, incompatibilidades y otras situaciones personales de los correspondientes empleados públicos.[7]

---

un avance en pos de lograr que este órgano administrativo deje de ser uno de alcance capitalino y se convierta en un verdadero Tribunal Administrativo de ámbito nacional.

3   Me refiero al Pleno Jurisdiccional del Tribunal Constitucional recaído en los expedientes No. 0025-2013-PI/TC; 0003-2014-PI/TC, 0008-2014-PUTC, 0017-2014-P1/1C, del 26 de abril del 2016.

4   Pleno Jurisdiccional recaído en los expedientes No. 0025-2013-Pirre; 0003-2014-PI/TC, 0008-2014-PUTC, 0017-2014-P1/1C, del 26 de abril del 2016, f.j. 60-

5   Las pocas carreras especiales de entidades administrativas que han quedado reconocidas, a partir de la comentada sentencia del Tribunal Constitucional, son las siguientes: (i) El servicio diplomático, (ii) La carrera policial, (iii) La carrera militar, (iv) La carrera magisterial, (v) El profesorado y personal universitario público, (vi) La carrera penitenciaria. Adicionalmente, debe considerarse que existen un par de carreras que se refieren a funcionarios de otros Poderes Públicos del Estado, distintos a organizaciones administrativas, tales como: (i) La carrera de Fiscales del Ministerio Público. y, (ii) La carrera de Jueces del Poder Judicial.

6   Pleno Jurisdiccional del Tribunal Constitucional recaído en los expedientes No. 0025-2013-PI/TC; 0003-2014-PI/TC, 0008-2014-PUTC, 0017-2014-P1/1C, del 26 de abril del 2016, f.j. 67.

7   Los avances sobre la carrera pública la acercan más a la noción de *carrera profesional*, entendiéndose ésta sobre la base de los principios de acceso a la función pública (igualdad, mérito y capacidad), como un "conjunto de oportunidades (…), constituye un conjunto «ordenado», esto es, recae sobre la propia organización empleadora el ordenar y ofrecer a sus propios funcionarios ese conjunto de oportunidades de ascenso y expectativas". *Vid.* Arroyo Yanes, Luis; "La carrera profesional y la evaluación del desempeño de los funcionarios públicos" en Revista Catalana de Dret Public, número 45, 2012, p. 101. En el mismo sentido, la carrera como desarrollo profesional del empleado público "se configura como un auténtico itinerario para la adquisición de nuevas competencias y la mejora de las ya adquiridas [...] el desarrollo profesional se orienta principalmente hacia la calidad de la prestación

En suma, casi sin proponérselo y nunca de manera mucho más ordenada que el propio Legislador, nuestro Tribunal Constitucional ha producido una casi *uniformización* del derecho disciplinario peruano, eliminando de plano la utilización irracional y antijurídica del *Derecho Laboral* para el ejercicio del *ius puniendi* por parte de algunas organizaciones administrativas empleadoras (aplicado sobre no pocas relaciones de empleo público);[8] además de una incorrecta idea de *autonomía*[9] de la potestad disciplinaria que se extendió como un reguero de pólvora a partir de una mala interpretación del numeral 229.3 de la LPAG y; a contrario sensu, trajo consigo la revalorización y ampliación numérica de destinatarios de los *principios sancionadores comunes* preceptuados en la LPAG (ahora si de manera positivizada y vinculante), a partir del avance garantista del régimen disciplinario del Servicio Civil (el cual admite expresamente en el artículo 92 del RGLSC que la "potestad disciplinaria se rige por los principios enunciados en el artículo 230 de la LPAG, sin perjuicio de los demás principios que rigen el poder punitivo del Estado").

En este último punto ha ocurrido un repentino desembalse en favor de que el ámbito disciplinario vigente, en concreto respecto de principios, garantías y derechos aplicables a los sujetos activos de las conductas infractoras, asumiéndose que esta materia "no constituye una excepción dentro del Derecho Administrativo Sancionador".[10] Así, la sentencia comentada nos ha acercado a lo que ya el Tribunal Supremo español había indicado en repetida jurisprudencia brindada en la década de los noventas, en cuanto a que cualquier sanción disciplinaria se debe encontrar siempre basada en los *principios sancionadores*, figuras que aunque adaptables en su contenido a este régimen especial,

---

del servicio y se concreta en un sistema que valora, especialmente, la consecución de resultados; rendimiento, desarrollo y reconocimiento profesional". *Vid*. Recio Saez de Guinoa, José María; "Carrera y desarrollo profesional en el marco de la reforma del empleo público aragonés", monografías de la Revista Aragonesa de Administración Pública, número XIII, 2011, p. 331.

[8] Antes de la entrada en vigor del régimen del servicio civil y a pesar de la positivización de los *principios sancionadores comunes* en el artículo 230 de la LPAG, en la antigua "disciplina" de los cuerpos burocráticos regidos por la LPCL se usaban institutos jurídico-laborales extraños para la práctica de una potestad sancionadora de orden especial (como la competencia disciplinaria). Así, por ejemplo se planteó por muchos años el uso del *principio de inmediatez*, figura de muy frecuente aparición en las relaciones de función pública bajo el fenómeno de la *laboralización*. Este instituto fue definido –de manera errada– por el Tribunal del Servicio Civil, a partir del paso del tiempo y el ejercicio tardío de la potestad disciplinaria como "una pauta general que informa a los procesos disciplinarios seguidos a los trabajadores sujetos al régimen de la actividad privada y a los servidores y funcionarios bajo el régimen de la carrera administrativa". *Vid*. Resolución de Sala Plena No. 003-2010-SERVIR/TSC, de agosto del 2010.

[9] Una tesis de fuerte relevancia en el derecho comparado, basada en la revalorización de la *autonomía conceptual* de la potestad disciplinaria y con una raíz administrativista, indicaba que ésta es "producto de la realidad organizativa del Estado y se ha ido construyendo, en la medida en que se ha venido dando la evolución de éste, sobre un conjunto de valores y reglas que enmarcan su funcionamiento con miras a la consecución de sus fines esenciales. Por tal razón se explica y justifica como *reglamentación jurídica autónoma*, diseñada con el propósito de encauzar a los servidores públicos (…) dentro de un marco jurídico previamen te idea en desarrollo del estado de subordinación en que se encuentran estos a causa de la vinculación voluntaria a aquel, o de las tareas que en los mismos términos cumplen". *Vid*. Isaza Serrano, Carlos Mario; *Teoría general del Derecho Disciplinario*, Temis, Bogotá, 2009, p. 85. Al respecto, como se notará en las siguientes líneas de este trabajo, el autor no se encuentra de acuerdo con esta postura, puesto que la potestad disciplinaria nunca dejó de ser una competencia sancionadora más (pero de orden especial). Su naturaleza jurídica no pertenece, ni por asomo al Derecho de la organización administrativa.

[10] Marina Jalvo, Belén; "Régimen Disciplinario" en Vol. Col. *Régimen jurídico de la función pública*, Thomson-Reuters-Lex Nova, Pamplona, 2013, p. 1073.

son básicas y fundantes de toda "la actividad sancionadora de la Administración en el Estado social y democrático de Derecho".[11]

Sin embargo, a pesar de estos indudables avances garantistas y de uniformidad jurídica, no todo es sencillo y ordenado en la disciplina de empleados públicos peruanos. Quizás, el punto más complicado a afrontar en el futuro cercano sea la convivencia pacífica (y sin agresiones reiteradas a los principios sancionadores) entre el régimen de responsabilidad administrativa funcional a cargo de la Contraloría General de la República y el comentado sistema disciplinario del servicio civil, pues hasta ahora ambos continúan en una abierta colisión y camino a discrepancias que merecerán una resolución judicial del más alto nivel, tal como lo comprobaremos a continuación.

La historia en cuestión se remota a noviembre del año 2013 cuando el Tribunal Superior de Responsabilidades Administrativas[12] de la Contraloría General de la República emitió su *primer* precedente de observancia obligatoria contenido en el Acuerdo Plenario Nº 01-2013-CG/TSRA, el cual –de manera extraña para las formas previstas en nuestro Derecho– aprueba por remisión la postura jurídica contenida en un informe emitido por un órgano inferior de esta organización administrativa, sin que existan supuestos previos y resueltos efectivamente bajo su ámbito (ver el numeral 2.8 del artículo V del Título Preliminar de la LPAG). Así, este precedente sin una antelada o menos robusta *ratio decidendi* indica claramente en su numeral 3.1 la aceptación integral del "fundamento jurídico 5.28 de la Resolución No. 013-2013-CG/TSRA" (este último acto administrativo es de igual fecha de emisión que el examinado Acuerdo Plenario). Ahora bien, dicho acto resolutivo se suma así a las casi dos decenas de resoluciones que lleva pronunciadas este novísimo órgano administrativo plural creado al amparo del todavía inexplorado régimen de responsabilidad administrativa funcional, sistema disciplinario de alcances insospechados que es reglado por el grupo normativo conformado por la Ley No. 29622, el Decreto Supremo No. 023-2011-PCM, Reglamento de la Ley No. 29622 y la Resolución de Contraloría No. 333-2011-CG, además de algún reglamento extra sobre notificaciones.

Al respecto, sin perjuicio que este concreto precedente afecta directamente la *identidad objetiva* con la que debe ser practicada esta técnica, entendiendo este requisito como la similitud real entre dos o más actuaciones administrativas principalmente manifestada en las circunstancias o presupuestos de hechos particulares de cada una de éstas, a fin de respetar un posterior carácter vinculante de los efectos del acto resolutivo y los respectivos contenidos de los principios de igualdad, seguridad jurídica y buena

---

[11] STS 120/1996, de 8 de julio.

[12] El Tribunal Administrativo referido en el párrafo principal es un órgano administrativo habilitado con potestades resolutivas, es considerado como la instancia definitiva de revisión de los recursos interpuestos por los "empleados del sector público" que puedan ser sancionados en el nuevo régimen de responsabilidad administrativa funcional. En ese sentido, este órgano administrativo fue creado mediante mandato del artículo 56 de la Ley No. 29622, siendo considerado por el Legislador peruano bajo la condición de un "órgano colegiado adscrito a la Contraloría General, con independencia técnica y funcional en las materias de su competencia y autonomía en sus decisiones". En cualquier caso, el Tribunal Superior de Responsabilidades Administrativas es una de las últimas creaciones de nuestro ordenamiento en vía disciplinaria, siendo un ejemplo más de una arraigada tradición importada del mundo anglosajón y surgida a la luz de la liberalización de los años noventa del siglo pasado, destinada a instaurar Tribunales Administrativos encargados de examinar y resolver –de manera especializada y con mayor agilidad– conflictos e incertidumbres en sectores económicos y sociales previamente determinados.

fe;[13] resulta claro que el mismo encierra un claro atentado contra el principio-derecho del non bis in ídem en vía administrativa y supone la completa deflación de un instituto que integra el arsenal de límites que deben ser respetados en cualquier ejercicio punitivo de los Poderes Públicos involucrados y competentes (Poder Judicial o Administración Pública). Más todavía, debe entenderse que el instituto atacado por el Tribunal Superior de Responsabilidades Administrativas forma parte del estatus jurídico básico predicable a cualquier empleado público y, como antecedente adicional, venía en franca aminoración en nuestro Derecho, pues como lo señaló en su momento el profesor BACA ONETO, tanto por mandatos jurisprudenciales oscilantes de nuestro Tribunal Constitucional, como por postulados doctrinarios poco garantistas, se ha consolidado una abierta *independenci*a entre la responsabilidad penal y disciplinaria de las conductas infractoras funcionariales o de empleo público, que incluso ha llevado a aceptar "la posibilidad de mantener paralelamente el proceso penal y el administrativo, como si la sentencia en el primero no fuera un requisito para la resolución del segundo, cuando se trate de una conducta delictiva".[14]

Creo, como ya defendí en algún trabajo anterior, que este mal formulado *precedente administrativo* ha colocado en una posición jurídica inferior al empleado público peruano, siempre en pie de comparación respecto de cualquier otro ciudadano, poniéndose a continuación en riesgo la legalidad y eficacia real con la que se deberá seguir implementando el conjunto de este nuevo régimen disciplinario habilitado por el Legislador. Sobre esto último, debe recordarse que el *non bis in ídem* es una figura de vieja data histórica,[15] con aplicación jurisdiccional en al menos dos órdenes y con un

---

[13] Cfr. Diez Picaso, Luis María; "La doctrina del precedente administrativo" en Revista de Administración Pública, número 98, 1982, pp. 20-22. A mayor abundamiento, siguiendo a Villar Palasí, este importante autor español define a esta técnica como "el supuesto ya resuelto anteriormente en un caso similar" y añade que el precedente es "aquella actuación pasada de la Administración que, de algún modo, condiciona sus actuaciones presentes exigiéndoles un contenido similar para casos similares" (ver página 7 del citado artículo).

[14] Baca Oneto, Víctor; "La potestad disciplinaria y el control por el Tribunal Constitucional de las resoluciones del Consejo Nacional de la Magistratura" en Revista de Derecho de la Universidad de Piura, número 8, 2007, p. 27. Muestra de la profundización de la tesis de la *independencia de responsabilidades* dentro de la jurisprudencia del Tribunal Constitucional, es la sentencia referida a un miembro de la Policía Nacional del Perú pasado a *retiro* por sanción disciplinaria establecida bajo el régimen de su carrera especial y que luego fue absuelto por la judicatura penal por los mismos hechos y conducta supuestamente agresiva contra el respectivo superior. Sobre el particular, indica el Alto Tribunal que "dicho proceso disciplinario se sustentó en hechos que motivaron la apertura de un proceso penal ante el Quinto Juzgado Especializado en lo Penal de Lima, por el delito contra la Administración Pública – Desobediencia y Resistencia a la Autoridad, siendo sobreseída la causa mediante resolución de fecha 7 de julio de 2008 (fojas 177). Al respecto, cabe señalar que, si bien es cierto la causa fue sobreseída, *también lo que se resuelve en el ámbito administrativo disciplinario es independiente del resultado del proceso en el fuero judicial, debido a que se trata de dos procesos de distinta naturaleza y origen*". Agregando, a continuación de manera bastante polémica y haciendo una deducción sin motivos, que "*si lo resuelto en la vía judicial favorece a una persona sometida, a su vez, a un procedimiento administrativo disciplinario, el resultado de éste no se encuentra necesariamente vinculado al primero, ya que el procedimiento administrativo tiene por objeto investigar y, de ser el caso, sancionar una inconducta funcional, mientras que el proceso penal en la vía judicial conlleva una sanción punitiva*. Por esta razón, la imposición de una sanción disciplinaria para el demandante en este caso no afecta su derecho a la presunción de inocencia, por cuanto tiene como fundamento aquellos mismos hechos que motivaron la apertura de la instrucción por delito penal". *Vid*. Sentencia del Tribunal Constitucional recaída en el Exp. No. 03706-2010-PA/TC, f.j. 5 y 6.

[15] Para la doctrina resulta claro que el *non bis in idem*, aunque con un posterior desarrollo científico evidentemente penal, su origen data del *Derecho Romano*. Así, en sus inicios se entendía que esta figura era una prohibición de carácter preclusivo cuyos "efectos (…) estaban restringidos a un plano eminentemente procesal, a diferencia de lo ocurre en la actualidad, el postulado operaba exclusivamente en aquellas ocasiones en que a un individuo se le había seguido un procedimiento y luego, por los mismos hechos, se le inicia otro expediente". *Vid*. Ramírez Torrado, María Lourdes; *el principio del non bis in ídem en el ámbito ambiental administrativo sancionador*, pro manuscrito

extenso recorrido normativo en nuestro Derecho, incluso cuenta con no pocos tratados internacionales de derechos humanos suscritos por el Estado Peruano que lo reconocen y extienden hacia *todos* los ciudadanos; por tanto, no caben demasiadas elucubraciones, ni menos híbridos sin bases, que busquen quebrar sus efectos tuitivos de cara a todos los "empleados del sector público" (todos los sujetos incluidos dentro del ámbito subjetivo de la responsabilidad administrativa funcional).[16] En cualquier caso sobre este acto administrativo tan polémico, volveré en líneas posteriores de este trabajo.

Por tanto, si la Contraloría General de la República es una auténtica entidad administrativa con un reconocimiento y alto nivel de reforzamiento en su orden competencial aparecidos desde la propia Constitución (ver el artículo 82), que ahora en adición practica potestades disciplinarias *ad extra* dirigidas hacia un sinnúmero de empleados de entidades administrativas y empresas públicas; no puede, tras ciertos actos de sus órganos, tratar de eliminar o disimular su esencia de organización del Poder Público creada, vinculada y subordinada al Estado Constitucional del Derecho. Sobre esta cuestión debe recordarse que la intensidad y vigorosidad de las potestades otorgadas a una Administración Pública, implica el mantenimiento y efectividad –en paridad– de garantías equilibradoras a favor de los ciudadanos, las cuales deben permitir la defensa integral de sus correspondientes derechos e intereses. Por tanto, *la aparición de la responsabilidad administrativa funcional* promovida para completar el círculo de actuación del control gubernamental sobre empleados del sector público,

---

(tesis doctoral), p. 18. En el mismo sentido, para un estudio detallado de la figura en la doctrina española puede recurrirse el completo listado de trabajos planteado por Puerta Seguido, Francisco; "La prohibición de *bis in ídem* en la legislación del tráfico" en Revista Documentación Administrativa, números 284-285, 2009, p. 222.

[16] En este punto, esta figura de "empleado del sector público" introducida por el Legislador en el reformado artículo 45 de la Ley No. 27785 pone una charco resbaladizo más, que se suma a la larga lista de ambigüedades y definiciones diversas sobre funcionario público, empleado público y servidor público aparecidas en nuestras ordenaciones de función pública y de derecho penal, contándose fácilmente con unas *cinco*, cada una con afanes propios de ser distinta y abarcar a todos los sujetos posibles. En el caso particular de la responsabilidad administrativa funcional, los destinatarios de ésta son todos "los servidores y funcionarios públicos a quienes se refiere la definición básica de la novena disposición final, con *prescindencia* del vínculo laboral, contractual, estatutario, administrativo o civil del infractor y del régimen bajo el cual se encuentre, o la vigencia de dicho vínculo con las entidades señaladas en el artículo 3, salvo las indicadas en su literal g)"; con lo cual, sólo se extraerían de su seno a los empleados de "entidades privadas, las entidades no gubernamentales y las entidades internacionales" que entran en relaciones diversas con la extraña y poco delimitada figura del control denominada "recursos y bienes del Estado" (hubiese sido *exageradamente* antijurídico y grosero someter a particulares a la disciplina, régimen sancionador de orden especial siempre pensado en clave deontológica, activado por la agresión a deberes funcionariales y cuya finalidad es el mantenimiento de la correcta organización de una entidad administrativa). Justamente, la extensión y complejidad de esta figura comenzaría cuando se involucra y equipara *irregularmente* al personal de todas las organizaciones administrativas y las empresas públicas existentes bajo un solo ámbito, pues la novena disposición final de la Ley No. 27785 preceptúa claramente que servidor o funcionario público para el ordenamiento de control y este sistema punitivo es "todo aquel que independientemente del régimen laboral en que se encuentra, mantiene vínculo laboral, contractual o relación de cualquier naturaleza *con alguna de las entidades, y que en virtud de ello ejerce funciones en tales entidades*" (es decir toda persona que trabaja o labora para cualquier entidad auditable o sujeta a control, salvo aquellos vinculados a las organizaciones privadas que gestionan "recursos y bienes del Estado"). Esta igualación es francamente criticable y supone extender los tipos infractores de este régimen que –por ejemplo– implican el ejercicio de potestades administrativas (básicamente cometidas por empleados públicos de las Administraciones Públicas), hacia trabajadores de empresas públicas, las cuales casi todas tienen forma jurídico-privada, realizan actividades de mercado, tienen un propósito lucrativo, y, de ninguna manera han sido habilitadas por el Legislador con algún tipo de potestad pública. Por eso, el error no corregido del Legislador es hacer pivotar el ámbito subjetivo del sistema sobre las personas que trabajan para las entidades auditables por la Contraloría, no entendiendo que estas últimas, asumidas en el listado del artículo 3 de la Ley No. 27785, no tienen todas la misma naturaleza jurídica y, por ende, deben contar con trabajadores y empleados que deban someterse a regímenes de responsabilidades también diferentes.

nunca deberá implicar la apuesta por un cheque en blanco puesto a disposición de los correspondientes órganos del control, o la promoción de una función punitiva fuera de los márgenes de la juridicidad. Por el contrario, la irrupción de actos resolutivos o "precedentes" amparados en una mecánica y única salvaguarda del interés general, sólo deben alentar la reacción inmediata para regresar las cosas al estado natural del Derecho Administrativo. Esto es, situando "en el mismo plano el poder y la libertad".[17]

Ahora bien, todos estos cambios muy rápidos obligan a un nuevo re-entendimiento de la disciplina de empleados públicos, más allá de las inútiles disquisiciones sobre los nombres o los intentos por diferenciar a estos dos regímenes sancionadores de orden especial (a pesar que comparten más elementos sustanciales comunes que verdaderas distancias conceptuales), centrados en verdaderos ejes que permitan ganar dosis de garantías y juridicidad en los correspondientes ejercicios de potestades punitivas, pues no debe olvidarse que los actos disciplinarios siempre serán controlables en sede judicial. Estos ejes conceptuales de paridad y orden podrían ser:

a) Los regímenes disciplinarios tienen que ser entendidos como sancionadores cuyos tipos infractores están basados en el incumplimiento de deberes e incompatibilidades únicamente exigibles a los empleados públicos o "empleados del sector público" vinculados mediante cualquier sistema de relación de personal subordinado –principalmente– con entidades administrativas y, de manera secundaria y sólo para la responsabilidad administrativa funcional– con cualquier tipo de empresas públicas existentes en nuestro ordenamiento. Por tanto, se puede indicar sintéticamente que ambos sistemas sancionadores creados para salvaguardar la eficacia de deberes propios de un grupo concreto de personas.

b) Por estas anteriores razones, todo estudio y aplicación de los señalados regímenes disciplinarios obliga a un análisis inicial del deber o incompatibilidad que pueda verse afectado por el hecho u omisión posiblemente imputada a un determinado empleado público o "empleado del sector público". En el mismo sentido, no todas las personas naturales existentes pueden ser sujetos activos de los tipos infractores disciplinarios, debiendo existir una clara tendencia a eliminar la viciosa figura de los "funcionarios de hechos" o los intentos por realizar interpretaciones extensivas aplicables a grupos de personas limítrofes tales como los delegados del poder público (notarios, martilleros públicos, etc.), o, lo que sería mucho, a los contratistas de servicios regulado mediante la contratación del Estado.

c) Se necesita con urgencia un re-entendimiento de la responsabilidad administrativa como un macro concepto que involucra distintas facetas, y en la cual existe una de *naturaleza formal* que obliga al empleado público a realizar actuaciones procedimentales o de corrección en la gestión, pero que no trae consigo efectos punitivos (me refiero a la corrección de errores matemáticos y de nombres en un acto resolutivo, los hechos de investigación posteriores

---

[17] Rodríguez-Arana Muñoz, Jaime; "El derecho del poder para la libertad" en Nueva Revista de Política, Cultura y Arte, número 102, 2005.

a la anulación de un acto administrativo por motivos de oportunidad, la eliminación de fases no esenciales en un procedimiento, etc.). Esto determinará que la responsabilidad administrativa en cabeza de un empleado público tenga realmente cuatro facetas (la civil, penal, disciplinaria y la formal), existiendo efectos no punitivos como regla general, frente a unos supuestos acotados de responsabilidad administrativa punitiva (siempre personal).

d) Nunca debe confundirse el objeto de estos regímenes disciplinarios (el de castigar conductas infractoras previamente determinadas y destinado a corregir el incumplimiento deberes), frente a la buena o mala actuación profesional del empleado público (para esto último existe la evaluación del desempeño y la propias posibilidades de continuidad o desvinculación de la plaza). La disciplina no puede servir para castigar y "destituir" a los ineficientes de los puestos públicos, salvo cometan claramente una infracción de negligencia profesional debidamente probada. Por el contrario, esta potestad punitiva sirve para que se procesen las conductas personales más graves de los empleados públicos y ex-empleados públicos que atenten contra el desenvolvimiento administrativo y la protección de los intereses públicos correspondientes (a partir del quiebre o la omisión de los deberes propios). Pero, siempre planteando la necesidad de que el ejercicio de esta potestad sea vista como la última opción (la perspectiva de *ultima ratio* de la disciplina).

e) Los actuales regímenes disciplinarios obligan a un tratamiento más jurídico y mejor dotado de las pruebas de cargo en contra de un imputado, existiendo la necesidad de construir un verdadero caso a partir de los medios indiciarios y su correspondiente transformación durante la instrucción disciplinaria. Ya no resulta jurídicamente relevante tener un procedimiento disciplinario basado en meras conjeturas o en informes administrativos que tengan carácter de "prueba pre-constituida".

Por último, y como quiera que el panorama completo del derecho disciplinario peruano incluye a los dos regímenes de alcance general antes señaladas, debo indicar que el conjunto de dispositivos de éstos (que se pueden contar en un grupo normativo de seis normas conformado por dos leyes y cuatro reglamentos de distintas jerarquía), ha traído consigo cambios que se pueden ordenar en tres grandes rubros, todos ellos de *similar* incidencia en el régimen disciplinario del servicio civil y el señalado régimen de responsabilidad administrativa funcional. Estos rubros son los siguientes:

a) Una serie de *aspectos sustanciales* a partir de un reconocimiento potente y directo de los principios que guían y limitan al ejercicio de las correspondientes potestades disciplinarias y también de aquellas otras practicadas durante las fases preliminares (son principios propiamente sancionadores y otros especiales provenientes del propio ordenamiento del control gubernamental). En segundo lugar, la inclusión de nuevos tipos infractores de más reciente construcción (como la negligencia funcional, el hostigamiento sexual o la prohibición del proselitismo político), y de las correspondientes sanciones basadas exclusivamente en la afectación directa al vínculo de empleo público mantenido con el sancionado (como la suspensión, destitución e inhabilitación para el desempeño de otros y futuros puestos públicos). Por otro lado, aparecen como gran avance del régimen de responsabilidad administrativa funcional las novedosísimas causales de exclusión de responsabilidad disciplinaria, las cuales merecen un estudio separado; además que en ambas ordenaciones se introducen criterios claros para ponderar la sanción disciplinaria a ser impuesta. Finalmente, parece que se abre un camino para que la disciplina de empleados públicos sea efectiva en el caso concreto, a partir de la adecuada y previa existencia de mecanismos de ejecución de las sanciones (como el potenciado Registro Nacional de Sanciones de Destitución y Despido creado por el artículo 242 de la LPAG, que queda bajo la administración de la Autoridad Nacional de Servicio Civil).

b) Un grupo de nuevos *aspectos procedimentales* a partir de la creación de modalidades de procedimientos dependiendo de la gravedad de la conducta infractora y, en un supuesto puntual, a partir de la jerarquía del sujeto imputado según su correspondiente cargo (estas cuestiones pueden principalmente examinarse en el disciplinario del servicio civil), siendo en todos los casos situaciones difíciles de entender para ciertos operadores. Ahora bien, resulta necesario resaltar que ambas ordenaciones descuidan de manera abierta la implantación de una tramitación exacta para las *faltas leves*, lo cual pueda llevar a situaciones gravemente *antijurídicas* (como la implantación de una sanción sin procedimiento previo, con todo lo que esto conlleva de cara a las garantías mínimas aplicables a los específicos imputados).

c) Un tercer conjunto de novedosos *aspectos organizativos* y *competenciales* que han aparecido de la mano de la introducción –casi exclusiva– de los órganos *unipersonales*, siendo éstos los que cumplen un rol prioritario para ejercitar las potestades de instrucción, imposición y ejecución de sanciones disciplinarias (órganos tales como los jefes inmediatos del imputado, el de gestión de los recursos humanos, el titular de la entidad, o las unidades o Gerencias especializadas de la Contraloría General de la República encargadas de instruir y sancionar bajo la responsabilidad administrativa funcional). Así, quedó atrás nuestra tradición de comisiones permanentes y especiales que participaban principalmente en la instrucción disciplinaria, aunque subsiste hasta ahora alguna participación de estos órganos pluripersonales para practicar potestades instructivas y alguna sancionadora respecto de puntuales "funcionarios" del Estado, Gobiernos Regionales y Municipalidades. En adición, la resolución de los recursos de apelación en contra de los actos disciplinarios ha sido asumida mediante la instauración de dos Tribunales Administrativos especializados y de alcance nacional(el señalado Tribunal del Servicio Civil y el novedoso Tribunal Superior de Responsabilidades Administrativas Funcionales).Por último, resulta muy relevante la potenciación de la investigación preliminar y de las pesquisas en el nuevo disciplinario del Servicio Civil principalmente centrada en "precalificar las presuntas faltas", "documentar la actividad probatoria" y "proponer la fundamentación", además de darle una atención debida a la denuncia con datos disciplinarios; todo esto a través de un órgano especializado instaurado en todas las entidades administrativas denominado *Secretaría Técnica* (ver el artículo 92 de la LSC).[18]

2 En específico, algunos datos adicionales sobre el *tránsito* hacia el régimen disciplinario del Servicio Civil

En esta parte del trabajo, quiero plantear algunas cuestiones jurídicas extras de contexto, pero volviendo a la materia específica de la *disciplina del Servicio Civil*. En cualquier caso muchas de las cuestiones que reseñaremos a continuación muestran niveles de confusión y falta de simpleza que resultan perjudiciales para la eficacia y la propia seguridad jurídica de aplicación de este régimen. Sin embargo, a pesar de que existen y son fácilmente identificables (incluso desde la interpretación literal de las normas vigentes), considero que existen soluciones posibles desde la utilización –de nuevo– de los principios sancionadores comunes (principalmente mediante la a veces inexplorada *retroactividad benigna*). Así, sobre la importancia de los principios y su alcance integrador, fundante y hermenéutico en el Derecho actual, resuenan más las certeras palabras de LÓPEZ MENUDO, en cuanto a que estas figuras son la "expresión quintaesenciada de una estructura jurídica compuesta de figuras y elementos técnicos muy numerosos y complejos".[19]

En primer lugar, debe quedar claro que a partir de marzo del 2015 se produjo la implantación definitiva y sin dudas de esta novedosa disciplina, a pesar que el Legislador señaló –mediante una declaración vacía– que con la entrada en vigor de la LSC todos los procedimientos "administrativos disciplinarios en las entidades públicas se tramitan de conformidad con lo estipulado en la presente Ley y sus normas reglamentarias" (ver la Décima Disposición Complementaria y Transitoria de la LSC). La verdad es que la materia disciplinaria regulada en la LSC se encuentra compuesta por un montón de normas legales heteroaplicativas,[20] y por ende recién fue durante el año pasado con la publicación del último *reglamento ejecutivo*[21] faltante por parte de la

---

[18] Si vale agregar que la *Secretaría Técnica* actualmente también tiene competencia de complemento y asistencia en la gestión de los propios procedimiento disciplinarios, a partir de "que apoya en su desarrollo" y también documenta "todas las etapas" procedimentales (ver el numeral 8.1 de la Directiva Disciplinaria).

[19] López Menudo, Francisco; "Principios del procedimiento sancionador" en Revista Documentación Administrativa, número 280-281, 2008, p. 160.

[20] Al respecto, el Tribunal Constitucional ha desarrollado las características y efectos de las *normas heteroaplicativas*, indicado que éstas necesitan de otras normas inferiores de desarrollo o de un acto de materialización, pues "luego de su entrada en vigencia, requieren indefectiblemente de un acto de ejecución posterior para poder ser efectivas" .Adicionalmente, este tipo de disposiciones legales no producen efectos jurídicos inmediatos. Tienen una eficacia diferida, posterior a su puesta en vigencia y dependiente de otros hechos. La "eficacia de este tipo de normas está condicionada a la realización de actos posteriores y concretos de aplicación. Por ende, la posible afectación del derecho no se presenta con la sola entrada en vigencia de la norma, sino que necesariamente requiere de un acto concreto de aplicación". *Vid.* Sentencia del Tribunal Constitucional recaída en el Exp. N° 01893-2009-PA/TC, f.j. 3

[21] Creo firmemente que, más allá de los nombres y los instrumentos que las contienen o recogen, la mencionada *Directiva Disciplinaria* tiene capacidad ordinamental y por ende debe ser calificada como un *reglamento inferior ejecutivo*. Sobre este tema me remito a la buena definición planteada por el fallecido profesor español PARADA VÁSQUEZ, en cuanto a que los reglamentos ejecutivos son "los que desarrollan y complementan una ley misma lo ha previsto mediante llamamiento expreso. Por ser una norma subordinada y de colaboración con la Ley,

Autoridad Nacional de Servicio Civil (la llamada Directiva Disciplinaria),que se cerró el círculo de disposiciones de desarrollo que faltaban para la eficacia del régimen. Con esta última norma reglamentaria, sumada al Título VI contenido en el RGLSC, se cerró el mandato de *desarrollo normativo general* expresado por el Legislador en la Novena Disposición Complementaria Final de la LSC,[22] quedando sólo pendiente que todas las organizaciones administrativas adecúen todas sus disposiciones internas, auto-organizativas y de personal a esta nueva disciplina (ver la Segunda Disposición Complementaria Final de la Directiva Disciplinaria).[23]

Sin embargo, esta puesta en vigor desplegó problemas de conexión entre los regímenes heterogéneos que quedaban atrás y finalmente desaparecían, frente a la nueva *disciplina* de empleados públicos y ex-empleados públicos que en la actualidad resulta imperante. Así, la transitoriedad en la que nos encontramos, se está volviendo más complicada de lo que se suponía a priori, pues no se instauró mediante una disposición estándar, que ejecute la *regla general* por la cual la norma disciplinaria aplicable al caso concreto es la vigente al momento de producirse los hechos (la consumación de la conducta infractora)[24] y, a continuación, la misma se encontrara adecuada al contenido del principio sancionador común de la *retroactividad benigna*. Más todavía, si esta última figura tiene un antiguo reconocimiento positivo y vinculatoriedad en el artículo 103 del CP y el propio numeral 5 del artículo 230 de la LPAG. Al respecto, no debe olvidarse que la retroactividad benigna se: presenta, a partir de una sucesión continúa de disposiciones punitivas y derogaciones expresas, como un *supuesto de excepción* que determina a la última norma sancionadora en vigencia como la capaz de "producir efectos retroactivos cuando ello suponga un trato más favorable al administrado".[25]

---

el reglamento ejecutivo ni puede contradecir la Ley que desarrolla, ni puede regular aspectos esenciales de la materia porque supondría invadir la esfera material de la reserva de legal". *Vid.* Parada Vásquez, Ramón; *Concepto y fuentes del Derecho Administrativo*, Marcial Pons, Madrid, 2008, p. 58.

[22] Esta disposición preceptúa una *vacatio legis abierta* y supeditada a que "las normas de esta Ley (…) referidas al Régimen Disciplinario y Procedimiento Sancionador, se apliquen una vez que entren en vigencia las normas reglamentarias de dichas materias". Por la intensidad del régimen disciplinario y la cantidad de derechos que limita, esta forma de *vacatio legis* resultaba contradictoria y criticable, puesto que generaba la suma de supuestos complicados para los empleados públicos que se vean involucrados en la *transitoriedad* de los regímenes, sin contar que luego se adicionó –a través de los reglamentos– unas reglas de relación entre la disciplina antigua y nueva que no son del todo claras, y que hasta podrían afectar el propio *principio de ultractividad benigna* reconocido en el numeral 5 del artículo 230 de la LPAG. De esto daremos cuenta a continuación en el párrafo principal.

[23] En este punto último, hace falta un macro proceso de adecuación sea salvaguardado por la Autoridad Nacional de Servicio Civil en cuanto a que las disposiciones internas de todas las entidades administrativas tengan tres características comunes. Éstas son las siguientes: (i) Sean compatibles con el régimen imperante, sin establecer excesos en el ejercicio de las potestades, ni deflación de las garantías aplicables a los sujetos activos, (ii) Sean principalmente referidas a aspectos propios de auto-organización y reparto competencial entre órganos competentes de cada organización administrativa, (iii) Se elimine de plano la regulación de materias sustanciales, pues esto iría contra la reserva de Ley en materia sancionadora.
En el mismo sentido, este proceso debe ser visto como uno de *uniformización*, que supere las taras y el desorden de implantación que apareció –por ejemplo– con la puesta en marcha de otros sistemas disciplinarios ya desaparecidos (como el muy polémico creado por el CEFP, actualmente derogado de manera íntegra por la LSC).

[24] Cfr. Rebollo Puig, Manuel y otros; *Derecho Administrativo Sancionador*, Lex Nova, Valladolid, 2010, pp. 201-202. Este regla general se encuentra adaptado completamente al principio general de derecho llamado "tempus regit actum". Sobre este desarrollo ver el importante trabajo de Trayter Jiménez, Juan Manuel; *El régimen disciplinario de los funcionarios públicos*, pro manuscrito (tesis doctoral), p. 251

[25] Rebollo Puig, Manuel y otros; *Derecho Administrativo Sancionador*, Ob. cit., p. 204.

Sin embargo, y a pesar de la existencia de figuras limitantes y un importante desarrollo normativo y jurisprudencial de nuestro Tribunal Constitucional,[26] el RGLSC y la Directiva Disciplinaria optaron por un resbaloso camino de convivencia efectiva de la antigua y nueva disciplina, separadas sólo por una *fecha de corte* para el despliegue de uno u otro régimen en cabeza de un concreto sujeto activo (14 de septiembre del 2014), todo esto sin entender que en muchos de los antiguos regímenes ni siquiera se tienen indicios claros de ser órdenes punitivos jurídicamente válidos (como los usados para los empleados públicos de la *laboralización* regulada mediante el D.L. 728) y en otros casos tenían serios problemas de adaptación a los principios sancionadores y garantías comunes positivizados por la LPAG (principalmente los casos de los por desaparecer sistema de carrera pública preceptuada mediante el D.L. 276 y el propio régimen CAS). Sobre el particular, la *transitoriedad vigente* se ha construido desde la indefinición de fechas y la abierta coexistencia de ordenaciones preceptuada en el RGLSC, tal como se notará a continuación:

a) Por un lado, la Undécima Disposición Complementaria Transitoria del RGLSC ya en junio del año 2014, luego de dejar pasar muchos meses desde la publicación de la LSC y sin ninguna habilitación específica reconocida por esta norma legal; señaló "que el título correspondiente al régimen disciplinario y procedimiento sancionador entra en vigencia a los *tres (3) meses* de publicado el presente reglamento con el fin que las entidades adecuen internamente al procedimiento", sin desarrollar a continuación la necesidad de una *segunda* norma reglamentaria inferior y que tiempos existían para que la Autoridad Nacional del Servicio Civil la produzca y publique. En suma, se adicionó una segunda e irregular *vacatio legis* por reglamento, la cual es contraria a la reserva de ley (ver el artículo 109 de la CP). Por otro lado, también esta disposición hizo perder la oportunidad de que este reglamento de mayor jerarquía eliminará el problema de una desordenada transitoriedad.

b) Ahora bien, esta Undécima Disposición Complementaria Transitoria del RGLSC tiene un segundo contenido *polémico*, pues sin tomar en cuenta el alcance del principio de *retroactividad benigna* (positivizado desde el año 2001) y los propios márgenes permitidos por la LSC, impuso que muchos empleados y ex-empleados públicos se vieran sometidos a regímenes disciplinarios ampliados en su vigencia por una implícita ultraactividad planteada en su contenido, a partir de preceptuar –de plano– que todos los procedimientos disciplinarios" instaurados con fecha anterior a la entrada en vigencia del régimen disciplinario de la Ley Nº 30057 se regirán por las normas por las cuales se les imputó responsabilidad administrativa hasta su terminación en segunda instancia administrativa".

c) Luego, en marzo del año 2015 (en un término muy posterior e incumpliendo lo preceptuado por la Undécima Disposición Complementaria Transitoria

---

[26] Sobre el valor jurídico y vinculatoriedad de la retroactividad benigna, el Alto Tribunal hace ya varios años había indicado que esta figura –junto con todos los otros principios materiales del derecho sancionador del Estado–"son aplicables al ámbito del derecho administrativo sancionador y disciplinario". *Vid*. Sentencia del Tribunal Constitucional recaída en el expediente No. 2050-2002-AA/TC, f.j. 12.

del RGLSC), sin una habilitación expresa de la LSC o algún señalamiento mínimo del RGLSC, la Autoridad Nacional del Servicio Civil publicó la primera versión de la Directiva Disciplinaria, la cual señaló el día de corte inicialmente planteado y una serie de reglas de temporalidad que mezclan la retroactividad normativa, la aplicación inmediata del régimen disciplinario del servicio civil, dividen los regímenes en convivencia entre aspectos sustantivos y procedimentales e incluso violentan los propios alcances planteados en el citada disposición del RGLSC. La muy desordenada escalera reglas aparece contenida en el artículo 6 de la Directiva Disciplinaria y señala lo siguiente:

(i) Un primer supuesto de *ultractividad* del conjunto de los regímenes disciplinarios antiguos y –en algunos casos– derogados expresamente (como pasa con la potestad disciplinaria basada en el CEFP), por el cual los procedimientos iniciados "antes del 14 de setiembre de 2014 (con resolución u otro acto de inicio expreso) se rigen por las normas sustantivas y procedimentales vigentes al momento de la instauración del procedimiento hasta la resolución de los recursos de apelación que, de ser el caso, se interpongan contra los actos que ponen fin al PAD".

(ii) Un segundo supuesto propulsor de la mixtura de ordenamientos aplicables a un mismo caso. Por un lado, se plantea la *ultractividad* de normas sustantivas de los regímenes disciplinarios antiguos, más la *aplicación inmediata* de las reglas procedimentales del régimen disciplinario del servicio civil, "para todos los procedimientos instaurados desde el 14 de septiembre de 2014, por hechos cometidos con anterioridad a dicha fecha".

(iii) Un tercer supuesto mucho más *sencillo* por el cual todos los procedimientos iniciados desde el 14 de septiembre de 2014, "por hechos cometidos a partir de dicha fecha, que se regirán en todos los aspectos por el régimen disciplinario del servicio civil".

(iv) Finalmente, una última opción que rompe todos los márgenes propios de la aplicación normativa, pues abre el espacio para que todos los actos anulatorios judiciales o administrativos que impacten sobre todos los actos o actuaciones procedimentales disciplinarias, sometan en su reinicio en la vía administrativa a la regla de combinación o mixtura, que mezcla a *ultractividad* de normas sustantivas de los regímenes disciplinarios antiguos, más la *aplicación inmediata* de las reglas procedimentales del régimen disciplinario del servicio civil.

Como notará el lector, la transitoriedad desarrollada en las normas inferiores de la LSC es realmente *caótica*, pues rompe con la obligatoriedad de la uniformización, pospone de manera indiscriminada el nuevo régimen disciplinario, a continuación presenta una regulación de tránsito originada desde el incumplimiento de plazos sucesivos (desde el RLSC), pivota todas sus reglas desde la imposición de una fecha de corte artificial, pero aplicada de manera retroactiva, y, por sobre todo, se ha instaurado desde la idea de dos reglamentos que se desconectan de los principios sancionadores y por sobre todo proyectan claras afectaciones a la *seguridad jurídica*. Sobre el particular, vale recordar que toda norma sancionadora tiene la obligatoriedad de contener un *mandato de certidumbre* sobre los tipos infractores, sanciones y elementos adjetivos esenciales (como el inicio despliegue efectivo de la potestad sancionadora en el tiempo), justeza y certeza que resultan exigibles "a fin de que se cumpla la finalidad de la norma sancionadora, es decir, indicarle al ciudadano, con la mayor claridad posible, cuál es la conducta que debe evitar para que no se le imponga la sanción prevista en la norma".[27]

Aunque, urge el cambio de este flagrante desorden (quizás con derogaciones puntuales sobre partes específicas de la Directiva Disciplinaria y del propio RGLSV), creo que la solución surgirá casuísticamente en los órganos de revisión administrativa (el Tribunal del Servicio Civil), y. principalmente, por parte de las sentencias del contencioso-administrativo de empleo público producidas en nuestro Poder Judicial. Estas soluciones particulares deberán aparecer a partir de aplicar el contenido extenso del principio de la *retroactividad benigna*, entendiendo que éste es fuertemente vinculante en nuestro Derecho, y que a continuación el sistema disciplinario de la LSC representa un notable avance en cuanto a parámetros garantistas, equilibrio entre potestades y derechos, y de corrección jurídica respecto de la heterogénea disciplina que imperaba en nuestro país hasta antes del año 2013. Así, se pueden producir cualquiera de estas tres grandes posibilidades u opciones de respuesta en los que el citado principio tendrá un papel decisivo:

(i) La "aparición de una norma disciplinaria más benigna cuando el hecho se encuentre pendiente de sanción disciplinaria",[28] en el que definitivamente las reglas propias del régimen del servicio civil resultan más garantistas que –por ejemplo– los "disciplinarios" laborales del D.L. No 728 (llenos de elementos atípicos y sin conductas infractoras taxativamente establecidas en disposición previa), o incluso respecto de la propia disciplina ética creada por reglamento propios e inferiores producidos por las entidades administrativas empleadoras.

(ii) El despliegue de una "norma más benigna cuando el hecho enjuiciado se encuentre pendiente de sentencia judicial aunque ya haya recaído sanción en vía administrativa (…) este supuesto (…) queda solucionado con la aplicación retroactiva de la norma más favorable".[29] Es decir, de nuevo la aplicación hacia atrás del régimen disciplinario de la LSC.

(iii) La aplicación de otra parte del contenido de este principio "cuando los hechos hayan sido ya sentenciados o incluso cuando el sancionado estuviera cumpliendo castigo (…) En estos casos resulta casi unánimemente aceptada la aplicación de la norma posterior más favorable".[30] Ante estos supuestos, para el autor resulta claro que la aparición de una regulación específica en la ejecución de sanciones disciplinarias por parte del RGLSC (ver los

---

[27] Huergo Lora, Alejandro; *Las sanciones administrativas*, Iustel, Madrid, 2008, p. 366.

[28] Trayter Jiménez, Juan Manuel; *El régimen disciplinario de los funcionarios públicos*, pro manuscrito (tesis doctoral), p. 202.

[29] Trayter Jiménez, Juan Manuel; *El régimen disciplinario…*ob. cit. p. 202.

[30] Trayter Jiménez, Juan Manuel; *El régimen disciplinario…*ob. cit. p. 203.

artículos 116 y 121), a diferencia de los otros sistemas de *antigua disciplina* que tenían un vacío normativo clamoroso, permite asegurar –de nuevo– la ultractividad del régimen disciplinario del servicio civil, al tener linderos jurídicos adecuados y superiores para el castigado.

Para cerrar este segundo acápite, vale la pena recordar que las soluciones extraídas de la retroactividad benigna implican necesariamente que el operador concreto tome en cuenta *un par de criterios limitantes* aplicables al uso de este principio. Los dos provienen principalmente del Derecho Penal. Por un lado, *la aplicación íntegra de la Ley más beneficiosa,*[31] entendido como la obligatoriedad de utilización de aspectos sustantivos, procedimentales y de otras normas parciales o complementarias que aunque " puedan resultar perjudiciales en relación con la Ley anterior", deberán asumirse en cabeza del sujeto procesado o sancionado "siempre que el resultado final suponga un beneficio".[32] En segundo lugar, teniendo especial cuidado respecto de las llamadas *leyes temporales,* bajo las cuales se proyectan "para atender a situaciones coyunturales que se esperan corregir o paliar con las medidas adoptadas. Éstas están llamadas a perder su vigencia cuando desaparezcan aquellas situaciones, pero requieren para su eficacia del plus de garantía que comporta el régimen administrativo sancionador. Cuando así ocurre (…) no son aplicables retroactivamente las normas posteriores más favorables que vienen a sustituirlas"[33]

3   Cuestiones finales. Notas respecto del antijurídico Acuerdo Plenario N.º 01-2013-CG/TSRA

En esta tercera y última parte del trabajo, quisiera mostrar algunos datos adicionales acerca del ya citado Acuerdo Plenario No. 01-2013-CG/TSRA, el cual no puede pasar desapercibido en el actual contexto de convivencia de dos regímenes disciplinario de alcance general, situación que obliga a seguir presentando ciertos datos de corte garantista y, particularmente, por lograr un mínimo respeto de la juridicidad de cada ejercicio disciplinario que efectúen nuestras organizaciones administrativas (y particularmente la Contraloría General de la República).

En ese sentido, el eje central de este mal formulado precedente es el intento por justificar la inexistencia de la *identidad de fundamento* en caso de concurrencia en una conducta infractora específica que calce en la cualquier responsabilidad disciplinaria y responsabilidad administrativa funcional, cuestión que determinaría –a juicio del Tribunal Superior de Responsabilidades Administrativas– una consecuente inaplicación del principio del non bis in ídem. Exactamente, este órgano apoya la anterior decisión transpuesta desde el numeral 5.28 de la Resolución No. 013-2013-CG/TSRA indicando que "se advierte una clara distinción entre la responsabilidad administrativa funcional a cargo de la CGR y la responsabilidad administrativa disciplinaria cuya determinación la realiza el Estado empleador" (ver numeral 2.16).

---

[31] Cfr. Rebollo Puig, Manuel y otros; *Derecho Administrativo Sancionador*, Ob. cit., p. 208.

[32] Sentencia del Tribunal Supremo Español, de 18 marzo del 2003.

[33] Sentencia del Tribunal Supremo Español, de 18 marzo del 2003.

A continuación, y siguiendo el hilo conductor planteado en la anterior conclusión, el Tribunal Superior de Responsabilidades Administrativas presenta el nuevo ámbito supremamente *acotado* del instituto, a la luz de una disposición reglamentaria de control que lo positiviza y reconoce como "causal de conclusión del procedimiento administrativo sin resolución de fondo (el numeral 5.3.11 de la Directiva No. 008-2011-CG/GDES), preceptuando que "la adecuada interpretación del numeral antes citado se debe hacer en un contexto de un procedimiento sancionador a cargo de la CGR, por lo tanto es un principio que deberán aplicar los órganos que conforman el procedimiento sancionador de la CGR, referido a la prohibición de imponer sucesiva o simultáneamente dos o más sanciones administrativas, cuando se aprecie la concurrencia de identidad de hechos, personas y fundamentos. Asimismo, tampoco será posible procesar dos veces por un mismo hecho a la misma persona y por el mismo fundamento que acarree una doble sanción conforme a la interdicción antes anotada" (ver numeral 2.17).

Así, se desprende de lo señalado por este Tribunal Administrativo, que la existencia de un procedimiento disciplinario en trámite, o sobre el cual ya se hubiese emitido una resolución de sanción o de archivamiento, en ambos casos con regulaciones distintas a la responsabilidad administrativa funcional, no se encuadra dentro del alcance tuitivo del *non bis in idem* como garantía de que ninguna persona pueda ser sancionada ni procesada dos veces; porque esta figura sólo sería aplicable para el primer orden "especial" a cargo de la Contraloría. Por tanto, en vía disciplinaria, este instituto se habría transformado en una *garantía de alcance interno*, casi una figura ignota empequeñecida a su mínima dimensión, sólo predicable para procesamientos o puniciones que se rijan por la novedosa Ley No. 29622.

En consecuencia, para este Tribunal Administrativo sería válido y no existiría impedimento jurídico alguno para que tanto el órgano instructor como el sancionador de la Contraloría General de la República, dentro del sistema repetidamente mencionado, pueden tramitar e imponer sanciones, que sean distintas a las ya impuestas o también abrir instrucciones en contra de los mismos funcionarios o empleados del sector público que hubiesen sido procesados por los mismos hechos, en este último caso probable bajo el marco de otros regímenes disciplinarios en pleno vigor (como la disciplina común del Decreto Legislativo No. 276, la disciplina ética de la Ley No. 27815, o las disciplinas regladas para carreras especiales).

Ahora bien, los fundamentos principales en los que se pueden desagregar toda esta postura jurídica considero son *tres* bien puntuales. En las siguientes partes de este apartado los sumillo para una mejor comprensión del lector y plantear así los hitos puntuales que revisaré a lo largo de la última parte de este artículo (esto no es otra cosa que el planteamiento de tesis críticas en contra del Acuerdo Plenario Nº 01-2013-CG/TSRA). Los fundamentos a reseñar y criticar del anterior precedente son los siguientes:

(i) Primer fundamento: El Tribunal Administrativo llega a una asombrosa conclusión: la relación de trabajo –por si misma– puede justificar la manifestación del poder disciplinario de las Administraciones Públicas. Con respecto a este primer sustento, el Acuerdo Plenario Nº 01-2013-CG/TSRA sostiene que desde una relación de trabajo subordinada y jerárquica bajo el *Estado empleador*, existiera la cobertura jurídica suficiente para una especie nueva de "manifestación del poder disciplinario".

(ii) Segundo fundamento: Se otorga al régimen de responsabilidad administrativa funcional una naturaleza punitiva especial, no considerándola como un sistema disciplinario (sin dejar de ser un orden sancionador). Este sustento busca justificar la inexistencia de la identidad de fundamento en la aplicación del *non bis in idem* a partir de la alusión que ya se había adelantado en el final del primer párrafo de este apartado, sin indicarse a continuación *mayores* argumentos jurídicos (ver numeral 2.16). A estos argumentos, el precedente comentado agrega un cuadro comparativo contenido en el citado numeral 2.16 en los que se intenta encontrar diferencias en cuanto a la autoridad competente, sujetos del procedimiento, tipificación, finalidad de la sanción y finalidad de la potestad, a fin de particularizar al máximo nivel al régimen entregado a la Contraloría.

(iii) Tercer fundamento: Las normas comunes del procedimiento administrativo (y en concreto de los regímenes disciplinarios más utilizados o frecuentes) ceden ante la *especialidad* del régimen de responsabilidad administrativa funcional. Así, un argumento importante del Acuerdo Plenario No. 01-2013-CG/TSRA para sostener la inexistencia de la identidad de fundamento en la aplicación del *non bis in ídem* es la introducción de las normas contenidas en el numeral 229.3 de la LPAG, el artículo 25 del Decreto Legislativo No. 276 y otras fuentes jurisprudenciales, destinadas a afirmar que el régimen disciplinario de las entidades pueden estar sometidos a los principios que rigen la potestad sancionadora (entre ellos el instituto agredido), siempre que estos últimos "no contradigan o se opongan a las normas especiales que las rigen". Incluso, este órgano llega a afirmar que "los principios y garantías que rigen la potestad sancionadora (…) en tanto resulten aplicables, no implica que puedan trocar la naturaleza de la sanción disciplinaria a administrativa, toda vez que como se ha señalado en los párrafos ésta no es más que una expresión de su poder de dirección".

A partir de estos argumentos queda claro que existe un total desprecio por el *non bis in idem* en cabeza de cada sujeto activo al que se le pueda procesar, cuestión que necesita ser explicada desde la teoría general de esta garantía. De esto nos ocupamos a continuación.

3.1 La garantía del *nom bis in idem* y su aplicación ante los ejercicios disciplinarios

En esta parte y la que viene del trabajo entregaré un conjunto de datos sobre la teoría general del principio-derecho del non bis in ídem, empezando por su origen normativo en nuestro ordenamiento positivo y la cobertura potente con la que cuenta en virtud de su adicional introducción en varios instrumentos de Derecho Internacional Público, para luego culminar con ciertos apuntes de doctrina que resultan siempre interesantes. Sobre estos argumentos, debe comprenderse que el propósito de esta parte del trabajo es mostrar el desarrollo jurídico de la figura y su indudable arraigo en nuestra realidad (aunque siempre con idas y venidas respecto de los empleados públicos), lo cual incluso puede ser probado con no pocas piezas jurisprudenciales producidas en el Tribunal Constitucional y, principalmente, en el orden penal del Poder Judicial.

Así, en concordancia con lo que ha sucedido con otros Derechos cercanos a nuestra tradición, el origen constitucional de esta figura no resulta ni fácil de percibir y menos es pacífico.[34] Así, sobre un *primer* fundamento del non bis in ídem en nuestra Carta Magna, es válido sostener que si bien dicho principio no ha sido consagrado expresamente en su contenido el mismo se encuentra incluido –respecto de su vertiente *formal*– en el *derecho al debido proceso* estipulado en el inciso 3 del artículo 139º de la Constitución, asumiéndose en este punto una corriente semejante a la planteada por la Corte Constitucional Colombiana.[35] Al respecto, cabe indicar que este fundamento constitucional *implícito* ha sido reconocido y puesto a la luz por nuestro Tribunal Constitucional, siguiendo una consideración extensa, según lo que aparece indicado en la siguiente sentencia: "El derecho a no ser enjuiciado dos veces por el mismo hecho, esto es, el non bis in ídem "procesal", está implícito en el derecho al debido proceso reconocido por el artículo 139º, inciso 3, de la Constitución. Esta condición de contenido implícito de un derecho expreso se debe a que, de acuerdo con la IV Disposición Final y Transitoria de la Constitución, los derechos y libertades fundamentales se aplican e interpretan conforme a los tratados sobre derechos humanos en los que el Estado peruano es parte."[36]

---

[34] Al respecto, por citar un ejemplo, debe entenderse que en España, el fundamento de este institución en su respectiva Carta Magna no es *uniforme*, así algunos profesores lo extraen del artículo 25.1 como un sub-instituto propio del principio de legalidad, sin embargo, otra corriente lo intenta encontrar en la proporcionalidad, que a la vez, sería un principio limitante de la propia legalidad. Sin embargo, resulta claro que resulta más valedero y garantista asumir para ese Derecho que "el fundamento último del principio (…) radica en la garantía penal asociada al principio de legalidad; la doble sanción quebranta la voluntad legislativa conforme a la cual la sanción vinculada a una conducta típica debe ser una determinada y no el cúmulo de diversas reacciones punitivas" *Vid*. Gómez, Manuel y Sanz Rubiales, Iñigo; *Derecho Administrativo Sancionador. Parte General*, Thomson-Reuters, Navarra, 2010, p. 207. Para mayor abundamiento puede revisarse el numeral 25.1 de la Constitución española que preceptúa que "Nadie puede ser condenado o sancionado por acciones u omisiones que en el momento de producirse no constituyan delito, falta o infracción administrativa, según la legislación vigente en aquel momento".

[35] La Corte Constitucional Colombiana en su sentencia C-521/09 ha extraído este principio también del debido proceso, indicando que el "artículo 29 de la Constitución contempla el derecho al debido proceso. De forma directa estatuye el derecho de quien sea *"sindicado (…) a no ser juzgado dos veces por el mismo hecho"*. Una lectura puramente literal del enunciado llevaría a interpretarlo en el sentido de que se limita a consagrar la garantía del *sindicado* a no ser *juzgado*, nuevamente, por *un hecho* por el cual ya había sido condenado o absuelto en un proceso *penal anterior*. Sin embargo, lo cierto es que el derecho fundamental a no ser juzgado dos veces por el mismo hecho responde a una necesidad mucho más profunda del Estado Constitucional de Derecho. No se agota en proteger a las personas del riesgo de verse involucradas más de una vez en procesos penales por el mismo hecho. El derecho a no ser juzgado dos veces por el mismo hecho persigue la finalidad última de racionalizar el ejercicio del poder sancionatorio en general, y especialmente del poder punitivo. Por eso mismo, no solo se aplica a quien está involucrado en un proceso penal, sino que en general rige en todo el derecho sancionatorio (contravencional, disciplinario, fiscal, etc.), pues el artículo 29 dispone que *"[e]l debido proceso se aplicará a toda clase de actuaciones judiciales y administrativas"*, y el *non bis in ídem* hace parte de los derechos que se entienden asociados al debido proceso". Para mayor abundamiento el citado artículo 29 de la Constitución colombiana señala que el "debido proceso se aplicará a toda clase de actuaciones judiciales y administrativas. Nadie podrá ser juzgado sino conforme a leyes preexistentes al acto que se le imputa, ante juez o tribunal competente y con observancia de la plenitud de las formas propias de cada juicio. En materia-penal, la ley permisiva o favorable, aun cuando sea posterior, se aplicará de preferencia a la restrictiva o desfavorable. Toda persona se presume inocente mientras no se la haya declarado judicialmente culpable. Quien sea sindicado tiene derecho a la defensa y a la asistencia de un abogado escogido por él, o de oficio, durante la investigación y el juzgamiento; a un debido proceso público sin dilaciones injustificadas; a presentar pruebas y a controvertir las que se alleguen en su contra; a impugnar la sentencia condenatoria, y a no ser juzgado dos veces por el mismo hecho. Es nula, de pleno derecho, la prueba obtenida con violación del debido proceso.

[36] Sentencia del Tribunal Constitucional recaída en el Exp. No. 2050-2002-AA/TC, f.j. 18. Esta sentencia fue el punto partida para muchas otras que siguieron el rumbo trazado por ésta. En ese sentido, también puede revisarse la resolución del Alto Tribunal recaída en el Exp. No. 2868-2004-AA/TC, f.j. 4.

Mientras, y siempre bajo la jurisprudencia del Tribunal Constitucional, para la dimensión *material* de la figura se ha seguido una genérica alusión hacia la *legalidad* o *proporcionalidad*, tal como ha sucedido en España, pero sin tomar en cuenta que las posturas doctrinales que sostiene uno u otro fundamento remoto son completamente distintas y tienen adeptos también disímiles.[37] Pues bien, sobre este punto, el Alto Tribunal ha afirmado de manera categórica que esta versión del instituto *"tiene conexión con los principios de legalidad y proporcionalidad*, ya que si la exigencia de *lex praevia* y *lex certa* que impone el artículo 2º, inciso 24, literal d), de la Constitución obedece, entre otros motivos –como lo ha expresado este Tribunal en la STC 0002-2001-AI/TC, Fund. Jur. 6– a la necesidad de garantizar a los ciudadanos un conocimiento anticipado del contenido de la reacción punitiva o sancionadora del Estado ante la eventual comisión de un hecho antijurídico, tal cometido garantista devendría inútil si ese mismo hecho, y por igual fundamento, pudiese ser objeto de una nueva sanción, lo que comportaría una punición desproporcionada de la conducta antijurídica (…) De ahí que se considerase que el elemento consistente en la igualdad de fundamento es la clave que define el sentido del principio: no cabe la doble sanción del mismo sujeto por un mismo hecho cuando la punición *se fundamenta en un mismo contenido injusto*, esto es, en la lesión de un mismo bien jurídico o un mismo interés protegido".[38]

En este orden de ideas, pese a no encontrarse una referencia directa a este principio en la Carta Magna, nuestro Tribunal Constitucional lo ha sabido construir y desarrollar expresamente como *parte del contenido al debido proceso (el debido procedimiento en la vía administrativa)* o de principios con evidente raíz en la Carta Magna aplicable a cualquier procedimiento sancionador de orden general o disciplinario, bajo la idea de que es una previa "traducción de principios constitucionales, o dicho de otro modo, que constituyen *versiones* de esos principios constitucionalizados operando en el ámbito procedimental administrativo, bajo la *veste* de principios adecuados a la naturaleza de la materia".[39] A la par, el Alto Tribunal tampoco ha escatimado argumentos para darle la forma de un verdadero *derecho humano* (con los alcances esenciales que traería esta perspectiva y que no pueden desconocerse en el caso concreto[40]), estableciendo que "si bien no se encuentra textualmente reconocido en la Constitución como un derecho fundamental, al desprenderse del derecho reconocido en el inciso 2 del artículo 139 de

---

[37] Cfr. Sendin García, Miguel Ángel; "Una garantía básica del derecho disciplinario: el principio del non bis in ídem" en Vol. Col. *Los empleados públicos. Estudios,* Ratio Legis, Salamanca, 2006, pp. 285-290.

[38] Sentencia del Tribunal Constitucional recaída en el Exp. No. 2050-2002-AA/TC, f.j. 19.

[39] López Menudo, Francisco; "Los principios generales del procedimiento administrativo" en Revista de Administración Pública, número 129, 1992, p. 52.

[40] En ese este punto resulta interesante el resaltado y transcendencia que plantea SENDÍN sobre la naturaleza de derecho constitucional que tiene la figura tratada en este trabajo, juzgando así la aparición de varias consecuencias favorables a favor de los sujetos titulares, cuestiones que por ejemplo no podrían ser desconocidas en los distintos regímenes disciplinario de los empleados públicos. *Vid.* Sendin García, Miguel Ángel; "Una garantía básica del derecho disciplinario…Ob. cit. p. 289. Frente a lo expresado, si el *non bis in ídem* es un derecho constitucional cabría predicar sobre él las siguientes notas particulares:
(i) Es una facultad subjetiva que vincula "positiva y negativamente al poder político al punto de legitimar su actuación". *Vid.* Castillo Córdova, Luis; *Elementos para una teoría general de los derechos constitucionales*, Ara Editores-Universidad de Piura, Lima, 2003, p. 37.
(ii) En segundo lugar, podría ser objeto de un proceso constitucional de amparo si es que su agresión es directa, grave e inmediata.
(iii) Su tutela en la vía judicial deberá someterse a las reglas propias del Código Procesal Constitucional.

la Constitución (cosa juzgada), se trata de un derecho implícito que forma parte de un derecho expreso".[41]

Así, lo que en nuestra realidad ha ocurrido es la transformación notable y garantista de una figura con una doble naturaleza jurídica,[42] pues se ha configurado como un *derecho fundamental* y a la vez tendría la esencia de un *principio* informador que limita efectivamente cualquier manifestación del *Ius Puniendi* reconocido a favor del Estado,[43] no importando en su despliegue –tal como sucedería al analizar el nuevo régimen a cargo de la Contraloría– la nomenclatura que haya decidido utilizar el Legislador para empaquetar a la correspondiente potestad punitiva practicada por una específica organización del Poder Público (sea ésta un órgano jurisdiccional o una organización administrativa).

Ahora bien, un *segundo* fundamento constitucional de la figura es su abierta introducción y reconocimiento en dispositivos de Derecho Internacional Público con el rango normativo correspondiente, siguiendo lo preceptuado por la Cuarta Disposición Final y Transitoria de la Constitución, según la cual las normas relativas a los derechos y a las libertades que ésta reconoce se interpretan de conformidad con la Declaración Universal de Derechos Humanos, los Tratados y Acuerdos internacionales sobre estas materias ratificados por la República del Perú. En ese orden de ideas, en el ámbito de este tipo de Tratados ratificados por el Perú, encontramos que el principio-derecho del *non bis in ídem* ha sido reconocido expresamente tanto por el Pacto de Derechos Civiles y Políticos como por la Convención Americana sobre Derechos Humanos, entendiéndose a continuación que ambos instrumentos en nuestro sistema de fuentes de derecho deben ser estimados como disposiciones con rango constitucional, siguiendo en este punto la tesis casi unánime planteada en nuestra doctrina (entre otros autores, defendida por el profesor EGUIGUREN[44]). Así, el inciso 7 del artículo 14º del Pacto Internacional de Derechos Civiles y Políticos dispone que "nadie podrá ser juzgado ni sancionado por un delito por el cual haya sido ya condenado o absuelto por una sentencia firme de acuerdo con la ley y el procedimiento penal de cada país". De igual manera, el inciso 4 del artículo 8º de la señalada Convención Americana sobre Derechos Humanos establece

---

[41] Sentencia recaída en el Exp. 03495-2011-PHC/TC, f.j. 2. Tambíén, revisar la antecesora a esta resolución recaída en el Exp. 4587-2004-PHC/TC, f.j. 6.

[42] Cfr. Sendin García, Miguel Ángel; "Una garantía básica del derecho disciplinario…Ob. cit. p. 289.

[43] En efecto, el Tribunal Constitucional en la Sentencia recaída en el Exp. 03065-2010-PH/TC, señala que: "el *ne bis in ídem* es un principio que informa la potestad sancionadora del Estado, el cual impide –en su formulación material–, que una persona sea sancionada o castigada dos veces por una misma infracción cuando exista la identidad de sujeto, hecho y fundamento. En su vertiente procesal, en cambio, siguiendo la misma resolución, tal principio comporta que *nadie pueda ser juzgado dos veces por los mismos hechos*, es decir, que un mismo hecho no pueda ser objeto de dos procesos distintos o, si se quiere, que se inicien dos procesos con el mismo objeto".

[44] El autor citado en el párrafo principal señala respecto a la Cuarta Disposición Final y Transitoria de la Constitución: "que la existencia de esta norma y su contenido permiten sostener una interpretación que conduce a que los tratados sobre derechos humanos tendrían rango constitucional. Y es que si los derechos plasmados en la Constitución deben interpretarse *de conformidad con los tratados sobre derechos humanos*, se atribuye a éstos el papel de parámetro o límite para el contenido de dichos derechos y su interpretación, lo que no podría ser posible si fueran normas de rango inferior a la Constitución. Es más, incluso podría argumentarse que este papel rector o delimitador de los tratados sobre derechos humanos, para efectos de la interpretación del contenido y alcances de los derechos constitucionales, los colocaría en una suerte de rango o posición supraconstitucional". *Vid.* Eguiguren Praeli, Francisco; "Aplicación de los Tratados en la jurisprudencia constitucional peruana" en Revista Ius et Praxis, número 9, 2003.

que "el inculpado absuelto por una sentencia firme no podrá ser sometido a nuevo juicio por los mismos hechos".

Además, resulta importante notar como complemento de este segundo fundamento, que el Tribunal Constitucional –en virtud de la técnica de interpretación por comparación– se ha pronunciado respecto a la definición de esta figura contenida en el Convenio Europeo de Derechos Humanos, aceptando el valor secundario de este último instrumento de Derecho Comunitario Europeo, por lo también vale la pena tomarlo en cuenta y señalarlo para nuestro propósito. De ese modo, el Alto Tribunal ha indicado que este instrumento reconoce que "nadie podrá ser procesado o castigado penalmente por las jurisdicciones del mismo Estado por una infracción por la que hubiera sido absuelto o condenado por sentencia firme conforme a la ley y al procedimiento penal de ese Estado (…) Lo dispuesto en el párrafo anterior no obsta a la reapertura del proceso, conforme a la ley y al procedimiento penal del Estado interesado, en caso de que hechos nuevos o revelaciones nuevas o un vicio esencial en ese procedimiento pudieran afectar a la sentencia dictada".

Adicionalmente, la fortaleza y reforzamiento de la eficacia de este instituto vendría por un importante y posterior desarrollo infra constitucional que ha ocurrido en nuestro derecho positivo, que nos llevaría a concluir parcialmente que el propio Legislador lo asumió directamente, aunque con modulaciones en su alcance frente a supuestos de orden especial (principalmente en la relación siempre tensa que puede surgir entre la Jurisdicción Penal y el ejercicio disciplinario, siguiendo el no siempre jurídico camino de la independencia de estas responsabilidades, tal como por ejemplo aparece en el artículo 49 de la Ley 27785). Pero, de ninguna manera, este Poder Público instituyó la posibilidad de poder *eliminarlo* casi completamente en sede *disciplinaria* frente a un mismo empleado público expedientado.

En primer término, el *non bis in ídem* se encuentra regulado en el inciso 10 del artículo 230º de la Ley del Procedimiento Administrativo General (en adelante LPAG) en los términos de triple identidad y de valoración esencial de los principios limitantes aplicables a todos los regímenes sancionadores, según los siguientes términos: "no se podrán imponer sucesiva o simultáneamente una pena y una sanción administrativa por el mismo hecho en los casos en que se aprecie la identidad del sujeto, hecho y fundamento. *Dicha prohibición se extiende también a las sanciones administrativas*, salvo la concurrencia del supuesto de continuación de infracciones a que se refiere el inciso 7". De manera adicional, la figura también se encuentra normada por el artículo III del Título Preliminar del Código Procesal Penal del año 2004, el cual establece el supuesto más típico para los empleados públicos, en el sentido que "nadie podrá ser procesado, ni sancionado más de una vez por un mismo hecho, siempre que se trate del mismo sujeto y fundamento. Este principio rige para las sanciones penales y administrativas".

Es válido precisar que el propio régimen de responsabilidad administrativa funcional ha *positivizado* el *non bis in ídem*,[45] en la medida que el artículo 4º del Decreto Supremo No. 023-2011-PCM señala que a estos procedimientos de indudable contenido

---

[45] Vale acotar que cuando un principio se *positiviza* o se reconoce expresamente en una norma jurídica, se concretiza y despliega sus efectos de manera constante ante un caso concreto, no siendo posible que un operador pueda usarlo como una fuente secundaria o referencial si es que el supuesto de hecho así lo ameritara. Pareciera que

punitivo, les resultan aplicables *todos* los principios contenidos en el artículo 230º de la LPAG. También, debe tenerse en cuenta que el numeral 5.3.12 de la Directiva No. 008-2011-CG/GDES, aprobada por la Resolución de Contraloría No. 333-2011-CG, reconoce *expresamente* este instituto aplicado sobre el conjunto de esta ordenación, tanto en su acepción material como procesal, afirmando que: "No se puede imponer sucesivas o simultáneamente dos o más sanciones administrativas, cuando se aprecie identidad de hechos, personas y fundamento. Asimismo, tampoco es posible procesar dos veces por un mismo hecho, a la misma persona y por el mismo fundamento". Además, en la propia exposición de motivos de la Ley No. 29622 (Ley de creación del sistema disciplinario revisado), según lo presentó un autor nacional,[46] se encuentra incluido al *non bis in ídem*, reconociéndosele como uno de los principios que rige *todos* los regímenes sancionadores en general y puesto con afán de aplicación efectiva sobre el nuevo orden sancionador a cargo de la Contraloría General de la República. Incluso, en esa línea garantista, el propio artículo 5 del Decreto Supremo No. 023-2011-PCM obedeció a la idea de generar una prevalencia de la potestad "sancionadora" de esta organización administrativa por sobre la potestad de disciplinaria de otras Administraciones Públicas, cuando se haya desplegado la primera de manera cierta, con el propósito de evitar la agresión a este principio en su aspecto procesal, y, por ende, la afectación a un específico "empleado del sector público".

De esta manera, siempre desde las normas positivas consultadas, el alcance del principio del *non bis in ídem* en vía disciplinaria no se limita exclusivamente a la iniciación simultánea o posterior de más de un procedimiento sancionador por responsabilidad administrativa funcional seguido por los órganos competentes de la Contraloría General de la República (situación extrema que ha sido creada por el Acuerdo Plenario No. 01-2013-CG/TSRA como demostraremos a continuación), sino que también será de aplicación para el caso de procedimientos disciplinarios iniciados por otras entidades competentes y que tengan por incriminado a un mismo empleado público; o, en segundo lugar, para cuando estos segundos sistemas disciplinarios colisionen con el inicial régimen sancionador (en este último caso, asumiendo siempre la mencionada *regla excepcional* de la prevalencia y pérdida de competencias disciplinarias de las entidades administradoras empleadoras del expedientado, en caso exista una incoación antelada de un procedimiento por parte del órgano instructor de Contraloría luego de emitido un informe de control, según lo dispuesto por el citado artículo 5 del Decreto Supremo No. 023-2011-PCM).

Al respecto, no debe olvidarse que esta figura ha sido siempre aceptada y usada en la disciplina de empleados públicos, al menos en la corriente hispanoamericana, pues se trata de un medio limitante que alcanza a todas las potestades punitivas, no importando el Poder Público que ejercita la correspondiente competencia u otras formas accesorias adicionales (como el tipo de procedimiento, las fases, los órganos involucrados, las nomenclaturas o etiquetas puestas por las normas, o incluso los posibles sujetos pasivos). Lo dicho, incluiría evidentemente a la responsabilidad administrativa

---

esta cuestión ha sido completamente olvidada de cara al *non bis in ídem* en vía disciplinaria por parte del Acuerdo Plenario No. 01-2013-CG/TSRA.

[46] Cfr. Lizárraga Guerra, Víctor; *El derecho disciplinario en la Administración Pública*, Grijley, Lima, 2011, pp. 69-70.

funcional de la Contraloría General de la República, no obstante su *nombre, despliegue y particularidades*, pues su naturaleza presentada en todo el grupo normativo de control inicialmente mencionado, no deja de instituirla como un sistema de corte sancionador *ad extra* pero restringido a ciertas personas naturales que se someten previamente a ciertas *relaciones de sujeción especial o de orden especial* (en este caso, relaciones de empleo público o de relacionamiento jurídico-laboral con organizaciones del sector público auditables por el Sistema Nacional de Control). En cualquier caso, este tipo de relaciones disciplinarias, tal como indicó el Tribunal Constitucional Español (en adelante TCE), no son "un ámbito en el que los sujetos queden despojados de sus derechos fundamentales (…) Estas relaciones no se dan al margen del derecho, sino dentro de él y por lo tanto también dentro de ellas tienen vigencia los derechos fundamentales".[47]

Por todo lo manifestado, de la manera más enfática, se puede recalcar de manera abierta, siguiendo a SANZ RUBIALES y GÓMEZ TOMILLO, que "el Derecho Disciplinario no es sino una manifestación más del *ius puniendi* del Estado que comparte, por consiguiente la misma naturaleza que las infracciones administrativas generales, debiendo concluirse que se somete a análogas reglas, límites y controles".[48] En consecuencia, es posible concluir que el *non bis in ídem* es una figura de largo desarrollo y tradición en nuestro Derecho, teniendo a favor una vigorosa (aunque variopinta) jurisprudencia del Tribunal Constitucional, además de gozar del reconocimiento normativo en la LPAG y el propio *ordenamiento de control* (al menos en su alcance frente a otros regímenes disciplinarios, aunque debe fustigarse su relativización ante la sede penal). Por eso, resulta incomprensible que se intente, desde el propio ordenamiento de control y con un instrumento salido de la función de formulación de precedentes administrativos habilitada a favor del *novísimo* Tribunal Superior de Responsabilidades Administrativas (ver literal g) del numeral 5.4.4 de la Directiva No. 008-2011-CG/GDES, aprobada por la Resolución de Contraloría No. 333-2011-CG), tratar de limitarlo a una casi imperceptible extensión, cuando ya antes se había empequeñecido su contenido y tenía dentro de su práctica bastantes contrariedades en el desempeño de la sede penal y otros ordenamientos de función pública.

3.2 El contenido de la garantía ante los ejercicios de potestades disciplinarias

El *non bis in idem* actúa como una restricción o interdicción directa y específica ante el ejercicio de cualquier potestad de corte *punitivo*, prohibiendo su práctica final o, incluso, su inicial despliegue debido a la previa existencia de una condena penal o sanción administrativa impuesta por alguna organización administrativa o el propio Poder Judicial, siempre que en el supuesto específico se cumpla con la *triple identidad* repetidamente aludida. Por eso, vale tener en cuenta que esta figura abarca la "colisión de facultades sancionadoras (…) hasta de tres tipos: a) de dos sanciones penales; b) de dos sanciones administrativas; y c) de una sanción penal con una administrativa".[49]

---

[47] STC 234/1991, de 10 de diciembre.

[48] Gómez Tomillo, Manuel y Sanz Rubiales, Iñigo; *Derecho Administrativo Sancionador*…Ob. cit. p. 270.

[49] Sendin García, Miguel Ángel; "Una garantía básica del derecho disciplinario…Ob. cit. pp. 290-291.

Entonces, como ya había hecho eco, en una situación harto especial, este instituto también puede aparecer como limitante en la propia vía administrativa frente a dos regímenes disciplinarios enfrentados por un mismo expedientado. Al respecto, ante la falta de pronunciamientos jurisdiccional sobre esta sub-materia en nuestro país, vale tomar en cuenta lo mencionado por el TCE, en el sentido que "irrogada una sanción, sea ésta de índole penal o administrativa, no cabe, sin vulnerar el mencionado derecho fundamental, superponer o adicionar otra distinta, siempre que concurran las tan repetidas identidades de sujeto, hechos y fundamento. Es este el núcleo esencial el que ha de ser respetado en el ámbito de la potestad punitiva genéricamente considerada, para evitar que una única conducta infractora reciba un doble reproche aflictivo".[50] Más diáfanamente, y durante los años ochenta del siglo pasado, el Tribunal Supremo español (en adelante TS) había indicado que "la duplicidad de sanciones en el ámbito de la potestad sancionadora de la Administración ha de reputarse contraria al principio de legalidad y tipicidad del art. 25 CE".[51] Por tanto, el espacio para resolver el problema revisado como presupuesto de hecho por el Tribunal Superior de Responsabilidades Administrativas, no sólo se debe hacer obligatoriamente a la luz de esta figura, sino que la introducción de la respuesta pertinente parte desde una típica modalidad aplicativa de este principio-derecho.

En esa línea básica, el autor peruano CARO CORIA concluye que el contenido *material* del non bis in ídem implica la interdicción de la sanción múltiple al concurrir el conjunto de elementos *tripartito*[52] que debe confluir en el caso concreto: (i) identidad del sujeto, (ii) identidad de hecho; e (iii) identidad de fundamento (veremos a continuación algunas notas sobre estos requisitos). Mientras que su contenido *procesal* se encuentra referido a la prohibición de que alguien pueda ser juzgado dos veces por los mismos hechos fácticos (la interdicción hacia el doble procesamiento sucesivo o conjunto, que también se conectaría de ser el caso con la *cosa juzgada* producida desde alguna sentencia judicial y con la necesidad de preferir el procesamiento jurisdiccional por sobre cualquier procedimiento administrativo que pudiera incoarse en paralelo o de manera posterior). En el caso, de la primera vertiente del instituto, nótese que la triple identidad se postula como presupuesto para su aplicación práctica, y supone la *efectiva* reiteración sancionadora, no bastando la mera declaración de imposición de la punición.[53]

En primer término, con respecto a la *identidad subjetiva o del infractor*, ésta hace referencia a la necesidad de que la doble incriminación o sanción se dirija contra una misma persona natural o jurídica, independientemente de su grado de participación o forma de culpabilidad imputable, con lo cual todo el ojo de atención del operador pertinente debe dirigirse al sujeto activo implicado en la conducta antijurídica, sea cual fuere su naturaleza y la autoridad conocedora de los mismos. Entonces, lo relevante es que la persona incursa en el procedimiento o a la que se le imponga la doble punición sea exactamente la misma,[54] pero entendiendo que en ciertos supuestos (personas jurídicas)

---

[50] Sentencia del Tribunal Constitucional Español 180/2004, de 2 de noviembre.

[51] Sentencia del Tribunal Supremo, de 6 de marzo de 1989, RCJ 1989-1732.

[52] Caro Coria, Dino; "El principio del ne bi in ídem en la jurisprudencia del Tribunal Constitucional" en Anuario de Derecho Constitucional Latinoamericano, volumen 14, 2007, p. 317.

[53] Cfr. Puerta Seguido, Francisco; "La prohibición de *bis in ídem*... Ob. cit. p. 224.

[54] Cfr. Garberi Llobegrat, José y BUITRÓN Ramírez, Guadalupe; *El procedimiento administrativo sancionador*, Tirant lo Blanch, Valencia, Volumen I, 2001. p. 182.

cabe superar las características físicas para ir hacia un concepto de identidad *jurídica* referido a "que dos o más sujetos se encuentren vinculados a través de determinada relación (…) obligue a la Administración a considerarlos como un solo sujeto".[55] Adicionalmente, sobre este recaudo el profesor CARO CORIA sostiene de manera correcta que "existe acuerdo en que la identidad de sujeto se refiere al imputado o sancionado, sin que sea necesaria la identidad de víctima, agraviado o sujeto pasivo de la infracción".[56]

A su turno, sobre la *identidad de hecho* implica que una específica situación fáctica constitutiva de la conducta infractora, deben ser la misma frente a dos ejercicios punitivos. En este sentido, para determinar si existe o no este presupuesto es necesario contrastar que en cada caso, tanto en un procedimiento administrativo frente al proceso penal, en dos procedimientos administrativos, como en dos procesos penales, que los hechos cuya antijuridicidad se imputan a un sujeto sean *exactamente* los mismos. Al respecto, si los hechos que motivan la imposición de una doble sanción o el inicio de un segundo enjuiciamiento resultan idénticos en la medida que calzan en el elemento fáctico del tipo infractor, entonces se habrá cumplido con este requisito.

Por otro lado, debemos indicar que el elemento más complejo y difuso del instituto, de complicada determinación en un caso concreto, es la *identidad de fundamento*, la cual se configura cuando existe compatibilidad absoluta entre los bienes jurídicos tutelados por las distintas normas punitivas involucradas. Así, la aplicación de este recaudo convertiría en antijurídico al paralelo o posterior ejercicio de la potestad pretendido de utilizar en contra de un determinado sujeto que ya había sufrido un inicial castigo, o que venía siendo procesado en la respectiva vía. Por eso, si los bienes jurídicos son iguales, no puede permitirse, ni siquiera activarse, la doble sanción o el doble enjuiciamiento. Ahora, debe entenderse que no basta con que la dos puniciones se hayan impuesto en base a distintas normas sancionadoras, siendo preciso analizar la naturaleza de los bienes jurídicos incluidos en sus respectivos ámbitos objetivos, incluso asumiendo la posibilidad de que "también habrá identidad de fundamento si una de las normas protege lo mismo que la otra y *algo más*".[57] A mayor abundamiento, la profesora MARINA JALVO indica que este elemento constituye el presupuesto de aplicación de la prohibición constitucional del *bis in ídem*, no pudiendo alegarse de manera *mecánica* la identidad o diversidad de los bienes jurídicos protegidos por los delitos e infracciones administrativas, o incluso por el enfrentamiento de estas últimas, siendo siempre necesario tomar en cuenta una revisión *casuística* de los intereses jurídicos tutelados en uno y otro ejercicio punitivo.[58]

Resulta también interesante lo que el Tribunal Español ha afirmado sobre este componente, indicando que para "que la dualidad de sanciones por un mismo hecho

---

[55] Ramírez Torrado, Maria Lourdes; "Consideraciones al requisito de la identidad subjetiva del principio del non bis in ídem en el ámbito del derecho administrativo sancionador español" en Revista de Derecho de la Universidad de Valdivia, Volumen XXII, número 1, 2009, p. 95.

[56] Caro Coria, Dino; "El principio del ne bi in ídem… Ob. cit. p. 317.

[57] De Fuentes de Bardaji, Joaquín y otros; *Manual de derecho sancionador*, Thomson-Aranzadi, Navarra, 2005, Tomo I, p. 283.

[58] Cfr. Marina Jalvo, Belén; "La problemática solución de la concurrencia de sanciones administrativas y penales. Nueva doctrina constitucional sobre el principio non bis in idem" en Revista Administración Pública, número 162, 2003, pp. 180-181.

(...) sea constitucionalmente admisible es necesario que la normativa que la impone pueda justificarse porque contempla los mismos hechos desde la perspectiva de un interés jurídicamente protegido que no es el mismo que aquel que la primera sanción (...) intenta salvaguardar o, si se quiere, desde la perspectiva de la relación jurídica diferente entre sancionador y sancionado".[59] Ahora bien, nuestro Tribunal Constitucional no se ha quedado atrás y establece "que el elemento consistente en la igualdad de fundamento es la *clave* que define el sentido del principio; no cabe la doble sanción del mismo sujeto por un mismo hecho cuando la punición se fundamenta *en un mismo contenido injusto, esto es, en la lesión de un mismo bien jurídico o un mismo interés protegido*".[60] Al respecto, CARO CORIA precisa que cuando nuestro Alto Tribunal define a la identidad de fundamento como "identidad de bien jurídico" o "identidad de interés protegido", el mismo no debe entenderse como referido exclusivamente a infracciones penales –puesto que ello podría interpretarse dada la importancia de la teoría de los bienes jurídicos protegidos por el derecho penal– sino que "la prohibición de sancionar más de una vez debe operar siempre que se trate del mismo contenido de injusto o de ilícito, de la misma infracción, sin importar si dicho contenido está reflejado en una norma penal o administrativa".[61]

Finalmente, aunque pueda predicarse una cierta *flexibilización* de este principio de cara a los regímenes disciplinarios recaídos sobre las relaciones especiales de empleo público (principalmente ante las colisiones con la sede penal y la falta de respuestas efectivas para ese supuesto), además de un gran trabajo casuístico del operador correspondiente; es importante indicar que este principio-derecho no puede ser desconocido, o, menos aminorado en cuanto al alcance de sus sustentos resumidos en la triple de identidad (cuestión que ha sido dejada de lado por el precedente bajo comentario). Es más, como bien ha indicado la doctrina más autorizada, en el caso consultado de aparición concurrente "de dos sanciones disciplinarias, es *difícilmente asumible ni siquiera en el ámbito de los principios*, y ello por cuanto todas o la mayor parte de las infracciones administrativas que se recogen en las relaciones de sujeción especial tienen un *fundamento* común (la correcta prestación de servicios públicos en el caso de todas las sanciones a trabajadores de la Administración Pública, el garantizar a través de la sanción que el servicio a los ciudadanos y a la sociedad se preste en condiciones adecuadas)".[62]

3.3 La garantía del *non bis in idem* y la responsabilidad administrativa. Precisiones ante las distorsiones creadas por el Precedente analizado

Este pequeño apartado, además de iniciar la crítica propuesta al inicio de este trabajo, me debe permitir realizar algunas explicaciones sobre la jabonosa y muy

---

[59] Sentencia del Tribunal Constitucional Español recaída en el Exp. No. 234/1991 de 10 de diciembre de 1991. Esta sentencia toma en cuenta el artículo 133 de la Ley 30/1992, la cual proscribe la duplicidad sancionadora en los siguientes términos: "No podrán sancionarse los hechos que hayan sido sancionados penal o administrativamente, en los casos en que se aprecie identidad del sujeto, hecho y fundamento".

[60] Sentencia del Tribunal Constitucional recaída en el Exp. No. 2868-2004-TC. Fundamento Jurídico No. 4.

[61] Caro, Dino. *El principio del ne bi in ídem en la jurisprudencia del Tribunal Constitucional.* p. 318.

[62] De Fuentes Bardaji, Joaquín y otros; *Manual de derecho sancionador*...Ob. cit. p. 302.

mal tratada *responsabilidad administrativa*, noción que desde sus múltiples variantes y destinarios, puede suponer consideraciones no siempre iguales y, por ende, variados regímenes jurídicos de cobertura. Todo esto, en razón que el precedente comentado presenta una peculiar interpretación del *artículo 25 del Decreto Legislativo No. 276* por la que se concluye de manera terminante, y sin mayores argumentos de soporte, que esta regla positiva reconoce "la responsabilidad administrativa, civil y penal de los servidores públicos, sin perjuicio de las sanciones de carácter disciplinario por las faltas (…) apreciándose entonces que se entonces una distinción de la responsabilidad administrativa de aquella de naturaleza disciplinaria" (ver el numeral 2.9):

Sin perjuicio que es un error creer que una norma específica del Decreto Legislativo No. 276 puede producir efectos jurídicos sobre todos los "empleados del sector público" del país y ser la cobertura suficiente para un precedente con ese alcance subjetivo tan intenso (en nuestro Derecho existen varios sistemas de empleo público, además de regímenes jurídicos de recursos humanos poco uniformes en las empresas públicas); debe entenderse que la *responsabilidad* como principio general supone la respuesta que cada individuo debe hacer por las consecuencias de sus propios actos. Si se quiere es la figura contraria a la libertad que establece "el deber de todo sujeto jurídico de asumir las consecuencias que comporta su conducta, en los términos que establezca el ordenamiento".[63] Ahora bien, esta inicial base luego se ha ido desperdigando en varios sectores normativos, según como el Legislador acomete el riesgo, los factores de atribución, el incremento de la capacidad para ser responsable, intensidad del posible daño, los sujetos pasibles de lesiones o afectaciones, entre otras consideraciones, generando así particularidades y ámbitos subjetivos propios dentro del ordenamiento positivo. En lo que nos interesa, es pertinente indicar que en varias normas peruanas de función pública se reconoce el concepto de *responsabilidad administrativa*, no siempre con el mismo alcance, pero sin variar o modificar la nomenclatura enunciada, y asumiendo que su presupuesto es que el probable responsable sea siempre una persona natural con una vinculación jurídica de empleo público recaída sobre una determinada organización administrativa empleadora. A esto, se le añadiría que la responsabilidad administrativa se activa sobre quebrantos a los deberes personales de los citados agentes físicos (los empleados públicos) generados e impuestos por su estatus diferenciado, en la práctica de tareas públicas o ejercicios de potestades habilitadas para salvaguardar el interés general, suponiendo finalmente un concepto que genera "una auténtica garantía de los particulares: garantía de un cumplimiento eficaz y ajustados a la legalidad de los cargos públicos".[64]

Pero una cuestión añadida aparece sobre la caracterización de la responsabilidad administrativa de los empleados públicos, en el sentido que es una forma de *equilibrar* las garantías mínimas y diferenciadas que gozan en exclusiva estos sujetos (como la inamovilidad proyectada desde el derecho al cargo, para el caso del personal regulado por el Decreto Legislativo No. 276), erigiéndose como un contrapeso y un protagonismo

---

[63] Caballero Sánchez, Rafael, "Las formas de extinción de la responsabilidad administrativa" en Revista Justicia Administrativa, número extraordinario, año 2011, p. 116.

[64] Canda, Fabio Omar, "La responsabilidad de los funcionarios públicos" en Revista Documentación Administrativa, números 269-279, 2004, p. 342.

paralelo para las disfuncionalidades de los primeros, principalmente mediante la implantación de una de sus manifestación clásicas: la responsabilidad disciplinaria aparecida sobre la conducta personal del infractor debidamente cualificado.[65] Por tanto, dentro de la propia figura existen *modalidades* de la misma, y no necesariamente todas éstas producen los mismos efectos jurídicos sobre el empleado público responsable. Sobre esto vuelvo a continuación.

Así, para asumir que existen diferentes matices y efectos jurídicos de este amplio concepto engarzados todos desde el seno de la misma noción, y, en segundo término, que la responsabilidad disciplinaria se convierte en una especie del primero (con lo cual lo planteado por el Tribunal Superior de Responsabilidades Administrativas es completamente *errado*), busquemos presentar y diferenciar su contenido a partir de las siguientes específicas normas legales:

a) El artículo 25 del Decreto Legislativo 276 que plantea lo siguiente: "Los servidores públicos son responsables *civil, penal y administrativamente por el cumplimiento de las normas legales y administrativas en el ejercicio del servicio público, sin perjuicio de las sanciones de carácter disciplinario por las faltas que cometan*".

b) El artículo 19 de la Ley No. 28175 la plantea que los "empleados públicos son *responsables civil, penal o administrativamente* por el incumplimiento de las normas legales y administrativas en el ejercicio del servicio público".

c) El artículo 12 del Decreto Legislativo No. 1031 preceptúa que "el Gerente Público (…) no será pasible de *responsabilidad administrativa por la inobservancia de formalidades no trascendentes o por la sola discrepancia con el contenido de alguna decisión discrecional*, en los términos previstos en el Reglamento, siempre que haya valorado los hechos conocidos y los riesgos previsibles".

Entre las normas presentadas como ejemplos relevantes, a pesar que el Legislador utiliza *erradamente* la misma nomenclatura, existen claras diferencias entre lo que se pretende indicar mediante una de las formas de la *responsabilidad administrativa* preceptuada en el artículo 25 del Decreto Legislativo 276 y el alcance exclusivamente punitivo de otra de sus especies aparecida en las otras dos normas recogidas en la Ley No. 28175 y el Decreto Legislativo No. 1031 (la responsabilidad disciplinaria).

En ese sentido, debe entenderse, que la responsabilidad administrativa se puede componer indistintamente de "situaciones derivadas de la violación de normas del ordenamiento jurídico obligatorias para los anteriores sujetos, en cuanto están ligados por un vínculo especial con la Administración Pública,[66] partiendo así un camino que debe recorrer todo operador para distinguir los meros incumplimientos normativos sin efectos punitivos y las agresiones activas o por omisión a verdaderos tipos infractores cometidos por un determinado empleado público. En los dos casos, siempre sobre la base de quebrar en algún grado un deber estatutario o contractual establecido sobre los hombros de la condición distinta que tiene un empleado, servidor o funcionario público peruano.

---

[65] Cfr. Martínez de Pisón Aparicio, Iñigo; *Régimen jurídico de la función pública y derecho al cargo*, Cívitas-Servicio de Publicaciones de la Facultad de Derecho de la Universidad Complutense de Madrid, Madrid, 1995, p. 475.

[66] Vignocchi, Gustavo, "La responsabilidad civil, administrativa y penal de los Funcionarios del Estado (con especial referencia a la legislación italiana)" en Revista Documentación Administrativa, número 119, 1967, p. 13.

En vista de lo expuesto, la responsabilidad administrativa incluye en su seno a dos formas o modalidades: la *responsabilidad formal* y la más conocida *responsabilidad disciplinaria*. Sobre la primera se puede indicar que se trata de la "mera violación de preceptos jurídicos, independientemente del hecho de que aquel que los ha violado pueda haber ocasionado o no daño a la Administración (por ejemplo la responsabilidad aparecida sobre el empleado público competente por el incumplimiento de una formalidad no esencial en la tramitación de un procedimiento, o que obliga a corregir errores matemáticos o numéricos en un determinado acto administrativo). Puntualmente, el artículo 25 del Decreto Legislativo No. 276 cuando señala la responsabilidad administrativa por el *cumplimiento de normas legales y administrativas* se refiere exactamente a una responsabilidad sin consecuencias punitivas, más cercana a la esfera general de actuación del empleado público, sin tipificaciones exactas, que no se asemeja ni acerca al quebramiento de puntuales deberes o incompatibilidades de su estatuto personal. Por eso, no cabe confundirse tras una nomenclatura inadecuada, a institutos que generan efectos distintos (cada uno con sus propios ordenamientos).

La segunda por el contrario, es una especie de la responsabilidad administrativa que se constituye para hacer frente a la afectación de puntuales *infracciones* previamente diseñadas por una norma positiva que, a su vez, protege a otras reglas imperativas que contienen deberes e incompatibilidades garantizadores de un mínimo ético de los empleados públicos (sobre estos últimos si recaen efectos de punición previamente establecidos por el ordenamiento, es decir sanciones provenientes del superior *Ius Puniendi* estatal).[67]

Por tanto, cabe identificar que en el caso de la primera parte del artículo 25 del Decreto Legislativo 276, el Legislador se refiere a la *responsabilidad formal sin efectos sancionatorios* "por el cumplimiento de las normas legales y administrativas en el ejercicio del servicio público", muy distinta a las "sanciones de carácter disciplinario", recaída sobre los "servidores públicos (ver todo el texto de la norma). Mientras, que en los otros dos ejemplos mostrados, la nomenclatura utilizada por las normas reconoce propiamente a la *responsabilidad disciplinaria* como una manifestación del *Ius Puniendi*, sin indicar ningún otro tipo de responsabilidad administrativa extra (es más, en el caso del artículo 12 del Decreto Legislativo No. 1031 debe asumirse que el Legislador ha planteado causales eximentes a la responsabilidad disciplinaria predicable de las actuaciones de los Gerentes Públicos). No debe olvidarse que esta última forma de responsabilidad administrativa es propiamente "un sistema de consecuencias jurídicas de índole sancionatorio represivo que, aplicable por la propia Administración Pública en ejercicio de poderes inherentes, el ordenamiento imputa en el plano de la relación de función o empleo público, a las conductas de agentes o ex agentes estatales, violatorias de deberes o prohibiciones exigibles (…) con el fin de asegurar, con inmediatez, el adecuado funcionamiento de la Administración Pública".[68]

Finalmente, a partir de estas obligatorias diferencias, no parece tan correcto de cara a la Constitución, que una única disposición pueda reconocer abiertamente *dos*

---

[67] Cfr. Vignocchi, Gustavo, "La responsabilidad civil, administrativa y penal…Ob. cit. p. 18.

[68] Comadira, Julio, "La responsabilidad disciplinaria del funcionario público" en Vol. Col. *Responsabilidad del Estado y del Funcionario Público*, Editorial Ciencias de la Administración, Buenos Aires, 2001, p. 589.

responsabilidades nacidas desde el *Ius Puniendi*, sin que se planteen –siquiera– medianos visos para intentar diferenciar los fundamentos de las mismas. Pero, peor todavía, no considero que sea correcta la sola alegación *nominal* del concepto, sostenida en un mero recorte de las partes de la regla preceptuada en el artículo 25 del Decreto Legislativo 276, sin que a continuación se presenten fundamentos que permitan justificar la postura jurídica esgrimida. Por eso, creo que el fundamento 2.9 del precedente no resiste a mayores comentarios y, como tal, no aporta mucho en el propósito central del precedente de *singularizar* a la responsabilidad administrativa funcional a cargo de la Contraloría General de la República.

3.4 Crítica final y conclusiva al Acuerdo Plenario Nº 01-2013-CG/TSRA

En esta parte del artículo quisiera rebatir cada uno de los tres fundamentos que fueron señalados con anterioridad. Con esto, sumado a los argumentos anteriores de este artículo, quisiera mostrar mi tesis contraria al Acuerdo Plenario Nº 01-2013-CG/TSRA y los efectos nocivos que viene ocasionando en el presente, no sólo para las esferas subjetivas de los empleados del sector público, sino para la propia permanencia y eficacia del régimen de responsabilidad administrativa funcional, además de las propias distorsiones que directamente produce sobre el régimen disciplinario del Servicio Civil. Partamos entonces por indagar y responder los grandes sustentos del precedente analizado.

3.4.1 Primer fundamento del precedente y sus argumentos en contrario: "la relación de trabajo como manifestación del poder disciplinario"

Al respecto, este sustento comete un grave error porque desconoce uno de los componentes *definitorios* básicos de la función pública, esto es, el conjunto de los deberes recaídos de manera exigible en cada uno de los empleados públicos del país, a partir de que se encuentran "al servicio de la Nación" (ver artículo 39 de la Constitución), los cuales además aparecen claramente desarrollados en actuaciones específicas planteadas por el artículo 44 de la propia Carta Magna. Inclusive, las *exigencias al bien común* por parte de los empleados públicos aparece expandido y respaldo por la jurisprudencia del Tribunal Constitucional, en el sentido que los "servidores del Estado, sean civiles, militares o policías, están obligados, conforme el artículo 44 de la Constitución, por los deberes primordiales de defender la soberanía nacional, garantizar la plena vigencia de los derechos humanos, proteger a la población de las amenazas contra su seguridad y promover el bienestar general que se fundamenta en la justicia y en el desarrollo integral y equilibrado de la Nación. En suma, de las normas citadas se concluye que la finalidad esencial del servicio a la Nación radica en prestar los servicios públicos a los destinatarios de tales deberes, es decir a los ciudadanos, con sujeción a la primacía de la Constitución, los derechos fundamentales, el principio democrático, los valores derivados de la Constitución y al poder democrático y civil en el ejercicio de la función pública".[69]

---

[69] Sentencia que resolvió el Exp. 0008-2005-PI/TC, de 12 de agosto de 2005, f. j. 14.

En ese orden de ideas, en el marco de los procedimientos disciplinarios, las relaciones laborales de jerarquía y subordinación constituyen un elemento accesorio y que no dan cobertura al ejercicio posterior de la potestad disciplinaria (que tampoco deja de ser una potestad administrativa, no el ejercicio voluntario y autónomo de un empleador privado); por el contrario, la esencia de este tipo de competencias punitivas se basa en el quebrantamiento de un *código de conducta* diferenciado con el que cuentan los empleados públicos en general (inclusive aquellos funcionarios que se sujetan al régimen laboral privado del Decreto Legislativo No. 728º).[70] Justamente, estos códigos de conducta aparecen expresamente reconocidos en no pocas normas de empleo público peruanas (inclusive se notan tras el objeto de las infracciones preceptuadas en el Título II del Decreto Supremo No. 023-2011-PCM y, como no, en la nueva Ley del Servicio Civil, Ley No. 30057).

Es más, no debe olvidarse que los deberes permiten la efectiva aplicación de los principios referidos al *funcionamiento* de las entidades administrativas (eficiencia, imparcialidad, jerarquía, respeto a los derechos ciudadanos), todos estos últimos previstos en los artículos IV del Título Preliminar y 75 de la Ley de Procedimiento Administrativo General, Ley No. 27444. Más claramente, y a modo de una muestra más concreta de la aparición estelar de los derechos subjetivos en la actividad administrativa, el artículo 2 del Título Preliminar de la Ley Orgánica del Poder Ejecutivo, Ley No. 29158, ha reconocido el denominado *principio de servicio al ciudadano*, por el cual todas las organizaciones administrativas incardinadas en el Poder Ejecutivo deben ponerse "al servicio de las personas y de la sociedad (…) así como del interés general de la nación". Asimismo, los deberes (y los deberes especiales denominados incompatibilidades) de los empleados son formas conductuales exigibles que permiten materializar los valores del Estado Constitucional de Derecho tales como la *equidad, la justicia material, la forma republicana de gobierno, la defensa de la democracia y los derechos fundamentales*. Por tanto, estos deben ser configurados como obligaciones enmarcadas en el Estado social, democrático de Derecho, o, si se quiere, constituidas bajo su ámbito (armonizada a principios jurídicos extraídos de su seno), sin perjuicio de que sean maleables y susceptibles de modificación con el paso del tiempo y las circunstancias de la sociedad, pero siempre exigibles frente a su incumplimiento.

Pero, debe dejarse en claro que el régimen disciplinario y el quebramiento de sus deberes e incompatibilidades propios por parte de un específico empleado público tienen una relación *inmanente*. Así, los deberes al convertirse en una *garantía* para el correcto ejercicio de funciones y tareas públicas por parte del empleado público, también son y deben ser siempre el objeto *principalísimo* de cualquier sistema disciplinario, pues los correspondientes tipos infractores deben recoger conductas activas u omisivas de cara a estas especiales obligaciones (los tipos infractores deben ser un reflejo restrictivo del quebramiento de los mencionados deberes e incompatibilidades, según se indicó).

Por tanto, la disciplina lejos de afianzar el poder de jerarquía del denominado "Estado empleador", (según lo alude *incorrectamente* el Acuerdo Plenario No. 01-2013-CG/TSRA, en aras de tratar de mostrar una *especialidad* del sancionador a cargo de Contraloría en aparente contraste con el resto de regímenes de disciplina existentes en el país), es

---

[70] Cfr.Bermejo Vera, José, *Derecho Administrativo Básico. Parte General*, Thomson-Reuters, Navarra, 2012, p. 222.

más bien un *procesamiento punitivo al deber*. En este mismo sentido, se ha pronunciado la autora argentina IVANEGA al sostener que el "régimen disciplinario tiene una especial justificación porque el agente público por la naturaleza de su actividad tiene una serie de deberes y obligaciones que no afectan a los empleados del sector privado; por ejemplo, el sistema de incompatibilidades, la probidad y dignidad, etcétera. Es decir que se trata de deberes que trascienden la esfera del interés de la propia Administración como organización y que afectan a los principios generales del orden constitucional. En efecto, tratándose de agentes públicos, los intereses en juego en la responsabilidad disciplinaria distan de ser individuales. Por el contrario, son colectivos. La indebida actuación de aquél da lugar al cuestionamiento de la confianza que el ciudadano depositó en el aparato administrativo y compromete incluso bienes de interés colectivo".[71]

Otro importante fundamento de la potestad disciplinaria es lo resaltado por el TS, cuando indicaba que el "significado eminentemente ético del derecho disciplinario, en cuanto a que su objeto primordial más que el restablecimiento del orden social quebrantado, es la salvaguarda del prestigio y la dignidad corporativa y la garantía de la normal actuación de los funcionarios en la doble vertiente del eficiente funcionamiento del servicio que le está encomendado y que su actividad como tal se desarrolle en el marco que la ley fija; y por ello, e*n el Derecho sancionador Disciplinario predomina la valoración ética de la conducta subjetiva del funcionario sobre los resultados de peligro o lesión de un bien jurídico determinado que con su actuación haya podido causar*".[72] Ahora bien, es pertinente indicar que nuestro Tribunal Constitucional ha reconocido este soporte ético de cualquier régimen disciplinario, cuando ha indicado por ejemplo que "resulta inviable la reincorporación del recurrente a su institución, después de varios años fuera de la actividad singularísima de policía, en atención a que en el proceso penal aún no se le ha dictado sentencia condenatoria (…) en el caso de autos no puede dejar de considerarse que la relación policía-sociedad, habida cuenta que el servicio prestado por la Policía a la comunidad viene a constituir un servicio especialísimo aceptado en base a la confianza; la que, precisamente, se ha perdido, por la sospecha que motivó que el recurrente fuera considerado en el proceso penal".[73]

Entonces, el Acuerdo Plenario No. 01-2013-CG/TSRA confunde la naturaleza de su propio régimen sancionador (su esencia disciplinaria), al hacerlo pivotar en torno a la jerarquía y subordinación laboral del empleado público respecto a la *extraña* noción del Estado empleador, construcción que no da cobertura a la potestad explicada, y, por lo demás, frente a la gran cantidad de sistemas de empleo público que actualmente tenemos, no puede predicarse como un concepto transversal y único (es decir el fundamento planteado ni es jurídicamente válido, ni puede decirse que es real entre los distintos regímenes en vigor). Por eso, resulta necesario voltear la mirada hacia la esencia de cualquier disciplinario: el quebrantamiento parcial o total de un deber jurídico, diferente y especial impuesto a los sujetos pasivos peculiares, base conceptual que como se sostuvo al inicio del presente acápite, incluso es predicable a los funcionarios y servidores sometidos al Decreto Legislativo No. 728 (como el cuerpo de Registradores

---

[71] Ivanega, Miriam, *Cuestiones de potestad disciplinaria y derecho de defensa*, Ediciones RAP, Buenos Aires, 2010, p. 42.

[72] Sentencia del Tribunal Supremo Español, de 22 de enero de 1978.

[73] Sentencia del Tribunal Constitucional recaída en el Exp. 01390-2006-PA/TC, de 15 de marzo de 2006, f.j. 6.

Públicos, entre otros, los cuales cuentan con una serie de deberes e incompatibilidades reconocidos en normas expresas y separadas de sus contratos laborales, además de existir los deberes éticos de cuyo incumplimiento no pueden verse exonerados ninguno de estos empleados públicos). En ese sentido, los procedimientos disciplinarios, al igual que los procedimientos sobre responsabilidad administrativa funcional, deben ser entendidos como *regímenes de sanción al deber*, siendo esta última cuestión su real fundamento y, por ende, el elemento conceptual que les otorgaría a ambos *similar* naturaleza jurídica (basada en la raíz común de pertenecer y provenir todos del *Ius Puniendi* estatal de origen constitucional).

3.4.2 Segundo fundamento del precedente y sus argumentos en contrario: "el régimen de responsabilidad administrativa funcional no es un sistema disciplinario"

Un segundo fundamento del Acuerdo Plenario No. 01-2013-CG/TSRA es descartar de plano la esencia disciplinaria (pero, de manera contradictoria, sin eliminar su *ratio* punitiva) del conjunto de la responsabilidad administrativa funcional, por ende, en los casos de concurrencia o colisiones del anterior sistema con los regímenes de disciplina "con identidad en los sujetos y en los hechos *no opera el principio del non bis in ídem porque no se presenta la identidad del fundamento*, requisito esencial para su constitución, por lo cual la existencia de un proceso administrativo en trámite, o sobre el cual ya se hubiese emitido una resolución de sanción o archivamiento, no se encuentra encuadrada dentro del desarrollo del principio del non bis in ídem (…) lo que no constituye impedimento para el ejercicio de las atribuciones que corresponden al órgano instructor y sancionador de la Contraloría General de la República, dentro del procedimiento administrativo sancionador que le haya sido asignado por la Ley, ni afecta la validez de las sanciones administrativas que como consecuencia de dicho procedimiento (…) se impongan a los funcionarios y servidores públicos que incurran en responsabilidad administrativa funcional" (ver fundamento 2.18 del precedente).

Al respecto, partamos por tomar en cuenta la permanente *duplicidad* de tipificaciones que aparece en no pocas infracciones reconocidas en el Título II del Decreto Supremo No. 023-2011-PCM (a pesar de que se pretende que éstas se singularicen mediante el concepto ambiguo de "recursos y bienes del Estado"), pues una rápida revisión de los pertinentes *datos positivos* determina que este ordenamiento repite y hasta triplica varios tipos, o, lo es peor, asume como infracciones al mero incumplimiento de principios u obligaciones preceptuados en el Código de Ética, la Ley de incompatibilidades, etc.; con lo cual de saque ya nos encontramos con los *problemas naturales* que tendría un régimen disciplinario mal ensamblado por el Legislador (no muy lejano a lo que sucede con otras ordenaciones vigentes en la función pública peruana).

Pero, existe algo adicional que trasunta el argumento planteado por el precedente, esto es, pretender singularizar la naturaleza del régimen a cargo de la Contraloría, sin que deje de ser un sancionador (por nombre y efectos), a fin de aislar y no aplicar la *identidad de fundamento* del *non bis in idem*. Sin embargo, cabe preguntarse: ¿Existe realmente diferentes bienes jurídicos salvaguardados entre el régimen de responsabilidad administrativa funcional y las demás ordenaciones disciplinarias? Es más, cabe recalcar, a partir del fenómeno del desorden de la tipificación hecho por nuestro Legislador, ¿cuáles son los nuevos bienes jurídicos protegidos por el régimen de responsabilidad administrativa funcional? Finalmente, ¿si este régimen tiene como destinatarios a "funcionarios y servidores públicos que incurran en responsabilidad administrativa funcional" (no a cualquier particular), es un sistema sancionador de orden especial o general?

Todas las anteriores cuestiones que representan el corazón de la postura del precedente, se centran en una sola respuesta referida a si el sistema sancionador habilitado a la Contraloría General de la República tiene todos los elementos constitutivos de un régimen disciplinario, o, por el contrario, se constituye en uno de orden general aplicable a cualquier administrado, por tanto, susceptible de diferenciarse de los disciplinarios vigentes, y sobre el cual no recaería la identidad de fundamento frente a posible roces o enfrentamientos con los últimos. Como se notará en los siguientes sustentos, la respuesta es *afirmativa* sobre la naturaleza disciplinaria de esta nueva ordenación (aunque con evidentes particularidades). Así, estos argumentos son los siguientes:

(i) Es indudable que las potestades ejercitadas por los órganos de Contraloría encargados de gestionar cualquier procedimiento de responsabilidad administrativa funcional son estrictamente sancionadoras (incoación y presentación de cargos a partir de un informe de control, procesamiento y actuación de medios probatorios, el establecimiento de una verdadera punición de inhabilitación o suspensiones temporales, ejecutoriedad de las sanciones, etc.). Sobre el particular, una potestad es de este corte cuando estamos al frente de un "poder represivo que puede poner en marcha los órganos de la Administración cuando alguien comete una infracción, es decir una vulneración de –o una conducta contraria a– normas y reglas pre-establecidas específicamente".[74] Todo esto se puede demostrar, sólo con la alusión contenida en el artículo 45 de la Ley No. 27785, la cual preceptúa las medidas y tipo de potestades que el Legislador ha otorgado a la mencionada entidad administrativa, en el sentido que "la Contraloría General ejerce *la potestad para sancionar por cuanto determina la responsabilidad administrativa funcional e impone una sanción derivada de los informes de control emitidos por los órganos del Sistema*".

(ii) Si estamos ante una potestad sancionadora, el paso siguiente es demostrar que ésta (sin dejar de serla, teniendo cobertura en los principios del derecho sancionador y siendo una manifestación más del superior *Ius Puniendi*), es un poder de corte *disciplinario*. Es decir, se trata de un régimen sancionador hacia adentro de la esfera administrativa y que sólo viene referido a sujetos pasivos que tienen un vínculo especial o muy particular, desplegándose para proteger las afectaciones a bienes jurídicos tipificados que no se solventan mediante los regímenes sancionadores de orden general.[75] En el presente caso, resulta claro que el ordenamiento ha diseñado al régimen de responsabilidad administrativa funcional para aplicarse:

---

[74] Bermejo Vera, José, *Derecho Administrativo Básico. Parte General*, Thomson-Reuters, Navarra, 2012, p. 305.

[75] Cfr. Sánchez Morón, Miguel, *Derecho de la Función Pública*, Tecnos, Madrid, 2008, pp. 299-301.

ii.a) Sobre personas que tengan la previa condición de "servidores y funcionarios públicos a quienes se refiere la definición básica de la novena disposición final de la Ley Nº 27785, con prescindencia del vínculo laboral, contractual, estatutario, administrativo o civil del infractor y del régimen bajo el cual se encuentre, o la vigencia de dicho vínculo con las entidades señaladas en el artículo 3 de la Ley Nº 27785" (ver artículo 3 del Decreto Supremo No. 023-2011-PCM).

ii.b) Se despliega sobre la materia *auditable* que se introduce y revisa en un informe de control, por hechos u omisiones que sólo pueden provenir de un vínculo de empleo público, o, en general, con organizaciones del sector público, ya los mismos involucran "el incumplimiento del ordenamiento jurídico administrativo, las normas internas de las entidades, así como de todas aquellas obligaciones derivadas del ejercicio del cargo" (ver artículo 2 del Decreto Supremo No. 023-2011-PCM).

ii.c) Finalmente, los bienes jurídicos protegidos mediante este sistema punitivo son las "obligaciones inherentes a la gestión pública", la orientación de la "conducta de los funcionarios y servidores públicos", sin perjuicio de otros intereses públicos que sólo puede ser predicables a los empleados del sector público (a unos específicos sujetos), según lo que aparece contenido en el listado de sus infracciones.

A partir de estos tres elementos, puedo indicar que estamos realmente ante un régimen disciplinario, con un sistema normativo particular, que tiene su propio alcance, pero que no deja de estar configurada sobre los hombros de una verdadera y auténtica potestad habilitada por un ordenamiento sancionador de orden especial puesta en manos de la Contraloría General de la República por parte del Legislador.

(iii) Finalmente, es evidente que este *régimen disciplinario* es diferente y presenta ciertas peculiaridades:

iii.a) Aunque tenga un alcance extenso, es decir sea una potestad *ad extra* por el vínculo especial de los destinatarios, no por la esfera exacta de la entidad donde labora el expedientado o instruido (como regularmente pasaría en las disciplinas vigentes y anteriores), es evidente que no puede aplicarse sobre *cualquier* ciudadano pudiendo ser sólo imputado a empleados del sector público que no necesariamente trabajan en la Contraloría (pero que siempre gozan de una previa y cualificada relación de empleo público o laboral con una organización del sector público).

iii.b) Tiene un mecanismo propio de investigación preliminar que se instrumentaliza mediante las acciones de control gubernamental y los productos más calificados de éstas (los informes de control),

iii.c) Los informes de control se convierten en piezas probatorias que cumplen un papel prioritario para crear medios probatorios indiciarios y poder relativizar la presunción de inocencia del correspondiente "empleado del sector público".

iii.d) Los incumplimientos o quiebres sobre los deberes sólo puede relevantes si así se reconocen en los informes de control pertinentes.

iii.e) El informe de control acota la potestad disciplinaria de los órganos de Contraloría, por tanto cabe calificar a este sistema como un régimen disciplinario centrado en el informe de control (quedando supeditada la instrucción y probanza a los datos aportados en estos instrumentos).

Por tanto, a partir de todo lo señalado, debemos ser claros en indicar que *el régimen de responsabilidad administrativa funcional es un sistema disciplinario, y debe ser tratado como tal*, con lo cual, no cabe exonerarlo o buscar antijurídicas inaplicaciones de los principios de derecho sancionador que lo limitan o enrumban dentro de los márgenes jurídicos de corrección (aplicables incluso así no sea un ordenamiento disciplinario). En ese sentido, pretender que *non bis in ídem* no existe en la vía administrativa frente a una posible encuentro de cualquier régimen disciplinario y la responsabilidad administrativa funcional, es simplemente no aplicar un principio-derecho del que goza todo empleado público por mandato de la Constitución, razón fundamental que permitiría concluir que el Acuerdo Plenario No. 01-2013-CG/TSRA se habría puesto directamente en contra del contenido implícito de esta última.

3.4.3 Tercer fundamento del precedente y sus argumentos en contrario: "las normas comunes del procedimiento administrativo (y en concreto del régimen sancionador) ceden ante la especialidad del régimen de responsabilidad administrativa funcional"

Los principios de derecho sancionador que aparecen recogidos en el artículo 230 de la LPAG deben ser catalogados como un *ancla básica* de todo el ejercicio punitivo que pueda realizar un Poder Público, sea en cualquier ámbito o bajo la instrumentalización de competencias administrativas o jurisdiccionales (por eso se les puede considerar como verdaderos *principios transversales y de obligatorio cumplimiento* para todo operador que se acerque a la práctica de las potestades públicas como las antes descritas). Es más, como bien se ha afirmado, la reforma promovida por el Decreto Legislativo No. 1029 terminó por cerrar cualquier duda sobre el particular, ya que "el texto original de la LPAG preveía que todas las disposiciones sobre el ejercicio de las potestad sancionadora en ella previstas eran supletorias, de modo que en procedimientos especiales podía establecerse una regulación distinta. Sin embargo, esto no tenía sentido respecto de los principios del procedimiento sancionador, ya que era errado entender que cualquier norma con rango de ley podía establecer que inaplicables en el ámbito que regulaban"[76]

Al respecto, tampoco cabe entender que podría existir una aparente contradicción entre éstos principios y la legislación disciplinaria a cargo de Contraloría, como se intenta deslizar en el fundamento planteado por el precedente, tratando de hacer extender al máximo posible la *especialidad* del numeral 229.3 de la LPAG: "La potestad sancionadora disciplinaria sobre el personal de las entidades se rige por la normativa

---

[76] Cfr. Abruña Puyol, Antonio y Baca Oneto, Víctor, *Notas al curso de derecho administrativo*, pro manuscrito, p. 304.

sobre la materia".[77] Sobre el particular, debe afirmarse *categóricamente* que ha existido una incorrecta interpretación de esta última disposición, a partir de intentar darle un valor único y solitario para la disciplina, tratando que sea un verdadero cable conductor hacia una legislación sectorial que se encontraría apartada de la base mínima planteada por la LPAG. A mayor abundamiento, debe comprenderse que el citado Tribunal Administrativo olvida una de las figuras esenciales que instituye la LPAG: el denominado *procedimiento común*, instituto que otorga un carácter básico a determinadas disposiciones de esta norma, no admitiéndose que las leyes especiales, o emitidas por los Concejos de las organizaciones administrativas descentralizadas, o, también reglamentos de todo origen, no las respeten y asuman obligatoriamente.[78] Así, las disposiciones, que nunca podrían ser supletorias en la LPAG serían: *los principios de todo tipo, los derechos reconocidos a los administrados y cierto tipo de garantías puestas a disposición de estos últimos*. Evidentemente, en los que nos interesa, los principios (y los de derecho administrativo sancionador en particular) contienen "inderogables valores y principios constitucionales que dan plena base y justificación a una legislación uniforme",[79] siendo de recojo forzoso para *toda* la legislación disciplinaria especial aplicable al conjunto de los empleados públicos del país (incluyendo carrera ordinaria, servicio civil, personal laboral, carreras especiales, etc.).

En vista de lo expuesto, cabe preguntarse entonces si, en el actual avance de nuestro Estado Constitucional de Derecho y de la legislación administrativa, ¿es admisible que el *non bis in ídem* no forme parte del tratamiento jurídico de ciertos sujetos participantes o interesados de un procedimiento de raíz sancionadora? Peor todavía, como puede justificarse que un nuevo régimen disciplinario que busca proteger el correcto funcionamiento administrativo y el interés general de manera redoblada, no tenga una base sólida partiendo por descartar de plano un principio-derecho en pos de lograr su dinamización o una supuesta implantación eficiente (situación que será también discutible, pues es incierto el presente y futuro cercano en cuanto a la probable y enredada judicialización que ocurrirá sobre los actos sancionadores que sigan la postura del Acuerdo Plenario N° 01-2013-CG/TSRA).

Por último, cabe recordar que ante los institutos del derecho administrativo sólo cabe la mezcla prudente de legalidad y eficacia, en cabeza de la Administración Pública ejecutora de las correspondientes potestades públicas, sin mostrar desequilibrios hacia ninguno de los dos pilares o ejes mencionados. Hacer lo contrario, es crear la receta perfecta para producir la destrucción de cualquier régimen, más si éste es un sancionador con muchos más problemas que los reseñados en el presente trabajo.

---

[77] A mayor abundamiento, no debe olvidarse ante los argumentos emitidos por el precedente que:
(i) Los principios sancionadores del artículo 230 de la LPAG son reconocidos expresamente en todos los dispositivos que conforman la responsabilidad administrativa funcional,
(ii) Los principios se plantean como verdaderas limitaciones al ejercicio de potestades que practiquen los órganos competentes de la Contraloría, pues se habla de "sujeción" de éstas a sus respectivos contenidos (ver artículo 4 del Decreto Supremo No. 023-2011-PCM). (iii) Incluso, la exposición de motivos de la Ley No. 29622 reconoció expresamente el non bis in ídem al menos en vía disciplinaria, a partir de asumir de su vertiente procesal (tras la idea de la prevalencia de este régimen sobre otros disciplinarios).

[78] Cfr. Abruña Puyol, Antonio y Baca Oneto, Víctor, *Notas al curso de derecho...*Ob. cit., p. 288.

[79] López Menudo, Francisco, "Los principios generales del procedimiento...Ob. cit.,p. 76.

Abreviaturas

a) LSC: Ley del Servicio Civil, Ley No. 30057
b) RGLSC: Reglamento General de la Ley del Servicio Civil, Decreto Supremo No.
c) Directiva Disciplinaria: Directiva Nº 02-2015-SERVIR/GPGSC "Régimen Disciplinario y Procedimiento Sancionador de la Ley Nº 30057, Ley del Servicio Civil".
d) CEFP: Código de Ética de la Función Pública, Ley No. 27815.
e) LPAG: Ley de Procedimiento Administrativo General, Ley No. 27444.
f) PAD: Procedimiento administrativo disciplinario del Servicio Civil.
g) CGR: Contraloría General de la República.

Informação bibliográfica deste texto, conforme a NBR 6023:2002 da Associação Brasileira de Normas Técnicas (ABNT):

VIGNOLO CUEVA, Orlando. Las transformaciones de las potestades disciplinarias peruanas. In: MATILLA CORREA, Andry; NÓBREGA, Theresa Christine de Albuquerque; AGRA, Walber de Moura (Coord.). *Direito Administrativo e os desafios do século XXI*: livro em homenagem aos 40 anos de docência do Prof. Francisco de Queiroz Bezerra Cavalcanti. Belo Horizonte: Fórum, 2018. p. 303-340. ISBN 978-85-450-0555-1.

EFETIVAÇÃO DO ACESSO À SAÚDE PÚBLICA: UMA ANÁLISE DAS UNIDADES DE SAÚDE QUE FORNECEM MAMOGRAFIA NO MUNICÍPIO DO RECIFE

Rafael Lima Castelo Branco Ferreira,
José Mário Wanderley Gomes Neto

1 Introdução

O Sistema Único de Saúde – SUS, modelo oficial de prestações sociais voltadas à saúde no Brasil, é considerado o único sistema que garante assistência integral e gratuita à totalidade da população, fundamentando-se, para tanto, no acesso uniforme e igualitário, decorrentes respectivamente dos princípios da universalidade, equidade e integralidade.

É o principal meio pelo qual o Poder Público cumpre seu dever na relação jurídica prestacional de saúde à população, tendo como meta principal promover a equidade no atendimento das necessidades de saúde da população por meio da oferta de serviços eficazes.

Diante do caráter fundamental do direito subjetivo à saúde, faz-se imprescindível analisar o cumprimento dos referidos princípios pelo Estado, a fim de verificar o grau de eficiência do acesso à saúde pública. Pretende-se, pois, aferir a existência de eficiência e equidade no acesso aos serviços públicos de prevenção ao câncer de mama, a partir da avaliação do tempo médio para realização do exame de mamografia nas unidades de saúde do município do Recife, Pernambuco.

Demonstra ainda como os princípios no qual o Sistema Único de Saúde se baseia são imprescindíveis ao Estado para fornecimento à população de serviços de saúde adequados, e eficazes. Nesse sentido traz-se a conhecimento a definição de Saúde Coletiva, imperiosa ferramenta de efetivação do direito à saúde, que tem como objetivo principal a ampliação das práticas e do conhecimento em saúde, por meio da aplicação do princípio da integralidade.

Colaciona-se ainda instrumentos importantes à efetivação de tal direito, demonstrando, a partir do ponto de vista da integralidade, a contribuição de áreas distintas a saúde, como as ciências sociais, defendendo, assim, a aplicação da integralidade sistêmica como meio de estruturação organizacional dos serviços de saúde.

Doutro modo, realiza-se análise empírica, a partir de dados obtidos no Sistema de Informação do Controle de Câncer de Mama, referentes a mulheres com idade superior a 40 anos durante todo o ano de 2013, dentro do território municipal do Recife, a fim de averiguar a existência de equidade e de eficiência no acesso à saúde pública e, consequentemente, a eficácia de um direito social, ressalta-se, de natureza fundamental.

2 A saúde coletiva como ferramenta de efetivação do direito constitucional à saúde

2.1 Saúde pública × saúde coletiva

Para os fins do presente artigo, utilizar-se-á a clássica definição de Saúde Pública formulada por Winslow (1877-1957), a qual serve como base para diversos manuais sobre o assunto:[1]

> (...) Saúde Pública é a ciência e a arte de evitar doença, prolongar a vida e promover a saúde física e mental, e a eficiência, através de esforços organizados da comunidade, visando o saneamento do meio, o controle das infecções comunitárias, a educação do indivíduo nos princípios da higiene pessoal, a organização de serviços médicos e de enfermagem para o diagnóstico precoce e o tratamento da doença e o desenvolvimento dos mecanismos sociais que assegurarão a cada pessoa na comunidade o padrão de vida adequado para a manutenção da saúde. (*apud* ROCHA; CESAR; RIBEIRO, 2013)

Em sentido estrito, a saúde pública tem como objetivo a análise do processo saúde-doença que visa promover, proteger e restaurar a saúde dos indivíduos e da coletividade, bem como obter um ambiente saudável para a sociedade, através de ações e serviços resultantes de esforços organizados. Desse modo, entre os fundamentos éticos que norteiam as ações coletivas de saúde estão os princípios da beneficência, do respeito à autonomia individual, assim como o princípio da justiça, da equidade e do universalismo, buscando sempre o aperfeiçoamento da prestação social de saúde (ZANCHI; ZUGNO, 2012; ROCHA; CESAR; RIBEIRO, 2013;).

A saúde pública, como definida por Winslow, apresenta-se como o fim pelo qual o Estado, através de diversos aspectos, assegura a cada membro da sociedade o padrão de vida adequado à própria manutenção da saúde, seja de maneira preventiva, seja de maneira contenciosa.

Define como inerente a tal objetivo, entre outros, a "eficiência através de esforços organizados da comunidade", bem como a "organização de serviços médicos e de enfermagem" e o "desenvolvimento dos mecanismos sociais". Faz-se, portanto, para os fins propostos pelo autor, importante a utilização de subsídios técnicos e estruturais destinados à obtenção de tais conjecturas, ou seja, meios inerentes à efetivação da saúde pública em sua ampla concepção.

Para tanto, o desenvolvimento dos mecanismos sociais citados mostra-se imprescindível à garantia do direito à saúde. Do mesmo modo, a eficiência através

---

[1] Nesse sentido: ZANCHI; ZUGNO 2012; GARCIA; EGRY, 2010; ROCHA; CESAR; RIBEIRO, 2013.

de esforços organizados e a organização dos serviços prestados por profissionais da saúde, tanto para o diagnóstico quanto para o tratamento de doenças, são roposituras determinadas pela saúde coletiva, baseando-se no princípio da integralidade para ampliar as práticas e os conhecimentos em saúde através da participação de diversas categorias profissionais, a fim de proporcionar uma maior eficiência no âmbito da saúde pública (GARCIA; EGRY, 2010).

Nesse contexto, a saúde coletiva, nada mais é do que um termo utilizado para designar os conteúdos e projeções da disciplina resultante do movimento sanitarista latino-americano. É, pois, um método ou conjunto de meios para alcançar um conhecimento, perfazendo-se em um campo multiparadigmático, interdisciplinar, com o sentido de ampliar as práticas e o conhecimento em saúde por meio da presença de tipos distintos de disciplinas, estendendo-se das ciências naturais às sociais e humanas, cujas disciplinas básicas são a epidemiologia, o planejamento e a administração da saúde e das ciências sociais em saúde (GARCIA; EGRY, 2010; ZANCHI; ZUGNO, 2012; CAMPOS *et al*, 2013).

A constituição da saúde coletiva, tendo em vista os seus produtivos diálogos com a saúde pública e a medicina social, rompe a concepção de saúde pública, reforçando o debate das ciências sociais e produzindo, consequentemente, uma posição crítica às práticas profissionais e a realidade social (PAIM; ALMEIDA FILHO, 1998; CAMPOS *et al*, 2013).

Cabe a tal campo a propositura de outros modos de pensar a formação e a educação em saúde, de modo a possibilitar ao conjunto das áreas que compõe as ciências da saúde, bem como às demais áreas suplementares, uma visão ampliada do campo, a fim de proporcionar mudanças no atual quadro de desigualdade no acesso à saúde, predominante na sociedade (CAMPOS *et al*, 2013).

Dessa maneira, enquanto processo social, contribui com o estudo do fenômeno saúde-doença nos grupos populacionais, agregando a sua compreensão o reconhecimento do domínio coletivo como campo estruturado de práticas sociais. Admite para tanto a concepção do homem como um ser social em constante relação com outros homens e com seu meio específico (PAIM; ALMEIDA FILHO, 1998; GARCIA; EGRY, 2010).

Contempla, assim, o desenvolvimento de atividades de pesquisa sobre o estado sanitário da população, investigando a produção e distribuição das doenças na sociedade como processo de produção e reprodução social. Analisa ainda as práticas de saúde na sua articulação com as demais práticas sócias e, consequentemente, a natureza das políticas de saúde (PAIM; ALMEIDA FILHO, 1998; ZANCHI; ZUGNO, 2012).

É um campo de produção de conhecimento e de intervenção profissional interdisciplinar e especializada, onde não há limites precisos entre os diferentes modos de analisar, pensar e produzir saúde (CAMPOS *et al*, 2013). Procura, assim, compreender as formas com que a sociedade identifica suas necessidades e problemas de saúde, bem como as intervenções de grupos e classes sociais sobre a questão sanitária, a fim de obter explicações e, consequentemente, uma efetiva organização para enfrentamento das diversas problemáticas inerentes à área (PAIM; ALMEIDA FILHO, 1998; ZANCHI; ZUGNO, 2012).

Verifica-se nesse ponto que as questões sociais, econômicas, políticas e culturais, de diferentes formas, figuraram no âmbito da saúde, variando de acordo com determinada circunstância às quais se associaram os progressos do conhecimento científico. Destarte, a valorização da dimensão subjetiva das práticas de saúde, bem como as vivências, tanto dos usuários, como dos profissionais do setor, tem proporcionado espaço de comunicação e diálogo com outros saberes e práticas, resultando, assim, em novas perspectivas de reflexão e de ação (PAIM; ALMEIDA FILHO, 1998; CAMPOS *et al*, 2013).

No âmbito prático, a saúde coletiva contempla tanto a ação do Estado quanto o compromisso da sociedade para a produção de um ambiente e uma população mais saudável através de atividades profissionais gerais e especializadas que contribuem, entre outros, para a "ressingularização" da epidemiologia, do planejamento, da política e da gestão em saúde (PAIM; ALMEIDA FILHO, 1998; CAMPOS *et al*, 2013).

Analisar o caráter histórico-evolutivo e estrutural da saúde coletiva significa reconhecer, de maneira teórica e empírica, um conjunto de práticas que tomam como objeto as necessidades de saúde, os quais não se submetem ao modelo de saúde pública tradicional, seja quanto ao tipo de profissional utilizado, seja através do modelo de organização de serviços de saúde. Trata-se, portanto, da concretização do princípio da integralidade, uma vez que a saúde coletiva compreende um vasto conjunto formado por partes separadas, as quais se aproximam quando da compreensão dos problemas e a proposta de práticas transcende os limites de campo disciplinar (PAIM; ALMEIDA FILHO, 1998; CAMPOS *et al*, 2013).

Doutro modo, conforme detalhado a diante, o princípio da integralidade, determinante na constituição da saúde coletiva como campo pragmático, também foi assimilado pelo SUS, transformando-se em um de seus princípios basilares, permitindo, no âmbito da saúde pública, uma maior especialização das mais diversas áreas, além de potencializar a assimilação e o enfrentamento dos mais variados objetos, garantindo, portanto, uma maior efetivação do próprio direito à saúde (GARCIA; EGRY, 2010; CAMPOS *et al*, 2013).

2.2   O princípio da integralidade x eficiência administrativa

A Constituição Federal brasileira, apesar de não utilizar a expressão integralidade, afirma ser dever do Estado garantir o "acesso universal e igualitário aos serviços de saúde para sua promoção, proteção e recuperação", o que, em termos práticos, tem sido utilizado correntemente para designar exatamente essa diretriz (PINHEIRO; MATTOS, 2001; MATTOS 2004).

O que se pretende apresentar, em grandes linhas, são os principais aspectos e características da integralidade, porém circunscrita ao setor da saúde pública e ao ponto de vista da efetivação do direito à saúde. Realizando, para tanto, uma análise da inter-relação entre esse princípio e o princípio da eficiência administrativa, notadamente utilizado pelo direito administrativo brasileiro.

O termo integralidade tem sido usado também para designar um dos princípios do Sistema Único de Saúde (SUS): "atendimento integral, com prioridade para as atividades preventivas, sem prejuízo dos serviços assistenciais". Mais do que isso, vem a expressar uma das principais bandeiras de luta do chamado movimento sanitário, relacionando-se mais diretamente com a organização dos serviços e das práticas de saúde (PINHEIRO; MATTOS, 2001; MATTOS, 2004; AGUIAR, 2011).

Compreendido a partir da Lei nº 8.080, de 19 de setembro de 1990, como um "conjunto articulado e contínuo de ações e serviços preventivos e curativos, individuais e coletivos, exigido para cada caso, em todos os níveis de complexidade do sistema" (AGUIAR, 2011). Constitui-se na proposta de um modo de organização voltado para a articulação entre assistência e práticas de saúde pública, ou seja, entre a prevenção, a promoção à recuperação no cuidado prestado ao usuário dos serviços públicos de saúde, além de ações intersetoriais para a melhoria dos níveis de saúde individual e coletiva (PINHEIRO; MATTOS, 2001; AGUIAR, 2011).

O princípio da integralidade, em um dos seus diversos sentidos, corresponde principalmente a uma crítica da dissociação entre as práticas de saúde pública e as práticas assistenciais (PINHEIRO; MATTOS, 2001), não se podendo esquecer, contudo, dos meios inerentes à realização de tais práticas, proporcionando não apenas uma crítica, mas, sim, subsídios à obtenção de maior eficiência na prestação dos serviços voltado à saúde.

Defender a integralidade é defender antes de tudo que as práticas em saúde no SUS sejam sempre intersubjetivas, nas quais profissionais de saúde se relacionem com sujeitos, e não com objetos. As ações de saúde devem, portanto, estar sintonizadas com o contexto específico de cada encontro (MATTOS, 2004), garantindo, assim, a efetivação de outros princípios basilares inerentes à saúde, como o universalismo e a equidade.

Banaliza-se, nesse contexto, o conceito de que os serviços de saúde estejam organizados exclusivamente para responder às doenças de uma população, embora eles devam responder a tais doenças, os serviços devem estar organizados para realizar uma apreensão ampliada das necessidades da população a qual atendem (PINHEIRO; MATTOS, 2001).

Destarte, a integralidade emerge como um princípio de organização contínua e evolutiva do processo de trabalho nos serviços de saúde, caracterizando-se pela busca na ampliação das possibilidades de percepção das necessidades, individuais e coletivas, de saúde dos diversos grupos populacionais (PINHEIRO; MATTOS, 2001).

Frise-se que esta ampliação não pode ser feita sem que se assuma uma perspectiva de diálogo entre diferentes sujeitos e entre seus diferentes modos de perceber as necessidades de serviços de saúde (PINHEIRO; MATTOS, 2001). Mostra-se essencial a integração entre os diversos atores que possam contribuir a tal área, incluindo-se nesse contexto a participação constante da população.

É necessário, portanto, manter uma perspectiva intersubjetiva, na qual se deve levar em conta, além dos conhecimentos técnicos sobre as doenças, o conhecimento sobre os modos de contribuir com a qualidade de vida daqueles com quem se interage no âmbito da saúde. Implica a busca pela construção de projetos terapêuticos individualizados, a partir do diálogo entre profissionais de diversas áreas e paciente, preservando, assim, a equidade dos atendimentos (MATTOS, 2004).

Na prática, uma primeira dimensão da integralidade se expressa a partir da capacidade dos profissionais para responder de forma eficaz ao contencioso, o qual resulta da demanda espontânea, de um modo articulado e conjunto à oferta relativa a ações ou procedimentos preventivos (MATTOS, 2004). Fala-se em equilíbrio entre a prevenção e o contencioso, possibilitando não apenas a cura de doenças existentes, mas a propositura e efetivação de ações de prevenção de doenças e consequente melhoria na qualidade de vida da população.

Profissionalmente, significa incluir no cotidiano de trabalho, rotinas ou processos de busca sistêmica, das necessidades populacionais menos abordadas, de modo a determinar e vincular as demandas contenciosas a uma experiência individual do sofrimento, possibilitando, ao menos em tese, um entendimento prévio da doença que se pretende curar. Para os serviços, portanto, isso significa criar dispositivos para além das ações demandadas pela própria população, ou seja, ações voltadas para prevenção (MATTOS, 2004).

Não se trata, contudo, de desenvolver simples protocolos ou rotinas a fim de identificar e oferecer ações preventivas não demandadas diretamente pelas pessoas que procuram os serviços de saúde. Retomando o objetivo inicial deste trabalho, primeiramente, o de embasar o conhecimento da importância da integralidade no âmbito da saúde coletiva, surge a necessidade de relacionar o conteúdo apresentado aos sentidos do princípio da integralidade, ou seja, a prática dos profissionais, a organização dos serviços e as respostas aos problemas de saúde (MATTOS, 2004; GARCIA; EGRY 2010).

Desse modo, há de se compreender o contexto específico de cada encontro entre membros da equipe de saúde e a população, adotando uma postura que identifique, a partir do conhecimento técnico conjunto, as necessidades preventivas e assistenciais, a fim de selecionar as intervenções mais efetivas a serem ofertadas no contexto de cada encontro (MATTOS, 2004).

Sendo assim, a prática profissional deve estar calcada pela ação multiprofissional de várias disciplinas na compreensão do indivíduo como agente social de transformação e na determinação social do processo-saúde doença; a organização de serviços relacionada à percepção das necessidades de diferentes grupos sociais, atendendo, assim, a proposta da equidade no âmbito da saúde pública; e a resposta aos problemas de saúde articulada a políticas sociais, proporcionando uma maior eficiência nas prestações estatais (GARCIA; EGRY 2010).

A integralidade profissional, no âmbito da saúde pública e, nesse contexto, da saúde coletiva, tem como reflexo uma potencialização na efetivação do princípio constitucional da eficiência administrativa,[2] posto que, de acordo com a Constituição Federal, o Estado deve calcar-se em uma maior produtividade e economicidade, ou seja, é obrigação da Administração Pública a execução dos serviços públicos com presteza funcional (CARVALHO FILHO, 2011).

É necessário destacar que tal princípio não alcança apenas os serviços públicos prestados diretamente à coletividade, devendo ser observado também os serviços administrativos internos das pessoas federativas e das vinculadas a estas. Assim, significa dizer que a administração deve recorrer a novas tecnologias e, consequentemente, a ferramentas mais efetivas, para obter a qualidade total da execução das atividades a seu cargo (CARVALHO FILHO, 2011).

---

[2] "A emenda constitucional nº 19/18, que guindou ao plano constitucional as regras relativas ao projeto de reforma do Estado, acrescentou, ao caput do art. 37, outro princípio: o da eficiência (denominado de "qualidade do serviço prestado" no projeto da Emenda)" (CARVALHO FILHO, 2011).

O direito administrativo tem como objetivo a satisfação mínima de duas finalidades, quais sejam, a ordenação, disciplina e limitação do poder, ao mesmo tempo que a eficácia e a efetividade da ação administrativa, proibindo-se, para tanto, os excessos cometidos pelo Estado, bem como, e ainda mais importante, a proibição de falhas prestacionais (SCHMIDT-ASSMAN, 2003).

Nesse sentido, não é difícil perceber que a inserção de tal princípio reflete a insatisfação da sociedade diante de sua antiga impotência para lutar contra a deficiente prestação de tantos serviços públicos, motivo pelo qual se configura a necessidade de que a reforma da Administração seja constante e adequada às mudanças sociais, e não apenas um fato isolado em busca de impacto (CARVALHO FILHO, 2011).

No âmbito da saúde pública, a fim de proporcionar uma reforma dos serviços prestacionais da Administração, verifica-se outro sentido do princípio da integralidade, relativo às configurações de certas políticas específicas, chamadas pela doutrina de políticas especiais (PINHEIRO; MATTOS, 2001).

Estas são especificamente desenhadas para dar resposta a uma determinada problemática de saúde, ou mesmo aos problemas de saúde que afligem determinado grupo populacional. Esse sentido trata de atributos das respostas governamentais a certos problemas de saúde, ou as necessidades de certos grupos específicos (PINHEIRO; MATTOS, 2001), ou seja, a integralidade aqui pode proporcionar a configuração de políticas públicas de saúde, as quais proporcionem maior efetividade aos serviços prestacionais do Estado.

Destarte, a noção de integralidade expressa a convicção de que cabe ao governo responder a certos problemas de saúde pública, e que essa resposta deve incorporar tanto as possibilidades de prevenção como as possibilidades assistenciais. Assim, por exemplo, nos casos de câncer de mama, uma resposta coerente com a aplicabilidade do princípio da integralidade da assistência proporciona dizer que o sistema único de saúde deveria viabilizar o acesso às técnicas de diagnóstico precoce, assegurando a todas as mulheres que fazem o diagnóstico o acesso às formas de tratamento de que necessitam (PINHEIRO; MATTOS, 2001).

Repise-se que como a prevenção do câncer de mama se faz através de diagnóstico precoce, a oferta de tratamento adequado (contencioso/assistencial), desacompanhada da possibilidade desse diagnóstico (preventivo) é não só uma transgressão ao princípio da integralidade (PINHEIRO; MATTOS, 2001), como algo totalmente inaceitável do ponto de vista ético, quando aplicado à problemática da dignidade da pessoa humana.

A indiscutível polissemia da integralidade admite, portanto, várias significações, razão pela qual a doutrina majoritária compreende a integralidade sob várias dimensões, defendendo, todavia, de maneira uníssona a integralidade como um dos princípios éticos mais importantes para a consolidação do paradigma da produção social da saúde (SIQUEIRA; BUSSINGUER, 2010).

Pode-se afirmar de maneira conclusiva que a integralidade do ponto de vista profissional e de seus serviços, ao proporcionar uma maior integração e especialidade destes profissionais, garante um acesso mais eficaz aos serviços de saúde, os quais deixam de ser meramente contenciosos, passando também a abordar um aspecto preventivo, refletindo em uma melhoria no aspecto de vida dos seus usuários. Afirma-se, sem dúvida, ser este, um princípio inafastável da concepção de saúde pública, vez que se apresenta como um mecanismo de efetivação do princípio constitucional da eficiência administrativa e, consequentemente, um instrumento imperioso a efetivação do direito à saúde.

2.3 A aplicação da integralidade sistêmica como meio de estruturação organizacional dos serviços de saúde

Como já visto, a integração dos serviços de saúde aparece como subsídio inerente às reformas das políticas públicas de saúde, sendo possível afirmar não existir situação alguma no âmbito da saúde que possa ser transformada para melhor, de forma substancial, apenas com a atividade uníssona de uma categoria profissional. Motivo pelo qual se faz necessário o atendimento integral, no sentido de um valor e de um modo de organizar as estruturas das ações de saúde (HARTZ; CONTANDRIOPOULOS, 2004; GARCIA; EGRY, 2010).

A conceituação de integralidade remete à integração de serviços por meio de redes assistenciais, reconhecendo a interdependência dos atores e organizações. Pressupõe, assim, que o atendimento em saúde seja compartilhado entre profissionais de várias disciplinas, sejam de saúde, sejam profissionais das áreas de humanas e afins (HARTZ; CONTANDRIOPOULOS, 2004; GARCIA; EGRY, 2010).

Constata-se, portanto, que nenhuma dessas formações dispõe da totalidade dos recursos e competências necessários para a solução dos problemas de saúde de uma população em suas diversas especificidades (HARTZ; CONTANDRIOPOULOS, 2004; GARCIA; EGRY, 2010). Logo, devem assumir a responsabilidade de contribuir conjuntamente para a melhoria do estado de saúde da população, motivo pelo qual cada uma das profissões envolvidas deve definir-se como profissão e campo de conhecimento específico, para que, assim, tenham clareza de sua contribuição, individual e conjunta, na integração do sistema de saúde.

Torna-se indispensável o desenvolvimento de mecanismos de cooperação e coordenação próprios de uma gestão eficiente e responsável dos recursos coletivos, para que se possa responder de forma eficaz às necessidades de saúde da coletividade (HARTZ; CONTANDRIOPOULOS, 2004). Nesse sentido, faz-se necessária a aplicação do elemento de sistematização, o qual tem como significado o ato ou efeito de organizar diversos elementos em um sistema (GARCIA; EGRY, 2010).

A aplicação da integralidade sistêmica como meio de estruturação organizacional dos serviços de saúde tem como principal sentido o de estruturação das ações de saúde, de acordo com um planejamento baseado em lógica, execução, supervisão e gerenciamento das ações, bem como avaliação dos resultados obtidos. É, pois, um processo que consiste em criar e manter uma governança comum de atores e organizações autônomas, com o propósito de coordenar sua interdependência, proporcionando-lhes uma cooperação para realização de um eficaz projeto coletivo (HARTZ; CONTANDRIOPOULOS, 2004; GARCIA; EGRY, 2010; CAMPOS *et al*, 2013).

Nessa perspectiva, tem-se como principal representação uma rede de cuidados com múltiplas dimensões de integração, envolvendo tanto a concepção consciente do trabalho de atendimento aos usuários do sistema de saúde, com base na integração dos diversos conhecimentos técnico-científicos, quanto a execução das ações de cuidado direto e indireto, organizadas mediante a utilização de diferentes metodologias, entre as quais é possível citar a elaboração de normas, a padronização de cuidados, de ações e de procedimentos e gerenciamento das ações de saúde (HARTZ; CONTANDRIOPOULOS, 2004; GARCIA; EGRY, 2010).

A integração normativa visa garantir a coerência entre o sistema de representações e valores dos atores em simultaneidade com as interfaces da integração sistêmica. Já a integração sistêmica, propriamente dita, interessa-se pela coerência das diferentes modalidades integracionais em todos os níveis de atuação, compreendendo um sistema de resposta eficaz à complexidade e à incerteza dos problemas de saúde (HARTZ; CONTANDRIOPOULOS, 2004).

Tal sistema de integração pressupõe, como já mencionado, ações de gerenciamento necessárias para assegurar a implementação das metodologias de cuidado, avaliação de resultados obtidos, bem como o registro apropriado de todas as dimensões observadas, logo, implica a existência de dinamicidade, flexibilidade e revisão constante do sistema (GARCIA; EGRY, 2010).

Ao se falar em uma reestruturação organizacional dos serviços de saúde a partir de uma integração sistemática, vai-se além da prevenção e da assistência, propondo-se a identificação de situações de bem-estar dos usuários do sistema, que podem ser melhoradas. Ações estas voltadas para o indivíduo, a família e a comunidade, as quais assumem no foco de suas terminologias a dimensão biopsicossocial da população (GARCIA; EGRY, 2010; CAMPOS *et al* 2013).

Cabe reconhecer as transformações político-técnicas que produzem impacto no modo de trabalhar e de formar os profissionais de saúde e das demais áreas envolvidas, proporcionando-lhes novas bases, instrumentos, perfis e capacidades técnicas (HARTZ; CONTANDRIOPOULOS, 2004; GARCIA; EGRY, 2010). Esse reconhecimento é a base para a ampliação da capacidade humana de desenvolver instrumentos de inovação tecnológica e políticas aplicadas ao trabalho, de avaliar o próprio uso de ferramentas, de construir condições de visibilidade das práticas concretas, produzindo melhores decisões e resultados, acessíveis a todos (GARCIA; EGRY, 2010).

Através de uma integralidade sistêmica das ações de saúde, pode-se, de modo conscientemente, intencional e previamente planejado, desenvolver instrumentos e processos para um melhor e mais eficiente acesso à saúde. Proporcionando, consequentemente, atendimento integral à população, ou seja, concretização na prática de um efetivo atendimento às necessidades "biopsicossociais" dos seus usuários (GARCIA; EGRY, 2010).

2.4   A contribuição das ciências sociais ao desenvolvimento positivo da saúde coletiva

Retornando às ideias iniciais postas, verifica-se que as questões sociais, econômicas, políticas e culturais, de diferentes formas, estiveram presentes no trato da medicina, da doença, do cuidado e da saúde, variando de acordo com determinadas conjunturas às quais se associaram os progressos do conhecimento científico (CAMPOS *et al,* 2013).

O avanço do movimento sanitarista nas últimas décadas demonstrou de forma inequívoca que o controle da doença não repousa apenas sob os processos médicos. A evolução nos estudos sociais tem vindo a estabelecer claramente as relações estreitas existentes, por exemplo, entre as taxas de mortalidade, natalidade e fertilidade, com as classes sociais, modelos de urbanização, estilos e ritmos de vida e outros aspectos da organização social (CARAPINHEIRO, 1986).

A necessidade emergencial de profundas mudanças sociais forçou a teoria social contemporânea a se ocupar, aos poucos, dos fenômenos, fatos e contextos dessa época. É nesse cenário que a presença das ciências sociais e humanas foi se consolidando, sendo consideradas como fundamentais para a compreensão dos processos técnicos voltados à saúde, inclusive, quanto aos cuidados de pacientes e nas relações profissionais (LANNI, 2011; CAMPOS *et al*, 2013).

No Brasil, as ciências sociais em saúde constituem um campo de ensino e pesquisa autônomo desde a década de 1960. A institucionalização da participação política através dos mecanismos de controle social do Sistema Único de Saúde levou ao interesse pela relação entre os atores sociais nessas instâncias, bem como pelo grau de participação dos diferentes seguimentos (BODSTEIN, 1992; ZIONI; WESTPHAL, 2007).

A preocupação desse campo científico consiste em entender quais são as relações sociais que se estabelecem nas sociedades contemporâneas, passíveis de garantir uma radicalização da democracia, possibilitando maior contribuição no atendimento do direito e das necessidades da sociedade (GARCIA; EGRY, 2010).

Para entender as condições de saúde e como elas são produzidas, assim como pensar na promoção da saúde enquanto participação das populações no processo de tomada de decisões, faz-se impreterível uma abordagem sociológica sobre tais aspectos. Objetiva-se, juntamente com outras disciplinas, identificar conflitos, a posição dos sujeitos envolvidos, as apresentações e as experiências envolvidas na definição dos problemas vividos, bem como a participação dos atores na elaboração de propostas de enfrentamento (GARCIA; EGRY, 2010).

Frise-se que o processo saúde-doença não pode ser previamente determinado ou obedecer a padrões preestabelecidos de normalidade e generalidade, sendo determinado historicamente pela forma de inserção social do ser humano na sociedade ou, em última instância, pela forma como este se relaciona com a natureza e com os demais seres humanos (GARCIA; EGRY, 2010; LANNI, 2011). Assim, as ciências sociais permitem compreender melhor as diversas modalidades de interação entre as dimensões corporais e sociais da "fragilidade da vida", motivo pelo qual os resultados de suas pesquisas podem e devem alimentar a reflexão e a ação na saúde pública (HERZLICH, 2005).

Nesse sentido, a análise do sistema de cuidados médicos e de seu funcionamento, a partir de um ponto de vista sociológico, evidencia de forma constante a importância das variáveis sociais, uma vez que estas influenciam a própria estruturação dos serviços de saúde e o acesso da população a estes, determinando as distintas trajetórias patológicas de um paciente ou mesmo a eficácia e a qualidade de tais serviços de saúde (HERZLICH, 2005).

Quanto à eficácia dos serviços em análise, há de se afirmar que o nível qualitativo de saúde decorre da estratificação social que configura determinado contexto ou território e que determina a distribuição desigual dos fatores produtores de saúde, possibilitando maior equidade no acesso aos serviços de saúde (HERZLICH, 2005; ZIONI; WESTPHAL, 2007).

As desigualdades econômicas expressas pela posição que ocupa uma pessoa na estratificação social refletem uma desigualdade de acesso aos fatores de boa ou má saúde, aumentando a parcialidade da área. Desse modo, combater a desigualdade é uma garantia de melhora do nível de saúde, fazendo-se necessário o desenvolvimento de políticas intersetoriais, além da participação e conscientização das populações, para que estas possam colaborar de maneira mais eficaz na transformação da sociedade (ZIONI; WESTPHAL, 2007).

Em termos de produção científica e de propostas de intervenção e de políticas públicas, as iniciativas de promoção da saúde vêm proporcionando colaborações significativas, exigindo, inclusive, o desenvolvimento de estudos sobre a participação política, entendida em um contexto de transformação social. Isso porque não se trata mais tão somente de, por meio das políticas sociais, suprir os indivíduos portadores de direitos da satisfação de suas necessidades básicas, mas promover formas de inclusão social dos mesmos (ZIONI; WESTPHAL, 2007; CAMPOS *et al*, 2013).

Finalmente, convém também considerar a contribuição das ciências sociais em um plano macrossocial, uma vez que elas já relevaram a importância dos desafios associados ao valor-saúde nas sociedades atuais (HERZLICH, 2005).

Na contemporaneidade, a questão social não diz respeito à promoção de uma cidadania abstrata, utópica, mas à criação de espaços em que essa cidadania possa se enraizar em experiências individuais concretas. O que se discute não é a simples integração dos indivíduos para transformá-los em cidadãos, trata-se, ao contrário, de criar condições sociais que permitam a cada pessoa ascender com sua particularidade à cidadania e construir sua vida com o máximo de autonomia, tornando-se, portanto, sujeito de direitos (ZIONI; WESTPHAL, 2007).

A apreensão de um problema social em termos de saúde ameaçada, de fragilidade corporal, seja na forma de patologia, ou aparecimento de um risco, autoriza a ação política e, inclusive, a torna necessariamente urgente. É nesse contexto, em que a saúde tem o estatuto de principal referente simbólico, que qualquer ação de saúde pública deve, doravante, se situar, logo, para compreender suas implicações, motivo pelo qual a contribuição das ciências sociais é indispensável para tal fim (HERZLICH, 20005).

3 O acesso à mamografia no âmbito da saúde pública: uma análise das unidades de saúde do município de Recife

3.1 Breves considerações sobre o câncer de mama

O câncer de mama é a neoplasia maligna de maior ocorrência entre as mulheres em muitos países, representando, no Brasil, a mais frequente na maior parte das regiões do país. É, provavelmente, o tipo de câncer mais temido pela população feminina na atualidade, sobretudo pelo impacto psicológico provocado, uma vez que envolve negativamente a percepção da sexualidade e a própria imagem pessoal, mais do que se observa em qualquer outro tipo de câncer (BRASIL, 2008; SANTOS; KOCH, 2010).

Dessa forma, verifica-se que a maioria dos esforços relacionados ao controle dessa doença está dirigida às ações de detecção precoce, ou seja, à descoberta dos tumores mamários ainda em estágio inicial. Para tanto, faz-se necessário o uso de programas de rastreamento do câncer de mama, tendo como objetivo a identificação de mulheres assintomáticas (nódulos impalpáveis) ou em estágio prematuro da doença (nódulos palpáveis até 2 cm), a fim de obter-se um diagnóstico e, consequentemente, um tratamento precoce, o que, ressalta-se, pode ter influências significativas na diminuição da mortalidade causada por tal tumor (BRASIL, 2008; LOURENÇO; MAUAD; VIEIRA, 2013).

As estimativas relativas ao câncer mamário no Brasil apresentam tendências de incremento tanto de incidência quanto de mortalidade. Os custos sociais e econômicos com o tratamento da doença e a perda prematura de anos de vida de mulheres jovens e produtivas têm justificado de maneira ampla a inclusão deste tema entre as preocupações do Estado e da gestão em saúde, bem como incentivado maiores pesquisas nesse campo (MARCHI; GURGEL, 2010).

Nesse sentido, as estratégias recomendadas para o rastreamento do câncer de mama são o exame clínico das mamas (ECM) e a mamografia (BRASIL, 2008; LOURENÇO; MAUAD; VIEIRA, 2013). Este último, objeto do presente estudo, tendo em vista a maior complexidade e a constatação de possíveis dificuldades no seu acesso.

3.2   A mamografia como meio de prevenção do câncer de mama

A mamografia é um procedimento diagnóstico que permite, a partir das características das imagens radiológicas, a identificação de alterações ou sinais de malignidade nas mamas, mesmo ainda não perceptíveis ao exame clínico, ou seja, antes de tornar-se uma lesão palpável (BRASIL, 2008).

No Brasil, o controle do câncer de mama é uma prioridade da política de saúde, uma vez que este é o principal tipo de neoplasia maligna que afeta as mulheres no país. Desde 2004, as ações governamentais implantadas pelo Ministério da Saúde, têm-se orientado para oferecer à população o acesso a procedimentos de detecção precoce dessa doença, preconizando, assim, a realização do exame clínico anual para todas as mulheres assintomáticas a partir dos 40 (quarenta) anos de idade e mamografia bienal para as mulheres entre 50 (cinquenta) e 69 (sessenta e nove) anos, com recomendações mais intensas para as que pertencem a grupos de alto risco (SANTOS; KOCH, 2010; SILVA *et al*, 2014).

O rastreamento mamográfico para o câncer de mama é atualmente a melhor metodologia de prevenção secundária a nível populacional, constituindo medida de intervenção, a qual promove a detecção precoce na fase assintomática, implicando, consequentemente, a redução substancial da morbimortalidade causada pelo diagnóstico tardio (LOURENÇO; MAUAD; VIEIRA, 2013).

Todavia, pode-se afirmar que o programa para o rastreamento do câncer mamário tem caráter oportunístico, ou seja, apenas a procura espontânea por qualquer consulta médica motiva a realização do exame clínico das mamas e a consequente solicitação da mamografia. Ações mais amplas, como mutirões para realização de mamografia são variantes dessa mesma política de rastreamento, ressalta-se, contudo, que até o presente momento tal exemplo de política de saúde, apesar de mostrar crescimento esporádico, apenas se mostra como uma realidade parcial no Brasil (MARCHI; GURGEL, 2010), manifestando-se casualmente a partir de datas ou movimentos específicos.

Insta salientar que nos Estados Unidos, por exemplo, a elevação na incidência de câncer de mama tem se associado à diminuição da mortalidade, observando-se uma sobrevida de 84,1% em 05 (cinco) anos. Resultado este consequente aos avanços no tratamento e à realização de programas de rastreamento. No Brasil, a elevação da incidência tem se associado à elevação na mortalidade, e a sobrevida é de 67.8% aos 05 (cinco) anos, decorrentes do limitado número de mulheres diagnosticadas precocemente (LOURENÇO; MAUAD; VIEIRA, 2013).

Das barreiras inerentes à realização do exame mamográfico pode-se citar principalmente: acessibilidade aos serviços de saúde, custo dos exames e, consequentemente, dificuldade de realização de exames de seguimento no âmbito público. Verifica-se, assim, um déficit na realização de tal exame em nível populacional e uma limitação no sistema de saúde pública, constatando-se uma marcada desigualdade regional no acesso à detecção precoce e à cirurgia, sendo o acesso, até o presente momento, mais baixo na região Norte e mais alto na região Sul (LOURENÇO; MAUAD; VIEIRA, 2013; SILVA *et al*, 2014).

Nesse contexto, faz-se imperioso a avaliação dos serviços públicos de prevenção e diagnóstico do câncer de mama, a fim de averiguar a existência de eficiente e equidade no acesso a tal exame e, consequentemente, a efetivação de um direito básico de todas as mulheres.

3.3 O acesso à mamografia no município do Recife: tempo de espera para realização do exame

3.3.1 Metodologia: fontes de dados

Para realização do presente estudo, foram utilizados dados do Sistema de Informação do Controle de Câncer de Mama – SISMAMA, referentes a mulheres com idade superior a 40 (quarenta) anos no período de 2013, para o município do Recife, Pernambuco. Pretende-se avaliar o tempo médio para realização do exame de mamografia nas unidades de saúde pública do município alvo e, consequentemente, a existência de eficiência e equidade no acesso aos serviços públicos de prevenção ao câncer de mama.

O SISMAMA é um subsistema de informação para o controle do câncer, instituído pelo Ministério da Saúde para Monitoramento das ações de detecção precoce do câncer de mama através da Portaria nº 779/SAS, de dezembro de 2008. Dessa forma, foi implantado em 2009 com o objetivo de padronizar a coleta de dados sobre o rastreamento, o diagnóstico e o tratamento do câncer de mama no âmbito nacional, permitindo a avaliação das ações de controle da doença (BRASIL, 2010; SILVA *et al*, 2014).

No sistema instalado nos serviços públicos ou nos prestadores contratados pelo Sistema Único de Saúde (módulo do prestador de serviço) e nas Coordenações de Saúde da Mulher das secretarias estaduais e municipais de saúde (módulo de coordenação), são registrados os dados de solicitação e resultados de exame de mamografia, citopatológicos (biópsia) e anatomopatológicos (peça cirúrgica) de mama (BRASIL, 2010; SILVA *et al*, 2014).

As informações do sistema começam a ser geradas na Unidade Básica de Saúde, onde o profissional, ao identificar uma usuária sintomática ou assintomática, mas dentro da faixa etária determinada pelo Ministério da Saúde, deve solicitar a mamografia de "rastreamento" ou "diagnóstica" em formulário de requisição padronizado e fazer seu encaminhamento (BRASIL, 2010; SILVA *et al*, 2014).

Frise-se que o laudo mamográfico padronizado gerado no SISMAMA se baseia na categorização do *Breast Imaging Reporting and Data System* (BI-RADS),[3] o qual é entregue para a usuária, a qual deve se dirigir ao profissional que solicitou o exame para conduta apropriada (SILVA *et al*, 2014).

Com a utilização de tal ferramenta, foram construídos indicadores de prestação de serviços de mamografia em âmbito municipal, os quais traduzem o acesso efetivo ou uso dos serviços, contemplando as unidades prestadoras do exame, bem como o tempo entre a marcação e a realização real do exame.

3.3.2 Resultado da análise do Sistema de Informação do Programa de Controle do Câncer de Mama – SISMAMA

A recente Lei nº 12.732, de 22 de novembro de 2012, ao versar a respeito do primeiro tratamento do paciente com neoplasia maligna comprovada no âmbito do Sistema Único de Saúde, determina que o paciente diagnosticado tenha direito de se submeter ao primeiro tratamento no prazo máximo de até 60 (sessenta) dias contados a partir do dia em que for firmado o diagnóstico em laudo patológico ou em prazo menor, conforme a necessidade terapêutica do caso registrada em prontuário único.

Constata-se, a partir dessa determinação, o quanto a celeridade e eficiência são importantes no diagnóstico e início do tratamento do paciente portador de neoplasia maligna. Dessa forma, é possível afirmar que assim como o tratamento do câncer deve ser realizado em intervalo temporal mínimo, seu diagnóstico, realizado através dos exames competentes, também deve ser célere, a fim de proporcionar na maior brevidade a confirmação da necessidade de realização de cirurgia ou tratamento quimioterápico.

A presente pesquisa tem como objetivo analisar no âmbito do câncer de mama, a existência de equidade e eficiência, princípios basilares do Sistema Único de Saúde (AGUIAR, 2011), no acesso à mamografia nas unidades de saúde da rede pública do município do Recife. Para tanto, analisou-se um total de 49.868 exames de mulheres com idade igual ou superior a 40 anos, realizados em 15 unidades integrantes da rede de saúde pública, durante todo o ano de 2013.

---

[3] Nota explicativa: *"Breast Imaging Reporting and Data System* (BI-RADS), publicação do Colégio Americano de Radiologia (EUA), traduzida pelo Colégio Brasileiro de Radiologia. Este sistema padroniza o laudo mamográfico e sugere as condutas clínicas" (BRASIL, 2010).

Tabela 1 – Quantidade de exames por prestador de serviço e tempo de espera entre a marcação e a efetiva realização do exame mamográfico em Recife durante o ano de 2013

Prestador de Serviço	0 – 30 dias		31 – 60 dias		> 60 dias		Total
	N	(%)	N	(%)	N	(%)	N
0000434 – Inst. de Med. Int. Prof. Fernando Figueira	1.716	85%	156	8%	142	7%	2.014
0000477 – Hospital Universitário Oswaldo Cruz	91	100%	–	–	–	–	91
0000582 – Hospital Câncer de Pernambuco	3.355	100%	4	0%	9	0%	3.368
0000418 – Hospital Agamenon Magalhães	152	39%	66	17%	167	43%	385
2427427 Hospital Barão de Lucena	927	76%	227	19%	69	6%	1.223
0000396 Hospital das Clínicas	160	53%	48	16%	92	31%	300
2346613 – Qualimagem – Diagnóstico por Imagem	4.208	99%	21	0%	31	1%	4.260
0001627 – Clínica Radiológica Santo Antônio Ltda.	278	45%	298	48%	46	7%	622
0001678 – Instituto de Radium e Radiologia Ltda.	2.690	99%	8	0%	16	1%	2.714
0001791 – Clínica Radiológica Manoel Medeiros	844	90%	57	6%	33	4%	934
0001341 – Clínica Radiológica Nossa Sra. do Carmo	25.311	100%	22	0%	75	0%	25.408
0001805 – Clínica Radiológica Walter Braga Ltda.	2.339	98%	49	2%	9	0%	2.397
0001457 – Clínica Radiológica Manoel Borba Ltda.	2.303	79%	452	16%	150	5%	2.905
2777460 – Hospital Santo Amaro	273	32%	353	41%	228	27%	854
0000566 – Fundação Manoel da Silva Almeida	271	11%	1.472	62%	650	27%	2.393
Total	**44.918**	**90%**	**3.233**	**6%**	**1.717**	**3%**	**49.868**

Legenda:
0; 0,0
Dado numérico igual a zero não resultante de arredondamento;
– Dado numérico igual a zero resultante de arredondamento de um dado original positivo.

Fonte: Dados colhidos no Sistema de Informação do Controle do Câncer de Mama (SISMAMA). (http://tabnet.datasus.gov.br/cgi/tabcgi.exe?siscolo/sismama/DEF/PEMMAMA4.def)

Conforme se pode observar na Tabela 1, o intervalo temporal entre a solicitação e a efetiva prestação do exame foi dividido em três períodos (0-30 dias; 31-60 dias; > 60 dias), possibilitando uma maior facilidade na mensuração da eficiência de cada unidade de saúde, bem como o resultado geral no âmbito municipal.

Observa-se com a Tabela 1 que 90% dos exames realizados no âmbito do município do Recife, levaram entre 0 a 30 dias desde sua marcação até a efetiva realização, o que, juntamente com os pequenos valores apresentados no período superior a 31 dias, os quais não ultrapassam 10% do quantitativo total, demonstra em seu conjunto uma expressiva eficiência do sistema de saúde pública em relação ao acesso à mamografia.

Destarte, o resultado obtido corrobora com a definição constitucional de eficiência adotada no presente trabalho, na qual o Estado diretamente ou por meio de contratação do setor privado deve calcar-se em uma maior produtividade, em detrimento da economicidade, sendo sua obrigação a execução dos serviços públicos com celeridade suficiente para alcançar o interesse da população (CARVALHO FILHO, 2011). É possível, ao analisar o acesso ao exame de mamografia em sua conjuntura, afirmar que a Administração Pública, no âmbito territorial do município do Recife, apresentou um tempo de espera satisfatório, ratificando a obrigação de prestação de serviço com eficiência administrativa.

Todavia, é imperioso afirmar que a eficiência mensurada na Tabela 1, tendo em vista fazer menção apenas aos valores obtidos na totalidade da rede pública de saúde, logo, sem levar em conta uma perspectiva isolada de cada uma das unidades contempladas, pode ocultar a realidade dos serviços oferecidos individualmente pelas prestadoras do exame de mamografia, levando, assim, a uma conclusão equivocada acerca da qualidade e equidade do acesso a tais serviços.

Faz-se necessário, portanto, uma análise detalhada dos resultados individuais de cada uma das unidades de saúde, a fim de averiguar a existência de equidade na prestação do serviço de mamografia. Assim, a tabela 2, ao ordenar as unidades de atendimento, a partir dos melhores resultados percentuais obtidos no intervalo de espera de até 30 dias, permite uma melhor visualização da problemática apresentada neste trabalho.

Tabela 2 – *Ranking* das unidades de saúde pública com menor tempo de espera na realização de exame de mamografia em Recife, durante o ano de 2013

#	Prestador de Serviço	0 – 30 dias		31 – 60 dias		> 60 dias		Total
		N	(%)	N	(%)	N	(%)	N
1º	0001341 – Clínica Radiológica Nossa Sra. do Carmo	25.311	100%	22	0%	75	0%	25.408
2º	0000582 – Hosp. Câncer de Pernambuco	3.355	100%	4	0%	9	0%	3.368
3º	0000477 – Hospital Universitário Oswaldo Cruz	91	100%	–	–	–	–	91
4º	2346613 – Qualimagem – Diagnóstico por Imagem	4.208	99%	21	0%	31	1%	4.260
5º	0001678 – Instituto de Radium e Radiologia Ltda.	2.690	99%	8	0%	16	1%	2.714
6º	0001805 – Clínica Radiológica Walter Braga Ltda.	2.339	98%	49	2%	9	0%	2.397
7º	0001791 – Clínica Radiológica Manoel Medeiros	844	90%	57	6%	33	4%	934
8º	0000434 Inst. de Med. Int. Prof. Fernando Figueira	1.716	85%	156	8%	142	7%	2.014
9º	0001457 – Clínica Radiológica Manoel Borba Ltda.	2.303	79%	452	16%	150	5%	2.905

(Continua)

Tabela 2 – *Ranking* das unidades de saúde pública com menor tempo de espera
na realização de exame de mamografia em Recife, durante o ano de 2013

#	Prestador de Serviço	0 – 30 dias		31 – 60 dias		> 60 dias		Total
		N	(%)	N	(%)	N	(%)	N
10º	2427427 – Hospital Barão de Lucena	927	76%	227	19%	69	6%	1.223
11º	0000396 Hospital das Clínicas	160	53%	48	16%	92	31%	300
12º	0001627 Clínica Radiológica Santo Antônio Ltda.	278	45%	298	48%	46	7%	622
13º	0000418 Hospital Agamenon Magalhães	152	39%	66	17%	167	43%	385
14º	2777460 Hospital Santo Amaro	273	32%	353	41%	228	27%	854
15º	0000566 Fundação Manoel da Silva Almeida	271	11%	1.472	62%	650	27%	2.393

Legenda:
0; 0,0
Dado numérico igual a zero não resultante de arredondamento;
– Dado numérico igual a zero resultante de arredondamento de um dado original positivo.
Fonte: Dados colhidos no Sistema de Informação do Controle do Câncer de Mama (SISMAMA).
(http://tabnet.datasus.gov.br/cgi/tabcgi.exe?siscolo/sismama/DEF/PEMMAMA4.def).

Analisando as três primeiras posições no *ranking* colacionado na Tabela 2, verifica-se que todas as unidades apresentaram unanimidade de atendimento (100%) no período máximo de 30 dias (0 – 30 dias), demonstrando uma suposta eficiência em seu atendimento.

Nesse contexto, é importante a análise do terceiro lugar, Hospital Oswaldo Cruz (3º lugar), o qual, apesar de apresentar 100% de atendimentos no intervalo entre 0 e 30 dias, apenas realizou em todo ano de 2013 o total de 91 exames. Quantitativo este de baixa significância quando comparado a 25.311 procedimentos realizados na Clínica Radiológica Nossa Sra. do Carmo (1º lugar) e 3.355 mamografias realizadas pelo Hospital do Câncer e Pernambuco (2º lugar), ambos os quantitativos também dentro do intervalo temporal de até 30 dias.

Sendo assim, é legível afirmar que diante do presente caso, não se faz possível comparar a eficiência do terceiro colocado na Tabela 2, com as outras unidades de mesma porcentagem.

Frise-se que de mesmo modo, a clínica Qualimagem – Diagnóstico por Imagem (4º lugar), apesar de encontrar-se abaixo do Hospital Oswaldo Cruz (3º lugar), realizou no mesmo período de um ano, um total de 4.260 exames, dos quais 4.208 foram efetivados em até 30 dias (99% dos atendimentos), logo, mostrando-se mais eficiente do que o colocado imediatamente à sua frente na Tabela 2, quando da análise do tempo de espera em relação à quantidade de exames.

Nesse ínterim, mostra-se necessário também a realização de comparativo entre os últimos três colocados da Tabela 2, os quais apresentaram baixo rendimento na realização de exames no período de até 30 dias. Todavia, atentar-se aos demais intervalos temporais é imperioso para obtenção de uma conclusão justa acerca da posição de cada uma das unidades na referida tabela.

Apesar de encontrar-se em última colocação, é importante atentar para o fato de que a Fundação Manoel da Silva Almeida (15º lugar) contemplou um total de 2.393 exames no período de um ano, dos quais 1.472 usuários foram devidamente atendidos entre 31 e 60 dias, ou seja, em tempo de espera mediano, enquanto 271 foram efetivados entre 0 e 30 dias. Apresentou ainda um total de 650 exames realizados após mais de 60 dias de espera, o que perfaz 27% dos atendimentos efetuados.

Em contrapartida, o Hospital Agamenon Magalhães (13º lugar), duas posições a frente no ranking realizou 39% dos seus exames no período de 0 a 30 dias, ressaltando-se que o total de exames dessa unidade foi de 385, ou seja, quantitativo bem inferior ao da Fundação Manoel da Silva. Doutro modo, constata-se que 43% de seus exames levaram entre 31 e 60 dias para serem realizados, o que também se mostra superior ao quantitativo da última colocada (15º lugar), principalmente quando levado em conta o montante total de exames realizados pelas duas unidades.

Constata-se, portanto, que, apesar da superioridade percentual do Hospital Agamenon Magalhães quanto aos exames realizados no período de até 30 dias, não se mostra possível afirmar que o mesmo é mais eficiente do que a Fundação Manoel da Silva Almeida, ou no caso, que este último é menos eficiente do que o primeiro. Sendo possível afirmar ainda que a mesma hipótese é verificada quando realizado comparativo entre a 13º e a 14º colocada, constatando-se que esta apresenta melhor resultado individual em detrimento daquela.

Outrossim, analisando os demais prestadores de serviço contidos na Tabela 2, faz-se necessário asseverar que algumas das unidades existentes na mesma apresentam rendimento bastante distribuído entre os intervalos temporais propostos (0 – 30 dias; 31 – 60 dias; > 60 dias), o que leva a crer que sua eficiência administrativa quanto ao tempo de espera na realização dos exames é menor do que demonstra uma análise menos detalhada. É o caso, por exemplo, da Clínica Radiológica Santo Antônio Ltda. (12º lugar), na qual se pode detectar que, apesar da baixa quantidade de exames realizados em comparação a outros, o que totaliza 622 exames, quase a metade destes levou entre 31 a 60 dias para serem realizados (48%), enquanto 7% dos usuários tiveram que aguardar mais de 60 dias por tal feito.

Em semelhante caso, o Hospital das Clínicas (11º lugar), apesar de ter realizado apenas 300 exames no ano de 2013, possui uma percentagem de 31% pacientes, que levaram mais de 60 dias para serem atendidos, ou seja, apresentando eficiência no atendimento ainda mais baixa do que a 12º colocada.

Como já afirmado, o principal objetivo da implantação do Sistema Único de Saúde foi a redução da desigualdade na assistência à saúde, ou seja, a promoção da equidade no atendimento das necessidades da população, garantido, contudo, a preservação do acesso público e gratuito pelo Estado. Destarte, através da equidade todo cidadão deve ser visto como igual, sendo, portanto atendido conforme as suas necessidades, independentemente de aspectos como localização geográfica ou situação econômico-social (AGUIAR, 2011; ROCHA; CESAR; RIBEIRO, 2013).

Pode-se então concluir, a partir da Tabela 2, que apesar dos resultados positivos relativos à eficiência total do acesso ao exame de mamografia na rede de saúde pública do recife, tal realidade não se repete no âmbito da equidade ou mesmo da universalidade, uma vez que é possível verificar hipóteses nas quais o tempo de espera para realização do exame, em regra, mostra-se maior que 60 dias. Devendo-se levar em consideração a localização geográfica menos favorecida nas quais algumas das unidades com resultados mais baixo se encontram, o que reflete, de fato, a existência de desigualdades no acesso à saúde pública.

4 Conclusões

O direito à saúde, conforme demonstrado, procura não apenas preservar a integridade física e mental do ser humano, mas garantir igualdade entre a população, trazendo através da prestação estatal o direito subjetivo a um tratamento condigno e uniforme, independentemente da situação econômica do indivíduo, sob risco de perda da eficácia da norma constitucional.

No âmbito da saúde pública, conclui-se que o Estado tem a obrigação de promover atos que não apenas respeitem o direito fundamental à saúde, mas também protejam este de forma a permitir ao particular não apenas o direto a um tratamento condigno, mas também a prevenção de doenças, através da promoção de políticas públicas, as quais são de fundamental importância para efetivação de tal direito.

Para tanto, traz-se a conhecimento o atual conceito de Saúde Coletiva, campo multiparadigmático, interdisciplinar, com principal objetivo de ampliar as práticas e o conhecimento em saúde, por meio da integralidade profissional. Integralidade esta que contempla disciplinas não provenientes apenas das ciências naturais, mas também as sociais e humanas, ratificando a contribuição destas últimas para efetivação da própria norma constitucional.

Nesse sentido, a integralidade como princípio remete à integração de serviços por meio de redes assistenciais, reconhecendo a interdependência dos atores e organizações, determinando que o atendimento em saúde seja compartilhado entre profissionais de várias disciplinas, sejam de saúde, propriamente dito, sejam profissionais das áreas de humanas e afins.

Esses, por sua vez, assumindo a responsabilidade de contribuir conjuntamente para a melhoria do estado de saúde da população, motivo pelo qual cada uma das profissões envolvidas deve definir-se como profissão e campo de conhecimento específico para que assim, tenham clareza de sua contribuição, individual e conjunta, na integração do sistema de saúde, ressalta-se, capaz de potencializar a efetivação do princípio da eficiência administrativa, calcando-se o Estado em uma maior produtividade preventiva e, consequentemente, economicidade no âmbito contencioso.

No mesmo raciocínio, demonstra-se que a aplicação da integralidade sistêmica como meio de estruturação organizacional dos serviços de saúde, tem como principal sentido, o de reorganização e sistematização das ações de saúde, de acordo com um planejamento baseado em lógica, execução, supervisão e gerenciamento das ações, bem como avaliação dos resultados obtidos. Criando-se e preservando uma governança comum de atores e organizações autônomas, com o propósito de coordenar sua interdependência, proporcionando-lhes uma cooperação para realização de um projeto coletivo eficaz.

Outrossim, atendo-se à análise de uma das neoplasias malignas de maior incidência no Brasil, realiza-se a avaliação dos serviços públicos de prevenção e diagnóstico do câncer de mama, a fim de averiguar a existência de eficiente e equidade no acesso a tal exame e, consequentemente, a efetivação de um direito básico de todas as mulheres.

A presente pesquisa objetivou analisar, no âmbito do câncer de mama, a existência de equidade e eficiência, princípios basilares do Sistema Único de Saúde, no acesso à mamografia nas unidades de saúde da rede pública do município do Recife. Para tanto, analisou-se um total de 49.868 exames de mulheres com idade igual ou superior a 40 anos, realizados em 15 unidades integrantes da rede de saúde pública, durante todo o ano de 2013.

Os resultados obtidos permitem afirmar que o acesso ao exame de mamografia no município do Recife apresentou um tempo de espera satisfatória, corroborando com a definição constitucional de eficiência ora adotada, na qual o Estado diretamente ou por meio de contratação do setor privado deve calcar-se em uma maior produtividade, em detrimento da economicidade, sendo sua obrigação a execução dos serviços públicos com celeridade suficiente para alcançar o interesse da população. Observa-se, portanto, a existência de eficiência administrativa do Estado, no que condiz ao acesso à mamografia nas unidades de saúde do município do recife.

Doutro modo, a partir de uma análise individualizada de cada unidade de saúde contemplada neste trabalho, é possível concluir que apesar dos resultados positivos quanto à eficiência geral do acesso ao exame mamográfico na rede de saúde pública do Recife, tal realidade não se repete no campo da equidade. Tal conclusão se mostra possível ao constatar-se que em diversas unidades pesquisadas o tempo de espera para realização do exame, em regra, mostra-se superior que 60 dias, podendo-se levar em consideração, ainda, a localização geográfica menos favorecida na qual algumas das unidades com resultados mais baixos se encontram.

Destarte, a presente pesquisa possibilitou a constatação de que apesar da existência de eficiência da rede municipal de saúde pública, quanto ao tempo de espera para realização da mamografia, o acesso eficiente a tal exame apenas é verificado em algumas das unidades de saúde, verificando-se a existência de diversas clínicas e hospitais com tempo de espera insatisfatório, o que, de certo, torna possível afirmar não existir equidade no acesso a tal serviço.

Referências

AGUIAR, Zenaide Neto. *SUS*: Sistema Único de Saúde: antecedentes, percursos, perspectivas e desafios. São Paulo: Martinari, 2011.

BRASIL. Ministério da Saúde. Instituto Nacional de Câncer. *Ações de enfermagem para o controle do câncer*: uma proposta de integração ensino-serviço. 3. ed. Rio de Janeiro, 2008.

BRASIL. Ministério da Saúde. Instituto Nacional de Câncer. *SISMAMA*: informação para o avanço das ações de controle do câncer de mama no Brasil. Rio de Janeiro, 2010.

BODSTEIN, Regina Cele de Andrade. Ciências sociais e saúde coletiva: novas questões, novas abordagens. *Caderno de Saúde Pública*, Rio de Janeiro, v. 8, n. 2, p. 140-149, abr./jun 1992.

CAMPOS, Gastão Wagner *et al. Tratado de saúde coletiva*. 2. ed. São Paulo: Hucitec, 2013.

CARAPINHEIRO, Graça. A saúde no contexto da sociologia. *Revista Sociologia, Problemas e Práticas*, Lisboa, n. 1, p. 9-22, jun 1986.

CARVALHO FILHO, José dos Santos. *Manual de direito administrativo*. 24. ed. Rio de Janeiro: Lumen Juris, 2011.

GARCIA, Telma Ribeiro; EGRY, Emiko Yoshikawa. *Integralidade da atenção no SUS e sistematização da assistência de enfermagem*. Porto Alegre: Artmed, 2010.

HARTZ, Zulmira M. de Araújo; CONTANDRIOPOULOS, André-Pierre. Integralidade da atenção e integração de serviços de saúde: desafios para avaliar a implantação de um "sistema sem muros". *Cad. Saúde Pública*, Rio de Janeiro, 2004, 20 sup. 2:S331-S336.

HERZLICH, Claudine. Fragilidade da vida e desenvolvimento das ciências sociais no campo da saúde. *Revista Saúde Coletiva*, Rio de Janeiro, v. 15, n. 2, p. 193-303, 2005.

LANNI, Aurea Maria Zöllner. Questões Contemporâneas sobre natureza e cultura: notas sobre a saúde coletiva e a sociologia no Brasil. *Saúde e Sociedade*, São Paulo, v 20, n.1. p 32-40, 2011.

LOURENÇO, Tânia Silveira; MAUAD, Edmundo Carvalho; VIEIRA, Aloisio da Costa. Barreiras no rastreamento do câncer de mama e o papel da enfermagem: revisão integrativa. *Revista Brasileira de Enfermagem*, Brasília, v. 66, n. 4, p. 585-91, jul./ago 2013.

MARCHI, Ailton Augustinho; GURGEL, Maria Salete Costa. Adesão ao rastreamento mamográfico oportunístico em serviços de saúde públicos e privados. *Revista Brasileira de Ginecologia e Obstetrícia*, Rio de Janeiro, v. 32, n. 4, p. 191-7, 2010.

MATTOS, Rubens Araujo. A integralidade na prática (ou sobre a prática da integralidade). *Caderno Saúde Pública*, Rio de Janeiro, v. 20, n. 5, p. 1411-1416, set./out 2004.

PAIM, Jairnilson S.; ALMEIDA FILHO; Naomar. Saúde Coletiva: uma "nova saúde pública" ou campo aberto a novos paradigmas? *Revista Saúde Pública*, v. 32, n. 4, p. 299-316, ago, 1998.

PINHEIRO, R.; MATTOS, R. A. *Os sentidos da Integralidade na atenção e no cuidado à saúde*. Rio de Janeiro: Instituto de Medicina Social, Universidade do Estado do Rio de Janeiro/ABRASCO, 2001.

ROCHA, Aristides Almeida; CESAR, Chester Luiz Galvão; RIBEIRO, Helena. *Saúde pública*: bases conceituais. 2 ed. São Paulo: Atheneu, 2013.

SANTOS, Sissy Bulos Linds; KOCH, Hilton Augusto. Análise do Sistema de Informação do Programa de Controle do Câncer de Mama (SISMAMA) mediante avaliação de 1.000 exames nas cidades de Barra Mansa e Volta Redonda. *Radiol. Bras.*, São Paulo, v. 43, n. 5, p. 295-301, set/out 2010.

SIQUEIRA, Maria Portugal; BUSSINGUER, Elda Coelho de Azevedo. A saúde no Brasil enquanto direito de cidadania: uma dimensão da integralidade regulada. *Revista de Direitos e Garantias Fundamentais*, Vitória, n. 8, p. 253-309, 2010.

SILVA, Gulnar Azevedo *et al*. Acesso à detecção precoce do câncer de mama no Sistema Único de Saúde: uma análise a partir dos dados do Sistema de Informações em Saúde. *Cad. Saúde Pública*, Rio de Janeiro, v. 30, n. 7, p. 1537-50, jul 2014.

ZANCHI, Marco Túlio; ZUGNO, Paulo Luiz. *Sociologia da Saúde*. 3. ed. Rio Grande do Sul: Educs, 2010.

ZIONI, Fabiola; WESTPHAL, Márcia Faria. O enfoque dos determinantes sociais de saúde sob o ponto de vista da teoria social. *Saúde Soc.* São Paulo, v. 16, n. 3, p. 26-34, 2007.

Informação bibliográfica deste texto, conforme a NBR 6023:2002 da Associação Brasileira de Normas Técnicas (ABNT):

FERREIRA, Rafael Lima Castelo Branco; GOMES NETO, José Mário Wanderley. Efetivação do acesso à saúde pública: uma análise das unidades de saúde que fornecem mamografia no município do Recife. In: MATILLA CORREA, Andry; NÓBREGA, Theresa Christine de Albuquerque; AGRA, Walber de Moura (Coord.). *Direito Administrativo e os desafios do século XXI*: livro em homenagem aos 40 anos de docência do Prof. Francisco de Queiroz Bezerra Cavalcanti. Belo Horizonte: Fórum, 2018. p. 341-361. ISBN 978-85-450-0555-1.

AS AUTARQUIAS NO COMPASSO E NO DESCOMPASSO DO DIREITO ADMINISTRATIVO BRASILEIRO

Theresa Christine de A. Nobrega

A autarquia é uma dama multifacetada da Administração indireta brasileira e apesar de vestir um modelo clássico de regime jurídico e permanecer viva em diferentes gerações do Estado, não podemos supor que o tempo passou sem deixar suas marcas e mostrar suas crises.

Talvez seja possível contar um pouco da história da nossa Administração Pública com base na observação do nascimento e da expansão das autarquias, sobretudo se pensarmos nas suas contradições e nas falácias dogmáticas que se cristalizaram no direito administrativo brasileiro.

Um texto elaborado em homenagem ao Professor Francisco Cavalcanti pode ter um pouco da sua ousadia e se desgarrar da verdade construída com base na leitura do direito ditado pelo dever-ser, vislumbrando o compasso e o descompasso das autarquias no seu tempo de nascer, de se transformar e de permanecer com os traços do tipo de Administração Pública que temos.

Assim vamos caminhar nessa reflexão e observar que Themistocles Brandão Cavalcanti em *Instituições do Direito Administrativo Brasileiro*,[1] de 1936 registra fenômeno na Administração Pública francesa, o qual supostamente serviria como inspiração para a criação do modelo de autarquia.

Na França, a expansão da nação de serviço que inicia no século XIX e se consolida com o advento da escola de Bordeaux ampliou o cardápio de ofertas relativas à atuação administrativa da potestade pública e por isso o estado de estabelecimentos de utilidade pública para realizar um processo de descentralização administrativa baseado na especialização das unidades administrativa ocupadas de promover atividades executivas, que seriam desmembradas da pauta dos órgãos hierarquicamente vinculados ao Estado sem se desprender deste.

Com base em Santi Romano e Bielsa, Themistocles Cavalcanti elabora o desenho da ideia de administração indireta que se inaugura com a reforma burocrática da era

---

[1] CAVALCANTI, Themistocles Brandão. *Instituições de direito administrativo brasileiro*. Rio de Janeiro: Freitas Bastos, 1936, p. 49-54.

Vargas e se mantem até hoje, ostentando os mesmos traços. Nesse sentido, o administrativista brasileiro do início do século XX realça três pontos de consequência entre os estabelecimentos de utilidade pública da França e as autarquias brasileiras, quais sejam: autonomia financeira interna, nomeação dos dirigentes e controle administrativo do governo.[2]

O modelo de autarquia concebido nos anos 1930 introduz o primeiro mecanismo de descentralização por imputação legal, estabelecido no direito brasileiro. De acordo com Maria Tereza Fonseca Dias,[3] o caráter intervencionista do governo de Getúlio Vargas favorece a criação de autarquias em todas as áreas pertinentes à atuação administrativa do Estado, pois, naquela época, os modelos de direito privado, empresa pública e sociedade de economia mista, ainda não tinham sido desenhados pelo ordenamento jurídico, para a administração pública.

Por isso as autarquias brasileiras podiam atuar como polícia administrativa, centros de regulação econômica, empresas estatais e prestadoras de serviços públicos sociais e econômicos. Nessa época, cabe mencionar exemplificativamente, algumas entidades: Ordem dos Advogados do Brasil,[4] Departamento Nacional do Café, Instituto do Açúcar e do Álcool, Banco do Brasil, Caixa Econômica Federal, Petrobrás, inclusive os sindicatos, nos anos 1930.[5]

De acordo com tese com Eli Diniz,[6] o regime jurídico de direito público adotado pelas autarquias que intervinham diretamente na economia logo se pronunciou "anacrônico" para o desenvolvimento da atividade-fim dessas entidades, por isso nos anos 1950, José Cretella Junior começa a empenhar a bandeira de regime jurídico de direito privado para entes decentralizados cujas atribuições estatutárias sejam incompatíveis com o regime jurídico de direito público.

Nessa época, os modelos de empresa estatal, empresa pública e sociedade de economia mista foram forjados, mas seguiram-se anos de incerteza na prática da administração e no debate acadêmico pertinente à matéria. Só com o Decreto-Lei nº 200/1967 se verifica um processo de saneamento jurídico dos conflitos ligados à concepção da Administração indireta.

Um texto de José Jappur, publicado na *Revista de Direito Administrativo* do ano de 1977, critica a imprecisão do conceito de autarquia no Decreto-Lei nº 200/1967, elucidando um fenômeno chamado de "crise de desautarquização",[7] para se referir aos expedientes de modificação da natureza de entidades autárquicas que, naquele momento, pareciam portar a força de uma avalanche. Eli Diniz faz alusão ao episódio narrado por Jappur, registrando que o processo de transição aludido se verificou em autarquias que não desenvolviam atividades empresariais como BNDE, o BNH e a ECT,

---

[2] CAVALCANTI, Themistocles Brandão. *Instituições de direito administrativo brasileiro*. Rio de janeiro: Freitas Bastos, 1936, p. 49-54.

[3] DIAS, Maria Tereza Fonseca. *Direito administrativo pós-moderno*. Belo Horizonte: Mandamentos, p. 173-195.

[4] A Ordem dos Advogados do Brasil deixou de ser autarquia com o julgamento da ADI nº 2026/2006, que não reconheceu as características do Regime Jurídico de Direito público na caracterização da instituição.

[5] FONSECA, Tito Prates da. *Lições de direito administrativo*. Rio de Janeiro, São Paulo: Freitas Bastos, 1943, 73-101.

[6] DINIZ, Eli. *Crise, Governabilidade e reforma do Estado*. Rio de Janeiro: Fundação Getúlio Vargas, 1997.

[7] JAPPUR, José. Declínio das autarquias. *Revista de Direito Administrativo*, Rio de Janeiro, v. 127, I a X, jan./mar. 1977, p. 34 a 41.

respectivamente Banco Nacional de Desenvolvimento Econômico, Banco Nacional de Habilitação e Empresa Brasileira de Correios e Telégrafos.

Alberto Venâncio Filho e Eros Roberto Grau elogiaram a reforma administrativa introduzida com o Decreto-Lei nº 200/1967 não só pelo seu caráter uniformizador, mas também pelo aspecto constitucional da bifurcação dos regimes jurídicos no âmbito da Administração indireta.[8]

Carlos Ari Sundfeld esclarece que o regime jurídico de direito público seria incompatível com o desenvolvimento de atividades empresariais por dois motivos, a saber: a) as prerrogativas configurariam privilégios para as empresas estatais que violaram o princípio da livre concorrência do artigo 170 da CF/1988; e b) as sujeições estabeleceriam engessamentos na gestão, prejudicando a busca pelo superávit da operação financeira, que deve ser estimulada para a promoção da autossustentabilidade da instituição.[9]

Com o passar do tempo e a acomodação do texto do Decreto-Lei nº 200/1967, fica evidente o papel que as autarquias passam a cumprir numa Administração indireta, marcada pela diversidade de modelos institucionais, pois as autarquias criadas antes da reforma de 1967, para prestação de serviços públicos sociais, mantiveram sua natureza jurídica original, como observamos nos casos da UFPE, INPS[10] e Conservatório Pernambucano de Música.

Muitas instituições foram criadas posteriormente para atuar na promoção de serviços sociais como o INSS e também na promoção do poder de polícia e regulação econômica, tal qual o BAMA, ICMBIO, CADE e Comissão de Valores Imobiliários (CMV). O artigo 173 da CF/1988 consagra o ideal estabelecido pelo Decreto-Lei nº 200/1967, ao vedar implicitamente a exploração direta de atividade econômica por autarquia, por isso há um consenso da dogmática jurídica brasileira sobre a possibilidade de as autarquias desenvolverem qualquer função administrativa do Estado, que não se constitua como atividade econômica propriamente dita (agricultura/pecuária, indústria, manufatura, comércio e serviços privados).[11]

A organização dos cursos de direito administrativo vem indicando que o modelo original de autarquia passou por um processo de sofisticação a partir da concepção de formas institucionais de modelagem autárquica, como as fundações autárquicas, as agências executivas, as agências reguladoras e associações formatadas como consórcios públicos.

Nessa perspectiva é possível afirmar que as quatro instituições referidas no parágrafo anterior possuem certidão de nascimento de autarquia, o que reforça a noção de autarquia como pilar estrutural da Administração Pública indireta, sobretudo quando a Lei nº 13.303/2016 passa a disciplinar o regime jurídico das empresas estatais,

---

[8] VENÂNCIO FILHO, Alberto. *A intervenção do Estado no domínio econômico*: o direito público econômico no Brasil. Rio de Janeiro: Renovar, 1998, p. 407-417.

[9] SUNDFELD, Carlos Ari. *Direito administrativo econômico*. São Paulo: Malheiros, 2000, 270 e ss.

[10] O INPS – Instituto nacional de Previdência Social foi criado como autarquia em 1966, sendo fundido ao IAPAS – Instituto de Administração Financeira da Previdência e Assistência Social em 1990.

[11] CARVALHO FILHO, José dos Santos. *Manual de direito administrativo*. 31. ed. rev., atual., ampl. São Paulo: Atlas 2017, p. 498.

ampliando as distinções entre as pessoas jurídicas de direito público e de direito privado da nossa administração descentralizada.

Ainda assim, o rebuscamento dos arquétipos de autarquias e o desenho conferido às relações de colaboração entre setor público e setor privado culminam numa constante incerteza, relacionada a determinadas características do regime jurídico das autarquias, que possuem diferentes graus de autonomia em relação à Administração indireta, de acordo com sua qualificação jurídica e com cada lei instituidora.[12]

Tanto é assim que sete juristas, reunidos em Brasília no ano de 2009, se ocuparam de elaborar um anteprojeto de lei de organização administrativa para suplantar o texto do Decreto-Lei nº 200/1967 com uma pauta contemporânea de conceituação, caracterização, uniformização dos modelos institucionais de âmbito público e privado, que participam direta ou indiretamente da gestão de todas as funções administrativas imputadas pela CF/1988 ao Estado. A matéria é discutida de ponto a ponto em obra coordenada por Paulo Modesto em 2010.[13]

Como já tivemos a oportunidade de mencionar, o conceito de autarquia destacado no Decreto-Lei nº 200/1967 é impreciso e, nesse sentido, o Professor José Cretella Junior observa os pecados pronunciados em omissões e terminologias carregadas de indeterminação.[14]

O artigo 5º, inciso I da norma de 1967 conceitua autarquia como um tipo de "serviço" e não esclarece a natureza das atribuições que podem ser destinadas a essas entidades, e quando se reporta a sua personificação, não esclarece se a personalidade jurídica é de direito público ou privado.[15] Coube à doutrina papel relevante na interpretação da constituição e elaboração de um conceito dotado de elementos precisos e pontuais para o reconhecimento de uma autarquia. Vejamos então.

Autarquia é a pessoa jurídica de direito público criada por lei, no âmbito dos três níveis de governo, que representa espécie de descentralização administrativa em função da transferência da titularidade de uma tarefa da Administração direta para a Administração indireta, que atua com margem de autonomia relativa[16] em relação ao governo, se submetendo de forma eventual e não eventual aos controles atribuídos aos poderes Executivo, Legislativo e Judiciário (conceito apresentado pela fusão de indicadores dogmáticos em Celso Antônio Bandeira de Mello, Diogenes Gasparini, Hely Lopes Meirelles, José dos Santos Carvalho Filho e Marçal Justen Filho).

Há muitas instituições na Administração indireta com regime jurídico tipicamente autárquico, entre as quais está a fundação pública – instituição marcada por um percurso

---

[12] A indicação dos variáveis graus de autonomia das autarquias não costuma se apresentar nas obras que indicam a doutrina referente ao direito administrativo brasileiro, mas é notável a posição de Marçal Justen Filho ao referir "as dimensões da autonomia da autarquia", vislumbrando diferentes níveis de autodeterminação no âmbito das centenas de autarquias das Administrações Públicas presentes na nossa federação. Confira em JUSTEN FILHO, Marçal. *Curso de direito administrativo*. 12. ed. rev., atual., ampl. São Paulo: Revista dos Tribunais, 2016, p. 123.

[13] MODESTO, Paulo (Coord.). *Nova organização administrativa brasileira*. 2. ed. Belo Horizonte: Fórum, 2010.

[14] CRETELLA JUNIOR, José. *Curso de direito administrativo*. 5. ed. rev. ampl. atual. Rio de Janeiro: Forense, 1977, p. 58.

[15] CRETELLA JUNIOR, José. *Direito administrativo brasileiro*. Rio de Janeiro: Forense, 1983, p. 64-83. v. 1.

[16] De fato, a autonomia das autarquias brasileiras é prejudicada por resíduos do regime autoritário, sobretudo se considerarmos o perfil do recurso hierárquico impróprio, presente inclusive na disciplina das agências reguladoras com base no Parecer nº 51/2006 da Advocacia Geral da União.

confuso devido a dificuldades relacionadas à indeterminação da personalidade jurídica que se lhe seria atribuída.

Desde o advento do Código Civil de 1916, o Poder Público pode instituir suas fundações, mas só com a Lei 7.596/1987 essas instituições ganham *status* de entidades da Administração indireta.

A referida lei introduz as fundações no artigo 4º do Decreto-Lei nº 200/1967 e indica a sua personalidade jurídica de direito privado, mas o debate sobre o regime jurídico das fundações públicas, que já tinha passado pela esteira do Supremo Tribunal Federal acaba provocando a construção de teorias que ora indicam a personalidade jurídica de direito privado, ora a personalidade jurídica de direito público das fundações instituídas pelo Poder Público.[17]

De fato, o debate sobre a personalidade jurídica das fundações se protrai no tempo, porque a fundação é um instituto jurídico que nasce no direito privado e passa a ter regime jurídico parcialmente de direito público com a Lei nº 7.596/1987, mas antes mesmo da sua inserção no Decreto-Lei nº 200/1967 já era possível perceber entidades dessa natureza promovendo serviços públicos.[18]

Com o advento da Constituição Federal de 1988, as fundações, cuja personalidade jurídica específica não foi indicada pelo texto do artigo 37, XIX, continuam posicionadas no centro de um debate que potencializa a dúvida sobre a personalidade e o regime jurídico que lhes seria atribuído. A formulação de teses indicando a personalidade jurídica de direito público como referência a ser adotada no direito brasileiro favorece a noção de fundação autárquica ou autarquia fundacional.[19]

Só com o advento da EC nº 19/1998 se estabelece, em definitivo, o entendimento de que as fundações públicas só podem ser criadas com personalidade jurídica de direito privado, em função de a criação resultar obrigatoriamente de uma autorização legal, ou seja, a partir de então as fundações passam a ter registro obrigatório do seu estatuto no Cartório de Títulos e Documentos.

No que diz respeito às fundações com personalidade jurídica de direito público, criadas antes da emenda constitucional, não há que se falar na alteração da personalidade ou do regime jurídico de direito público, por isso a Administração Pública no Brasil possui fundações com personalidade jurídica de direito público e fundações com personalidade jurídica de direito privado.

A menção às fundações autárquicas é tida como verdadeira classificação atribuída ao gênero das autarquias, que podem ser distinguidas de várias formas: em função do ente federativo a que estão vinculadas, em função do objeto institucional, e mesmo em função do grau de autonomia frente à Administração direta.

É possível verificar uma apresentação praticamente universal das autarquias de modelagem jurídica original (concebidas com base na veste dos anos 1930) das autarquias

---

[17] Ver RE nº 101.126 de 24 de outubro de 1984. <http://bibliotecadigital.fgv.br/ojs/index.php/rda/article/viewFile/45716/44055>. Acesso em: 27 mar. 2017.

[18] A defesa da personalidade jurídica de direito privado atribuída às fundações é feita inicialmente por Celso Antônio Bandeira de Mello. Confira em MELLO, Celso Antônio bandeira de. *Natureza e regime jurídico das autarquias*. São Paulo: Revista dos Tribunais, 1968, p. 363 e ss.

[19] NETO DE ARAÚJO. Edmir. As fundações públicas e a nova Constituição. *Revista da Procuradoria Geral do Estado*, p. 179-192, dez. 1989.

de modelagem derivada (entidades caracterizadas por natureza jurídica particular que surgem no final do século XX). O referenciamento de uma pauta de catalogação de tipos de autarquias é seção que se destaca na obra de José dos Santos Carvalho Filho, ao referir as entidades autárquicas diante de três indicadores relevantes. 1) Quanto ao nível federativo, os itens seriam federais, estaduais e municipais; 2) quanto ao seu objeto, as instituições seriam reconhecidas em categorias diferentes em função de sua atividade-fim, como assistenciais, profissionais, de controle, previdenciárias, culturais, administrativas e associativas; 3) quanto ao regime jurídico, as autarquias seriam reconhecidas como comuns ou especiais, na hipótese de haver derrogação parcial de seu regime jurídico originário.[20]

Algumas autarquias são especiais em função do regime jurídico definido na lei que lhes origina, como é o caso do Banco Central, mas algumas autarquias são especiais porque, independentemente da lei que lhes dá origem tais entes, possuem regime jurídico que, *a priori*, majora sua autonomia, no caso das agências executivas, reguladoras e associações públicas.

O regime jurídico das autarquias estabelece uma pauta de prerrogativas e sujeições de entidades estatais para as instituições de natureza autárquica. A criação e extinção das autarquias dependem de lei específica – quase sempre o processo legislativo é deflagrado pelo chefe do Executivo em cada esfera da Federação, mas admite-se que a estrutura do ente seja definida pela Constituição Federal, Constituição Estadual, bem como lei orgânica municipal.

O regime jurídico de direito público instrumentaliza privilégios que serão citados exemplificativamente: imunidade tributária em relação a impostos sobre o patrimônio, renda e serviços; bens classificados como públicos, caracterizados pela inalienabilidade relativa e pela imprescritibilidade, impenhorabilidade e não onerabilidade; execução fiscal dos créditos; prescrição quinquenal dos débitos e privilégios processual, tal como prazos em dobro para contestar e recorrer judicialmente.

No que diz respeito a sujeições, atinentes ao processo de gestão nas autarquias, destacamos a obrigatoriedade do concurso público para a seleção dos servidores públicos do quadro permanente de acordo com o art. 37, II, da CF/1988, a obrigatoriedade do regime estatuário no que diz respeito à relação de trabalho constituída pelos servidores concursados, em função do restabelecimento do regime jurídico único suprimido do *caput* do artigo 39 da CF/1988 – a ressuscitação da unicidade do regime estatutário no âmbito das pessoas jurídicas de direito público deriva do julgamento da ADI nº 2.135/2008;[21] a licitação como imperativo categórico na seleção de fornecedores e outros particulares que contratam com a Administração Pública; regime publicístico de contratação com base no art. 55 e 58 a 61 da Lei nº 8.666/1993.

As sujeições do regime jurídico de direito público também embasam o controle da autarquia, observado em instrumentos internos e externos de fiscalização e correção dos atos e contratos dessas entidades. O controle interno é aquele que deriva do

---

[20] CARVALHO FILHO, José dos Santos. *Manual de direito administrativo*. 31. ed. rev., atual., ampl. São Paulo: Atlas 2017, p.499-504.

[21] <http://www.stf.jus.br/portal/jurisprudencia/visualizarEmenta.asp?s1=000209216&base=baseMonocraticas>. Acesso em 27 mar. 2017.

princípio da autotutela, potencializando o manejo das ferramentas de orientação, coordenação, fiscalização, revisão, avocação e delegação pautadas no poder hierárquico da Administração Pública.[22]

O controle externo se baseia na intervenção de organizações apartadas da autarquia, que realizam um expediente eventual (Poder Judiciário) ou não eventual (Poderes Executivo e Legislativo), incluindo, inclusive, o controle social, que fica favorecido pela Lei de Acesso à Informação – Lei nº 12.527/2001.[23]

O controle finalístico do Poder Executivo ainda é definido com base no Decreto-Lei nº 200/1967 e pode apresentar uma agenda absolutamente formal de fiscalização se Ministérios e Secretarias de governo não implementarem instrumentos gerenciais para aferir resultados.

O controle do Tribunal de Contas vem passando por um processo de revisão para que a auditoria financeira-orçamentária das entidades da Administração indireta seja somada à capacitação de gestores públicos, ampliação das hipóteses de atuação preventiva, sobretudo no que tange às licitações e ampliação de trocas com outros órgãos de controle com base na tecnologia da informação.[24]

O controle externo das autarquias e da Administração Pública de um modo geral vive um momento de esplendor com os reflexos do neoconstitucionalismo no direito administrativo, pois a judicialização das políticas públicas, mesmo diante das reservas quanto à hipertrofia do Poder Judiciário, tem um saldo positivo na promoção de direitos fundamentais.

Desde a edição da Lei nº 9.784/1999 é possível perceber um salto do controle da Administração Pública decorrente do princípio da motivação dos atos administrativos, que amplia controle dos atos administrativos, sobretudo, nas hipóteses em que a atuação do Poder Público se baseia no uso do Poder Discricionário.[25]

Uma última palavra precisa ser dirigida ao debate da autonomia das autarquias, que se destaca num consenso dogmático acinzentado pela prática da Administração Pública brasileira, pois as autarquias continuam assombradas pelo Decreto-Lei nº 200/1967, que não avança em relação às distorções da engenharia burocrática introduzida no Brasil, nos anos 1930.[26]

Nesse ponto, devemos refletir sobre o processo de nomeação dos dirigentes da autarquia, que favorece significativamente interferência política do Governo em ambientes onde a matéria é estritamente técnica, sobretudo porque o recurso hierárquico impróprio guarda resíduos de regimes autoritários e está na agenda contemporânea da nossa Administração.

---

[22] CASTRO, Rodrigo Pironti Aguirre de. *Ensaio avançado de controle interno*: profissionalização e responsividade. Belo Horizonte: Fórum, 2016, p. 149 e ss.

[23] FRANÇA, Philip Gil. *O controle da administração pública*: tutela jurisdicional, regulação econômica e desenvolvimento. São Paulo: Revista dos Tribunais, 2008, p. 76-112.

[24] AGUIAR, Ubiratan Diniz de; ALBUQUERQUE, Marcio André dos Santos; MEDEIROS, Paulo Henrique Ramos. A Administração Pública sob a perspectiva do controle externo. Belo Horizonte: Fórum, 2011, p. 347-407.

[25] O professor Francisco Cavalcanti enfatiza a base da construção da teoria dos motivos determinantes na Alemanha. NOBRE JUNIOR, Edilson Pereira et al. *Comentários à lei de processo administrativo federal*. São Paulo: Saraiva, 2016, 149.

[26] DIAS, Maria Tereza Fonseca. *Direito administrativo pós-moderno*. Belo Horizonte: Mandamentos, p. 173 e ss.

1 Sobre as agências

As agências são espécies do gênero autarquia introduzidas na Administração Pública indireta brasileira com advento da reforma gerencial do Estado. O Plano Diretor do Aparelho da Reforma do Estado fez alusão ao modelo de agência, em duas seções, que acabam por distinguir instituições de acordo com os objetivos dos núcleos de atuação do Estado a que se vinculam.

Por isso, o Ministério da Administração e Reforma do Estado, conduzido por Luiz Carlos Bresser Pereira, indicou a possibilidade de as agências serem executivas e reguladoras. As primeiras foram referidas no núcleo de atividades exclusivas do Estado, ou seja, atividades administrativas indelegáveis, que não poderiam ser executadas por entes privados do mercado ou do terceiro setor.[27]

A veste de agências executiva seria atribuída a autarquias e fundações com personalidade jurídica de direito público. Nesse caso, seria possível supor mudança de natureza jurídica, mas atribuição de qualificação jurídica a instituições preexistentes, com base num plano político do Executivo federal.[28]

No que diz respeito às agências reguladoras, o Plano Diretor da Reforma do Aparelho do Estado não menciona o modelo de agência reguladora[29] de forma explícita na indicação do núcleo de bens e serviços para o mercado, mas é inexorável a associação entre privatização e agências reguladoras.[30]

Como os modelos de agência referidos se inserem em contextos totalmente diversos, é conveniente que a abordagem dos arquétipos se apresente em separado.

2 Sobre as agências executivas

A reforma gerencial do Estado marca o tempo em que a qualificação jurídica de agência executiva pode ser atribuída a autarquias e fundações com personalidade jurídica de direito público com um debate inquinado de retórica e muitas dúvidas sobre o propósito desse projeto.

A proposta de qualificação jurídica com base nos requisitos da Lei nº 9.649/1998 propunha a atribuição de um título jurídico de caráter provisório para entidades da Administração indireta a ser conferida para dezenas de instituições ocupadas de tarefas próprias do poder de polícia, regulação econômica e serviços sociais, que por sua natureza, não pudessem ser publicizados.[31]

A argumentação dos intelectuais que apoiam a reforma gerencial sugere que o título de agência executiva foi concebido como instrumento de gestão para fomentar o

---

[27] <http://www.bresserpereira.org.br/documents/mare/planodiretor/planodiretor.pdf>. Acesso em: 28 mar. 2017.

[28] Os requisitos para qualificação das autarquias ou fundações com personalidade jurídica de direito público em agências executivas são determinados pela Lei nº 9.649/1998.

[29] <http://www.bresserpereira.org.br/documents/mare/cadernosmare/caderno06.pdf>. Acesso em: 28 mar. 2017.

[30] SOUTO, Marcos Juruena Villela Souto. *Desestatização, privatização, concessões e terceirizações*. 3. ed. atual. Rio de Janeiro: Lumen Juris, 2000, 250 e ss.

[31] A terminologia publicização é referida na Lei nº 9.637/1998 para descriminar a hipótese em que o Poder Executivo propõe a extinção de uma entidade da Administração indireta, que atua no ensino, saúde, cultura, pesquisa científica e desenvolvimento tecnológico, tendo em vista a atribuição de suas competências para uma instituição privada sem fins lucrativo, qualificada como Organização Social.

controle de resultados da Administração indireta. De acordo com Eli Diniz, a expansão da Administração indireta no final dos anos 1960 e início dos anos 1970 favorece a formação dos cabides de emprego e a lavagem do dinheiro público – esse fenômeno é agravado pela insipiência da supervisão ministerial que acaba consagrando o controle administrativo de fachada.[32]

Irene Patrícia Nohara refere a reciclagem da Administração Pública, indicada pela reforma gerencial, destacando a coerência pela busca da eficiência, mas referindo o corte neoliberal da agenda. De fato, o modelo de agência executiva traz consigo essa ideia de reciclagem da Administração indireta sem furtar as características fundamentais das autarquias.[33]

De acordo com a Lei nº 9.649/1998, a concessão do título de agência executiva realizada por decreto do chefe do Poder Executivo Federal depende da presença de dois requisitos. A autarquia ou fundação pública precisam apresentar plano estratégico de reestruturação e desenvolvimento institucional em andamento e firmar contrato de gestão como ministério supervisor.

Maria Sylvia Zanella Di Pietro[34] sugeriu que a veste de agência executiva seria uma vantagem para entidades da Administração indireta que passariam a atuar com mais autonomia em função do texto do parágrafo 8º do artigo 37 da CF/1988. Diogo de Figueiredo Moreira Neto[35] defendeu o elemento consensualidade como atributo contemporâneo da relação de tutela da Administração direta em relação à Administração indireta.

O modelo de agência executiva foi até festejado no primeiro ato do espetáculo, mas a discricionariedade conferida ao Executivo, como indutor do processo de qualificação, favoreceu o estancamento dessa diretriz da reforma gerencial do Estado.

José dos Santos Carvalho Filho[36] sugere que a concessão do título mantém o status de autarquia de instituições que já portavam esse desenho jurídico, enunciando a manutenção do regime jurídico autárquico, com todas as prerrogativas e sujeições atribuídas classicamente às entidades com personalidade jurídica de Direito Público na Administração indireta.

O regime jurídico das agências executivas seria diferenciado pela ampliação da autonomia e redução das sujeições atinentes ao regime jurídico administrativo das autarquias. Nas experiências realizadas pelo Governo Federal nos últimos quinze anos, é possível perceber que a dilatação ou compreensão da autonomia das agências executivas depende da formatação do contrato de gestão, que apresenta inexorável viés político.[37]

---

[32] DINIZ, Eli. *Crise, governabilidade e reforma do Estado*. Rio de Janeiro: Fundação Getúlio Vargas, 1997.

[33] NOHARA, Irene Patrícia. *Reforma administrativa e burocracia:* o impacto da eficiência na configuração do direito administrativo brasileiro. São Paulo: Atlas, 2012, p. 77 e ss.

[34] DI PIETRO, Maria Sylvia Zanella. *Direito Administrativo*. 30. ed. Ver., atual., ampl. Rio de Janeiro: Forense 2017, p. 599-600.

[35] MOREIRA NETO, Diogo de Figueiredo. *Quatro paradigmas de direito administrativo pós-moderno:* legitimidade, finalidade, eficiência, resultados. Belo Horizonte: Fórum, 2008, p. 36-42.

[36] CARVALHO FILHO, José dos Santos. *Manual de direito administrativo*. 31. ed. rev., atual., ampl. São Paulo: Atlas 2017, p. 518-520.

[37] JUSTEN FILHO, Marçal. *O direito das agências reguladoras independentes*. São Paulo: Dialética, 2002, p. 403.

Já no que tange ao regime jurídico supostamente flexibilizado, faz-se necessário registrar a natureza constitucional da maioria das normas associadas às sujeições do regime publicista. Por isso a obrigação de selecionar servidores por meio de concurso público, o regime estatuário dos trabalhadores, a obrigação de licitar e os instrumentos de controle externo atinentes às agências executivas não foram suprimidos da agenda desses entes.

Cabe mencionar a alusão de Maria Sylvia Zanella Di Pietro à ampliação da Exceção ao dever de licitar disposto no art. 24, I e II, da Lei nº 8.666/1993.

De fato, a Lei nº 9.649/1998 indica a duplicação dos valores de referência aludidos para a dispensa de licitação nos contratos de fornecimento de patamar considerado irrisório. Tal majoração, contudo, não implica uma flexibilidade apoteótica, pois os valores em reais, atribuídos como parâmetro para as dispensas do dispositivo mencionado na Lei Geral de Licitações não sofrem atualização desde 1998, razão pela qual, mesmo numa economia de estabilidade inflacionária, se encontram nitidamente defasados.[38]

Como já tivemos a oportunidade de destacar, o modelo de agência executiva se estabeleceu diante de um contexto legítimo em função do aprofundamento da corrupção durante o regime militar, que desconstitui as virtudes do processo de descentralização administrativa iniciado timidamente nos anos 1930. Gustavo Justino de Oliveira[39] realça que o contrato de gestão foi destacado na administração francesa dos anos 1960 para realçar o controle do núcleo estratégico do governo, tendo vista a promoção de resultados mais eficientes para a gestão pública daquele país e tendo indicada que os idealizadores da reforma gerencial importaram esse fundamento, como tantos outros aplaudidos e citados pelos administrativistas brasileiros.

Contudo, o modelo de agência executiva à brasileira não se expandiu na nossa administração federal. Poucos estudos acadêmicos se lançam no debate da trajetória dessas instituições.

Algumas especulações sugerem que a transição entre PSDB e PT na presidência da república pode ter reduzido o salto proposto pelo plano diretor da reforma gerencial, mas talvez essa premissa não seja verdadeira, pois vários pilares da reforma gerencial foram mantidos, tais como a Lei de Responsabilidade Fiscal, a expansão dos colegiados com representação da sociedade civil no Poder Executivo, as privatizações, as Organizações Sociais.

3   Das agências reguladoras

As agências reguladoras brasileiras derivam de política específica de intervenção do Estado na economia que se baseia nas diretrizes da reforma gerencial introduzida no Brasil nos anos 1990. Essa reforma administrativa introduz mudanças na CF/1988,

---

[38]   A mesma regra é mantida no Projeto de Lei nº 559/2013 em curso, tendo em vista a substituição do atual regime de licitações públicas.

[39]   OLIVEIRA, Gustavo Justino. *Contrato de gestão*. São Paulo: Revista dos tribunais, 2008, p. 70.

arraigada a uma noção de eficiência que prestigia a austeridade fiscal e a subsidiariedade – ponto que estimula o Estado a ampliar as formas de gestão não estatal.[40]

Por isso a introdução das agências reguladoras na Administração indireta brasileira se estabeleceu num contexto peculiar, com a expansão de um programa de privatização que alienou integralmente as ações de dezenas de estatais brasileiras. Nessa perspectiva, o governo Federal criou um artifício de retórica na segunda metade dos anos 1990 para legitimar o programa nacional de desestatização redefinido pela Lei nº 9.491/1997.[41]

O programa de desestatização e a expansão da privatização das estatais no setor de energia e telefonia demandava uma proposta de reordenação do papel do Estado, que tem as agências reguladoras como verdadeiras porta-estandartes. Nesse ponto é possível perceber uma identidade cronológica e uma congruência metodológica na associação entre privatização e agencificação.

Leonardo Vizeu apresenta um esboço gráfico em forma de pirâmide para sintetizar a arquitetura do novo modelo de regulação dos serviços públicos econômicos explorados pelo setor privado. Nessa perspectiva, o especialista em direito econômico realça o papel mediador das agências reguladoras nos conflitos potencializados entre usuários de serviço público e concessionários implicadas na oferta da atividade administrativa.[42]

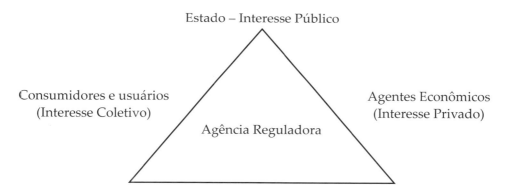

Pela posição gráfica ocupada pela agência reguladora é possível perceber a função mediadora da entidade e o patamar de destaque conferido ao Estado, agente responsável pela definição de diretrizes relativas à adequação do serviço público e parametrização de atividades de mercado com forte impacto social. O objetivo da agência reguladora, na representação acima, é potencializar o interesse público.

A noção de regulação remete a tutoria de serviços públicos exclusivos e não exclusivos do Estado, e nesse ponto aponta para a agência reguladora como poder concedente nos moldes da delegação de serviço público, disciplinada pela Lei nº 8.987/1995, mas a regulação também se estende em intervenção do Poder Público na vida

---

[40] PEREIRA, Luiz Carlos Bresser. *Reforma do Estado para a cidadania:* a reforma gerencial brasileira na perspectiva internacional. São Paulo: 34; Brasília: ENAP, 1998, p. 109-138.
[41] BIONDI, Aloysio. *O Brasil privatizado:* um balanço do desmonte do Estado. São Paulo: Geração, 2014, p. 19-44.
[42] FIGUEIREDO, Leonardo Vizeu. *Lições de direito econômico.* Rio de Janeiro: Forense, 2006, p. 210.

privada, abrangendo a definição de regras de conduta, controle da polícia administrativa e equilíbrio do funcionamento do mercado.[43]

O modelo de agências reguladoras dinamiza o referencial de regulação econômica no Brasil, mas não inaugura essa pauta de atuação do Estado. Desde o início do século XX, o Brasil introduziu unidades administrativas com esse fim na Administração indireta, como o Departamento Nacional do Café e o Instituto do Açúcar e do Álcool. Regular a economia é uma função administrativa imputada ao Estado brasileiro desde a CF/1934, mas durante a maior parte do século não havia uma forma institucional talhada especificamente para essa atribuição.[44]

Alguns centros de regulação econômica continuam com a roupa de autarquia, apesar de apresentarem regime jurídico mais próximo das agências reguladoras, como o Banco Central e o Conselho Administrativo de Defesa Econômica. As agências reguladoras podem ter seu lastro de atuação ampliado, passando a regular "serviços de utilidade pública" explorados por Organizações Sociais e Organizações da Sociedade Civil de Interesse Público em pactos de parceria, o que se observa a partir de 2009 na agenda da Agência Reguladora de Pernambuco – ARPE.

Inicialmente, as agências reguladoras são consideradas um "modismo norte-americano", ou seja, mais um instrumento jurídico que o direito administrativo importa com base num fenômeno internacional de agencificação.[45] Do ponto de vista do regime jurídico, as agências reguladoras, criadas como "autarquias sob regime jurídico especial", estão cada vez mais próximas das autarquias e mais longe das autoridades independentes dos Estados Unidos e do Reino Unido.[46]

Leonardo Vizeu tenta destacar um número mais pronunciado de características no ensejo de perceber as agências reguladoras como entendidas *sui generes*, mas, de fato, o que se aprofunda na apresentação da dogmática jurídica é certa sutileza mencionada em relação aos pontos derrogatórios do seu regime jurídico autárquico, enfatizando a independência das agências em relação às influências externas e ao seu corpo técnico.[47]

Mas a autonomia majorada das agências reguladoras se baseia em elementos muito sutis, na medida em que seu regime jurídico se apresenta estritamente com base no órgão deliberativo superior, formado por dirigentes nomeados com base na expertise técnica, crivo do Poder Legislativo e estabilidade provisória dos dirigentes, durante o tempo do mandato.

De acordo com a Lei nº 9.986/2000, os dirigentes das agências reguladoras são designados num expediente que destaca o crivo do Congresso Nacional, são nomeados para cumprir um mandato fixo, gozando de relativa estabilidade durante o período do mandato, pois não podem ser exonerados *ad nuntum*, apesar de serem válidas as

---

[43] DI PIETRO, Maria Sylvia Zanella (Org.). Direito regulatório: temas polêmicos. In: DI PIETRO, Maria Sylvia Zanella. *Limites da função reguladora das agências diante do princípio da legalidade*. Belo Horizonte: Fórum, 2003, p. 27-38.

[44] AGUILLAR, Fernando Herren. *Direito Econômico:* do direito nacional ao direito supranacional. São Paulo: Atlas, 2006. P 113 e ss.

[45] DI PIETRO, Maria Sylvia Zanella. *Parcerias na administração pública*: concessão, permissão, franquia, terceirização, Parceria público-privada e outras formas. São Paulo: Atlas, 2015, p. 181-185.

[46] MARTÍNEZ, Maria Salvador. *Autoridades independentes*. Barcelona: Ariel, 2002, p. 53-84.

[47] FIGUEIREDO, Leonardo Vizeu. *Lições de direito econômico*. Rio de janeiro: Forense, 2006, p. 213-215.

hipóteses de perda do cargo decorrentes de demissão por falta grave apurada em processo administrativo disciplinar e condenação transitada em julgado de ação de improbidade administrativa.

A autonomia diferenciada da agência reguladora foi destacada, na reforma gerencial,[48] como eixo do regime jurídico especial da entidade e aparato fundamental para o aperfeiçoamento do Estado Regulador, por isso, muitas dúvidas se apresentaram inicialmente quanto à medida da tutela imposta pelos órgãos supervisores da Administração direta em relação às agências. Um longo debate sobre o alcance do poder normativo das agências reguladoras foi incrementado no final dos anos 1990, com destaque para a tese do professor Francisco Queiroz Bezerra Cavalcanti.

Atualmente, o controle administrativo, realizado pelos ministérios em relação às agências, parece gozar de pacificação decorrente do julgamento da ADI nº 1.886 pelo Supremo Tribunal Federal – STF. Alguns pontos foram definitivamente saneados: a) a supervisão ministerial não compromete a independência da agência reguladora; b) a avocação de competência das agências pelo Executivo é lícita, de acordo com o Decreto-Lei nº 200/1967 e a Lei nº 9.784/1999; c) o recurso hierárquico impróprio pode ser deflagrado em circunstâncias estritas dispostas no Parecer Normativo da AGU nº 51/2006.

Claudio Sales e Virginia Parente[49] criticam os parâmetros destacados pelo Governo para reconhecer a autonomia política das agências reguladoras, afirmando que o contingenciamento financeiro tem sido uma arma constante do governo do PT para amordaçar esses centros de regulação, que entre 2002 e 2007 chegaram a contar com um índice de 62% de furto no repasse de verbas relativas ao seu financiamento.

Marcelo Torres sinaliza outro fator que enfraquece as agências reguladoras ao apresentar pesquisa mostrando altos índices de vacância nos quadros de pessoal, com maioria de trabalhadores temporários e terceirizados em meados de 2006.[50]

A captura política ficou mais evidenciada quando o Projeto de Lei nº 3.337/2004 foi encaminhado em regime de urgência para o Congresso Nacional. O documento desconstrói os elementos nos quais se embasa a autonomia das agências reguladoras, indicando um inexorável retrocesso. Tal projeto de lei recebeu mensagem de retirada em 14.03.2013.

Ainda no contexto da captura política, é possível supor os acordos fechados entre Poder Executivo e Legislativo para a aprovação de dirigentes, com base na repartição do bolo político-partidário de alianças dos partidos da base do governo também indicam uma forma de precarização da autonomia, ou seja, uma espécie de loteamento das agências.[51]

---

[48] PEREIRA, Luiz Carlos Bresser. Da administração pública burocrática à gerencial. In: PEREIRA, Luiz Carlos Bresser; SPINK, Peter Kevin (Org.). *Reforma do Estado e administração pública gerencial*. Rio de Janeiro: FGV, 2005, p. 264.

[49] <http://www.acendebrasil.com.br/media/boletins/arquivos/Energia_02.pdf>. Acesso em: 22 fev. 2017.

[50] TORRES, Marcelo Douglas Figueiredo. Agências, contratos e OSCIPS: a experiência pública brasileira. Rio de Janeiro: FGV, 2007, p. 102-105.

[51] <http://www.valor.com.br/arquivo/1000138695/loteamento-politico-mina-as-agencias-reguladoras> Loteamento político mina as agências reguladoras. *Valor Econômico*. Edição de 19-1-2005. Acesso em: 06 abr. 2017.

Como se não bastasse a captura política, as agências reguladoras têm sido alvo constante de uma captura econômica avassaladora.

Estudo de Claudio Sales[52] revela que entre as 10 (dez) agências reguladoras criadas no Âmbito Federal, 8 (oito) já sofreram intervenções decorrentes de escândalos de corrupção. A operação Porto Seguro da Polícia Federal em 2012 nos dá notícia de que essa página da nossa história ainda não foi virada. Eminente voto do Desembargador e professor Francisco Cavalcanti reconhece, de forma inaugural a *capture theroy* pelo Poder Judiciário no Brasil.[53]

No espaço dessa discussão sobre as agências reguladoras no Brasil, mais uma vez se apresenta uma proposta de unificação do seu um regime jurídico. O Projeto de Lei nº 52/2013, que foi aprovado pelo Senado, reitera o propósito de manter dirigentes com capacidade técnica de auto nível, mas atribui parcela da atual competência das agências reguladoras para os Ministérios, conforme observamos a seguir:

> O projeto trata de exigências para o cargo de diretor e de critérios de independência na elaboração dos planos de ação das agências. Também prevê sabatina para o indicado ao cargo de ouvidor de agência reguladora. De acordo com o projeto, será exigida a apresentação anual de uma prestação de contas ao Congresso por parte das agências e a efetivação dos planos estratégicos e de gestão, que devem conter metas, mecanismos e fontes de recursos. Além disso, o projeto estabelece cinco anos de mandato para os dirigentes das agências, vedada a recondução.
>
> Uma das principais mudanças do relatório é a divisão de competências entre os ministérios e as agências. O texto de Simone Tebet retira alterações das leis específicas de cada uma das agências reguladoras. Essas alterações, segundo a relatora, deslocariam as principais competências para os ministérios supervisores, como é o caso de celebração dos contratos de concessão e aplicação de sanções mais graves.[54]

E as perguntas subjacentes a essa discussão são: Qual o futuro das agências reguladoras no Brasil? A aprovação do Projeto nº 52 vai atribuir às agências aquela autonomia sugerida no despontar da reforma gerencial? Ou os ministérios vão assumir as competências necessárias para o esvaziamento do Poder Regulatório das agências?

Não é tempo de fazer afirmações conclusivas sobre o regime jurídico especial das agências reguladoras, mas uma reflexão sobre as autarquias brasileiras é substancialmente válida para reconhecermos o peso das nossas raízes na Administração Pública e perceber que o direito administrativo brasileiro poderia deixar o Decreto-Lei nº 200/1967 no passado.

Para tanto não basta a definição de um paradigma normativo novo, é necessário renovar a essência da Administração indireta e promover mudanças para suavizar o patrimonialismo, ampliar a transferência e concretizar o controle de resultados.

---

[52] <http://www.acendebrasil.com.br/media/imprensa/2007_02_28_Setorial%20News.pdf>. Acesso em: 17 fev. 2017.

[53] TRF, 5ª Região, Apelação Cível, nº 342.739, Rel. Juiz Francisco Cavalcanti. <https://www.trf5.jus.br/downloads/Julgados_Escolhidos/FranciscoCavalcanti/julgados_escolhidos_ac_342739.pdf>. Acesso em 06/04/2017.

[54] <http://www12.senado.leg.br/noticias/materias/2016/11/23/lei-das-agencias-reguladoras-e-aprovada-em-comissao>. Acesso em: 05 abr. 2017.

Referências

AGUIAR, Ubiratan Diniz de, ALBUQUERQUE, Marcio André dos Santos, MEDEIROS, Paulo Henrique Ramos. *A administração pública sob a perspectiva do controle externo*. Belo Horizonte: Fórum, 2011.

AGUILLAR, Fernando Herren. *Direito econômico:* do direito nacional ao direito supranacional. São Paulo: Atlas, 2006.

BIONDI, Aloysio. *O Brasil privatizado:* um balanço do desmonte do Estado. São Paulo: Geração, 2014.

CARVALHO FILHO, José dos Santos. *Manual de Direito Administrativo*. 31. ed. rev., atual., ampl. São Paulo: Atlas, 2017.

CASTRO, Rodrigo Pironti Aguirre de. *Ensaio avançado de controle interno*: profissionalização e responsividade. Belo Horizonte: Fórum, 2016.

CAVALCANTI, Themistocles Brandão. *Instituições de Direito Administrativo brasileiro*. Rio de Janeiro: Freitas Bastos, 1936.

CRETELLA JUNIOR, José. *Direito administrativo brasileiro*. Rio de Janeiro: Forense, 1983. v. 1.

DI PIETRO, Maria Sylvia Zanella. *Direito administrativo*. 30. ed. rev., atual., ampl. Rio de Janeiro: Forense 2017.

DI PIETRO, Maria Sylvia Zanella. *Parcerias na administração pública:* concessão, permissão, franquia, terceirização, Parceria público-privada e outras formas. São Paulo: Atlas, 2015.

DI PIETRO, Maria Sylvia Zanella (Org.). Direito regulatório: temas polêmicos. (In). DI PIETRO, Maria Sylvia Zanella. *Limites da função reguladora adas agências diante do princípio da legalidade*. Belo Horizonte: Fórum, 2003.

DIAS, Maria Tereza Fonseca. *Direito administrativo pós-moderno*. Belo Horizonte: Mandamentos, 2003.

DINIZ, Eli. *Crise, reforma do Estado e governabilidade*. Rio de Janeiro: Fundação Getúlio Vargas, 1997.

FIGUEIREDO, Leonardo Vizeu. *Lições de direito econômico*. Rio de Janeiro: Forense, 2006.

FONSECA, Tito Prates da. *Lições de Direito Administrativo*. Rio de Janeiro, São Paulo: Freitas Bastos, 1943.

FRANÇA, Philip Gil. *O controle da administração pública: tutela jurisdicional, regulação econômica e desenvolvimento*. São Paulo: Revista dos Tribunais, 2008.

INSTITUTO ACENDE BRASIL. *O desafio das agências reguladoras*. Disponível em:<http://www.acendebrasil.com.br/media/boletins/arquivos/Energia_02.pdf>. Acesso em 22 de fevereiro de 2017.

INSTITUTO ACENDE BRASIL. *Instituto propõe mudanças em projeto de lei das agências reguladoras*. Setorial News, 28/02/2007. Disponível em:<http://www.acendebrasil.com.br/media /imprensa/2007_02_ 28_ Setorial%20News.pdf.>. Acesso em: 17 fev. 2017.

JAPPUR, José. *Declínio das autarquias*. Revista de Direito Administrativo, Rio de Janeiro, v.127, I a X, jan./mar. 1977.

JUSTEN FILHO, Marçal. *Curso de direito administrativo*. 12. ed. rev., atual., ampl. São Paulo: Revista dos Tribunais, 2016.

JUSTEN FILHO, Marçal. *O direito das agências reguladoras independentes*. São Paulo: Dialética, 2002.

MARTÍNEZ, Maria Salvador. *Autoridades independientes*. Barcelona: Ariel, 2002.

MELLO, Celso Antônio Bandeira de. *Natureza e regime jurídico das autarquias*. São Paulo: Revista dos Tribunais, 1968.

MODESTO, Paulo (Coord.). *Nova organização administrativa brasileira*. 2. ed. Belo Horizonte: Fórum, 2010.

MOREIRA NETO, Diogo de Figueiredo. *Quatro paradigmas de direito administrativo pós-moderno*: legitimidade, finalidade, eficiência, resultados. Belo Horizonte: Fórum, 2008.

NETO DE ARAÚJO. Edmir. As fundações públicas e a nova Constituição. *Revista da Procuradoria Geral do Estado*, dezembro de 1989.

NOBRE JUNIOR, Edilson Pereira et. al. *Comentários à Lei de Processo Administrativo Federal*. São Paulo: Saraiva, 2016.

NOHARA, Irene Patrícia. *Reforma administrativa e burocracia*: o impacto da eficiência na configuração do direito administrativo brasileiro. São Paulo: Atlas, 2012.

OLIVEIRA, Gustavo Justino. *Contrato de gestão*. São Paulo: Revista dos tribunais, 2008.

PEREIRA, Luiz Carlos Bresser. Da administração pública burocrática à gerencial. In: PEREIRA, Luiz Carlos Bresser; SPINK, Peter Kevin (Org.). *Reforma do Estado e administração pública gerencial*. Rio de Janeiro: FGV, 2005.

PEREIRA, Luiz Carlos Bresser. *Reforma do Estado para a cidadania*: a reforma gerencial brasileira na perspectiva internacional. São Paulo: 34; Brasília: ENAP, 1998.

SOUTO, Marcos Juruena Villela Souto. *Desestatização, privatização, concessões e terceirizações*. 3. ed. atual. Rio de Janeiro: Lumen Juris, 2000.

SUNDFELD, Carlos Ari. *Direito Administrativo Econômico*. São Paulo: Malheiros, 2000.

TORRES, Marcelo Douglas Figueiredo. *Agências, contratos e OSCIPS*: a experiência pública brasileira. Rio de Janeiro: FGV, 2007.

VENÂNCIO FILHO, Alberto. *A intervenção do Estado no domínio econômico*: o direito público econômico no Brasil. Rio de Janeiro: Renovar, 1998.

Sites

<http://www.bresserpereira.org.br/documents/mare/cadernosmare/caderno06.pdf>

<http://www.bresserpereira.org.br/documents/mare/planodiretor/planodiretor.pdf>

<https://www.trf5.jus.br/downloads/Julgados_Escolhidos/FranciscoCavalcanti/julgados_escolhidos_ac_342739.pdf>

<http://www12.senado.leg.br/noticias/materias/2016/11/23/lei-das-agencias-reguladoras-e-aprovada-em-comissao>

<http://www.acendebrasil.com.br/media/boletins/arquivos/Energia_02.pdf>

<http://www.valor.com.br/arquivo/1000138695/loteamento-politico-mina-as-agencias-reguladoras>

<http://www.acendebrasil.com.br/media/imprensa/2007_02_28_Setorial%20News.pdf>

<http: //bibliotecadigital.fgv.br/ojs/index.php/rda/article/viewFile/45716/44055>

<http://www12.senado.leg.br/noticias/materias/2016/11/23/lei-das-agencias-reguladoras-e-aprovada-em-comissao>

Informação bibliográfica deste texto, conforme a NBR 6023:2002 da Associação Brasileira de Normas Técnicas (ABNT):

NOBREGA, Theresa Christine de A. As autarquias no compasso e no descompasso do Direito Administrativo brasileiro. In: MATILLA CORREA, Andry; NÓBREGA, Theresa Christine de Albuquerque; AGRA, Walber de Moura (Coord.). *Direito Administrativo e os desafios do século XXI*: livro em homenagem aos 40 anos de docência do Prof. Francisco de Queiroz Bezerra Cavalcanti. Belo Horizonte: Fórum, 2018. p. 363-378. ISBN 978-85-450-0555-1.

OS PRINCÍPIOS DA ADMINISTRAÇÃO PÚBLICA E A PÓS-MODERNIDADE

Walber de Moura Agra

Essas linhas têm a missão de homenagear os quarenta anos de docência do professor Francisco de Queiroz Bezerra Cavalcanti, data mais do que significativa, em um país que não tem tradição de reverenciar os seus docentes e, principalmente, os seus trabalhos. No caso em tela, há uma singularidade, pois o professor Francisco uniu com perfeição o teórico, como titular da cadeira de Administrativo da Faculdade de Direito do Recife, com a pragmática, seja no exercício da magistratura, quanto na função de advogado que desempenha atualmente. Dessa forma, unindo metaforicamente o que Heller denominava do entrelaçamento do fático com o normativo,[1] Francisco Queiroz pôde externar para os alunos, que perpassaram várias gerações, uma riqueza ímpar que constrói intelectualmente concepções e mostra os caminhos para que o teorético não se perca em metavisões estéreis.

Para o professor Francisco Queiroz, a Constituição de 1988 estendeu o tema da Administração Pública à expansão principiológica, fenômeno que denominou de "processo de constitucionalização do Direito Administrativo". O autor segue em remissão ao fato de que "a Constituição de 1988 caracterizou-se pela excessiva ampliação da tutela direta", havendo defesa no sentido de que a partir dessa modelagem, a existência de um direito administrativo constitucional passou a ser inconteste.[2] Consonante esse norte teórico desenvolvido, tema que foi ao longo de sua vida docente tão bem delineado, procurar-se-á chegar a algumas conclusões.

1 Administração Pública

O Estado se perfaz, basicamente, através de dois tipos de órgãos: os preponderantes e os dependentes. Os órgãos preponderantes são aqueles encarregados de exercer o poder político, conferido pela soberania popular; o seu conjunto é denominado de governo ou órgãos governamentais. Os órgãos dependentes, como sua própria denominação

---

[1] HELLER, Hermann. *Teoria do Estado*. Trad. Lycurgo Gomes da Motta. São Paulo: Mestre Jou, 1968. p. 296.

[2] CAVALCANTI, Francisco de Queiroz Bezerra. *O regime dos servidores públicos na CF/88*: retrospectiva e perspectivas.

sugere, constituem os órgãos da Administração Pública; estão em grau hierarquicamente inferior aos órgãos preponderantes justamente porque não possuem a função de exercer o poder que é conferido pelo povo.[3]

A Administração Pública, que tem sua estrutura e seu funcionamento consagrados em âmbito constitucional vigente, no Título III, Capítulo VII, pode ser definida, em termos amplos, como um conjunto de elementos (recursos financeiros, humanos, funcionais e materiais) voltado à execução de atividades delineadas pelos órgãos de governo. Assim, pode ser auferida a ideia de subordinação da Administração Pública aos órgãos supremos, porque são estes que tomam as decisões políticas que regem o Estado.

Ao tecer análise acerca do conceito de Administração Pública, André Ramos Tavares conclui que, em sentido orgânico, consubstancia o conjunto de entidades criadas para a execução de serviços públicos ou ao alcance de objetivos governamentais. Num sentido funcional, trata-se de atividade a ser exercida com submissão aos princípios da legalidade, moralidade, impessoalidade e eficiência.[4] Ainda é possível citar um terceiro sentido, qual seja, o dinâmico, configurado num conjugado de atividades concretas e imediatas que o Estado realiza objetivando a consecução dos interesses coletivos.[5]

Usando outra nomenclatura, porém partindo de pressupostos semelhantes, Alexandre de Moraes classifica que a Administração Pública pode ser encarada de modo subjetivo e objetivo. Subjetivamente, a Administração Pública compreende um conjunto de entidades ao qual é atribuído o exercício da função administrativa. Objetivamente, ela é considerada como atividade, como o processo de concretização dos interesses coletivos estipulados pelo governo.[6]

Para Dirley da Cunha Júnior, a conjugação dos dois sentidos define a Administração Pública como um contíguo de pessoas jurídicas, de órgãos públicos e de agentes públicos incumbidos, por força de lei, do dever-poder de exercício da função ou atividade administrativa, consubstanciada na realização concreta, direta e imediata dos fins constitucionalmente estabelecidos ao Estado.[7]

A Administração Pública ainda pode ser categorizada em direta e indireta. A direta é constituída por um conjunto de órgãos administrativos ligados diretamente ao Poder Executivo de cada ente federativo. A Administração Pública indireta, no entanto, é constituída de forma descentralizada, por um conjunto de órgãos que está ligado a entidades personalizadas, que, por sua vez, são ligadas ao Poder Executivo de cada ente federativo. A Administração Pública indireta compreende as autarquias, as empresas públicas, as sociedades de economia mista e as fundações públicas.[8]

---

[3]   SILVA, José Afonso da Silva. *Curso de direito constitucional positivo*. São Paulo: Malheiros, 2009, p. 656.

[4]   TAVARES, André Ramos. *Curso de direito constitucional*. 6. ed. São Paulo: Saraiva, 2008, p. 1186.

[5]   FIGUEIREDO, Marcelo. Artigo 37. *In*: BONAVIDES, Paulo; MIRANDA, Jorge; AGRA, Walber de Moura (Coord.). *Comentários à Constituição Federal de 1988*. Rio de Janeiro: Forense, 2009, p. 714.

[6]   "A Administração Pública pode ser definida objetivamente como a atividade concreta e imediata que o Estado desenvolve para a consecução dos interesses coletivos e subjetivamente como conjunto de órgãos e de pessoas jurídicas aos quais a lei atribui o exercício da função administrativa do Estado" (MORAES, Alexandre de. *Direito constitucional*. 24. ed. São Paulo: Atlas, 2009, p. 323).

[7]   CUNHA JR., Dirley da. *Curso de direito constitucional*. Salvador: JusPODIVM, 2008, p. 842.

[8]   Apesar de dúvidas quanto à natureza das fundações públicas, a maioria da doutrina se posiciona no sentido de que elas são pessoas jurídicas de Direito Público. No mesmo sentido, e até se considerando o paralelismo entre fundações públicas e autarquias: "Uma vez que as fundações públicas são pessoas de Direito Público de

Para Alcides Cruz, o conceito e construção do tema – Administração Pública – dar-se-á de forma análoga às leis do país, razão pela qual se trata de objeto de estudo cujo conteúdo é cambiante, no tempo e no espaço, devendo ter como elemento reincidente a independência, sob pena de fazer inócuas todas as suas qualidades fundamentais.[9]

Com o advento da ampliação das matérias relevantes à administração da *res publica*, o conceito de Administração Pública não mais se limita à execução de dispositivo legal e à organização e funcionamento do Estado. Tal qual observa Maria Sylvia Zanella Di Pietro, na segunda metade do século XX, como decorrência da expansão das funções econômicas e sociais do Estado, do desenvolvimento tecnológico e da globalização, a eficiência da Administração passou a ser elemento fundamental, sendo premente o desenvolvimento de uma cultura gerencial nas organizações, em fomento à criação de parceiros do Estado, sendo o texto constitucional o espaço demais adequado para tanto.[10]

Nessa toada, o papel do Estado-Administração ganha destaque, sendo desenvolvida uma estrutura dirigida à estabilidade, legitimidade e eficiência das decisões administrativas.[11] Emerge a tese de que a Administração, apesar de estar vinculada á Lei, igualmente subordina-se a um sistema aberto de normas, que encontra seu alicerce na Constituição.[12] Todavia, de forma direta ou indireta, ela precisa de um sustentáculo normativo.

2 Princípios e regras

A magnitude que vem sendo dada à análise dos princípios marca uma revolução na teoria constitucional, sepultando o Estado de Direito baseado em mandamentos infraconstitucionais, de cunho positivista, para ensejar os elementos de um direito principiológico, alicerçado nos princípios constitucionais, que têm como principal função a concretização dos mandamentos da Lei Maior.

A revalorização do Direito passa pela compreensão da Constituição "como valor em si", o que não significa tornar o Direito apêndice da seara moral.[13] O texto legal representa um *standard* determinante para a aplicação normativa. Contudo, o operador não pode ficar enclausurado apenas em filigranas jurídicas; urge estabelecer o contato dialético com a realidade, firmando uma simetria entre a normatividade e a normalidade.[14] Todavia, sem descurar de o dever ser deontológico normativo.

---

capacidade exclusivamente administrativa, resulta que são autarquias e que, pois, todo o regime jurídico dantes exposto, como o concernente às entidades autárquicas, aplica-se-lhes integralmente" (MELLO, Celso Antônio Bandeira de. *Curso de direito administrativo*. São Paulo: Malheiros, 2002, p. 163).

[9] CRUZ, Alcides. *Direito administrativo brasileiro*. Rio de Janeiro: Francisco Alves. 1914, p. 20.

[10] DI PIETRO, Maria Sylvia Zanella. *Parcerias na Administração Pública*. 5. ed. São Paulo: Atlas, 2005, p. 49.

[11] MIRAGEM, Bruno. *A nova administração pública e o direito administrativo*. 2. ed. São Paulo: Revista dos Tribunais, 2013, p. 63.

[12] MOREIRA NETO, Diogo de Figueiredo. *Curso de direito administrativo*. 15. ed. Rio de Janeiro: Forense, 2009, p. 129.

[13] "O positivismo jurídico do Estado legalista estava prisioneiro de uma ontologia substancial, já que, para o mesmo, o direito era identificado com a lei positiva dada, sendo constituído, portanto, como algo inteiramente objetivo (ontologizado)" DUARTE, Écio Ramos; POZZOLO, Susanna. *Neoconstitucionalismo e positivismo jurídico*: as faces da teoria do direito em tempos de interpretação moral da Constituição. São Paulo: Landy, 2006, p. 19.

[14] DIMOULIS, Dimitri. O neoconstitucionalismo e superação do positivismo. *Revista do Programa de Pós-Graduação em Direito da Universidade Federal da Bahia*, 2011, p. 179.

O discurso hodierno acerca da constitucionalização do Direito, referindo-se à impregnação dos demais ramos do Direito pelos dispositivos constitucionais parte do pressuposto de que o Direito infraconstitucional não pode ficar imune aos "valores" introduzidos pela nova ordem constitucional, valores esses que são conduzidos para dentro do sistema jurídico pela via dos princípios constitucionais que devem ser aplicados segundo as regras da ponderação.[15] O que se demonstra não factível é fazer apologia que os valores podem estorvar princípios e garantias constitucionais, subvertendo a estrutura orgânica da Constituição Cidadã.

Para Dworkin, os princípios ocupam importantíssimo papel no ordenamento jurídico. Por meio da interpretação principiológica até mesmo questões políticas podem ser alvo de decisões judiciais, sem que se fira a teoria da representação popular e os direitos fundamentais.[16]

Os princípios servem para implementar uma feição sistêmica ao conjunto de normas que formam a Constituição.[17] Eles representam um norte para o intérprete que busca o sentido e o alcance das normas e formam o núcleo basilar do ordenamento jurídico.[18] Igualmente, têm a função de integração do Texto Constitucional, suprimindo aparentes lacunas existentes.

Os princípios possuem também força normativa das regras jurídicas, como quaisquer outras normas contidas na Constituição, e as cominações que lhes forem contrárias devem ser declaradas inconstitucionais. Esta ressalva é importante para asseverar que seu papel não é apenas instrumental – possuem autonomia própria, sem necessitar para a sua incidência da aplicação de uma regra.

Os princípios fundamentais funcionam como elemento de conexão entre a realidade social e o Texto Constitucional, impedindo a proliferação de aparentes lacunas ou de antinomias, evitando que o choque entre a realidade fática e a realidade jurídica prejudique a eficácia das normas. Importante função desempenham os princípios constitucionais, porque trazem para a Constituição subsídio de conteúdo jusnaturalístico,

---

[15] BARROSO, Luis Roberto; BARCELLOS, Ana Paula de. *O começo da História: a nova interpretação constitucional e o papel dos princípios no direito brasileiro. In:* SILVA, Virgílio Afonso da (Coord.). *Interpretação constitucional.* São Paulo: Malheiros, 2005.

[16] Explica Dworkin: "Se queremos a revisão judicial – se não queremos anular Marbury contra Madison –, devemos então aceitar que o Supremo Tribunal deve tomar decisões políticas importantes. A questão é que motivos, nas suas mãos, são bons motivos. Minha visão é que o Tribunal deve tomar decisões de princípios, não de política – decisões sobre que direitos as pessoas têm sob nosso sistema constitucional, não decisões sobre como se promove melhor o bem-estar geral –, e que deve tomar essas decisões elaborando e aplicando a teoria substantiva da representação, extraída do princípio básico de que o governo deve tratar as pessoas como iguais" (DWORKIN, Ronald. *Uma questão de princípio.* São Paulo: Martins Fontes, 2000, p. 101).

[17] "É indiscutível que os princípios desempenham esse papel orientador na ordem jurídica, mas sua relevância não se restringe a esse aspecto diretivo. De fato, no estágio atual de sua compreensão, sua elevada generalidade não lhes retira a capacidade de solver situações fáticas controvertidas, posto que são considerados não como simples pautas valorativas, senão como autênticas normas jurídicas, conforme se verá". LEITE, George Salomão & LEITE, Glauco Salomão. "A abertura da Constituição em face dos princípios constitucionais". In: Dos Princípios Constitucionais. Considerações em torno das normas principiológicas da Constituição. São Paulo: Malheiros, 2003, p. 140.

[18] "Segundo se pode concluir, esta é uma tendência predominante no Direito Constitucional brasileiro, e, ao que parece, no Direito Constitucional contemporâneo, também falar de princípios em termos estruturadores – dos princípios mais abertos aos mais densos, chegando-se ao patamar normativo das regras, reconduzindo-se, em via de retorno destas, progressivamente e sucessivamente, até os princípios mais abstratos (de maior abertura e de menor densidade)" (ESPÍNDOLA, Ruy Samuel. *Conceito de princípios constitucionais.* São Paulo: RT, 1988, p. 182-183).

baseado no direito extradogmático, transcendendo a matéria das normas legisladas, contudo, sem um distanciamento dos anseios sociais e do direito positivado. Dessa forma, há a positivação de vários postulados provindos do direito natural.

Zagrebelsky expõe que, devido ao conteúdo político da Constituição e a sua função, que é a de expressar uma ideia de direito, o seu texto deve ser formado preponderantemente por princípios, devendo as leis infraconstitucionais ser formadas por regras, embora a Lei Maior também agasalhe regras para muitas situações específicas, garantindo-lhes, mediante uma forma especial, uma maior estabilidade jurídica.[19]

Com base nos ensinamentos de Canotilho, o Prof. José Afonso da Silva divide os princípios constitucionais em político-constitucionais e jurídico-constitucionais. Os primeiros são aqueles que formam as estruturas políticas da sociedade, delineando a feição do Estado, como a forma de governo, a forma de Estado, o sistema de governo, a separação de poderes etc. Os segundos são aqueles que formam a base do ordenamento jurídico, influenciando a sua interpretação e resguardando a natureza sistêmica da Constituição. Pode-se afirmar que os primeiros têm uma preponderância política, enquanto os segundos têm uma preponderância jurídica.[20]

As regras, por sua vez, não têm elevado teor abstrato, são previamente moldadas para casos específicos. Enquanto os princípios definem valores que serão aplicados de uma forma genérica, as regras definem e circunscrevem os casos determinados onde se dará a sua aplicação. O seu espaço de adequação aos fatos sociais são predeterminados pelo legislador. Exemplo é a regra de que o casamento é civil e gratuita a sua celebração (art. 226, §1º, da CF), cujo conteúdo impede maior espaço para a atuação dos intérpretes. Os princípios são de conteúdo bem mais abstrato, como aquele que garante isonomia entre homens e mulheres. As regras possuem um conteúdo preciso, como aquela que assegura licença de cento e vinte dias para as mulheres gestantes.

3   Princípios da Administração Pública

Os princípios da Administração explicitados no Texto Constitucional são cinco: moralidade, impessoalidade, legalidade, publicidade e eficiência (art. 37, *caput*, da CF).[21] Todavia, vários parâmetros implícitos devem ser respeitados, como o da razoabilidade, da irrenunciabilidade do interesse público etc.

Os parâmetros implícitos devem ser obedecidos para reforçar os explícitos, isto é, as ilações de princípios que não estão contidos na Constituição Federal servem para indiretamente densificar, reforçar, o conteúdo daqueles que estão inseridos nas normas constitucionais.

De igual modo, uma leitura menos positiva do Direito pressupõe que juízes, advogados e cidadãos interpretem e apliquem as cláusulas abstratas da Constituição na compreensão de que elas invocam princípios de boa conduta política e de justiça,

---

[19]   ZAGREBELSKY, Gustavo. *Il diritto mite*: legge, diritti, giustizia. 2. ed. Torino: Einaudi, 1992, p. 148.

[20]   SILVA, José Afonso da. *Curso de direito constitucional positivo*. 19. ed. São Paulo: Malheiros, 2001, p. 97.

[21]   "Art. 37. A administração pública direta e indireta de qualquer dos Poderes da União, dos Estados, do Distrito Federal e dos Municípios obedecerá aos princípios de legalidade, impessoalidade, moralidade, publicidade e eficiência e, também, ao seguinte: [...]"

mas com base em padrões normativos, no que se evita autoritarismos baseados em postulados morais.[22] Mencionada *ratio* têm o condão de fazer vinculantes aqueles princípios que, apesar de não regulamentarem a seara em questão de forma expressa, permitem a densificação da finalidade mediata do Direito, qual seja, a Justiça.

Não há uma conclusão uniforme acerca de todos os princípios que se aplicam à Administração. Alexandre de Moraes, ao sistematizar os princípios constitucionais da Administração Pública, cita os princípios explícitos na Constituição e os princípios da razoabilidade, da supremacia do interesse público, da presunção de legitimidade e veracidade, da hierarquia, da autotutela, entre outros.[23]

Cite-se ainda Diogo de Figueiredo Moreira Neto, que, ao inaugurar estudo acerca dos princípios que circundam a principiologia do Direito Administrativo, a serem aplicados em todos os temas que interessam a tal ciência, estabelece cinco categorias de princípios que, de forma explícita ou implícita, vinculam a Administração, organizados em princípios fundamentais, princípios gerais do Direito, princípios do Direito Público, princípios gerais do Direito Administrativo e princípios setoriais do Direito Administrativo.[24]

Tal objeto, por extensão e dimensão, não deve ser pretendido por este trabalho, razão pela qual se passa a pormenorizar os princípios explícitos da Administração.

3.1 Princípio da legalidade

Pela extensão do mencionado princípio, que continua fundamental para se evitar arbitrariedades, deter-se-á apenas em sua particularidade em relação à Administração Pública. Enquanto o particular pode fazer tudo o que não estiver vedado em lei, a Administração somente pode fazer o que estiver disposto nos mandamentos jurídicos. Mesmo nos atos discricionários, o parâmetro dos limites legais paira absoluto, porque a lei estabelece restrições para a esfera de amplitude do ato. O princípio da legalidade comporta, assim, o princípio da supremacia da lei e o princípio da reserva legal.[25] O princípio da supremacia normativa aduz que todo ato praticado pela Administração Pública deve ter na lei seu parâmetro e os que a ela forem contrários devem ser considerados nulos. O princípio da reserva legal exige que qualquer intervenção na esfera individual seja autorizada por lei, seguindo as especificidades de cada esfera de atuação. A reserva legal pode ser pura ou qualificada. Reserva legal pura é aquela que não traz algum *standard* que o administrador deva consubstanciar; pragmaticamente, atribui-lhe a faculdade de regulamentar determinada matéria. Reserva legal qualificada não se limita a estabelecer que a matéria só seja regulamentada por lei; estabelece também pressupostos e fins que devem ser atingidos por ela.[26]

---

[22] DWORKIN, Ronald. *Freedom's law*: the moral reading of the American Constitution. Cambridge: Harvard University Press, 1996, p. 2

[23] MORAES, Alexandre de. *Direito constitucional administrativo*. São Paulo: Atlas, 2002, p. 99-121.

[24] MOREIRA NETO, Diogo de Figueiredo. *Curso de direito administrativo*. 15. ed. Rio de Janeiro: Forense, 2009, p. 83-120.

[25] MENDES, Gilmar Ferreira; COELHO, Inocêncio Mártires; BRANCO, Paulo. *Curso de direito constitucional*. São Paulo: Saraiva, 2009, p. 881.

[26] DIMOULIS, Dimitri; MARTINS, Leonardo. *Teoria geral dos direitos fundamentais*. São Paulo: RT, 2007, p. 153.

Especificamente no âmbito da Administração Pública, o princípio da legalidade, sob o viés da reserva legal, assume premência na questão da delegação legislativa para entes estatais, no exercício do poder regulamentar, através de decretos, portarias, instruções etc. A ordem jurídica brasileira não admite a delegação legislativa pura, pois representa uma afronta ao princípio da separação de Poderes, além de que o Poder Legislativo, ao delegar de forma absoluta o exercício da função legiferante para determinada matéria a um órgão da Administração Pública, está praticando delegação legislativa indevida. Há delegação legislativa indevida "quando se permite ao regulamento inovar na ordem jurídica, atribuindo-se-lhe a definição de requisitos necessários ao surgimento do direito, dever, obrigação ou restrição".[27] Ao contrário, é admitida a delegação legislativa condicionada, quando presentes princípios jurídicos inerentes à espécie legislativa, ensejando que o exercício do poder regulamentar esteja jungido, pelo menos em tese, aos ditames do princípio da legalidade.

Essa maior rigidez do princípio da legalidade para os atos administrativos tem a finalidade de proteger o patrimônio público, haja vista ser ele indisponível. Como há uma presunção de legitimidade das leis, por serem votadas por um parlamento eleito pelo povo, sua obediência é a concretização da vontade popular.

Sintetiza de forma magistral o Prof. Celso Antônio Bandeira de Mello: "Assim, o princípio da legalidade é o da completa submissão da administração às leis. Esta deve tão somente obedecê-las, cumpri-las, pô-las em prática. Daí que a atividade de todos os seus agentes, desde o que lhe ocupa a cúspide, isto é, o Presidente da República, até o mais modesto dos servidores, só pode ser a de dóceis, reverentes, obsequiosos cumpridores das disposições gerais fixadas pelo Poder Legislativo, pois esta é a posição que lhes compete no direito brasileiro".[28]

3.2 Princípio da moralidade

A moralidade é uma espécie da ética, na sua busca pela retilineidade das condutas humanas. Seria a concretização dos parâmetros de conduta fornecidos pela ética. O enfoque da Administração Pública deve se ater não apenas ao resultado das realizações estatais, mas ao modo como estas realizações são estabelecidas. O resultado não será lícito se o procedimento não o for, se as motivações para o seu surgimento se separarem da virtude e da moral.

Esse princípio analisa o elemento subjetivo na feitura do ato. Além de corresponder aos interesses da coletividade, ele deve ser tomado de acordo com as intenções de realizar o bem comum. As motivações para a prática do ato administrativo devem ser dirigidas pela boa-fé – *bona fides* –, sem a intenção de prejudicar ninguém ou alcançar objetivos outros que não sejam os interesses da coletividade. Abstraindo-se do aprofundamento sobre a relação entre o direito e a moral, discussão esta que atravessa os tempos, e ainda se mantém viva, principalmente na sociedade complexa da época hodierna, o princípio da moralidade traz ínsita a ideia de que, neste âmbito, o direito deve ser considerado

---

[27] MENDES, Gilmar Ferreira; COELHO, Inocêncio Mártires; BRANCO, Paulo. *Curso de direito constitucional*. São Paulo: Saraiva, 2009, p. 882.

[28] BANDEIRA DE MELLO, Celso Antônio. *Curso de direito administrativo*. 14. ed. São Paulo: Malheiros, 2002, p. 84.

como mínimo ético. Analisar a moralidade dos atos administrativos é averiguar a boa-fé com a qual foram praticados, ou seja, se foram voltados à realização do objetivo traçado pela lei, ou se voltados a prejudicar os administrados, em atendimento apenas ao interesse pessoal do administrador, que agiu desconsiderando a ideia de *res publica*.

Uma das decorrências proeminentes da análise do princípio da moralidade é, basicamente, aferir se o ato praticado pelo administrador viola ou não a probidade administrativa. Assim, o responsável pelo ato imoral que caracterizou a improbidade administrativa se sujeita às sanções do art. 37, §4º, da Constituição Federal.[29]

3.3   Princípio da impessoalidade

A atividade da Administração Pública deve ser genérica, atendendo a todos indistintamente, sem beneficiar o interesse de pessoas ou grupos. O nepotismo, o favoritismo e o fisiologismo devem ser execrados dos entes públicos. Como a lei deve ser feita para o bem comum, nada mais justo que todos sejam igualmente tratados, sem sofrer discriminações de nenhuma espécie.

Ocorrendo desigualdades fáticas que possam justificar políticas governamentais em benefício de determinados setores sociais, tal conduta não se constituirá em um acinte ao princípio da impessoalidade – muito pelo contrário, encontra-se resguardada pelo princípio isonômico, tratando os iguais de forma igual e os desiguais de forma desigual. O objetivo do princípio da impessoalidade é impedir a troca de favores, os interesses pessoais que podem lesionar o patrimônio público. As políticas de inclusão, quando obedecem ao fator teleológico que ensejaram sua criação, em nada denigrem o princípio da impessoalidade, muito pelo contrário, estimulam o seu desenvolvimento, pois amparam-se na isonomia material.

3.4   Princípio da publicidade

Esse princípio é um instrumento de transparência da Administração Pública, fazendo com que os que lesam o patrimônio público possam ser punidos. Com a publicidade dos atos administrativos, os cidadãos poderão fiscalizar as atividades dos servidores públicos e impedir possíveis desvios. Ele desempenha o papel de coercitividade nos gestores da coisa pública, fazendo com que a administração do patrimônio coletivo ocorra nos moldes insculpidos pela lei.

A Declaração de Direitos do Homem estabeleceu, no seu art. 15, que a sociedade tem o direito de pedir contas a todo agente público de sua administração.

Outra função do mencionado princípio é evitar que o não cumprimento dos mandamentos administrativos tenha como escusa a sua ignorância. A publicidade dos atos normativos impede o descumprimento do ato estatal com a alegação do desconhecimento da sua existência.[30]

---

[29] "Art. 37. (...) §4º Os atos de improbidade administrativa importarão a suspensão dos direitos políticos, a perda da função pública, a indisponibilidade dos bens e o ressarcimento ao erário, na forma e gradação previstas em lei, sem prejuízo da ação penal cabível."

[30] CONDE, Enrique Álvares. *Curso de derecho constitucional*. 3. ed. Madrid: Tecnos, 1997, p. 266.

A publicidade é uma exigência do regime democrático, constituindo-se em um mecanismo de fiscalização por parte da sociedade. Se as decisões são tomadas pela vontade do povo, nada mais justo que o povo que as legitima possa fiscalizar o modo como elas estão sendo implementadas.

Acerca do tema ensina a Professora Odete Medauar: "O tema da transparência ou visibilidade, também tratado como publicidade da atuação administrativa, encontra-se associado à reivindicação geral de democracia administrativa. A partir da década de 50, acentuando-se nos anos setenta, surge o empenho em alterar a tradição de 'secreto' predominante na atividade administrativa. A prevalência do 'secreto' na atividade administrativa mostra-se contrária ao caráter democrático do Estado".[31]

A publicidade dos atos, programas e campanhas públicas deverá ter caráter educativo, orientação social e informação, sendo impedida a veiculação de propaganda de cunho pessoal, como a utilização de símbolos, nomes ou imagens que tenham conexão com o governo. O dinheiro público não pode servir para a promoção de mandatários nem para promover propagandas que alienem a população.

3.5 Princípio da eficiência

Incorporado pela Emenda Constitucional nº 19, de 1998, o princípio da eficiência põe em relevância o resultado das atividades administrativas, garantindo que os serviços prestados pelas entidades governamentais consigam satisfazer os interesses do bem comum. Ele pode ser definido como a concretização, por parte dos entes públicos, dos anseios populares, da melhor forma que as condições materiais possibilitem, atendendo às necessidades coletivas de forma eficaz. É um princípio que determina que a Administração Pública exerça suas competências de forma neutra, objetiva e transparente, com o intuito de atingir a finalidade básica do Estado, o bem comum, primando pela qualidade dos atos praticados e serviços prestados.

No direito comparado, a Constituição espanhola de 1978 denomina-o como *princípio da eficácia*.

Portanto, o princípio da eficiência deve ser interpretado *pari passu* com a qualidade dos serviços prestados pelos entes estatais, agilizando o atendimento dos interesses coletivos sem descurar da excelência das atividades realizadas. A eficiência, tomada no sentido exclusivo de rapidez, é inadmissível, devendo, para verificação do atendimento do mandamento constitucional, ser conjugada com o princípio da razoabilidade, verificando-se se os fins se adequam aos meios.

Os signos do princípio da eficiência são: rendimento, celeridade e perfeição. Rendimento pode ser definido como a utilização do menor dispêndio por parte da administração para a realização do melhor resultado possível. Celeridade significa o pronto atendimento das necessidades da sociedade, evitando-se a ineficácia do serviço devido à sua demora, principalmente em razão de estruturas burocráticas que emperram as atividades administrativas. Perfeição representa que os serviços públicos devem ser realizados de modo a satisfazerem as demandas da coletividade, atendendo aos objetivos para os quais foram criados.

---

[31] MEDAUAR, Odete. *Direito administrativo moderno*. 2. ed. São Paulo: RT, 1998, p. 139-140.

Consagrado como norma constitucional, é de se ressaltar o importante papel que esse princípio desempenha no controle de constitucionalidade, tanto nos atos praticados quanto no tocante aos serviços prestados pelo Poder Público. Se estes forem de encontro às diretrizes estabelecidas pelo princípio da eficiência, de modo que a Administração tenha o exercício de suas funções mitigado por ineficiência, eles devem ser declarados inconstitucionais.

4 Pós-modernidade e crise do direito legislado

A concepção moderna do Direito, de cunho predominantemente formal, juspositivista, não preenche as expectativas da sociedade há muito tempo, impondo-se pelas novas necessidades da pós-modernidade uma concepção funcional do Direito, em que as interpretações jurídicas devem ser feitas com o escopo de assegurar eficácia concretiva aos comandos normativos.[32] A concepção funcional do Direito marca a superação da teoria kelseniana baseada no binômio norma/sanção, sendo substituída pelo binômio norma/suporte administrativo, em que assume relevância a eficácia normativa. O parâmetro da concepção funcional é tentar construir homogeneidades em uma sociedade cada vez mais desigual.

A pós-modernidade tem como característica a dúvida.[33] Heisenberg fala que as partículas elementares não formam um mundo de coisas e fenômenos, mas um mundo de tendências ou possibilidades.[34] Ela começa com a dúvida sobre a possibilidade da exatidão da ciência. Não significa a substituição da razão, mas a antevisão da probabilidade em lugar da certeza.[35]

---

[32] O Prof. Nelson Saldanha discorda do conceito de pós-modernidade: "O termo "moderno" vai mencionado no título com o sentido que lhe deu a historiografia dos séculos XVIII e XIX, ou seja: aludindo ao mundo ocidental que se segue ao Renascimento, ao aparecimento do capitalismo e ao da Reforma. De dentro do moderno desdobra-se o "contemporâneo", ou surge como etapa posterior. Com esses conceitos, dispenso pessoalmente o rótulo de "pós-moderno", que muitos vêm utilizando para designar as coisas correspondentes à crise da modernidade. Para mim são, ainda, modernidade. Prefiro empregar para o tema o termo secularização, que se refere à passagem do padrão sociocultural teológico para o leigo) e logo depois racional): a passagem que se deu no mundo clássico mais ou menos nos séculos V e IV a C. e que ocorreu no Ocidente no trecho que abrange os séculos XVII e XVIII." SALDANHA, Nelson. "O Racionalismo Moderno e a Teoria do Poder Constituinte" *Revista da ESMAPE*, v. 8, n. 18, jul./dez. 2003, p. 481.

[33] Acerca dos efeitos da Pós-Modernidade expõe David Lyon: "a possibilidade mesma de adquirir conhecimento ou de fazer uma descrição do mundo é posta em dúvida. Enquanto antes se podia ver como a estrutura do conhecimento refletia a estrutura da sociedade que o produzia – pense nos estudos de Weber sobre a racionalidade burocrática na Alemanha em sua fase de modernização – o pós-moderno nega tal estrutura tanto no conhecimento como na sociedade. Adeus ao conhecimento elaborado no passado; em vez disso, boas-vindas aos discursos flexíveis" LYON, David. *Pós-modernidade*. São Paulo: Paulus, 1998, p. 23.

[34] Michael Hardt e Antonio Negri, autores do famoso livro Impire, defendem a tese de que o mundo contemporâneo é um mundo pós-moderno, nascido com o exaurimento do Estado Moderno e com a perda definitiva de qualquer tipo de ontologia. Eles afirmam que uma das consequências da pós-modernidade é de forma peremptória a privatização do espaço público. A paisagem característica da modernidade com o seu apego pelas praças e pelos locais públicos é suplantada pelas áreas privadas, em que poucos têm acesso. A arquitetura e a estrutura de grandes metrópoles são planejadas para impedir a movimentação e a interação entre grupos sociais diferentes. HARDT, Michael; NEGRI, Antonio. *Impere*. Trad: Alessandro Pandolfi. Milano: Biblioteca Universale Rizzoli, 2003. P.178-179.

[35] A pós-modernidade é a consequência direta do desenvolvimento da infraestrutura econômica dos países capitalistas desenvolvidos, fruto da revolução tecnoinformática. Esse ritmo geométrico de modificações na sociedade, em consonância com as modificações tecnológicas, agrava ainda mais a possibilidade de encontrar princípios que

Ela representa a destruição dos postulados que delineavam a ordem social, com a instalação do "caos" ontológico, isto é, a ausência de postulados valorativos para toda a sociedade, aumentando a incredulidade com relação às metanarrativas.[36] A ordem que imperava na modernidade é substituída pela ausência de ordem da pós-modernidade.[37] Para Garcia Pelayo, o conceito de ordem é definido como um conjunto constituído por uma pluralidade de componentes, que cumprem determinadas funções e ocupam certas posições com base em um sistema de relações relativamente estabelecidas ou pautadas.[38] A pós-modernidade pode ser definida como uma situação fática em que a ordem social vigorante na modernidade não mais existe.[39]

Uma das consequências negativas da sociedade pós-moderna é que em virtude da desubstancialização, da quebra dos paradigmas ontológicos, e da fragmentação do seu tecido social provocada pela diversificação econômica, há uma forte tendência para o afloramento dos conflitos sociais nessas sociedades.[40] O incremento na potencialidade dos conflitos sociais ocorre porque não há parâmetros substantivos que possam, ao mesmo tempo, normatizar as relações sociais e atender às expectativas de toda a variada composição do tecido social.[41] Adicione-se a isso o enfraquecimento dos órgãos estatais, provocado pelo liberalismo econômico, o que leva a maioria desses conflitos a se resolverem fora do alcance dos órgãos estatais, contribuindo ainda mais para o seu agravamento.

Como influência positiva da sociedade pós-moderna, tem-se a importância que o conhecimento passou a exercer no processo produtivo, tornando-se insumo imprescindível para o desenvolvimento econômico devido às constantes modificações

---

possam ser compartilhados por toda a sociedade, que por sua vez está bastante fragmentada pela diversificação de lugares na cadeia produtiva.

[36] A pós-modernidade aponta para um processo de desubstancialização porque a valoração científica passa a ser feita com referência ao cidadão, acumulando ao mesmo tempo as funções de sujeito e de objeto, autor da produção científica e da apropriação do conhecimento. Tomar o homem como referência significa que, como os seus interesses são cambiantes de acordo com as suas relações sociopolítico-econômicas, a produção de uma ontologia que contemple todos os interesses se mostra de difícil elaboração. Finda-se a possibilidade de se mensurar uma teoria através de um único parâmetro, que passa a ser avaliada e mensurada sob os mais diversos prismas. O que não deixa de se caracterizar como um retorno à filosofia sofista que defendia que o homem era a medida de todas as coisas.

[37] Como conceito de pós-modernidade é interessante o delineado pelo professor argentino Carlos Alberto: "A pós-modernidade é a contradição entre o conhecimento formal dos direitos individuais dos homens e a negação dos direitos fundamentais do ser humano". GHERSI, Carlos Alberto. Posmodernidad Jurídica: El análisis contextual del derecho como contracorriente a la abstracción jurídica. *Revista da Faculdade de Direito da UFRGS*, v. 15, p. 21.

[38] GARCIA-PELAYO, Manuel. *Idea de la política y otros escritos*. Madrid: Centro de Estudios Constitucionales, 1983. P. 45-46.

[39] Assinala o professor João Maurício Adeodato que os seguintes pressupostos marcam a modernização do direito: a) pretensão de monopólio na produção das normas jurídicas por parte do Estado; b) importância das fontes estatais em detrimento das fontes não estatais; c) relativa emancipação da ordem jurídica com relação às demais searas sociais. ADEODATO, João Maurício Leitão. Ética e retórica: para uma teoria da dogmática jurídica. São Paulo: Saraiva, 2003, p. 207-209.

[40] No momento em que a possibilidade da construção de dogmas é considerada irrealizável, consequentemente, as teorias que se alicerçam em uma verdade universal para os homens entram em declínio. As teorias substancialistas perdem relevo para as teorias procedimentais que não se amparam em verdades absolutas, sendo que estas se estruturam com a regulamentação do seu procedimento.

[41] "Esta segunda aporia – a obsessão pelo que não pode ser decidido – é confirmada por uma desconstrução de cada presunção na certeza determinante de uma justiça presente, ela atua a partir de uma idéia de justiça infinita, infinita porque é irredutível, irredutível porque necessita de relação de alteridade – relação de alteridade diante de cada contrato, porque é uma decorrência, uma decorrência da alteridade como singularidade sempre de outro". DERRIDA, Jacques. Diritto alla giustizia. *In: Diritto, giustizia e interpretazione*. Roma: Laterza, 1998, p. 31.

tecnológicas e à necessidade crescente de aperfeiçoamento da mão de obra.[42] A imperiosidade de um maior cabedal de conhecimentos, tanto tecnológico como humano em geral, tende a produzir um ambiente favorável para o desenvolvimento de uma cultura de tolerância, em que o outro deixa de ser visto como estranho para ser considerado como um membro da sociedade e, portanto, como um sujeito detentor das mesmas obrigações e dos mesmos direitos.[43]

As consequências acarretadas pela pós-modernidade atingiram todas as esferas da sociedade, com abrangência no campo social, familiar, econômico, cultural, deontológico etc. O Direito, definido como a ciência que tem a finalidade de regulamentar as relações sociais, sofre de forma mais intensa essas consequências. Como as relações sociais são cada vez mais complexas, em decorrência da pluralidade do tecido social e da velocidade com que as relações sociais são modificadas, a concepção do Direito formal, baseado na sua positivação e no formalismo exacerbado, entrou em crise, afetando seriamente a eficácia de suas normas.

A crise da concepção formalista do Direito atinge de forma mais drástica a jurisdição constitucional, que, pela relevância de suas decisões judiciais, muitas vezes oferece limites às decisões políticas, necessitando, por isto, de um maior grau de legitimidade. O difícil de se buscar essa legitimidade é que os paradigmas que norteiam a jurisdição constitucional também estão padecendo da mesma crise, como a concepção de Estado Democrático Social de Direito, o conceito de Constituição, de separação de poderes, dos limites da atuação do Poder Judiciário etc.

Para densificar a legitimidade da jurisdição constitucional, com o objetivo de que ela possa atender às exigências sociais hodiernas, deve-se realizar uma reavaliação dos seus paradigmas, fazendo com que os vetores que direcionam sua atuação possam contribuir com a missão de garantir eficácia para os mandamentos contidos na Constituição, principalmente os direitos fundamentais.

5   A vanguarda do princípio da legalidade na pós-modernidade

A moralização exacerbada do Direito, calcada em um ambiente político bastante conflagrado, com demandas crescentes por parte da administração pública, criou um cenário de intenso fomento a ilegalidades. Em um discurso baseado em combate a corrupção, começou-se uma senda de constantes atos arbitrários, de acintes claros às garantias constitucionais, instituindo-se quase um Estado de exceção.

Harbemas sustenta que as normas e, em espécie, os princípios, em virtude do seu caráter deontológico, podem pretender ser universalmente obrigatórios e não apenas especialmente preferíveis. No entanto, se essa operação lógica ferir padrões racionais e os parâmetros legais, utilizando-se um sopesamento arbitrário sem maior reflexão,

---

[42] Bruno Romano aponta duas direções para o desenvolvimento da pós-modernidade: a primeira direção é um processo de desubstancialização, e a segunda direção é o descrédito de todas as teorias que tentam construir uma verdade universal para os homens. ROMANO, Bruno. *Soggettività diritto e postmoderno*: una interpretazione con Heidegger e Lacan. Roma: Bulzone, 1988, p. 62.

[43] ARCHETTI, Marcello. *Lo spazio ritrovat*: antropologia della cotemporaneità. Roma: Meltemi, 2002, p. 40.

o núcleo sistêmico da constituição é fragilizado, diminuindo o caráter concretivo de seus postulados.[44]

No momento, em que se adota uma ordem objetiva de valores, o processo de decisão se converte em uma forma de realismo ou convencionalismo moral, havendo crescente perigo de decisões irracionais, volitivas e arbitrárias, justamente porque argumentos casuístas ganham precedência sobre os normativos, causando insegurança jurídica e maculando garantias constitucionais.[45]

Se antes o ponto crítico era a vinculação do intérprete a uma estrutura pré-estabelecida (sendo o intérprete mero usuário da lógica), na pós-modernidade, o dilema passou a ser o de como estabelecer controles à interpretação do Direito e evitar que os aplicadores se assenhorem da legislação democraticamente construída, transmutando-se em ato de coragem a aplicação do princípio da legalidade.[46]

Nessa trilha lógica, alicerçando-se nos ensinamentos de Francisco Queiroz Bezerra Cavalcanti, o agasalhamento da Administração Pública pela Constituição Cidadã, dotando-a de maior extensão, não pode servir de escusa para que a cruzada moralista embote garantias civilizatórias. Esse maior dimensionamento dos entes públicos, quando resguardados em parâmetros normativos, regras e princípios podem facilitar as intempéries da pós-modernidade, construindo diques de proteção às liberdades da cidadania.

Referências

ADEODATO, João Maurício Leitão. Ética e retórica: para uma teoria da dogmática jurídica. São Paulo: Saraiva, 2003.

ARCHETTI, Marcello. Lo Spazio Ritrovato. *Antropologia della Cotemporaneità*. Roma: Meltemi, 2002.

BANDEIRA DE MELLO, Celso Antônio. *Curso de direito administrativo*. 14. ed. São Paulo: Malheiros, 2002.

BARROSO, Luis Roberto; BARCELLOS, Ana Paula de. *O começo da História: a nova interpretação constitucional e o papel dos princípios no direito brasileiro. In:* SILVA, Virgílio Afonso da (Coord.). *Interpretação constitucional.* São Paulo: Malheiros, 2005.

BECCARIA, Cesare. *Dos delitos e das penas*. 14. ed. São Paulo: Martin Claret, 2001.

CAVALCANTI, Francisco de Queiroz Bezerra. O regime dos servidores públicos na cf/88: retrospectiva e perspectivas. In: *Retrospectiva dos 20 Anos da Constituição Federal de 1988*. São Paulo: Saraiva, 2008.

CONDE, Enrique Álvares. *Curso de derecho constitucional*. 3. ed. Madrid: Tecnos, 1997.

CUNHA JR., Dirley da. *Curso de direito constitucional*. Salvador: JusPODIVM, 2008.

CRUZ, Alcides. *Direito administrativo brasileiro*. Rio de Janeiro: Francisco Alves, 1914.

DERRIDA, Jacques. "Diritto alla Giustizia". In: *Diritto, giustizia e interpretazione*. Roma: Laterza, 1998.

---

[44] HABERMAS, Jürgen. *Entre fatos e normas*: contribuições para uma Teoria do Discurso do Direito e da Democracia. Tradução de William Rehg. New York: MIT Press, 1998, p. 257.

[45] *Ibdem*, p. 259-261.

[46] Sob as luzes da razão, estabelece Beccaria que "Quando as leis são claras e precisas, o dever do juiz limita-se à constatação do fato". BECCARIA, Cesare. *Dos delitos e das penas*. 14. ed. São Paulo: Martin Claret, 2001, p. 147.

DIMOULIS, Dimitri. O neoconstitucionalismo e superação do positivismo. *Revista do Programa de Pós-Graduação em Direito da Universidade Federal da Bahia*, 2011.

DIMOULIS, Dimitri; MARTINS, Leonardo. *Teoria geral dos direitos fundamentais*. São Paulo: RT, 2007,

DOLINGER, Jacob. Evolution of principles for resolving conflicts in the field of contracts and torts. *Recueil des Cours*, v. 283. The Hague-Boston-London: Martinus Nijhoff Publishers, 2000.

DUARTE, Écio Ramos; POZZOLO, Susanna. *Neoconstitucionalismo e positivismo jurídico*: as faces da teoria do direito em tempos de interpretação moral da Constituição. São Paulo: Landy, 2006.

DWORKIN, Ronald. *Freedom's law*: the moral Reading of the American Constitution. Cambridge: Harvard University Press, 1996.

DWORKIN, Ronald. *Uma questão de princípio*. São Paulo: Martins Fontes, 2000.

ESPÍNDOLA, Ruy Samuel. *Conceito de princípios constitucionais*. São Paulo: RT, 1988.

FIGUEIREDO, Marcelo. Artigo 37. *In*: BONAVIDES, Paulo; MIRANDA, Jorge; AGRA, Walber de Moura (Coord.). *Comentários à Constituição Federal de 1988*. Rio de Janeiro: Forense, 2009.

GARCIA-PELAYO, Manuel. *Idea de la política y otros escritos*. Madrid: Centro de Estudios Constitucionales, 1983.

GHERSI, Carlos Alberto. Posmodernidad jurídica: el análisis contextual del derecho como contracorriente a la abstracción jurídica. *Revista da Faculdade de Direito da UFRGS*, Porto Alegre, Síntese, v. 15, 1998.

HABERMAS, Jürgen. *Entre fatos e normas*: contribuições para uma Teoria do Discurso do Direito e da Democracia. Tradução de William Rehg. New York: MIT Press, 1998.

HARDT, Michael; NEGRI, Antonio. *Impere*. Trad: Alessandro Pandolfi. Milano: Biblioteca Universale Rizzoli, 2003.

LEITE, George Salomão; LEITE, Glauco Salomão. A abertura da Constituição em face dos princípios constitucionais. In: *Dos princípios constitucionais*: considerações em torno das normas principiológicas da Constituição. São Paulo: Malheiros, 2003.

LYON, David. *Pós-modernidade*. São Paulo: Paulus, 1998.

MEDAUAR, Odete. *Direito administrativo moderno*. 2. ed. São Paulo: RT, 1998.

MELLO, Celso Antônio Bandeira de. *Curso de direito administrativo*. São Paulo: Malheiros, 2002.

MENDES, Gilmar Ferreira; COELHO, Inocêncio Mártires; BRANCO, Paulo. *Curso de direito constitucional*. São Paulo: Saraiva, 2009.

MIRAGEM, Bruno. *A nova administração pública e o direito administrativo*. 2. ed. São Paulo: Revista dos Tribunais, 2013.

MORAES, Alexandre de. *Direito constitucional*. 24. ed. São Paulo: Atlas, 2009.

MORAES, Alexandre de. *Direito constitucional administrativo*. São Paulo: Atlas, 2002.

MOREIRA NETO, Diogo de Figueiredo. *Curso de direito administrativo*. 15. ed. Rio de Janeiro: Forense, 2009.

PIETRO, Maria Sylvia Zanella Di. *Parcerias na Administração Pública*. 5. ed. São Paulo: Atlas, 2005.

ROMANO, Bruno. *Soggettività diritto e postmoderno*: una interpretazione con Heidegger e Lacan. Roma: Bulzone, 1988.

SALDANHA, Nelson. O racionalismo moderno e a teoria do poder constituinte. *Revista da ESMAPE*, Recife, v. 8, n. 18, jul./dez. 2003.

SILVA, José Afonso da Silva. *Curso de direito constitucional positivo*. São Paulo: Malheiros, 2009.

TAVARES, André Ramos. *Curso de direito constitucional*. 6. ed. São Paulo: Saraiva, 2008

ZAGREBELSKY, Gustavo. *Il diritto mite*: legge, diritti, giustizia. 2. ed. Torino: Einaudi, 1992.

Informação bibliográfica deste texto, conforme a NBR 6023:2002 da Associação Brasileira de Normas Técnicas (ABNT):

AGRA, Walber de Moura. Os princípios da Administração Pública e a pós-modernidade. In: MATILLA CORREA, Andry; NÓBREGA, Theresa Christine de Albuquerque; AGRA, Walber de Moura (Coord.). *Direito Administrativo e os desafios do século XXI*: livro em homenagem aos 40 anos de docência do Prof. Francisco de Queiroz Bezerra Cavalcanti. Belo Horizonte: Fórum, 2018. p. 379-393. ISBN 978-85-450-0555-1.

SOBRE OS AUTORES

Ana Paula de Barcellos
Professora Titular de Direito Constitucional da Faculdade de Direito da UERJ. Mestre e Doutora em Direito Público – UERJ. Pós-Doutora por Harvard.

André Elali
Professor Adjunto do Departamento de Direito Público da UFRN. Mestre em Direito Político e Econômico pela Universidade Mackenzie/SP e Doutor em Direito Público pela Faculdade de Direito do Recife/UFPE, com Bolsa de Estágio e Pesquisa no *Max-Planck-Institut für Steurrecht*, em Munique, República Federal da Alemanha. *Visiting Scholar* da *Queen Mary University of London*, onde realizou estágio de pós-doutoramento.

Andry Matilla Correa
Doctor en Ciencias Jurídicas. Profesor Titular de Derecho Administrativo de la Facultad de Derecho de la Universidad de La Habana. Presidente de la Sociedad Cubana de Derecho Constitucional y Administrativo de la Unión Nacional de Juristas de Cuba (UNJC).

Catarina Cardoso Sousa França
Advogada. Especialista em Direito Constitucional e Mestra em Constituição e Garantia de Direitos pela Universidade Federal do Rio Grande do Norte – UFRN. Professora dos Cursos de Especialização em Direito da UFRN.

Cristina Vázquez
Doctor en Derecho y Ciencias Sociales de la Universidad de la República (Uruguay). Master en Ciencia de la Legislación y Governance Política de la Universitá di Pisa (Italia). Posgrado en Utility Regulation and Strategy de la University of Florida (USA). Posgrados en Gestión de las Energías Renovables y El Sector de Petróleo y sus Derivados del Centro de Educación a Distancia para el Desarrollo Económico y Tecnológico – CEDDET. Posgrado en Defensa de la Competencia de la Comisión de Defensa de la Competencia (España). Profesor titular de Derecho Público en la Facultad de Derecho de la Universidad de la República (Uruguay). Secretaria del Instituto de Derecho Administrativo en la Facultad de Derecho de dicha Universidad entre 2009 y 2012. Director del Programa Máster de Derecho Administrativo Económico (PMDAE) de la Facultad de Derecho de la Universidad de Montevideo y Profesor en asignaturas de dicho Programa Máster (Derecho de la Regulación y la Competencia, Derecho de la Energía, Procedimientos administrativos). Profesor de Derecho Administrativo en Maestría de Políticas y Gestión Públicas de la Oficina Nacional del Servicio Civil. Profesor Invitado de Máster en Economía y Regulación de los Servicios Públicos de la Universidad de Barcelona (España). Integrante Académica Supernumeraria de la Academia Nacional de Economía. Integrante del Consejo Editorial de la *Revista de Derecho y Tribunales*. Autor de libros y artículos sobre temas de su especialidad.

Daniela Urosa Maggi
Profesora de Derecho Procesal Constitucional y Derecho Procesal Administrativo. Directora de la Maestría de Derecho Constitucional y de la Especialización en Derecho Administrativo de la Universidad Católica Andrés Bello, Caracas, Venezuela.

Edilson Pereira Nobre Júnior
Professor da Faculdade de Direito do Recife – UFPE, instituição na qual cursou mestrado e doutoramento em Direito Público. Desembargador do Tribunal Regional Federal da Quinta Região.

Evandro Zaranza
Mestre em Direito pela UFRN, onde é Professor do Departamento de Pós-Graduação. Professor de Direito Tributário da UNI-RN e Presidente da Comissão de Defesa do Contribuinte da OAB/RN.

Fernando Facury Scaff
Professor da Faculdade de Direito da Universidade de São Paulo. Professor da Universidade Federal do Pará. Doutor e Livre-Docente pela Universidade de São Paulo. Advogado Sócio de Silveira, Athias, Soriano de Mello, Guimarães, Pinheiro & Scaff – Advogados.

Francisco Glauber Pessoa Alves
Juiz Federal da Seção Judiciária do Rio Grande do Norte. Doutor e Mestre em Direito Processual Civil pela PUC/SP. Membro do Instituto Brasileiro de Direito Processual – IBDP. Secretário-adjunto do IBDP no Rio Grande do Norte. Membro do Instituto Potiguar de Processo Civil – IPPC. Professor de Direito Processual Civil. Juiz Eleitoral do TRE/RN para o biênio 2017-2019.

Ivo Dantas
Professor Titular da Faculdade de Direito do Recife – UFPE. Doutor em Direito Constitucional – UFMG. Livre Docente em Direito Constitucional – UERJ. Livre Docente em Teoria do Estado – UFPE. Membro da Academia Brasileira de Letras Jurídicas. Membro da Academia Brasileira de Ciências Morais e Políticas. Presidente do Instituto Pernambucano de Direito Comparado. Presidente da Academia Pernambucana de Ciências Morais e Políticas. Membro del Instituto Iberoamericano de Derecho Constitucional México). Membro del Consejo Asesor del Anuario Iberoamericano de Justicia Constitucional, Centro de Estudios Políticos y Constitucionales – CEPC, Madrid. Ex-Diretor da Faculdade de Direito do Recife – UFPE. Membro da Academia Pernambucana de Letras Jurídicas. Fundador da Associação Brasileira dos Constitucionalistas Democráticos. Membro Efetivo do Instituto dos Advogados de Pernambuco. Membro do Instituto Pimenta Bueno – Associação Brasileira dos Constitucionalistas. Professor Orientador Visitante do Programa de Pós-Graduação em Ciências da Saúde, Universidade Federal do Rio Grande do Norte, conforme aprovação do Colegiado, em 31 de maio de 2001. Professor do Curso de Mestrado em Direito da Universidade da Amazônia – UNAMA, Belém do Pará. Juiz Federal do Trabalho (aposentado). Advogado e parecerista.

Jaime Orlando Santofimio Gamboa
Abogado de la Universidad Externado de Colombia. Doctor en Derecho por la Universidad Carlos III Madrid, España. Con Post Doctorado en derecho por las Universidades Carlos III de Madrid y Externado de Colombia. Master en Gobierno Municipal de la Universidad Externado de Colombia. Especializado en Derecho Administrativo en esta misma casa de estudios. Especialista en Administración Pública del Instituto Brasileiro de Administración Municipal. Profesor de la cátedra de Derecho Administrativo General en la Universidad Externado de Colombia y de la Maestría en Derecho Administrativo y del Doctorado en Derecho de esta misma universidad. Ex-Director del Departamento de Derecho Administrativo de la Universidad Externado de Colombia. Investigador inscrito en Colciencias. Actualmente se desempeña como Magistrado del H. Consejo de Estado de la República de Colombia. Investigador reconocido por Colciencias con CvLac dentro de los Grupos de Investigación de los Departamentos de Derecho Administrativo y de Derecho Minero y Energético de la Universidad Externado de Colombia.

Janini de Araújo Lôbo Silvestre
Bacharela em Direito pela Universidade Católica de Pernambuco – UNICAP e Mestranda em Direito Constitucional pela Universidade Federal de Pernambuco – UFPE.

João Nuno Calvão
Professor de Direito Administrativo da Faculdade de Direito da Universidade de Coimbra.

José Ignacio Hernández G.
Doctor en Derecho por la Universidad Complutense de Madrid. Profesor de Derecho Administrativo de la Universidad Católica Andrés Bello y la Universidad Central de Venezuela.

José Mário Wanderley Gomes Neto
Professor de Direito Processual Civil da Universidade Católica de Pernambuco. Mestre e Doutor.

Luís Fernando Lima de Oliveira
Mestre em Direito Público pela Universidade Federal do Rio Grande do Sul. especialista em Administração Pública pela Fundação Getulio Vargas. Bacharel em Direito pela Universidade Federal de Pernambuco, onde foi pesquisador-bolsista PIBIC/CNPq, sob orientação do professor Francisco de Queiroz Bezerra Cavalcanti.

Marcos Nóbrega
Professor Adjunto da UFPE, mestre e doutor pela UFPE e pós-doutorado pela Universidade de Harvard.

Orlando Vignolo Cueva
Profesor de pre y post-grado de la Facultad de Derecho de la Universidad de Piura (Perú). Abogado Asociado del Estudio Echecopar (Perú). Miembro de la Unión Iberoamericana Municipalista, de la Red Iberoamericana de Contratación Pública y de la Red Internacional de Bienes Públicos. Director de la revista *Anuario de la Función Pública*.

Rafael Lima Castelo Branco Ferreira
Especialista em Direito Administrativo.

Thaminne Nathalia Cabral Moraes e Silva
Bacharela em Direito pela AESO – Faculdades Integradas Barros Melo – FIBAM. Licenciada em Ciências Sociais pela Universidade Federal de Pernambuco – UFPE. Especialista em Direito Tributário pelo Instituto Brasileiro de Estudos Tributários – IBET. Especialista em Justiça Constitucional pela Universidade de Pisa-Itália. Mestre em Direito Constitucional pela Universidade Federal de Pernambuco – UFPE e Doutoranda em Direito Constitucional pela Universidade Federal de Pernambuco – UFPE. Advogada e Professora Universitária.

Theresa Christine de A. Nobrega
Mestre e doutora pela UFPE e Professora da Universidade Católica de Pernambuco.

Vladimir da Rocha França
Advogado. Mestre em Direito Público pela Universidade Federal de Pernambuco – UFPE. Doutor em Direito Administrativo pela Pontifícia Universidade Católica de São Paulo. Professor Associado do Departamento de Direito Público da Universidade Federal do Rio Grande do Norte – UFRN.

Walber de Moura Agra
Mestre pela UFPE. Doutor pela UFPE/Università Degli Studio Di Firenze. Pós-Doutor pela Université Montesquieu Bordeaux IV. Professor da Universidade Federal do Estado de Pernambuco. Professor Visitante da Universitá degli Studio di Lecce. Membro do Conselho Científico do Doutorado de Universidade de Lecce. *Visiting Research Scholar of Cardozo Law School*. Diretor do Instituto Brasileiro de Estudos Constitucionais – IBEC. Membro Correspondente do Cerdradi – Centre d'Études Et de Recherches sur lês Droit Africains et sur Le Développement Institucionnel des Pays em Développemment. Procurador do Estado de Pernambuco. Membro da Comissão de Estudos Constitucionais do Conselho Federal da OAB. Advogado.